U0835797

汇集十年精华
展现裁判思维
促进适法统一

《中国法院年度案例集成丛书》

主　　编　胡田野　国家法官学院副院长

副 主 编　刘　畅　最高人民法院司法案例研究院规划部主任

李晓果　最高人民法院司法案例研究院研究部副主任

主编助理　赵文轩　最高人民法院司法案例研究院规划部编辑

编审人员（按姓氏笔画为序）

王晓梅　王　锐　王蓓蓓　王　曦　朱志磊　朱建伟

朱　琳　刘　畅　安慧中　李迎昌　李明桓　李　彦

李　洋　李晓果　李　婧　李　谦　李想成　张智颖

陈佳艺　周丽华　赵文轩　荣学磊　胡田野　胡　岩

姜子佳　姜　丹　费嘉荣　徐万佳　唐世银　唐墨华

唐鑫鑫　梁　欣　程　瑛　焦明静　童启鑫　熊　燕

潘园园

本书编审人员　李　谦

中国法院年度案例集成丛书

知识产权纠纷

裁判规则理解与适用

国家法官学院
最高人民法院司法案例研究院
—— 编 ——

中国法制出版社
CHINA LEGAL PUBLISHING HOUSE

《中国法院年度案例集成丛书》通讯编辑名单

刘晓虹　北京市高级人民法院
王　凯　北京市高级人民法院
董　扬　天津市高级人民法院
童若涵　河北省高级人民法院
崔铮亮　山西省高级人民法院
杨智勇　内蒙古自治区高级人民法院
周文政　辽宁省高级人民法院
苏　浩　吉林省高级人民法院
王　妍　黑龙江省高级人民法院
牛晨光　上海市高级人民法院
缪　芳　江苏省高级人民法院
卢燊绅　江苏省高级人民法院
符东杰　江苏省南通市中级人民法院
宋婉龄　江苏省无锡市中级人民法院
杨　治　浙江省高级人民法院
蒋　莹　浙江省高级人民法院
刘伟玲　安徽省高级人民法院
杨　宇　福建省高级人民法院
章光园　江西省高级人民法院
李　宁　山东省高级人民法院
郭宇凌　河南省高级人民法院
宋淼军　湖北省高级人民法院
黄　娅　湖北省宜昌市中级人民法院
唐　竞　湖南省高级人民法院
李　雪　广东省高级人民法院
邹尚忠　广西壮族自治区高级人民法院
陈小青　广西壮族自治区高级人民法院
李周伟　海南省高级人民法院
闫帅锋　重庆市高级人民法院
任　梦　四川省高级人民法院
李丽玲　云南省高级人民法院
石　瑾　云南省昆明市中级人民法院
伍席芳　贵州省高级人民法院
余长智　贵州省贵阳市中级人民法院
王丽萍　西藏自治区高级人民法院
郑亚非　陕西省高级人民法院
张旦旦　甘肃省高级人民法院
王　晶　青海省高级人民法院
康　莹　宁夏回族自治区高级人民法院
石孝能　新疆维吾尔自治区高级人民法院
吉　雄　新疆维吾尔自治区高级人民法院生产建设兵团分院

序

党的十八大以来，以习近平同志为核心的党中央高度重视依法治国，明确提出全面依法治国，坚持在法治轨道上推进国家治理体系和治理能力现代化。党的二十大报告指出，要坚持走中国特色社会主义法治道路，建设中国特色社会主义法治体系、建设社会主义法治国家，围绕保障和促进社会公平正义，坚持依法治国、依法执政、依法行政共同推进，坚持法治国家、法治政府、法治社会一体建设，全面推进科学立法、严格执法、公正司法、全民守法，全面推进国家各方面工作法治化。人民法院始终坚持以习近平新时代中国特色社会主义思想为指导，深入贯彻落实习近平法治思想，把加强案例指导和研究作为助力推进全面依法治国的重要途径，通过制定司法解释、发布指导性案例、提炼裁判要旨、推行类案检索等系列举措，深入推进法律适用统一，不断提升司法质量、效率和公信力，努力让人民群众在每一个司法案件中感受到公平正义。

“中国法院年度案例丛书”是国家法官学院于 2012 年开始编辑出版的一套大型案例丛书，每年年初定期出版。截至 2022 年，已经连续出版 11 年。2020 年起，丛书由国家法官学院和最高人民法院司法案例研究院共同编著。丛书编辑始终坚持以习近平新时代中国特色社会主义思想为指导，深入贯彻落实习近平法治思想，深化成果运用，认真总结案例积累的审判执行经验做法，积极回应人民群众多元司法需求，记录我国司法审判执行工作发展进程，助力丰富司法审判理论，构建中国法治话语体系。该丛书案例涵盖人民法院刑事、民事、商事、行政、知产、环资和执行各业务领域，按照业务领域和案由层级设计分册及纲目，目前汇编案例合计1.2万余篇。丛书严格遵循案例选编要求，突出争议焦点、裁判规则和法律适用分析，追求"好读有用"，已经形成品牌效应。为总结十余年的案例编选和研究经验，在全国各级人民法院的大力支持下，国家法官学院与最高人民法院司法案例研究院经全面梳理丛书的1.2万余篇案例，以新法新规为依据，对于其中"判得好且写得好"的案例进行再次深度加工，编辑出版"中国法院年度案例集成丛书"。

"中国法院年度案例集成丛书"坚决贯彻落实党的二十大报告关于坚持全面依法治国，推进法治中国建设的部署要求，深度挖掘优秀案例在完善裁判规则体系、促进统一法律适用、促进民法典等新法新规正确实施和应用法学研究等方面的法治价值、学术价值和时代价值，探索体系化提炼和编纂裁判规则的新思路，发挥司法案例的规范、指导、评价、引领作用，展现新时代我国法治建设成就，大力弘扬社会主义核心价值观，助推全民法治意识和法治素养提升。

"中国法院年度案例集成丛书"共15个分册：《物权纠纷裁判规则理解与适用》《合同纠纷裁判规则理解与适用》《借款担保纠纷裁判规则理解与适用》《人格权纠纷裁判规则理解与适用》《婚姻家庭与继承纠纷裁判规则理解与适用》《侵权纠纷裁判规则

理解与适用》《道路交通纠纷裁判规则理解与适用》《保险纠纷裁判规则理解与适用》《劳动纠纷裁判规则理解与适用》《公司纠纷裁判规则理解与适用》《金融纠纷裁判规则理解与适用》《知识产权纠纷裁判规则理解与适用》《行政纠纷裁判规则理解与适用》《刑事案例裁判规则理解与适用》《执行纠纷裁判规则理解与适用》。丛书在编辑工作中坚持以下原则：一是突出裁判规则价值。以历年“中国法院年度案例丛书”采用的1.2万余篇案例为精选基础，优中选优，提供给读者十余年积累的多类型、多视角的疑难新型典型性案例，概览人民法院的类型化裁判规则。二是方便读者检索。为体现以读者为本的理念，丛书分卷细化，每卷根据最新的案由、法律适用问题分类编排案例，以裁判规则、裁判思路或案件焦点的核心内容作为主标题，让读者一目了然，迅速找到目标案例。三是注重案例分析的实用性。根据最新的法律法规以及司法解释对原“法官后语”进行完善，高度提炼案例对理解和适用新法新规的参考价值，为新型疑难法律适用问题提供解决方案，为司法工作提供借鉴，为法学研究提供启迪。

中国法制出版社始终全力支持“中国法院年度案例集成丛书”的出版，给了作者和编辑们巨大的鼓励。该丛书还提供了数据库增值服务，内附精美书签，扫描其中二维码，即可免费查阅往年同类案例数据库。我们在此谨表谢忱，并希望通过共同努力，臻于至善，真正探索出一条编辑案例书籍、挖掘案例价值的新路，不断增强丛书案例的代表性、时代性、权威性，丰富案例类型，细化裁判规则，提升分析质量，以更好服务于社会主义法治国家建设、服务于司法审判执行工作、服务于学习研究法律的广大读者。

“中国法院年度案例集成丛书”既是法官、检察官、律师等法律工作者的办案参考和司法人员培训的实用教材，也是社会大众学法用法的经典案例读本，同时是教学科研机构案例研究的良好素材。当然，我们难以一步到位实现初衷，该丛书还存在各种不足甚至错误，欢迎读者批评指正。我们愿听取各方建议，不断拓宽司法案例研究领域，有效发挥类案裁判规则功能，立足新发展阶段，实现中国特色司法案例研究事业的高质量发展。

国家法官学院

最高人民法院司法案例研究院

2023年2月

目 录
Contents

一、知识产权权属、侵权纠纷

（一）著作权权属、侵权纠纷

001 数字合成图片作品类型的审查认定 / 1
——文化传播公司诉刘某著作权权属、侵权案

002 使用电影海报美术作品注册商标不构成著作权法上的合理使用 / 6
——某公司诉金某欢、婚姻介绍所著作权侵权案

003 服装设计构成作品的认定标准 / 17
——甲服装公司诉乙服装公司、贸易公司侵犯著作权及不正当竞争案

004 体育赛事直播画面构成电影类作品的认定 / 22
——甲公司诉乙公司侵害著作权及不正当竞争案

005 插画师演绎名画创作“熊猫 ××”系列图片受著作权保护 / 29
——文化传播公司诉教育科技公司侵害作品信息网络传播权案

006 事后抓包分析对链接服务的证明要求 / 35
——甲信息技术公司诉调频科技公司侵害作品信息网络传播权案

007 搜索引擎缩略图快照著作权侵权中“实质性替代”的认定 / 42
——甲科技公司诉乙科技公司、丙科技公司侵害作品信息网络传播权案

008 “通知——必要措施”规则的适用 / 55
——科技公司诉技术公司侵害作品信息网络传播权案

009 智能视听屏与智能软件共同侵权行为的认定 / 64
——文化传媒公司诉科技公司等侵害作品信息网络传播权案

010 电子商务平台经营者未尽资质审查义务致无法确定实际侵权人应承担附条件不真正连带责任 / 70
——文化传播公司诉网络科技公司、信息咨询中心侵害信息网络传播权案

011 市场份额明显较少及不损害行业、消费者利益是网络著作权诉前行为保全措施实施的前提 / 77
——某腾公司等申请字某互联网公司诉前停止侵犯著作权案

012 直播平台和主播间的权利义务对等原则与法律关系判定 / 81
——某著作权协会诉某直播公司著作权侵权案

013 可分割合作作品著作权行使规则及作品改编权认定标准 / 86
——某版权公司诉某影业公司等侵害作品改编权案

014 京剧人物形象实质性相似的判定方法 / 90
——某文化传媒公司诉某电子科技公司著作权侵权案

015 坚持契约自由原则审慎认定影视投资协议固定收益条款效力 / 96
——某影视传媒公司诉某影视公司著作权合同案

016 操作流程不规范影响“时间戳”证据的效力 / 100
——某科技公司诉某影视公司侵害作品信息网络传播权案

017 行政管理中ICP备案及域名登记与认定网站经营者的关系 / 105
——某科技公司诉某电力投资公司侵害作品信息网络传播权案

018 独创性为判断有声读物是否构成新作品之关键 / 110
——刘某平诉某科技公司侵害作品信息网络传播权案

019 酒店播放视听作品时侵权行为性质的认定标准 / 113
——某视频公司诉某酒店侵害作品信息网络传播权案

020 视频聚合平台通过破解网站技术措施以定向链接方式获取权利作品行为的法律性质分析 / 118
——某传媒集团诉某科技公司侵害作品信息网络传播权案

021 著作权侵权案件中网络服务提供者应当对其行为性质承担举证责任 / 121
——某电视公司诉某科技公司侵害作品信息网络传播权及不正当竞争案

022 APP在线播放电影作品责任承担的判定 / 126
——某电视公司诉某科技公司侵害作品信息网络传播权案

023 VR全景摄影作品是否构成摄影作品的判断 / 132
——某科技公司诉某投资公司侵害著作权案

024 汉服印染图案是否构成作品 / 136
——陈某诉某数码中心等侵害著作权案

025 瓶贴可作为美术作品受著作权法保护 / 143
——某酿造公司诉某食品厂著作权侵权案

026 历史题材作品是否构成抄袭的判断 / 148
——陈某诉傅某、某信息服务公司侵害著作权案

027 如何界定建设单位在约定范围内对图纸作品的使用 / 156
——某股份公司诉某设计院侵害著作权案

028 “实际损失赔偿”与“法定赔偿”的正确适用 / 160

——某索公司诉某技术公司侵害计算机软件著作权案

029 未经授权使用网络游戏元素的著作权侵权判定 / 166

——某科技公司诉某影视文化公司侵害著作权案

030 破坏技术措施设置深层链接行为的性质认定 / 171

——某计算机公司诉某媒体公司著作权侵权及不正当竞争案

031 信息存储空间服务提供者的司法认定 / 176

——某电视公司诉某网络科技公司侵害作品信息网络传播权案

032 短视频的独创性认定 / 181

——某科技公司诉某网络技术公司、某网讯公司侵害作品信息网络传播权案

033 电影中动画形象及电影名称的保护 / 186

——某影业公司、某动画公司诉某动漫公司等著作权侵权、不正当竞争案

034 卡通美术作品的实质性相似比对规则 / 190

——某文化发展公司诉某投资公司等侵害著作权及不正当竞争案

035 所有权人将作品拍照上传至微信朋友圈的行为属于合理使用 / 195

——张某晛诉韩某侵害著作权案

036 侵犯作品信息网络传播权法律责任认定 / 199

——某视频公司诉某网络公司等侵害作品信息网络传播权案

037 版式设计权的权利范围仅限于复制权 / 204

——某出版公司诉某信息服务公司侵害作品信息网络传播权案

038 侵害作品信息网络传播权纠纷的审理思路 / 209

——某网络科技公司诉某科技公司侵害作品信息网络传播权案

039 时间戳证据能否作为认定事实的依据 / 214
——某图像技术公司诉某实业公司侵害作品信息网络传播权案
040 裁量性赔偿作为确定损害赔偿数额的方法 / 218
——某计算机公司诉某视频公司侵害作品信息网络传播权案
041 著作权归属判定三步法和规则适用九宫格 / 223
——曹某诉某旅游发展委员会、某文化创意公司著作权侵权案
042 著作权与专利权冲突的判定 / 228
——某装饰公司诉某装潢公司著作权侵权案
043 对公有领域内容的简单组合不符合独创性要求 / 232
——张某非诉杨某华著作权权属、侵权案
044 可信时间戳的证明效力 / 237
——某图像技术公司诉某贸易公司侵害著作权案
045 搜索链接服务商的注意义务 / 242
——某网络技术公司诉某科技公司侵害信息网络传播权案
046 盗链的行为是否侵犯信息网络传播权 / 246
——某计算机公司诉某科技公司侵犯信息网络传播权案
047 网络销售平台提供者应承担合理注意义务 / 251
——邵某诉某玩具公司等侵犯著作权案
048 服务器端软件运用 Telnet 命令远程取证的效力 / 255
——某软件公司诉某房地产公司侵害计算机软件著作权案
049 网络服务商深度链接行为的性质 / 260
——某国际网络公司诉某信息技术公司、某科技公司侵害作品信息网络传播权案
050 未经许可抄袭、转载其他公众账号作品是否构成侵权 / 269
——某网络科技公司诉某视频公司著作权侵权案

051 外观设计专利权失效后权利人可否主张著作权保护 / 273
——某装饰公司诉某装饰材料公司侵害著作权案
052 “实质性相似加接触”是判定侵权的核心标准 / 277
——某桌游公司诉某商贸公司、某网络公司著作权侵权案
053 技术中立原则的免责边界 / 285
——某科技服务公司诉某网络电视公司等侵犯录音录像制作者权案
054 网络服务提供者与网络内容提供者共同侵权的认定 / 290
——某文化传播公司诉某数码公司等侵害作品信息网络传播权案
055 “三网融合”背景下 IPTV 之争 / 300
——某网公司诉某通信公司重庆分公司、某通信公司侵害作品信息网络传播权案

（二）商标权权属、侵权纠纷

056 商标许可合同条款解释与权利归属的判定规则 / 306
——饮料公司诉医药公司商标权权属案
057 商标近似及混淆的认定标准 / 312
——甲酿酒公司诉控股公司等侵害商标权案
058 商标侵权案件中关于正当使用抗辩的认定 / 320
——甲公司诉乙公司侵害商标权案
059 不规范使用文字商标构成商标侵权的司法认定 / 325
——科技公司诉电子公司侵害商标权案
060 商标权惩罚性赔偿适用的司法认定 / 340
——通信公司诉甲科技公司、乙科技公司侵害商标权案

061 “×茶”商标侵权案中惩罚性赔偿的司法适用 / 349
——餐饮公司诉投资公司等侵害商标权案
062 二手车擅自更换核心部件并出口国外，构成商标侵权 / 355
——汽车公司诉进出口贸易公司侵害商标权案
063 商标侵权的判断标准及惩罚性赔偿制度的司法适用 / 363
——照明公司诉塑料公司侵害商标权案
064 刑民交叉案件刑事处罚后民事侵权责任的承担 / 375
——汽车公司诉沈某健、徐某巍侵害商标权案
065 “互联网+”业态中 APP 服务类别的性质判断与商标侵权认定 / 384
——甲科技公司诉乙科技公司侵犯商标权案
066 网络搜索服务中关键词侵权行为认定 / 389
——餐饮公司诉信息技术公司侵害商标权及不正当竞争案
067 合法受让在先域名与在后注册相同商标权利冲突的裁判路径 / 396
——李某宾、科技公司诉甲通信公司、乙通信公司网络域名权属案
068 代理商代理国外品牌期间自行附加中文标识的权利归属 / 404
——某琴业公司诉某代理公司、某东公司侵害商标权案
069 颜色组合商标民事侵权的认定 / 409
——某密封系统公司诉某电气公司侵害商标权案
070 商标侵权判定中可适用多因素测试法判断是否存在混淆可能性 / 415
——国际旅行公司诉集团公司、股份公司侵害商标权案

071 认定商标使用的商品或服务类别应当结合商标使用人的经营范围及商标的使用场景、使用方式、消费对象的认知等因素综合判断 / 420
——某果园公司诉某水果公司、某水果店侵害商标权案
072 商标使用人有权在原有范围内继续使用其先使用并有一定影响的商标 / 423
——某商贸公司诉某网络公司侵害商标权案
073 在先使用抗辩成立的要件分析 / 429
——某服务公司诉某家政公司侵害商标权案
074 商标描述性使用侵权抗辩应满足主观善意要件 / 434
——某文化公司诉某风景旅游管理委员会、某建设公司侵害商标权案
075 商标连续三年不使用中“使用”的认定 / 440
——某网络公司诉某创业公司侵害商标权案
076 商标授权期满后继续使用并作为企业名称的构成侵权 / 452
——上海某珠宝公司诉北京某珠宝公司、关某侵害商标权及不正当竞争案
077 不规范使用注册商标亦可构成商标侵权 / 458
——某电影公司诉某文化传媒公司侵害商标权案
078 不具备识别商品来源的涉外贴牌行为不属于商标使用 / 465
——某服饰鞋业公司诉某鞋业公司侵害商标权案
079 代理销售中的侵犯商标权行为 / 469
——某家居公司诉某商贸公司侵害商标权案
080 描述性文字用于识别商品来源功能的商标性使用构成侵权 / 474
——邓某诉某包子铺侵害商标专用权案

081 商标近似的认定标准 / 479
——某集团公司诉某酿造公司侵害商标权案
082 销售者合法来源抗辩的认定 / 487
——某石膏公司诉某装饰公司商标权权属、侵权案
083 商标侵权抗辩中的指示性使用认定 / 493
——某建材公司诉某商贸公司侵害商标权案
084 备案是否可以对抗他人在先取得商标使用许可 / 499
——某科技公司诉某技术公司、某经贸公司侵害商标权及不正当竞争案
085 售后混淆商标侵权的判定 / 504
——某美妆公司诉某化妆品公司、某日用化工厂侵害商标权案
086 在后台设置关键词进行商业推广是否构成商标侵权 / 508
——某餐饮公司诉某投资公司、某网讯科技公司侵害商标权案
087 市场开办者怠于履行管理职责构成帮助侵权 / 513
——某股份公司诉颜某等侵害商标权案
088 驰名商标跨类保护力度的确定 / 519
——某制造公司诉某食品公司侵害商标权案
089 驰名商标认定及其跨类保护的范围 / 523
——某大学诉某能源公司、骆某荣侵害商标权案
090 楼盘名称侵害商标权的认定 / 528
——某集团公司诉某实业公司、某科技公司侵害商标权案
091 商业标识的在先使用与他人注册商标权冲突的认定 / 533
——盾牌公司诉行家商贸等三公司商标权权属、侵权案
092 商标侵权行为认定的混淆标准 / 537
——某商业公司诉某制衣公司侵害商标权案

093 第三方交易平台的信息披露义务及采取必要技术措施的条件 / 541
——某商贸公司诉某购物平台公司侵害商标专用权案
094 商标标识的具体使用方式存在混淆可能性 / 546
——某网络信息公司诉某技术公司侵害商标权、不正当竞争案
095 单纯的售前混淆仅构成不正当竞争 / 550
——某男装公司诉某商贸公司侵害商标权案
096 驰名商标侵权认定之商标使用是对商标功能的利用 / 555
——某1食品公司诉某2食品公司、某超市公司侵害商标权案
097 互联网金融服务与第35类推销（替他人）服务是否构成类似 / 559
——某研究院诉某电子商务公司、某经贸公司等侵害商标权案
098 商标权抗辩的裁判规则 / 563
——某建材公司诉刘某利等侵害商标权案
099 地理标志的商标权 / 570
——某大米协会诉某米厂等侵害注册商标专用权案
100 承担刑事责任的商标侵权人并不必然承担民事责任 / 574
——某电气公司诉高某良、高某余侵害商标权案
101 反向混淆中固有显著性对侵权认定的影响 / 580
——某香水公司诉某化妆品公司等侵害商标权案
102 涉三维标志商标的相同、近似认定规则 / 585
——某实验室公司诉某1化妆品公司等侵害商标权案
103 类似商品的判定 / 593
——王某宣诉某实业公司、某货运服务部侵害商标权案
104 商标指示性使用的边界 / 599
——某电脑公司诉顾某侵害商标权案

（三）专利权权属、侵权纠纷

105 商标法意义上生产者与专利法意义上制造者之间的界限 / 607

——电器科技公司诉厨房用品公司等侵害发明专利权案

106 专利权权属案件中依优势证据认定专利权人 / 613

——某疏散系统公司诉某科技发展公司发明专利权权属案

107 专利侵权合法来源认定应尊重交易习惯 / 619

——某塑胶电子公司诉罗某文侵害实用新型专利权案

108 权利要求书中的笔误应结合说明书、附图及本领域技术常识综合认定 / 624

——齐某勇诉邴某华侵害实用新型专利权案

109 《外观设计专利权评价报告》在专利侵权案件中的法律属性 / 629

——某粮油公司诉某米业公司、某经营部侵害外观设计专利权案

110 “设计缺陷”的认定应以设计合同约定为依据 / 635

——某能源公司诉某石化公司技术服务合同案

111 外观设计的整体视觉效果综合判断原则 / 641

——孔某诉某光电科技公司、某工程管理处侵害外观设计专利权案

112 网络收货地址不能作为专利侵权案件的管辖连接点 / 649

——相某诉某户外公司、某网络公司侵害发明专利权案

113 在管辖权异议审查中应依据实际法律关系，坚持全面审查的原则进行认定 / 652

——某冶金公司诉某重工公司专利合同案

114 解释权利要求应符合发明目的及其所要解决的技术问题 / 657
——某电器公司诉某科技公司侵害发明专利权案
115 确认不侵权诉讼适用消除影响责任 / 662
——某医疗公司北京分公司、某医疗公司江苏分公司诉某医疗科技公司确认不侵害专利权案
116 外观设计专利侵权中“转用”的认定 / 667
——某科技公司诉某技术公司侵害外观设计专利权案

二、不正当竞争纠纷

117 智能产品语音指令不正当竞争纠纷案 / 673
——网络公司诉科技公司、电子商务公司不正当竞争案
118 利用电商平台恶意投诉构成不正当竞争 / 677
——甲科技公司诉乙科技公司、品牌管理公司不正当竞争案
119 “分时出租视频 VIP 账号使用时长”不正当竞争案 / 686
——甲科技公司诉乙科技公司、丙科技公司不正当竞争案
120 网络流量劫持不正当竞争行为的司法判定 / 694
——网讯公司、在线公司诉信息公司、科技公司不正当竞争案
121 具备专业技能的特定行业从业者控制企业经营的应认定为反不正当竞争法上的经营者 / 703
——某公司诉曲某东等侵害商标权及不正当竞争案
122 反不正当竞争法保护的包装、装潢以特有性为构成要件 / 712
——食品饮料公司诉实业公司、科贸公司侵害商标权及不正当竞争案

123 AI平台型企业的数据信息受反不正当竞争法保护 / 720
——甲信息技术公司诉赵某姣、广告公司侵犯商业秘密案

124 离职员工违反保密协议使用原公司客户信息侵害商业秘密的司法认定 / 729
——珠宝公司诉郭某鹏侵害商业秘密案

125 侵犯商业秘密行为的举证责任分配 / 743
——甲公司诉金某等侵害经营秘密案

126 利用聚合技术选择性推送竞争对手不实新闻报道构成商业诋毁 / 749
——甲科技公司诉乙科技公司、网络技术公司商业诋毁案

127 网络竞争环境下数据抓取、使用行为的性质认定 / 755
——某网络技术公司诉复娱公司不正当竞争案

128 行业协会会员滥用协会法人资格实施不正当竞争行为的认定和规制 / 762
——某针公司诉建材协会、吴某礼不正当竞争案

129 商标间接侵权的判定标准 / 766
——某教育文化公司诉某公司、某幼儿园侵犯商标权及不正当竞争案

130 商标与企业字号权利冲突的处理及认定 / 770
——某1啤酒公司诉某2啤酒公司等侵害商标权及不正当竞争案

131 明知他人“有一定影响的字号”仍恶意攀附导致混淆的构成不正当竞争 / 777
——某物联网集团诉某物联网集团某1公司不正当竞争案

132 在虚假宣传中使用他人企业名称的不当然构成侵害企业名称 / 783
——某电视集团诉某视频集团不正当竞争案

133 恶意提起知识产权诉讼构成要件的司法判定 / 787

——某动画公司诉某制作公司不正当竞争案

134 不正当竞争纠纷中判断企业名称“具有一定市场知名度”的考量因素 / 792

——某智能科技公司诉某科技公司侵害商标权及不正当竞争案

135 底层安全软件经营者竞争行为的正当性 / 798

——某科技公司诉某网络公司等不正当竞争案

136 对商标法第五十八条中“使用”二字的理解 / 804

——某眼科集团诉某医院不正当竞争案

137 将知名游戏名称作为电影名称使用构成不正当竞争 / 811

——某游戏开发公司诉某电影公司、某制作公司侵害著作权、商标权及不正当竞争案

138 浏览器屏蔽视频广告行为的不正当竞争认定 / 817

——某计算机公司诉某科技公司不正当竞争案

139 侵权商号登记后未实际经营不宜判赔损失 / 821

——某金融公司诉某服务公司不正当竞争案

140 歪曲评价客观事实亦会构成商业诋毁 / 826

——某能源公司诉某商贸公司、张某商业诋毁案

141 购物助手破坏购物网站用户黏性行为构成不正当竞争 / 831

——某购物平台公司诉某网络科技公司、某软件公司不正当竞争案

142 将他人商标作为关键词购买竞价排名的不正当竞争认定 / 836

——某产业公司诉某仪器公司、某网讯科技公司不正当竞争案

143 企业字号依法核准注册不能成为不正当竞争行为的抗辩理由 / 844

——某网络公司诉某科技公司、某网络技术公司不正当竞争案

144 商业诋毁案件的认定标准及举证责任分配 / 849
——某评估中心诉某征信公司商业诋毁案
145 使用他人搜索引擎提供垂直结果导向自营网站行为的性质 / 854
——某网讯公司、某网络技术公司诉某信息公司、某科技公司不正当竞争案
146 保护用户信息是判断经营者行为的重要标准 / 859
——某网络技术公司诉某网络公司、某科技公司不正当竞争案
147 使用他人不知名企业字号是否构成不正当竞争 / 862
——某贸易公司诉某咨询公司不正当竞争案
148 商标近似及侵权的认定 / 866
——某珠宝公司、某珠宝英国公司诉某饰品公司等侵犯商标权及不正当竞争案
149 将他人商品商标用于关联性较强的服务中构成侵权 / 873
——某游乐设备公司诉某玩具公司、某公园侵害商标权及不正当竞争案
150 企业名称中包含他人注册商标文字不必然构成商标侵权或不正当竞争 / 876
——某食品公司诉某甜品店不正当竞争案
151 类似商品的个案认定 / 886
——某机械公司诉某制造公司侵害商标专用权及不正当竞争案
152 未实际使用的注册商标不侵权 / 891
——某保健品公司诉某医疗器械公司、某商贸公司不正当竞争案
153 拆分、组合使用注册商标的侵权责任 / 896
——某餐饮公司诉某茶饮公司、某茶饮公司虎门大润发分公司侵害商标权及不正当竞争案

154 出版仿冒他人姓名的图书构成不正当竞争 / 901
——马某农诉某出版社等不正当竞争案
155 互联网环境下实时转播行为性质认定 / 911
——某国际网络公司诉某网络科技公司侵犯著作权及不正当竞争案

三、专利行政纠纷

156 化合物新颖性的证明规则 / 921
——某公司诉某知识产权局发明专利申请驳回复审行政案
157 设计空间狭小的产品外观设计侵权判定规则 / 927
——某工贸公司诉某知识产权局外观设计专利处罚行政案
158 外观设计专利与对比设计是否具有明显区别的“精细化”判定 / 933
——某汽车公司诉某知识产权局外观设计专利权无效案
159 专利权无效案件中实验数据真实性举证责任的转移 / 939
——某制药公司诉某知识产权局发明专利权无效案
160 评价专利创造性，有必要对权利要求进行解释以明确其保护范围 / 946
——某电脑公司诉某知识产权局发明专利权无效宣告请求行政案
161 权利要求中撰写错误的认定 / 951
——某材料公司诉某知识产权局专利复审委员会专利权无效行政案

162 双方长期使用同一未注册商标，其中一方将该商标申请注册是否构成抢注 / 959
——甲药业公司诉某知识产权局商标权无效宣告请求行政案
163 以商品本身的形状申请立体商标注册应证明经过使用取得显著特征 / 965
——甲巧克力公司诉某知识产权局商标权无效宣告请求行政案
164 作品名称可以作为“有一定影响的商品名称”适用商标法第三十二条“在先权利”条款予以保护 / 970
——生物科技公司诉某知识产权局商标权无效宣告请求行政案
165 类似商品的判断差别 / 975
——某饮料公司诉某知识产权局商标不予注册复审行政案
166 商标申请注册主体是否为商标代理机构的司法审查 / 979
——某影视文化公司诉某知识产权局商标申请驳回复审行政案
167 商标授权确权行政纠纷中姓名权益利害关系人认定的范围与扩张 / 984
——某实业公司诉某知识产权局商标权无效宣告请求行政案
168 抢注名人艺名属于损害他人现有的在先权利 / 989
——李某娜诉某知识产权局商标权无效宣告行政案
169 文字商标显著性的判断主要考虑文字标志的语境含义 / 995
——某食品公司诉某知识产权局商标申请驳回复审行政案
170 不规范使用汉字的判定 / 1000
——彭某诉某知识产权局商标申请驳回复审行政案
171 立体商标申请特殊形式要件的审查与认定 / 1005
——某产业公司诉某知识产权局商标申请驳回复审行政案

172 以相同的事实和理由再次提出评审申请情形的判定规则 / 1010
——某实业公司诉某知识产权局商标权无效宣告请求行政案
173 共存协议在商标无效宣告程序中的适用 / 1015
——某传媒公司诉某委员会商标权无效宣告请求行政案
174 具有不同结构要素的商标对商誉延续和近似性判断的影响 / 1020
——某啤酒公司诉某委员会商标申请驳回复审行政案
175 浅析商标显著特征审查的平等化和特定化 / 1026
——某计算机公司诉某委员会商标申请驳回复审行政案
176 原注册商标申请人行为涉嫌“以其他不正当手段取得注册”不会导致已转让商标当然无效 / 1032
——某国际公司诉某委员会商标权无效宣告请求行政案
177 奥运会有关的特殊标志是否可以作为商标予以申请注册 / 1038
——宋某浩诉某委员会商标驳回复审行政案
178 驰名商标保护规则的适用 / 1042
——某贸易公司诉某委员会商标异议复审行政案
179 无效宣告中“恶意”的认定 / 1046
——某电器公司诉某委员会商标权无效宣告行政案
180 中外文商标近似性的认定要件 / 1052
——某国际公司诉某委员会商标异议复审行政案
181 非物质文化遗产名称的商标注册 / 1057
——杨某祥诉某委员会商标权无效宣告请求案
182 表示商品主要原料特征标志的显著性认定 / 1063
——某化妆品公司诉某委员会商标争议行政案

183　被代理人或被代表人商标的司法认定 / 1067
——某肥业公司诉某委员会商标异议复审行政案
184　“合法使用”的未注册商标能否获得法律保护 / 1071
——某建材公司诉某委员会商标争议行政案

一、知识产权权属、侵权纠纷

（一）著作权权属、侵权纠纷

001 数字合成图片作品类型的审查认定

——文化传播公司诉刘某著作权权属、侵权案

【案件基本信息】

1. 裁判书字号

广东省深圳市中级人民法院（2020）粤03民终10642-10657号民事判决书

2. 案由：著作权权属、侵权纠纷

3. 当事人

原告（被上诉人）：文化传播公司

被告（上诉人）：刘某

【基本案情】

原告文化传播公司诉请保护《孕童××》系列作品（共16张图片），具体权利内容为信息网络传播权。上海市版权局出具的作品登记证书显示，上述作品类别为美术作品，作者为关某，著作权人为文化发展公司，创作完成日期均为2016年1月29日，各作品的首次发表、出版、制作日期均为2016年2月15日，各作品登记日期均为2018年2月27日。2018年3月10日，文化发展公司与文化传播公司签订《〈孕童××〉系列美术作品著作权转让

合同》，约定文化发展公司将作品名称为《孕童××-1》至《孕童××-146》共计146幅合同作品及其著作权转让给文化传播公司，上述合同作品及其著作权转让时间自2018年3月10日起至永久……转让合同作品中所有可以转让的权利，包括但不限于著作权中的复制权、发行权、展览权、信息网络传播权、出租权、放映权、保护作品完整权……以文化发展公司名义申请公证取证而未开展诉讼活动的案件，自本合同签订之日起，由乙方以自己的名义开展诉讼活动……合同还约定了双方的其他权利义务。该转让合同包含涉案16张图片。涉案图片包括前景和背景两部分，前景部分为关某对人物模特、道具等进行拍摄形成的图片，背景部分为关某从网络上选取的与前景摄影作品风格相匹配的工笔画、国画、传统建筑或家具的图片，前景与背景部分通过数字技术合成，部分图片中添加了中国古诗词等文字。

根据（2019）浙杭临证内字第365号《公证书》的记载，刘某在某电商平台"有居××图"店铺销售与原告诉请保护的涉案16张图片相同的图片，单价1元，交易成功1件，累计评价17件。

文化传播公司提交的《委托代理合同》约定，每案收取律师代理费4000元。

【案件焦点】

1. 如何认定数字合成图片的作品类型；2. 如何确定图片侵权纠纷的赔偿数额。

【法院裁判要旨】[①]

① 本书【法院裁判要旨】适用的法律法规等条文均为案件裁判当时有效，下文不再对此进行提示。

广东省深圳市罗湖区法院经审理认为：涉案图片符合美术作品独创性及艺术美感的要求，属于我国著作权法意义上的美术作品，刘某侵害了文化传播公司的著作权，应承担民事责任。

广东省深圳市罗湖区法院依照《中华人民共和国著作权法》第九条、第十条、第四十八条、第四十九条，《中华人民共和国民事诉讼法》第六十四条第一款规定，判决如下：

一、刘某赔偿文化传播公司经济损失及合理支出每案4000元，十六案共计64000元；

二、驳回文化传播公司其他诉讼请求。

刘某不服一审判决，提起上诉。广东省深圳市中级人民法院经审理认为：首先，涉案图片包括前景和背景两部分。前景部分属于摄影作品。背景部分并非关某所创作，文化传播公司无权主张背景部分的著作权。其次，关某通过图像编辑软件将前景和背景合成涉案图片，判断该合成图片是否形成新的作品以及形成何种作品，不能仅根据版权登记证书认定涉案合成图片为美术作品，而应根据该合成图片的创作方式、创作结果、是否具有独创性等因素进行审查判断。本案中，涉案图片为作者采取将前景摄影作品复制、放大、缩小等方式，结合背景素材通过图像处理软件进行合成、调色制作，该创作方式并未在已有作品上形成以线条、色彩或者其他方式构成的有审美意义的新的美术作品。虽然作者对已有作品作了细微更改，但是更改内容与原作品不存在可以被客观识别的显著差异，未对原表达加以发展形成新表达，亦不属于演绎作品。虽然作者根据前景摄影作品的主题选择了相匹配的背景素材，但是前景与背景的内容前后结合，编排方式唯一，没有体现作者的独特选择或特殊编排，不满足独创性的要求，因此，该合成图片亦不构成汇编作品。综上，文化传播公司的合成图片未形成新的作品，其有权主张权利的作品为前景部分的摄影作品。一审认定涉案作品为美术作品不当，予以纠正。

广东省深圳市中级人民法院依照《中华人民共和国著作权法》第十条、第四十八条、第四十九条，《中华人民共和国民事诉讼法》第一百七十条第一款第二项规定，判决如下：

一、撤销一审判决第二项；

二、变更一审判决第一项为：刘某向文化传播公司赔偿经济损失及合理支出每案500元，十六案共计8000元；

三、驳回文化传播公司的其他诉讼请求。

【法官后语】①

随着数字技术的发展，图像处理技术得到广泛应用，利用图像处理技术合成的图片越来越常见。本案被诉侵权图片是数字合成图片。

一、关于数字合成图片的审查认定思路

对于数字合成图片作品类型的认定，首先，应审查该合成图片的具体内容。本案中，涉案图片包括前景和背景两部分。如果不考虑两部分内容权属不同，而直接将涉案图片作为“涉案作品”，进而认定该作品系人物照片与美术素材的组合，整体表现为中国风主题，具有艺术美感，为美术作品，可能将公有领域或他人的智力成果纳入保护范围，从而不当扩大了保护范围。其次，从合成方式是否具有独创性进行分析。作品是具有独创性的智力创作成果，必须体现

① 本书【法官后语】对此类法律问题涉及的法律法规等内容进行了时效性更新，下文不再对此进行提示。

一定程度的“智力创造性”，即能够体现作者独特的智力判断与选择、展示作者的个性。本案中，从表现形式看，涉案作品的合成方式主要为前景和后景的前后结合，这种合成方式单一，并没有体现出作者的智力判断和选择，没有展示出作者的个性化的智力创作空间，并不符合独创性的要求。因此，涉案图片不形成新的作品。最后，厘清相关类型作品的认定标准。本案中，二审法院对涉案图片是否形成了美术作品、汇编作品、演绎作品进行了进一步的分析。著作权是由法律创设的权利，作品类型应严格依据《中华人民共和国著作权法》的相关规定进行分析判断。由于合成图片的具体内容、创作过程、合成方式千差万别，在判断合成图片的作品类型时，应回归作品的基本概念和著作权法关于作品类型的相关规定，具体分析判断。该案提出根据数字合成图片的作品类型进行认定的裁判思路，使数千宗系列案得以妥善处理，起到良好的指引和示范作用。

二、关于图片侵权纠纷的赔偿数额

该案系批量维权案件，二审判决根据涉案作品的类型、创新程度、被诉侵权图片的价值及销售数量、被告经营规模等，合理确定赔偿数额，使权利人的整体获赔偿与其知识产权的价值相匹配，促进权利人的维权回归知识产权保护制度的初衷。

该案审结后，深圳知识产权法庭在总结涉图片著作权侵权纠纷中存在的相关问题的基础上形成《关于统一涉图片著作权侵权纠纷案件裁判标准的通知》，明确了相关问题的裁判标准，指导著作权侵权纠纷审理工作。

编写人：广东省深圳市中级人民法院　张苏柳

002 使用电影海报美术作品注册商标不构成著作权法上的合理使用

——某公司诉金某欢、婚姻介绍所著作权侵权案

【案件基本信息】

1. 裁判书字号

北京知识产权法院（2019）京73民终2701号民事判决书

2. 案由：著作权侵权纠纷

3. 当事人

原告（被上诉人）：某公司

被告（上诉人）：金某欢、婚姻介绍所

【基本案情】

2008年12月18日，由某公司等多家单位出品的电影《非×××》在全国公映。电影公映前，出品单位通过电影海报的方式对该电影进行了宣传。电影及电影海报中使用了经过艺术加工处理的“非×××”四个字作为电影标题。电影海报中除该电影标题外，还有电影剧照等元素，其中还对电影的导演、主演、权利人进行了署名。电影海报中署名编剧、导演冯某，美术指导石某鹰，并有“2008某公司 Media ×××× Films（BVI）Ltd. 版权所有 ×亚电影”标识。

2016年1月16日，冯某、石某鹰与某公司签订《协议书》，称“电影《非×××》宣传发行中所使用的宣传海报（包括对电影标题的美术字形设计）的全部著作权归某公司所有”。

2016年10月15日，冯某出具声明，称“2008年拍摄《非×××》时，我和石某鹰先生共同完成了用于电影海报的‘非×××’四个字的美术字形设计，并在当时约定其著作权归某公司享有”。2016年11月9日，石某鹰出具情况说明，称“2008年在拍摄电影《非×××》时，本人和冯某共同受某公司委托，设计了用于电影海报宣传使用的‘非×××’四个字的美术字形，当时约定其著作权归某公司享有”。

2009年2月16日，金某欢向商标局申请注册“非×××”商标，2010年9月7日，该商标经商标局核准注册，注册有效期至2020年9月6日，该商标核定使用的服务类别为第45类，包括交友服务、婚姻介绍所等。

婚姻介绍所系注册于2013年2月25日的普通合伙企业，金某欢系合伙人之一。婚姻介绍所于2015年12月1日注册了域名为fcwr×××.cn的网站宣传婚恋交友服务。在该网站上多处使用了“非×××婚恋交友”字样，与金某欢的“非×××”注册商标稍有不同。同时该网站上亦展示了金某欢的注册商标，金某欢认可系将其注册商标许可给婚姻介绍所使用。

某公司为本案支出公证费1010元、律师费3万元。

【案件焦点】

1.“非×××”美术作品著作权归属的认定；2. 使用“非×××”美术作品注册商标是否构成合理使用。

【法院裁判要旨】

北京市朝阳区人民法院经审理认为：电影《非×××》海报包含

剧照、经设计的“非×××”四字等元素，具有独立的审美与使用价值，构成著作权法上的美术作品。某公司主张权利的“非×××”四个字，是该电影宣传海报的一个组成部分。这四个汉字，具有艺术性与审美价值，符合著作权法实施条例规定的作品及美术作品的构成要件，构成美术作品，应受著作权法保护。《非×××》电影海报中明确标注“2008 某公司 Media ×××× Films（BVI）Ltd. 版权所有 ×亚电影”，上述版权标记及署名系针对该电影而言。就“非×××”美术作品而言，其既是电影海报的组成部分，亦是电影的组成部分，同时该美术作品创作的目的在于服务于电影的宣传发行，综合上述因素，某公司及×亚电影对电影《非×××》的著作权署名及于“非×××”美术作品。

认定某公司及×亚电影对电影《非×××》的著作权署名及于“非×××”美术作品前提的基础上，某公司另行提供了其与冯某、石某鹰签署的协议书，其中载明“非×××”美术字形的著作权归属某公司。对于美术作品，某公司虽未提供该作品的底稿、原件，但基于冯某作为电影《非×××》署名导演、石某鹰署名美术指导的事实，该二人实际参与了该电影制作，上述协议书可以作为本案中认定作品著作权权属的证据，结合电影海报的署名及某公司取得著作权的上述协议书，北京市朝阳区人民法院认定某公司系“非×××”美术作品的著作权人，其对该美术作品享有的著作权受著作权法保护。

就合理使用而言，电影海报系并不属于设置或陈列在室外公共场所的艺术作品的范畴，因此金某欢、婚姻介绍所辩称的其婚姻介绍所系对“非×××”美术作品的合理使用，并无事实及法律依据。金某欢未经某公司许可，将该美术作品注册为商标，侵害了某公司对该作品享有的著作权。婚姻介绍所将与该美术作品相同及基本相同的字样展示在其经营的网站上，侵害了某公司对该作品享有的信息网络传播权。金某欢等二被告仍应依照著作权法的规定承担相应的法律责任。

鉴于涉案侵权行为的方式，某公司主张赔礼道歉的法律责任，北京市朝阳区人民法院不予支持。对于赔偿损失的数额，某公司并无证据证明其因侵权行为所遭受的损失及金某欢等二被告的侵权获利情况，对某公司主张的赔偿数额，北京市朝阳区人民法院不予全部支持，根据金某欢等二被告使用作品的方式，结合某公司主张的经济损失赔偿的范围，酌定确定赔偿数额为 2 万元。将“非×××”美术作品申请为商标系金某欢的个人行为，该部分侵权行为责任应由金某欢个人承担，金某欢许可婚姻介绍所使用其注册的商标，就婚姻介绍所网站上的侵权行为，金某欢等二被告构成共同侵权，应承担连带责任。某公司为本案支出的律师费、公证费等费用，系制止侵权的合理开支，金某欢等二被告应承担连带责任。

北京市朝阳区人民法院依照《中华人民共和国著作权法》第四十八条第一项、第四十九条，《中华人民共和国侵权责任法》第八条规定，判决如下：

一、金某欢于本判决生效之日起十日内赔偿某公司经济损失 2 万元，婚姻介绍所在 1 万元范围内承担连带赔偿责任；

二、金某欢、婚姻介绍所于本判决生效之日起十日内赔偿某公司制止侵权的合理开支 31010 元；

三、驳回某公司其他诉讼请求。

金某欢、婚姻介绍所不服一审判决，提出上诉。北京知识产权法院经审理认为：第一，“非×××”构成著作权法意义上的作品。第二，《协议书》、声明可作为认定“非×××”作品创作者的证据。第三，电影《非×××》的署名不影响“非×××”美术作品著作权归属的认定，根据协议，可认定某公司获得其著作权。第四，“非×××”商标的擅自使用是侵犯“非×××”美术作品著作权的行为，应当承担相应法律责任。第五，电影海报属于《中华人民共和国著作权法》第二十二条第十项规定的“设置或者陈列在室外公共场所的艺术作品”。但在属于《中华人民共和国著作权法》第二十二条第十项规定的情形的情况下，是否构成合理使用还需要考虑是否符合《中华人民共和国著作权法实施条例》第二十一条规定的检验标准。由于平面美术作品的正常使用方式单一，如果认为只要一幅平面美术作品被置于公共场所，他人就可在拍摄、绘画或临摹后随意进行商业性使用，则势必会严重影响美术作品著作权人的合法利益。所以，本案不构成合理使用。第六，一审法院酌情确定的经济损失、合理支出数额合理。

北京知识产权法院依据《中华人民共和国民事诉讼法》第一百七十条第一款第一项规定，作出如下判决：

驳回上诉，维持原判。

【法官后语】

“非×××”著作权侵权案是一起典型的著作权侵权案件。该案是“非×××”商标注册后引发的商标侵权纠纷的后续。本案在作品及权属的认定、著作权中合理使用的认定、知识产权权利冲突三个方面问题的司法认定上均具有十分典型的意义。该案判决之后，虽然2021年6月1日修订后开始施行的新著作权法对本案适用的合理使用规则进行了部分修改，但即使是在新著作权法规则下，一审、二审判决作出裁判的基本思路与最终结论仍是正确的，对该类案件亦同样具有借鉴意义。

一、美术作品与著作权权属的认定

“非×××”是电影海报的组成部分，电影海报可能包含摄影作品、电影画面、艺术字形等多种组成元素，经过精心设计的电影海报构成著作权法保护的作品，这一点不存在任何争议。但本案需要首先解决的问题是作为电影海报组成元素之一的、经过设计的“非×××”是否构成美术作品。在此问题上，一审、二审法院的意见是一致的：“非×××”并非简单的汉字组合，其在汉字排列、笔画、具体的构成元素上经过了创作者独特的美术设计，体现了创作者的独特构思与编排，具有一定的艺术性与审美价值，符合著作权法实施条例对作品及美术作品的界定，构成著作权法的保护对象。

从作品权属上看，“非×××”美术作品是电影海报的一部分，同时也作为电影的标题与名称融入了电影本身。美术作品与电影作品分属著作权法上的不同作品，著作权法对两类作品著作权归属亦有不同的认定规则，尤其是电影作品有特殊的法律规定。我们应当看到，在实践当中电影海报是服务于电影宣传的，一般系委托创作作品，在认定电影作品的著作权归制片者享有的情况下，涉及电影海报美术作品的底稿、权属约定的合同、权利声明对于电影海报美术作品的权属认定具有重要意义。考虑到电影《非×××》著作权归属的情况，结合某公司提交的关于美术作品的权利归属的协议书，可以认定某公司享有“非×××”美术作品的著作权。

二、公共场所艺术作品合理使用的认定

对于本案中的合理使用，一审、二审法院结论相同，但认定过程不同。一审认为电影海报的使用具有一定时效性，不属于“设置或者陈列在室外公共场所的艺术作品”，二审认为电影海报悬挂于室外公用场所，属于上述情形，只是本案是根据《中华人民共和国著作权法实施条例》相关规定，金某欢、婚姻介绍所的使用行为已不合理地损害了某公司的合法利益，故不构成合理使用。就该问题，可以从以下几个方面来理解法律、行政法规、司法解释之间就该种合理使用情形规定的内在逻辑：

1. 原著作权法明确的合理使用的对象、行为方式、限定条件

原著作权法明确了该类合理使用行为的对象，即针对设置或者陈列在室外公共场所的艺术作品；明确了具体使用行为的方式，包括临摹、绘画、摄影、录像；同时这种使用还需要符合原著作权法第二十二条规定，即指明作者姓名、并不得侵犯著作权人的其他权利。

对于何谓“设置或陈列在室外公共场所的艺术作品”，本案的一审、二审法院之间存在不同理解，一审法院认为电影海报虽然可能展示在室外，但其使用具有时效性，并不属于该条规定范围内的艺术作品。二审法院认定电影海报悬挂于室外公共场所，属于该类艺术作品。从原著作权法规定的文义上看，其并未限定室外艺术作品的陈设时间，一审法院以电影海报一般具有时效性为由将其排除出该类艺术作品的范围，对法律的适用确有不当限缩。但需要注意的是，其他国家的著作权法在规定该类权利限制时，确实加以“永久设置”的限制性条件，理论上亦有学者提出立法需要考虑是否应增加“永久设置”的限制①。

需要注意的是，2020 年著作权法删除了该款原规定中的“室外”二字，这就意味着至少从理论上讲，该款规定允许合理使用作

---

① 王迁：《知识产权法教程》，中国人民大学出版社 2021 年版，第 306~307 页。

品的对象相比于原法律规定有所扩大，将室内公共场所设置和陈列的艺术作品也纳入了可依该款规定合理使用的范围。但实践当中，室内艺术作品的管理者可否基于管理或权利保护的考虑，限制社会公众合理使用的方式及范围，可能会成为一个值得探讨的问题①。

2.《中华人民共和国著作权法实施条例》对该类合理使用的进一步限定。《中华人民共和国著作权法实施条例》第二十一条对合理使用的认定施加了额外条件，即在法律明确规定的情形下，这种使用亦不得影响作品的正常使用、不得不合理地损害著作权人的合法权利。上述规定，即体现的理论上“三步检验法”或称“三步检验标准”。“三步检验法”由包括《伯尔尼公约》在内的著作权保护国际条约确定，在我国加入著作权保护国际条约后，通过《中华人民共和国著作权法实施条例》第二十一条对“三步检验法”亦进行了明确的规定。但就原著作权法实施条例规定的“三步检验法”与原著作权法规定的具体的合理使用情形之间的关系，在之前的司法实践与理论当中存在不同的理解。个别案件当中，法院在原著作权法规定的具体合理使用情形之外，仅依据《中华人民共和国著作权法实施条例》第二十一条规定便创设了新的合理使用的情形。本案的二审判决对“三步检验法”与原著作权法规定的具体合理使用情形之间的关系作了详尽地阐释，明确《中华人民共和国著作权法实施条例》第二十一条的规定，是对合理使用的进一步限制，是在使用行为符合原著作权法规定的具体情形的基础上，判断合理使用最终能否成立的进一步检验标准。新著作权法将著作权法实施条例的“三步检验法”明确加入第二十四条合理使用判断的前置条件当中，

① 吴汉东：《知识产权法》，法律出版社 2021 年版，第 247 页。

从规范层面上对此进行了明确。新著作权法实施之后，就“三步检验法”与合理使用具体情形之间的逻辑关系，应当不会再有任何争议。

在“三步检验法”当中，如何理解“不得不合理地损害著作权人的合法权利”是需要判断的核心问题。合理使用在整体的制度设计中考虑的是著作权人的利益与公共利益之间的平衡，但在具体的司法案件当中法院是在著作权人利益与被诉侵权行为人利益进行平衡。在这里被诉侵权行为人的利益显然不同于公共利益。如果被诉侵权行为人的作品使用行为，已经明显超过了合理使用制度给公共利益预留的空间与份额，乃至侵蚀到了著作权人依照法律规定享有的专用权的使用范围，则被诉侵权行为人的合理使用抗辩不应得到支持。本案中，就涉案美术作品的类型来看，以自行或授权他人复制作品、在原作品基础上经过演绎形成新作品并许可使用系权利人对作品的基本使用方式，如以合理使用为名任由他人采取该类作品使用方式，则明显损害到了著作权人的合法权利，因此涉案的使用行为不应认定为合理使用行为。

3.《最高人民法院关于审理著作权民事纠纷案件适用法律若干问题的解释》（2020 年修正）第十八条即对艺术作品的范围作了明确，同时明确在室外公共场所的艺术作品基础上形成的成果可以合理的方式和范围再使用，不构成侵权。该条规定对于实践当中判断合理使用的成立与否的疑问，至少回答了三个层面的问题：

首先，合理使用产生的新作品、新制品，使用人可以作进一步的后续使用。如拍摄户外陈设的雕塑作品形成新的摄影作品，摄影作品的著作权人对其当然可以享有完整的使用权，否则合理使用制度所允许的临摹、绘画、摄影亦将丧失其实际意义。

其次，这种后续使用并未排除商业使用的情形。合理使用制度整体上并不存在禁止商业使用或营利性使用的限制，故除非特殊规定，是否商业使用并非合理使用是否成立的要件之一。这一点，可对比免费表演情形下的合理使用。对该类合理使用情形，无论是原著作权法规定“表演未向公众收取费用，也未向表演者支付报酬”中隐含的排除商业表演，还是新著作权增加规定“不以营利为目的”，均将商业性使用排除在外，而这是合理使用制度下的例外的规定。即排除商业性质的合理使用，应当以法律明确规定为限。

最后，这种后续使用是否成立，应当受“合理的方式和范围”的限制。如前所述，如一种使用行为影响到了作品权利人对作品使用的正常许可，不合理地侵蚀到了原著作权人的利益，则这种使用不应视为“合理的方式和范围”内的使用。在判断的过程中，需要考虑的因素包括：从使用方式来看，是不是严格在法律规定的平面复制范围内，如果对立体形式呈现的雕塑、建筑作品，超出平面复制的方式，显然已经不属于合理的方式；从使用范围来看，是否与权利人的正常自行使用、许可使用存在竞争关系或重叠关系的，如果存在，则该种使用范围已经走出必要界限，不应被合理使用制度所允许。

综合来看，判断该类作品是否属于室外公共场所的艺术作品，以及使用行为是否构成合理使用，需要综合著作权法、著作权法实施条例、著作权法司法解释综合认定。最终是否构成合理使用，仍需平衡著作权人与使用者之间的利益，使用行为严重损害著作权人利益的，即使从形式上看落入合理使用范围，在适用“三步检验法”之下仍不构成合理使用。

三、知识产权权利冲突下的司法认定

知识产权是针对无形财产的权利，其权利产生与行使无须亦不可能建立在对权利客体物理占有的基础上。同时著作权法、商标法等不同的部门法规定了不同的权利产生方式。在此背景下，极易出现针对同一客体存在不同类型的知识产权，不同的权利归属于不同的主体的情形，这就出现了知识产权之间的权利冲突。当然在理想的情况下，权利冲突可以通过特定的法律制度设计予以防范。如根据《中华人民共和国商标法》第三十二条规定，申请商标注册不得损害他人现有的在先权利。同时第四十五条规定，在商标注册后，在先权利人或利害关系人有权在特定期限内申请注册商标予以无效宣告。但应当看到知识产权法律制度下不同的部门法，在立法目的、基本原则上存在差异，不同的利益只能依据特定的立法目的予以平衡，不可能给予绝对理想的法律保护。

本案中，显然“非×××”美术作品最初的权利归属是清晰的，金某欢将该美术作品抢注成商标，同时商标经过法定时限后著作权人无法对其宣告无效，导致事实上注册商标与著作权产生权利冲突。就此权利冲突，在《中华人民共和国商标法》第四十五条规定的制度设计下，在先权利人已经丧失了通过宣告商标无效实现权利救济的可能。与之相适应，《最高人民法院关于当前经济形势下知识产权审判服务大局若干问题的意见》第九条亦对此种情形下民事责任的承担方式作出了规定，即与他人著作权、企业名称权等在先财产权利相冲突的注册商标，因超过商标法规定的争议期限而不可撤销的，在先权利人仍可在诉讼时效期间内对其提起侵权的民事诉讼，但人民法院不再判决承担停止使用该注册商标的民事责任。

虽然基于商标注册与使用制度的稳定性的考量，对注册超过五年的商标，在先权利人不能通过无效宣告的方式实现救济，但在著作权人的著作权仍受著作权法保护的情况下，如果商标注册人的商标使用行为同时亦构成对作品的复制、信息网络传播行为，进而落入著作权人的专有使用权范围内时，权利人仍可通过主张赔偿损失的方式获得救济。

编写人：北京市朝阳区人民法院　崔树磊

003 服装设计构成作品的认定标准

——甲服装公司诉乙服装公司、贸易公司侵犯著作权及不正当竞争案

【案件基本信息】

1. 裁判书字号

北京知识产权法院（2020）京73民终87号民事判决书

2. 案由：侵犯著作权及不正当竞争纠纷

3. 当事人

原告（上诉人）：甲服装公司

被告（被上诉人）：乙服装公司、贸易公司

【基本案情】

甲服装公司依法取得款号为594×××、644×××的两款羽绒服设计图、服装样板图的著作权。2015年6月9日，甲服装公司委托案外人生产594×××款羽绒服成衣，9月29日，该成衣在某电商平台上甲服装公司的店铺售出；2016年6月17日，甲服装公司委托案外人生产644×××款羽绒服成衣，9月13日，该成衣在某电商平

台上甲服装公司的店铺售出。乙服装公司依法取得款号为 B16013××、B16012××的两款羽绒服设计图、服装样板图的著作权。2016 年 3 月 22 日，乙服装公司委托案外人生产 B16013××款羽绒服，9 月 23 日，该成衣在某电商平台上乙服装公司的店铺上架销售；2016 年 9 月 17 日乙服装公司委托案外人生产 B16012××款羽绒服，9 月 23 日，该款羽绒服在某电商平台上乙服装公司的店铺上架销售。SAP 财务系统显示两款线下销售时间为 2016 年 9 月 13 日。甲服装公司于 2017 年 3 月 3 日，对乙服装公司生产、贸易公司销售的 B16013××款、B16012××款进行了公证购买。甲服装公司认为其 594×××、644×××的服装样版图是图形作品，设计图是美术作品，羽绒服是美术作品。上述乙服装公司的两款羽绒服与甲服装公司的 594×××款、644×××款构成了实质性相似，明显属于恶意抄袭、剽窃，二被告的行为明显具有搭乘甲服装公司时尚设计的便车、吸引消费者、提升其商品关注度并扩大其商品市场份额、获取不当利益的目的和恶意，严重违背了公认的商业道德，违反了公平竞争和诚实信用原则，构成了不正当竞争，故甲服装公司要求乙服装公司停止侵权、赔偿损失及合理开支、公开赔礼道歉、承担本案诉讼费用。乙服装公司认为甲服装公司不应受到著作权法保护，服装设计属于公有领域，且乙服装公司生产销售羽绒服的行为是市场经济自由竞争的体现，不是不正当竞争行为。

【案件焦点】

服装设计图、样板图、服装成衣是否构成著作权法上的作品。

【法院裁判要旨】

北京市西城区人民法院经审理认为：首先，甲服装公司主张权利的羽绒服不构成美术作品。一方面，无论是594×××款中的帽子设计、口袋拉链设计、口袋倾斜且右口袋下配以图形和标识等，还是644×××款中的燕尾设计、拉链设计、口袋设计，均为服装常用的惯常设计和组合，并非甲服装公司所独创。另一方面，服装成衣上的设计多是为实现服装的基本功能而存在，服装成衣之上的艺术美感无法与其功能性进行分离。结合甲服装公司提交的批量生产信息、自述该款产品为当季款已经停止生产的事实可知，公众很难将上述服装成品视为艺术品加以购买或珍藏。

其次，甲服装公司涉案的服装设计图和服装样板图均为图形作品。服装设计图、制版图其中的点、线、面的选择和排列组合，均体现出作者个性化的选择和安排，具有独创性，属于作品。图形作品主要服务于实用功能，而美术作品的主要用途在于给人艺术上美的享受。甲服装公司主张权利的两款服装设计图、样板图均是为了进行服装生产而绘制，主要功能不在于通过图形本身带给人美的享受。

再次，一方面，甲服装公司提交的证据不能证明乙服装公司的行为侵犯了涉案作品的复制权和发表权。甲服装公司未能证明实质性相似的事实。另一方面，按照工程设计图或者产品设计图施工或者生产不受著作权法保护的工程或者产品，不属于我国著作权法意义上的复制。此外，并无证据表明乙服装公司将涉案作品公之于众。

最后，无证据表明乙服装公司构成不正当竞争。无证据表明涉案服装已经具有一定影响，同时，结合购买产品、乙服装公司系专卖店经营、双方网络店铺的选购热点主要为品牌的事实来看，乙服装公司不构成不正当竞争。

北京市西城区人民法院依照《中华人民共和国著作权法》第三

条、第十条第一款第一项和第五项，《中华人民共和国反不正当竞争法》第二条、第六条规定，判决如下：

驳回甲服装公司的全部诉讼请求。

甲服装公司不服一审判决，提起上诉。北京知识产权法院认为：一审法院对于著作权的审理合法，且并不存在遗漏情形，乙服装公司的行为没有对竞争秩序造成损害，故不构成不正当竞争。

北京知识产权法院判决如下：驳回上诉，维持原判。

【法官后语】

服装设计的著作权法保护应与我国的产业发展情况相匹配，综合考量设计目的、生产规模、个性化有无等诸多方面，以促进行业有序竞争，利于法益平衡和法律体系的协调为目的。

一、服装设计成为作品的条件

服装设计中的图稿、成衣、文字说明等智力成果能否受到著作权法的保护，关键在于是否契合作品的特征。首先，从领域来看，服装行业并不排斥著作权法的保护。《伯尔尼公约》、世界各国立法均未将服装行业作为工业生产领域而当然排除著作权法保护。我国著作权法中虽未规定服装这一独立作品类型，但在司法实践中不乏对服装设计进行著作权法保护的案例。其次，服装设计的相关作品应当是具备独创性的表达。一般而言，服装设计图、样板图、成衣均能体现出作者个性的选择和表达，虽然成衣往往依据图稿进行制作，但如果并非机械地复制，而是加入了作者个性化的表达，它们将具备独创性。最后，设计图、样板图都是为生产成衣而绘制的产品设计图，可能成为图形作品；而服装成衣则可因其具有审美意义而成为美术作品。

二、服装成衣的可版权性：实用功能和艺术美感的分离

美术作品所要求的审美意义，指的是这一作品通过线条、形状、色彩等要素组合，给人们带来视觉欣赏的美感。为了准确区分普通服装与美术作品，著作权法学者们为它们找到了准确的界限——实用功能和艺术美感能够分离。实用功能和艺术美感能够分离，既包括物理上的分离，又包括观念上的分离。物理上的分离是指具有艺术美感的部分能够独立存在，而观念上的分离则较为复杂。

三、回归案例：羽绒服设计的保护范围

本案中，甲服装公司主张的服装设计图、样板图，能够体现出作者的选择和取舍，线条流畅，布局合理，具有美感，展现出较大的个性特点，具有独创性，故可作为图形作品加以保护。但图形作品本身的保护范围仅限于对图形作品进行的平面到平面的复制，按照图形进行生产并不侵犯图形作品的复制权，一则，图形作品能够成为作品是基于其线条、图形等组合表现出来的整齐、规则之美，平面到平面的复制才能将这些美感展现无余；二则，著作权法不能沦为保护技术方案或者工业生产的工具，否则将架空专利法等工业产权法。平面复制图形作品的举证较为困难，甲服装公司亦因不能证明作品形成的时间，而使得图形作品不能从平面的角度得到保护。

就服装成衣和羽绒服本身而言，虽然整体上能够体现出一定美感，但这种美感仅是常规特点，并不具有超出惯常观感的整体特点，不能因为某些并不显著的细节改变而当然认为这些服装成衣具有独创性。同时，燕尾裁剪、领口嵌入设计、伞形下摆等细节设计，一方面属于服装行业常用设计，另一方面这些设计均是服务于羽绒服方便穿脱、节省布料、轻便保暖的实用功能需求，这些具体的细节改动虽然能够影响羽绒服的穿着体验和功能实现，但是难以单独成

为具有艺术美感的独立存在，不能成为具有观赏价值、审美意义的美术作品。此外，涉案羽绒服具有季节性，过了销售季节即退出市场，当季时亦进行批量工业生产，结合我国服装行业发展情况，尚无必要给予等同于作品的保护水平。因此，这些羽绒服整体上并不具有独创性，视觉上的美感亦难以与实用功能在观念上分离，不宜成为美术作品受著作权法保护。

编写人：北京市西城区人民法院　黄秋平　高天

004　体育赛事直播画面构成电影类作品的认定

——甲公司诉乙公司侵害著作权及不正当竞争案

【案件基本信息】

1. 裁判书字号

北京市高级人民法院（2020）京民再128号民事判决书

2. 案由：侵害著作权及不正当竞争纠纷

3. 当事人

原告（被上诉人、再审申请人）：甲公司

被告（上诉人、再审被申请人）：乙公司

第三人：丙公司

【基本案情】

2006年3月8日，中国足球协会依据《国际足联章程》出具授权书，授权某超联赛公司代理开发经营某超联赛的电视、广播、互联网及各种多媒体版权，某超联赛冠名权、赛场广告权、专项物品供应权，某超联赛形象设计、信息资源、品牌资源等无形资产，某超联赛可能产生的其他权利和资源（不包括参赛俱乐部自身资产所形成的资源）。某超联赛公司可以对上述资源进行全球范围内的市场开发和推广，有权进行接洽、谈判及签署相关协议等，有权经中国足球协会备案后在本授权范围内进行转委托。本授权为中国足球协会对某超联赛资源代理开发经营的唯一授权，有效期为十年。

2012年3月7日，某超联赛公司（甲方）与甲公司（乙方）签订协议。双方约定，甲方授权乙方在合同期内，享有在门户网站领域独家播放某超联赛视频，包括但不限于比赛直播，录播，点播，延播；上述所提及的门户网站，甲方不得再进行任何形式合作的网站，包括但不限于乙公司所有的×凰网等；合同有效期自2012年3月1日起至2014年3月1日止。

乙公司为×凰网所有者，负责该网站的运营。在×凰网“某超”栏目下，点击“点此进入视频直播间”后，进入“体育视频直播室”，在其预告页面上注明“×凰体育将为您视频直播本场比赛，敬请收看!”字样。甲公司对该直播室有涉案两场比赛的实时直播视频进行了公证，该两场比赛的播放页面网址均为×凰网网页，且分别显示有BTV、CCTV5的标识，在该页面上方还显示有两个返回入口，即“某体育”“×视体育”。上述两场比赛，均有回看、特写，场内、场外，全场、局部的画面，以及有全场解说。

甲公司起诉乙公司侵害其体育赛事节目的作品著作权并构成不正当竞争，请求判令乙公司停止侵权、赔偿经济损失1000万元、消除影响等。

就涉案赛事转播的来源，乙公司提出系转链接×视网的内容。丙公司作为第三人参加诉讼。丙公司系视频网站×视网的经营者，该网站在2013年8月1日转播了涉案赛事。丙公司与乙公司认可曾因合作关系共建了涉案播放页面。在合作期间，丙公司向该域名下的网页推送视频，但之后双方停止合作。双方认可该涉案赛事播放的网络地址已无法打开。

【案件焦点】

体育赛事直播节目连续画面的版权性认定。

【法院裁判要旨】

北京市朝阳区人民法院经审理认为：体育赛事直播节目所体现的对赛事录制镜头的选择、编排，形成可供观赏的新的画面，是一种创造性劳动，赛事录制形成的画面，构成我国著作权法对作品独创性的要求，应当认定为作品。丙公司、乙公司以合作方式转播的行为，侵犯了甲公司对涉案赛事画面作品享有的著作权中的“其他权利”。

北京市朝阳区人民法院依照《中华人民共和国侵权责任法》第十三条，《中华人民共和国著作权法》第十条第十七项、第四十七条第十一项、第四十九条，《中华人民共和国著作权法实施条例》第二条，《最高人民法院关于审理侵害信息网络传播权民事纠纷案件适用法律若干问题的规定》第四条规定，判决如下：

一、乙公司停止播放某超联赛2012年3月1日至2014年3月1日期间的比赛；

二、乙公司为甲公司消除影响；

三、乙公司赔偿甲公司经济损失50万元。

乙公司不服一审判决，提起上诉。北京知识产权法院经审理认为：涉案两场赛事公用信号所承载连续画面既不符合电影类作品的固定要件，亦未达到电影类作品的独创性高度，故涉案赛事公用信号所承载的连续画面未构成电影类作品。

北京知识产权法院依据《中华人民共和国民事诉讼法》第一百七十条第一款第二项规定，判决如下：

一、撤销北京市朝阳区人民法院民事判决；

二、驳回甲公司的诉讼请求。

甲公司不服二审判决，申请再审。北京市高级人民法院经审理认为：电影类作品与录像制品的划分标准应为独创性的有无，而非独创性程度的高低。电影类作品定义中“摄制在一定介质上”的理解，应结合《中华人民共和国著作权法》第三条、《中华人民共和国著作权法实施条例》第二条的规定从整体、体系上予以解释。二审法院将“摄制在一定介质上”的解释过度限缩了该类作品的内涵和外延。某超联赛赛事公用信号所承载的连续画面的制作存在较大的创作空间，并不属于因缺乏个性化选择空间进而导致表达有限的情形。涉案赛事节目构成《中华人民共和国著作权法》保护的电影类作品，而不属于录像制品，被诉直播行为侵犯了甲公司对涉案赛事节目享有的“著作权人享有的其他权利”。

北京市高级人民法院依照《中华人民共和国民事诉讼法》第二百零七条第一款、第一百七十条第一款第二项，《最高人民法院关于适用〈中华人民共和国民事诉讼法〉的解释》第三百三十四条，《中华人民共和国著作权法》第四十八条第一项规定，判决如下：

一、撤销北京知识产权法院民事判决；

二、维持北京市朝阳区人民法院民事判决。

【法官后语】

本案再审判决对二审判决认定的纠正，前瞻性地契合了2021年6月1日施行的《中华人民共和国著作权法》对作品构成要件的相关规定。本案再审判决不仅解决了多年来体育赛事节目著作权保护的分歧争议，而且为推动立法进程提供了宝贵的实践素材。

一、体育赛事直播节目版权性争议的焦点

对于体育赛事直播画面的认定上，关键的争议有两方面，一是体育赛事直播节目画面是否满足作品的独创性要件；二是体育赛事直播节目是否满足电影类作品“摄制在一定介质”上的要件。

(一) 关于独创性要件

实践中，绝大多数否定体育赛事节目构成电影类作品的案例，主要理由是涉案体育赛事节目的独创性无法达到电影类作品所要求的高度，且多数从体育赛事节目拍摄受赛事本身推进、电视导播要求等限制，体育赛事节目制作人在拍摄时按照其意志作出的选择和表达非常有限的角度进行说理。例如，在某网诉某信息技术公司侵害作品信息网络传播权及不正当竞争纠纷案①中，法院认为，体育赛事的观众主要关注的是比赛的过程、运动员在比赛中的个人表现及团体的技战术运用、比赛的结果等，体育赛事本身不构成作品。而在某网诉某科技公司案中②，再审法院则认为，体育赛事节目构成电影类作品还是录像制品，不能一概而论，应当从是否具有独创性的

---

① 上海市闵行区人民法院（2015）闵民三（知）初字第1057号民事判决书，载中国裁判文书网，https：//wenshu. court. gov. cn/website/wenshu/181107ANFZ0BXSK4/index. html？docId＝6d7015228df14cef82b8bddef69111d2，2022年12月11日访问。

② 北京市高级人民法院（2020）京民再127号民事判决书，载中国裁判文书网，https：//wenshu. court. gov. cn/website/wenshu/181107ANFZ0BXSK4/index. html？docId＝611ff26c9542472fa2e6ac4700094ea8，2022年12月11日访问。

角度予以分析认定。对于由多个机位拍摄的体育赛事节目，如制作者在机位的设置、镜头切换、画面选择、剪辑等方面能够反映制作者独特的构思，体现制作者的个性选择和安排，具有智力创造性，可认定其符合著作权法规定的独创性要求。

（二）关于“固定性”要件

网络实时转播的体育赛事节目是否满足“固定性”的要求。有观点认为，《中华人民共和国著作权法》所保护的“电影和以类似摄制电影的方法创作的作品”应被“摄制在一定介质上”，也就是将“已固定”作为保护电影作品的前提。① 对此持反对观点的学者认为，无法从作品定义中得出我国对受保护的作品有固定要求的结论。从我国著作权法立法精神看，对作品的保护从来不存在固定要求，因为连口述作品也明确地被列为著作权保护的对象。无论是受著作权保护的客体，还是邻接权保护的对象，都是基于某种无形的“成果”，即作品或者不构成作品的版式设计、表演、录制的声音、录制的图像以及广播电视（节目），从理论上讲，这些保护对象的存在方式或物质载体是什么，与它能否享有保护，并没有什么关系，换言之，有没有一个物质载体或是否存在事先固定，并不是产生著作权或者邻接权保护的必要前提。②

二、体育赛事直播节目画面可以认定为电影类作品

本案再审判决从法理分析、立法目的以及法条规范等角度详细分析后认为，作品的独创性源自作者的创作，是否存在创作这一事实行为，只能定性，而无法定量。对于作品的独创性判断，只能定性

① 王迁：《论现场直播的“固定”》，载《华东政法大学学报》2019年第3期。

② 张伟君：《从固定要求看我国〈著作权法〉对体育赛事直播画面的保护》，载《中国发明与专利》2019年第4期。

其独创性之有无，而无法定量其独创性之高低。我国著作权法严格区分著作权与邻接权，著作权基于作者的创作自动产生，邻接权基于传播者的加工、传播行为而产生。著作权法对邻接权单独设置是为了拓展保护，而非限制保护，电影类作品和录像制品分别作为著作权和邻接权的保护客体，其实质性区别在于连续画面的制作者是否进行了创作，所形成的连续画面是否具有独创性。因此，电影类作品与录像制品的划分标准应为独创性之有无，而非独创性之高低。

同时，对于电影类作品定义中“摄制在一定的介质上”的规范意义在于摄制者能够证明作品的存在，并据以对作品进行复制传播。同时，《中华人民共和国著作权法实施条例》第二条有关作品的定义仅规定“能以某种有形形式复制”，即作品具有“可复制性”即可，并未将“固定”或“稳定地固定”作为作品的构成要件。因此，《中华人民共和国著作权法实施条例》（2013 修订）第四条有关电影类作品定义中规定的“摄制在一定介质上”并不能等同于“固定”或“稳定地固定”。

于 2021 年 6 月 1 日实施的《中华人民共和国著作权法》将《中华人民共和国著作权法实施条例》（2013 修订）中的作品定义提级规定，在第三条中规定了“作品，是指文学、艺术和科学领域内具有独创性并能以一定形式表现的智力成果”。保留独创性要件的规定为“具有独创性”，而非具有较高独创性。同时，对形式要件限制则更为宽松，仅需要“以一定形式表现”即可。再审判决的认定不仅回应了行业界对体育赛事节目通过著作权法保护的强烈需求，而且与第三次修订的《中华人民共和国著作权法》的相关规定所契合，为妥善审理体育赛事直播节目相关著作权争议提供了有益的借鉴。

编写人：北京市高级人民法院　谢甄珂

005 插画师演绎名画创作“熊猫××”系列图片受著作权保护

——文化传播公司诉教育科技公司侵害作品信息网络传播权案

【案件基本信息】

1. 裁判书字号

北京互联网法院（2020）京0491民初第10105号民事判决书

2. 案由：侵害作品信息网络传播权纠纷

3. 当事人

原告：文化传播公司

被告：教育科技公司

【基本案情】

原告文化传播公司系国内动漫前期创作以及IP[①]运营公司，“熊猫××”系“90后”插画师、动画师曾某（艺名阿某）创作的美术形象。2017年起，曾某将熊猫××与生活、电影、名画相结合，创作出了熊猫××系列插画，并出版了《当××遇上中外名画》等书籍，该书在几大电商平台上均有销售。“熊猫××”美术形象还入选至微信表情库，其系列周边衍生品也深受人们喜爱，具有较高的影响力。2019年11月14日，曾某将专有使用权独占性地授权许可给了原告，并授予原告以自己的名义单独维权和获得赔偿的权利。现原告主张被告未经原告许可，在其主办的微信公众

---

① IP（Intellectual Property），此处指知识产权，下文对此不再提示。

号（蓝××）中《前方高萌预警熊猫××玩坏世界名画》的文章中使用了原告享有专有使用权的动态插画作品23张，被告的上述行为造成了对原告享有的信息网络传播权的侵犯。文化传播公司要求被告教育科技公司连续48小时在其微信公众号（蓝××）首页上向原告作出赔礼道歉、消除影响的声明，赔偿原告经济损失66000元及合理支出费用3000元。

【案件焦点】

1. 涉案作品是否构成改编作品，原告是否享有该作品的信息网络传播权；2. 涉案行为是否构成合理使用。

【法院裁判要旨】

北京互联网法院经审理认为：《中华人民共和国著作权法》第十一条规定，著作权属于作者；创作作品的公民是作者；如无相反证明，在作品上署名的公民、法人或者其他组织为作者。第十二条规定，改编、翻译、注释、整理已有作品而产生的作品，其著作权由改编、翻译、注释、整理人享有。第二十一条第一款规定，公民的作品，其发表权、本法第十条第一款第五项至第十七项规定的权利的保护期为作者终生及其死亡后五十年，截止于作者死亡后第五十年的12月31日；如果是合作作品，截止于最后死亡的作者死亡后第五十年的12月31日。《最高人民法院关于审理著作权民事纠纷案件适用法律若干问题的解释》第七条规定，当事人提供的涉及著作权的底稿、原件、合法出版物、著作权登记证书、认证机构出具的证明、取得权利的合同等，可以作为证据。在作品或者制品上署名的自然人、法人或者其他组织视为著作权、与著作权有关权益的权利人，但有相反证明的除外。本案中，原告提供的原图、原作者创作声明、原作者微博实名认证页面以及作品首次发表情况、《授权书》等，在无相反证据的情况下，可以作为认定作品的著作权的证据。对于被告答辩中提到的改编作品仅具有消极著作权的观点，本院认为，涉案23张熊猫××系列图片是曾某在中外名画基础上的再创作，画面整体构图、配色虽参考名画，但在熊猫的构图、角色替换、动态姿势上仍可体现曾某独特的判断与选择，具有一定的独创性。同时由于涉案作品参考的系列名画均超过著作权保护期，已经进入公有领域，使用该作品创作演绎新的作品不再需要任何人的同意。因此，熊猫××系列属改编作品，曾某作为涉案作品的作者，享有著作权，有权将该作品的信息网络传播权授予原告。原告经授权许可，获得相应的著作权。

《中华人民共和国著作权法》第十条第一款第十二项规定，信息网络传播权，即以有线或者无线方式向公众提供作品，使公众可以在其个人选定的时间和地点获得作品的权利。第四十八条第一款规定，未经著作权人许可通过信息网络向公众传播其作品的，构成侵权，应当根据情况，承担停止侵权、赔偿损失等民事责任。本案中，涉案文章使公众可以在其个人选定的时间和地点获得涉案作品，且该侵权行为延续至原告取得授权后，侵害了原告对涉案作品享有的信息网络传播权，应当承担相应侵权责任。

关于被告系合理使用熊猫××系列作品，不构成侵权的抗辩意见，本院认为，涉案文章开头提到“今天肥皂君要给大家安利的一位插画师是@阿某××”，可以看出该文有介绍、推荐其作品的意思表达。但全文共使用曾某《当××遇见中外名画》系列作品23幅，且通篇文章几乎由23幅作品累加构成，仅配有极少的文字说明，已明显超过合理使用的必要限度，不符合《中华人民共和国著作权法》第二十二条规定，故被告的该项答辩意见本院不予采纳。

关于赔偿数额，由于原告未能提交证据证明其经济损失及被告的违法所得，也无同类作品的市场参考价格。故本院综合考虑涉案系列作品的创作成本、独创性、侵权人的主观过错程度、侵权作品的类型、传播的范围等因素，酌情确定损害赔偿数额。关于律师费，原告虽有律师出庭，但未提交相关委托协议及票据，无法证明其就已就相关数额进行约定，也无法证明其实际支出，且原告对此负有举证责任，故本院不予支持。关于公证费，原告未提供相关票据，无法证明其实际支出，且原告对此负有举证责任，故本院不予支持。

关于赔礼道歉，鉴于原告不享有涉案作品的著作人身权，且被告使用涉案作品时已署名且未歪曲、篡改涉案作品，对原告赔礼道歉的诉讼请求本院不予支持。

北京互联网法院依照《中华人民共和国著作权法》第十条第一款第十二项、第十一条、第十二条、第二十一条第一款、第二十二条、第二十四条第二款、第四十八条第一款、第四十九条，《最高人民法院关于审理著作权民事纠纷案件适用法律若干问题的解释》第七条规定，判决如下：

一、被告教育科技公司自本判决生效之日起十日内赔偿原告文化传播公司经济损失 18400 元；

二、驳回原告文化传播公司的其他诉讼请求。

宣判后，当事人均未上诉，判决书已生效。

【法官后语】

互联网时代，大量诸如名画改编等加入作者独创性智慧凝结的演绎作品，凭借或诙谐幽默，或通俗易懂的表达，在互联网上快速传播。本案是一起侵害作品信息网络传播权的典型案件。本案值得探讨的问题在于，如何认定是否构成演绎作品以及合理使用的界限。

一、演绎作品的认定标准

（一）何为演绎作品

演绎作品顾名思义，是指在已有作品的基础之上，经过翻译、改编、注释、整理等手段加工而成的作品。认定是否属于演绎作品，亦需从是否具有独创性的角度出发予以判断。演绎作品的独创性必须建立在采取某种演绎方式对原作品进行别样展现的基础之上。

（二）认定涉案作品属于演绎作品的理由

《中华人民共和国著作权法》第十三条对演绎作品进行了相关规定，改编、翻译、注释、整理已有作品而产生的作品，其著作权由改编、翻译、注释、整理人享有，但行使著作权时不得侵犯原作品的著作权。本案中，作者在中外名画、电影海报等基础上的再创作，投入了其创造性智力劳动，画面整体构图、配色虽有所参考，但在熊猫的构图、角色替换、动态姿势上仍可体现作者独特的判断与选择，应对作为智力劳动成果的作品享有著作权，因此认定涉案图片具有独创性，属于演绎作品。

（三）互联网时代对演绎作品保护的思考

相较于传统媒介，互联网的开放性和共享性使得公众可以在各大社交平台上自由地表达思想，抒发情感。正因为如此，不少对著名作品的改编成果接踵而至。这些成果中不乏很多像涉案作品一样具有较高艺术欣赏价值、能够丰富公众精神生活的优质作品。本案希望通过保护演绎名画的创新创作方式，鼓励更多类似的优质演绎作品的创作和传播，倡导全社会尊重保护知识产权。但与此同时，我们也要警惕防止出现演绎者在进行创作时侵害原作品著作权的行为。在今后的审判实践中，我们仍要就演绎作品的认定标准进行深入思考，保护原著作权人的合法权益，促进文化的发展与繁荣。

二、合理使用的界限厘清

（一）本案中合理使用的适用情况

合理使用是著作权限制制度的一种。《中华人民共和国著作权法》第二十四条第一款规定，对于该条所列举的可以不经著作权人许可，不向其支付报酬的使用行为，“不得不合理地损害著作权人的合法权益”，并列出了构成“合理使用”的具体情形。修改后的《中华人民共和国著作权法》还增加了第13种情形，即“法律、行政法规规定的其他情形”，从而增加了一定程度的灵活性。合理使用制度的目的在于防止著作权人权利的滥用，在维护作者权益基础上追求利益的均衡。

（二）对合理使用的引申思考

在部分著作权侵权诉讼中，被诉方常以其使用作品的行为属于合理使用进行抗辩。此情况产生的原因有二：一是对于合理使用的情形未能充分理解，错误地认为自己的侵权行为属于合理使用的范畴；二是对合理使用进行字面理解，从主观角度出发认为自身使用他人作品的行为是“合理”的，即属于合理使用。出现上述情况的主要原因在于当事人对相关法律法规理解不到位。合理使用应发挥既不侵犯著作权人的合法利益，又使公众能最大限度地利用作品的平衡作用，而不是成为侵权方逃避法律责任的理由。要通过司法裁判，倡导全社会树立法治意识，尊重知识产权，进一步加强知识产权互联网领域法治治理。

编写人：北京互联网法院　经雯洁　蔚文日

006 事后抓包分析对链接服务的证明要求

——甲信息技术公司诉调频科技公司侵害作品信息网络传播权案

【案件基本信息】

1. 裁判书字号

北京市高级人民法院（2020）京民再142号民事判决书

2. 案由：侵害作品信息网络传播权纠纷

3. 当事人

原告（被上诉人、再审申请人）：甲信息技术公司

被告（上诉人、再审被申请人）：调频科技公司

第三人（再审被申请人）：乙信息技术公司

【基本案情】

电视剧《被遗忘的××》于2011年11月13日在某卫视首播。甲信息技术公司经授权取得了该剧自2011年11月14日至2016年11月13日期间的独家信息网络传播权。2014年10月14日，甲信息技术公司公证取证发现，型号为“Le××××××-TO”的手机为调频科技公司的品牌手机，在该手机自带的“视频”软件中，“在线视频”页面的“电视剧”栏目“最多关注”中搜索电视剧《被遗忘的××》，可在线点播该剧；播放画面仅有乙信息技术公司的视频软件水印，无页面跳转过程。甲信息技术公司主张调频科技公司直接侵害其对电视剧《被遗忘的××》享有的信息网络传播权，请求赔偿经济损失5万元。

调频科技公司抗辩其对电视剧《被遗忘的××》仅提供了乙信息技术公司的链接，并提交了其与乙信息技术公司订立的《推广协议》，其中约定调频科技公司通过其渠道以搜索关键词的方式推广视频内容，网络用户点击相关链接后，完全跳转至乙信息技术公司平台观看视频内容。

法院依申请追加乙信息技术公司为第三人。乙信息技术公司认可其与调频科技公司订立了《推广协议》，但表示双方未实际履行，调频科技公司没有证据证明某手机“视频”软件中播放的电视剧《被遗忘的××》来源于乙信息技术公司。

二审诉讼期间，法院组织各方当事人进行抓包勘验，使用调频科技公司于2015年10月购买的“Le××××××-TO”的手机（该手机此后在其他法院另两案中已使用过），经连网，打开手机中的“视频”软件，可看到“电视剧”“电影”等七类栏目，搜索电视剧《被遗忘的××》《半路××》等，手机页面均显示没有搜索到请求视频。使用手机内置抓包工具对前述日志信息进行抓取，使用wireshark软件解析前述数据，查看搜索电视剧《被遗忘的××》的数据源，对应的数据源服务器是open. mb. hd. ××. com。关于抓包勘验时手机中视频软件界面与甲信息技术公司公证取证时软件界面不同的问题，调频科技公司解释为“调频科技公司推荐一款本地视频版的软件，上次手机勘验时升级，只能看本地视频，2014年12月升级，只有播放器的功能”。

为印证前述解析数据，调频科技公司提交了其工作人员笔记本电脑中邮箱的邮件，显示2014年1月6日，乙信息技术公司工作人员向调频科技公司工作人员发送邮件，告知的数据与抓包勘验中得到的数据信息一致。

二审法院曾询问甲信息技术公司，如果不认为是调频科技公司直接提供的侵权行为，是否主张分工合作或间接侵权，甲信息技术公司表示其主张调频科技公司以分工合作方式实施侵权行为或间接侵权。

【案件焦点】

1. 如何认定通过事后抓包分析结果证明被告提供了链接服务；2. 如何适用侵害信息网络传播权案件中的全面审查原则。

【法院裁判要旨】

北京市海淀区人民法院经审理认为：甲信息技术公司经授权取得了电视剧《被遗忘的××》的独家信息网络传播权，对于在授权期间内发生的侵犯电视剧《被遗忘的××》信息网络传播权的行为，甲信息技术公司有权提起诉讼。涉案手机预装的“视频”软件中提供了电视剧《被遗忘的××》的在线播放服务，该行为未经甲信息技术公司许可，侵犯了电视剧《被遗忘的××》的信息网络传播权。调频科技公司辩称涉案软件仅提供搜索和链接功能，但根据电视剧《被遗忘的××》在涉案软件中的展现形式，与《推广协议》关于“完全跳转至乙方平台观看”的约定不相符，且仅凭视频播放时的水印无法确认视频内容来源。

北京市海淀区人民法院依照2010年修正的《中华人民共和国著作权法》第四十八条第一项、第四十九条规定，判决如下：

调频科技公司赔偿甲信息技术公司经济损失3万元。

调频科技公司不服一审判决，提起上诉。北京知识产权法院经审理认为：根据二审勘验结果认定，用户在使用涉案手机中的涉案软件观看电视剧《被遗忘的××》时，软件会向乙信息技术公司服务器发出搜索请求，通过乙信息技术公司提供的服务器网络地址查询后获得电视剧《被遗忘的××》，应当认定调频科技公司与乙信息技术公司履行了《推广协议》的内容，由调频科技公司提供具备搜索引擎功能的客户端软件，乙信息技术公司提供电视剧《被遗忘的××》。调频科技公司并未采取单独或分工合作的方式向公众提供涉案作品，并未侵害甲信息技术公司对电视剧《被遗忘的××》的信息网络传播权。因甲信息技术公司在一审阶段明确主张调频科技公司的侵权行为系直接侵权行为，故对于调频科技公司提供网络服务的行为是否构成间接侵权不予审查。

北京知识产权法院依照2017年修正的《中华人民共和国民事诉讼法》第一百七十条第一款第二项规定，判决如下：

一、撤销一审判决；

二、驳回甲信息技术公司的全部诉讼请求。

甲信息技术公司不服申请再审。北京市高级人民法院经审理认为：二审诉讼中经过勘验抓包并解析的数据缺乏与侵权公证书取证事实的可比性，无法证明电视剧《被遗忘的××》来自乙信息技术公司服务器，不足以证明调频科技公司对被诉侵权行为仅提供了搜索链接的网络服务。一审判决对此认定正确。二审法院以甲信息技术公司在一审阶段明确主张调频科技公司的侵权行为系直接侵权为由，对于调频科技公司提供网络服务的行为是否构成间接侵权未予审查，与全面审查原则相悖。

北京市高级人民法院依照2017年修正的《中华人民共和国民事诉讼法》第二百零七条第一款、第一百七十条第一款第二项，2010年修正的《中华人民共和国著作权法》第四十八条第一项、第四十九条规定，判决如下：

一、撤销二审判决；

二、维持一审判决。

【法官后语】

随着网络视频在人们文化娱乐生活中的重要性日益提升，各类网站借助视频资源丰富内容、提高人气、吸引流量、拓展业务的模式不断翻新。由于我国《信息网络传播权保护条例》对提供链接服务的网络经营者设定了可予免除赔偿责任的“避风港”规则，部分被告被诉侵权后，主要抗辩其仅提供搜索链接服务，不应承担赔偿责任，并试图通过抓包分析数据流来源的方式，从技术层面解释其提供了链接。相对而言，缺乏技术支持的权利人，则面临无法准确主张被告实施直接侵权行为，抑或帮助侵权行为的困难。本案充分体现了技术事实查明过程中民事证据规则以及司法裁判兼顾各方利益并实现争议解决基本功能的运用。

本案是近年来涉及搜索链接服务的侵害作品信息网络传播权的典型案件，主要涉及以下两项争议焦点。

一、事后抓包分析证明链接服务的认定

被告是否提供了链接服务，涉及对技术事实的查明，法院不能局限于片面孤立的技术事实，而应结合常识性的网络技术基础知识，并适用民事证据规则作出准确判断。

网络环境下，数据信息易修改且不留痕迹。同时，由于权利人从侵权取证到维权诉讼会间隔一段时间，《中华人民共和国民法典》规定的诉讼时效期间为 3 年，权利人在诉讼时效期间内提起诉讼都无可厚非。部分被告在应诉后通过提交事后抓包数据分析证据以证明其提供的仅是链接服务。对于事后抓包数据分析证据，虽然不能一概以事后为由予以否定，但对该类证据的采信应较为谨慎，采取相对严格的标准。

在权利人提交的证据可初步证明被告直接提供了侵权作品，无任何跳转、链接等第三方来源标识的情况下，被告在诉讼过程中要通过事后抓包数据分析的方式证明涉案作品实际来源于第三方，此类事后抓包分析结果要成为推翻权利人侵权初步证据的相反证据，应满足对被诉侵权事实充分客观地还原的要求，既应确保勘验所用软件、硬件设备以及勘验步骤等与侵权证据所记载的相关事实具有可比性，还应尽量使勘验所形成的数据在不受干扰的环境下被固定并分析。

首先，确保抓包分析所用硬件设备型号及软件版本的可比性。要事后证明网络数据的来源及传输情况，需要搭建能还原原告取证当时的软硬件环境，不同型号的硬件设备、不同版本的软件都可能影响事后证据的客观性效力。同时，抓包所用的软硬件设备应来源于第三方或客观途径，不能以被告自行编辑、留存的设备或软件版本为准。其次，抓包数据所针对操作步骤的同一性。抓包的数据对象是还原原告取证当时的操作步骤，抓取其中的数据流信息，为此后分析数据来源等特征信息提供基础。只有将针对于抓包数据分析的操作步骤设计成与原告的取证步骤一致，才可能模拟原告取证当时的数据状态。最后，用于抓包数据的获取及解析软件的中立性。将事后勘验或模拟原告取证时网络数据流状态进行固定并分析的过程中，还要确保抓取数据所用软件以及解析抓包数据所用软件的中立性，从而排除抓包及分析过程中对客观数据的干扰。不能因为被告技术能力强，就直接使用其提供的抓包和解析工具软件。

之所以对被告的事后抓包分析提出相对严格的要求，主要原因在于：一般情况下，被告正常经营活动中并不会表明其链接服务提供者的身份，只有在侵权诉讼中才欲事后否定其直接提供作品，应有更充分合理的解释及相应的证据；被告在诉讼过程中已就原告的侵权主张及证据完全知晓并充分准备，对其所申请的事后抓包分析，设定与被诉侵权行为具有可比性要求并未过分增加其举证难度；被诉行为涉及的网络数据主要由被告控制，对相关作品数据文件来源情况的事后抓包数据分析应相对客观地还原被诉侵权行为当时的状态，才能形成足以推翻原告有关侵权主张的初步证据。

二、对直接侵权与间接侵权的全面审查要求

在侵害信息网络传播权案件中，原告起诉时未明确主张被告行为属于直接侵害信息网络传播权的行为，还是属于为他人实施侵害信息网络传播权行为提供教唆、帮助的行为，且在法庭辩论终结前仍未明确的，应根据在案证据对被告实施的行为性质进行全面审查。北京市高级人民法院发布的《侵害著作权案件审理指南》第9.5条对全面审查要求作了规定。

本案中，甲信息技术公司在一审诉讼中主张调频科技公司实施了直接侵权行为，且甲信息技术公司的主张得到了一审判决支持；二审诉讼中，甲信息技术公司在二审法院释明下已明确表示若不能认定调频科技公司构成直接侵权，其主张调频科技公司以分工合作方式实施侵权行为或实施了间接侵权行为。但二审法院以甲信息技术公司在一审阶段明确主张调频科技公司的侵权行为系直接侵权为由，对于调频科技公司提供网络服务的行为是否构成间接侵权未予审查，与全面审查原则不符。

网络技术和商业模式的快速发展，包括权利人在内的普通用户群体，准确辨别网络经营者通过网络实际是提供了作品，还是提供了链接等网络服务的难度加大，法院审理此类案件时，对技术事实的查明也需要较为复杂的过程，要求原告在起诉时就能精准提出被告是直接提供了侵权作品，还是间接提供了侵权作品，过于苛责。而且在侵权行为显而易见，被告与侵权行为关系密切的情况下，仅因为原告主张直接侵权还是间接侵权不够准确，就直接驳回原告的诉讼请求，不仅增加了原告的诉累，而且对打击和制止侵权无法起到及时有效的作用。

编写人：北京市高级人民法院　曹丽萍

007 搜索引擎缩略图快照著作权侵权中“实质性替代”的认定

——甲科技公司诉乙科技公司、丙科技公司侵害作品信息网络传播权案

【案件基本信息】

1. 裁判书字号

上海知识产权法院（2020）沪 73 民终 102 号民事判决书

2. 案由：侵害作品信息网络传播权纠纷

3. 当事人

原告（上诉人）：甲科技公司

被告（上诉人）：乙科技公司、丙科技公司

【基本案情】

原告甲科技公司系涉案22张体育类照片的著作权人，为××photo. com网站的主办单位。经原告登录被告乙科技公司的网站进行公证取证，该网站“图片”栏目的“体育”图集中，展示了原告甲科技公司享有权利的22张图片。分别点击图集中单张图片，呈现图片预览页，点击预览页图片“属性”，显示图片分辨率信息，地址为被告丙科技公司经营的网站。再将图片保存，该些图片上均标有“××photo. com版权作品，请勿转载”字样。此后，分别点击上述图片可进入A网站展示上述图片的页面。查看属性，图片地址均为被链网站，同样将这些图片保存。经比对，上述步骤中点击预览页“属性”显示的图片分辨率小于该步骤保存的图片分辨率。自预览页保存与自被链网站A网站保存的图片，两者文件名虽不一致，但在清晰度、颜色、大小等方面通过肉眼查看并无较大差别，图片的分辨率一致、大小一致。被告丙科技公司对上述图片存储在其服务器上并无异议。原告认可被链A网站上的涉案图片已经其授权。

原告甲科技公司诉称，其系涉案22张体育类照片的著作权人，被告乙科技公司经营的B网站将涉案照片以预览页的形式呈现，并存储在被告丙科技公司服务器上供用户下载，侵犯了原告对涉案照片享有的信息网络传播权。故请求判令两被告停止侵权，并赔偿经济损失及合理费用人民币11万元。

乙科技公司、丙科技公司共同辩称，被告的涉案行为不构成对原告作品信息网络传播权的侵害，理由如下：第一，原告的证据不能证明其享有涉案照片的著作权。原告提交的版权声明书时间晚于涉案照片的拍摄时间，与正常的运营方式相违背。涉案照片均为人像的摄影，原告并没有提供肖像权人的授权。第二，被告的行为并不构成侵权。被告提供的是搜索引擎服务。搜索引擎将内容存储在服务器上，不会改变原图片的内容，性质是系统缓存，目的是方便用户查看因服务器故障或网速原因无法访问的网页图片。该模式是搜索引擎的通用模式。被告网站上的照片格式、分辨率等远小于原网页照片，没有影响原告的合法权益，也没有影响公众的使用。原告之前没有就涉案照片向被告发送任何形式投诉，被告现已经删除。被告的涉案行为构成合理使用，不构成侵权。第三，原告的索赔金额过高。

【案件焦点】

1. 原告是否是涉案图片的著作权人；2. 被诉缩略图快照是否构成对原告著作权的侵害。

【法院裁判要旨】

上海市浦东新区人民法院经审理认为：第一，关于原告是否为涉案图片的著作权人。《中华人民共和国著作权法实施条例》第二条规定，著作权法所称作品，是指文学、艺术和科学领域内具有独创性并能以某种有形形式复制的智力成果。原告主张权利的照片，无论是在具体画面的选取上，还是在景物的搭配及光线的控制上都体现出了独创性，属于著作权法保护的摄影作品。根据《最高人民法院关于审理著作权民事纠纷案件适用法律若干问题的解释》第七条的规定，当事人提供的涉及著作权的底稿、原件、合法出版物、著作权登记证书、认证机构出具的证明、取得权利的合同等，可以作为著作权权利的证据。在作品或者制品上署名的自然人、法人或者其他组织视为著作权、与著作权有关权益的权利人，但有相反证据的除外。本案中，原告提交了摄影师身份证及版权声明，并提交了涉案照片的数码载体。同一场景摄影照片的技术参数数据所显示的照相机信息一致。被告对原告的权属提出异议，但没有提交有证明力的相反证据。被告还认为，原告的照片涉及人物形象，应该取得该些人物的肖像权授权。本院认为，人像摄影作品作者享有的著作权与被拍摄者享有的肖像权并非同一法律关系和法律概念，故原告是否征得被拍摄者的许可，不影响其作为著作权人就被告未经许可使用涉案作品的行为提起侵权之诉。综上，被告关于涉案作品著作权人另有其人，原告无权提起本案诉讼的抗辩不成立。原告有权对上述摄影作品所涉被控侵权行为主张权利。

第二，关于两被告是否构成侵权。原告主张乙科技公司经营的B网站将涉案照片以预览页的形式呈现，并将涉案照片存储在被告丙科技公司服务器上及可供用户下载的行为侵犯了其对涉案照片享有的信息网络传播权。被告对预览页中涉案图片系存储在被告丙科技公司的服务器上并无异议，但认为该行为是系统缓存，是搜索引擎为了方便用户查看因服务器故障或网速原因无法访问的网页图片所采用的通用模式。因此，双方的争议焦点在于对该行为性质的认定。

根据《最高人民法院关于审理侵害信息网络传播权民事纠纷案件适用法律若干问题的规定》第五条的规定，网络服务提供者以提供网页快照、缩略图等方式实质替代其他网络服务提供者向公众提供相关作品的，人民法院应当认定其构成提供行为。前款规定的提供行为不影响相关作品的正常使用，且未不合理损害权利人对该作品的合法权益，网络服务提供者主张其未侵害信息网络传播权的，人民法院应予支持。涉案公证书显示，乙科技公司经营的B网站预览页显示涉案照片。公证全程并未使用关键词或图片进行检索，涉案照片在“图说世界”的“体育”项下。图片属性显示其存储地址的备案主体为被告丙科技公司。通过“图片另存为”可以下载该些照片。被告亦认可涉案照片储存于被告丙科技公司网站服务器上。B网站预览页显示的照片与原告主张权利的照片内容一致，且通过预览页“图片另存为”下载的图片与通过点击第三方网站“图片另存为”下载图片的对应图片大小、分辨率完全一致。虽然被告提供了来源网站的网络地址，但用户通过预览页可以直接从B网站页面获取涉案图片。B网站的涉案行为完全起到了替代第三方网站提供图片的作用，足以影响提供图片的第三方的市场利益。因此，B网站将涉案照片存储在其服务器上并以其所称的预览页的方式提供图片的行为，侵犯了原告对涉案摄影作品享有的信息网络传播权。

被告主张其提供预览页功能是对搜索结果信息的“自动缓存”，是为了方便用户查看因服务器故障或网速原因无法访问的网页图片的通用模式，应当免责。针对被告的主张，本院认为，首先，根据《信息网络传播权保护条例》第二十一条规定，网络服务提供者为提高传输效率，自动存储从其他网络服务提供者获得的作品、表演、录音录像制品，根据技术安排自动向服务对象提供，并具备下列条件的，不承担赔偿责任：（1）未改变自动存储的作品、表演、录音录像制品；（2）不影响提供作品、表演、录音录像制品的原网络服务提供者掌握服务对象获取该作品、表演、录音录像制品的情况；（3）在原网络服务提供者修改、删除或者屏蔽该作品、表演、录音录像制品时，根据技术安排自动予以修改、删除或者屏蔽。从成因上来看，被告的涉案行为是其事先决定把图片内容存储在其网络服务器中供用户访问，而不是被动地、应先前访问服务器的用户的访问要求自动形成的。故不属于《信息网络传播权保护条例》第二十一条规定的“系统缓存”。其次，被告网站预览页显示的图片与原告主张权利的图片内容一致，用户可以直接从 B 网站的预览页获得涉案图片，且获得的图片与来源网站图片的大小和分辨率都完全一致。使得大多数用户在一般情况下无须再行进入来源网站以获得图片。因此，被告并非合理使用范围内的搜索引擎服务，亦没有提供证据证明其符合法律规定的免责条件。故对其主张，本院不予支持。

基于上述理由，两被告的行为侵犯了原告对涉案摄影作品享有的信息网络传播权。乙科技公司系 B 网站经营者，涉案图片存储的地址备案主体为被告丙科技公司。本案的侵权后果由两被告共同造成，两被告均有主观过错，故两被告构成共同侵权。

上海市浦东新区人民法院依照《中华人民共和国侵权责任法》第八条、第十五条第一款第六项，《中华人民共和国著作权法》第十条第一款第十二项、第四十八条第一项、第四十九条第一款，《最高人民法院关于审理著作权民事纠纷案件适用法律若干问题的解释》第二十六条，《最高人民法院关于审理侵害信息网络传播权民事纠纷案件适用法律若干问题的规定》第三条、第五条规定，判决如下：

一、乙科技公司、丙科技公司于本判决生效之日起十日内共同赔偿原告甲科技公司经济损失 13200 元及合理费用 3000 元，共计 16200 元；

二、驳回原告甲科技公司的其余诉讼请求。

原、被告不服一审判决，提起上诉。上海知识产权法院经审理认为：涉案预览页图片地址属于被告丙科技公司，且下载后文件名后缀与预览页后缀信息相符，分辨率与原图相同，可以认定涉案预览页图片存储于被告丙科技公司服务器中。乙科技公司在图片搜索页面中以预览页形式展示涉案图片，系将丙科技公司存储的原图复制件通过信息网络方式向公众提供，使公众能够在个人选定的时间和地点以下载、浏览等方式获得，应当认定二者实施了涉案图片的提供行为。涉案预览页图片系网站经营者实现复制形成，并非应用户访问目标网站时形成，两被告的系统缓存抗辩不成立。预览页图片分辨率与原图一致，两被告的缩略图抗辩亦不成立。

上海知识产权法院依据《中华人民共和国民事诉讼法》第一百七十条第一款第一项规定，判决如下：

驳回上诉，维持原判。

【法官后语】

本案涉及对缩略图快照行为性质及法律责任的认定，案件入选《中国法院2022年度案例》。快照是搜索引擎将其他网站中的内容自动存储在自己的服务器中，以供用户直接从自己的服务器中获得的技术。缩略图快照是快照中的一种，对于推动互联网图片搜索发展具有重要意义。由于“快照”的复杂性，不能一概地认定该类案件构成侵权或不构成侵权，需结合具体案情分析。

一、“快照”的性质、既往判例及法律规定

缩略图快照是搜索引擎服务提供商提供的快照主要服务方式之一，其具体形成过程如下：(1) 搜索引擎使用“网络蜘蛛”等技术事先对互联网中的图片扫描和记录，将被搜索到的图片进行一定比例缩小，形成缩略图，并复制存储于搜索引擎的服务器中，形成自己的缩略图数据库。(2) 当用户使用其引擎进行搜索时，根据用户搜索需求，在搜索结果页面上以大量缩略图聚合形式呈现给用户浏览查找所需图片。(3) 用户点击其所需图片的缩略图后，根据提示操作最终跳转到该缩略图对应原图的来源网站浏览、下载图片。(4) 当来源网站图片被删除或链接失败时，用户可以使用缩略图快照查看、下载缩略图图片，起到“救急”作用。相较于传统的搜索方式，搜索引擎采用缩略图快照技术的意义在于，能够将搜索到的海量图片更加直观地展现给用户，便于用户快速浏览图片搜索结果，筛选所需图片。同时，向用户提供来源网站的图片信息及网址链接，准确高效地引导用户找到对应原图。鉴于图片内容的复杂多样，此种快照技术的优势在图片搜索服务时显得尤为突出。

对于“快照”的性质，其虽然是搜索引擎的一项特色功能，但就其本身而言，已经不属于网络服务提供者，而属于内容提供者的范畴。这一转变在我国网络著作权司法实践中也有所反映。如在北京市高级人民法院（2007）高民终字第1729号民事判决书中，法院以被告没有主观过错，尽到了告知义务且原告没有证据证明被告提供网页快照已经超过合理期限为由，驳回了原告的诉讼请求。随着审判实践的深入，法院对于快照服务有了更为清晰的认识，认为该行为属于直接提供复制件的行为，而非搜索、链接服务行为[①]。如在北京市高级人民法院（2007）高民初字第1201号民事判决书中，法院认为，被告将歌词放置在服务器上，通过用户点击被告网站MP3搜索框的歌词按钮的方式向用户提供，其“快照”服务不仅是搜索引擎服务，而且已经构成在网络上传播作品的行为。法院对于快照的认识已经从网络服务提供者转变为内容提供者。

---

① 孔祥俊：《网络著作权保护法律理念与裁判方法》，中国法制出版社2015年版，第173页。

判断“快照”构成侵害信息网络传播权的关键是其是否构成“实质性替代”，而免责条件则是“不影响相关作品的正常适用，且未不合理损害权利人对该作品的合法权益”。下面结合本案对上述构成要件和免责要件进行分述。

二、缩略图快照著作权侵权的构成要件和免责要件

(一)“实质性替代”的理解和司法审查

如上分析，“实质性替代”是判断快照是否构成侵害作品信息网络传播权的关键。实践中，关于“实质性替代”的性质是快照提供行为的要件还是构成责任免除要件存在不同认识。笔者认为，从《最高人民法院关于审理侵害信息网络传播权民事纠纷案件适用法律若干问题的规定》的内容及逻辑关系来看，“实质性替代”应当是网页快照提供行为的构成要件。

何为“实质性替代”，就“实质性”而言，著作权侵权比对的判断规则为“接触加实质性相似”，即内容相同或几乎一致。那么快照和原图片内容其实是符合相同或几乎一致的。因此，该词的重点应在于“替代”。构成实质性替代，意味着，从内容而言，缩略图快照能够反映原作品的核心内容；从对象而言，快照服务实际上能够替代原来的网络服务提供者。

对“实质性替代”的司法审查和认定，司法实践做了一系列探索：可从如下两个方面认定涉案快照提供行为构成实质性替代：其一，在来源网页和网页快照均可正常访问的情况下，网页快照可以使得网络用户无须进入来源网站即可获得相关网页内容；其二，在来源网页已经不可访问的情况下，网络用户仍能通过网页快照来获得相关网页内容。据此，涉案缩略图快照实现了将预存缩略图提供给用户“浏览下载”，已符合上述两个“实质替代”的条件，使用

户可以脱离来源网站，浏览并下载网页快照中的缩略图，属于在原图网站以外的完全独立存在的一个新的作品提供行为，达到了实质替代原网站向公众提供作品的作用。故应认定缩略图快照属于作品提供行为，符合直接侵权的构成要件。在上海知识产权法院（2020）沪73民终30号民事判决书①中，上海知识产权法院指出，某网站图片搜索结果中出现的涉案图片，虽然大小和清晰度低于原图，但该图片本身已完整、清晰地再现了原图的所有内容，应当认定为原图的复制件。鉴于该复制件保存在某公司的服务器上，某公司在某网站图片搜索结果中展示涉案图片，系将其存储的原图复制件通过信息网络方式向公众提供，使公众能够在个人选定的时间和地点以下载、浏览等方式获得，应当认定某公司实施了涉案图片的提供行为。据此，对实质性替代进行司法审查，既包括是否提供行为审查，如涉案缩略图快照是否存储在被诉网站服务器，亦包括能否替代的审查，如图片的清晰度、分辨率是否相同或几近一致；在来源网页不可访问时快照是否仍可访问等。

本案中，涉案公证书显示，乙科技公司经营的B网站预览页显示涉案照片。公证全程并未使用关键词或图片进行检索，涉案照片在“图说世界”的“体育”项下。图片属性显示其存储地址的备案主体为被告丙科技公司。通过“图片另存为”可以下载该些照片。被告亦认可涉案照片储存于被告丙科技公司网站服务器上。B网站预览页显示的照片与原告主张权利的照片内容一致，且通过预览页

① 《陈某英与某科技公司侵害作品信息网络传播权纠纷二审民事判决书》，载中国裁判文书网，https：//wenshu. court. gov. cn/website/wenshu/181107ANFZ0BXSK4/index. html?docId = P83y7mkM3w14tYUaI7qWDfxkrjoV5mEr9jbkN9KjZd0eHHplfSZh6JO3qNaLMqsJLtMGU + Mc345IAqnl4fqepP86vUAxp4XOZZZ30vet/gpoG0+w+F4aP7szxugcGB8I，2022年12月27日访问。

"图片另存为"下载的图片与通过点击第三方网站"图片另存为"下载图片的对应图片大小、分辨率完全一致。虽然被告提供了来源网站的网络地址，但用户通过预览页可以直接从B网站页面获取涉案图片。B网站的涉案行为完全起到了替代第三方网站提供图片的作用，足以影响提供图片的第三方的市场利益。因此，B网站将涉案照片存储在其服务器上并以其所称的预览页的方式提供图片的行为，侵犯了原告对涉案摄影作品享有的信息网络传播权。

（二）快照服务提供者侵权责任的免除

在判定缩略图快照的法律性质为作品提供的基础上，行为人是否需对原图权利人承担侵权责任，则需进一步判断其是否属于合理使用。合理使用是著作权法限制的内容。《伯尔尼公约》《与贸易有关的知识产权协议》和《世界知识产权组织版权条约》虽然均允许成员国对著作权规定限制和例外，但均以该规定只能在特殊情况下作出、与作品的正常利用不相冲突，以及没有不合理地损害权利人合法权益这三个条件为前提。这就是"三步检验法"或"三步检验标准"（Three-step Test）。通常而言，应注意以下几个条件的审查：

第一，局限于特定的特殊情况。"合理使用"是侵权的例外。该些行为本身是构成侵权基础的，只是基于公共利益、保护言论自由、促进产业发展等特定因素的考量，才予以单独排除在侵权之外。就缩略图快照而言，其存在大大提升了图片搜索效率，增强了社会公众搜索图片的精准度和便利性，从而实现互联网信息自由的优势，故不宜被过度限制，否则这牺牲的不仅是搜索引擎服务提供商的利益，更是广大社会公众福祉。缩略图快照作为社会公众网络搜索所需的新技术，属于特定的特殊情况，通常符合第一个条件。

第二，未与作品的正常利用冲突。所谓"正常利用"，就是通过向网络用户提供图片，以收取图片购买费、网站会员注册费，或吸引用户访问网站提高其网站流量等，从对图片享有的权利中正常获取直接或潜在的经济利益。是否与作品的正常利用冲突，其一，看使用图片的模式图片快照是否与原始图片权利人的使用模式相同。本案中，两者提供图片的模式是一致的，均为复制并提供下载的作品提供行为。其二，看用户从快照中获取的图片是否与来源网站图片一致或基本一致，主要可从缩略比例、大小和分辨率等方面做比较，审查该图片是否达到了完整清晰再现原图的效果，是否具有“改造性”，即由原图网站提供图片作欣赏的使用目的，转换为提高搜索图片效率的使用目的。在一个案例中，美国第九巡回法院判决认为，被告的图片只有原图的3%大，此种用法非常具有改造性，缩略图的视觉体验也与原图有较大差异，因此缩略图具有高度的转换性，被告是把艺术和娱乐意义上的图片改造成了信息存储意义上的。从而认定该些缩略图仅仅是合理使用①。本案中，在搜索引擎网页获得的图片与来源网站图片的大小和分辨率都完全一致，这显然严重影响了原图片权利人的正常使用，纵使提供快照图片的是搜索引擎提供商，依然不能适用合理使用的限制和例外达到免责程度。

第三，未不合理地损害权利人合法权益。基于缩略图快照新技术发展及公共利益的平衡，原图权利人势必要对自己的部分利益作出让渡，这对权利人造成了一定损害。但是该损害应当被限制在合理的范围内。如果允许缩略图快照服务提供商如同原权利人提供基本相同服务，实质性替代了用户访问原权利人网站，将对原权利人的合法权益造成严重损害。本案中，用户可以直接从 B 网站的预览

---

① 章杰阳：《搜索引擎中缩略图使用的合法性分析》，载《红河学院学报》第 16 卷第 3 期。

页获得、下载涉案图片，且获得的图片与来源网站图片的大小和分辨率都完全一致。这使得大多数用户在一般情况下无须再进入来源网站就可以获得图片，显然对来源网站的流量和经济利益都造成了损害。

三、关于常用抗辩“系统缓存”的审查和处理

本案被告主张其提供预览页功能是对搜索结果信息的“自动缓存”，是为了方便用户查看因服务器故障或网速原因无法访问的网页图片的通用模式，应当免责。该项抗辩亦是“快照”类案件的常用抗辩。关于“系统缓存”的法律规定见于《信息网络传播权保护条例》第二十一条规定：“网络服务提供者为提高网络传输效率，自动存储从其他网络服务提供者获得的作品、表演、录音录像制品，根据技术安排自动向服务对象提供，并具备下列条件的，不承担赔偿责任：（一）未改变自动存储的作品、表演、录音录像制品；（二）不影响提供作品、表演、录音录像制品的原网络服务提供者掌握服务对象获取该作品、表演、录音录像制品的情况；（三）在原网络服务提供者修改、删除或者屏蔽该作品、表演、录音录像制品时，根据技术安排自动予以修改、删除或者屏蔽。”被告的涉案行为是其事先决定把图片内容存储在其网络服务器中供用户访问，而不是被动地、应先前访问服务器的用户的访问要求自动形成的。故不属于第二十一条规定的“系统缓存”。

编写人：上海市浦东新区人民法院　袁田　俞丹

008 “通知——必要措施”规则的适用

——科技公司诉技术公司侵害作品信息网络传播权案

【案件基本信息】

1. 裁判书字号

北京知识产权法院（2020）京73民终155号民事判决书

2. 案由：侵害作品信息网络传播权纠纷

3. 当事人

原告（上诉人）：科技公司

被告（上诉人）：技术公司

【基本案情】

科技公司经合法授权，取得了《××××××桃花》（以下简称涉案作品）信息网络传播权的专有使用权；授权期限为涉案作品首轮上星播出之日起8年。本案双方当事人共同确认该剧于2017年1月30日首轮播出，具有较高的知名度。

技术公司系某网盘的经营者，提供信息存储空间服务。且某网盘中并不存在对其他用户的存储文件或相关链接提供搜索、展示等服务的内容或页面。本案中亦无证据证明技术公司对相关用户存储、传播的涉案视频文件及链接提供过搜索、展示等服务。

关于被诉侵权行为。第一，关于涉案视频文件的存储和传播，经公证，某网盘用户在多个平台上发布了“××××××桃花1-44集”等链接，点击、复制或输入链接后可跳转至用户分享涉案作品视频文件的某网盘页面，其他某网盘用户点击“分享至”即可将上述视频文件的链接分享至第三方平台，点击“保存到网盘”后在其他某网盘用户的账号中可实现视频的在线播放、下载。第二，关于侵权通知及处理，2017 年 2 月 3 日至 2017 年 4 月 13 日，北京网络版权监测中心受科技公司委托分别向技术公司发送“提请移除侵权作品通知”邮件 78 封，邮件中附有相关授权书及侵权链接 URL（以下简称涉案链接），所附链接总计 17378 条。其中，扣除重复发送的链接 5982 条，首次发送的链接共计 11396 条。上述 78 封电子邮件中，共有 36 封是在涉案作品首次播出后的三十日内发出的，其中有 5 封是在十日内发出，附链接近 1000 条；有 8 封是在第十一日至第二十日内发出，附链接 1300 余条；有 23 封是在第二十一日至第三十日内发出，附链接 4000 余条。经审理查明：在科技公司发送通知前，技术公司已主动断开的链接共计 8 条；发送通知后，于当日断开的链接为 7304 条，次日断开的链接为 1631 条，第三日断开的链接为 1532 条，第四日断开的链接为 506 条，第五日断开的链接为 62 条，第六日断开的链接为 145 条，一周后断开的链接为 128 条。第三，关于对重复侵权用户的处理，涉案链接字符中所包含的 uk 值与所涉某网盘用户之间具有唯一对应关系。故科技公司主张根据其发送的 78 封通知邮件所附涉案链接中包含的 uk 值能够识别 8 个用户存在重复侵权行为，且其对 2 个用户的 uk 值进行了特别指明，技术公司未对重复发生侵权行为 3 次的用户应立即采取封禁等措施，应承担侵权责任。第四，关于屏蔽措施，某网盘用户注册后享有的存储空间并非物理意义上相互隔离的独立存储空间，实际上是对某网盘中一定容量存储空间的使用配额及访问权限；不同用户在某网盘上传同一文件时，服务器上只会存储一个文件，并不存储多个副本，经比对后只是将对该文件的访问等权限同时分配给上述不同用户。利用该功能可实现涉案作品视频文件的"秒传"。故科技公司主张技术公司未采取技术手段（MD5值、视频指纹、关键词）屏蔽涉案视频文件的上传、存储、分享，存在主观过错。

【案件焦点】

1. 技术公司是否构成侵权，包括：是否在收到通知后及时断开了涉案链接，是否应当采取屏蔽措施制止侵权，是否应对重复侵权的用户采取必要措施；2. 技术公司应承担的法律责任。

【法院裁判要旨】

北京市海淀区人民法院经审理认为：关于是否在收到通知后及时断开了涉案链接。设置"通知—删除"规则的目的，在于促使网络服务提供者在其控制范围内尽可能制止用户侵权的损害后果扩大。因此，在具体案件中判断是否"及时"，应当根据最终的实际效果进行判断，即网络服务提供者在其能力范围内采取相应措施后，是否仍存在较为严重的侵权和较为明显的损害后果。相关版权管理部门的规定具有一定的针对性和参考性，但鉴于个案之间在服务模式、链接数量、作品类型、市场价值、紧急程度等方面可能存在巨大差异，故不宜"一刀切"式地将"24小时内"作为考量是否及时断开链接、认定网络服务提供者是否具有过错的唯一因素。对此，一方面可以通过涉案链接的数量判断，另一方面也可以通过涉案链接传播涉案作品的次数评估。法院根据现有证据和双方当事人的举证证明情况，认定技术公司在收到通知后并未及时对全部涉案链接采取断开措施，放任部分涉案链接仍持续、大量传播涉案作品，致使侵权范围和规模进一步扩大，应对由此导致的损害扩大部分与网络用户承担连带责任。

关于是否应当采取屏蔽措施制止侵权。收到通知后及时断开侵权链接，是网络服务提供者免于承担侵权责任的必要条件，但并非充分条件。否则，即便及时断开，往往也会使侵权用户、权利人和网络服务提供者之间陷入“侵权—通知—断开—再侵权—再通知—再断开”的往复循环之中，难以有效制止用户的持续侵权和权利人损失的扩大。本案中，尽管技术公司接到通知后陆续断开侵权链接，但在涉案作品首轮播出的近一个月内侵权链接却呈倍速式增长，综合考虑以下因素，认定技术公司应当却怠于采取屏蔽措施制止用户分享涉案链接，导致了相应损害后果的发生，应当承担连带责任：首先，技术公司具备相应的信息管理能力等条件，某网盘的服务性质、技术特点、运营方式、用户使用情况及相关处理经验等决定了技术公司有能力对用户对外传播的涉案视频文件与涉案作品的相关性做出判断。其次，采取屏蔽措施具有可行性和合理性，运用MD5① 值校验、视频指纹比对、关键词屏蔽等业内常规技术制止用户分享侵权链接，无论是从现有技术水平还是日常应用成本角度看，均不会使技术公司面临难以克服的技术障碍或不合理的成本负担，更不会导致某网盘因此无法正常为用户提供服务，影响运营和发展。再次，采取屏蔽措施对实现有效制止侵权具有必要性，技术公司若将事后停止措施（及时断开链接）与事先预防措施（制止分享链接）结合使用，可以明显遏制用户侵权结果的产生和扩大，大大减

① 即消息摘要算法，一种被广泛使用的密码散列函数。

少权利人损失，同时也能在很大程度上降低自身承担侵权责任的风险，从长远来看亦更加有利于实现网络服务提供者与著作权人的利益平衡。最后，采取屏蔽措施并不会对某网盘用户的利益造成不合理的损害，现有的技术手段及其应用水平足以避免因采取合理的预防侵权措施致使用户不能对其享有合法权利的内容进行正当分享的“误伤”情况大量出现，而用户反通知机制亦可以起到查漏补缺的作用。因此，合理地对侵权传播进行屏蔽更有利于平衡网盘用户与著作权人之间的利益，也更加符合法律法规的制定目的。

关于是否应对重复侵权的用户采取必要措施。技术公司作为某网盘的经营者，根据涉案链接中含有的用户 UK[①] 值等其所掌握的相关信息，应当知道哪些用户实施了涉案侵权行为以及相关的时间、数量、是否存在反复侵权等具体情况。然而该公司既缺乏针对侵权用户如何采取相应措施的明确标准和机制，亦未及时对涉案的 8 个侵权用户采取限制分享或封禁的必要措施，导致这些用户的侵权行为在被其放任的状态下得以持续和反复发生，造成了科技公司损失的扩大，故其应依法对该扩大部分与用户承担连带责任。

关于赔偿金额的计算。尽管双方均未提交足以证明科技公司实际损失或技术公司侵权获利具体数额的相应证据，但现有证据及以下情节，仍可为赔偿数额的估算和裁量提供相应的依据：第一，涉案作品具有较高的知名度和市场价值；第二，涉案侵权行为发生期间正值首轮播出及随后一段期间的热播期，且随着播放进度呈现不断增长之势，足见侵权规模之大，损害后果之严重；第三，在总计

① 即 U-Key，是一种通过通用串行总线接口直接与计算机相连、具有密码验证功能、可靠高速的小型存储设备。

11000 余条的涉案链接中，持续传播涉案作品超过 24 小时的有近 4000 条，超过两天的有 2000 余条，超过三天的有近千条，超过一周的有百余条，而持续的时间越长，给科技公司造成的损失也就越大；第四，对于因未及时断开部分涉案链接，未屏蔽分享链接措施，以及未及时对侵权用户采取限制使用功能、停止服务而导致的相应侵权损害的产生和扩大部分，技术公司应当承担责任。同时，考虑到：第一，技术公司并非涉案侵权行为的直接实施者，其作为网络服务提供者，仅应承担与其行为及主观过错程度相适应的连带责任；第二，尽管技术公司对相应必要措施的采取存在不够全面、及时或缺失等问题，但从收到通知当日即予以断开的涉案链接达到 64% 等事实看，其对部分侵权行为已经采取了较为积极的制止措施，在一定程度上避免了更大损害后果的发生；第三，即使按照科技公司主张的平均每条涉案链接的访问量为 2000 次到 3000 次进行统计，同时参考涉案作品对外许可的使用费金额以及各授权平台的播放数量，所能推算出的损失金额也远远难以达到该公司主张的 2900 万元。故法院结合以上各方面因素及在案证据，最终裁量确定赔偿金额为 100 万元。

北京市海淀区人民法院依照《中华人民共和国侵权责任法》第三十六条第二款、第三款，《中华人民共和国著作权法》第十条第二款、第十一条第四款、第十五条第一款、第四十八条第一项、第四十九条第一款，《最高人民法院关于审理侵害作品信息网络传播权民事纠纷案件适用法律若干问题的规定》第三条第二款、第七条第三款、第八条第一款、第九条，《最高人民法院关于适用〈中华人民共和国民事诉讼法〉的解释》第九十条，《最高人民法院关于民事诉讼证据的若干规定》第七十五条规定，判决如下：

一、本判决生效之日起十日内，被告技术公司赔偿原告科技公司经济损失 100 万元及合理开支 3 万元；

二、驳回原告科技公司的其他诉讼请求。

科技公司和技术公司不服一审判决，提起上诉，北京知识产权法院经审理认为：某网盘用户未经权利人许可，将涉案视频文件上传至服务器、生成链接分享至其他网站或网络平台进行传播，使公众可以在选定的时间和地点获得涉案作品，该行为构成直接侵害涉案作品信息网络传播权的行为。但技术公司并未直接实施上述行为，亦不存在与用户分工合作实施上述侵权行为的情形，故技术公司并非上述侵权行为的直接实施者，亦不存在后期侵权行为转化的情形。此外，根据某网盘的服务模式，用户上传、存储涉案视频文件的行为未构成信息网络传播行为，即不属于信息网络传播权所控制的行为范围。因此，一审法院根据某网盘的服务模式及考虑网络用户的使用情况等因素，未支持科技公司主张技术公司将某网盘（服务器）中存储的涉案视频文件予以删除的诉讼请求正确，予以确认。一审判决综合各种因素，适用裁量性赔偿在法定赔偿额以上对赔偿数额予以酌定并无不当，予以确认。

北京知识产权法院依照《中华人民共和国民事诉讼法》第一百七十条第一款规定，判决如下：

驳回上诉，维持原判。

【法官后语】

“通知—必要措施”规则，即常说的“避风港”原则，是网络服务提供者责任认定的一项重要规则。在内容分发平台不断涌现的当下，判断平台服务提供者对自身经营的平台中存在的侵权内容是否需承担帮助侵权的责任时，必然无法避开对该规则的适用。而如何在当前技术环境和网络背景下合理运用该规则进行责任划分，亦关系到权利保护和创新传播之间的边界。

一、“通知—必要措施”规则的基本含义及运用

“通知—必要措施”规则最早是规定于《信息网络传播权保护条例》中的“通知—删除”规则，是互联网行业兴起的初期，在信息网络传播权法定化的背景下，对网络服务提供者在信息网络传播权侵权案件中责任判断的适用规则。后随着互联网行业的不断发展扩展至电子商务等领域。《中华人民共和国民法典》正式将该规则完善为“通知—必要措施”规则，在全部民事领域内加以适用。

根据《中华人民共和国民法典》第一千一百九十五条第一款的规定，“通知—必要措施”规则的适用的要件及顺序为：网络用户利用网络服务实施侵权行为—权利人通知网络服务提供者—网络服务者采取必要措施。另外，为防止恶意投诉行为，如被诉侵权人或网络服务提供者认为不构成侵权，亦可采取反通知措施恢复相关链接。

二、“必要措施”的内容

（一）特殊情况下应不限于特定侵权链接的断开

《中华人民共和国民法典》第一千一百九十五条规定的“必要措施”包括删除、屏蔽、断开链接等，实践中，最常见的即删除或断开侵权通知中指向的特定侵权链接。虽然此种措施可以有针对性地准确定位到侵权链接，防止特定侵权链接的广泛传播，降低了网络服务提供者在海量信息中进行查找和筛选的工作负担，但这一规则如被滥用，则很容易导致侵权用户、权利人和网络服务提供者之间陷入“侵权—通知—断开—再侵权—再通知—再断开”的往复循环之中，难以有效制止用户的持续侵权和权利人损失的扩大，造成

权利保护目的无法实现的窘境。

因此，为了真正发挥该规则在权利保护中的作用，应回归到该规则制定的立法本义，对“必要措施”的采取作出合理解释，即特定情况下并不仅限于断开特定侵权链接，在权利人已经明确特定的侵权对象、侵权行为、侵权方式等，且网络服务提供者在现实技术能力和技术水平能够实现的情况下，通过法律规定和利益衡量可采取更大范围的包括屏蔽等预防侵权的合理措施，维护各方权益。例如，本案中法院所认定的技术公司应采取的事前制止分享链接等预防侵权措施，对于重复侵权用户采取限制分享或封禁的屏蔽措施等，均可在符合相关要件的情况下纳入可采取的“必要措施”范畴。

（二）采取预防侵权的合理措施的考量因素

结合上文论述，屏蔽等预防侵权措施对于网络服务提供者提出了更高的注意要求和技术要求，因此也需要综合考虑网络服务提供者所提供的服务类型、所具备的技术能力、相关措施的可操作性等因素。尤其该些措施必然会对网络用户权益产生较大影响，因此还需考量对用户权益和公共利益所造成的损害程度和救济可能来判断是否应当采取。

例如，本案中，即综合考虑到技术公司具备相应的信息管理能力等条件，采取屏蔽措施具有可行性和合理性，采取屏蔽措施对实现有效制止侵权具有必要性，采取屏蔽措施并不会对某网盘用户的利益造成不合理的损害，合理地对侵权传播进行屏蔽更加有利于平衡网盘用户与著作权人之间的利益，也更加符合法律法规的制定目的。故技术公司怠于采取屏蔽措施则应就损失扩大部分承担法律责任。

三、“及时”的认定

为保证必要措施采取的有效性，有关部门在特定行业内对网络服务提供者采取必要措施的时限作出了规定。

但需注意的是，设置“通知—必要措施”规则的目的，在于促使网络服务提供者在其控制范围内尽可能地制止用户侵权的损害后果扩大。因此，在具体案件中判断是否“及时”，应当根据最终的实际效果进行判断，即网络服务提供者在其能力范围内采取相应措施后，是否仍存在较为严重的侵权和较为明显的损害后果。相关版权管理部门的规定具有一定的针对性和参考性，但鉴于个案之间在服务模式、链接数量、作品类型、市场价值、紧急程度等方面可能存在巨大差异，故不宜“一刀切”式地将“24小时内”等时限作为考量是否及时断开链接、认定网络服务提供者是否具有过错的唯一因素，还需结合具体案件中涉及的链接数量、传播作品的次数和给权利人造成的损害后果等因素综合评估判断必要措施采取是否符合“及时”要件。

编写人：北京市海淀区人民法院　杨德嘉

009 智能视听屏与智能软件共同侵权行为的认定

——文化传媒公司诉科技公司等侵害作品信息网络传播权案

【案件基本信息】

1. 裁判书字号

广东省深圳前海合作区人民法院（2020）粤0391民初6371－6400、6402号民事判决书

2. 案由：侵害作品信息网络传播权纠纷

3. 当事人

原告：文化传媒公司

被告：科技公司、计算机公司、乙音乐公司

【基本案情】

2018年11月1日，甲音乐公司向原告出具《授权书》，将其享有的涉案31首录音制品的信息网络传播权许可给原告；授权期限为2018年11月1日至2021年10月31日；授权性质为独占、排他授权；在授权期限内，对任何侵犯被授权权利的第三方，被授权人及其关联企业有权以自己的名义对侵权的第三方采取相应的维权法律措施。原告主张的31首录音制品的权利涉及5张专辑，原告提交了公开出版的涉案5张音乐专辑A、B、C、D、E，其中A、B、C专辑封底均载明版权提供为甲音乐公司，D专辑封底载明“℗1994 ×××× RECORDS & TAPES CO.，LTD. 版权提供：甲音乐公司”，E专辑封底载明“℗1994 ×××× RECORDS & TAPES CO.，LTD. 甲音乐公司提供版权”。被告科技公司、计算机公司、乙音乐公司提供书面质证意见时对E专辑的真实性、合法性及关联性予以认可。

原告通过公证方式对购买某智能视听屏并使用某智能视听屏、某软件在线播放歌曲的过程进行取证。原告从某电商平台上购买某智能视听屏，通过手机扫描某智能视听屏中的二维码下载某软件，后使用某软件连接某智能视听屏，搜索并使用某智能视听屏在线播放录音制品，所播放的涉案音乐专辑中的录音制品与原告主张权利的涉案音乐专辑中的录音制品一致。其中，6373号案件原告主张权利的音乐专辑及《授权书》中的录音制品名称为“听见有人叫你宝贝”，原告取证公证书中显示的录音制品名称为“我听见有人叫你宝贝”，被告科技公司、计算机公司提交书面的音源比对意见时未对此提出异议。

某智能视听屏制造方为被告科技公司。被告计算机公司称其为某软件运营方，当用户使用某软件通过语音向某智能视听屏发出播放某一首录音制品的指令时，某智能视听屏会向被告计算机公司的音乐服务器发出请求，通过某智能视听屏传输播放音乐。

【案件焦点】

智能视听屏与智能软件共同侵害作品信息网络传播权行为的认定。

【法院裁判要旨】

广东省深圳前海合作区人民法院经审理认为：本系列案系侵害作品信息网络传播权纠纷案件。根据原告提交的公开出版的涉案音乐专辑封底载明及被告的质证意见，可依法认定甲音乐公司是涉案音乐专辑的录音制作者，对涉案录音制品享有相应的录音制作者权。根据原告提交的《授权书》等证据，可以认定原告经过甲音乐公司授权，对涉案录音制品在授权期限内享有独占性的信息网络传播权及相应的维权权利，有权以自己的名义提起本系列案诉讼，是本系列案的适格主体。《最高人民法院关于审理侵害信息网络传播权民事纠纷案件适用法律若干问题的规定》第四条规定，有证据证明网络服务提供者与他人以分工合作等方式共同提供作品、表演、录音录像制品，构成共同侵权行为的，应当承担连带责任。本系列案中，某智能视听屏在与某软件相互配网的情况下，可在线播放涉案录音制品，在未经著作权人许可的情况下，使用户可以在个人选定的时间和地点播放涉案录音制品，侵犯了著作权人享有的信息网络传播权。某智能视听屏的制造方为被告科技公司，从公证取证显示的域名来看，某软件服务的提供者为被告计算机公司，被告科技公司、计算机公司基于共同合作的目的，在共同意思联络的基础上，通过不同分工，共同直接侵犯了原告对涉案录音制品享有的信息网络传播权，应当共同承担相应的侵权责任。因原告提供的证据并不能证明被告乙音乐公司实施了共同侵权行为，故原告文化传媒公司要求被告乙音乐公司承担共同侵权责任，证据不足，应不予支持。

广东省深圳前海合作区人民法院依照《中华人民共和国著作权法》第十一条、第四十二条、第四十八条、第四十九条，《最高人民法院关于审理著作权民事纠纷案件适用法律若干问题的解释》第七条，《最高人民法院关于审理侵害信息网络传播权民事纠纷案件适用法律若干问题的规定》第三条、第四条，《中华人民共和国民事诉讼法》第六十四条第一款、第一百四十二条规定，判决如下：

一、被告科技公司、计算机公司应于本判决发生法律效力之日起十日内赔偿原告文化传媒公司经济损失及制止侵权的合理开支合计186000元；

二、驳回原告文化传媒公司的其他诉讼请求。

宣判后，当事人均未上诉，判决书已生效。

【法官后语】

随着人工智能技术的发展，各类智能电子产品应运而生，其中智能音箱的普及程度较高，受众广泛。通过人机语音交互方式播放音乐，是智能音箱最主要的功能之一。随后兴起的智能视听屏产品亦承续了这一重要功能，智能视听屏以独特便捷的人机语音交互体验、相对低廉的价格等优势俘获了大批的音乐受众。市场推行的兼有音乐服务和可视化服务的智能视听屏作为智能音箱的功能延伸产品，同样具备传播欣赏录音制品的效能。但不管未来的智能产品发展形势如何，在音乐服务功能方面，录音制品的数量和质量将直接关系到用户对智能产品的评价。为满足用户个性化需求，智能音箱系列产品致力于提供多样齐全的录音制品原本无可非议，但却极有可能陷入侵权纠纷。本系列案即为智能视听屏与智能软件结合应用过程中产生的侵害作品信息网络传播权纠纷案件。

一、关于侵权行为的认定

侵害录音制品信息网络传播权纠纷案件作为侵权类案件之一，对行为要素的认定有着必然的要求。《最高人民法院关于审理侵害信息网络传播权民事纠纷案件适用法律若干问题的规定》（2020 年修正）对侵犯作品信息网络传播权的“提供行为”作了细化解释。这些未经权利人许可的“提供行为”可划分为直接侵权行为与间接侵权行为两种。直接侵权行为可理解为未经权利人许可的内容提供行为，即通过各类手段方式直接将作品、表演、录音录像制品置于信息网络中，使公众能够在个人选定的时间和地点以下载、浏览或者其他方式获得；间接侵权行为则指对直接侵权人的侵权行为发挥实质推动作用的网络服务提供行为，包括教唆侵权行为和帮助侵权行为在内，此时人民法院应当根据网络服务提供者的过错，确定其是否承担教唆、帮助侵权责任。网络服务提供者的过错包括对于网络用户侵害信息网络传播权行为的明知或者应知。在本系列案中，原告提供的公证书显示，通过手机扫描某智能视听屏中的二维码下载某软件后，使用某软件连接某智能视听屏，通过某智能视听屏可搜索并在线播放录音制品，可见某智能视听屏与某软件的相互配网运行可以使用户在个人选定的时间和地点播放涉案录音制品，这无疑构成了录音制品的“提供行为”，且属于内容提供行为，在未经权利人许可的情况下，该“提供行为”进一步构成直接侵害信息网络传播权的行为，行为主体应依法承担相应的侵权责任。

二、关于侵权主体的认定

2020年修订前的《最高人民法院关于审理侵害信息网络传播权民事纠纷案件适用法律若干问题的规定》第四条规定：“有证据证明网络服务提供者与他人以分工合作等方式共同提供作品、表演、录音录像制品，构成共同侵权行为的，人民法院应当判令其承担连带责任。网络服务提供者能够证明其仅提供自动接入、自动传输、信息存储空间、搜索、链接、文件分享技术等网络服务，主张其不构成共同侵权行为的，人民法院应予支持。”通过对本系列案的分析，可以发现案件中并不存在单纯的ISP（Internet Service Provider，图像信号处理）或者ICP（Internet Content Provider，网络内容服务商），被告计算机公司同时具备了网络服务提供者和内容提供者的身份属性，依法将被告计算机公司认定为侵权主体应无异议。因播放涉案录音制品需要某智能视听屏与某软件相互配网运行实施，两者实为一体不可或缺，被告科技公司提出的“仅为某智能视听屏的生产商，并未向公众提供涉案录音制品的网络传播服务”的抗辩理由显然不成立，从“包括音乐、视频通话、视频学习等多功能用途”的功能设置中也可看出录音制品传播的可预见性和可操作性。被告科技公司、计算机公司基于共同合作的目的，在共同意思联络的基础上，通过不同分工，共同直接侵犯了原告文化传媒公司对涉案录音制品享有的信息网络传播权，应当共同承担相应的侵权责任。而现有证据并不能证明被告乙音乐公司实施了侵权行为，故不应将其认定为侵权主体。由此可见，“分工合作关系”的判定对本系列案侵权主体的认定起到了关键的作用。一般而言，合作协议等形式是判断网络服务提供者与他人是否存在分工合作关系的重要依据，但在日益复杂的网络服务链条和竞争合作关系面前，明显的合作协议关系并不容易呈现。此时人民法院应当结合案件具体情况，根据已有的证据材料对侵权行为运作模式进行合理判断，确定涉案侵权主体。

本系列案是较为常见的智能设备与智能软件结合应用过程中产生的侵害作品信息网络传播权纠纷案件，本判决紧紧围绕信息网络传播权侵权责任构成要件，从法律指明的方向出发，厘清案件事实，抓住侵权行为、侵权主体认定关键，查明智能视听屏生产商与智能软件运营商之间的分工合作关系，依法判决侵权行为主体承担共同侵权责任，为类案裁判提供相应思路和参考，推动现有智能产品市场更多地探索知识产权的合理应用模式。

编写人：广东省深圳前海合作区人民法院　沈洋洋

010　电子商务平台经营者未尽资质审查义务致无法确定实际侵权人应承担附条件不真正连带责任

——文化传播公司诉网络科技公司、信息咨询中心侵害信息网络传播权案

【案件基本信息】

1. 裁判书字号

江苏省无锡市中级人民法院（2019）苏02民终5492号民事判决书①

2. 案由：侵害信息网络传播权纠纷

---

① 本案经过江苏省高级人民法院（2020）苏民申8055号再审，再审裁定驳回网络科技公司再审申请，即维持二审判决。

3. 当事人

原告（被上诉人）：文化传播公司

被告（上诉人，再审申请人）：网络科技公司

被告：信息咨询中心

【基本案情】

2018 年 5 月 22 日，经文化传播公司申请，某省版权局核发涉案作品的登记证书，著作权人为文化传播公司。信息咨询中心系“乐销系统”的 ICP 备案主体，系网络科技公司股东。网络科技公司系“×影网”经营者。

2018 年 11 月 8 日，文化传播公司经公证保全确认，微信中一则题为《最美 Fans 照》的链接中载有涉案作品，该链接中所载商家为“爱 · BABY××摄影”，涉案作品被用作广告样片展示。

2019 年 4 月 15 日，网络科技公司经公证保全确认，进入“×影网”及其后台，在“×影万人团购软件”的“营销软件列表”中有“爱 baby××摄影”用户，用户信息载明该用户的注册时间、电子邮箱、注册 IP[①]、注册手机号。点击“查看合同”，跳转显示的“软件服务协议”约定：“‘爱 baby××摄影’以 1800 元/年购买‘万人团’软件使用权，享有自行上传及修改的权利；网络科技公司从软件营收中收取 3.6%的提现手续费。”点击该用户的团购活动列表，显示标题为“最美 Fans 照”的涉案团购活动。

信息咨询中心、网络科技公司提交其依公证书中信息，经网络地图搜索而确定的“某婚纱摄影店”个体工商户信息。至一审庭审时，侵权链接中已无涉案作品。

① IP（Internet Protocol Address），此处是指互联网协议地址或网际协议地址。

文化传播公司因信息咨询中心系广告链接的域名注册人且链接系通过网络科技公司网站发布，而将两公司诉至法院，要求停止侵权并赔偿损失。信息咨询中心认为其仅是域名的注册人，而非实际经营者，不应承担责任。网络科技公司认为其虽是网址的实际经营者，但涉案作品系用户上传，其并非实际侵权人；其作为网络服务提供者已尽审核义务且未直接获益，应适用“避风港”规则，不承担侵权责任。

【案件焦点】

网络科技公司是否应当承担赔偿责任。

【法院裁判要旨】

江苏省无锡市滨湖区人民法院经审理认为：著作权人的信息网络传播权受法律保护。文化传播公司提交了涉案照片的《作品登记证书》，可以证明其享有著作权。微信链接中所载涉案作品，系未经著作权人许可，擅自使用并使公众可根据个人选定的时间和地点获得涉案作品，侵害了文化传播公司信息网络传播权，相关发布主体应承担侵权责任。

网络科技公司应承担赔偿责任。首先，网络科技公司并非单纯的网络服务提供者，而系为付费经营者通过互联网等信息网络从事商品销售或提供服务提供信息存储空间的电子商务平台经营者。其次，网络科技公司明知这些付费经营者系进行产品销售、广告发布等电子商务活动，不仅未对付费经营者的身份信息建立登记档案，定期核验更新，甚至不审查营业执照、经营者身份、地址等基本信息，未尽到合理注意义务。在本案诉讼后，网络科技公司亦只能通过地图定位的方式找寻平台用户“爱 baby××摄影”，且其通过地图定位找到的“某婚纱摄影店”与“爱 baby××摄影”的店铺名称和联系方式均不一致。网络科技公司作为电子商务平台经营者未能合理审查平台内付费经营者的身份信息，主观上存在过错。最后，网络科技公司除收取“爱 baby××摄影”1800 元/年的使用费、管理费外，还收取链接营收的 3.6%，该费用名为“提现手续费”，但实际明显高于一般提现收费标准，且与团购收益直接挂钩，可以认定其系从平台用户提供的涉案作品中直接获得经济利益，应当承担赔偿责任。

信息咨询中心无须承担赔偿责任。付费用户可在“×影网”后台发布团购活动，可见网络科技公司能够使用涉案域名，另结合两公司股东关系及相应陈述，可认定该域名系由网络科技公司实际经营，应由其对涉案侵权行为承担赔偿责任。由于链接中已无涉案作品，故对停止侵权的请求不予支持，综合考虑涉案作品独创性程度、侵权行为性质及情节、为制止侵权所支出的合理费用等因素，酌定赔偿损失及合理开支共计 7000 元。

江苏省无锡市滨湖区人民法院依照《中华人民共和国著作权法》第五十三条第一项、第五十四条，《最高人民法院关于审理侵害信息网络传播权民事纠纷案件适用法律若干问题的规定》第八条第一款、第九条第一项、第四项，《最高人民法院关于审理著作权民事纠纷案件适用法律若干问题的解释》第七条第一款、第二十五条、第二十六条规定，判决如下：

一、网络科技公司于判决生效之日起立即赔偿文化传播公司经济损失及为制止侵权支出的合理费用，共计 7000 元；

二、驳回文化传播公司的其他诉讼请求。

网络科技公司不服一审判决，提出上诉。

江苏省无锡市中级人民法院同意一审法院的裁判意见。

网络科技公司不服二审判决，申请再审。

江苏省高级人民法院同意一、二审法院的裁判意见，驳回再审申请。

【法官后语】

《中华人民共和国电子商务法》第二十七条第一款规定了电子商务平台经营者的资质审查义务："电子商务平台经营者应当要求申请进入平台销售商品或者提供服务的经营者提交其身份、地址、联系方式、行政许可等真实信息，进行核验、登记，建立登记档案，并定期核验更新。"2021 年，国家市场监督管理总局公布的《网络交易监督管理办法》第二十四条第一款，进一步明确资质审查义务中核验更新的期限应为至少每六个月一次。但关于电子商务平台经营者未尽资质审查义务的判断标准与责任承担方式，暂无相应规定，理论与实务界也有较多不同意见。结合本案，判断电子商务平台经营者是否尽到资质审查义务，应注意把握以下几点：

1. 应以一定程度的实质审查核验经营者信息。电子商务法旨在建立社会共治的协同管理体系，电子商务平台经营者作为私法主体承担具有公法性质的资质审查义务，虽利于维护交易安全、市场秩序，但也会增加运营成本和法律风险。关于资质审查的限度，有形式审查和实质审查两种观点。笔者认为，该两种观点均有待商榷，应立足于现今技术条件确定资质审查的限度，在不显著增加平台管理成本的基础上，通过一定程度的实质性审查以确定实际经营者。如平台可将经营者所提供的企业名称、经营者身份、地址等基本商业信息与国家企业信用信息公示系统等数据库比对以查验信息真实性，可通过核验短信验证码等方式确定经营者所提供手机号码的实际使用人等。

2. 电子商务平台经营者未尽资质审查义务的责任形态分析。电子商务平台经营者因不作为而未尽到资质审查义务应承担责任，但关于责任的具体形态并无一致论断，理论及实务界主要有连带责任、补充责任、不真正连带责任三种观点。第一种观点认为，电子商务平台有能力识别并确保平台内经营者基本身份信息的绝对真实，其未尽该审查义务，系客观上放纵侵权人实施侵权，构成帮助侵权，应承担连带责任。第二种观点认为，未尽资质审查义务仅是损害发生的间接原因，应承担与过错相适应的补充责任。杨立新教授持第三种观点，认为电子商务平台虽未尽资质审查义务，但如能提供经营者的真实信息就无须承担责任，否则应承担不真正连带责任。①

3. 未尽资质审查义务致无法确定实际侵权人，电子商务平台经营者应承担附条件的不真正连带责任。因电商平台的复杂性及案件事实的多元性，对于电子商务平台经营者未尽资质审查义务而应承担责任的类型，根据案件情况各有不同。《中华人民共和国电子商务法》第三十八条第二款、《中华人民共和国消费者权益保护法》第四十四条均从保护消费者权益的角度规定了平台未尽资质审查义务应承担的责任；对于知识产权权利人而言，则多依据信息网络传播权保护条例等寻求救济。结合本案，笔者认为，电子商务平台经营者未尽资质审查义务致无法确定实际侵权人应承担附条件的不真正连带责任。不真正连带责任是指因两人的行为而造成同一损害后果，

---

① 杨立新：《侵权责任追偿权的“背锅”理论及法律关系展开——对〈民法典〉规定的侵权责任追偿权规则的整理》，载《求是学刊》2021年第1期。

其中一个行为是直接原因，另一个行为是间接原因，对外而言，两人各负全部赔偿责任，一人履行责任，将使全体责任人的责任归于消灭；对内而言，承担责任的人可向最终责任人追偿。附条件的不真正连带责任本质上仍属于不真正连带责任，但需在具备相应条件时才承担责任。

如本案中，网络科技公司作为电子商务平台经营者，若能提供平台内经营者的真实名称、地址、有效联系方式，权利人有向实际侵权人“爱 baby××摄影”主张权利的途径，则其无须承担赔偿责任。在一起典型案例[①]中，上海铁路运输法院亦持此观点，认为网络公司对经营者敬某桥的主体信息、经营资质进行了审核，并在原告维权时提供了销售者的真实名称、地址和有效联系方式，已经履行了相应义务，不应承担连带赔偿责任。但本案中，网络科技公司至二审法庭辩论终结前均未能提供平台内经营者的真实信息，导致权利人无处维权，则应由其承担不真正连带责任。即先由网络科技公司就侵害信息网络传播权的行为向文化传播公司承担连带责任，其承担责任后，有权以其所承担的责任为限向“爱 baby××摄影”追偿。如此，既维护了知识产权权利人的权益，又督促电子商务平台经营者积极审查平台内经营者身份及资质信息，亦能警示平台内经营者依法依规从事经营活动。

编写人：江苏省无锡市中级人民法院　陆超　宋婉龄

---

① 参见上海铁路运输法院（2017）沪 7101 民初 318 号民事判决书，载中国裁判文书网，https：//wenshu. court. gov. cn/website/wenshu/181107ANFZ0BXSK4/index. html？docId＝52035980f5c1454dbbd9a81f009c42c0，2022 年 12 月 17 日访问。

011 市场份额明显较少及不损害行业、消费者利益是网络著作权诉前行为保全措施实施的前提

——某腾公司等申请字某互联网公司诉前停止侵犯著作权案

【案件基本信息】

1. 裁判书字号

重庆自由贸易试验区人民法院（2019）渝 0192 行保 1 号之二民事裁定书

2. 案由：诉前停止侵犯著作权纠纷

3. 当事人

申请人（复议被申请人）：某腾公司、某腾成都公司、某腾重庆公司

被申请人（复议申请人）：字某互联网公司

被申请人：重庆某畅娱公司

【基本案情】

申请人称某腾成都公司是手机游戏《英雄××》的研发者，对《英雄××》游戏及全部游戏内元素（包括但不限于游戏地图、人物形象、游戏场景、道具装备、图标等美术作品、音乐、动画、视频等）享有著作权。经某腾成都公司授权，某腾公司、某腾重庆公司享有《英雄××》游戏著作权许可使用权和以自己名义维权的权利。被申请人字某互联网公司与其邀请合作的金 V 认证用户“某氏”未经授权在“今日头条”APP[①] 通过信息网络向公众大

① APP 是英文 Application 的简称，指智能手机的第三方应用程序，下文对此不再提示。

量传播（以非直播方式）以《英雄××》游戏连续画面为主要内容的游戏录制视频。字某互联网公司经申请人多次通知后，拒绝履行“通知—删除”义务，除申请人授权的今日头条号“英雄××”“英雄××职业联赛”发布的游戏视频外，“今日头条”APP每天仍在持续大量新增《英雄××》视频，侵害申请人享有的著作权。被申请人重庆某畅娱公司在其运营的52PK下载中心向用户提供“今日头条”APP的下载服务，扩大了侵权范围及侵权损害后果，构成共同侵权。被申请人的侵权行为已经给申请人造成了巨大的经济损失，如果不及时制止势必会扩大给申请人造成的难以弥补的损害，采取行为保全的措施不会对社会公共利益造成任何损害。故申请字某互联网公司重应某畅娱公司诉前停止侵犯著作权行为。

【案件焦点】

著作权诉前行为保全的适用条件。

【法院裁判要旨】

重庆自由贸易试验区人民法院经听证程序认为：在无相反证据证明的前提下，某腾成都公司提供了《英雄××》游戏软件及游戏元素的著作权登记证书及授权书，故某腾成都公司、某腾公司、某腾重庆公司提起行为保全申请具有权利基础。现有证据显示，用户“某氏”未经涉案游戏著作权利人许可，在“今日头条”传播被控侵权游戏视频的行为，具有侵权可能性。申请人两次向被申请人发送举报邮件要求删除包括“某氏”在内的用户在“今日头条”上传的被控侵权游戏视频，但被申请人均未采取合理措施，其主观上具有过错，亦具有侵权可能性。故申请人具有胜诉可能性。“今日头条”国内月活跃用户人数达到8亿，包括“某氏”“游戏达人团成员”等在内的众多用户在“今日头条”上传了大量《英雄××》游戏视频，且相关游戏视频的数量还在增加。由此可知，上述情况如不及时制止，将很可能显著增加被申请人的维权成本和维权难度。而采取保全措施并不影响被申请人运营的“今日头条”的其他业务的正常开展，对其合法权益损害有限。

重庆自由贸易试验区人民法院依照《中华人民共和国民事诉讼法》第二十八条、第一百零八条，《最高人民法院关于适用〈中华人民共和国民事诉讼法〉的解释》第二十五条、第一百七十一条，《最高人民法院关于审查知识产权纠纷行为保全案件适用法律若干问题的规定》第十八条之规定，裁定驳回字某互联网公司的复议申请。

一、被申请人字某互联网公司立即停止通过“今日头条”APP、toutiaoimg.cn域名传播（以非直播方式）用户“某氏”发布的全部《英雄××》游戏录制视频，效力维持至本案判决生效日止；

二、被申请人字某互联网公司立即删除在“今日头条”APP传播（以非直播方式）的带有“英雄××”名称的游戏录制视频（由今日头条用户“英雄××”“英雄××职业联赛”“某张大仙”“某解说”“英雄××小塔TT”在某APP发布的《英雄××》游戏视频除外），效力维持至本案判决生效日止；

三、驳回申请人某腾成都公司、某腾公司、某腾重庆公司其他行为保全申请。

【法官后语】

《最高人民法院关于审查知识产权纠纷行为保全案件适用法律若干问题的规定》(以下简称行为保全规定)于2019年1月1日实施。本案系该规定实施后全国首例申请诉前停止侵犯著作权行为保全案，本案系因对网络游戏画面的利用导致游戏权利人市场份额明显减少而产生的纠纷，该情形在适用行为保全规定时对整个游戏短视频行业具有较大影响，故本案对诉前著作权行为保全条件的适用具有较强的示范效应。

行为保全规定对审查行为保全考虑的因素从胜诉可能性、难以弥补的损害、损害衡平性、是否损害公共利益进行考量。本案中，法院根据初步查明的事实认为，首先，游戏运行画面的创作过程体现创作者对美术、人物英雄设定、技能、战斗主题等元素的思想表达与个性选择，具有独创性，被认定为类似摄制电影方法创作的作品存在较大可能性。因游戏玩家操作所呈现的游戏画面效果均是游戏开发者开发游戏时预设的结果，游戏玩家的操作并不具有著作权法意义上的独创性，不产生新的作品。某腾公司具有权利基础。某腾公司已向字某互联网公司发送举报邮件要求删除包括“某氏”在内的用户在平台上传的被控侵权游戏视频，但字某互联网公司、重庆畅娱公司均未采取合理措施，其主观上具有过错，亦具有侵权可能性。其次，网络游戏具有游戏研发、推广、运营成本高，盈利周期短的特点，如不及时制止侵权行为将导致权利人的市场份额减少和市场机会的丧失，使权利人的合法权益受到难以弥补的损害。“今日头条”国内月活跃用户人数达到8亿，包括“某氏”“游戏达人团成员”等在内的众多用户在“今日头条”上传了大量《英雄××》游戏视频，且相关游戏视频的数量还在增加。由此可知，上述情况如不及时制止，将很可能显著增加被申请人的维权成本和维权难度。

再次，短视频平台不仅涉及游戏短视频，还有其他类型短视频业务，且诉前禁令也并非对所有游戏短视频的禁止，故从当事人利益平衡的角度来说，采取诉前禁令对字某互联网公司造成的损害有限，但不采取诉前禁令对某腾公司造成的损害较大。最后，正如上文分析，对该平台上部分游戏短视频的禁令，并未影响其他视频，对游戏短视频的消费者亦未造成损害。

综上，在涉网络著作权诉前行为保全中，认定“难以弥补的损害”通常应以“权利人市场份额明显较少”来认定；而认定损害衡平性通常应以采取诉前保全措施对该网络运营者是否造成实质损害来认定；认定是否损害社会公共利益通常应以采取诉前保全措施是否对该网络行业的具体运营以及相关消费者利益造成影响来认定。

编写人：重庆自由贸易试验区人民法院　余博

012 直播平台和主播间的权利义务对等原则与法律关系判定

——某著作权协会诉某直播公司著作权侵权案

【案件基本信息】

1. 裁判书字号

北京知识产权法院（2019）京73民终1384号民事判决书

2. 案由：著作权侵权纠纷

3. 当事人

原告（被上诉人）：某著作权协会

被告（上诉人）：某直播公司

【基本案情】

网络主播在被告经营的直播平台进行在线直播，其间播放了歌曲《恋××》（播放时长 1 分 10 秒）。直播结束后，主播将直播过程制作成视频并保存在某直播平台上，观众可以通过直播平台进行观看和分享。网络主播与被告签订的《直播协议》约定，主播在直播期间产生的所有成果均由被告享有全部知识产权。原告经歌曲《恋××》的词曲作者授权，可对歌曲《恋××》行使著作权。原告认为，被告侵害了其对歌曲享有的信息网络传播权，请求法院判令被告赔偿著作权使用费 3 万元及律师费、公证费等合理开支 12600 元。

【案件焦点】

网络主播未经授权播放他人音乐作品直播平台或承担侵权责任。

【法院裁判要旨】

北京互联网法院经审理认为：首先，某直播平台主播不应是本案被诉侵权行为的侵权主体。其次，某直播公司并不是通常意义上的网络服务提供者，其不仅是网络服务的提供者，还是平台上音视频产品的所有者和提供者，并享有这些成果所带来的收益，在这种情况下，虽然其在获悉涉案视频存在侵权内容后及时删除了相关视频，但也不能就此免责。最后，海量的注册用户及直播的即时性和随意性亦不能成为某直播公司的免责理由。不能援引《最高人民法院关于审理侵害信息网络传播权民事纠纷案件适用法律若干问题的规定》第八条第二款、第三款之规定免责。综合以上三点，某直播公司应对其平台上的涉案视频承担相应的侵权责任。

北京互联网法院依照《中华人民共和国著作权法》第八条、第十条第一款第十二项、第四十八条第一款第一项、第四十九条，《最高人民法院关于审理著作权民事纠纷案件适用法律若干问题的解释》第二十五条、第二十六条，《最高人民法院关于审理侵害信息网络传播权民事纠纷案件适用法律若干问题的规定》第三条之规定，判决如下：

一、自本判决发生法律效力之日起十日内，被告某直播公司赔偿原告某著作权协会经济损失2000元；

二、自本判决发生法律效力之日起十日内，被告某直播公司赔偿原告某著作权协会因诉讼支出的合理费用3200元；

三、驳回原告某著作权协会的其他诉讼请求。

上诉人主张某直播公司并没有确认对于用户打赏收益，某直播公司与主播之间按比例进行分配；某著作权协会提供的《音乐著作权合同》所载的授权期限已届满，是否解除不清楚，一审法院就该事实没有查清。合同受让行为并非侵权，不构成对某著作权协会音乐作品的复制、传播、改编等；某直播公司不是涉案视频的内容提供者，而是仅提供了中立的技术、信息存储服务，不构成共同侵权、帮助侵权或单独侵权；某直播公司并未因涉案视频获益；某直播公司对涉案视频的传播不存在任何过错；某著作权协会诉讼主体不适格；某著作权协会主张的著作权使用费过高。被上诉人某著作权协会答辩称：一审判决认定事实清楚，适用法律正确。

北京知识产权法院经审理认为：一审法院认定事实清楚，适用法律正确，依照《中华人民共和国著作权法》第十条第一款第十二项、第四十九条，《中华人民共和国民事诉讼法》第一百七十条第一款第一项之规定，判决驳回上诉，维持原判。

【法官后语】

一、平台经营者的角色转变

20世纪90年代末，“避风港”规则的出现为网络服务提供者提供了额外的保护，免除互联网平台内容审查的要求，推动互联网产业的创新发展。然而，互联网平台在给社会公众带来获取作品便利的同时，也使得侵权作品的传播速度更快、影响范围更大。同时，平台经营者从中间人到管理者的角色转变使得平台业已偏离了“避风港”规则预设的“被动的、工具性的、中立的”网络服务提供者的形象，而成为通过技术匹配供需关系，建立信用制度，进而提供更深入的管理和服务的市场“巨无霸”。平台功能和角色的转变必然导致平台义务的变革。

二、被诉侵权行为的责任主体问题

主播与直播平台之间的合作模式主要有两种：一是“主播+平台”，主播与直播平台直接签约，提供直播活动。直播平台为主播提供一定的资源，如直播间、网络资源，并支付约定的报酬及分成，宣传、推广签约主播，对主播进行一定的培训，或者要求签约主播只能在本平台开展直播活动，不得在第三方平台开展直播活动。二是“主播+经纪公司+平台直播平台”，平台通过第三方经纪公司负责对主播的管理。网络主播与经纪公司签约，并进行佣金结算。网络主播不与直播平台直接发生合同关系。经纪公司限制网络主播只能在其指定的一家或者多家直播平台上进行直播活动。

本案中，根据某直播公司提交的《某平台直播协议》，主播虽然与直播平台之间不存在劳动或劳务关系，但双方约定主播在直播期间产生的所有成果均由某直播公司享有全部知识产权、所有权和相关权益，这里面的“所有成果”当然包括涉案视频在内的上传并存放于该平台的视频。虽然主播是视频的制作者和上传者，但因为主播并不享有对这些视频的知识产权和所有权，所以根据权利义务相一致的原则，其不应对视频中存在的侵权内容承担侵权责任。而相应的，既然某直播公司是这些成果的权利人，享有相关权益，其自然应对因该成果产生的法律后果承担相应责任。

三、“通知—删除”程序的适用问题

长期以来，“通知—删除”程序的低效，往往导致权利人的利益保护偏被动。2019年3月26日，欧洲议会正式通过《版权指令》，其中最具争议的第十七条重新调整了互联网平台的版权责任，要求网络服务提供者主动过滤侵权内容。从“避风港规则”到“版权过滤规则”，全球版权保护已经从绝对的“技术中立”向“保护创作者”的方向过渡。某直播公司所有的某直播平台不同，凡在某直播平台上进行直播的主播均要与某直播公司签订《某平台直播协议》，在协议中详细约定双方的权利义务、服务费用及结算以及直播方应承担的违约责任，最重要的是约定了某直播公司虽不参与创作，但直播方成果的权利属于某直播公司，这说明某直播公司不仅是网络服务的提供者，还是平台上音视频产品的所有者和提供者，并享有这些成果所带来的收益，在这种情况下，虽然其在获悉涉案视频存在侵权内容后及时删除了相关视频，但也不能就此免责。

四、直播平台的免责事由问题

平台的管理权来源于当事人自愿缔结的服务协议。从外在层面看，主要是为了弥补网络交易环境下政府监管的不足；从内在层面看，消费者权益保护法、食品安全法、电子商务法等赋予平台经营者更重的管理义务，也意味着平台应当拥有更为广泛的管理权力。既然某直播公司与每一位在平台上注册的直播方约定在直播期间所有成果的全部知识产权及相关收益均由某直播公司享有，那么其当然应对直播成果的合法性负有更高的注意义务和审核义务。况且，海量用户的存在还会带来巨大的影响和收益，某直播公司不应一方面享受利益，另一方面又以直播注册用户数量庞大及直播难以监管而逃避审核、放弃监管，放任侵权行为的发生，拒绝承担与其所享有的权利相匹配的义务。因此，海量的注册用户及直播的即时性和随意性亦不能成为某直播公司的免责理由。

编写人：北京互联网法院　李文超　李昕豫

013　可分割合作作品著作权行使规则及作品改编权认定标准

——某版权公司诉某影业公司等侵害作品改编权案

【案件基本信息】

1. 裁判书字号

天津市第三中级人民法院（2019）津03知民终6号民事判决书

2. 案由：侵害作品改编权纠纷

3. 当事人

原告（上诉人）：某版权公司

被告（被上诉人）：某影业公司、某丽公司、某狐公司、岳某

【基本案情】

《××之歌》于1980年由乔某作词，吕某、唐某作曲，蒋某为演唱，是电影《红××》主题插曲。后《××之歌》词作者乔羽将包括《××之歌》在内的词作品著作权授予乔某甲，乔某甲转授权给

某版权公司。授权内容为：(1) 授权人是音乐作品《××之歌》等的歌词文字作品的权利人，享有全部歌词文字作品著作权之财产权利，授权人亦是本条全部音乐作品（合作作品）著作权共有权之财产权利人。(2) 授权人将第一条所述全部歌词文字作品的著作权财产权利之改编权、信息网络传播权、表演权、复制权以独占排他的方式不可撤销的授予被授权人。(3) 授权人将第一条所述全部音乐作品（合作作品）著作权共有权之财产权利之改编权、信息网络传播权、表演权、复制权以独占排他的方式不可撤销的授予被授权人。《××之歌》系电影《××侠》推广曲，演唱者岳某、某甲，由岳某、某甲填词，发行时间2015年6月16日，所属专辑为《××侠电影原声带》。根据岳某陈述，其最早于2011年4月在相声《学歌曲》中演唱过这段歌曲，该段歌曲使用了《××之歌》部分曲作品，涉诉的《××之歌》是在其相声的基础上融入说唱因素创作的一个更为完整的作品。某版权公司主张岳某未经原告授权同意，擅自将《××之歌》歌词改编成《××之歌》进行商业演出，并在被告某影业公司、某丽公司、某狐公司拍摄电影《××侠》中作为背景音乐和宣传MV使用，共同侵害了音乐作品《××之歌》这一歌曲整体的改编权，故请求法院判令某影业公司、某丽公司、某狐公司、岳某停止使用电影《××侠》第46分钟至第51分钟有关《××之歌》的背景音乐，停止《××之歌》宣传片的互联网传播，共同承担损失赔偿费用1000000元及合理支出费用100250元及本案全部诉讼费用。

【案件焦点】

1. 某版权公司是否对音乐作品《××之歌》享有改编权；2. 某

版权公司是否有权提起本案诉讼；3. 某版权公司关于四被告侵害涉案作品《××之歌》改编权的主张是否成立；4. 某版权公司关于赔偿数额的主张是否成立。

【法院裁判要旨】

天津市滨海新区人民法院经审理认为：《××之歌》属于带词的音乐作品，且词和曲分别由不同的作者创作完成。从创作过程看，虽然乔某与吕某、唐某形式上分别创作完成了《××之歌》的词和曲，但他们基于共同的创作意图进行了创作，即词作者和曲作者的创作目的是相同的，词和曲表达的主题也是一致的。因此，应认定音乐作品《××之歌》是具有共同合意而创作的合作作品，其著作权归属词作者乔某及曲作者吕某、唐某共同享有。在没有特别约定的情况下，该合作作品的著作权应由合作作者共同行使，各个合作作者不能单独行使合作作品的著作权。某版权公司仅获得合作作者中词作者的授权，未取得曲作者授权，不能行使合作作品整体著作权。但因涉案作品为可分割的合作作品，某版权公司有权就其获得的词作品改编权提起诉讼。改编虽是一种再创作，但通常应当是利用了原有作品包括主题、独创性表达等在内的基本内容，创作空间受到限制。《××之歌》与《××之歌》的歌词作品从立意到内容均不相同，《××之歌》的歌词构成了全新的作品。因此，《××之歌》没有利用《××之歌》歌词的主题、独创性表达等基本内容，不构成对《××之歌》歌词的改编，四被上诉人也未侵害《××之歌》歌词的改编权。

天津市滨海新区人民法院判决：驳回某版权公司的诉讼请求。

某版权公司不服一审判决提出上诉。天津市第三中级人民法院判决：驳回上诉，维持原判。

【法官后语】

本案判决厘清了合作作品的认定、著作权归属、权利行使等著作权领域的热点问题，对于同类案件具有指导意义。判断某一作品是否为合作作品，其实质就是判定是否进行了共同创作，其核心要素包括具有共同创作的主观意图和共同实施了实质性的创作行为。涉案音乐作品《××之歌》系电影《红××》主题插曲，其歌词和曲谱是由词作者和曲作者根据电影《红××》的拍摄需求分别创作的，词、曲作者虽然没有直接接触，但双方具有共同的创作意图，并实施了共同的创作行为。因此，涉案音乐作品《××之歌》为合作作品，词曲作者共同享有其著作权，在无特别约定的情况下，合作作者之一不能单独行使整个音乐作品的著作权。某版权公司未获得曲作者的授权，无权行使《××之歌》音乐作品的著作权。该音乐作品的歌词和曲谱属不同的表达方式，分别体现了词作者、曲作者的独创性，且可以单独使用，词曲作者间就该歌曲也不存在不可以分割使用的约定，故涉案音乐作品《××之歌》属于可分割的合作作品。在不损害作品完整性的前提下，某版权公司经词作者授权，就歌词部分可行使著作权的相应权利。

改编他人作品进行再创作是当前热门话题之一，本案判决对改编作品的独创性如何体现、与原作品的关联性如何把握等问题起到了规范指引作用。著作权法上的改编权是根据原作品创作出具有独创性的新作品的权利。改编是在原作品表达基础上融入一定智力劳动，使之对原作品的改动具备著作权法要求的独创性，从而派生出新的作品。同时，改编依然应以原作品的表达为基础，受到原作品表达的限制。没有利用原作品的独创性表达，完全脱离原作品的表达应当是一种新的创作，并非对原作品的改编。本案中，《××之歌》

歌词没有利用《××之歌》歌词的独创性表达，不构成改编，没有侵犯《××之歌》歌词的改编权。

因为涉案歌曲具有较高的知名度和影响力，本案裁判结果引发了较为广泛的社会关注和业界人士积极正面的评价。

编写人：天津市第三中级人民法院　王屹松　张培松

014　京剧人物形象实质性相似的判定方法

——某文化传媒公司诉某电子科技公司著作权侵权案

【案件基本信息】

1. 裁判书字号

北京知识产权法院（2019）京73民终253号民事判决书

2. 案由：著作权侵权纠纷

3. 当事人

原告（被上诉人）：某文化传媒公司

被告（上诉人）：某电子科技公司

【基本案情】

2007年至2009年，郑某志创作完成“招财××”动漫形象及相关美术、动漫作品，并分别以《招财××——国粹京剧》《招财××——好戏连台之凤还巢》为作品名称完成著作权登记。登记证书显示两件作品类型均为美术。其中《招财××——国粹京剧》作者及著作权人为郑某志，所附图册中包括《招财××——京剧系列之龙套人生3》《招财××——京剧系列之龙套人生4》《招财××——国粹京剧时尚版之青衣》《招财××——国粹京剧时尚版之刀马旦》

《招财××——国粹京剧时尚版之小生》《招财××——国粹京剧时尚版之武生》《招财××——国粹京剧时尚版之状元》7个动漫形象，郑某志通过声明已确认上述作品为职务作品，除署名权外，其他著作权均属于某文化传媒公司，未经某文化传媒公司许可，任何人不得以任何理由对“招财××”动漫形象的任何部分进行使用、复制、修改、抄录、传播或与其他产品捆绑使用、销售。凡侵犯“招财××”知识产权的行为，均由某文化传媒公司依法追究其法律责任。《招财××——好戏连台之凤还巢》作者及著作权人登记人为某文化传媒公司。2017年9月，原告某文化传媒公司发现被告某电子科技公司在天猫网经营的“某旗舰店”未经原告许可，擅自使用原告享有著作权的《招财××——京剧系列之龙套人生3》《招财××——好戏连台之凤还巢》等美术作品形象，销售了京剧脸谱笔、京剧书签、钥匙扣、京剧Q版笔筒、京剧礼盒、吊坠等产品。后原告在辽宁省沈阳市恒信公证处公证人员的监督下，通过涉案网店购买京剧人物形象的京剧笔5款、书签5款、钥匙扣3款、笔筒2款，公证人员就上述全流程操作过程出具公证书。原告认为涉案产品上使用的动漫形象与原告主张权利的《招财××——京剧系列之龙套人生3》《国粹京剧时尚版之青衣》等作品中形象除颜色、持扇、翎子个别细节外，面部特征、服饰、动作等整体形象基本一致，以被告侵犯作品复制发行权等为由提起诉讼，请求判令被告立即停止侵权、赔偿原告经济损失161457元、合理开支9153元，并承担本案诉讼费。

【案件焦点】

涉案产品使用的卡通京剧人物形象是否与在先作品构成实质性相似，进而构成著作权侵权。

【法院裁判要旨】

北京市丰台区人民法院经审理认为：京剧人物形象虽属于中国传统文化艺术，特定人物的形象具有一定的规律性，但不同的作者在绘画人物形象时各有特色、各不相同。涉案作品在绘制时，对于人物五官等线条的勾画、头饰及服饰的绘制、动作的设计、颜色的选择等能够体现作者具有审美意义的独特构思，具有区别于传统京剧形象的表达特点，故涉案作品具有独创性，属于著作权法上的美术作品。如无相反证明，在作品上署名的公民、法人或者其他组织为作者。当事人提供的涉及著作权的底稿、原件、合法出版物、著作权登记证书、认证机构出具的证明、取得权利的合同等，可以作为证据。据此本案可以确认某文化传媒公司系涉案《招财××-好戏连台之凤还巢》美术作品的作者及著作权人；郑某志系涉案《招财××-京剧系列之龙套人生 3》《招财××-京剧系列之龙套人生 4》《招财××-国粹京剧时尚版之青衣》等涉案美术作品的作者，但郑某志通过声明已确认上述作品为职务作品，除署名权外，其他著作权均属于某文化传媒公司。故某文化传媒公司有权就侵犯涉案作品的发行权、获得报酬权的行为主张权利。某电子科技公司关于某文化传媒公司不享有著作权的抗辩，缺乏依据，法院不予采纳。

除法定情形外，未经许可使用他人作品，未向著作权人支付报酬的，应承担相应的侵权责任。本案中，某电子科技公司在其经营的涉案网店“某旗舰店”销售了 14 款涉案产品，经比对，涉案 14 款产品上所使用的动漫形象与某文化传媒公司享有著作权的涉案作品除个别细节外，主要特征基本一致，故应认定二者具有一致性。综上，某电子科技公司未经许可，在其销售的 14 款涉案产品上使用某文化传媒公司享有著作权的 8 款涉案作品，侵犯了某文化传媒公司对作品享有的发行权和获得报酬权，应当依法承担停止侵权、赔偿损失的民事责任。某电子科技公司虽辩称涉案产品具有合法来源，但其提交的证据无法显示与涉案产品之间的对应关系，且其未提交证据证明其在销售涉案产品时尽到了著作权审核相关的注意义务，法院对此不予采纳。

关于赔偿损失的具体数额，某文化传媒公司主张的产品总销量并非仅为涉案产品的销量，无法显示与涉案产品之间的明确对应关系，无法证明其因侵权所受损失或被告因侵权所获利益。故法院将综合考虑涉案作品的独创性程度、价值、涉案侵权行为的性质、情节、后果等因素予以酌定。关于某文化传媒公司主张的合理支出，其中公证费、购买涉案物品费、复印费、差旅费、住宿费为进行本案诉讼必要支出，有相关票据予以证明，法院予以支持；律师费无相关票据予以证明，但鉴于某文化传媒公司出具有委托代理合同，且确有律师出庭，法院将综合考虑本案诉讼工作量等因素，在合理范围内予以支持。

北京市丰台区人民法院依照《中华人民共和国著作权法》（2010 年修正）第十条第一款第六项、第二款、第十一条第四款、第四十八条第一项、第四十九条，《最高人民法院关于审理著作权民事纠纷案件适用法律若干问题的解释》第七条的规定，判决如下：

一、被告某电子科技公司于本判决生效之日起立即停止销售侵权涉案产品；

二、本判决生效之日起十日内，被告某电子科技公司给付原告某文化传媒公司经济损失 42000 元、合理费用 7153 元。

二审法院同意一审法院裁判意见，判决如下：驳回上诉，维持原判。

【法官后语】

本案的审理难点在于涉案产品使用的卡通京剧人物形象是否与在先作品构成实质性相似，进而构成著作权侵权。对此笔者结合著作权侵权的一般认定原理，具体分析如下：

京剧人物形象属于中国传统文化艺术，特定人物形象的表现具有共通的要素，这些要素属于公有领域的内容，不应作为著作权法上的独创性表达予以保护。但在共性要素之外，作者在创作绘制过程中，亦有其个性化的选择和安排空间，如五官线条和面部特征的设计，服装具体纹饰、头饰的细节设计等。涉案《招财××——国粹京剧时尚版之状元》等八个美术作品的人物形象系作者在传统京剧人物形象基础上再创作的智力成果，在服饰、头饰、五官特征等方面的选择与设计上具有独创性，应当认定为作品。

“接触”加“实质相似”，是作品构成剽窃的判断原则，也是著作权法上侵权认定的经典方法，它解决的问题是，对于原告作品来说，被告抄袭到什么程度才属于侵权行为，本案在侵权认定中也采用了此判断原则。所谓“接触”，是指在先作品可为公众获得，或者由于某种特殊原因，使在后创作者有机会获得该作品。本案首先要认定的问题是被告是否接触或有可能接触到权利作品。在此，既要对“接触”进行正向判断，又要进行反向判断。“实质相似”是指在后作品与在先作品在表达上存在实质性的相同或近似，使读者产生相同或近似的欣赏体验。在司法实践中，认定实质性相似的方式主要是：（1）被告是否抄袭了原告的作品；（2）证明存在抄袭的情况下，是否该种抄袭超过了合理限度构成了一个非法使用。具体来说这个标准可以被解释为，是否被诉作品与原告作品如此相似，以致一个普通观察者会得出以下结论，即被告通过盗取原告作品中有价值及实质部分的材料，非法地使用了原告作品中受保护的表达。在此要特别注意的是，著作权侵权认定中的实质性相似应当仅限于表达的相似，而如果仅仅是思想的相似，是不构成侵权的。由此，在适用实质性相似理论分析是否存在侵权行为时，需要运用思想/表达二分法，对作品进行解构抽析。分离出受著作权法保护的表达之后，才能够判断被告作品与原告作品雷同部分是否达到实质性相似的程度，进而得出侵权是否存在的结论。但如何准确的划分思想与表达的界线，又是一个极为复杂的问题。通常，两部作品的题材、背景和故事框架可以列入思想领域，在判断抄袭与否、侵权与否时都可以不予考虑；而两部作品的人物设置、人物关系和故事情节等是作品的表达方式，在认定是否涉嫌侵权时应以此为突破口。

回归本案而言，在判断涉案卡通京剧人物形象是否构成实质性相似时，首先，应从整体上剥离京剧人物所共有的要素，如武生的翎子、靠旗，小生的帽正等，上述要素属于“生旦净末丑”不同角色类型所固定搭配的装饰要素，以鲜明的突出人物形象。侵权作品并不应与权利作品均具有以上要素而构成实质性相似。其次，应从整体上剥离特定京剧人物所特有的要素，白脸的曹操、红脸的关公，这些也属于公有领域的范畴。在整体上剥离上述共有要素和特有要素的同时，还应具体比对上述要素的具体表现形式，这些具体的表现形式才是不同作者所具有的独创性表达。例如，武生的盔头通常都会插翎挂尾，常缀以珠花、绒球。但具体几个绒球，靠旗图案则各不相同。

此外，Q版卡通人物形象是一种漫画常用的变形夸张形式。人物造型比例通常在二头身到四头身之间，身体与头的比例在1∶1到1∶2之间。其特点是头大眼睛大的卡通形象，是萌化的一种绘画流派。在Q版卡通人物形象设计时，作者可以根据人物的不同和漫画的需要，设计不同头身比的Q版卡通人物形象。本案中，原告权利作品与被告侵权产品所涉Q版卡通人物头身比亦完全相同。使用上述实质性相似的判定方法，可以认定被告销售的14款涉案产品上所使用的卡通形象与原告享有著作权的涉案作品中具有独创性的部分表达内容构成实质性相似。

编写人：北京市丰台区人民法院　张炎

015　坚持契约自由原则审慎认定影视投资协议固定收益条款效力

——某影视传媒公司诉某影视公司著作权合同案

【案件基本信息】

1. 裁判书字号

天津市第三中级人民法院（2019）津03知民终17号民事判决书

2. 案由：著作权合同纠纷

3. 当事人

原告（被上诉人）：某影视传媒公司

被告（上诉人）：某影视公司

【基本案情】

2018 年 4 月 12 日，某影视传媒公司与某影视公司签订《关于数字电影〈黑衣内卫之××××〉之固定投资协议》，合同约定双方联合投资摄制数字电影《黑衣内卫之××××》。该片总投资为 2200000 元人民币，由某影视传媒公司全额投资。某影视公司负责该片的前期剧本创作、中期建组拍摄、后期剪辑合成、完成片终审、国内外发行销售等全盘工作，并保证该片按照合同约定的进度执行。双方还约定，某影视公司为该片发行方，在宣传发行中享有决策权，某影视传媒公司可配合发行，并享有监督、知情及督促的权利。双方就该片的合作期限约定为 2018 年 4 月 20 日起至 2019 年 2 月 20 日止，投资为期十个月整。该项目投资形式为固定回报率形式，该固定回报率为投资款的 25%。收益资金到账日为 2018 年 11 月~2019 年 2 月 20 日。合同签订后，某影视传媒公司按照合同约定履行合同义务。2019 年 2 月 20 日，某影视公司未在合同约定的期限内按时足额向某影视传媒公司返还投资款及固定收益。某影视传媒公司向一审法院起诉请求：（1）判令某影视公司返还某影视传媒公司投资款 2200000 元及支付固定收益 550000 元，合计 2750000 元；（2）判令某影视公司支付违约金（自 2019 年 2 月 25 日起至实际给付之日止。按年利率 24%计算）；（3）诉讼费由某影视公司承担。

【案件焦点】

涉案合同的性质是什么。

【法院裁判要旨】

天津市滨海新区人民法院经审理认为：结合在案证据材料及双

方所签协议中的具体约定内容，某影视传媒公司仅负有按照约定支付所谓投资款项的合同义务，享有按时足额回收投资款项及收益的合同权利，并不参与案涉影片的立项、申请、报批、送审、取得电影公映证等有关影片制作、发行工作，也不承担案涉影片投资风险，因此某影视传媒公司并不参与共同经营，也不共担经营风险，只按期收取固定利润。一审法院依照《中华人民共和国合同法》第八条、第六十条，《最高人民法院关于审理民间借贷案件适用法律若干问题的规定》第二十六条、第三十条之规定，判决如下：

一、某影视公司于判决生效之日起十日内返还某影视传媒公司本金2200000元并支付收益393333元；

二、某影视公司于判决生效之日起十日内支付某影视传媒公司违约金（以2200000元为基数，自2019年2月21日起至某影视公司实际支付之日止，按照年利率24%计算）；

三、驳回某影视传媒公司的其他诉讼请求。

一审后，某影视公司提起上诉。天津市第三中级人民法院经审理认为：本案投资协议属于合同法分则或其他法律没有明文规定的合同，适用合同法总则规定，并可参照合同法分则或其他法律最相类似的规定。当事人依法自愿订立合同，合同自成立时生效。某影视公司签订合同时同意向某影视传媒公司按期支付固定回报，系其真实意思表示，亦是其对自身权利义务的自愿处分，未侵害他人的合法权益，也未违反法律、行政法规的强制性规定，涉案合同依法成立并生效，对双方当事人具有法律约束力，某影视公司应当按照合同约定的数额和期限履行付款义务。一审法院认定合同性质不当，二审法院予以纠正。因某影视传媒公司认可一审判决结果，未提出上诉，且一审判决结果未超出涉案合同约定的支付标准，故二审法院对一审判决结果予以维持。依照《中华人民共和国民事诉讼法》第一百七十条第一款第一项规定，二审判决如下：

驳回上诉，维持原判。

【法官后语】

上诉人某影视公司主张涉案合同的性质非借款合同，而是联营合同，被上诉人某影视传媒公司主张涉案合同的性质既非借款合同，也非联营合同，因此本案的争议焦点为涉案合同的性质。

关于涉案合同是否系借款合同的问题。借款合同一般仅包括借款本金、利率、还款期限及逾期违约责任等条款，而涉案合同除约定了投资及固定收益外，还约定了著作权归属、作品署名情况，并约定了被上诉人享有一定的参与、监督及知情权，因此涉案合同并非单纯的借款合同，一审法院关于合同性质为借款合同的认定不当。

关于涉案合同中固定收益的约定是否系联营合同的保底条款问题。联营合同中的保底条款，通常是指联营一方虽向联营体投资，并参与共同经营，分享联营的盈利，但不承担联营的亏损责任，在联营体亏损时，仍要收回其出资和收取固定利润的条款。本案中，首先，从双方签订合同的目的看。上诉人某影视公司主要是为获取资金，被上诉人某影视传媒公司主要是为获取投资的固定收益，双方无共同经营、共担风险的意思表示，不存在建立联营关系的合同目的。其次，从合同条款及履行情况看。被上诉人某影视传媒公司虽有一定的参与权、监督权及知情权，但并无整个项目的经营决策权，涉案合同不符合联营合同共同经营的特征。在合同履行过程中，双方并未成立联营企业或联营体，被上诉人某影视传媒公司未参与资金使用及成本支出核算，更无法控制最终收益的分配。因此，双方之间并非联营合同关系，涉案合同中固定收益的约定不能认定为联营合同的保底条款。

根据《中华人民共和国民法典》的规定，当事人依法享有自愿订立合同的权利，依法成立的合同，自成立时生效。合同法分则规定的合同类型并未涵盖实践中的所有合同，合同法分则或者其他法律没有明文规定的合同，适用合同法总则的规定，并可以参照合同法分则或者其他法律最相类似的规定。上诉人某影视公司签订合同时同意向被上诉人某影视传媒公司按期支付固定回报，系其真实意思表示，亦是其对自身权利义务的自愿处分，未侵害他人的合法权益，也未违反法律、行政法规的强制性规定，涉案合同依法成立并生效，对双方当事人具有法律约束力，上诉人某影视公司应当按照合同约定的数额和期限履行付款义务。

编写人：天津市第三中级人民法院　王颖鑫

016　操作流程不规范影响“时间戳”证据的效力

——某科技公司诉某影视公司侵害作品信息网络传播权案

【案件基本信息】

1. 裁判书字号

北京互联网法院（2019）京 0491 民初 1212 号民事判决书

2. 案由：侵害作品信息网络传播权纠纷

3. 当事人

原告：某科技公司

被告：某影视公司

【基本案情】

原告主张，原告经合法授权，依法取得涉案摄影作品独家信息网络传播权。原告通过时间戳的方式固定证据，证明被告曾在其在线经营的网站上未经许可，通过信息网络，擅自使用、向公众传播原告享有著作权的摄影作品，且未支付报酬。被告的行为侵犯了原告对该摄影作品所享有的信息网络传播权。

被告认为，原告用以证明被告侵权的证据，是一段由其单方录制的屏幕录像，在证据类型上属于视听资料，应对其证据资格及证明效力实施严格审查。原告对涉案录屏文件进行“时间戳”形式的保全，本质上不属于取证技术，而是一种固证存证技术，所采集的电子数据的真实性很可能在被抓取之前，因其所处设备或网络环境存在问题已经受到了“破坏”，导致存证下来的证据包天然不具有可信力。在无可信第三方监督的单方取证、存证活动中，唯有明确取证活动无技术篡改之可能，方能认可其固化内容的真实性。取证计算机是否有隐藏的分区，有无可疑外设，有无远程控制、木马程序及当前计算机系统的网络环境，都属于可影响网页真实性的因素，充分做到对技术疑点的全面排查，是原告应尽义务。原告规避公证监督，仅在可控制的电脑及网络环境下完成涉案批量取证及录屏，应当承担与该取证方式相伴的证明力风险。原告选择可信时间戳，应遵照可信时间戳官网已经公布的《可信时间戳互联网电子数据取证及固化保全操作指引（2017.7版）》（以下简称《操作指引》）严格完成全步骤清洁性、安全性、网络连接真实性的自检。但原告提交证据存在明显疑点，故法院应当遵循疑点证据“孤证不立”原则，驳回原告的所有诉讼请求。

【案件焦点】

1. 如何认定通过可信时间戳取证的证据效力；2. 可信时间戳存证的操作步骤的缺失是否影响证据的真实性。

【法院裁判要旨】

北京互联网法院经审理认为：原告主张被告在其在线经营的网站上未经许可，通过信息网络，擅自使用、向公众传播原告享有著作权的涉案20张图片，并提交取证录像予以证明。被告对原告的主张和提交的证据均不认可。被告对取证录像中原告针对互联网连接真实性检查的操作流程效力有异议，因该操作流程效力对侵权行为认定有重要影响，故法院指定技术调查官参与本案庭审并出具专业意见。

《操作指引》系联合信任时间戳服务中心出具，作为可信时间戳存证方式的操作规范，具有一定指导作用，且本案原被告均认可该《操作指引》，故法院将参照《操作指引》判定操作流程效力。《操作指引》的“互联网连接真实性检查”中包括三个关键步骤：其一，在IE[①]浏览器的Internet选项下的“连接”中点击“局域网”设置，以保证没有连接代理；其二，在命令窗口输入“ipconfig/all”命令，显示所有网络适配器（网卡、拨号连接等）的完整TCP[②]/IP[③]配置信息；其三，在命令窗口输入“目标网页域名，以确认连接到目标页面网络服务器的路径，保证接入网站的真实性”。以上三个关键步骤的缺失会导致如下问题：首先，没有点击“局域网”设

① IE（Internet Explorer），指的是微软公司推出的一款网页浏览器。

② TCP（Transmission Control Protocol），指的是一种面向连接的、可靠的、基于字节流的传输层通信协议。

③ IP（Internet Protocol），指的是网际互连协议。

置查看代理情况，存在设置虚拟代理网站的可能；其次，“ipconfig”没有加上“/all”，就不会显示 DNS[①] 等关键信息，无法排除存在虚拟网站的可能；最后，没有执行“tracert 目标网页域名”，就无法查看目标页面网络服务器的真实路径，进而无法确定接入网站的真实性。2017 年 9 月 12 日的取证录像前置性检查步骤中上述三个关键步骤均缺失；2017 年 10 月 9 日的取证录像前置性检查步骤缺失了第二个和第三个关键步骤。上述关键步骤的缺失，导致原告提供的可信时间戳证据存在重大缺陷，不足以取信。

综上所述，原告提交的证据无法证明被告实施了侵犯其著作权的行为，故原告基于存在侵权事实要求赔偿损失及合理支出的诉讼请求没有事实依据，法院不予支持。

北京互联网法院依照《中华人民共和国民事诉讼法》第六十四条第一款之规定，作出如下判决：

驳回原告某科技公司的全部诉讼请求。案件裁判已生效。

【法官后语】

在大数据时代，时间戳取证在涉网侵权中广泛应用。时间戳取证系当事人按照联合信任时间戳服务系统的程序，进行自行取证，并将取证过程和结果的电子数据上传到联合信任时间戳服务中心保存，确保自保存起数据不被更改。由于时间戳取证是无可信第三方监督的单方取证存证，符合证据可采性的前提是取证的过程及方法应最大程度地避免伪造、篡改证据的可能。法官在审查此类证据时涉及的对技术疑点的排查，可能存在知识、技术上的局限性。因此，《最高人民法院关于互联网法院审理案件若干问题的规定》中指出，

① DNS（Domain Name System），指的是域名系统，是互联网的一项服务。

对于时间戳取证证据，法官在审查的过程中可以申请具有专门知识的人就电子数据技术问题提出意见，技术调查官就属于专门知识的人，其就可信时间戳认证证据提出的专业意见可作为裁判时参考的依据之一。

在使用可信时间戳存证过程中，“互联网连接真实性检查”是存证的前置程序，它规定了三个关键步骤，旨在于保证接入网站的真实性。如果在存证时缺失部分关键步骤，将可能导致设置虚拟代理网站，进而无法查看目标页面网络服务器的真实路径。经审查，原告在存证的前置程序中遗漏了部分步骤，可能导致上述结果发生。因此，法院认定原告提供的可信时间戳证据存在重大缺陷，不足以取信。

《最高人民法院关于互联网法院审理案件若干问题的规定》以司法解释形式对哈希值校验、可信时间戳及区块链存证方式进行了法律确认。相较于传统的公证存证方式而言，可信时间戳等电子存证方式具有成本低廉、操作便利、制作时间短等优势。不同于传统的证据形式，电子数据证据也具有真伪的脆弱性、传递的技术性、极强的可复制性等特殊属性，并非只要采用了上述技术手段所采集的电子证据就是真实可靠的。电子证据存在在抓取之前因所处设备或网络环境存有问题而遭受“破坏”的可能性，这导致存证的证据不具有可信力。这类“破坏”包括非真实的网络环境、定向虚假链接访问、时间来源不明等问题。因此，当事人在用可信时间戳等技术手段采集证据时，应当严格遵守操作流程，确保电子数据的真实性。

编写人：北京互联网法院　崔璐　潘昌

017 行政管理中 ICP[①] 备案及域名登记与认定网站经营者的关系

——某科技公司诉某电力投资公司侵害作品信息网络传播权案

【案件基本信息】

1. 裁判书字号

北京知识产权法院（2019）京 73 民终 590 号民事判决书

2. 案由：侵害作品信息网络传播权纠纷

3. 当事人

原告（被上诉人）：某科技公司

被告（上诉人）：某电力投资公司

【基本案情】

原告是网站“××读”的主办单位。进入 ICP/IP 地址/域名信息备案管理系统，记载：被告是网站“某电力投资公司”的主办单位，×××. com 是网站的域名，点击网站首页网址“www. ×××. com”，进入“××小说网”网页。2016 年 2 月 26 日，吴云某（甲方）与某科技公司（乙方）签订《文学作品独家授权合作协议》，约定乙方邀请甲方为乙方特约作家，甲方与乙方就甲方作品《女总裁的××××》合作。原告公司经营的塔读文学网登载了《女总裁的××××》作者：策某，字数 1971 千字。2017 年 3 月 26 日，经某科技公司申请，在公证人员的现场监督下，某科技公司的委托代理

① ICP（Internet Content Provider），指的是网络内容服务商。

人陈某东使用公证处的电脑，证明该网站刊登了涉案小说。双方认可涉案网站中登载的涉案小说共计 1689 千字。原告诉至法院主张被告系网站经营者，其通过网站提供涉案小说，侵害了原告享有的信息网络传播权。被告辩称，虽然行政管理中的登记信息无误，但是其已不是网站经营者，故不应承担侵权责任。

【案件焦点】

原告根据 ICP/IP 地址/域名信息主张被告系网站经营者，被告否认其系网站经营者的，法院应当如何认定二者的关系，举证责任应当如何分配。

【法院裁判要旨】

北京市西城区人民法院经审理认为：根据 ICP/IP 地址/域名信息备案管理系统，显示被告是网站 www. gzbpi. com 的主办单位，点击网站 www. gzbpi. com 进入的页面标注为“瓜子小说网”。被告未提交证据证明在涉案侵权行为发生时，有人假冒其名义对涉案网站进行登记备案，故被告是涉案网站 www. gzbpi. com 的主办单位。根据我国互联网信息服务管理法律、法规相关要求，网站的主办单位对网站负有如实进行行政备案、运营管理、依法维护的义务和责任。作为涉案网站的主办单位，无论是否实际参与涉案期间涉案网站的运营、管理，亦应对涉案网站所发生的侵害他人合法权益的行为，承担相应的民事法律责任。综上，依照《中华人民共和国著作权法》第十条、第十一条、第四十八条第一项、第四十九条，《最高人民法院关于审理著作权民事纠纷案件适用法律若干问题的解释》第七条第一款，《最高人民法院关于审理侵害信息网络传播权民事纠纷案件适用法律若干问题的规定》第三条第一款之规定，作出如下判决：

一、被告某电力投资公司于本判决生效之日起十日内赔偿原告某科技公司经济损失 33780 元；

二、驳回原告某科技公司的其他诉讼请求。

某电力投资公司不服一审判决，提出上诉。北京知识产权法院经审理认为：本案的争议焦点问题为：某电力投资公司在被诉侵权行为发生期间是否为涉案网站的经营者。在工信部登记备案中记载的信息，可以作为证明网站的经营者的初步证据。某电力投资公司在一审中提交的证据虽然能够证明其并非被诉行为发生期间涉案网站域名的持有者，但不能据此推翻工信部 ICP/IP 地址/域名信息备案管理系统中记载的关于被诉侵权行为发生期间其为涉案网站经营者的事实。基于双方当事人在一审中提交的证据情况，法院依据证据规则认定，某电力投资公司是被诉行为发生期间涉案网站的经营者。

二审中，北京知识产权法院根据新证据补充查明了案件事实。在此基础上，法院认为，某电力投资公司关于其并非被诉侵权行为发生期间涉案网站的经营者，亦未实施被诉侵权行为的抗辩意见成立，理由如下：第一，根据朝阳法院向某度公司发送的协助调查函及某度公司的回函内容可知，涉案网站域名使用百度云加速服务的用户姓名为刘某序，用户电话为 1516217××××，结合某电力投资公司提交的（2018）鄂长江内证字第 14×××号公证书记载账户名为 1516217××××的支付宝账户姓名校验显示为魏某锋，故根据被诉侵权行为发生期间涉案网站百度云加速服务的上述相关使用信息可以初步认定某电力投资公司主张的其并非涉案网站的经营者具有一定事实依据。第二，徐州市文化广电和旅游局的询问笔录中记载的魏某锋对杜某、刘某序身份及开办涉案网站的陈述，及徐州市文化广电和旅游局作出的行政处罚决定书认定的相关内容，可以与前述证据进行互相印证，并可形成完整的证据链证明被诉侵权行为发生期间涉案网站的经营者并非某电力投资公司。

虽然某电力投资公司违反行政规定，未及时向有关部门申报网站的经营者主体变更情况，但并不能基于某电力投资公司的上述行为认定其为被诉侵权行为发生期间涉案网站的经营者。某电力投资公司是否应当承担民事法律责任，仍应根据侵权责任法的相关规定予以认定。因此，一审法院关于“作为涉案网站的主办单位，无论是否实际参与涉案期间涉案网站的运营、管理，亦应对涉案网站所发生的侵害他人合法权益的行为，承担相应的民事法律责任”的认定，于法无据，法院予以纠正。

北京知识产权法院依照《中华人民共和国侵权责任法》第三十六条第一款，《中华人民共和国著作权法》第十条第一款第十二项，《中华人民共和国民事诉讼法》第六十四条第一款、第一百七十条第一款第二项之规定，判决如下：

一、撤销北京市西城区人民法院（2017）京 0102 民初 22654 号民事判决；

二、驳回某科技公司的全部诉讼请求。

【法官后语】

随着互联网传播技术的发展，信息网络传播权已经成为著作权人财产权中经济价值最高的权项。在网络环境下，当著作权人的信息网络传播权被侵害时，应当如何认定侵权人常常成为当事人争议的焦点。尤其是在网站侵权的情况下，因为我国法律、法规对于网站建设及运营进行了特别规定，这些规定与民事责任的关系是什么，应当如何确定被诉网站的经营者身份已经成为法院审理此类案件的难点之一。本案即此类问题的典型案例，双方争议的焦点在于被告是否是侵权人、是否是网站的经营者，申言之，关于域名持有人、ICP 备案主体与网站经营者的关系应当如何认定，对此类纠纷的正确处理应当厘清以下相关内容：

第一，关于网络直接侵权与网络间接侵权。侵犯著作权的行为可分为直接侵权和间接侵权，这种区分与著作权法中的核心概念——专有权利密不可分。构成直接侵权的行为都落入专利权利控制的范围，而构成间接侵权的行为则并不受专利权利的直接控制。因此，原告主张被告为网站经营者，即主张其实施了直接侵权行为，就需要判断被告是否实施了原告主张的被诉行为，是否通过信息网络提供了涉案作品。

第二，关于域名持有人、ICP 备案主体与网站经营者的关系。网站经营者即对网站进行管理和运行的自然人、法人和非法人组织。其可分为网站实际经营者和网站名义经营者。域名是指互联网上识别和定位计算机的层次结构式的字符标识，与该计算机的 IP 地址相对应。用户若想访问某设备，只需输入其域名，计算机便会自动通过网域名称系统将域名解析为 IP 地址，从而访问目标网站。根据《非经营性互联网信息服务备案管理办法》的规定，非经营性互联网信息服务必须进行 ICP 备案，否则其网站会被禁止接入互联网，用户无法访问其网站。故域名持有人、ICP 备案主体的信息都与网站经营者相关，都是从不同角度对于如何规范网站的建设和运营进行了规定，其与网站经营者相关但这些信息并不能等同于网站经营者。

第三，关于侵权责任与行政管理的关系。根据民法的原理，法无明文禁止即自由。行为人若应承担民事责任，应有法律的明确规定。但我国的民法典、著作权法及相关司法解释等均无关于ICP备案主体应当承担侵权责任的规定。我国对于网站域名、ICP备案制定相关法律法规其主要目的是规范网联系信息服务活动，促进互联网信息服务健康有序发展，其并无关于承担民事责任的规定。因此，因违反了行政管理的相关规定，而判决网站独自承担责任或承担连带责任均缺乏法律依据。

综上，二审法院根据案件查明事实，准确认定了网站经营者的实质内涵，划分清了网站域名、ICP备案与网站经营者的界限，其认定是正确的。

编写人：北京知识产权法院　李志峰

018　独创性为判断有声读物是否构成新作品之关键

——刘某平诉某科技公司侵害作品信息网络传播权案

【案件基本信息】

1. 裁判书字号

湖南省高级人民法院（2019）湘民终40号民事判决书

2. 案由：侵害作品信息网络传播权纠纷

3. 当事人

原告（被上诉人）：刘某平

被告（上诉人）：某科技公司

【基本案情】

原告刘某平系小说《大明×××》的作者，享有该作品的著作权。该作品曾拍摄成电视剧《大明×××》，在各大卫视及网络平台热播，具有较高知名度。被告某科技公司未经原告许可，擅自在其管理运营的"UC头条"应用程序向用户提供《大明×××》有声读物的在线收听服务。

【案件焦点】

1. 原告是否具有诉讼主体资格；2. 被告是否存在侵害原告作品信息网络传播权行为，是否应当承担赔偿责任。

【法院裁判要旨】

湖南省衡阳市中级人民法院经审理认为：通过朗读者对文字作品的朗读进行录音而成的有声读物，其对文字单纯的朗读，形成的是原作品的录音录像制品，其创造性尚不足以使其构成独立的作品。故涉诉小说《大明×××》的有声版本属于原作品的录音制品，原告有权主张权利、提起诉讼。被告某科技公司未经许可通过网络向公众提供涉案作品，使公众可以在其个人选定的时间和地点获得涉案作品，构成侵害涉案作品信息网络传播权的行为，应承担侵权民事责任。依照《中华人民共和国著作权法》第十条第一款第十二项、第四十八条第一项、第四十九条之规定，判决如下：

一、被告某科技公司于本判决生效之日起十日内赔偿原告刘某平经济损失30000元（包含合理维权开支）；

二、驳回原告刘某平其他诉讼请求。

被告某科技公司不服一审判决，提出上诉。湖南省高级人民法院同意一审法院的裁判意见。

湖南省高级人民法院依照《中华人民共和国民事诉讼法》第一百七十条第一款第一项规定，判决如下：

驳回上诉，维持原判。

【法官后语】

有声读物是近年来新兴的一种文化娱乐方式，但对有声读物的归属界定以及在线提供有声读物在著作权法上如何定性，尚缺乏明确的裁判规则。判断有声读物是属于对原作品的录音录像制品还是构成新的演绎作品，关键在于有声读物是否具有“独创性”的外在表达。独创性是著作权法意义上的作品最本质的特征，独创性可以分为“独”“创”两个方面，独是指“独立创作、源于本人”，具体分为两种情况：一是作品完全由自己独立创造；二是作品在他人作品的基础上进行创造，但与他人作品存在较明显的、可客观识别的差异，那么也符合“独”的特点，换言之，如果这种创造活动仍未改变他人作品的表达，基本就是对他人作品的相同表达，即使创造者付出了劳动，改变了作品表达的呈现形式，也不符合“独”的要求。例如，完全按照画像人物雕刻出来的雕塑，雕刻过程需要高超的技巧和劳动，但只是对作品的单纯复制，并未改变作品的表达；创是指智力创造性，相较“独”来说，“创”的要求更高，要构成著作权法意义上的作品须达到一定的创作高度，但作品的“创”与专利法意义上的创造性不同，著作权法的独创性要远远低于专利法中对创造性的要求，作品只要能体现一定的智力创作即可。只有经过劳动创造后具备“独”“创”两方面的外在表达才能构成作品，否则可能只是对于作品的复制行为。再者，即使有声读物构成演绎作品，被告以有线方式向公众提供涉案有声读物时仍需经过演绎作品作者及原作品作者的双重许可，原告均具有诉讼主体资格。

本案中，朗读行为并未改变原作品独创性的表达，不属于对原作品的演绎行为。涉案有声读物实为朗读作品文字内容并进行录音后形成的录音制品，是对于原作品的复制，不属于对作品进行演绎后产生的新作品。在网站上向公众提供有声读物，使得公众可在其个人选定的时间和地点进行收听，该行为属于信息网络传播行为，应受信息网络传播权控制。

事实上，技术一直在进步，未来随时都可能出现各种不同的新兴形式呈现的作品，在法律法规或司法解释无法及时制定相应的规定的情况下，要对其作出归属划分的必要前提是把握作品的“独创性”这一根本特征。

编写人：湖南省衡阳市中级人民法院　谷佳琪

019　酒店播放视听作品时侵权行为性质的认定标准

——某视频公司诉某酒店侵害作品信息网络传播权案

【案件基本信息】

1. 裁判书字号

北京知识产权法院（2019）京73民终196号民事判决书

2. 案由：侵害作品信息网络传播权纠纷

3. 当事人

原告（被上诉人）：某视频公司

被告（上诉人）：某酒店

【基本案情】

涉案影片在中国大陆范围内的专有信息网络传播权由某视频公司享有。2017 年 7 月 7 日，某公证处出具（2017）京某内经证字第 49979 号《公证书》，公证书内容如下："2017 年 7 月 3 日，本公证员、本处工作人员郭某桃与申请人的委托代理人崔某伟共同来到北京市西城区枣林前街××号院的一家酒店，该酒店门处显示'某酒店'标识。到达 1035 房间：（1）使用 1035 房间内提供的电视遥控器打开电视电源，电视屏幕显示'××女士欢迎您下榻某酒店'字样的界面，浏览该界面信息，点击电视遥控器'OK'键进入电视主界面；（2）点击电视主界面下方'电影世界'—'新片上映'，搜索电影'功夫瑜伽'后，点击进入观影购买界面，点击'购买播放'，进入观影界面，用电视遥控器随机选择影片的部分片段进行观看；（3）退出播放界面，返回搜索电影'健忘村'，点击'播放'，进入观影界面，用电视遥控器随机选择影片的部分片段进行观看；（4）按照上述操作方式，选择电视屏幕显示名称为'封神传奇''傲娇与偏见''樱桃小王子'的影片，点击'播放'，分别进入相应观影界面，随机选择相应影片的部分片段进行播放；（5）退出播放界面。"公证书所附发票复印件上载明，某视频公司为保全证据向某酒店支付房费 466 元和视频点播费 48 元。《功夫××》在某酒店内点播需要支付费用，付费方式为所有电影从购买播放之时起 24 小时内任意观看，仅计费一次，包天价 48 元。国家版权局网站于 2017 年 1 月 25 日发布 2017 年度第二批重点作品版权保护预警名单，影片《功夫××》列于其中。某视频公司起诉至法院，要求某酒店立即停止对某视频公司著作权的侵害，停止在其酒店客房点播系统提供作品《功夫××》的在线播放业务；赔偿经济损失以及合理费用共计 30 万元。

【案件焦点】

酒店在客房内向住宿人员提供视频点播服务，是否构成合理使用，是否侵犯了著作权人的权利，若构成侵权，则侵害了著作权中的哪项权利。

【法院裁判要旨】

北京市西城区人民法院经审理认为：《功夫××》属于电影作品。某视频公司是适格的原告。某酒店的行为构成侵犯作品信息网络传播权。本案中，某视频公司提交的（2017）京方圆内经证字第 49979 号《公证书》及光盘截图显示，在某酒店房间内可以通过付费方式观看电影《功夫××》，此种通过网络向不特定公众提供涉案电影的观看服务、使公众能够在其个人选定的时间和地点登陆点播平台获得作品的行为构成侵害作品信息网络传播权。某酒店认为其与某阳公司签署合作协议，由某阳公司负责影片的提供、更新及向客人提供点播服务，因而不应认定其侵权。对此，一审法院认为，某酒店作为直接经营主体，在其客房内为住客提供涉案影片的点播播放，使住客能够在酒店提供的入住服务中直接获得涉案影片，并以此获利，该行为显然构成侵权，其与案外人某阳公司的合同关系不影响此种侵权行为的性质认定，其亦可通过另案诉讼进行救济，故一审法院对其该项答辩意见不予采纳。对某视频公司主张的经济损失和合理费用部分予以支持。

北京市西城区人民法院依照《中华人民共和国著作权法》第三

条第一款第六项、第十条第一款第十二项及第二款、第十一条第四款、第四十八条第一款第一项、第四十九条，《最高人民法院关于审理著作权民事纠纷案件适用法律若干问题的解释》第二十五条、第二十六条以及《中华人民共和国民事诉讼法》第六十四条、第六十九条之规定，判决如下：

一、某酒店于一审判决生效之日起立即停止在其客房内提供电影《功夫××》的点播服务；

二、某酒店于一审判决生效之日起十日内赔偿某视频公司经济损失 50000 元及合理开支 1500 元；

三、驳回某视频公司的其他诉讼请求。

某酒店不服一审判决，提出上诉。北京知识产权法院经审理认为：一审法院认定事实清楚，适用法律正确，程序合法。依照《中华人民共和国民事诉讼法》第一百七十条第一款第一项之规定判决：

驳回上诉，维持原判。

【法官后语】

伴随着互联网的快速发展，酒店行业也在不断提高自身的品质、增加服务内容，改变服务方式来吸引更多的消费者。由于知识产权具有无形性的特点，酒店在经营过程中涉及侵害知识产权的风险也在不断增加，其中又以著作权侵权最为典型和复杂。本案即关于酒店在客房内提供视频点播服务是否侵权及侵犯何种权利的典型案例。酒店的行为已构成侵权，侵害了著作权人的信息网络传播权。酒店在客房内提供视频点播服务并获取收益分成，具有主观过程，客观上使住宿人员可以在选定的时间和地点获取视频，因此侵害了著作权人的信息网络传播权。

第一，关于合理使用的理解。我国著作权法没有规定一项判定特定行为是否属于“例外和限制”的一般原则。学术界习惯将《中华人民共和国著作权法》第二十四条规定的十二项权利的限制称为“合理使用”。判断一种使用是否构成合理使用，既要看它是否属于著作权法所规定的情形，还要看它是否符合“三步检验标准”。《中华人民共和国著作权法实施条例》第二十一条对此已有了明确规定。酒店客房点播视频并非特殊情况，与作品的正常利用相冲突，也会损害著作权人的合法权益，因此不构成合理使用。

第二，关于放映权的理解。放映权旨在保证权利人能够控制电影播放和幻灯展示之类的行为。放映所使用的设备应该是“放映机、幻灯机”等类似设备。因此通过无线电视台、互联网等播放作品，就不是放映权控制的范围，而是受广播权和信息网络传播权约束。

第三，关于信息网络传播权的理解。互联网带来的传播模式方面的最大变化，在于可以实现“交互式传播”，其特征在于受众可以自主地选择信息内容，以及接收传播的时间和地点。除互联网外，传播者也可以通过其他有线或无线网络进行“交互式传播”。随着三网融合的发展，不断有酒店更新设备开通了数字电视服务，观众通过遥控器可自行“点播”节目。酒店经营者只要将作品上传至向住宿人员开放的局域网服务器后，只要作品本身没有删除以及网络服务器保持开机和联网状态，住宿人员就可以在酒店内的任何一台联网的电视机上在任何一个时间点，欣赏视频。因此，酒店提供视频点播服务的行为侵害了著作权人的信息网络传播权。

编写人：北京知识产权法院　李志峰

020 视频聚合平台通过破解网站技术措施以定向链接方式获取权利作品行为的法律性质分析

——某传媒集团诉某科技公司侵害作品信息网络传播权案

【案件基本信息】

1. 裁判书字号

浙江省杭州市中级人民法院（2019）浙 01 民终 5009 号民事判决书

2. 案由：侵害作品信息网络传播权纠纷

3. 当事人

原告（被上诉人）：某传媒集团

被告（上诉人）：某科技公司

【基本案情】

某传媒集团享有综艺节目《×××兄弟（第三季）》的著作权，在其主办的“某网”播放。某网采用 KT 防盗链技术等防御措施。某科技公司主办的“电视猫”网站页面提供下载“电视猫视频”的软件通道。案涉软件“电视猫视频”能通过 U 盘转换安装在连接网络的某米盒子上，安装时显示“您的盒子已设置为禁止安装来源不明的应用”等提示标语，经过设置及选择“允许”等操作后完成安装后，可进入“电视猫”操作界面逐步点击播放案涉作品。某米科技公司、某米通讯公司、某米电子公司分别是某米盒子的运营商、销售商与生产商。某传媒集团认为，某科技公司、某米科技公司、某米通讯公司、某米电子公司的上述行为构成对其信息网络传播权的共同侵权。

被告某科技公司认为，被诉行为是链接行为，属网络服务提供行为。用户的播放地址是某网的源地址，某科技公司并没有将作品存放至自己的服务器，根据“避风港”原则，其无须承担侵权责任。同时，某科技公司确认其与某米科技公司、某米通讯公司、某米电子公司之间无任何合作关系。被告某米科技公司、某米通讯公司、某米电子公司认为：其对出厂销售后的产品没有控制能力，不存在帮助侵权的过错。某米盒子对安装案涉软件不具有唯一性，其他 APP 只要能兼容安卓系统都可以在某米盒子中安装。

【案件焦点】

1. 某传媒集团的诉讼主体是否适格；2. 被诉行为是否侵害案涉作品信息网络传播权；3. 某米科技公司、某米通讯公司、某米电子公司是否与某科技公司构成共同侵权；4. 民事责任的确定。

【法院裁判要旨】

杭州互联网法院经审理认为：对盗链行为的评判应坚持法律标准，从信息网络传播权的控制角度出发，结合视频聚合平台的法律属性、行为实施的手段、目的、后果等因素综合予以判定。本案中，被告某科技公司主观上具有在其平台上直接为用户呈现案涉作品的意图，客观上使得其用户可以在个人选定的时间和地点通过该平台获得案涉作品，且该行为导致案涉作品的传播范围超越了某传媒集团控制范围，违背了某传媒集团对案涉作品进行控制的意志，导致某传媒集团丧失了对案涉作品网络传播渠道、入口的控制力，构成对某传媒集团信息网络传播权的专有控制权的直接侵害。杭州互联网法院判决如下：

一、某科技公司立即停止侵害案涉作品信息网络传播权的行为；

二、某科技公司赔偿某传媒集团经济损失及维权合理支出100万元；

三、驳回某传媒集团的其他诉讼请求。

某科技公司不服一审判决，向浙江省杭州市中级人民法院提起上诉。二审法院同意一审法院的裁判意见。

【法官后语】

随着互联网技术的快速发展，在为扩大权利作品传播范围和方式提供丰富载体的同时，也对传统著作权的保护产生强烈冲击。基于作品分销市场的利益驱使，视频聚合平台存在利用技术手段截取被链接网站视频流的情形，实现信息模块整合和优化配置，获取流量经济等新型财产利益，亟须依法规制。本案对视频聚合平台通过破解权利人网站技术措施、以定向链接方式获取作品行为的法律性质予以分析。

首先，根据新技术内容灵活把握审判标准。在适用最高院司法解释中“提供”行为时，不能拘泥于仅限定通过自己服务器存储并提供的行为。盗链行为以所谓“技术中立”名义，抢占权利作品吸引用户对平台的注意力，相当于盗用权利人服务器向用户提供播放的行为。尤其是在权利人采取防御措施的情形下，盗链行为应属于构成对权利人对权利作品信息网络传播权的专有控制权的侵害。基于此，自然无须再通过反不正当竞争法予以规制，否则既增加权利人诉累，也导致司法资源浪费。

其次，本案仍应遵循侵权责任构成要件分析。根据主客观相一致标准，本案中，某科技公司的目的并不在于提供技术信息服务，而在于通过提供搜索、选择、编辑等附加服务，使得用户可直接获取到视频内容。因此，盗链行为不落入“避风港”原则的保护范围，盗链行为者不属于网络服务提供者。

本案涉及的盗链行为是一种通过技术手段实施的链接行为还是信息网络传播行为，当前司法理论与审判实务中存在不同观点。本案对此进行了积极探索，认为对盗链行为的评判应坚持法律标准，摒弃了当前适用的“用户感知标准”“实质性替代标准”“服务器标准”，并厘清了信息网络传播行为与不正当竞争行为的边界，认为本案可根据信息网络传播权进行评价，无须从不正当竞争角度进行规制。本案判决对合理界定数字信息分发聚合平台的法律属性具有参考价值，有益于探索网络新技术发展下数字化信息存储使用与知识产权保护的平衡点。

编写人：杭州互联网法院　周晨

021　著作权侵权案件中网络服务提供者应当对其行为性质承担举证责任

——某电视公司诉某科技公司侵害作品信息网络传播权及不正当竞争案

【案件基本信息】

1. 裁判书字号

天津市第三中级人民法院（2019）津 03 知民终第 42 号民事判决书

2. 案由：侵害作品信息网络传播权及不正当竞争纠纷

3. 当事人

原告（被上诉人）：某电视公司

被告（上诉人）：某科技公司

【基本案情】

某电视台为《××宝藏》的著作权人，某电视台将其所有电视节目通过信息网络向公众传播、广播、提供之权利授权某国际网络公司独占行使。某国际网络公司将其经某电视台授权的，在全世界范围内独占享有对某电视台享有著作权及相关权利或获得相关授权的所有电视频道及其所含之全部电视节目，通过互联网电视业务模式向公众传播、广播、提供之权利以独占许可的形式授予某电视公司行使，某电视公司有权针对互联网电视业务模式下的侵权行为进行维权。某科技公司是微鲸电视的制造销售企业，在微鲸32D×××电视机中，经恢复出厂设置后进入主页面，选择“分类”，再选择“综艺”，进入相应页面，选择“国家宝藏”进入相应页面，点击涉案10期节目分别拖动进度条进行选择性播放，视频片头分别显示有“正在加载”、节目中文名称、“腾讯视频”“超清”字样，片尾显示“中央电视台”，结束后退出该画面。本案公证的被控侵权事实显示，在某科技公司运营的“微鲸电视”上经搜索、点击即可直接播放涉案《××宝藏》节目的内容。从外在表现形式看，尽管选择并点击相应节目后，页面有加载过程中的缓冲提示，但缓冲后的页面并无来源网站的网络地址，整个播放过程也没有出现跳转链接的情况。某科技公司主张其仅提供网络链接服务，应就此进行举证。对此某科技公司提交了（2018）沪杨证经字第7614号《公证书》《有关微鲸电视获取播放源播放地址的技术说明》、公证处对于电视来源的情况说明，用以证明涉案节目的播放地址来源于第三方视频网站，并未提供涉案节目内容。某电视公司向一审法院提出诉讼请求：（1）请求法院依法判令某科技公司停止通过微鲸电视向公众提供《××宝藏》在线播放服务的侵权及不正当竞争行为；（2）请求法院依法判令某科技公司赔偿某电视公司经济损失及合理费用共计人民币2000000元；（3）请求法院依法判令某科技公司承担本案诉讼费。

【案件焦点】

本案主要涉及某电视公司对涉案作品是否享有信息网络传播权、某科技公司是否存在侵犯信息网络传播权的行为及不正当竞争行为。

【法院裁判要旨】

天津市滨海新区人民法院经审理认为：某电视公司就其所主张某科技公司实施了提供涉案作品的行为，已完成初步的证明责任，而某科技公司不能举证证明其实施的仅为链接服务，故可以认定，某科技公司未经某电视公司许可，在其运营的“微鲸电视”平台向公众提供涉案《××宝藏》节目的点播服务，使公众可以在其个人选定的时间和地点在线观看涉案节目，侵害了某电视公司享有的涉案作品信息网络传播权，应依法承担相应的法律责任。就某电视公司主张的某科技公司构成不正当竞争的行为，因本案已适用《中华人民共和国著作权法》予以调整，故无须再以反不正当竞争法进行规制。因此，对某电视公司提起的不正当竞争行为的诉请，一审法院不予支持。一审法院综合考虑如下因素确定赔偿数额：（1）涉案节目的参演人员多为知名演员，节目知名度较高。（2）某科技公司作为专业从事智能电视业务的企业，应对其平台提供的内容具有较高的注意义务。（3）某电视公司起诉属于批量性维权，其主张的律师费、公证费等合理开支并非仅涉及本案。一审法院根据《中华人民共和国著作权法》第三条第六项、第九条第二项、第十条第一款第十二项、第十一条第三款、第四十八条第一项、第四十九条，《最高人民法院关于审理著作权民事纠纷案件适用法律若干问题的解释》第七条、第二十五条、第二十六条，《最高人民法院关于审理侵害信息网络传播权民事纠纷案件适用法律若干问题的规定》第三条第一款、第六条，《中华人民共和国民事诉讼法》第六十四条之规定，判决如下：

一、某科技公司于判决生效之日起十日内赔偿某电视公司经济损失及合理开支共计200000元；

二、驳回某电视公司的其他诉讼请求。

天津市第三中级人民法院经审理认为：同意一审法院裁判意见，并进一步明确：网络服务提供者主张其提供的是链接服务的，应承担举证责任；侵害信息网络传播权的行为与原告主张的被控不正当竞争行为系同一行为，该侵权行为已被认定侵害信息网络传播权，不应再适用反不正当竞争法予以规制。二审法院依据《中华人民共和国民事诉讼法》第一百七十条第一款第一项的规定，判决如下：

驳回上诉，维持原判。

【法官后语】

网络著作权侵权案件中，很多被告会抗辩其提供的仅是网络服务，因此判断该抗辩是否成立便成为此类案件的重点问题。网络服务提供者主动设置与其他网络服务提供者的网络地址、名称、标识、网站首页、网页的链接，正确、完整、清楚显示被链接网页原貌的，应当认定为链接服务。但不能仅以网络服务提供者使用了链接技术，就认定其提供的服务为链接服务。本案中，某电视公司就其所主张某科技公司实施了提供涉案作品的行为，已完成初步的证明责任，从某电视公司的证据视频中无法正确、完整、清楚显示被链接网页原貌，故无法直接得出某科技公司提供的是链接服务。某科技公司主张其仅提供网络链接服务，还应就此承担举证责任，提交的证据不足以证明其主张的，应承担不利后果。其虽提交了公证书、技术说明，但该组证据系为诉讼取证需要重新上架作品后的技术演示公证，该行为与本案被控侵权行为非同一行为，不能证明两者作品来源方式相同。因该事实的举证责任在某科技公司，其不能举证证明所实施的仅为链接服务，故应承担举证不能的不利后果。一审法院认定某科技公司的行为属于未经许可的信息网络传播行为，侵犯了被上诉人对涉案作品享有的信息网络传播权，并无不当。某电视公司诉请的侵害信息网络传播权的行为与其主张的被控竞争行为系同一行为，该侵权行为已被认定侵害某电视公司享有的信息网络传播权，不应适用反不正当竞争法予以规制。某电视公司该项上诉请求缺乏法律依据，法院不予支持。总结起来，本案确立如下裁判规则：(1) 网络服务提供者主动设置与其他网络服务提供者的网络地址、名称、标识、网站首页、网页的链接，正确、完整、清楚显示被链接网页原貌的，应当认定为链接服务。但不能仅以网络服务提供者使用了链接技术，认定其提供的服务为链接服务；(2) 网络服务提供者主张其提供的是链接服务的，应承担举证责任；(3) 侵害信息网络传播权的行为与原告主张的被控不正当竞争行为系同一行为，该侵权行为已被认定侵信息网络传播权，不应再适用反不正当竞争法予以规制。

编写人：天津市第三中级人民法院　王颖鑫

022 APP 在线播放电影作品[①]责任承担的判定

——某电视公司诉某科技公司侵害作品信息网络传播权案

【案件基本信息】

1. 裁判书字号

湖北省高级人民法院（2019）鄂民终 24 号民事判决书

2. 案由：侵害作品信息网络传播权纠纷

3. 当事人

原告（被上诉人）：某电视公司

被告（上诉人）：某科技公司

【基本案情】

某电视公司经授权，获得涉案电影作品《××海棠》独家、专有的信息网络传播权，并有权以自己的名义向侵权人提起侵权指控。经查，“某视频”安卓手机客户端 APP，即被诉软件，由某科技公司开发、运营，拥有庞大用户群。经公证证据保全，某科技公司通过被诉软件向用户公开提供涉案电影作品的在线网络播放服务。某科技公司为被诉软件开发者，未经某电视公司授权，通过被诉软件向公众提供涉案电影作品的在线播放服务，主观上存在过错，客观上造成某电视公司较大的经济损失。故向法院提起

① 本案作出判决时适用的是 2010 年修正的著作权法，2010 年修正的著作权法第三条第六项规定为电影作品和以类似摄制电影的方法创作的作品。2020 年修正的著作权法将第三条第六项修改为视听作品，包括但不限于电影作品和以类似摄制电影的方法创作的作品。本文表述为电影作品，亦属于现行有效的著作权法规定的视听作品范畴。

诉讼，请求某科技公司立即停止提供涉案电影作品《××海棠》的网络传播服务、并赔偿某电视公司经济损失及合理费用。某科技公司以涉案侵权行为非其所为，请求驳回某电视公司的全部诉讼请求。

【案件焦点】

1. 某电视公司对涉案电影作品是否享有信息网络传播权；2. 被诉行为是否构成信息网络传播行为及是否构成侵权；3. 本案被诉行为的法律责任主体应如何确定；4. 本案民事责任应如何承担。

【法院裁判要旨】

湖北省武汉市中级人民法院经审理认为：某电视公司经涉案电影作品出品人授权，继受取得涉案电影作品《××海棠》独家、专有的信息网络传播权，其权利来源合法、有效，应受法律保护。某科技公司设计、开发“某视频”APP，并将该APP在应用商店中进行加推。手机终端在移动联网状态下，下载被诉APP进行安装，根据软件内信息提示，可以搜索并点击播放包括涉案电影作品《××海棠》在内的多部影视片。某科技公司通过架设在联网状态下的APP应用商城，搭建一个带有影视内容的影视播放软件平台，供公众随意下载、安装，并实现对选定影视片进行播放的功能。公众可通过该播放软件浏览、观看、下载选定影视片，该播放软件具有帮助公众通过网络实现获得作品内容的功能，公众可以在选定时间和地点获得相关影视片。被诉APP软件登记信息显示，某科技公司为该软件的开发者，亦由其实际运营，故某科技公司是该被诉软件播放平台法律责任的承担主体，且被诉软件播放的涉案电影作品在剧情、内容等方面均与某电视公司涉案权利作品相同，两者为同一影片，被诉软件播放平台提供的该电影作品为某电视公司权利作品的复制品。某科技公司作为涉案软件开发者，涉案播放软件具有影视资源播放功能，投放公开平台运营后，可能存在侵犯他人著作权的法律风险，某科技公司对此明知，但未予充分注意，仍将涉案软件架设于相关的应用平台，任由不特定的公众下载、使用，以期获得更多软件用户，故其主观上存有明显故意，客观上侵犯了某电视公司对涉案电影作品的信息网络传播权。因此，某科技公司应该承担停止侵权、赔偿损失及合理费用的民事责任。关于经济损失赔偿数额，采用法定赔偿方式，按 9 万元计算，由某科技公司给予赔偿。关于合理费用，某电视公司不能证明费用实际发生，不予支持。关于停止侵权，某电视公司在庭审中放弃该诉讼请求。

湖北省武汉市中级人民法院依照《中华人民共和国著作权法》第三条第六项、第十条第一款第十二项、第十一条第四款、第十三条、第二十四条、第四十八条第一项、第四十九条第一款，《最高人民法院关于审理著作权民事纠纷案件适用法律若干问题的解释》第七条、第二十六条第一款的规定，作出如下判决：

一、被告某科技公司于本判决生效后十日内赔偿原告某电视公司经济损失 9 万元；

二、驳回原告某电视公司其他诉讼请求。

一审判决后，某科技公司以被诉 APP 不是其经营且判赔数额过高为由提起上诉，请求依法改判或撤销一审判决，驳回某电视公司的全部诉讼请求。湖北省高级人民法院经审理认为，一审判决认定事实清楚，适用法律正确，依据《中华人民共和国民事诉讼法》第一百七十条第一款第一项之规定，判决：

驳回上诉，维持原判。

【法官后语】

本案是互联网条件下，市场主体利用网络信息技术盗播他人电影作品的典型案件。主要涉及行为性质的认定、责任主体的识别和责任承担的判定等问题。

一、APP在线播放他人电影作品行为的性质

《中华人民共和国著作权法》第十条第十二项规定，著作权人享有作品的信息网络传播权，即以有线或者无线方式向公众提供作品，使公众可以在其个人选定的时间和地点获得作品的权利。同时，《最高人民法院关于审理侵害信息网络传播权民事纠纷案件适用法律若干问题的规定》第二条对信息网络定义为“以计算机、电视机、固定电话机、移动电话机等电子设备为终端的计算机互联网、广播电视网、固定通信网、移动通信网等信息网络，以及向公众开放的局域网络”，第三条对侵害信息网络传播权的具体表现进行细化规定为“网络用户、网络服务提供者未经许可，通过信息网络提供权利人享有信息网络传播权的作品、表演、录音录像制品”，或者“通过上传到网络服务器、设置共享文件或者利用文件分享软件等方式，将作品、表演、录音录像制品置于信息网络中，使公众能够在个人选定的时间和地点下载、浏览或者其他方式获得的”。因此，未经电影作品权利人许可，利用APP软件供公众在线点播他人电影作品的行为系侵犯著作权人信息网络传播权的行为。本案中，通过证据保全公证书可以证明，在手机等终端联网状态下，通过APP应用商城，下载、安装涉案名称为“天天视频”APP的被诉软件，进入该软件内搜索栏搜索涉案电影作品，可以显示该电影作品的影视简介和播放按钮，点击播放按钮即可正常播放搜索的影片。以上证据表明，被诉APP为影视播放软件，架设在联网状态下的APP应用商城，并由

此搭建一个带有影视资源的影视播放平台，可供公众随意下载、安装，并在被诉APP内实现选定影视片的播放，被诉APP具有在网络环境下传播并帮助公众获得网络信息内容的功能。被诉APP实质为联网状态下传播电影作品的工具，公众可以通过被诉APP在选定时间获得电影作品内容，符合侵害信息网络传播权所需手段信息网络化和结果向不特定公众定时定点传播的要件。

二、APP侵权责任主体的识别和认定

APP为自然人或者法人开发、搭建，但APP作为侵害作品信息网络传播权工具时，APP的开发、搭建者并不必然是侵权行为的责任主体。在识别侵权责任主体时，还要具体考虑APP开发或者运营者是网络技术服务提供者还是网络内容服务提供者、APP由谁实际管理运营、APP内侵权作品由谁实际上传分享、侵权主体的主观状态是故意还是应知或是无过错等。本案中，通过被诉APP登记信息显示，某科技公司为该软件开发者，并架设在应用宝、豌豆荚、小米等应用商店中，公众通过下载安装后形成播放平台，实现影视片播放功能。某电视公司主张某科技公司为被诉APP的开发者，是被诉APP播放平台法律责任的承担主体。在某电视公司提供证据指向某科技公司是本案责任主体时，某科技公司无相反证据证明其并非被诉APP的开发者，也无证据证明被诉APP非其实际经营、涉案电影作品非其上传、亦无证据证明其向公众提供该电影作品的网络播放服务时已获权利人的授权。在主观状态上，某科技公司作为被诉APP开发者，被诉APP内影视资源任由不特定的公众随意下载、使用，且公众能够通过被诉APP浏览、观看相应电影作品。故其主观上存有明显故意，客观上侵犯了原告涉案电影作品的信息网络传播权，造成了损害。因此，某科技公司应承担侵权责任。

三、合理确定判赔数额的依据

《中华人民共和国著作权法》第五十四条规定了确定侵犯著作权的赔偿数额的计算方法，依次为权利人的实际损失、侵权人的违法所得、法院酌定赔偿数额。以上规定遵循了侵权责任的填平原则，首先考虑权利人在侵权中遭受的实际损失，损失无法确定时再考虑以侵权人通过侵权的违法所得作为替代，以上均不能确定的，由法院根据侵权行为的情节酌定给予50万元以下赔偿。但在审判实务中，因证据原因，权利人的实际损失和侵权人的违法所得均很难得到确定，法院依原告申请或者依职权采取酌定方式确定赔偿数额成为常用的判赔计算方法。但立法上对法院酌定时考虑的因素仅规定为“根据侵权行为的情节”，立法上的抽象概括给法院酌定时自由裁量的空间，同时也给法院裁量带来没有标准可依的困难。本案对判赔数额也采用法院酌定的方式来确定，为保证酌数额的合理性，酌定时对侵权行为情节具体分析为主体、客体、行为、损害结果、主观状态等方面。考虑因素如下：一是客体权利的价值。涉案电影作品的编、导、演等演艺人员知名度较高，电影作品本身荣获国内外多项专业大奖，公众评价口碑较好，具有较高的知名度。二是行为情节和造成的损害结果方面。某科技公司通过被诉APP向公众提供涉案电影作品播放的时间与该电影作品在我国内地院线公映的时间间隔距离很近，且被诉APP下载量超过6.5万次，超过800次网友追捧，被诉行为传播电影作品范围广、速度快，对某电视公司的利益造成的损害和影响较大。三是侵权人在主观状态上存在明知。即明知被诉APP内影视资源未经权利人许可，仍任由公众随意浏览、观看。综上，法院酌定本案经济损失按9万元计算。

编写人：湖北省武汉市中级人民法院　邓旭涛

023 VR① 全景摄影作品是否构成摄影作品的判断

——某科技公司诉某投资公司侵害著作权案

【案件基本信息】

1. 裁判书字号

北京知识产权法院（2018）京73民终1219号民事判决书

2. 案由：侵害著作权纠纷

3. 当事人

原告（被上诉人）：某科技公司

被告（上诉人）：某投资公司

【基本案情】

某科技公司是一家专业从事移动互联网和虚拟现实技术的研发公司，拥有专业的三维全景拍摄技术，创作完成了《故宫》《中国古动物馆》系列VR全景摄影作品，其中作品《故宫》已由北京市版权局进行了版权登记。某投资公司未经许可，在其主办的网站（kuleiman.com）上传了《故宫》（53幅）、《中国古动物馆》（23幅）共计76幅VR全景摄影作品（以下简称涉案作品），侵害了某科技公司依法享有的信息网络传播权。某科技公司要求某投资公司赔偿经济损失462000元及合理开支32500元。

某投资公司辩称，某科技公司主张的权利存在瑕疵，部分涉案作品的权利无法得到有效证明；涉案作品全部由用户发布，某投资公司未对涉案作品进行任何编辑、整理和推荐，对于他人侵犯

---

① VR（Virtual Reality），指的是虚拟现实技术，下文对此不再提示。

某科技公司著作权的行为并不知情，应当适用“避风港”原则；某投资公司未从用户提供的涉案作品中获得经济利益，在收到起诉材料后立即对涉案作品进行了强制关闭，不存在主观过错，不应承担赔偿责任；某科技公司主张的经济损失过高且无证据支持。涉案作品在某投资公司网站展示期间的浏览量和传播度极低，某科技公司作品的拍摄质量也远低于行业水平，律师费等并非本案必要支出。综上，不同意某科技公司的全部诉讼请求。

【案件焦点】

1. 某科技公司的 VR 全景摄影作品是否属于作品，属于什么性质的作品；2. 某投资公司的行为是否构成侵权。

【法院裁判要旨】

北京市海淀区人民法院经审理认为：摄影作品是指借助器械在感光材料或者其他介质上记录客观物体形象的艺术作品。涉案作品属于可 360 度全景再现客观物体和场景的摄影作品，依法应当予以保护。当事人提供的涉及著作权的底稿、原件、合法出版物、著作权登记证书、认证机构出具的证明、取得权利的合同等，可以作为认定权利的证据。本案中，某科技公司提交了涉案作品电子底稿、作品登记证书及展示有涉案作品的某科技公司网页打印件，上述证据相互印证，能够证明某科技公司享有涉案作品的著作权，有权提起本案诉讼。某投资公司辩称某科技公司不享有涉案作品的著作权，但未提交相反证据，对此不予采信。

某投资公司未经许可，在其运营的某网站上提供了涉案作品的 360 度全景展示，使公众可以在其个人选定的时间和地点获得涉案作品，侵害了某科技公司对涉案作品享有的信息网络传播权。某投资公司辩称其提供的是信息网络存储空间服务，涉案作品系由用户上传，其不构成侵权。鉴于某网站网页前端并未显示涉案作品的上传者信息，某投资公司的法律声明中亦声称其网站上的所有内容均由其享有权利，且后台用户注册信息具有可修改性，某科技公司对此亦不予认可，故在某投资公司未提交充分证据证明其就涉案作品提供的是信息网络存储空间服务的情况下，对于某投资公司的该项辩称不予采信。

某投资公司应当就本案侵权行为承担相应的法律责任，某科技公司要求某投资公司赔偿经济损失及合理开支的诉讼请求，法院予以支持。关于赔偿损失的具体数额，因双方未提交某科技公司实际损失或某投资公司违法所得的证据，法院将综合考虑如下因素酌情判定赔偿数额：第一，涉案作品均为全景摄影作品，具有一定的拍摄和创作难度；第二，某投资公司将涉案作品直接展示在其网站上用于商业案例宣传；第三，涉案作品的在线浏览量较大，受关注度较高。综上，法院认为某科技公司主张的赔偿数额合理，法院予以全额支持。某投资公司对某科技公司因本案所支付的律师费、公证费应一并予以赔偿。

北京市海淀区人民法院依照《中华人民共和国著作权法》第四十八条第一项、第四十九条的规定，作出如下判决：

本判决生效之日起十日内，被告某投资公司赔偿原告某科技公司经济损失 462000 元及合理开支 32500 元。

某投资公司不服一审判决，提起上诉。二审法院同意一审法院的裁判意见。

北京知识产权法院依照《中华人民共和国著作权法》第十条第一款第十二项、第四十九条，《中华人民共和国民事诉讼法》第一百七十条第一款第一项规定，作出如下判决：

驳回上诉，维持原判。

【法官后语】

从法律层面上，人民法院对 VR 全景作品的性质进行了认定。摄影作品是指借助器械在感光材料或者其他介质上记录客观物体形象的艺术作品。本案诉争的 VR 全景作品与传统的二维摄影作品有所不同，属于可 360 度全景再现客观物体和场景的作品，具有超强的现实感体验，其创作需借助专业的相机和镜头获取图像素材，并使用特殊的技术软件进行拼合，将平面图片转化成 360 度全景展示图。本案的权利客体是需借助一定的技术手段进行拼接和展示的 VR 全景作品，形式新颖，虽与传统的二维摄影作品有所不同，但法院对其属于摄影作品的性质进行了认定，为该类案件的处理积累了审判经验。

在本案侵权事实成立的前提下，法院通过细化赔偿数额的考量因素，加大判赔力度，保护新型作品权利人。本案的在案证据不足以确定权利人的实际损失或者侵权人的违法所得，针对涉案作品的类型，充分考虑 VR 全景摄影作品的独创性高度、创作难度以及侵权影响范围等方面细化赔偿数额的考量因素，加大了判赔力度，体现了司法对于知识产权保护力度的不断增强。

从市场层面上，VR 技术市场前景广阔，正逐步走向普及，本案是我市宣判的首例 VR 全景摄影作品著作权案，既对可能发生的类似纠纷具有一定的预判和引导作用，又能充分发挥知识产权审判激励和保护创新、维护市场公平竞争秩序的职能作用，为形成更加开放的法治化营商环境提供更优质的司法服务和有力的司法保障。

从社会层面上，北京市海淀区人民法院以“保护原创、鼓励创新”为理念，充分认识到保护原创作品对提高创作积极性，推动创新原动力的重要激励作用，通过提高对原创作品的司法保护水平和力度，有效遏制侵权行为，促进形成尊重原创、保护原创的良好氛围。

编写人：北京市海淀区人民法院　尹斐　李园园

024　汉服印染图案是否构成作品

——陈某诉某数码中心等侵害著作权案

【案件基本信息】

1. 裁判书字号

北京知识产权法院（2018）京73民终1599号判决书

2. 案由：侵害著作权纠纷

3. 当事人

原告（被上诉人）：陈某

被告（上诉人）：某经营部

被告：某数码中心、某电子商务公司、某网络公司

【基本案情】

陈某享有《云纹-飞鱼-（裙襕）》美术作品的著作权，该作品用于印制在其销售的汉服上，其将该作品样图发送给某数码中心并委托某数码中心制作汉服。后陈某发现，某数码中心将样图外泄，某经营部、某电子商务公司未经许可，擅自将涉案作品印染在涉案服装上并通过某网络公司开设的天猫店铺进行售卖，四被告共同侵害了陈某就涉案作品享有的署名权、复制权、发行权。

陈某要求四被告停止使用涉案作品、以书面形式赔礼道歉并共同赔偿其经济损失398866元及合理开支19650元，并要求某数码中心、某经营部、某电子商务公司返还以涉案美术作品印制的布料10000米。

四被告均否认侵权，不同意陈某的全部诉讼请求。

某数码中心认可陈某为涉案作品的著作权人，其主要抗辩意见为其未泄露涉案作品的样图，陈某提交的证据也无法证明是其泄露了样图。

某经营部、某电子商务公司的主要抗辩意见为陈某提交的作品登记证书显示未发表，其无接触可能性，用于制作涉案服装的图案系其法定代表人戚某自行创作并进行了作品登记，作品登记证书显示创作完成时间早于陈某，其无主观侵权故意，不构成侵权。

某网络公司的抗辩意见为其仅为网络服务提供者，非涉案服装的销售方，涉案服装是否构成侵权有待法院确认，某网络公司已经尽到了通知删除义务，涉案服装已经全部下架。

【案件焦点】

1. 陈某是否享有涉案作品的著作权及涉案作品是否发表；2. 涉案服装所用图案是否侵害陈某的著作权；3. 若侵权，四被告应承担的法律责任。

【法院裁判要旨】

北京市海淀区人民法院经审理认为：根据陈某提交的作品登记证书及当庭展示的创作底稿，加之某数码中心认可其于2013年即收到涉案作品样图的事实可以证明，涉案作品系陈某于2013年创作完成，其构图精致、复杂、特别，具有独创性，是以线条、色彩构成的具有审美意义，可用于汉服印染图案的美术作品，在无相反证据的情况下，法院依据现有证据确认陈某享有涉案作品的著作权。

经比对，涉案服装的上身、袖子及下身裙摆上均印染有与涉案作品基本一致的图案，与涉案作品构成实质性相似。未经陈某许可，涉案服装上印染有涉案作品，属于侵害涉案作品著作权的产品。就某经营部、某电子商务公司提出涉案服装上印染的被告图案系戚某自行创作并进行作品登记且与涉案作品有区别的抗辩，一方面，某经营部、某电子商务公司未指出被告图案与涉案作品的区别；另一方面，某经营部、某电子商务公司提交的作品登记证书登记于2017年7月27日，晚于涉案作品进行作品登记的时间，且晚于本案起诉时间，加之某经营部、某电子商务公司亦明确表示无创作底稿及其他证据证明被告图案由戚某创作。在我国实行著作权自愿登记制度，登记机关不对所登记作品进行实质审查的情况下，法院认为被告主张图案由戚某独立创作完成缺乏充分的事实依据，故对某经营部、某电子商务公司的抗辩不予采信。

本案中，陈某主张某经营部、某电子商务公司共同制造、销售涉案服装，某经营部、某电子商务公司抗辩涉案店铺系某经营部负责经营，与某电子商务公司无关。法院对此考虑如下因素：第一，查询涉案店铺网店经营者营业执照信息显示为某经营部，聊天记录中涉案店铺客服提供开具发票的主体为某电子商务公司；第二，2017年9月18日，戚某接受法院询问时亦承认某经营部负责经营涉案店铺，某电子商务公司负责制作涉案店铺中的服装，某电子商务公司的法定代表人为其配偶；第三，某经营部认可涉案服装系其生产、销售；第四，某经营部、某电子商务公司表示客服系出于避税等方面的考虑才在聊天记录中提供了某电子商务公司的名称。可见，某经营部、某电子商务公司共同制造涉案服装，并在涉案店铺上进行销售，未为陈某适当署名，侵害了陈某就涉案作品享有的署名权、复制权、发行权，应共同承担相应的法律责任。

至于陈某提出涉案作品的样图系某数码中心泄露给某经营部、某电子商务公司，属于共同侵权的主张。法院认为，首先，陈某提交的录音证据来源不明，且某数码中心的法定代表人刘某亦否认该录音证据的真实性；其次，即便该录音证据系真实的，其中的内容并无刘某自认泄露了涉案作品样图的表述。故在无其他证据佐证的情况下，法院对陈某主张涉案作品的样图系某数码中心泄露，要求某数码中心承担共同侵权责任的相关诉讼请求予以驳回。

关于某网络公司，法院认为，某网络公司在本案中系电子商务平台经营者，未直接实施销售涉案服装的行为，属于为交易信息的公开传播提供网络中间服务的网络服务提供者。电子商务平台经营者仅在明知或应知网络卖家利用其网络服务侵害他人知识产权，但未及时采取必要措施的，才对知道之后产生的损害与网络卖家承担连带赔偿责任。在本案中，一方面，陈某于2017年7月31日向某网络公司发送了律师函，律师函的内容仅表明了涉案作品系陈某创作、享有著作权并附作品登记证书，涉案店铺未经授权，擅自销售印有涉案作品的服装属于侵权行为，要求某网络公司在3天内下架涉案店铺及合作网店的所有侵权产品，律师函并未明确涉案服装的链接或产品名称，在第92×××号公证书显示涉案店铺有众多商品分类的情况下，某网络公司难以准确定位涉案服装的相关信息；另一方面，某网络公司在收到该律师函后即进行了回复，并建议补充相关资料或通过线上投诉渠道进行相关材料的提交，而陈某亦表示其收到回复后因相关维权步骤烦琐、历时较长且当时本案已经起诉，故未再进行回复；加之涉案服装已经于2017年9月27日下架。综上，法院认为，现有证据不能证明某网络公司对涉案店铺销售涉案服装的行为存在明知或应知的主观状态，不应承担相关的连带责任。

关于陈某要求某经营部、某电子商务公司停止侵权的诉讼请求，在本案中，双方均明确涉案店铺销售涉案服装的行为已停止，陈某虽表示可能存在其他销售渠道，但无证据证明，故法院认为再行判令某经营部、某电子商务公司停止侵权行为已无必要。

关于陈某要求某经营部、某电子商务公司向其书面赔礼道歉、赔偿经济损失的诉讼请求，法院予以支持。关于赔偿损失的具体数额，尽管陈某明确了其主张赔偿损失的计算方法，但该计算方法所依据的录音证据法院未予采信，且该计算方式所得出的数额亦非某经营部、某电子商务公司的违法所得。对于某经营部、某电子商务公司表示其仅获利5636元的主张，法院注意到：（1）某经营部、某电子商务公司自述的上架时长与第2×××号公证书中所展示的后台销售记录不符；（2）聊天记录中涉案店铺的客服人员自认共制作了1300件涉案服装现货，数量较多；（3）某经营部、某电子商务公司未举证证明其成本及利润。故法院对某经营部、某电子商务公司提出其仅获利5636元的主张不予采信。综上，现有证据无法证明陈某遭受的实际损失或某经营部、某电子商务公司的违法所得，法院根据本案的具体情况，综合考虑如下因素酌定赔偿数额：（1）涉案店铺客服表示涉案服装与陈某的“控弦司服务社”淘宝店的链接服装一致，可见某经营部、某电子商务公司对于涉案服装使用了涉案作品系明知，其主观侵权故意严重；（2）涉案店铺的客服人员自认共制作了1300件涉案服装现货，可见其制作的涉案侵权服装数量较多、规模较大；（3）聊天记录中显示，陈某的淘宝店正品服装的单价为 1932 元，价值较高；（4）陈某未提交证据证明其授权他人使用涉案作品的许可费情况。综合以上因素，法院依法酌定赔偿数额为 20 万元。陈某主张为本案支出了律师费、公证费并提交了相关票据及合同，属于维权合理开支，某经营部、某电子商务公司应一并予以负担。

关于陈某要求某经营部、某电子商务公司返还布料的诉讼请求，法院认为，现有证据无法证明某经营部、某电子商务公司存有 10000 米印染有涉案作品的布料，陈某亦未提交其他证据予以佐证，故对该项诉讼请求，法院予以驳回。

北京市海淀区人民法院依照《中华人民共和国著作权法》第十条第一款第二项、第五项、第六项，第四十八条第一项、第四十九条的规定，作出如下判决：

一、本判决生效之日起三十日内，被告某经营部、被告某电子商务公司就本案侵权行为向原告陈某书面赔礼道歉（内容须经法院审核，逾期不履行，法院将根据原告陈某申请，在相关媒体公布判决书主要内容，费用由被告某经营部、被告某电子商务公司负担）；

二、本判决生效之日起十日内，被告某经营部、被告某电子商务公司赔偿原告陈某经济损失 200000 元及合理开支 19650 元；

三、驳回原告陈某的其他诉讼请求。

某经营部不服一审判决，提起上诉。北京知识产权法院同意一审法院的裁判意见。

北京知识产权法院依照《中华人民共和国民事诉讼法》第一百七十条第一款第一项之规定，判决如下：

驳回上诉，维持原判。

【法官后语】

本案为“山寨”汉服侵害著作权的典型案例，典型意义在于：

第一，明确了用于印染服装的具有独创性的花纹、图案的可版权性，确认其构成美术作品。目前，服装行业原创设计师维权难度较大，尤其是一些制作精美、设计独特的服装，一经推出，迅速就有仿制服装出现。本案认定原告用于汉服印染的图案构图精致、复杂、特别，具有独创性，属于线条、色彩构成的具有审美意义的美术作品，受我国著作权法的保护。未经许可擅自使用构成美术作品的花纹、图案的服装属于侵害上述美术作品著作权的服装。为服装行业原创设计师的设计成果提供了著作权法框架下的一种保护思路和途径。

第二，对个案中作品登记证书的证明效力进行了相关论述。目前，我国作品登记工作采用分散管理原则，在一定程度上导致各地提供的作品登记服务存在较大差异，出现如在 A 地不予登记的作品在 B 地却可以登记，或同样作品甲在 A 地登记之后乙可以在 B 地登记等作品登记乱象。2002 年最高人民法院发布的《关于审理著作权民事纠纷案件适用法律若干问题的解释》确认了著作权登记证书为可以采纳的证据，承认作品登记具有初步证据效力，但对发生登记冲突时如何判断这一问题缺乏明确的规定。针对本案中原被告提交著作权登记证书发生登记冲突的情形，法院综合考虑了被告作品登记证书的登记时间、有无创作底稿以及我国实行著作权自愿登记制度的情况，认为仅凭该作品登记证书难以证明该图系被告独立创作，最终未采信被告独立创作的抗辩。

第三，通过对“山寨”服装侵权判决了高额赔偿，有力地保护了原创作者的合法权益。由于服装市场原创动力不足、“山寨”服装侵权成本低以及权利人维权意识不足等原因，使得近年来服装产业侵害原创服装设计作品的现象屡见不鲜，并已成为制约服装市场良性发展的一大阻碍。本案通过对“山寨”服装侵权判决了高额赔偿，对服装设计、生产及销售的各方市场主体敲响警钟，使相关从业者了解“山寨”服装侵权行为的司法认定标准及潜在风险，提高服装市场主体对相关法律后果的可预期性，从而引导服装行业健康发展；同时有力地保护了原创作者的合法权益，有利于提高权利人的著作权保护意识，对于鼓励原创、完善著作权管理与交易体系具有推动作用。

编写人：北京市海淀区人民法院　李莉莎　洪嘉君

025　瓶贴可作为美术作品受著作权法保护

——某酿造公司诉某食品厂著作权侵权案

【案件基本信息】

1. 裁判书字号

江苏省苏州市中级人民法院（2017）苏05民终10602号民事判决书

2. 案由：著作权侵权纠纷

3. 当事人

原告（被上诉人）：某酿造公司

被告（上诉人）：某食品厂

【基本案情】

某酿造公司设立于1998年3月12日，其前身系1864年创立的某酱园，经营范围包括酿造酱油、酿造食醋、配制食醋等。吴某曾是该公司法定代表人。1999年1月19日，某酿造公司向某知识产权局申请名称为“标贴（白醋）”的外观设计专利，并于1999年8月7日获得授权，专利号为第ZL99322××××号，登记的设计人为吴某。某酿造公司将上述专利设计作为其白醋产品瓶贴投入市场使用。在上海市奉贤区档案馆收藏的标贴中，与上述瓶贴基本相同的藏品标注的生产日期为1996年。

某食品厂系个体工商户，成立于2003年5月27日，经营范围包括食醋、调味料生产销售等。2014年12月23日，因某食品厂在其生产的“上海风味”白醋产品上使用的瓶贴与某酿造公司白醋产品瓶贴近似，某酿造公司认为某食品厂的行为构成不正当竞争，向法院提起诉讼。该案经过一审、二审，双方最终达成和解，某食品厂表示尊重某酿造公司对于知名商品“某白醋”特有包装、装潢所享有的权利，承诺不再使用与上述知名商品特有包装、装潢相同或者近似的包装、装潢，并赔偿某酿造公司11000元。后某食品厂更换了白醋瓶贴，某酿造公司认为某食品厂变更后的白醋瓶贴与某酿造公司享有著作权的美术作品构成实质性相似，构成著作权侵权，故提起本案诉讼，要求某食品厂停止侵权、赔礼道歉并赔偿经济损失及合理费用共计15万元。

【案件焦点】

1. 某酿造公司主张权利的瓶贴是否构成著作权法意义上的作品；2. 某食品厂在“上海风味白醋”产品上使用的瓶贴是否侵害某酿造

公司的著作权；3. 某食品厂所应承担的侵权责任。

【法院裁判要旨】

江苏省苏州市吴江区人民法院经审理认为：著作权法所称作品，是指文学、艺术和科学领域内具有独创性并能以某种有形形式复制的智力成果。此处的独创性，是指表达的独创性，表达是为了将思想传达于外，表达方式中包含作者的选择、取舍、安排和设计。判断是否具有独创性，应从表达中寻找，而不是离开表达看其创意、思想、情感等其他方面。在本案中，某酿造公司主张权利的瓶贴，内容虽然受限于产品自身的实用信息，但在线条、色彩、图案、艺术体文字的选择、安排上体现了作者的个性，独特的组合和整体构思，具有独创性，符合著作权法作品的基本属性，应当认定为美术作品。某食品厂已实际接触某酿造公司的作品，其使用的瓶贴与涉案作品在整体构图、主要组成部分的表达方式上也基本相同，构成实质相似，其行为侵害某酿造公司的著作权。因某酿造公司未举证证明其因侵权行为而遭受的实际损失，也未证明侵权人的获益。依据法定赔偿原则，酌情确定赔偿损失 3000 元、合理费用 2000 元。

江苏省苏州市吴江区人民法院依照《中华人民共和国著作权法》第三条第四项、第十条第一款、第十六条、第四十八条第一项、第四十九条，《中华人民共和国著作权法实施条例》第四条第八项、《最高人民法院关于审理著作权民事纠纷案件适用法律若干问题的解释》第二十五条第一款和第二款、第二十六条之规定，作出如下判决：

一、被告某食品厂于本判决生效之日起立即停止实施侵害原告某酿造公司对“某白醋”产品瓶贴享有的著作权的行为；

二、被告某食品厂于本判决生效之日起十日内赔偿原告某酿造公司经济损失3000元及合理费用2000元，合计5000元；

三、驳回原告某酿造公司的其他诉讼请求。

某食品厂不服一审判决，提起上诉。

江苏省苏州市中级人民法院同意一审法院裁判意见，依照《中华人民共和国民事诉讼法》第一百七十条第一款第一项的规定，作出如下判决：

驳回上诉，维持原判。

【法官后语】

世界知识产权组织编写的《著作权与邻接权法律词汇》[1]中，将实用艺术作品定义为具有实际用途的艺术作品，而不论这种作品是手工艺品还是工业生产的产品。在本案中，某酿造公司主张权利的瓶贴应归属实用艺术作品，一方面，瓶贴是粘附于瓶体，用于指示商品基本信息的标志，具有实用性。另一方面，在瓶贴设计上，作者使用了包括线条、图案、色彩及其组合等表达形式，具有艺术性。

关于实用艺术作品的保护，国务院于1992年颁布的《实施国际著作权条约的规定》第六条规定，对外国实用艺术作品的保护期，为自该作品完成起二十五年。美术作品（包括动画形象设计）用于工业制品的，不适用前款规定。该条规定明确了我国对外国国民的实用艺术作品予以保护。在司法实践中，法院通常将实用艺术作品的艺术方面作为美术作品纳入著作权法的保护范围。

关于实用艺术作品构成的判断，首先，可采用“实用-艺术”

① 世界知识产权组织编：《著作权与邻接权法律术语汇编》，刘波林译，北京大学出版社2007年版，第135页。

二分法，著作权法只保护实用艺术品的艺术部分，不保护其实用方面，因此，在判断是否构成作品时，应当排除其实用功能部分，对其艺术性部分是否具有独创性进行判断。其次，著作权法只保护思想的表达，不保护被表达的思想。对独创性的判断应从表达中寻找，而不能离开表达看其创意、思想、情感等其他方面。本案中，抛开瓶贴的实用功能，某酿造公司使用的瓶贴在线条、色彩、图案、艺术体文字的选择、安排上体现了作者的个性，独特的组合和整体构思，具有独创性，符合著作权法中作品的基本属性，应当认定为美术作品。瓶贴内容包含的商品来源、生产者等功能性描述信息，并非著作权法保护的对象。

关于实用艺术作品的多重保护。实用艺术作品可以是手工制品，也可是大工业批量生产的制品所采用的设计，在后一种情况中，也可称为工业品外观设计。给予实用艺术作品著作权保护，就可能面临著作权法、专利法、商标法、反不正当竞争法的多重保护问题。以某酿造公司的白醋瓶贴为例，其在 1999 年 1 月 19 日获得外观设计专利授权，在 2014 年 12 月 23 日向人民法院提起诉讼主张其使用的瓶贴构成知名商品的特有包装装潢，而在本案中，某酿造公司又主张瓶贴的著作权保护。对此问题，首先，法律并未禁止权利人在同一客体上享有多种权利，如果某美术作品在被授予外观设计专利权后就不能获得著作权法保护，势必阻碍作品这种智力成果的使用及传播，与著作权法的根本宗旨相悖；其次，在同一客体上存在多种民事权利，每一种民事权利及其相应的义务可由相应的法律分别进行规制和调整。由于获得专利权、商标权、著作权需要具备不同的条件，故认定侵犯不同权利的行为的构成要件也应不同。

关于赔偿数额的认定。权利人在同一客体上可享有多种民事权利，侵犯不同权利的认定条件不同，法院在适用法定赔偿时考量的因素也应有所不同。本案中，某酿造公司主张著作权保护，法院就应考虑涉案作品的艺术价值，而非该白醋商品或商标及某酿造公司的知名度。就美术作品而言，该瓶贴脱离商品被单独作为美术作品欣赏或收藏的可能性不大，侵权者抄袭的主观意图更多是为了攀附某酿造公司及其商品的知名度，从而使消费者对商品来源造成混淆。据此，法院酌定权利人的损失为3000元。

编写人：江苏省苏州市吴江区人民法院　游佳

026　历史题材作品是否构成抄袭的判断

——陈某诉傅某、某信息服务公司侵害著作权案

【案件基本信息】

1. 裁判书字号

北京知识产权法院（2018）京73民终232号民事判决书

2. 案由：侵害著作权纠纷

3. 当事人

原告（被上诉人）：陈某

被告（上诉人）：傅某

被告：某信息服务公司

【基本案情】

陈某于2012年创作电影剧本《×××与×××》，随后其据此创作《×××之历史由来》（以下简称“明文”），并进一步完善为《万贵妃×××》（以下简称“万文”）。2012年10月17日至21日，陈

某通过名为“为万贞儿××”的百度贴吧账号先后在明史吧、历史研究吧以及历史学吧发布“明文”；于2013年7月27日至8月8日先后在万贵妃吧、明史吧、历史研究吧、明朝的那些事儿吧、万贞儿吧发布“万文”。

傅某系央视某讲坛栏目《××疑案上部》节目（以下简称涉案节目）的主讲人。傅某的博客（以下简称涉案博客）为非实名认证博客，其中“关于我”中包含傅某的职业背景、研究领域以及在《某讲坛》中所讲节目等。涉案博客自2015年6月21日至2017年2月28日发布的223篇博文中包括以傅某名义撰写的开通博文的“序”、傅某参加的会议或讲座的讲稿、傅某硕博士论文、文章送审稿、初稿、与傅某个人或其生活相关的文学类文章以及百家讲坛尚未播出电视节目的准确开播时间介绍等傅某所著文章或著作的介绍。涉案博客中发布有名为《我的某讲坛系列讲座之二〈大明疑案〉第二十集万贵妃专宠之谜》的文字作品（以下简称涉案博文)，其正文中有傅某所著《大明疑案》一书封面图片，以及“第二十集：万贵妃×××”一文，文章约1.2万字；配图为傅某讲授涉案节目的图片，文末附涉案节目链接地址，点击后可正常播放涉案节目。涉案博文内容与涉案节目中傅某形成的口述作品内容一致。

陈某主张，傅某口述作品和涉案博文（以下合称被诉侵权文）与“万文”在排除单纯的史实后，在文章结构、语言风格、主要观点及其表达、具体细节及其表达、错误之处等方面，均构成相同或实质性相似，侵害了其署名权和信息网络传播权。

傅某辩称其涉案博客并非其注册，并认为被诉侵权文与“万文”在论述结构、字数、语言风格、中心观点、具体表达方面均不相同，即便存在上述相同或实质性相似的表达，因上述内容均来源于史料，也不能据此认定两文构成实质性相似。某信息服务公司辩称其作为信息网络服务提供者已尽到合理注意义务，不应承担侵权责任。

【案件焦点】

1.“万文”受著作权法保护的部分表达的判断；2. 被诉侵权文是否与“万文”构成实质性相似；3. 傅某是否应当就涉案博客传播被诉侵权文承担法律责任。

【法院裁判要旨】

北京市海淀区人民法院经审理认为：在一般情况下，著作权法只保护作者对主题、思想、情感的表达或表现，而不保护作品的主题、思想、情感等。文章结构具有高度概括性，应属作品的“思想”范畴；语言风格亦是作品中的抽象性要素，二者均不属于著作权法保护的“表达”。另外，“万文”系以万贵妃这一特定历史人物为对象创作的评述性文学作品，其中的人物、事件都以史实为基础，因此，在对以同一历史人物为对象创作的被诉侵权文是否构成相同或实质性相似进行认定时，应把万贵妃及其人物关系、人物之间的矛盾表现、历史事件及其发生顺序等对公有领域素材的引用排除。

但以历史人物及相关史实为素材的创作并不意味着由此形成的表达均不受著作权法的保护，不意味着就该历史人物及相关史实进行创作而形成的独创性表达也是公有资源，此种独创性表达应属著作权法意义上的作品，受著作权法保护。此外，即使是以相同题材为创作对象，不同的作者对作品的主题的表达一般不会出现雷同，“万文”系对万贵妃历史评价的反驳，对该主题形成的表达与以往同类作品完全不同，故其系陈某结合自身创作而形成的独创性表达，应受著作权法保护。陈某另主张的“万文”中其他具体细节的表达，通常系体现作品独创性的部分，亦应进入著作权法保护的范围。

从文章整体、核心表达、具体细节表达、错误之处综合来看，被诉侵权文仅对“万文”在表达顺序上进行了个别调整，对部分内容进行增删或拆分，这些改变对文章主要表达均未产生实质性影响，在被诉侵权文对“万文”的使用并非合理使用或适度借鉴的情形下，被诉侵权文与“万文”构成实质性相似。

傅某口述作品构成对“万文”的使用，且在央视百家讲坛以傅某为主讲人的名义播出，傅某该行为构成对陈某署名权的侵害。而结合涉案博客中“关于我”的信息均与傅某有关，博客中发布的内容均系傅某所著文章；涉案博文自2015年6月开始发布至2017年2月，时间跨度较长且连续，文章一以贯之；傅某未对涉案博客为何发布以其名义撰写的开通博客的“序”一文，涉案博文中包含“初稿”“第二稿”“讲稿”等一般情形下难以通过公开渠道获得的文章之情形予以合理解释；以及根据注册涉案博客的手机号码为傅某住所地厦门地区的手机号码等事实，根据民事诉讼优势证据之原则认定，即便傅某不是涉案博客的实际注册人，涉案博文应系其提供并通过涉案博客传播。据此，傅某应对涉案博文构成对“万文”信息网络传播权侵权承担相应的法律责任。

北京市海淀区人民法院依照《中华人民共和国著作权法》第十条第一款第二项、第十二项，第四十七条第五项，第四十八条第一项，第四十九条，以及《中华人民共和国民事诉讼法》第六十四条之规定，判决如下：

一、本判决生效之日起三十日内，被告傅某在一家全国发行的史学类杂志上发布声明，就侵犯署名权的行为向原告陈某赔礼道歉（在一期杂志上发布声明，声明内容须经法院审核，逾期不履行，法院将依原告陈某的申请在一家全国发行的史学类杂志上刊登本判决主要内容，费用由被告傅某承担）；

二、本判决生效之日起十日内，被告傅某赔偿原告陈某合理开支 58382.06 元；

三、驳回原告陈某的其他诉讼请求。

傅某不服一审判决，提起上诉。北京知识产权法院同意一审法院的裁判意见。

北京知识产权法院依照《中华人民共和国民事诉讼法》第一百七十条第一款第一项之规定，判决如下：

驳回上诉，维持原判。

【法官后语】

在判断相同历史题材作品是否存在侵权时，首先应当明确作品中受著作权法保护的范围。

“思想与表达二分法”是著作权法的重要原则之一，即著作权法仅保护表达而不延及思想本身，该原则在判断历史题材作品中受保护的内容时仍然适用。

题材主线主要是对于题材的选取和确定，题材的选择具有明显的思想性，如对此加以限制则不利于文学的创造性发展。正如本案中陈某在选择万贵妃这一历史人物作为题材进行创作之前，已经有其他关于万贵妃的作品，但这并不妨碍陈某可以就万贵妃这一题材创作出与之前同类作品完全不同的“万文”。史实脉络则主要体现在基于该种题材而形成的包括表现形式、文章结构等在内的作品整体框架，主要是作者对作品宏观的谋篇布局，是对作品高度概括的、一般性的描述，不涉及作品细节描写，故也应当排除在著作权法保护的范围之外。

除题材主线、史实脉络外，权利人常常请求保护与其作品相关的语言风格、叙事方法等，而这些仅是作者所选择用来辅助作品表达的方式而非具体客观的表达本身，具有整体性和抽象性的特点，亦不应当纳入著作权法的保护范畴。

从文学创作的角度看，选择某一类主题进行创作时，不可避免地采用某些事件、人物、布局、场景，这种表达特定主题不可或缺的表达并非著作权法意义上受保护的表达。历史题材作品，尤其是评述类历史作品，其以史实为创作基础，不可避免地会使用既有的历史事实。由于史实是客观且唯一的，不存在人为的创造空间，同时，记载史实的史籍亦存在重合，获取史实的途径较为有限，因此，不同作者就同一历史题材创作的作品中反映客观史实和利用的史料在内容或表达上存在部分相同也在所难免。该种客观存在的史实具有公共属性，对于这一部分内容，也不宜纳入著作权法保护范畴而为个人所垄断。

虽然文章的观点和主题属于思想范畴而被排除在著作权法的保护范围之外，但文章的观点和主题均需要通过具体表达来体现和传递给读者，而这种具体表达则落入了著作权法的范围内。尤其是在类似“万文”这种颠覆以往历史观点的评述类的文章，其对该主题和观点以及相应评述所形成的表达必然与在先的同类作品存在较大差别，具有较强的独创性，如不加以保护则不利于学术观点的创新，故应当受到著作权法的保护。

本案中二审法院认为在历史题材作品中对主题的表达包括三大部分：一是文章整体的谋篇布局、脉络结构；二是作者对史料的选取和提炼；三是作者针对史料的观点和论述。三者相辅相成，共同构成了对文章主题的表达。

虽然史实系公有领域内容，但以历史人物及相关史实为素材的创作并不意味着由此形成的表达均不受著作权法的保护，不意味着就历史人物及相关史实进行创作而形成的独创性表达也是公有资源，任何人均可使用，对于其中具有独创性的表达，应属著作权法意义上的作品，依法受到著作权法的保护，二者不应当混淆。

对于历史题材作品，其对于史实或相应史料进行的分析、评价、归纳、总结，并根据对史实和史料的筛选提炼而论证自身观点等形成的表达，虽然与史实或史料相关，但是均是作者对史实或相关史料进行有针对性地选择并基于独立的分析、思考，结合自己的认识形成的表达；这些被引用的史料与作者的创作融为一体，产生了具有独创性的作品。因此，其不应被视为公有领域的素材而予以排除，应受著作权法的保护。

历史题材作品中，除文章观点主题、对史实归纳总结而形成的表达外，对于具体情节、细节等其他具有独创性的表达一般均受著作权法的保护。例如，本案中一审法院认定的“万文”中反驳万贵妃逼人堕胎、毒死纪妃罪状以及分析历史为何对万贵妃作负面评价等部分均属于具有独创性的具体细节部分的表达，应受法律保护。

此外，当权利作品和被诉作品在错误之处均存在相同时，也可以佐证二者的表达存在实质性相同；除非被告提出其所引用的史料即存在错误等相反证据。

本案的另一审理难点在于信息网络传播权的侵权主体的判断。在互联网环境中，由于网络的虚拟性，如何确认侵权主体的身份成为涉网络侵权纠纷的难点。

根据民事诉讼法关于起诉条件的规定以及举证责任分配规则，权利人在提起诉讼时需有明确的被告，并且需提交初步证据证明该被告系实际侵权主体。但是在涉互联网侵权案件中，可能出现账号非实名认证、注册人与实际经营者非同一人等情形，权利人往往难以查询到具体的侵权行为实施主体，无法进行实际有效的维权。在本案中，原告虽未提交直接证据证明傅某系涉案博客的注册和使用人，但本案一审运用民事优势证据规则，通过综合考量涉案账号前端及后台展示的个人信息、涉案账号所发布的内容（如是否为非公开可以获得的内容、是否连续等）、第三方平台中关于涉案账号主体信息的记载等因素，认定被诉侵权账号与被诉侵权主体之间存在密切关联性，此思路可以为解决相应问题提供一定的思路借鉴。但需注意优势证据规则也应当谨慎适用，只有在被告未提交相反证据或未予以合理解释的情况下，才可以对其系侵权主体的身份予以认定。

编写人：北京市海淀区人民法院　张璇　李思頔

027 如何界定建设单位在约定范围内对图纸作品的使用

——某股份公司诉某设计院侵害著作权案

【案件基本信息】

1. 裁判书字号

重庆市高级人民法院（2018）渝民终234号民事判决书

2. 案由：侵害著作权纠纷

3. 当事人

原告（被上诉人）：某股份公司

被告（上诉人）：某设计院

【基本案情】

2016年6月，某股份公司与某县城乡建设委员会（以下简称某建委）签订《县城夜景灯饰建设项目设计合同》。该合同签订后，某股份公司依约完成了某县县城夜景灯饰建设项目设计方案，并按照合同约定提交给发包人，即石柱建委。提交后，发包人于2017年4月11日将某股份公司享有著作权的设计作品在某县公共资源交易中心网站进行招标公示。2017年8月4日某股份公司发现涉案作品被公示在公共资源交易网站，但署名已经被变更为某设计院。经某股份公司仔细比对，发现某设计院擅自将涉案作品作为其自身设计的作品并参与了某县县城夜景灯饰建设项目的施工招投标项目。某设计院未经许可擅自复制、使用、修改，通过信息网络传播某股份公司享有著作权的作品，侵害了某股份公司作为著作权人的人身权和财产权，应当依据《中华人民共和国著作权法》的规定向某股份公司承担停止使用、赔偿损失、赔礼道歉等责任。某设计院认为：(1) 涉案“作品”尚未创作完成，故某股份公司并不享有灯饰建设方案设计的著作权；(2) 即便讼争设计方案已创作完成，其著作权也属于石柱建委，而非某股份公司；(3) 即便法院最终认定某设计院应承担侵权责任，某股份公司主张的50万元损失赔偿也缺乏事实依据，且明显过高；(4) 最高人民法院判例明确类似本案情况不构成侵权。

【案件焦点】

1. 某股份公司是否享有涉案设计图纸的著作权；2. 某设计院是否构成侵权及如何承担侵权责任。

【法院裁判要旨】

重庆市第五中级人民法院经审理认为：根据《中华人民共和国著作权法》第十七条规定，受委托创作的作品，著作权的归属由委托人和受托人通过合同约定。合同未作明确约定或者没有订立合同的，著作权属于受托人。石柱建委发布在公共资源交易网站上的涉案设计方案不是其认可的涉案项目的设计成果。涉案设计方案只是一个阶段性的设计方案，由于双方在合同中对阶段性的设计方案的著作权归属没有进行约定，根据法律规定，本案某股份公司对涉案设计方案享有著作权。根据某股份公司与某建委的合同约定，某建委享有涉案项目设计成果的所有权，而本案尚未完成设计成果即施工图的设计，故某建委对涉案设计方案的使用没有合同和法律依据，因此，本案某设计院也没有权利使用某股份公司享有著作权的涉案设计方案。某设计院接受某兴公司的委托进行涉案项目的施工图设计，应当按照双方的约定履行其设计职责，但某设计院出具的设计方案与某股份公司的设计方案除施工图中电气设计说明部分有一定差异外，其余部分均一致。某设计院的此种行为属于剽窃行为，构成对某股份公司著作权的侵犯。

重庆市第五中级人民法院依照《中华人民共和国著作权法》第十条、第十一条、第四十七条、第四十九条，《最高人民法院关于审理著作权民事纠纷案件适用法律若干问题的解释》第二十五条第二款，《中华人民共和国民事诉讼法》第一百四十二条之规定，作出如下判决：

一、某设计院于本判决生效之日起立即停止使用某股份公司享有著作权的涉案作品“某县县城夜景灯饰建设项目设计方案”；

二、某设计院于本判决生效之日起十日内赔偿某股份公司经济损失及合理开支共计 43.7 万元；

三、驳回某股份公司的其他诉讼请求。

某设计院不服一审判决，提起上诉。

重庆市高级人民法院经审理认为：涉案合同并没有对设计图纸的著作权进行明确约定且相互矛盾，根据法律规定应由进行创作设计的某股份公司享有著作权。由于委托设计合同系双务合同，由受托人进行工程设计并由委托人支付设计费用，双方均有对待给付的义务，即使合同明确约定了设计成果的著作权归委托人所有，但在委托人未履行对待给付义务时，著作权仍应由受托人享有。上诉人某设计院的设计图纸与被上诉人某股份公司的设计图纸实质相似，侵犯了某股份公司的著作权。本案中，由于原委托人某建委认为某股份公司的设计不符合合同约定并发函解除合同，某兴公司作为委托人与上诉人某设计院签订建设工程设计合同，由某设计院负责施工图设计。某设计院理应独立进行创作、设计，但其设计图纸却与某股份公司的设计图纸构成了实质性相似。如果将某设计院的行为视为某建委或某兴公司在工程项目范围内的使用行为，既不符合前款司法解释的规定，与前述合同背景及合同约定相悖，也违反诚实信用原则。综上，一审法院认定事实清楚，尽管部分说理欠妥，但适用法律及裁判结果正确，上诉人某设计院的上诉理由不成立，应予驳回。

重庆市高级人民法院依照《中华人民共和国民事诉讼法》第一百七十条第一款第一项之规定，作出如下判决：

驳回上诉，维持原判。

【法官后语】

根据《中华人民共和国著作权法》第十九条规定，在委托作品著作权属于受托人的情形下，委托人可以在合同约定或委托创作的特定目的范围内使用作品，但如何确定该使用范围却存在争议。尤其是在委托设计建设工程施工图的情况下，常常存在建设单位与原设计单位因履行合同产生争议并解除合同的情形，建设单位因招标、施工及验收等都离不开工程设计图，往往另行委托其他设计单位进行工程设计，建设单位及后设计单位是否系在约定的工程项目范围内使用原设计图纸值得研究。如果后设计单位根据工程项目的变化对原有的设计图进行必要的修改，或者纯粹利用原设计图进行工程施工、竣工验收等，可以视为建设单位在约定的工程项目范围内使用；如果原设计单位提交了设计图且在没有证据证明其违约的情况下，建设单位另行与后设计单位签订工程设计合同，并将原设计图提供给后设计单位，后设计单位完成的设计图与原设计图实质相同时，不能视为建设单位在约定的工程项目范围内对图纸作品的继续使用，其行为侵犯了原设计单位的著作权。

编写人：重庆市高级人民法院　喻志强

028　“实际损失赔偿”与“法定赔偿”的正确适用
——某索公司诉某技术公司侵害计算机软件著作权案

【案件基本信息】

1. 裁判书字号

山东省高级人民法院（2018）鲁民终957号民事判决书

2. 案由：侵害计算机软件著作权纠纷

3. 当事人

原告（上诉人）：某索公司

被告（被上诉人）：某技术公司

【基本案情】

在美国注册的某索公司享有Solidworks计算机软件的著作权。2013年4月19日，某索公司向淄博市文化市场执法局（以下简称执法局）投诉称，某技术公司未经某索公司许可，复制、商业使用Solidworks系列软件。2013年5月7日，执法局对某技术公司安装（复制）使用Solidworks软件的情况进行了检查，某技术公司共安装有33套Solidworks计算机软件（含2010版本29套、未知版本4套）。2014年3月26日，某索公司致函执法局，称某技术公司所使用的前述33套Solidworks计算机软件未经某索公司合法授权。某技术公司未能提供其所使用的该33套Solidworks计算机软件已取得某索公司许可或系通过合法渠道取得的证据。某索公司起诉要求某技术公司停止侵权并赔偿经济损失273.9万元和合理开支10万元。

2009年11月3日，某技术公司曾从某信息技术公司购买两套Solidworks2009标准版计算机软件。SolidworksOfficePremium2010白金包售价为83000元/套。某技术公司提交的（2013）淄仲裁字161号裁决书记载，某技术公司从某信息技术公司购买的Solidworks2009标准版计算机软件的价格为30000元/套。在一审庭审中，当事人均认可Solidworks2010计算机软件的用途为三维建模设计。

【案件焦点】

某技术公司使用被诉侵权软件的行为是否构成侵权及侵权责任应如何认定。

【法院裁判要旨】

山东省淄博市中级人民法院经审理认为：某技术公司对于涉案软件的使用属于商业使用，未举证证实其使用行为已经某索公司许可或软件系通过合法渠道取得，故认定其使用行为未经某索公司许可。某技术公司的行为构成对涉案软件复制权的侵害，应承担停止侵权、赔偿损失的民事责任。某技术公司的侵权复制品数量可以认定为33套。某索公司主张按照33套软件的数量，乘以相关软件销售单价计算其实际损失。但因软件产品有其特殊性及实现销售的变动性，通过销售单价来计算实际损失并不可行。故对某索公司主张按照33套软件的数量乘以相关软件销售单价计算其实际损失的主张不予支持。鉴于某索公司的销售利润无法确认，故本案适用《中华人民共和国著作权法》（以下简称《著作权法》）第四十九条第二款规定的法定赔偿。综合考虑某技术公司的经营规模、经营时间、侵权软件数量、软件参考价格以及某索公司为本案所支出的合理开支，确定某技术公司的赔偿数额为人民币 30 万元（包括某索公司为制止侵权所支出的合理费用）。山东省淄博市中级人民法院判决：某技术公司停止侵权并赔偿某索公司经济损失 30 万元（包括为制止侵权支出的合理费用）。

某索公司不服一审判决并持原审意见提起上诉。

山东省高级人民法院经审理认为：根据《著作权法》第四十九条和《最高人民法院关于审理著作权民事纠纷案件适用法律若干问题的解释》（以下简称《著作权司法解释》）第二十四条的规定，某索公司主张应按其 Solidworks2010 软件销售额损失计算其实际损失符合法律规定。某索公司称其 Solidworks2010 软件销售单价为 83000 元，并提交了发票证据。但仅凭该发票不足以证实 Solidworks2010 软件的市场流通价。某技术公司提交的合同、裁决书等证据能够证明其购买 Solidworks2009 标准版计算机软件的单价为 3 万元。故对某技术公司关于 Solidworks2009 标准版计算机软件正版售价为 3 万元/套的主张予以确认。因某技术公司商业性使用被诉 Solidworks2010 软件 33 套，参照 Solidworks2009 标准版计算机软件单价，其给某索公司造成的损失已经明显超过了法定赔偿 50 万元的最高限额，本案依法不适用法定赔偿额的计算方式，而应当综合案件的具体证据情况，在法定赔偿最高限额以上合理确定赔偿额。本案中某技术公司如使用 33 套 Solidworks2010 正版软件，结合其购买 Solidworks2009 标准版计算机软件支出的 3 万元单价，至少应支出 99 万元。另外，某索公司需要为本案诉讼支出律师费及支付各种文件制作费用是可以确定的事实。因此，某索公司因某技术公司被诉侵权行为遭受的损失应不低于人民币105万元。一审法院未依据《著作权司法解释》第二十四条的规定审查某索公司的实际损失情况，适用法律错误，依法予以纠正。

山东省高级人民法院判决：某技术公司赔偿某索公司经济损失及维权支出共计人民币105万元。

【法官后语】

在知识产权侵权诉讼中，关于侵权赔偿数额的认定，其法律规定的基本模式都是："实际损失赔偿"—"违法所得（侵权获益）赔偿"—"法定赔偿"。即首先考虑按照权利人的实际损失给予赔偿，实际损失难以计算的，可以按照侵权人的违法所得或者说因侵权所获得的利益给予赔偿；如果权利人的实际损失或者侵权人的违法所得不能确定，则由法院根据侵权行为的性质和情节等因素判决给予法律规定的额度范围之内的赔偿。上述知识产权侵权赔偿数额的认定规则在我国著作权法、专利法、商标法、反不正当竞争法中均有相关规定。本案作为著作权侵权案件，显然亦应遵循上述规定的原则思路来确定侵权赔偿数额。本案认定被告构成对原告著作权的侵害并无问题，其主要问题也就在于侵权赔偿数额的认定。《中华人民共和国著作权法》第五十四条规定，侵犯著作权或者与著作权有关的权利的，侵权人应当按照权利人的实际损失给予赔偿；实际损失难以计算的，可以按照侵权人的违法所得给予赔偿。赔偿数额还应当包括权利人为制止侵权行为所支付的合理开支。权利人的实际损失或者侵权人的违法所得不能确定的，由人民法院根据侵权行为的情节，判决给予五十万元以下的赔偿。《最高人民法院关于审理著作权民事纠纷案件适用法律若干问题的解释》第二十四条规定，权利人的实际损失，可以根据权利人因侵权所造成复制品发行减少量或者侵权复制品销售量与权利人发行该复制品单位利润乘积计算。发行减少量难以确定的，按照侵权复制品市场销售量确定。而本案中原告在起诉时也主张按其Solidworks2010软件销售额损失计算其实际损失，这显然也是符合上述法律规定的。

不过从本案一、二审对侵权赔偿数额的不同认定来看，对于首先考虑实际损失赔偿的司法认定确实应当予以正确把握。而本案一审也是因为对此把握不当，从而简单地排除了实际损失赔偿转而去直接适用法定赔偿。应当看到，《最高人民法院关于审理著作权民事纠纷案件适用法律若干问题的解释》第二十四条实际对于权利人的实际损失问题作出了相对具有可操作性的规定。而对于像本案这种未经权利人许可而购买使用侵害著作权产品从而构成著作权侵权的情形，在能够确认被告购买使用侵权软件产品的价格和数量的情况下，实际也是能够按照《最高人民法院关于审理著作权民事纠纷案件适用法律若干问题的解释》第二十四条的规定对实际损失进行计算的。在本案中，首先，关于数量问题，被告某技术公司商业性使用被诉Solidworks2010软件的数量为33套，即均可理解为权利人因侵权所造成复制品发行减少量或者侵权复制品销售量为33套。其次，关于单位利润问题，对于软件产品而言，软件销售的是一种法律上的许可，这种许可不具有普通商品的物质形态，其不需要像普通商品一样需要投入原材料进行加工制作，其与一般的物质产品的生产销售有本质区别。故软件产品的销售价格基本上就等于其利润。当然本案中原告某索公司主张的其Solidworks2010软件销售单价为人民币 83000 元的证据并不充分。不过反过来讲，被告某技术公司如使用 Solidworks 正版软件是肯定需要支出必要成本的，因此，被告某技术公司购买原告的正版软件的价款就可以理解为原告某索公司的损失数额。尽管被告未正常购买过 Solidworks2010 软件，但按照高版本软件售价一般不低于低版本软件的日常生活经验，Solidworks2010 相同版本软件价格应不低于 Solidworks2009 软件价格，Solidworks 标准版软件价格应不高于白金版软件价格。且被告某技术公司提供的软件购买合同、裁决书等证据能够证明其购买 Solidworks2009 标准版计算机软件的单价为 3 万元。换句话说，被告某技术公司如使用 33 套 Solidworks2010 正版软件，结合其购买 Solidworks2009 标准版计算机软件支出的 3 万元单价，其至少应支出 99 万元。这显然可以理解为权利人原告某索公司因被告某技术公司侵权所造成的损失。另外，某索公司为制止本案侵权行为，委托律师参加诉讼并申请制作公证认证文件、公证书等材料，其提交的 10 万元律师费发票虽不足以证实其已为本案诉讼实际支付的律师费，但其需要为本案诉讼支出律师费及支付各种文件制作费用是可以确定的事实，二审法院根据律师收费标准酌情确定为 6 万元也是合理的。故二审最终认定原告某索公司因被告某技术公司被诉侵权行为遭受的损失应不低于人民币 105 万元是合法适当的。

透过本案不难看出，对于像著作权侵权这样的知识产权侵权赔偿问题而言，在未经权利人许可而购买使用侵害著作权产品从而构成著作权侵权的情形下，关于侵权赔偿数额的计算，若权利人主张以其实际损失为依据进行赔偿，人民法院应当优先按实际损失来对侵权赔偿数额进行审查认定，而不应简单地认为实际损失数额无法认定而转为直接适用法定赔偿。对此应根据《最高人民法院关于审理著作权民事纠纷案件适用法律若干问题的解释》第二十四条的规定综合全案证据来审查权利人的实际损失情况并依法对侵权赔偿数额予以认定，避免出现对于侵权赔偿数额一概适用法定赔偿的机械化司法倾向。

编写人：山东省淄博市中级人民法院　荣明潇

029　未经授权使用网络游戏元素的著作权侵权判定

——某科技公司诉某影视文化公司侵害著作权案

【案件基本信息】

1. 裁判书字号

上海知识产权法院（2017）沪73民终53号民事判决书

2. 案由：侵害著作权纠纷

3. 当事人

原告（被上诉人）：某科技公司

被告（上诉人）：某影视文化公司

【基本案情】

某科技公司经网络游戏《龙××》著作权人授权，拥有网络游戏《龙××》在中国大陆的运营、发行等相关著作财产权、商标权及独立维权等权利，并在国内负责运营《龙××》游戏官网。2012年5月，在某科技公司知晓的情况下，某科技公司关联公司蓝沙公司与被告签订《龙××》宣传电影制作和推广合同，授权某影视文化公司以网络游戏《龙××》为蓝本拍摄三部电影，授权期间为2007年11月30日至2020年3月24日。三部电影最迟发行时间为2015年8月，若需延期需得到蓝沙公司许可。合同签订后，某影视文化公司根据上述合同改编拍摄的第一部电影《龙××：破晓骑兵》于2014年7月上映。后双方曾因该电影的分成产生纠纷诉至法院。蓝沙公司及某科技公司亦曾通过发送律师函、在《龙××》官网发布相关文章的形式明确表示2015年8月后某影视文化公司已无权继续使用《龙××》相关素材进行电影作品的制作。

涉案电影《精灵王座》于2016年7月22日取得公映许可证。经对某科技公司《龙××》游戏中的相关人物、场景与涉案电影相应要素进行比对：涉案电影中的某雅是一位尖耳朵的少女形象，与某科技公司弓箭手形象相比，除面部轮廓略有不同外，两者发型、着装和武器均相同。

某科技公司精灵王尤某为一位尖耳朵、金色长发、手持弓箭的亚洲少男形象。涉案电影的某公爵为一尖耳朵、金色长发、手持长剑的欧洲成年男子的形象。

某科技公司铁匠考林为一身材矮小、头戴深褐色帽子、白色一字胡须、着深褐色无袖连衣裤、戴深褐色手套、大鼻子的小老头形象。涉案电影的铁师傅为一身材矮小、头戴飞行帽和飞行眼镜、白色络腮胡须、长寿眉、着深褐色无袖连衣裤、戴深褐色围及手套、大鼻子的小老头形象。

某科技公司猎犬为一灰褐色仅有两条后腿的球状怪物，身上无毛、龇牙、尖耳朵。涉案电影的小盾和小剑是只有两条后腿的褐色圆胖长毛的宠物狗形象。

某科技公司绿龙宝玉呈不规则的橄榄形状，采用透明绿色底色，并在表面饰以墨绿色梯田形状的环形宽条纹。涉案电影的黑暗宝玉为深紫色橄榄形状，外表覆有一层凹凸泡状以黑色为主的烟雾。

某科技公司飞船颜色以深褐色为主，整体呈龙型形状，以龙头为船头，并在船身两侧、船体平台后侧及船尾均加有龙翼形状的装饰物。其中平顶式的船舱位于飞船后三分之一部位，其余部位均为开放型的甲板。涉案电影的小鱼号飞船亦为深褐色，但有两层船舱，船舱顶部采用圆弧形的拱形形状。船头安有一圆弧形的船帆、船身两侧、船顶、船尾均饰有鱼鳍形状的装饰物。

某科技公司生命之树呈巨大伞形，由褐色树干和金色树叶组成。树干明显，枝叶稀疏。涉案电影的大树亦呈巨大伞形，但树的主体为茂密的黄色树叶，底部由若干褐色细树干组成。

涉案电影的主建筑物形状与某科技公司神圣天堂场景的主建筑物形状基本相同，仅在两层圆形尖顶建筑物的直径大小上与某科技公司建筑略有区别，并且将三角形的廊桥主体做镂空处理。

某科技公司主张某影视文化公司行为侵犯了某科技公司对上述美术作品享有的复制权、改编权、摄制权、信息网络传播权和放映权。故诉至法院，请求某影视文化公司停止侵权、赔偿某科技公司经济损失及合理费用人民币 100 万元。

【案件焦点】

某影视文化公司是否有权使用《龙××》游戏相关要素、是否实施了侵犯某科技公司著作权的行为。

【法院裁判要旨】

上海市浦东新区人民法院经审理后认为：经对某科技公司、某影视文化公司作品进行比对：（1）涉案电影中的女主角某雅、铁某和部分城堡使用了与某科技公司游戏实质性相似的人物形象或场景。(2) 精灵王尤某和某公爵，两者的共同点在于尖耳朵和金色长发，但着装、武器及面部轮廓均不同，并不构成相似。(3) 猎犬和小盾、小剑，两者均系一种动物，整体结构相同。但在整体效果上，猎犬呈现的是一种凶猛怪物的形象，而小盾和小剑更接近于萌萌的宠物狗形象。故两者并不构成相似。(4) 绿龙宝玉和黑暗宝玉，无论在组成元素还是整体效果上均有很大的区别，两者并不构成相似。(5) 飞船和小鱼号飞船，两者整体结构不同、整体形象、呈现的效果存在很大的区别，并不构成相似。(6) 生命之树和大树，两者整体虽均为伞状的大树形象，但在结构上有很大的区别，故两者并不构成相似。

根据上述比对结果，法院认定某影视文化公司获得授权根据某科技公司游戏改编拍摄电影的合同已终止，但在涉案电影中仍使用与某科技公司游戏相似的弓箭手、铁匠考林及神圣天堂的部分场景作为涉案电影中女主角、铁师傅形象和部分城堡的场景使用，并在各大院线予以播放。同时在相关微博、微信推广涉案电影时亦予以使用。某影视文化公司侵犯某科技公司游戏元素著作权的主观故意非常明显，构成对这些元素复制权、改编权、摄制权、信息网络传播权、放映权的侵犯。

上海市浦东新区人民法院依照《中华人民共和国著作权法》第十条第一款第五项、第十项、第十二项、第十三项、第十四项，第四十七条第六项，第四十八条第一项，第四十九条，《最高人民法院关于审理著作权民事纠纷案件适用法律若干问题的解释》第二十五条第一款、第二款，第二十六条之规定，判决如下：

一、被告某影视文化公司于本判决生效之日立即停止对原告某科技公司的著作权侵权行为；

二、被告某影视文化公司于本判决生效之日起十日内赔偿原告某科技公司经济损失35万元、合理费用53000元。

一审判决后，某影视文化公司不服，提起上诉，二审法院维持了一审判决。

【法官后语】

通常情况下，游戏软件的著作权人，其不仅就涉案游戏的软件程序享有著作权，亦对该软件经过运行后所产生画面中的角色形象享有著作权。就游戏软件的许可而言，在无相反证据的情况下，对全部计算机程序和文档的授权标的应包含游戏软件运行后所产生的角色形象等美术作品的著作权。

对于可以独立构成著作权法意义上作品的作品元素如角色形象、场景背景等，在判断被控侵权作品是否侵犯权利人作品著作权时仍需遵循“接触加实质性相似”的判断原则，即在被控侵权作品与权利作品构成实质性相似，权利人又举证证明侵权人具备了接触权利作品的机会或已经实际接触权利作品的情况下，侵权人的行为构成对权利人作品著作权的侵犯。对不同的作品元素是否分别构成实质性相似的判定应独立进行、整体比对，在原作品元素上进行细微的改动并不能影响两者实质性相似的判定。

在文化创意产业中，从文字作品到网络游戏制作再到电影摄制等，多种形态的产业共生形成了一个生态链条。本案涉及电影制作使用网络游戏元素的著作权侵权问题，判决在确定被控侵权电影是否侵犯网络游戏著作权时，基于“接触加实质性相似”的原则，认定涉案电影使用了与知名网游《龙××》实质性相似的人物形象或场景，从而构成著作权侵权。本案判决有利于明晰文化创意领域跨界产业深度融合的规则，有利于促进版权生态经济的有序健康发展。

编写人：上海市浦东新区人民法院　杜灵燕

030　破坏技术措施设置深层链接行为的性质认定

——某计算机公司诉某媒体公司著作权侵权及不正当竞争案

【案件基本信息】

1. 裁判书字号

上海知识产权法院（2018）沪73民终319号民事判决书

2. 案由：著作权权属、侵权纠纷及其他不正当竞争纠纷

3. 当事人

原告（被上诉人）：某计算机公司

被告（上诉人）：某媒体公司

【基本案情】

某计算机公司系视频内容提供商，通过“某视频”网站，某视频电脑客户端，安卓、苹果等移动平台客户端，向网络用户提供视频播放服务，并通过设置片前广告、暂停广告以及会员制度等方式收取广告费。2011年12月23日，案外人某公司出具授权书，将电视剧《北京××》的独占信息网络传播权授予某计算机公司，授权费用为3900万元。

2016年4月5日，某司法鉴定中心接受某计算机公司委托，对某计算机公司设置的防盗链技术措施及其有效性、某媒体公司避开或者破坏某计算机公司的防盗链技术措施，未经授权获取某计算机公司计算机信息系统数据进行司法鉴定。经鉴定，通过测试某视频安卓手机版应用软件播放的《北京××》及《××兄弟4》剧集，该鉴定中心出具了“某视频采取了针对其视频剧集的播放地址加密，并通过密钥鉴真获取视频密钥的技术措施保护其视频剧集的播放地址”的鉴定意见。

公证书显示，在“某影视”播放器页面搜索栏输入“北京××”，点击搜索结果进入相关页面，页面显示“北京××4.3分2726210人气”，随机播放第1集、第20集、第39集，视频界面显示播放第1集时先跳转链接优酷后再跳转链接某视频，第20集及第39集均直接跳转链接腾讯视频，上述视频播放时视频右上角带有“某视频”水印，但播放这些视频时没有片前、暂停广告。而登录后，点击“视频”进入相关页面，随机播放“北京××”的第1集、第20集、第39集，视频播放中片前、暂停时均有广告，上述视频播放时视频右上角带有“某视频”水印；点击“跳过”片前广告，则要求开通好莱坞会员。并提示可站外免广告，费用为VV播放量（万VV）/刊例单价5/3000，费用依次叠加。

某计算机公司认为，某媒体公司开发运营的“某影视”网络视频软件未经某计算机公司许可，破坏了某计算机公司视频播放地址加密保护措施，侵害了某计算机公司享有的信息网络传播权。同时，某媒体公司利用视频软件屏蔽了某计算机公司在视频中设置的片前、暂停广告，造成某计算机公司网站访问量的下降及某计算机公司播放器客户端下载安装量的下降，构成不正当竞争。请求判令某媒体公司停止破坏技术措施、停止侵犯信息网络传播权以及不正当竞争，消除影响并赔偿经济损失及合理费用共计500000元。

【案件焦点】

1. 某媒体公司是否实施了避开或破坏某计算机公司为影视作品《北京××》采取的网络传播链接加密技术措施的行为；2. 某媒体公司的“某影视”软件在抓取某计算机公司影视作品《北京××》内容时去除片前、暂停广告，是否可以适用《中华人民共和国反不正当竞争法》（2017年修订）第二条予以规制；3. 某媒体公司在本案中应当承担的民事法律责任。

【法院裁判要旨】

上海市杨浦区人民法院经审理认为：权利人为保护著作权或邻接权而采取的技术措施应当受到保护。某计算机公司对涉案作品的播放地址加密，并通过密钥鉴真获取视频密钥的技术措施保护该视频剧集的播放地址，以控制未经许可接触涉案作品，可以认为某计算机公司对涉案作品采取了技术保护措施。某媒体公司在其“某影视”软件上播放了涉案电视剧，该视频链接于某计算机公司，但其无法向一审法院展示使用何种技术手段绕开某计算机公司的加密措施直接通过该软件在线播放涉案电视剧，应当承担违反著作权法的责任。关于某媒体公司是否违反《中华人民共和国反不正当竞争法》，一审法院认为，《中华人民共和国反不正当竞争法》对于《中华人民共和国著作权法》起到兜底和补充的作用。某媒体公司的行为在专门法中已作穷尽性保护的，不能再在《中华人民共和国反不正当竞争法》中寻求额外的保护。

上海市杨浦区人民法院依照《中华人民共和国著作权法》第三条第六项、第十条第一款第十二项及第二款、第四十八条第六项、第四十九条，《最高人民法院关于审理著作权民事纠纷案件适用法律若干问题的解释》第二十五条第一款及第二款、第二十六条，《中华人民共和国民事诉讼法》第六十四条第一款之规定，判决如下：

一、被告某媒体公司于本判决生效之日起十日内赔偿原告某计算机公司经济损失 110000 元（含合理费用 6000 元）；

二、驳回原告某计算机公司的其他诉讼请求。

某媒体公司不服一审判决，提起上诉。

上海知识产权法院认为：破坏技术措施的行为与侵犯信息网络传播权的行为是两类不同性质的侵权行为，即使上诉人通过破坏技术措施的方式设置链接，破坏技术措施行为的存在并不能够当然得出侵犯信息网络传播权的结论。在某计算机公司未实施将涉案作品置于公众开放的服务器的行为的情况下，某媒体公司虽然实施了破坏技术措施的行为，但仍不构成对涉案作品信息网络传播权的直接侵犯。某计算机公司系合法授权的网站，在某计算机公司不构成直接侵权的情况下，某媒体公司提供链接的行为亦不可能构成共同侵权。因此，某媒体公司的行为未侵犯某计算机公司的信息网络传播权，但其破坏权利人为涉案影片采取的技术措施，违反了著作权法的相关规定，客观上导致作品传播范围的扩大，且屏蔽了页面广告、片前广告等内容，给被上诉人造成了经济损失，应当承担相应的赔偿责任。上海知识产权法院依照《中华人民共和国民事诉讼法》第一百七十条第一款第一项规定，判决如下：

驳回上诉，维持原判。

【法官后语】

在本案中，某媒体公司实施了两个行为：第一，破坏技术措施；第二，通过设置深层链接的方式向公众播放作品。通常而言，在此类案件中享有权利的视频网站通常仅针对第二个行为提起诉讼，主张该行为构成侵犯信息网络传播权或不正当竞争，较少单独以破坏技术措施的行为提起诉讼。

破坏技术措施的行为与设置链接向公众播放作品的行为是两个独立的行为，以设置链接的方式向公众播放作品属于对作品的后续利用行为，无论该行为是认定构成侵犯信息网络传播权还是构成不正当竞争，实际上均与被诉侵权网站是否实施了破坏技术措施的行为没有必然的联系，对于这两个行为应当分别予以评价。

破坏技术措施行为的举证责任分配与一般的侵犯信息网络传播权案件并没有不同，法律没有设置较高的证明标准，也没有改变举证责任分配的一般规则，还是遵循着“谁主张谁举证”以及“没有证据或者证据不足以证明当事人的事实主张的，由负有举证责任的当事人承担不利后果”这一基本原则。

笔者认为，破坏技术措施行为的认定可以考虑以下三个方面的因素：第一，享有权利的视频网站采取了有效的技术措施。第二，被诉网站绕过技术措施设置链接向公众播放作品。例如，用户在被诉网站欣赏影片无须观看广告或者无须支付费用，对于该事实一般通过公证的形式即可证明。第三，被诉网站对其如何使用户绕开相关技术措施未作出合理解释或提交反证。被诉网站如果不能提供相反的证据，则应当承担相应的不利后果。在本案中，一审法院在认定某媒体公司实施了破坏技术措施的行为时亦采用了上述思路。

被诉网站破坏技术措施给权利网站造成的损失是显而易见的，

应当承担赔偿责任。

通常情况下，享有权利的视频网站会采取“会员+广告”的模式从作品的利用中获得收益，用户可以支付会员费的方式免广告观看影片或者免费观看影片但必须观看片前广告。被诉网站往往以免费的形式向公众提供作品，同时屏蔽相应的广告，使得权利网站的客户流失，广告收益减少，给权利网站造成直接的经济损失。在确定损害赔偿数额时，可以参考权利网站的会员收费标准或者其授权第三方平台播放免广告的收费标准。此外，涉案作品在被诉网站平台上的人气、播放次数是衡量其提供规避手段的次数和规模的重要因素。由于破坏技术措施导致的后果与侵犯信息网络传播权导致的后果基本一致，赔偿的数额也大体相当，可以参考著作权侵权赔偿的一般规则，即权利人的实际损失、侵权人的获利和法定赔偿。确定法定赔偿通常要考虑的因素还包括作品的类型、知名度、许可使用费、侵权行为的情节、后果、主观过错程度等。

编写人：上海知识产权法院　杨馥宇

031 信息存储空间服务提供者的司法认定

——某电视公司诉某网络科技公司侵害作品信息网络传播权案

【案件基本信息】

1. 裁判书字号

北京市朝阳区人民法院（2018）京 0105 民初 51555 号民事判决书

2. 案由：侵害作品信息网络传播权纠纷

3. 当事人

原告：某电视公司

被告：某网络科技公司

【基本案情】

原告某电视公司经授权取得电影《××好》（以下简称涉案作品）的独占专有性信息网络传播权并有权以自己名义进行维权。某电视公司发现被告某网络科技公司经营的“××苹果手机端”上提供了涉案作品的在线播放，主张某网络科技公司直接提供了涉案作品，侵害了某电视公司对涉案作品所享有的信息网络传播权，诉至法院，要求某网络科技公司停止侵权并赔偿损失及维权合理开支共计10万元。

某网络科技公司答辩称，某网络科技公司系信息存储空间网络服务提供者，并未实施侵权行为；在接到诉状后，某网络科技公司主动关闭了包括“电影分区”在内的多个影视板块，已经对涉案作品进行了下线处理；某网络科技公司不存在明知或者应知涉案作品系侵权作品的情形，不应当承担侵权责任；涉案作品在某网络科技公司网站传播范围极小，且某网络科技公司未从中获利，某电视公司索赔金额过高，没有合理依据。某网络科技公司不同意某电视公司的诉讼请求。

法院经审理查明了如下事实：某电视公司经过授权取得了涉案作品在大陆范围内独占专有性信息网络传播权及维权权利，授权期限自2016年1月25日至2031年1月24日。

2016年6月13日，通过苹果应用商店搜索“××”，可以找到“××–国内弹幕动漫视频第一家”应用（以下简称涉案APP），下载安装后，点击查看该应用相关信息，显示“官方www.××.cn”“新浪微博××弹幕视频网”，通过查询显示，域名为“××.cn”的网站系某网络科技公司主办和运营。在该应用内以“××好”为关键词搜索视频，可以得到多个搜索结果，点击搜索结果中的“[2016喜剧]××好[中文字幕][720P]”后，进入视频播放页面，点击播放按键，该视频可正常播放，播放视频内容与某电视公司主张的涉案作品一致。播放器下方显示有播放、弹幕及评论的数字，右侧有“简介”字样，下方显示“××乐园”发布于2017年3月31日的相关信息。对于上述情况，某公证处根据某电视公司的申请进行了证据保全公证，并出具了（2017）京国信内经证字第06512号公证书。

涉案APP系某网络科技公司运营。在诉讼中，某网络科技公司就其涉案APP上传视频过程进行了展示：通过手机号完成账号注册后，点击“我”，进入主页，点击“我的投稿”，点击“新建投稿”，用户可以在该界面进行视频投稿，将投稿视频上传后，完成“编辑标题”“选择分区”“上传视频封面”“编辑标签”“内容简介”后，点击“投稿”，所选择视频可以上传至该APP。视频上传后，经过一定时间的转码和形式审核后，审核通过的视频可以在涉案APP中进行网络传播。某网络科技公司认可涉案APP中的内容来源于某网络科技公司自行上传、合作方上传和普通网络用户上传三种渠道，但通过上述三类上传者在上传内容稿件时的上传端口、操作步骤均相同，在网页前端展示的内容、栏目分区板块与普通网络用户也未作区分。对于如何区分内容稿件的来源，某网络科技公司述称其根据用户账号身份属性进行区分。某电视公司认可涉案APP具备网络存储空间功能，但某网络科技公司未就涉案作品系普通用户上传提供任何证据，且网页展示的信息也无法区分上传者的身份属性，故坚持主张涉案作品系某网络科技公司直接提供。某网络科技公司称昵称为"××乐园"的用户系普通网络用户，通过手机号完成注册后上传的涉案作品，但其拒绝提供昵称为"××乐园"上传者的真实身份信息及联系方式。

【案件焦点】

在本案中，能否认定某网络科技公司为信息存储空间服务提供者，是否应当就涉案APP中传播的涉案作品承担侵权责任。

【法院裁判要旨】

北京市朝阳区人民法院经审理认为：某电视公司经过授权获得了涉案作品在中国大陆范围内独占专有性信息网络传播权。

根据某网络科技公司当庭演示，可以确认某网络科技公司运营的涉案APP具备提供网络信息存储空间服务的功能。虽然某电视公司提供公证书记载的内容显示涉案作品系"××乐园"上传，但鉴于某网络科技公司运营的涉案APP中存在自行上传、合作方上传和用户上传三种内容来源渠道，且无论是内容稿件的上传端口、操作步骤、栏目分区、稿件名称与普通用户均未作区分，虽然某网络科技公司述称其能够根据账号身份属性区分内容稿件的上传者，但根据某网络科技公司当庭演示的过程的记载，账号名称可以自行编辑，所用头像亦属于用户自行选择的范畴，故账号的名称和头像不具备区分上传者主体身份标准的客观性。由于某网络科技公司未进一步提供证据证明涉案作品确系用户上传，法院认定涉案作品系某网络科技公司自行上传。

北京市朝阳区人民法院依据《中华人民共和国著作权法》第四十八条第一项、第四十九条之规定，判决如下：

被告某网络科技公司赔偿原告某电视公司经济损失53000元。

一审判决后，双方均未提起上诉，判决已生效。

【法官后语】

在本案中，根据某网络科技公司就其涉案APP上传视频过程进行展示的情况，法院认定某网络科技公司运营的涉案APP具备提供网络信息存储空间服务的功能。但是对于涉案APP中内容的来源问题，某网络科技公司认可涉案APP中的内容来源有三种渠道，分别为某网络科技公司自行上传、合作方上传和普通网络用户上传。但是该APP的前端页面显示的内容、栏目分区板块与普通网络用户上传的内容并未进行区分，三类上传者在上传内容稿件时的上传端口、操作步骤也均相同。对于如何区分内容稿件的来源，某网络科技公司未进一步提供有关区分上传者身份的证据，亦未提供对应昵称的网友的真实身份信息、上传信息等，故在某网络科技公司未举证证明涉案作品确系用户上传的情况下，法院认定涉案作品系某网络科技公司自行上传。

随着网络传播技术的发展和网站运营模式的更新，互联网经营者往往为了规避法律风险，存在围绕“避风港”原则的适用条件搭建形似提供网络技术服务网站的经营模式，借助“马甲号”行直接侵权之实。例如，为了增加用户数量从而实现广告收益转化，网站经营者往往会绞尽脑汁丰富网站内容，但又碍于版权许可费用的高额成本，于是催生了一些网站通过技术手段生成大量网站的“马甲号”去自行填充网站内容，进而吸引流量，这种不正当地行为利用了权利人的内容，是典型的假借“避风港”原则直接获取不正当利益的行为，司法实践中应当注意该种行为。因此，在审理信息网络传播权纠纷案件时，被告以提供信息存储空间服务为由提出抗辩，在查清被告网站存在提供信息存储空间功能的情况下，需审查被告网站上的内容是否包含自行上传的内容。如果网站中的内容既包括自行上传亦包括普通网友上传，则须进一步审查内容的来源。如果被告网站中的内容上传端口、操作步骤、栏目分区、稿件名称与普通用户均未作区分，在被告未举证证明侵权内容确系普通网友上传的情况下，被告应当就网站传播侵权作品的行为承担直接侵权责任，保护权利人的合法权利。

因此，网站经营者应当树立尊重知识产权意识，规则是用来让大家遵守而非利用的，合法合规经营才是企业可持续发展之道。

编写人：北京市朝阳区人民法院　唐铁星

032　短视频的独创性认定

——某科技公司诉某网络技术公司、某网讯公司侵害作品信息网络传播权案

【案件基本信息】

1. 裁判书字号

北京互联网法院（2018）京0491民初1号民事判决书

2. 案由：侵害作品信息网络传播权纠纷

3. 当事人

原告：某科技公司

被告：某网络技术公司、某网讯公司

【基本案情】

某科技公司是某平台的运营者，某网络技术公司、某网讯公司分别系伙拍小视频手机软件安卓系统、苹果系统的开发者。

汶川特大地震十周年之际，2018 年 5 月 12 日，某平台用户“黑脸 V”（抖音号 14565×××，系谢某注册）使用给定素材，制作并在抖音平台上发布“5. 12，我想对你说”短视频（以下简称“我想对你说”短视频）。

谢某对“我想对你说”短视频的创作进行了说明：该短视频由其独立创作；人物形象使用黑脸系列视频中一贯的蒙面帽衫男子形象，拍摄时采用绿幕拍摄、抠像、软件制作特效等手法；并确认该短视频中的手势舞及伴音来自人民网等示范视频，背景图片是从网络下载。另外，某科技公司从谢某处获得“我想对你说”短视频的信息网络传播权等权利。

其他某平台用户分享了“我想对你说”短视频，播放页面上均有“某平台”和“ID：14565×××”字样的水印。伙拍小视频手机软件上传播了“我想对你说”短视频，但未显示水印。

某网讯公司为证明在本案中其仅为信息存储空间的网络服务提供者，提交了伙拍小视频手机软件用户服务条款及 ID 为 45×××用户的后台记录。

某科技公司提交了两封电子邮件，用以证明其向某网络技术公司、某网讯公司进行了“通知”，但无法证明上述邮件发送成功或者收到回复。某科技公司还向某网络技术公司、某网讯公司发送了纸质投诉函，某网讯公司收到后删除了被控侵权短视频。

【案件焦点】

1. “我想对你说”短视频是否构成以类似摄制电影的方法创作的作品（以下简称类电作品）；2. 某网络技术公司和某网讯公司对“我想对你说”短视频是否构成侵权，是否承担责任。

【法院裁判要旨】

北京互联网法院经审理认为：“我想对你说”短视频符合类电作品的形式要件要求，关键在于是否具备著作权法的独创性要求：（1）主题相同并不影响“我想对你说”短视频是否系独立完成的认定，该短视频与示范视频、网络下载图片存在能够被客观识别的差异，故该短视频系由制作者独立创作完成。（2）视频的长短与创作性的判定没有必然联系；该短视频在限定主题、素材的情形下，创作性难度较高；且其编排、选择及呈现给观众的效果，体现了制作者的个性化表达；该短视频带给观众的精神享受亦是具有创作性的体现，故该短视频具有创作性。因此，“我想对你说”短视频构成类电作品。

根据某网络技术公司和某网讯公司公示的用户协议、提交的后台记录，可以认定被控侵权短视频系案外人上传，上述两公司系信息存储空间服务提供者。某网络技术公司和某网讯公司在收到某科技公司有效投诉即纸质投诉函后，删除被控侵权短视频的行为在合理期限内。现有证据无法证明某网络技术公司和某网讯公司对于被控侵权短视频是否侵权存在明知或应知的主观过错，且已履行“通知—删除”义务，其行为符合进入“避风港”的要件。无论伙拍小视频手机软件的涉案用户是否构成侵权，某网络技术公司和某网讯公司作为网络服务提供者，均不构成侵权，不应承担责任。

浮水印并非著作权法意义上的技术措施，不具有阻止对著作权法中的特定客体实施特定行为的功能。水印更具备表明某种身份的属性。其中，制作者用户ID号表示了制作者的信息，更宜认定为权利管理信息；“抖音”字样，表示了传播者的信息。

北京互联网法院依照《中华人民共和国著作权法》第三条第六项，第十条第一款第十二项，第四十八条第一项以及《信息网络传播权保护条例》第二十二条之规定，判决：

驳回原告某科技公司的全部诉讼请求。

【法官后语】

2020年修正的著作权法第三条第六项以“视听作品”替代了“电影作品和以类似摄制电影的方法创作的作品”，因此，在新著作权法实施背景下，短视频如果具备独创性，则应认定为视听作品。实际上，无论是视听作品还是电影作品或者类电作品，本质上都是以“连续画面”作为表达，而“连续画面”构成作品的核心要件是独创性。

对于因时长较短导致创作空间有限的短视频，笔者认为只要有“一点火花”就可以认定为作品。原有的著作权理论与实务对视频的预设是以电影、电视剧为主要模型的，对于作品和制品的区分标准也较高。产业的革新会给现有的理论和实践带来一定冲击，唯有面向未来的思考，才能选好当下的路径。这里的“一点火花”指的是可识别的差异性。这个差异，不是思想、意图或创作过程的差异，而是作品的最终形态与现有或同时产生的表达相比，是否存在可以识别的差异。思想、创作过程、拍摄手法和技术手段，均与独创性的认定无关。

独创性的自由裁量也要受限于特定客体相关受众的认知。首先，创作性既是事实判断，也是价值判断；其次，作品本身具有社会性，甚至是商品性，独创性的理解依赖于相关领域公众的理解。

在本案中，法院是以诚实信用原则作为适用“通知—删除”规则的指导原则，以此平衡个案中双方的利益，既为法官自由裁量权的行使指明方向，又有利于当事人乃至公众善意观念的养成。

技术应用与版权保护有两项重要的制度——技术措施和权利管理信息。厘清两项制度，需要区别几个概念：技术措施与权利管理信息不属于著作权法上的权利，采取技术手段并非构成版权法上的技术措施，单纯的权利管理信息不是版权法上的技术措施，权利管理信息与署名不同。实际上，技术是手段，重要的是行为的法律特征，浮水印应用的法律属性是什么，应该看这项技术应用在具体案件中是如何使用的。

推进技术应用的规范化，是充分保障当事人权利救济和解决法院认定难等实践问题的出路之一。为此，法院专门就此问题向相关版权管理部门发送了司法建议：一是鼓励平台企业运用技术保护著作权，构筑“法律法规+行政执法+行业自律+技术运用”的立体综合的版权保护体系；二是明确相关技术的使用规范，规则制定应清晰明了、简单易行。上述司法建议得到了政府相关部门的重视，我们欣喜地发现司法与行政在这个问题上想法很契合。该部门在回函中表示赞同法院的意见，并将在日后执法与立法建议中切实予以体现。

编写人：北京互联网法院 张雯 朱阁 鲁宁

033 电影中动画形象及电影名称的保护

——某影业公司、某动画公司诉某动漫公司等著作权侵权、不正当竞争案

【案件基本信息】

1. 裁判书字号

上海知识产权法院（2017）沪 73 民终 54 号民事判决书

2. 案由：著作权侵权、不正当竞争纠纷

3. 当事人

原告（被上诉人）：某影业公司、某动画公司

被告（上诉人）：某动漫公司、某影视文化公司

被告：某视频公司

【基本案情】

某影业公司和某动画公司是动画电影《赛车××》《Cars》和《赛车××Ⅱ》《CarsⅡ》及电影海报、电影中动画形象“闪电麦坤”和“法兰斯高”的著作权人。两部电影先后于 2006 年、2011 年在我国电影院上映。在电影上映期间，相关媒体曾对电影进行了大量的报道。一些媒体使用《赛车××》《飞车××》《汽车××》等作为《Cars》的译名。《赛车××》获得第 64 届金球奖年度最佳动画长片奖、第 34 届安妮奖年度最佳动画长片奖、第 78 届美国

国家电影评论协会奖年度最佳动画长片奖等奖项。至2006年10月1日,《赛车××》的国际票房已超过2亿美元。至2011年8月7日,《赛车××Ⅱ》的国际票房已超过2.6亿美元。

动画电影《汽车人××》由某动漫公司出品，由某影视文化公司发行。《汽车人××》于2015年7月上映。电影海报上突出显示“汽车人总动员 TheAutobots”字样，其中“人”字被轮胎遮挡，海报主角为动画形象K1、K2。多个视频网站向公众提供电影《汽车人××》的在线播放服务。某票房分析网公布的数据显示，自2015年7月3日至2015年7月14日，该电影的票房收入为563万元。

两原告主张，《汽车人××》中的动画形象“K1”“K2”与《赛车××》《赛车××Ⅱ》中的动画形象“闪电麦坤”“法兰斯高”构成实质性相似，构成著作权侵权。《汽车人××》的电影名称与《赛车××》系列电影名称近似。电影海报中，“人”字被轮胎遮挡，电影名称成为《汽车××》。某动漫公司的电影使用《汽车人××》或者《汽车××》的电影名称，均会误导公众，构成不正当竞争。原告请求法院判令：某动漫公司、某影视文化公司停止著作权侵权及不正当竞争行为；某视频公司停止通过信息网络传播向公众提供侵权作品；某动漫公司、某影视文化公司连带赔偿某影业公司、某动画公司经济损失300万元及合理费用100万元。

【案件焦点】

1. 电影《汽车人××》中的动画形象“K1”“K2”和电影《赛车××》《赛车××Ⅱ》中的动画形象“闪电麦坤”“法兰斯高”是否构成实质性相似；2. 原告的电影名称是否属于知名商品特有名称，被告使用《汽车人××》作为电影名称是否构成擅自使用知名商品特有名称。

【法院裁判要旨】

上海市浦东新区人民法院经审理认为：《赛车××》《赛车××Ⅱ》中“闪电××”“法兰××”具有赛车通常具有的结构和样式，这些赛车通常具有的结构和样式已进入公有领域。但是原告在现实赛车样式的基础上进行了拟人化设计，通过拟人化的眼部、嘴部以及特定色彩的组合，构成独创性表达，受著作权法的保护。某动漫公司制作的动画电影《汽车人××》的汽车动画形象“K1”及“K2”与原告电影《赛车××》《赛车××Ⅱ》中“闪电麦坤”及“法兰斯高”的形象构成实质性相似，构成著作权侵权。

《赛车××》系列电影具有较高的知名度，电影名称已经能够发挥区别商品来源的作用，属于知名商品特有名称。作为电影名称，《汽车人××》与《赛车××》不近似，不会造成公众的误认，某动漫公司使用该电影名称不构成不正当竞争。但《汽车人××》的电影海报中的“人”字被轮胎图案遮挡，电影名称的视觉效果成为《汽车××》。《汽车××》和《赛车××》仅一字之差，且赛车属于汽车，相关公众在隔离比对的情况下，易使相关公众产生误认，某动漫公司作为电影制作方，某影视文化公司作为电影的发行方，两被告构成擅自使用知名商品特有名称的不正当竞争行为。

上海市浦东新区人民法院判决：

一、三被告停止侵权；

二、被告某动漫公司赔偿原告经济损失 100 万元，被告某影视文化公司对其中的 80 万元承担连带赔偿责任；

三、被告某动漫公司和某影视文化公司赔偿合理开支 353188 元。

某动漫公司、某影视文化公司不服一审判决，提起上诉。

上海知识产权法院二审作出如下判决：

驳回上诉，维持原判。

【法官后语】

中央提出加快实施创新驱动发展战略和加快知识产权强国建设，在国家政策的鼓励和支持下，我国的文化创意产业快速发展，产业规模不断扩大，因此营造良好的产业秩序有着重要的意义。本案原告某影业公司和某动画公司是国际知名的动画制作公司，案件亦受到广泛的社会关注。案件涉及对美术作品实质性相似的判断以及电影名称是否构成知名商品特有名称的认定。

简单的设计思路作为思想不应被垄断，应当允许合理的参考与借鉴。但是，当多重的设计组合充分展示出动画形象的独有特征后，这种设计的组合不再属于不受保护的思想，而进入独创性表达的范畴，受著作权法的保护。虽然将汽车进行拟人化设计属于思想范畴，不受著作权法的保护；但是具体设计方案即拟人化的具体表达方式，则属于表达范畴，可以受到著作权法的保护。他人可以用前挡风玻璃表达眼睛、用进气格栅表达嘴巴进行创作，但即使均用前挡风玻璃表达眼睛、用进气格栅表达嘴巴，其具体表达方式也有多种选择。而“K1”“K2”动画形象在具体表达方式的选择上均与“闪电××”“法兰××”动画形象基本相同，构成实质性相似。

在认定电影名称是否属于受反不正当竞争法所保护的商业标识时，要考虑电影市场的特殊性，不应过分强调宣传的持续时间或放映的持续时间等因素，而应当考察电影投入市场前后的宣传情况、所获得的票房成绩、相关公众的评价以及是否具有持续的影响力等因素。经过权利人的使用，已经能够发挥区别商品来源作用的电影名称，可以认定为具有一定影响的商业标识。本案的特殊之处在于，某动漫公司的涉案电影经批准使用的名称为《汽车人××》，电影片头的名称亦是《汽车人××》。但该电影海报中，“人”字被轮胎遮挡，遮挡之后该电影名称的视觉效果变成了《汽车××》。原告主张，被告使用《汽车人××》《汽车××》均构成不正当竞争。本案判决对被告的行为进行了细致的分析，明确了电影名称构成近似的界限。电影的名称通常较短，不同制片者拍摄相同题材电影的情况较为常见，故应合理界定构成知名商品特有名称的电影名称保护范围，否则会侵占公有领域的资源。某动漫公司以《汽车人××》作为电影名称，不会误导公众，不构成不正当竞争。但《汽车人××》的宣传海报中，“人”字被轮胎遮挡，遮挡之后该电影名称的视觉效果变成了《汽车××》。《汽车××》和《赛车××》仅一字之差，容易导致相关公众的误认。故被告某动漫公司、某影视文化公司在涉案海报中使用电影名称的方式，构成不正当竞争。

编写人：上海市浦东新区人民法院　徐俊　邵勋

034 卡通美术作品的实质性相似比对规则

——某文化发展公司诉某投资公司等侵害著作权及不正当竞争案

【案件基本信息】

1. 裁判书字号

北京知识产权法院（2016）京73民终1078号民事判决书

2. 案由：侵害著作权及不正当竞争纠纷

3. 当事人

原告（上诉人）：某文化发展公司

被告（上诉人）：某投资公司、某投资公司河南分公司

被告：某连锁公司

【基本案情】

某文化发展公司向一审北京市海淀区人民法院起诉，认为某投资公司授权某投资公司河南分公司制造、某连锁公司销售的“××同学”冷泡茶产品的外包装完全是“小明”卡通形象的简单变形，使得公众误认为是某文化发展公司授权进行生产的产品，该行为侵犯“小明”卡通形象的著作权、构成不正当竞争。

一审法院经审理认定侵犯著作权成立，判决某投资公司、某投资公司河南分公司、某连锁公司停止侵权并赔偿某文化发展公司经济损失50万元及诉讼合理支出2070元。

一审判决后，某文化发展公司上诉请求判令经济损失及合理支出分别增加为2000万元和10225元；某投资公司及某投资公司河南分公司则上诉认为“××同学”卡通形象与“小明”卡通形象未构成实质性相似，侵权不成立。

【案件焦点】

1. 某文化发展公司在二审期间增加诉讼请求的处理方式；2. 某投资公司、某投资公司河南分公司的“××同学”冷泡茶产品的外包装是否构成对某文化发展公司“小明”卡通形象著作权的侵犯；3. 某投资公司、某投资公司河南分公司的涉案行为是否构成不正当竞争。

【法院裁判要旨】

北京市海淀区人民法院经审理认为：某文化发展公司享有系列美术作品《小明》的著作权，其合法权利不得侵犯。根据双方提交的证据，可以认定涉案产品外包装的设计过程中，相关人员接触到某文化发展公司的系列美术作品《小明》。经比对，“××同学”卡通形象与“小明”卡通形象构成实质性相似。因此，将涉案产品外包装用于生产、宣传等经营行为构成侵权，某投资公司作为该包装的权利人，应承担停止侵权、赔偿损失及诉讼合理支出等民事责任；某投资公司河南分公司经授权生产了涉案产品，亦应与某投资公司承担连带民事责任；某连锁公司作为涉案产品的销售者，其销售的产品有合法来源，但应承担停止销售的民事责任。另外，对某文化发展公司主张某投资公司等使用“××同学”卡通形象以及“××同学”名称构成不正当竞争行为，不予支持。

北京市海淀区人民法院依照《中华人民共和国著作权法》第四十七条第五项、第四十九条，《中华人民共和国反不正当竞争法》第二条之规定，判决如下：

一、本判决生效之日起，被告某投资公司、被告某投资公司河南分公司、被告某连锁公司立即停止侵权行为；

二、本判决生效之日起十日内，被告某投资公司、被告某投资公司河南分公司赔偿原告某文化发展公司经济损失 50 万元及诉讼合理支出 2070 元；

三、驳回原告某文化发展公司其他诉讼请求。

某文化发展公司、某投资公司、某投资公司河南分公司不服一审判决，提出上诉。

北京知识产权法院经审理认为：在二审期间，上诉人提出增加赔偿数额和诉讼支出的请求。对此，增加诉讼请求限制在一审法庭辩论结束前提出，因为，二审期间原则上不允许增加诉讼请求。但是，有例外情形。该例外仅限制在一审法官未尽到释明义务导致诉讼请求出现遗漏或因客观情况导致当事人不能在一审法庭辩论结束前提出的情况，因为在这两种情形中，增加的诉讼请求会受到“一事不再理”原则的制约，不可能通过另案解决。但是本案中，在被控侵权的时间、范围未发生任何改变的前提下，仅因为计算赔偿数额的比例提高，并不属于二审允许增加诉讼请求的特殊情形；若有新的涉嫌侵权行为，可另行起诉，而非本案审理范围。针对诉讼支出的增加，虽然属于二审允许增加的范围，但应根据案件定性及举证确定是否予以支持。

关于卡通美术作品的实质性相似比对，北京知识产权法院认为，不能将各个组成要素简单割裂开来、分别独立进行比较，而应以普通观察者的角度进行整体认定和综合判断。被控侵权的“××同学”与权利人的“小明”两个形象在具体细节上的不同使得两者整体上体现出不同的独创性表达。“××同学”卡通形象并未构成对“小明”卡通形象的剽窃，某投资公司及某投资公司河南分公司不承担侵权责任，故对某文化发展公司增加诉讼支出的请求亦不予支持。

北京知识产权法院依照《中华人民共和国著作权法》第五十二条第五项、《中华人民共和国民事诉讼法》第一百七十条第一款第二项之规定，判决：

一、撤销一审判决；

二、驳回某文化发展公司的全部诉讼请求。

【法官后语】

本案在进行侵害著作权行为认定时并未直接适用“接触+实质性相似”的理论规则，而是从《中华人民共和国著作权法》第四十七条第五项所规定的“剽窃”行为入手，进行相应的侵权审查和认定，进一步规范了侵害著作权案件的裁判思路。当两者构成实质性相似时，如果在后创作的美术作品的作者具有接触在先创作的美术作品的可能性，则推定排除在后创作的美术作品为其作者独立创作，构成剽窃行为；如果两者不构成实质性相似，则无须判断是否具有接触的可能性，即可认定不构成剽窃行为。

本案亦区分了不同类型美术作品的实质性相似比对方式及其适用情形，确立了在以头部架构及面部有限空间作为其表达对象的卡通美术作品中，不能将这一有限空间里的各个组成要素再细化而分别独立进行比较，而应以普通观察者的角度对整个头部表达进行整体认定和综合判断。这一实质性相似比对规则，明晰了作品保护与鼓励创新的边界范围与平衡考量。本案中，被控侵权的“××同学”与权利人的“小明”两个形象在头发造型、光影效果、眼睛、耳朵、鼻子、嘴巴造型和面部表情等方面存在诸多不同和差异，这些具体细节上的不同使得两形象在取舍、选择、安排、设计上体现出了整体性的差异，构成了两形象各自不同的外观表现，属于各自创作者独立创作的范畴。故“××同学”卡通形象并未构成对“小明”卡通形象的剽窃，某投资公司及某投资公司河南分公司不承担侵权责任。

编写人：北京知识产权法院　杨振

035 所有权人将作品拍照上传至微信朋友圈的行为属于合理使用

——张某晛诉韩某侵害著作权案

【案件基本信息】

1. 裁判书字号

山东省济南市中级人民法院（2017）鲁 01 民终 998 号民事判决书

2. 案由：侵害著作权纠纷

3. 当事人

原告（上诉人）：张某晛

被告（被上诉人）：韩某

【基本案情】

2015 年 5 月 13 日韩某给张某晛打电话预订鲜花花束，双方约定价格 300 元。5 月 14 日，张某晛将花束交付韩某，韩某通过支付宝转账给张某晛 300 元。2015 年 8 月 20 日，韩某在其微信朋友圈上传了一条文字内容，配图为该花束的照片。张某晛发现后认为韩某拍摄的花束照片没有加盖其花店的水印或者指出作者名称，该种未经许可擅自将其享有著作权的作品公开的行为侵犯了自己的著作权，遂通过微信向韩某指出其行为不妥。后韩某将照片在朋友圈删除。因双方在沟通过程中发生不愉快，张某晛起诉要求法院判令韩某在微信朋友圈中消除影响、公开赔礼道歉并赔偿合理使用费 10 万元、医药费 3300 元、精神损失费 5000 元。

【案件焦点】

1. 涉案花束是否具有独创性；2. 他人取得花束所有权后，拍照并上传微信朋友圈的行为是否侵犯他人著作权。

【法院裁判要旨】

山东省济南市历下区人民法院经审理认为：插花作品是以花草组合等方式构成的具有审美意义的立体造型艺术作品，具有独创性的插花作品可以据此获得法律保护。本案张某晛的插花是否具有独创性是决定其作品能否得到著作权法保护的关键。从双方认可的插花照片分析，涉案花束在色彩、搭配、植物线条上，未能体现其独创性特点，不属于著作权法保护范围的作品。

山东省济南市历下区人民法院依照《中华人民共和国著作权法》第三条，《中华人民共和国著作权法实施条例》第四条的规定，判决：

驳回原告张某晛的诉讼请求。

张某晛不服，提出上诉。

山东省济南市中级人民法院经审理认为：涉案花束是否具有独创性，是其能否视为作品的关键条件。独创性包含“独立完成”和“创作性”两个方面的内容。首先，涉案花束确系韩某由张某晛处购买，且韩某未提供反证证明制作者另有他人，故法院推定涉案花束的制作人为张某晛。其次，对于涉案作品是否具有创作性的问题，作品的创作性要求该作品能够体现作者的个性表达，就涉案花束而言，张某晛对于作品的创作性，分别从色彩搭配与过渡、花材的选择等方面进行了阐释，而韩某虽然认为其与普通花束无异，但并未提供相应证据予以证实。且从韩某作为消费者在张某晛处购买花束用于婚礼的事实本身，也能够说明其对于张某晛制作的花束在主观上是认可的。从韩某所拍照片来看，涉案花束在视觉上具备相应的美感。综合以上因素，涉案花束具备独创性，且能够以有形形式予以复制，具有实用性，能够作为美术作品中的实用艺术品受到著作权法保护。

关于韩某将涉案花束拍照并上传的行为性质的认定。首先，韩某以合法渠道购得涉案花束后，对该花束享有所有权。其次，根据《中华人民共和国著作权法》第十一条第一款的规定，除法律另有规定的外，作品的著作权属于作者，以及《中华人民共和国著作权法》第十八条的规定，美术等作品原件所有权的转移，不视为作品著作权的转移，但美术作品原件的展览权由原件所有人享有。因此涉案花束在所有权转移后，其除展览权之外的著作权仍归张某晛所有。在同一标的物的所有权与著作权分属不同权利人的情况下，根据《中华人民共和国民法通则》第四条及第七条确定的诚实信用原则及禁止权利滥用原则，权利人对其权利的行使均应遵循诚实信用原则，不得侵害他人的合法权利，也不得对他人权利行使造成不合理的限制，否则将构成权利滥用。韩某将涉案花束拍照后上传到微信朋友圈的行为，其受众仅限于特定群体，传播范围有限，主观上没有恶意，也没有获取经济利益的意图，客观上并未给上诉人造成不良影响，在此情况下其行为应视为对其所有权的正当行使。

山东省济南市中级人民法院依照《中华人民共和国民事诉讼法》第一百七十条第一款第一项规定，判决：

驳回上诉，维持原判。

【法官后语】

本案案情虽然并不复杂，但涉及实用工艺品的独创性认定以及在微信朋友圈这种新形式下，上传作品的行为性质问题。

第一，实用工艺品的创造性认定。本案中的花束是一种插花产品，而插花已经作为一门艺术形成社会共识，插花产品也就具有成为作品的可能性。如果能够成为作品，按照作品的分类，应当归入美术作品中的实用艺术品。实用艺术品是否作为作品受到著作权法保护，其关键为是否具有独创性。独创性包含“独立完成”和“创造性”两个方面的内容。对于创造性，本案一审、二审存在不同的认定标准。现在的主流观点是，作品的独创性要求该作品能够体现作者的个性表达，但其标准不应过高，在司法实践中应当持宽泛的标准。也就是说，只要作品中体现了作者某种程度的取舍、选择、安排、设计，就应认为具有独创性。对于是否具有创造性的问题，需要作者举证证明并进行说明——其区别于其他作品或者公知作品的独特之处在什么地方。在进行具体判断时，应结合考虑以下因素：(1) 制作者本人的资质；(2) 该类工艺产品的创作空间；(3) 制作者所主张的创造性特点是否仅具有实用性。

第二，上传微信朋友圈是否构成合理使用的问题。《中华人民共和国著作权法》第二十四条列举的12种合理使用行为类型中不包括本案涉及的情形。《中华人民共和国著作权法实施条例》第二十一条规定：“依照著作权法有关规定，使用可以不经著作权人许可的已经发表的作品的，不得影响该作品的正常使用，也不得不合理地损害著作权人的合法利益。”该规定是对《伯尔尼公约》第九条的直接借鉴。在判定是否构成合理使用时，按照下述步骤进行：一是只适用于特殊情形，这种特殊性体现为在这种情形下使用作品将进入著作权的保护范围，但又存在使用作品的必要性，如本案即属于美术作品原件的所有权与著作权的权利主体发生分离的情形；二是作品的使用与作品的正常使用不相冲突，否则不能允许；三是这种使用没有不合理地损害著作权人的合法利益。这一点可以从正反两个方面进行分析，首先，应当看著作权人是否因为被告的行为造成其利益受到损害，其次，由于著作权作为知识产权具有的无形财产权的性质，其所受损害往往难以衡量，因此，还可以从行为人是否通过其使用行为获取了不当利益进行分析。如果行为人通过这种行为获得了本不该由其获得的利益，则这种使用就失去了正当性。就本案来说，被告将作品照片上传朋友圈的行为并没有获取经济利益的目的，也没有侵害著作权人合法利益的意图，客观上也没有对作品的正常使用造成任何限制，因此，该行为属于所有权人正当行使其所有权，著作权人不得干涉。

编写人：山东省济南市中级人民法院　颜峰

036　侵犯作品信息网络传播权法律责任认定

——某视频公司诉某网络公司等侵害作品信息网络传播权案

【案件基本信息】

1. 裁判书字号

北京知识产权法院（2017）京73民终2059号民事判决书

2. 案由：侵害作品信息网络传播权纠纷

3. 当事人

原告（被上诉人）：某视频公司

被告（上诉人）：某网络公司

被告：某科技公司、某影视公司

【基本案情】

原告某视频公司经他人授权获得了涉案电影《北××之不二情书》独家信息网络传播权，并于2016年6月18日在其公司网站平台上线。国家版权局于2016年7月15日公布的2016年度第五批重点作品预警名单中包括涉案影视作品。

2017年1月12日，某视频公司人员与公证处人员到位于某商场的“BFC超感影音体验中心”。某视频公司人员在该中心提供的平板电脑上连接局域网络后进行选片，选择了影片《北××之不二情书》《××三打白骨精》《微××》，支付观影费用999元，观影次数为4次。对上述影片进行观看后，某视频公司人员使用微信扫描该厅内宣传牌上的二维码，页面显示“账号主体 某影视公司”。观影发票上记载的销售方名称及印章均为“某影视公司”。

2017年3月13日，某视频公司人员在公证处，进入某网络公司官网，点击页面内下方的“私人影院”，显示：某网络公司是一家专业的私人影院设备 & 私人影院加盟服务提供商……已在全国拥有10家BFC超感影音体验中心直营店……点击“暴风私影”网页页面下方的“BFC”，弹出新页面，地址栏显示：bfcmovie.com，页面显示一幅摄影图片，上有“BFC超感影音体验中心 Powered by 暴风影音”字样，下方的文字为：BFC超感影音体验中心。该网站备案主体信息显示主办单位为“某科技公司”。

某视频公司诉至法院，要求三被告立即停止在 BFC 超感影音体验中心提供涉案作品的在线播放业务，并共同赔偿经济损失以及合理费用共计 30 万元。

【案件焦点】

1. 三被告是否实施了某视频公司所诉的侵权行为；2. 若认定涉案行为构成侵权，赔偿数额如何认定。

【法院裁判要旨】

北京市石景山区人民法院经审理认为：根据相关公证书及当事人当庭陈述，应认定 BFC 超感影音体验中心未经授权或许可通过其局域网络向社会公众提供涉案影视作品，侵犯了该作品的信息网络传播权，应由该中心的经营主体承担相应的法律责任。关于某科技公司抗辩称，其媒体资源库没有涉案影视作品，可能是消费者在播放其自带片源后服务器自动存储了相关影片的主张，与某视频公司公证证明的体验中心提供的平板电脑进行选片的事实不符，且即使某科技公司所述为事实，亦不能改变其非法在线提供涉案影视作品播放服务的行为性质。关于 BFC 超感影音体验中心的经营主体问题，被告某科技公司认可其为该中心的经营者，但某网络公司、某影视公司均否认参与该中心的实际经营。根据某视频公司提交的两份公证书及购买观影服务的发票，可以确认某网络公司和某影视公司均是 BFC 超感影音体验中心的经营者，因此，三被告应当就共同实施的涉案侵权行为承担连带法律责任。

关于赔偿数额问题，本案中，在权利人的实际损失和被告因侵权行为的违法所得均难以确定的情况下，某视频公司请求法院适用法定赔偿方式确定赔偿数额符合上述法律规定，应予支持。现综合以下因素酌定赔偿数额：（1）根据某视频公司提交的国家版权局2016年第五批重点影视作品预警名单及当事人当庭陈述，可证实涉案影视作品具有较高的知名度和商业价值；（2）涉案影视作品上线时间为2016年6月18日，与原告某视频公司于2017年1月12日公证涉案侵权行为的时间间隔不长，虽已超出热播期但仍属较新的影片，涉案侵权行为将给原告带来较大的经济损失；（3）三被告提供观影服务的消费金额较高，即观影4次需要999元，应推定其通过实施侵权行为违法获利数额较大。综上酌定赔偿数额为16万元。

最终一审法院判决三被告立即停止涉案侵权行为，并共同赔偿某视频公司经济损失16万元以及合理费用共计13340元，两项共计173340元。

某网络公司不服一审判决，提出上诉。

北京知识产权法院经审理认为：一审判决认定事实清楚，适用法律正确；遂判决：

驳回上诉，维持原判。

【法官后语】

本案涉及两个法律问题。第一，通过局域网提供作品的行为是否应认定为信息网络传播行为。1996年，为适应互联网技术的发展，世界知识产权组织（WIPO）主持通过了“互联网条约”即《世界知识产权组织版权条约》（WCT）和《世界知识产权组织表演和录音制品条约》（WPPT），从而把著作权保护延伸至互联网空间。我国《中华人民共和国著作权法》于2001年第一次修订时亦为了适应互联网发展趋势，直接借鉴WCT第八条的相关规定，规定信息网络传播行为是指“以有线或者无线方式向公众提供作品，使公众可以在其个人选定的时间和地点获得作品的权利”。即“在个人选定的时间和地点获得作品”是信息网络传播权的构成要件。事实上，作为数字通信工具，互联网具有开放性、公共性、非同步性和交互性等特点，“个人选定的地点”只是对于信息网络传播权“交互性”技术特征的解释和描述，是相对而非绝对的，其含义在于用户有权选择在不同地点上网，强调的是信号在不同终端之间的传输。为了统一裁判尺度，平息争议，2012 年 12 月 17 日发布的《最高人民法院关于审理侵害信息网络传播权民事纠纷案件适用法律若干问题的规定》第二条明确界定了信息网络传播权所适用的信息网络，即“包括以计算机、电视机、固定电话机、移动电话机等电子设备为终端的计算机互联网、广播电视网、固定通信网、移动通信网等信息网络，以及向公众开放的局域网络”。北京市高级人民法院也曾在针对网吧、校内网的指导性意见中指出，被告未经著作权人许可将影视作品上载至其局域网；或从第三方购买装有影视作品的软件安装到局域网及接受网络更新服务，但未审查第三方是否得到著作权人授权的，应当认为其具有主观过错。随着对于信息网络传播概念的不断认知及相关规定的出台，目前司法实践中均将在局域网传播作品的行为定性为信息网络传播权行为。

第二，关于本案赔偿数额的问题。由于没有类似情况在先判决可供参考，权利人又无法证明其实际损失，法庭曾考虑通过查实被告经营账目，或以被告会员的办卡金额除以观影次数，得出单次观影所需金额，再乘以查明的涉案影视作品播放次数，再考虑扣除被告一定的经营成本，就可以比较准确地得出被告实施侵权行为获得的收益。但最终上述情况均无法查明，于是法庭根据本案的具体情况，综合以下因素确定了最终的赔偿数额：(1) 涉案影视作品具有较高的知名度和商业价值；(2) 涉案影视作品虽已超出热播期但仍属较新的影片；(3) 三被告提供观影服务的消费金额较高，应推定其通过实施侵权行为违法获利数额较大。

私人影院作为一种新兴的商业模式，该系列案件的判决对于规范私人影院经营活动及推动行业健康发展具有典型意义。

编写人：北京市石景山区人民法院　易珍春

037 版式设计权的权利范围仅限于复制权

——某出版公司诉某信息服务公司侵害作品信息网络传播权案

【案件基本信息】

1. 裁判书字号

北京知识产权法院（2017）京73民终164号民事判决书

2. 案由：侵害作品信息网络传播权纠纷

3. 当事人

原告（上诉人）：某出版公司

被告（被上诉人）：某信息服务公司

【基本案情】

某出版公司对《建设工程项目管理（第四版）》教材作品（以下简称涉案作品）享有专有出版权。在某信息服务公司经营的网站“某地产”中可以对涉案作品进行下载。某公司认为，根据2010年修正的《中华人民共和国著作权法》（简称2010年著作权法）第三十六条的规定，出版者有权许可或者禁止他人使用其出版的图书、期刊的版式设计，该法律规定的“使用”并非局限于“复制”，“复制”只是使用的一个环节，并非全部，某出版公司作为出版者，既有权禁止他人通过传统纸质方式复制、销售、传播等方式使用涉案图书的版式设计，也有权禁止他人通过扫描成电子版图书、通过网络传播的方式使用涉案图书的版式设计。某信息服务公司未经许可，在其经营的网站“××地产”中向公众提供该作品的下载服务，该行为侵犯了某出版公司对涉案作品享有的版式设计权，故要求某信息服务公司赔偿损失。某信息服务公司认为出版者的版式设计权不含信息网络传播权，涉案图书不是某信息服务公司复制、上传的，相应行为均是由网络用户完成，某信息服务公司未侵犯版式设计的复制权；某信息服务公司是信息存储空间服务提供者，用户上传内容，应适用“避风港”原则；用户上传的涉案图书扫描件，是针对图书内容而不是版式设计，故某信息服务公司未侵犯涉案作品的版式设计权。

【案件焦点】

1. 出版者的版式设计权的权利范围包括哪些权利，是否包括信息网络传播权；2. 仅仅对版式设计进行复制，但未进行后续利用，是否构成对版式设计权的侵权。

【法院裁判要旨】

北京市海淀区人民法院经审理认为：版式设计是出版者在编辑加工作品时完成的劳动成果，属于邻接权的保护范围。出版者有权许可或者禁止他人使用其出版的图书、期刊的版式设计。结合版式设计的含义、用途和出版行业惯例等因素综合考虑，版式设计权的保护范围比较狭小，一般仅以专有复制权为限。信息网络传播权的权利客体限于作品、表演、录音录像制品，版式设计并非信息网络传播权的权利客体。

北京市海淀区人民法院依照2010年著作权法第十条第一款第十二项、第三十六条第一款、第四十八条，《信息网络传播权保护条例》第二条之规定，判决：

驳回某出版公司的全部诉讼请求。

某出版公司不服一审判决，提出上诉。

北京知识产权法院经审理认为：版式设计与作品不同，版式设计难以达到独创性的要求，无法作为作品受到狭义著作权的保护，即版式设计不享有2010年著作权法第十条第一款规定的全部十七个权项，其保护范围一般仅限于复制权。某出版公司的上诉理由缺乏法律依据。

北京知识产权法院依照《中华人民共和国民事诉讼法》第一百七十条第一款第一项之规定，判决：

驳回上诉，维持原判。

【法官后语】

《中华人民共和国著作权法》对出版者的版式设计权的权限范围没有作出明确规定，仅指明出版者有权许可或者禁止他人使用其出版的图书、期刊的版式设计，但对于“使用”的含义未予以明确。目前，有出版社希望通过扩大解释版式设计权的权利范围以期对被控侵权人上传电子书的信息网络传播行为进行规制。司法实践中，对于如何解释版式设计权的权利范围仍存在一定争议。

版式设计是对印刷品的版面格式的设计，包括对版心、排式、用字行距、标点等版面布局因素的安排，版式设计是出版者在编辑加工作品时完成的劳动成果。因此版式设计权的主体专指图书、报刊出版者。著作权法第三十七条第一款规定：“出版者有权许可或者禁止他人使用其出版的图书、期刊的版式设计。”在此，立法者在描述版式设计权时采用了“使用”一词，有观点认为“使用”一词外延宽泛，应当包括所有利用版式设计的各种方式，如复制、通过信息网络向公众传播等。这种观点是对上述法律规定的误读。如前所述，版式设计权属于邻接权的一种，其保护的客体是传播者的劳动成果和投资，这种劳动成果不具有独创性，不符合作品的构成要件。因此，邻接权的保护范围不可能大于作品的保护范围，否则就违背了著作权法鼓励创作的立法初衷。版式设计权作为邻接权，其保护范围也是受限的，虽然立法者没有就版式设计权的具体权限范围进行明确的规定，但通常认为版式设计权仅限于复制权，即除出版者自己可以随意使用其版式设计外，他人未经许可不得擅自按原样复制，或者简单的、改动很小的复制以及变化了比例的复制。只有将版式设计权的权利范围作这样的限定解释，才符合著作权与邻接权区别保护的立法模式，才不至于因对不构成作品的劳动成果给予过大范围的保护而对作者的权利以及鼓励智力成果创造的立法目的造成冲击。

如果仅仅对版式设计进行复制，但未进行后续利用，是否构成对版式设计权的侵权？笔者认为答案是肯定的。正如仅对作品进行复制，但未予发行，同样构成对作品复制权的侵犯。版式设计也是同理。之所以提出这样的问题，是因为在网络环境下，扫描并上传电子书是目前侵犯版式设计权的一种常见表现形式。就作品而言，扫描并上传图书当然构成对作品著作权的侵犯，此时，侵权人实施的具体侵权行为包括两项：一是扫描，即复制行为，二是上传到网络，即信息网络传播行为。此时，我们仅认定侵权人侵犯了作者对作品享有的信息网络传播权即可，而不再单独认定构成侵犯复制权。但就扫描并上传电子书的版式设计而言，情况则不尽相同。被控侵权人也实施了两个行为：一是复制，二是上传，但版式设计权仅仅控制复制行为，并不控制上传行为。因此，如果扫描的主体与上传的主体并非同一主体，版式设计权人仅能向实施复制行为的主体主张侵犯版式设计权，而不能就实施网络传播行为的主体主张侵犯版式设计权。需要说明的是，侵害版式设计权是因为被控侵权人实施了扫描复制行为，如果没有扫描复制行为存在，仅上传行为是不构成侵犯版式设计权的。由此可见，版式设计权无法控制信息网络传播行为，因此，网络服务提供者的帮助侵权行为自然也无从谈起。

目前，有的出版公司希望通过扩大解释版式设计权的权利范围以期对被控侵权人上传电子书的信息网络传播行为进行规制。笔者认为，这种解释不符合著作权法的立法原意，此时还是应当通过主张侵犯作品的信息网络传播权对自身的权利进行保护，而非通过主张版式设计权的方式进行维权。版式设计权不能控制信息网络传播行为，相应的，版式设计权人也无权就网络服务提供者的过错行为主张帮助侵权责任。因此，出版公司在维权时，应当向法院提供其获得作者对作品的信息网络传播权的授权的相关证据，并通过主张被控侵权人侵害了作品的信息网络传播权的方式寻求对自身权利的保护。

编写人：北京知识产权法院　兰国红

038 侵害作品信息网络传播权纠纷的审理思路

——某网络科技公司诉某科技公司侵害作品信息网络传播权案

【案件基本信息】

1. 裁判书字号

北京知识产权法院（2016）京73民终1107号民事判决书

2. 案由：侵害作品信息网络传播权纠纷

3. 当事人

原告（上诉人）：某网络科技公司

被告（被上诉人）：某科技公司

【基本案情】

某网络科技公司认为某科技公司经营的浏览器手机APP客户端的“智能阅读”功能可以使用户在阅读涉案小说会员收费章节时，通过点击“优化目录”即实现转码阅读且呈现为新的排版格式，某科技公司经营的浏览器未经许可将涉案小说缓存在自己的服务器上向公众提供，直接侵害了某网络科技公司对涉案小说享有的信息网络传播权，遂向一审法院起诉。一审北京市海淀区人民法院经审理认定，现有证据无法证明某科技公司经营的浏览器提供将涉案小说上传至其控制的服务器直接向用户提供的行为，故判决驳回某网络科技公司的诉讼请求。一审判决后，某网络科技公司提起上诉。

北京知识产权法院经审理认为：虽然可以认定“智能阅读”

功能提供的仅是搜索链接和优化阅读版面服务，并未构成直接侵权，但是由于一审法院没有明确对其他请求权基础涉及的要件事实进行审理，当事人可以再行提起诉讼，遂判决：驳回上诉、维持原判。

【案件焦点】

1. 某科技公司的涉案行为是否构成侵害某网络科技公司对涉案小说享有的信息网络传播权，即《中华人民共和国著作权法》第十条第一款第十二项规定的向公众提供作品的行为，这也就是理论界所称的直接侵权的认定问题；2. 如果不能证明存在直接侵权行为，对于某网络科技公司指控的某科技公司的涉案行为，是否应当继续进行请求权基础的寻找，即选择适用法律对其行为进行定性，也就是间接侵权的认定问题。

【法院裁判要旨】

北京市海淀区人民法院经审理认为：如无相反证据，在作品上署名的为作者。涉案小说作者为何某娴，某网络科技公司经过何某娴授权，取得了涉案小说的独家信息网络传播权及维权的权利。某科技公司对某网络科技公司享有的涉案权利不持异议，法院根据优势证据原则对此予以确认。

未经权利人许可，他人不得通过有线或无线方式向公众提供作品，使公众可以在其个人选定的时间和地点获得作品。本案中，某网络科技公司主张，某科技公司所经营的浏览器未经许可提供涉案小说，直接侵害了某网络科技公司就涉案小说享有的信息网络传播权。对于某科技公司提供涉案小说的方式，某网络科技公司明确为浏览器通过深度链接的方式，将涉案小说通过转码的形式缓存在自己的服务器中提供给用户，并解释如不缓存，无法提供转码。法院注意到，第一，第6×××号公证书显示，通过浏览器登录晋江文学城网站，免费阅读章节内容页面显示有晋江文学城中链接地址，收费阅读章节内容页面则显示为凤凰小说网链接地址，且提供作品内容来源网站的“换源”功能，故浏览器实际提供了对包括晋江文学城网站在内的他人网站涉案小说的链接服务。第二，浏览器在展示涉案小说页面的过程中均提示“正在转码”，事实上也存在转码失败无法显示的情况。某科技公司解释转码功能是为了方便移动设备用户阅读网页而进行的格式转换，是临时的技术措施，不存储作品。第三，某网络科技公司认可某科技公司提供了深度链接服务。第四，某网络科技公司虽表示浏览器还提供离线阅读服务，能实现作品内容存储，但承认第6×××号公证书中未操作离线下载功能。综合以上情况，法院认为，本案缺乏证据证明某科技公司经营的浏览器提供将涉案小说上传至其控制的服务器的行为，故对某网络科技公司提出某科技公司未经许可提供涉案小说，使用户可以在个人选定的时间或地点获得作品的直接侵害其信息网络传播权的主张，不予支持。对于某网络科技公司坚持认为浏览器不将作品缓存在其服务器中就无法转码的主张，未提交充分证据证明，某科技公司对此亦不予认可，法院对此主张不予支持。

北京市海淀区人民法院依照《中华人民共和国著作权法》第十条第一款第十二项，《中华人民共和国民事诉讼法》第六十五条第一款之规定，判决：

驳回某网络科技公司的全部诉讼请求。

某网络科技公司不服一审判决，提出上诉。

北京知识产权法院经审理认为：如何通过请求权基础的寻找对直接侵权和间接侵权行为进行准确认定，是侵害作品信息网络传播权纠纷案件中不能回避的问题。本案既涉及某科技公司浏览器的“智能阅读”功能如何实现、是否实施信息网络传播行为的直接侵权认定，又涉及在不能证明存在直接侵权行为时是否应当继续选择适用法律对其行为进行定性的间接侵权认定，即《中华人民共和国著作权法》第四十八条第一项与《中华人民共和国侵权责任法》第三十六条第二款和第三款的不同请求权基础之间的区别和适用问题。出于诉讼经济原则的考虑，建议法官在案件审理时进行释明，对涉案行为进行准确审查，作出直接侵权或者间接侵权的认定。但是具体到本案，尽管可以认定“智能阅读”功能提供的仅是搜索链接和优化阅读版面服务，并未构成直接侵权，但是由于一审法院没有明确对其他请求权基础涉及的要件事实进行审理，当事人可以再行提起诉讼，故对本案有关间接侵权涉及的要件事实不予审查和认定。

北京知识产权法院依照《中华人民共和国民事诉讼法》第一百七十条第一款第一项的规定，判决：

驳回上诉，维持原判。

【法官后语】

在网络环境下的信息服务中，存在着网络内容提供者、网络服务提供者等不同的法律主体，前者是将信息上传或者置于向公众开放的信息网络中向公众提供信息，后者则是通过技术、设备等为信息在网络上的传播提供中介服务。《中华人民共和国著作权法》中规定的信息网络传播权，正是协调保护权利人的著作权与调整上述法律主体之间关系的权利。学理上，将侵害作品信息网络传播权的侵权行为类型分为直接侵权和间接侵权，前者指未经许可擅自实施信息网络传播的行为，后者指行为人虽没有直接提供信息，但是通过教唆、提供物质技术条件等帮助直接侵权人的行为。

在我国现有的法律框架下，网络传播中的直接侵权和间接侵权面临着不同的法律责任和归责原则。其中，对于属于著作权法第十条第一款第十二项规定的以有线或者无线方式向公众提供作品以使公众可以在其个人选定的时间和地点获得作品的直接侵权行为，《中华人民共和国著作权法》第五十二条规定了停止侵害、消除影响、赔礼道歉、赔偿损失等民事责任。

由于侵害作品信息网络传播权纠纷案件既可能涉及直接侵权又可能涉及间接侵权，而权利人在主张涉案侵权行为及涉嫌侵犯的权利时，可能存在不明确或难以明确的情形。此时，一方面，出于使当事人的纠纷得到一次性解决的诉讼经济原则的考量；另一方面，亦是依据《最高人民法院关于民事诉讼证据的若干规定》所赋予的释明责任，法官都应当在案件审理时充分履行释明义务，将具体案件事实进行层层剖析，对可能涉及的直接侵权行为和间接侵权行为一并准确审理和查明，进而寻找和甄别请求权基础，最终正确地选择适用法律进行裁判。

本案中，某网络科技公司在一审起诉时主张某科技公司的涉案行为侵害其对涉案小说享有的信息网络传播权，故一审法院仅就某科技公司可能涉及的直接侵权行为进行了认定，并未涉及间接侵权相应事实的审查。但根据现有证据，可以认定某科技公司所经营浏览器的“智能阅读”功能提供的仅是搜索链接和优化阅读版面服务，某科技公司的涉案行为并未侵害某网络科技公司对涉案小说享有的信息网络传播权。在这种情况下，鉴于法律并未规定法官未履行释明义务的处理方式，加之《最高人民法院关于适用〈中华人民共和国民事诉讼法〉的解释》在关于重复起诉的构成条件的规定中明确了当由诉讼请求、原因事实及法律依据加以特定的诉讼标的与前诉不同时，当事人另行起诉不会构成重复起诉。在一审法院没有明确对其他请求权基础涉及的要件事实进行审理的情况下，当事人可以再行提起诉讼。故对本案有关间接侵权涉及的要件事实，不予审查和认定。

编写人：北京知识产权法院　杨振

039　时间戳证据能否作为认定事实的依据

——某图像技术公司诉某实业公司侵害作品信息网络传播权案

【案件基本信息】

1. 裁判书字号

福建省厦门市中级人民法院（2017）闽02民终5140号民事判决书

2. 案由：侵害作品信息网络传播权纠纷

3. 当事人

原告（被上诉人）：某图像技术公司

被告（上诉人）：某实业公司

【基本案情】

2014年2月10日，某公司副总裁出具版权确认及授权书，确认：（1）某公司对附件A中所列出之品牌相关所有图像享有版权，有权展示、销售和许可他人使用前述所有图像；（2）某图像技术公司是某公司在中国的授权代表，某公司明确授权其在中国境内展示、销售和许可他人使用附件A中所列出的品牌相关所有图像，这些图像展示在某图像技术公司的互联网站www.×××.cn上；（3）某图像技术公司是唯一全权在中国境内以其自己的名义就任何第三方未经授权使用或涉嫌未经授权使用附件A中所列出之品牌相关所有图像的行为采取任何形式的法律行为。前述授权书附件A中所列的品牌中包括×××等品牌。

某图像技术公司在其网站www.×××.cn上刊有权利图片，图片上均显示有“××创意 www.×××.cn”水印标志，页面底部附有版权申明：“本网站所有创意图片及影视素材均由本公司或版权所有人授权发布，在中华人民共和国境内，华盖创意有权办理该图片素材或影视素材的授权使用许可。”

根据某图像技术公司提交的三份《可信时间戳认证证书》记载，证书时间戳由国家授时中心负责授时和守时保障的联合信任时间戳服务中心签发，证明文件（文件名称分别为00439.MTS、kk242 2014-09-26 11-04-05.avi、EUPA××家电.rar）自申请时间戳时，即2014年9月16日起已经存在且内容保持完整、未被篡改，时间戳文件以附件形式保存在本证书中。上述《可信时间戳认证证书》所附文件，经当庭登录时间戳服务中心网站予以验证，显示上述文件已通过可信时间戳验证，文件自申请时间戳时起，内容保持完整，未被更改。前述时间戳文件中显示，某实业公司在其微博××家电 V（http：//weibo. com/××）上使用了案涉 4 张图片，图片上有“@××家电 weibo. com/××”的水印。庭审中，某图像技术公司及某实业公司共同确认某实业公司的前述微博上已不存在案涉图片。

【案件焦点】

时间戳证据能否作为认定被告侵权事实的依据。

【法院裁判要旨】

福建省厦门市湖里区人民法院经审理认为：本案系侵害作品信息网络传播权纠纷。根据《中华人民共和国著作权法》第十一条第四款的规定，“如无相反证明，在作品上署名的公民、法人或者其他组织为作者”，并享有著作权。涉案图片展示于 http：//www. ×××. cn 上，图片上标有“××创意 www. ×××. cn”的水印，且页面上登有相关的版权申明。某图像技术公司已经取得某公司合法授权，其据此主张权利，依法应予支持。在某实业公司未能提供相反证明的情况下，其抗辩称某公司不享有案涉图片的著作权及某图像技术公司诉讼主体不适格并没有事实和法律依据，要求法院调取某公司著作权权属证明及取得权利的合同亦无依据，法院不予采纳。某实业公司在其微博“http：//weibo. com/××”上发布的图片，经比对与某图像技术公司网站上展示的图片一致。某实业公司未经著作权人许可，擅自使用涉案图片，并用于微博上的企业宣传，侵犯了某图像技术公司依法享有的信息网络传播权，应当承担停止侵害、赔偿损失的民事责任。某实业公司抗辩否认某图像技术公司提交的可信时间戳等证据的真实性，并认为其不足以证明侵权行为的存在。对此，福建省厦门市湖里区人民法院认为，可信时间戳是由权威可信时间戳服务中心签发的一个能够证明数据电文（电子文件）在一个时间点是已经存在的、完整的和可验证的，具备法律效力的电子凭证，主要用于确定电子文件产生的准确时间，防止电子文件的篡改和事后抵赖。因此，其作为证据使用具有权威性和可信赖性，具有证明效力，在某实业公司未能提出反驳证据的情况下，根据优势证据原则，法院对此予以采信，对某实业公司的抗辩理由不予采纳。

福建省厦门市湖里区人民法院依照《中华人民共和国著作权法》第十条第一款第十二项、第十一条第四款、第四十八条第一项、第四十九条，《最高人民法院关于审理著作权民事纠纷案件适用法律若干问题的解释》第二十五条第二款、第二十六条之规定，判决如下：

一、某实业公司于本判决生效后十日内赔偿某图像技术公司经济损失 12000 元；

二、某实公司于本判决生效后十日内赔偿某图像技术公司合理支出 2000 元；

三、驳回某图像技术公司的其他诉讼请求。

某实业公司不服一审判决，提出上诉。

福建省厦门市中级人民法院依照《中华人民共和国民事诉讼法》第一百七十条第一款第一项之规定，判决：

驳回上诉，维持原判。

【法官后语】

如今信息时代变革的节奏是前所未有的，信息的存在与取得方式的飞跃使证据学研究乃至证据立法面临诸多考验。在证据信息化的大趋势下，以计算机及其网络为依托的电子数据在证明案件事实的过程中起着越来越重要的作用。而数字时间戳是数字签名技术一种变种的应用，已经被越来越广泛地应用于知识产权领域中。权利人对于侵权事实不再采取传统的公证形式，而是越来越多地使用时间戳技术，以减少维权成本，提高维权效率。但这种证明侵权事实的电子证据在司法实践中往往受到当事人的质疑。对时间戳这种新型电子证据究竟应该采取什么样的司法态度？对此，本案中认为，可信时间戳是由联合信任时间戳服务中心根据国际时间戳标准签发的，能证明数据电文在一个时间点已经存在的、完整的、可验证的，具备法律效力的电子凭证。可信时间戳能够满足电子签名法中“能够有效地表现所载内容并可供随时调取查用、能够可靠地保证自最终形成时起，内容保持完整、未被更改的”数据电文原件形式要求。人民法院在对可信时间戳服务机构、取证过程、证据内容本身等进行审查核验后，根据民事诉讼证据高度盖然性规则，在被告未能提供相反证据的情况下，应对可信时间戳证据予以采信。

编写人：福建省厦门市湖里区人民法院　林娜

040　裁量性赔偿作为确定损害赔偿数额的方法

——某计算机公司诉某视频公司侵害作品信息网络传播权案

【案件基本信息】

1. 裁判书字号

北京知识产权法院（2017）京 73 民终 1263 号民事判决书

2. 案由：侵害作品信息网络传播权纠纷

3. 当事人

原告（被上诉人）：某计算机公司

被告（上诉人）：某视频公司

【基本案情】

某计算机公司依法拥有由某文化传播公司制作的大型励志专业音乐评论节目《×××声音（第三季）》（共16期节目）独家信息网络传播权。某计算机公司诉称，某视频公司在未取得节目信息网络传播权的情况下，在其经营的网站（www. ×××. com）上播放该节目第三期“0801 汪某飙歌狂抢5人”（以下简称涉案节目）。某视频公司明知涉案节目的信息网络传播权由某计算机公司独家所有，却仍在其经营的网站上播放，严重侵害某计算机公司的合法权益。据此，请求依法判决某视频公司赔偿某计算机公司经济损失及诉讼合理支出200万元，具体包括经济损失199万元，诉讼合理支出1万元。

【案件焦点】

侵权损害赔偿数额的认定。

【法院裁判要旨】

北京市石景山区人民法院经审理认为：依据相关证据及认定的事实，足以确信某计算机公司因某视频公司涉案行为所遭受的经济损失明显超出《中华人民共和国著作权法》规定的法定赔偿数额的上限50万元，为弥补权利人的经济损失、惩戒恶意侵权行为，酌定此案赔偿数额为100万元，合理支出为1万元，共计101万元。判决如下：

一、某视频公司于本判决生效后十日内赔偿某计算机公司经济损失 100 万元及诉讼合理支出 1 万元，两项共计 101 万元；

二、驳回某计算机公司的其他诉讼请求。

一审判决后，某视频公司以一审判决的赔偿数额没有事实和法律依据，对于经济损失的认定明显过高且极不公平合理为由提起上诉。

北京知识产权法院经审理认为：在确定侵权损害赔偿数额时，要善于运用根据具体证据酌定实际损失或侵权所得的裁量性赔偿方法，引导当事人对于损害赔偿问题积极举证，进一步提高损害赔偿计算的合理性。本案中，可以采用裁量性赔偿的方法确定损害赔偿数额，首先，某计算机公司是《×××声音（第三季）》节目信息网络传播权独占许可使用合同的被许可人，其取得《×××声音（第三季）》独占许可使用权的正常许可费为 750 万元/期，授权期限为 3 年。而某视频公司播出涉案节目的时间正处于涉案节目首轮播出并且还是热播期间，致使某计算机公司事实上未能够享有独家播出的权利，造成其独家采购协议目的落空。其次，《×××声音（第三季）》节目的信息网络传播产生了极高的广告收益，该节目具有极高的商业价值。再次，某计算机公司在《×××声音（第三季）》节目播出前后，都曾特意告知某视频公司采取措施，避免侵害《×××声音（第三季）》节目的信息网络传播权。某视频公司的传播行为明显属明知故犯，且系进行大规模侵权，行为性质恶劣。最后，某视频公司的侵权行为持续的侵权期间持续长达一个月以上，且上述侵权期间恰好处于涉案节目的热播期间，话题度、点击率均处于较高水平。综上，某视频公司的涉案行为给某计算机公司带来了巨大的经济损失。

北京知识产权法院判决：

驳回上诉，维持原判。

【法官后语】

确定侵害著作权案件的损害赔偿数额一直是法院审理此类案件的难点所在。由于知识产权客体的无形性等特点，权利人往往难以全面掌握能够证明其因侵权行为所遭受的损失或侵权人由此获利的证据。出于保护著作权人的考虑，《中华人民共和国著作权法》将法定赔偿作为侵害著作权及邻接权损害赔偿的计算方法，并对各种损害赔偿的计算方法作出了具有顺位要求的规定：第一顺位是权利人的实际损失；第二顺位是侵权人的违法所得；第三顺位是法定赔偿。可以适用前顺位方法时，排除后顺位方法的适用。确定权利人的实际损失与侵权人的违法所得包含多个参数。通常情况下，难以查明所有参数的准确数值，但也几乎不可能无法查明任何参数的准确数值。然而在司法实践中，无论著作权人是否提交了与权利人损失或侵权人获利相关的证据，绝大多数的侵害著作权案件都径直适用了法定赔偿的计算方法来确定损害赔偿数额。这一方面导致法官的自由裁量权过大，另一方面也因缺少对认定损害赔偿数额的论理而使法院判决的权威性和严肃性大打折扣。

本案的审理中明确了在计算侵害著作权及邻接权损害赔偿的数额时，能够查明权利人的实际损失或者侵权人的违法所得的部分参数时，应当尽量利用裁量性赔偿方法确定权利人的实际损失或者侵权人的违法所得，而不是直接适用法定赔偿。具体适用可以参考以下思路：

第一，审查权利人损失的一般规则。人民法院应当鼓励权利人提交涉案作品以涉案侵权方式合法使用的正常许可费的证据材料。权利人提交以下证据材料可以作为正常许可费的重要参考：(1) 与涉案作品类似的作品以涉案侵权方式合法使用的正常许可费；(2) 涉案作品以与涉案侵权方式类似的方式合法使用的正常许可费；(3) 与涉案作品类似的作品以与涉案侵权方式类似的方式合法使用的正常许可费。权利人能够提交许可合同及实际履行证据的，在没有相反证据的情况下，不得无理由地怀疑相关证据的真实性，进而无依据地降低损害赔偿数额。

第二，审查侵权人违法所得的一般规则。侵权人对于涉案侵权行为的自行宣传以及中立的第三方对于涉案侵权行为的宣传，应当作为侵权人违法所得的证据。侵权人否定前款证据应当提交充分的相反证据。侵权人未能提交充分的相反证据，仅以商业宣传中具有夸大因素为由否定第一款证据的，不应支持。

第三，酌情确定损害赔偿数额的考量因素。作品方面的考量因素包括：作品的性质、类型，文学价值、历史价值，获奖情况及社会影响等。作者方面的考量因素包括：作者的地位、贡献、获奖情况及社会影响等。侵权方面的考量因素包括：侵权行为的方式、手段，持续时间、影响范围，商业性使用的程度、与侵权目的的关联与配合程度，重复侵权情况，大规模侵权情况以及恶意侵权情况等。

编写人：北京知识产权法院　冯刚

041 著作权归属判定三步法和规则适用九宫格

——曹某诉某旅游发展委员会、某文化创意公司著作权侵权案

【案件基本信息】

1. 裁判书字号

云南省高级人民法院（2016）云民终字第448号民事判决书

2. 案由：著作权侵权纠纷

3. 当事人

原告（上诉人）：曹某

被告（被上诉人）：某旅游发展委员会、某文化创意公司

【基本案情】

2012年11月16日，案外人某招标公司受昆明市旅游局委托，对某市旅游局“冬季旅游宣传片制作”采购项目（项目编号：LSX-J201××××）以竞争性谈判方式进行采购，并发布采购项目公告。2012年11月23日，被告某文化创意公司向某市旅游局提交了《响应谈判文件（A标段）》，该文件第37页至第55页记载了技术方案及实施大纲，具体内容包括：影片介绍、剧本、部分分镜头、具体时间安排表。2012年12月14日，案外人某招标公司向被告某文化创意公司发出《成交通知书》，通知其成为该项目A标段的成交供应商，成交金额198000元。

2012年12月17日，某市旅游局与被告某文化创意公司签订《冬季旅游宣传片制作协议》，双方约定合同款共计人民币198000元，由某市旅游局全额支付；某市旅游局有权参与剧本修正、审

核制作过程、要求某文化创意公司兑现响应谈判文件中的服务承诺，有义务提供昆明旅游景点的介绍资料及其他相关资料、与景点沟通并配合完成实景拍摄；该宣传片中动漫人物角色使用被告某文化创意公司享有著作权的“毛毛一家”形象、该宣传片的最终版权归某市旅游局所有。2012 年 12 月 21 日某市旅游局依约支付给被告某文化创意公司 198000 元，被告某文化创意公司主要依据《响应谈判文件（A 标段）》所述方案及大纲拍摄“国联初版”的宣传视频。此后，又形成“刘导”版本的宣传视频。2013 年 8 月 2 日，经中共云南省委机构编制办公室同意，某市旅游局更名为某旅游发展委员会。

2013 年 9 月至 12 月，原告受聘于被告某文化创意公司，并由被告某文化创意公司支付报酬。在此期间及其后一段时期，形成了名为“曹导”版本的宣传视频。

2014 年 2 月 7 日，优酷网用户“某辉”上传了名为《“冬天去昆明”——旅游城市宣传片》（超清，时长 04：02）的视频。

2014 年 3 月 28 日，被告某旅游发展委员会收到《冬天去昆明》动漫旅游宣传片母盘并出具收条。2014 年 5 月 13 日和 2014 年 6 月 4 日，被告某文化创意公司先后两次刻录 DVD 光盘《冬天去昆明》；2014 年 5 月 19 日印刷上述光盘外壳。该光盘及其外壳均载明涉案宣传片《冬天去昆明》的导演是曹某、制片是某旅游发展委员会、制作是某文化创意公司。

原告曹某认为，其才是该宣传片的著作权人，两被告的上述行为严重侵害了其发表权、署名权、复制权、发行权、信息网络传播权等著作权。

【案件焦点】

诉争宣传片《冬天去昆明》的著作权归属于谁，两被告是否侵犯原告的著作权。

【法院裁判要旨】

云南省昆明市中级人民法院经审理认为：本案诉争的宣传片《冬天去昆明》属于以类似摄制电影的方法创作的作品，著作权由制片者享有；同时，某旅游发展委员会与某文化创意公司签订了《冬季旅游宣传片制作协议》，约定涉案宣传片的著作权归某旅游发展委员会，及某旅游发展委员会署名为制片人。因此，在没有相反证据的情况下，涉案宣传片著作权归属于被告某旅游发展委员会。原告既不能证明其独自完成该宣传片的创作，也不能证明其系该宣传片的制片人，故不享有涉案宣传片的著作权。两被告不侵犯其发表权、复制权、发行权、信息网络传播权。此外，原告在本案诉争的宣传片制作过程中实质上充当导演的职能，而本案诉争的宣传片及其外壳上都标明“导演：曹某”，故原告署名权未受侵犯。

云南省昆明市中级人民法院依照《中华人民共和国著作权法》第三条第六项、第十一条第四款、第十五条第一款、第十七条，《中华人民共和国著作权法实施条例》第二条、第四条第十一项之规定，作出如下判决：

驳回原告曹某的诉讼请求。

曹某持原审起诉意见提出上诉。云南省高级人民法院经审理认为：一审裁判认定事实清楚，裁判结果正确。

云南省高级人民法院依照《中华人民共和国民事诉讼法》第一百七十条第一款第一项、《最高人民法院关于适用〈中华人民共和国民事诉讼法〉的解释》第三百三十四条之规定，判决：

驳回上诉，维持原判。

【法官后语】

“著作权归属判定三步法”是遵循现有著作权归属制度的逻辑脉络，判定著作权法律归属的三个步骤，每个步骤内在的逻辑为依次递进：取得方式—作品属性—特殊规则。其预设的前提是作品无主，其操作过程是为作品找到主人。根据具体案件的情况不同，在每个步骤的进行过程中，都有可能完成著作权的归属判定。在前一步骤结束，仍尚不能确定著作权归属的情况下，继续下一步骤。三个步骤均完成的情况下，除个别极端情况需要个案分析外，几乎所有涉及著作权归属的判定都可以完成。

第一步：取得方式，即判断著作权属于原始取得还是继受取得。

第二步：属性划分，即明确作品的形式、类别后，对照《规则适用九宫格》（见下图），当作品所属的形式和类别，均为一般规定时，适用该一般规则判定；当作品所属的形式为一般规定，而作品所属的类别为特别规定时，适用该类别的特殊规则判定；当作品所属的类别为一般规定，而作品所属的形式为特别规定时，适用该形式的特殊规则判定。如果作品所属的形式和类别，均为特别规定（即落入D或同时落入B/C/D中的任意两个以上)，则进入第三步。

表1.1 规则适用九宫格

类型		
形式	一般	特殊
一般	A 适用一般规则	B 适用类型的特殊规则
特殊	C 适用形式的特殊规则	D 特殊叠加分析

第三步：特殊规则，即分析具体适用哪一个特殊规则。如果特殊规则所规定的内容一致或者实质相同，则可一并适用；如果特殊规则指向的著作权归属不相同，则应当考察法律是否授权民事主体进行约定，并需要结合作品的登记情况、署名情况及作品的形成过程，综合判定。

本案中，两被告约定涉案作品著作权由某旅游发展委员会享有；且某旅游发展委员会是署名的制片人，对此，原告未提交相反证据推翻。因此，涉案作品的著作权由某旅游发展委员会享有。

2020 年著作权法进行了与时俱进的修改，著作权保护范围更加全面，规则设定更加深化和细化，但总体来看著作权归属制度设计及其逻辑脉络没有变化，故上述判定方法仍然适用，并且以该方法对新修订的著作权法条文进行适用，著作权归属的认定将更加准确、明晰。

本案中，案涉作品的分类认定，系根据案件审判时施行的《中华人民共和国著作权法》（2010 年修订）第三条第六项作出，现该条规定已经被《中华人民共和国著作权法（2020 年修订）》第三条第六项取代。“视听作品”相较于“电影作品和以类似摄制电影的方法创作的作品”范围更加广阔，适应了现代技术下对形式更加多样化的作品的保护需求，但新修订的著作权法对视听作品未进行定义和确定范围，从常识角度理解以类似摄制电影的方法创作的作品囊括其中是应有之义，故在新修订的著作权法中以类似摄制电影的方法创作的作品可适用视听作品的相关规定。案涉作品著作权的认定，系根据案件审判时施行的《中华人民共和国著作权法》（2010 年修订）的第十一条第四款、第十五条第一款、第十七条判定：（1）第十五条第一款现已经被《中华人民共和国著作权法》（2020

年修订）第十七条第一款取代。新修订的著作权法规定电影作品的著作权由制作者享有，但未对制作者进行定义和确定范围，从有利于著作权充分保护的角度看“制作者”应作广义理解，既包括对视听作品制作实际投入智力劳动的主体，也包括在视听作品上署名为“制作者”的主体，因此制片者也在制作者范围内。（2）第十一条第四款现已经被《中华人民共和国著作权法》（2020年修订）第十二条第一款取代，新修订的著作权法规定著作权的归属以署名为一般原则，同时在但书部分规定了有相反证据推翻署名的例外情况，实际上在本案审理时就已经考虑并审查了但书部分规定的事项。（3）第十七条现已经被《中华人民共和国著作权法》（2020年修订）第十九条第六项取代，二者文字表述有所变化，但表达的规范内容实质相同。因此，即便适用修订后的著作权法，本案的审理结果亦无变化。

编写人：云南省昆明市中级人民法院　王立

042　著作权与专利权冲突的判定

——某装饰公司诉某装潢公司著作权侵权案

【案件基本信息】

1. 裁判书字号

北京知识产权法院（2015）京知民终字第1918号民事判决书

2. 案由：著作权侵权纠纷

3. 当事人

原告（被上诉人）：某装饰公司

被告（上诉人）：某装潢公司

【基本案情】

2001 年 10 月，某装饰公司的员工设计了涉案作品“缠枝藤蔓”并运用到其产品样册《世纪之约》中。2014 年 3 月，某装饰公司公证购买了某装潢公司生产的涉案壁纸。经比对，某装饰公司生产的带有涉案作品“缠枝藤蔓”花型的壁纸与涉案被控侵权商品的图案花型相同，但颜色和底纹不同。

某装饰公司认为某装潢公司未经授权使用其享有著作权的美术作品生产壁纸，构成侵权，要求某装潢公司停止侵权并赔偿其经济损失 20 万元、合理费用 2 万元。某装潢公司主张其对涉案壁纸产品的设计稿享有专利权，应受到专利法的保护，并出具了外观设计专利证书，专利申请日为 2013 年 7 月 31 日，授权公告日为 2014 年 3 月 5 日，该外观设计专利证书所附主视图图案与涉案作品图案花型相同。

被告认为，自己对涉案的壁纸产品的设计稿享有专利权，原告未在我方专利的公告期内提出异议，被告对涉案产品受到专利法的保护。原告提交的原告设计涉案壁纸的证据为 2014 年作出，无法证明其在 2001 年的设计行为。原告出示的销售涉案壁纸产品的证据无法证明与本案涉案产品是一致的，且无法证明销售记录中涉及的产品为原告生产的，代某红设计的产品与本案也无关。原告主张其对涉案壁纸产品销售在先，享有著作权没有相应证据予以支持。

【案件焦点】

当著作权与专利权发生冲突时，应如何确定当事人的权利归属以及侵权判定。

【法院裁判要旨】

北京市丰台区人民法院经审理认为：涉案外观设计专利的图案花型与某装饰公司所主张的壁纸图案均为臆造图形并具有一定的独创性，属于《中华人民共和国著作权法》中规定的受保护的作品。

外观设计专利登记机关在进行外观设计专利注册登记时，其并未做实质审查，外观设计专利证书只能是相关“外观设计专利”享有专利权的初步证据，并非法定依据。某装饰公司主张其在涉案外观设计专利申请注册日之前即设计了涉案图案，故双方当事人对其作品是否享有著作权，仍需结合所涉及作品的设计情况、使用情况、取得权利的合同等证据加以认定。某装饰公司提交的劳动合同、产品样册、销售合同、发票以及某网站网页等证据能够形成完整的证据链，证明某装饰公司在某装潢公司申请涉案外观设计专利图案之前，已经开始公开销售使用有涉案作品图案的壁纸产品。综合考虑某装饰公司的设计情况及销售情况，以及某装饰公司于某装潢公司属于同行业，某装潢公司有接触到该作品的可能性，可以认定某装饰公司对涉案作品享有在先著作权。某装潢公司未经涉案作品的著作权人许可，将涉案作品作为其壁纸产品的图案进行生产、销售，侵犯了某装饰公司的著作权，应当承担停止侵权、赔偿损失的法律责任。

北京市丰台区人民法院依照《中华人民共和国著作权法》（2010年修正）第十一条、第四十七条第一款第五项、第四十九条第二款之规定，判决如下：

一、被告某装潢公司停止涉案侵权行为；

二、被告某装潢公司赔偿原告某装饰公司经济损失 4 万元；

三、被告某装潢公司赔偿原告某装饰公司合理支出 15000 元；

四、驳回原告某装饰公司的其他诉讼请求。

某装潢公司对判决不服提起上诉。北京知识产权法院经审理认为，一审判决认定事实清楚，适用法律正确，应予维持。

北京知识产权法院依据《中华人民共和国民事诉讼法》第一百七十条第一款第一项之规定，判决如下：

驳回上诉，维持原判。

【法官后语】

著作权与专利权发生权利冲突主要体现为不同主体对相同或近似图案分别主张著作权和外观设计专利权。在著作权侵权案件中，确定双方各自权利的形成时间是认定侵权是否成立的前提。考虑到我国外观设计专利侵权审查制度的特点，在著作权与专利权发生冲突时，对于外观设计专利中相关图案著作权的归属，外观设计专利证书只能作为认定著作权权属的初步证据。本案的裁判体现了司法保护在处理权利冲突纠纷时保护在先权利的原则，具有正向引导意义。

本案中，被告提交了外观设计专利证书，因为外观设计专利登记机关在进行外观设计专利注册登记时，其仅是形式审查，并未对外观设计专利进行实质审查，对于外观设计专利中相关图案的著作权归属等事项，均系“自愿登记”。因此，外观设计专利证书只能是相关外观设计享有专利权的初步证据，而并非绝对的法定依据。某装饰公司主张其在涉案外观设计专利申请注册日之前即设计了涉案图案，故双方当事人对其作品是否享有著作权，仍需结合所涉及作品的设计情况、使用情况、取得权利的合同等证据加以认定。

对于在先著作权的主张，原告出具了其与涉案壁纸图案作者签订的劳动合同书，其内容明确了作者担任壁纸设计的工作职责，并约定了作品著作权的权利归属。同时，涉案作品的作者亦为原告出具了设计证明，说明了涉案作品“缠枝藤蔓”的设计背景和创作过程。此外，原告出具了封面上印刷有“2002”的“世纪之约”产品样册，其出具的销货清单中包括“世纪之约”系列产品，且发票金额、日期与该销货清单金额、日期相同。原告出具的壁纸销售合同复印件、某网站网页等证据均能够形成完整的证据链，证明原告在被告申请涉案外观设计专利图案之前，即已经开始公开销售使用有涉案作品图案的壁纸产品。综合考虑原告的设计情况以及销售情况，以及原告与被告属于同行业，被告有接触到该作品的可能性，可以认定原告对涉案作品享有在先著作权。被告未经涉案作品的著作权人许可，将涉案作品作为其壁纸产品的图案进行生产、销售，侵犯了原告的著作权。

编写人：北京市丰台区人民法院　张炎

043　对公有领域内容的简单组合不符合独创性要求

——张某非诉杨某华著作权权属、侵权案

【案件基本信息】

1. 裁判书字号

广州知识产权法院（2015）粤知法著民终字第 608 号民事判决书

2. 案由：著作权权属、侵权纠纷

3. 当事人

原告（上诉人）：张某非

被告（被上诉人）：杨某华

【基本案情】

广东省版权局颁发的编号为粤作登字-2014-F-0000××××的《作品登记证书》载明作品名称为模特头（6）；作品类别为F美术；作者及著作权人均为张某非；首次出版/制作日期为2014年3月5日；登记日期为2014年9月28日等。登记证书后附作品主视图、后视图、左视图、右视图及立体图（主视图、立体图见附图）。原告认为该美术作品的独创性在于采用仿真设计，头部头发占了大半比例，是一种流行的“西瓜头”，标准的瓜子脸、高鼻梁、适中的嘴唇、眼睛闭着，突出显示了眼睫毛的浓密细长。

被告在某店铺销售了一可拆装式女性全身模特。经当庭比对，原告认为该模特头部从头型、发型、面部到表情、眼睫毛、五官设计等均与其主张权利作品完全一致。被告则认为两者的眼睫毛长度、发际线弧度、后脑头发长度、脸型均存在明显不同：原告权利作品的眼睫毛较短，到鼻梁根部位置，而封存物眼睫毛较长，到鼻子中部；原告权利作品前后发际线有明显的向下弧度，而封存物头发前后几乎是水平的；原告作品头发覆盖到了脖子，看不到后脑勺，而封存物后脑勺头发长度较短，可以看到部分后脑勺；原告权利作品脸型较圆，封存物脸型较尖。

被告为证明其销售模特系根据其享有著作权的美术作品制作而成，向本院提交了粤作登字-2015-F-0000××××号作品登记证书。

该作品登记证书载明作品名称为蘑菇女郎；作品类型为F美术；作者及著作权人均为被告；首次出版/制作日期为2014年2月1日；登记日期为2015年4月7日。被告认为该作品的首次出版/制作日期早于原告主张权利涉案作品的首次出版/日期，但被告并未就其首次出版/制作提交相关证据。经当庭比对，原被告双方均认为涉案封存物与被告上述登记作品相同，另原告认为封存物亦与原告权利作品相同。

【案件焦点】

原告主张权利的作品是否符合著作权法意义上作品的独创性要求。

【法院裁判要旨】

广东省广州市越秀区人民法院经审理认为：著作权法意义上的作品需具备独创性与可复制性两个基本属性。原告虽向本院提供了粤作登字-2014-F-0000××××号《作品登记证书》，但作品登记属自愿登记，系形式审查，并未对作品的独创性作出审查认定，故仅凭作品登记证书不足以证实原告主张权利的作品符合著作权法意义上作品的独创性要求。作品独创性是指作品由作者独立创作完成且作者在创作中投入了创造性的智力劳动，体现出作者的独特个性和创造力。

根据原告所述的涉案《模特头（6）》创作思路"采用仿真设计，头部头发占了大半比例，是一种流行的"西瓜头"，标准的瓜子脸、高鼻梁、适中的嘴唇、眼睛闭着，突出显示了眼睫毛的浓密细长，其认为主张权利作品的独创性主要在于仿真设计、"西瓜头"、浓密细长睫毛三个方面。第一，仿真设计属于创意范畴，是一种抽象的思想，而著作权法保护的是思想的表达方式，即体现仿真设计的创作手法及表达方式。第二，原告自述其采用的“西瓜头”为流行发型，而浓密长睫毛虽然属夸张表现形式，在日常生活中较为罕见，但在彩妆、模特等领域夸张妆容比比皆是，因此“西瓜头”发型和浓密长睫毛本身并不具备独创性。标准的瓜子脸、高鼻梁、适中嘴唇等均是普通的人体面貌特征，原告创作的《模特头（6）》所采用的元素均是来自日常生活中的素材，且仅系将上述元素简单组合，形成涉案主张权利美术作品，并不能体现出作者的创造性智力劳动。

广州市越秀区人民法院依照《中华人民共和国著作权法》第三条，《中华人民共和国著作权法实施条例》第二条、第四条之规定，判决如下：

驳回原告张某非的全部诉讼请求。

张某非不服原审判决，提起上诉。

广州知识产权法院认为：涉案“模特头（6）”作为物化的模特头部造型，其三维形状可以轻易地被观察并通过简单的方式再现，故具备可复制性。考察该作品是否属于受著作权法保护的作品，取决于其是否具备独创性。在判断独创性时，除要考察作品是否独立完成外，还应关注作品的创作结果是否具有最低限度的创作性、作品的表达性要素是否体现了作者的个性。

张某非并未提交足够的证据证明其独立完成“模特头（6）”作品。“模特头（6）”作品选择女性头部元素，主要外形特征表现为“西瓜头”发型、瘦尖瓜子脸型、厚长睫毛、高直鼻梁、丰满嘴唇等。就本案“西瓜头”发型而言，因其整体形状如大致半球形倒扣在头部，类似款式发型的区别仅为发端边缘的高低及头发的厚薄，故“西瓜头”发型本身基于形状固定化的因素，表现手法有限，创作空间小。“西瓜头”作为发型元素已有很长历史，是在流行时尚发型设计中经常使用的设计元素，早已进入公共领域。与已有的“西瓜头”发型相比，本案“模特头（6）”的发型并未体现出在公认“西瓜头”发型设计上的创新。流行时尚服饰载体的女性模特形象已经形成较为固定的外貌特征，其中面部特征基本为瘦尖瓜子脸型、高直鼻梁、丰满嘴唇、长睫毛等，并且上述脸部特征也是公认的面貌姣好通常具备的基本脸部特征，属于公共领域通常的表达元素。浓密长睫毛的妆容在彩妆或模特妆容中比较普遍。涉案“模特头（6）”仅是对公有领域公共素材的简单组合，与公有领域已有的素材相比较，并没有表现出明显的不同，不能体现作者独特的艺术思想及个性特征，无法达到最低限度的创作性，不属于著作权法所保护的作品。

广州知识产权法院依照《中华人民共和国民事诉讼法》第一百七十条第一款第一项之规定，判决如下：

驳回上诉，维持原判。

【法官后语】

独创性作为著作权法意义上作品特征要件之一，是作品受到著作权法保护的基本前提，作品独创性认定向来是著作权民事审判中的疑难点。近年来随着公众版权意识的提升，作品著作权登记数量以及维权案件数量显著飙升，对著作权审判中独创性的审查认定提出了新的要求。

从著作权法的立法目的以及著作权保护的现状来看，独创性要求在作者独立创作的基础上还需具备一定高度的创作性以体现作者的独特个性和创造力。我国实行作品自愿登记制度，不同于专利权及商标权之类只有经主管部门核准方具有知识产权的授权登记性质，作品登记与否并不影响著作权。不能以作品经登记而倒推该作品即具有独创性。

著作权法保护作者权利的同时亦应当兼顾公共利益，促进科学和文化事业发展。也正是基于此，对于是否构成著作权法意义上的作品应当要求有一定高度独创性。公有领域素材内容不受著作权法保护即是对著作专有权的限制和对公共利益的保护。确定对公有领域素材内容简单组合不具备独创性，不能作为作品予以保护的审判规则符合著作权法的立法目的，可以更好地鼓励、激发更多有益于社会主义精神文明、物质文明的文学、艺术、科学作品的创作传播。

编写人：广东省广州市越秀区人民法院　赵咏

044 可信时间戳的证明效力

——某图像技术公司诉某贸易公司侵害著作权案

【案件基本信息】

1. 裁判书字号

江苏省无锡市中级人民法院（2016）苏02民终字第3722号民事判决书

2. 案由：侵害著作权纠纷

3. 当事人

原告（被上诉人）：某图像技术公司

被告（上诉人）：某贸易公司

【基本案情】

某图像技术公司于2005年7月14日在中国注册成立，其经营范围主要包括：开发、生产媒体资产管理软件及图像处理软件；图像制作、版权代理等。

2014年2月10日，某公司出具《版权确认及授权书》，确认某公司拥有对某集团公司的终极拥有权，其对附件A中所列出之品牌相关的所有图像享有版权。这些图像展示在本公司的互联网网站上，在中华人民共和国境内亦能看到。另外，确认某图像技术公司是某公司在中华人民共和国境内的授权代表，有权在中国境内以自己的名义就任何第三方未经授权使用或涉嫌未经授权使用附件A中所列之品牌相关所有图像的行为采取任何形式的法律行为；确认某公司的副总裁由某公司适时授权以公司之名义行使本授权书及证明中所赋予之权利。2014年2月10日，美国华盛顿州公证员对确认授权书进行公证。同年2月14日，华盛顿州州务卿证明的公证人身份。同年2月20日，中华人民共和国驻旧金山总领事馆认证华盛顿州的证明。同年3月14日，某公证处以（2014）京方圆内经证字第04×××号公证书证明以上复印件所附的中文译本与外文原文内容相符。

审理中，本院登录某图像技术公司域名为www.×××.cn的网站，在搜索栏输入编号“200266734-×××”“200011775-×××”“83538×××”“77746×××”“10146×××”，可显示涉案图片。上述图片下方分别标注“Photographer's Choice”“The Image Bank”“Brand X Pictures”品牌。上述图片上都有“某创意”的水印，网页上均有版权申明。

2015年7月10日，某图像技术公司对某贸易公司的官方微博上使用的涉案5张图片进行截屏，对整个取证过程进行录像，并对上述电子数据申请了可信时间戳认证证书。经比对，该5张图片与某图像技术公司的涉案5张图片相同。

【案件焦点】

可信时间戳作为固定电子证据的手段其证明效力是否应该得到认可。

【法院裁判要旨】

江苏省江阴市人民法院经审理认为：某公司作为著作权人，授权某图像技术公司可以在中国境内进行相关图像的使用许可，同时又授权某图像技术公司可以以自己的名义对侵权行为提起诉讼。该授权文件履行了相关公证认证手续，在无相反证据的情况下，可认定某图像技术公司已经合法授权取得了涉案作品的著作权相关权益。某图像技术公司是本案适格的主体。可信时间戳是由权威可信时间戳服务中心签发的一个能够证明数据电文（电子文件）在一个时间点是已经存在的、完整的、可验证的，具备法律效力的电子凭证，主要用于确定电子文件产生的准确时间，防止电子文件被篡改，因此其作为证据使用具有权威性和可信赖性，具有证明效力。某图像技术公司提供的时间戳认证文件证明了某贸易公司的侵权行为，且该行为自申请时间戳时起已经存在且内容保持完整，未被篡改。在某贸易公司未提供相反证据的情况下，可以认定该认证文件的证据形式及其所认证的内容具有证据效力，对某贸易公司对时间戳认证方式有异议的辩称，不予采纳。经比对，某贸易公司微博上使用的图片与某图像技术公司涉案5张作品相同，某贸易公司未经授权在微博上使用上述图片的行为，侵害了某图像技术公司的著作权。对某贸易公司提出并非同一图片，某图像技术公司应提供相应的技术证据的辩解不予采信。某贸易公司应当就其侵权行为承担停止侵权、赔偿损失并支付制止侵权的合理费用的责任。

江苏省江阴市人民法院依照《中华人民共和国著作权法》第二条第二款、第十一条第四款、第四十八条第一项、第四十九条第二款，《最高人民法院关于审理著作权民事纠纷案件适用法律若干问题的解释》第二十六条第二款之规定，判决如下：

一、某贸易公司于本判决生效之日起十日内赔偿某图像技术公司经济损失及合理开支共计23000元；

二、驳回某图像技术公司的其他诉讼请求。

某贸易公司提起上诉。江苏省无锡市中级人民法院依照《中华人民共和国民事诉讼法》第一百七十条第一款第一项的规定，判决如下：

驳回上诉，维持原判。

【法官后语】

该案是一件典型的在互联网平台非法使用他人作品的著作权侵权案件，特殊之处在于权利人采用了新型的证据固定形式——可信时间戳。对于可信时间戳的证据效力，司法实践中存在不同的观点，本案认为可信时间戳是一种有效的证据形式，其效力应得到确认。

随着计算机、大数据的广泛普及和应用，以电子文件和电子数据为载体的电子证据日趋频繁，尤其是在与网络有关的知识产权诉讼中，电子证据的使用更为常态化，但是电子证据易篡改、易灭失、易伪造，导致当事人举证成本高、程序复杂、司法认定困难等一系列问题的出现。可信时间戳是由联合信任时间戳服务中心颁发的具有法律效力的电子凭证，时间戳与电子数据唯一对应，它的出现解决了数据电文（电子文件）易被篡改伪造、产生时间不确定的问题，顺应了信息化高度发展要求。与传统的公证方式相比，具有效率高、费用低、保密性高的优点，它的出现在一定程度上缓解了知识产权（尤其是著作权）侵权案件中长期存在的取证难的问题，既方便了权利人维权，又降低了权利人维权成本，更好地维护了当事人的合法权益。

从法律层面上看，第一，可信时间戳是由我国国家授时中心进行授时和保障，该中心是我国唯一权威法定时间服务机构，在司法诉讼中，其与当事人双方无利益关系，具有中立地位，权威性、独立性不容置疑。第二，作为新型电子证据固定方式，可信时间戳优势就在于确保被保全的电子证据内容完整，不被更改，且可根据需要随时调取使用，因此，它满足《中华人民共和国电子签名法》（以下简称《电子签名法》）第五条的规定，有效表现所载内容并可供随时调取查用、保证自最终形成时起，内容保持完整、未被更改的证据原件要求标准。第三，经过认证的数据电文与认证过程中生成的时间戳文件具有唯一对应性，使得原本孤立状态下的电子证据获得了采集状态、采集时间完整性附加证明，客观可靠性附加补强，符合《电子签名法》“真实性”的相关要求。此外，《中华人民共和国民事诉讼法》（2021 年修正）与《中华人民共和国刑事诉讼法》（2018 年修正）亦明确将“电子数据”列为法定证据形式的一种，因此，可信时间戳作为电子数据的一种，具备法定的证据能力。本案认为，可信时间戳是固定电子证据的有效手段，在诉讼中可以直接使用，无须经过公证，其证据效力应该得到司法界的认可。

本案的审理，彰显了在信息技术高速发展的新形势下，人民法院因势利导、与时俱进的创新精神，对数字网络环境下电子数据证据效力的认定具有借鉴意义和导向作用。

编写人：江苏省江阴市人民法院　徐芝若　郁明明

045 搜索链接服务商的注意义务

——某网络技术公司诉某科技公司侵害信息网络传播权案

【案件基本信息】

1. 裁判书字号

北京知识产权法院（2016）京 73 民终 201 号民事判决书

2. 案由：侵害信息网络传播权纠纷

3. 当事人

原告（被上诉人）：某网络技术公司

被告（上诉人）：某科技公司

【基本案情】

某网络技术公司起诉称：某网络技术公司经合法授权享有《××心跳》（以下简称涉案作品）的独家信息网络传播权。某科技公司开发的“××视频”播放软件设置了影视点播功能，可以点播涉案作品。某科技公司未经某网络技术公司许可，提供链接服务的行为构成侵权。故某网络技术公司请求法院依法判令某科技公司赔偿某网络技术公司经济损失。

2013年11月，北京市中信公证处进行了如下公证：安装“×××”视频软件到手机上，点击“视频”，首页界面上端显示分类、追追看、电视剧等栏目，在栏目下方是相关影视作品的介绍，左侧显示相关作品名称、海报、主演、类型、更新情况等信息；点击“搜索”键，在搜索栏内输入涉案作品名称进行搜索，手机界面上方显示搜索结果数量，点击显示涉案作品信息的结果，页面显示涉案作品的海报、导演、主演、类型、来源、剧情描述等信息；点击涉案作品播放按钮，弹出“请选择播放来源”的提示，并显示“×播”的图标，点击“×播”选项时需按提示下载并安装“×播”播放器软件，下载安装“×播”软件后才能完成涉案作品的播放，以同样的方式可对其他影视作品进行搜索、播放。

某科技公司申请负责视频业务的开发人员作为专家辅助人出庭，其认为：××视频搜索是视频领域的垂直全网搜索，不是定向搜索，海量数据的搜索不可能进行信息的人工整理编辑。在视频爬取过程中，某科技公司通过技术手段将明显禁止的关键词进行过滤，过滤后入库才能进行搜索。涉案作品的海报、介绍等信息是从视频站点通过爬虫抓取，然后通过算法进行整理后呈现给用户。××视频软件中直接显示出播放按钮列表，是通过抓取播放信息在客户端中实现。收录信息是按站点收录，先把一个站点收录完才会爬取其他站点。某科技公司的软件在爬取数据时使用的算法没法判断快播的来源是否合法，但如发现快播的内容是非法的，也可以通过技术手段将快播的站点屏蔽。某科技公司的软件有两种播放方式，调取启动对方软件播放和跳到对方的网站启动播放，但都不是在××软件中播放。对于相同作品存在不同来源站点的情况，算法会随机选择一个站点，以数量优先的原则选取，也可将不同站点的信息合并整理，信息的准确性依赖于算法的技术水平。对于未采取技术措施的相关作品，爬取信息时无法区分其是否取得合法授权。

【案件焦点】

某科技公司是否存在过错，是否应知所链接作品的来源侵权。

【法院裁判要旨】

北京市海淀区人民法院经审理认为：某科技公司提供的播放来源仅显示了有限几家网站的标识，快播主营业务不是提供正版影视作品，涉案作品存在编辑整理并且某科技公司获得了传播利益，故某科技公司应当承担较高的注意义务，应当承担侵权责任。

北京市海淀区人民法院判决：某科技公司赔偿某网络技术公司经济损失 10000 元。

某科技公司提起上诉，北京知识产权法院经审理认为：第一，避风港规则的责任认定应基于《信息网络传播权保护条例》第二十二条和《最高人民法院关于审理侵害信息网络传播权民事纠纷案件适用法律若干问题的规定》第九条规定，严守过错责任原则。第二，××软件视频搜索并非定向搜索而是全网搜索。具有提供正版内容资质的来源网站数量有限，提供视频搜索服务的网络服务提供者对搜索结果进行一定的筛选以保证搜索结果的合法性是对保护作品有利的做法，不宜因为搜索来源较少就直接推定其采用了定向链接。从某科技公司提供的视频搜索引擎数据库可以看出，豌豆荚软件的搜索结果中来源网站呈现乱序分布，且很多搜索结果存在重复，而搜索结果中除视频网站的来源外，也包括非视频网站，其链接地址不能进行视频播放，体现出其仅为全网搜索的搜索引擎。第三，某科技公司并未对涉案作品进行编辑、整理、推荐且并未获取与传播涉案作品存在特定联系直接利益。××软件的页面内容，包括视频播放地址、来源网站名称、演员、导演、内容简介等，均是抓取于第三方网页，而非某科技公司对涉案作品进行人工的选择编辑。××软件是一款免费软件，其提供的视频搜索服务中不包含广告内容，也没有其他证据表明××软件基于涉案作品获得了收益。第四，某网络技术公司没有提供证据表明在被控侵权行为期间，快播网站的主要经营业务是提供非法内容。因此，不宜以现在的认知直接推定快播软件具有非法性质，而要求某科技公司承担较高的注意义务。故某科技公司对所链接作品的来源侵权并不存在应知的情形，其作为网络服务提供者已经尽到了注意义务，不应当承担侵权损害赔偿责任。一审判决对此认定有误，予以纠正。

北京知识产权法院判决如下：

一、撤销北京市海淀区人民法院作出的民事判决；

二、驳回某网络技术公司的全部诉讼请求。

【法官后语】

本案是一起新型且具有代表性的信息网络传播权纠纷案件。随着网络技术的发展，搜索链接服务也产生了新的商业方法和新的技术特征，这在司法实践中引起了审理法院和代理律师对以往审判标准的重新思考，给侵权行为的司法认定提出了新挑战。

在信息网络环境中既需要把握好著作权保护，又需要把握好激励创新的尺度，每一个著作权案件均需要考虑到其背后的权利人、网络服务提供者、社会公众之间的利益关系。而避风港原则正是利益平衡的核心设计，我国之所以设置避风港规则，正是为了网络环境下在著作权保护中平衡著作权人与网络服务提供者之间利益，鼓励网络服务提供者提供各种正当服务。对于避风港原则的认定应基于《信息网络传播权保护条例》第二十二条的规定、《最高人民法院关于审理侵害信息网络传播权民事纠纷案件适用法律若干问题的规定》第九条的规定，严守过错归责的基本原则，从个案出发进行综合性判断。

但在司法实践中，很多法院采取了严格的“避风港原则”认定，采用了无过错归责原则，这导致事实上很少有搜索链接的服务商因此免责，避风港的免责条件过于超出其控制能力。在此背景下，相关法院在认定搜索链接服务商的侵权责任时，不应片面保护权利人利益，而需立足于搜索技术的发展及需求，在法律适用中不断引入新的考量因素，合理的平衡内容提供商与网络服务商之间的利益，对于没有过错的搜索链接服务商应主动向其敞开避风港之门，肯定其服务模式，实现新的平衡。

编写人：北京知识产权法院　冯刚　张倩

046　盗链的行为是否侵犯信息网络传播权

——某计算机公司诉某科技公司侵犯信息网络传播权案

【案件基本信息】

1. 裁判书字号

北京知识产权法院（2016）京73民终143号民事判决书

2. 案由：侵犯信息网络传播权纠纷

3. 当事人

原告（被上诉人）：某计算机公司

被告（上诉人）：某科技公司

【基本案情】

某计算机公司依法享有涉案作品的独家信息网络传播权。某科技公司在其经营的“××影视”手机端，通过信息网络非法向公众提供涉案作品的在线播放。在“××影视”中对大量影视作品进行了编辑分类，在播放时直接进入播放页面；播放涉案作品时无任何前置广告及暂停播放时的广告，未显示某网水印，显示的版本、布局与某网APP不同。某计算机公司认为，被告进行了涉案作品的编辑，为获取盈利直接设链播放涉案作品，未经权利人的同意，侵犯了其合法权利，遂诉至法院，请求判令某科技公司赔偿经济损失及合理费用50万元。

公证书显示：使用手机下载“××影视”并安装。进入应用主页面，点击搜索框输入“××连城”，点击“搜索”，点击第一个搜索结果“宫锁连城未删减版”，进入相关页面，显示播放来源：某网，并有44集的剧集排列。在“××影视”首页点击“专题”，找到并点击专题“帅到没朋友——古装美男子”进入相关页面，点击该专题内的“××连城”，显示第一个来源是“某网”，点击播放第一个“某网”来源的电视剧，播放时页面地址栏显示某网的网址，可随机选择正常播放。

庭审中，某计算机公司主张某科技公司对涉案作品的链接内容进行了编辑和处理，破坏了“某网”的技术保护措施而设置链接。法院向案外人“某网”进行了调查，“某网”表示已采取了禁链措施，某科技公司属盗链行为。某科技公司认可，“某网”虽采取了防盗链的措施，但该公司知晓如何通过技术手段破解“某网”的技术措施，通过可绕开禁链设置的网页搜索爬虫，抓取相关视频资源然后设链，机器进行自动匹配，获取来源于各影视网站的视频，但否认自己的链接行为构成侵权。

【案件焦点】

破坏技术措施，在聚合平台上提供深度链接的行为，是否属于信息网络传播行为，是否属于法律意义上的“提供”。

【法院裁判要旨】

北京市海淀区人民法院经审理认为：对某科技公司是否构成侵犯著作权的法律判断，需综合考虑独家信息网络传播权人分销授权的商业逻辑、影视聚合平台经营获利的商业逻辑、影视聚合平台是否仅提供单纯链接服务、影视聚合平台盗链行为的非法性及主观过错、影视聚合平台盗链行为不属于合理使用等情况综合判断。某科技公司并非仅提供链接技术服务，还进行了选择、编辑、整理、专题分类等行为，主观上存在积极破坏他人技术措施、通过盗链获取不当利益的过错；其一系列行为相互结合，实现了在其聚合平台上向公众提供涉案作品播放等服务的实质性替代效果，对涉案作品超出授权渠道、范围传播具有一定控制、管理能力，导致独家信息网络传播权人某计算机公司本应获取的授权利益在一定范围内落空，构成侵犯信息网络传播权。

北京市海淀区人民法院判决：

一、被告某科技公司赔偿原告某计算机公司经济损失包括合理支出 35000 元；

二、驳回原告某计算机公司的其他诉讼请求。

某科技公司不服提起上诉，北京知识产权法院经审理认为：(1) 服务器标准是信息网络传播行为认定的合理标准。《最高人民法院关于审理侵害信息网络传播权民事纠纷案件适用法律若干问题的规定》第三条中将信息网络传播行为限定为“置于信息网络中的行为”，从而确定了信息网络传播行为认定的法律标准。服务器标准则是对这一事实的认定标准，服务器标准更能反映该法律标准。(2) 用户感知标准不应作为信息网络传播行为的认定标准。用户感知标准天然缺乏客观性，无法确保客观事实认定的确定性，从而与信息网络传播行为所具有的客观事实特性并不契合。(3) 实质性替代标准同样不应作为信息网络传播行为的认定标准。在侵犯著作权案件中，判断被诉行为是否落入权利范围应以该权利所控制行为的法定要件为依据。实质性替代标准在对信息网络传播行为的认定中考虑损失及获益因素，系在侵犯著作权案件中采用了竞争案件的审理思路。(4) 服务器标准的采用仅意味着深层链接行为不应被认定为信息网络传播行为，但这一确认并不表示深层链接行为不可能违反其他法律规定。共同侵权规则、《中华人民共和国反不正当竞争法》第二条及有关技术措施相关规则的适用均可在相当程度上使权利人获得救济。

上诉人某科技公司所提上诉理由部分成立，予以支持。一审法院认定有误，予以纠正。

北京知识产权法院依照《中华人民共和国民事诉讼法》第一百七十条第一款第二项之规定，判决如下：

一、撤销北京市海淀区人民法院作出的民事判决；

二、驳回某计算机公司全部诉讼请求。

【法官后语】

本案一审、二审判决的差异，显示了法官在应对技术发展、商业模式变化所带来的利益调整和法律规则适用挑战的不同态度。一审法院更侧重商业逻辑分析对法律运用、利益调整失衡下法律规则适用的影响，考虑了独家网络传播权分销授权的商业运作逻辑、影视聚合平台给用户提供“一站式”影视视频获取商业利益的商业逻辑，认为××影视 APP 的行为实质是“破坏技术措施”+“实质性提供”，破坏技术措施是“手段行为”，使用户得以在 APP 上获得作品是“目的行为”，产生了替代性的“提供”效果，并运用司法解释“等”字的解释空间，通过经济分析方法将被告的行为解释为“实质性提供”，以恢复破坏技术措施情况下进行聚合服务所导致的利益显著失衡。二审法院则更多强调“服务器”作为一种侵权判断标准的正确性，从“信息网络传播权”的法律定义入手展开深度链接是否侵权问题上采用何种判断标准的论证，拒绝通过解释司法解释中的“等”字来理解“提供行为”，更多地强调法律的可预测性、法官解释法律的被动性，而忽略了破坏技术措施进行盗链这种技术发展方式给权利人、盗链者利益造成的失衡状态以及法律调整的必要性问题，特别是对于“破坏技术措施盗链”能否认定为“提供”行为，并未予以特别论述。

笔者倾向于一审法院的意见，认为一审、二审并未在一个层面上讨论问题，一审法院通过“解释”的方法来解决侵权与否的问题，更具有合理性，能更好地解决个案中的利益平衡问题。一审判决中，法官紧密结合信息网络传播权保护的权利本质，考察了××影视 APP “破坏技术措施+链接提供”的行为方式，运用了合目的解释、立法本意解释的方法，引入了“实质性提供”概念扩大中完成了在视频聚合新技术形态下，保护独家信息网络传播权人利益和制止聚合影视平台非法盗链必要性的论证。

本案的关键之处在于“破坏技术措施进行盗链”是否在实质上发挥“提供”作用的问题，而不是狭义理解信息网络传播权的定义、让法律判断受制于技术判断，导致无法对迅速变化的网络利益格局做出及时的法律平衡，导致利益的实质失衡乃至版权格局的混乱。一审法官的分析结论是通过综合运用法律解释、经济分析、利益平衡等方法而得出的，但仍是首先通过法律解释的方法来解释、适用法律，然后再运用“经济分析”的方法来完成利益平衡、侵权认定，是一种可行、合理的法律适用方法，并非突破现行法律标准的盲目尝试。

编写人：北京市海淀区人民法院　李颖

047　网络销售平台提供者应承担合理注意义务

——邵某诉某玩具公司等侵犯著作权案

【案件基本信息】

1. 裁判书字号

江苏省扬州市中级人民法院（2015）扬知民终字第 00005 号民事判决书

2. 案由：侵犯著作权纠纷

3. 当事人

原告（被上诉人）：邵某

被告（上诉人）：孙某龙

被告：某玩具公司、某网络公司

【基本案情】

2013 年 12 月 30 日，国家版权局对美术作品“七彩熊猫枕”进行登记，载明：作品登记号为国作登字-2013-F-0011××××，作品类别为美术作品，著作权人为邵某，创作完成时间为 2009 年 4 月 5 日，首次发表时间为 2013 年 5 月 3 日。某宝贝玩具公司及邵某授权义某玩具厂销售“七彩熊猫枕”玩具并公开“七彩熊猫枕”图片，授权期限为 2013 年 5 月 5 日至 2014 年 4 月 30 日，义某玩具厂于 2013 年 9 月 14 日在其拥有的 QQ 空间中公开了“七彩熊猫枕”图片。

2014 年 5 月 27 日，孙某龙向某知识产权局申请外观设计“熊猫枕头”专利权，2014 年 11 月 5 日，某知识产权局授予外观设计“熊猫枕头”专利权，专利权人为孙某龙。2014 年 7 月 15 日，国家版权局对美术作品“熊猫枕头”进行登记，载明：作品登记号为国作登字-2014-F-0012××××，作品类别为美术作品，著作权人为孙某龙，创作完成时间为 2013 年 10 月 8 日，首次发表时间为 2013 年 12 月 6 日。

2014 年 9 月 29 日某网络公司接到某宝贝玩具公司投诉某玩具公司侵犯“七彩熊猫枕”著作权的通知后，及时要求蜗蜗城公司举证证明。因某玩具公司向某网络公司提供了“熊猫枕头”作品登记证书、权利人孙某龙的授权书等相关材料证明，故某网络公司未认为某玩具公司构成侵权，未再要求其商品下架。

2014年10月20日，山东省莱西市公证处的公证员何某生和该公证处工作人员徐某阳及邵某的代理人王某华在该公证处，徐某阳使用该处的电脑和网络登录网上的“蜗蜗城玩具专营店”，使用“屏幕录像专家”对浏览上述网页的全过程进行了录像，并获取相关图片（共十三张）保存于上述电脑建立的“蜗蜗城玩具专营店”的文件夹中。某公证处对上述过程出具了（2014）某证民字第2603号公证书。经比对，公证书所附图片中“熊猫枕头”这款玩具抱枕，与邵某享有权利的“七彩熊猫枕”美术作品高度近似。

2014年7月20日，孙某龙授权某玩具公司销售“熊猫枕头”玩具抱枕，授权期限至2016年1月1日。孙某龙也认可某玩具公司在网上销售的“熊猫枕头”玩具抱枕的来源均为自己生产。

某玩具公司经营范围为“玩具、日用百货、针纺织品、服装鞋帽、装饰品、工艺礼品、家居用品、办公用品销售”。孙某龙经营的广陵区宝宝龙玩具厂的经营范围为“玩具加工、销售”。

【案件焦点】

1. 孙某龙是否侵害了邵某的著作财产权；2. 某玩具公司、被告某网络公司应承担何种法律责任。

【法院裁判要旨】

江苏省扬州市广陵区人民法院经审理认为：被告孙某龙登记的美术作品“熊猫枕头”创作时间晚于原告邵某的美术作品“七彩熊猫枕”，两者构成实质性相似。因此，被告孙某龙擅自将上述美术作品形象用于生产、销售，构成侵权。被告孙某龙应停止侵权，赔偿原告损失。

被告某玩具公司销售的行为侵犯原告享有的著作权，应当承担停止销售的民事法律责任。因其能证明其侵权商品的合法来源，故其不需承担赔偿责任。

被告某网络公司作为网络服务提供者，已经主动采取了预防侵权的合理措施，并在接到侵权投诉后及时作出合理反应和措施，已经尽到较高的注意义务，因此其无过错，不应承担侵权责任。

判决：

一、被告孙某龙立即停止生产、销售侵犯原告邵某“七彩熊猫枕”美术作品著作权的产品；

二、被告某玩具公司立即停止销售侵犯原告邵某“七彩熊猫枕”美术作品著作权的产品；

三、被告孙某龙于本判决生效之日起十日内赔偿原告邵某经济损失及合理费用计 50000 元；

四、驳回原告邵某的其他诉讼请求。

孙某龙上诉，江苏省扬州市中级人民法院维持了一审判决。

【法官后语】

本案是一起较为典型的网络电商引起的著作权纠纷案件。近年来，随着网络电商的崛起，引发的此类知识产权纠纷日益增多，其中涉及著作权侵权的案件时有发生，此类案件相较于传统著作权侵权案件，除著作权权利人和侵权人作为诉讼主体外，网络服务平台提供商也常常成为诉讼主体。

在本案中，虽然被诉侵权商品的信息是通过某网络公司网络服务平台进行发布，也是通过其平台进行销售的，但某网络公司提交了证据证明，其仅仅为网络销售商提供了网络服务的平台，其没有过错，且在接到著作权人投诉后，即采取了将相关商品从网络销售平台暂时下架并要求商品信息发布者就其是否涉及侵权进行举证，由于网络服务提供商不能对商品信息发布者是否侵权作出实质性的判断，因此在这种情况下，某网络公司只要尽到合理的提醒和注意义务，不管今后法院如何判定是否构成侵权，某网络公司都无须承担责任，因为要求网络服务提供商对知识产权权利归属进行实质性的审查并不现实，网络服务提供商没有能力作出这样的判断，苛求网络服务提供者的审查义务会阻碍网络服务商的发展。

既要让网络服务提供者承担相应的责任，又要避免使其过重地承担责任，这是网络环境下著作权保护中平衡著作权人与网络服务提供者之间的利益的基本原则。我国法律规定网络服务提供者的免责事由，符合网络著作权司法实践的客观需要，符合利益的平衡原则，有利于网络电商的健康发展。

编写人：江苏省扬州市广陵区人民法院　涂霞

048 服务器端软件运用 Telnet[①] 命令远程取证的效力

——某软件公司诉某房地产公司侵害计算机软件著作权案

【案件基本信息】

1. 裁判书字号

广州知识产权法院（2015）粤知法著民终字第 45 号民事判决书

① 计算机术语，是因特网远程登录服务的标准协议和主要方式。

2. 案由：侵害计算机软件著作权纠纷

3. 当事人

原告（被上诉人）：某软件公司

被告（上诉人）：某房地产公司

【基本案情】

某软件公司系“Serv-U”系列软件的著作权人，其通过 Telnet 命令远程检测发现某房地产公司官方网站在使用某软件公司一款“Serv-U FTP Server v6.4 版”的软件，但某软件公司销售管理系统上未见被告的购买记录。故某软件公司认为某房地产公司使用上述计算机软件的行为侵害了其合法权益，遂诉至法院请求判令合景公司立即停止侵权行为，赔偿经济损失及为制止侵权而支出的合理费用。

合景公司则称根据公证书的内容，Telnet 命令只能证明被诉网站服务器上有被诉软件，但无法证明是否持续使用，其从未使用过涉案软件，不存在侵权行为。被诉服务器是委托第三方托管的，某房地产公司不实际控制服务器，不具备安装被诉软件的可能。即使被诉网站服务器上存在涉案软件，不能排除该软件是试用版，因为该软件可通过某软件公司的官方网站免费下载，故某房地产公司不应承担赔偿责任。

【案件焦点】

如何认定服务器端软件权利人运用 Telnet 命令远程取证方式证明侵权人存在侵权行为的效力，即采用计算机领域公知的 Telnet 命令远程访问涉嫌侵权网站服务器所得到的反馈信息是否足以证明侵权人安装、使用了被诉计算机软件。

【法院裁判要旨】

广州知识产权法院经审理认为：涉案软件为一款服务器端软件，服务器端软件权利人采用 Telnet 命令远程取证方式证明侵权人存在侵权行为。通过 Telnet 命令远程访问涉嫌侵权网站服务器所得到的反馈信息，是否足以证明侵权人安装、使用了被诉计算机软件，应当根据个案情况对远程取证的合法性、真实性等问题进行分析，结合侵权人的抗辩及反驳证据等，通过举证责任分配，综合判断 Telnet 取证方式获得证据的证明效力。

Telnet（即 Teletype networked 的缩写）是 Internet 远程登录服务的标准协议和主要方式，Telnet 以 TCP 链接的方式建立本地计算机与远程主机之间的连接，然后将用户从本地计算机输入的信息传送到远程计算机，同时也能将远程主机的相应输出结果通过 TCP 链接的方式返回并呈现在本地计算机屏幕上。Telnet 取证方法并未真正登录目标服务器，且未违反法律的禁止性规定，Telnet 取证所获得证据不属于非法证据，该证据具有合法性。

某软件公司经公证采用 Telnet 命令远程取证方式探测目标服务器 21 端口获取反馈信息显示了涉案软件版本等相关内容，已初步证实被诉网站服务器 FTP 软件身份为涉案软件。某房地产公司在二审中亦确认其网站存在被诉侵权软件，故 Telnet 取证方式获取的反馈信息与某房地产公司的自认相互印证，足以证实被诉网站安装了被诉侵权软件。在已证实被诉网站安装被诉侵权软件前提下，某房地产公司运行、使用涉案软件的事实具有高度盖然性，某房地产公司对其未运行、使用涉案软件的行为负有举证责任。因某房地产公司未对此举证，故其应承担举证不能的不利后果。

涉案软件发布日期为 2007 年 1 月 23 日，而本案公证书证明涉案软件存在于被诉网站服务器的时间是2013年2月8日，某房地产公司作为被诉网站的所有者和服务器的控制者，若被诉侵权软件与某软件公司早已公开发布的涉案软件不构成相同或实质性相似，其有能力举证予以反驳。但某房地产公司并未提交相反证据证明被诉侵权软件与涉案软件不构成相同或实质性相似，故可认定被诉侵权软件与涉案软件为相同软件，无须进一步进行软件目标程序和源程序相同或实质性相似的对比。

某房地产公司作为计算机软件用户，其是否构成侵权关键在于其使用行为是否经某软件公司许可及其是否系商业性使用。虽然某软件公司确认涉案软件有30天免费试用期，试用期届满后软件将自动转化为可免费使用的个人版。则某房地产公司应提交软件的安装日志等证据证明其是在涉案软件的试用期内安装、使用了涉案软件；某房地产公司还需进一步提交证据证明2013年2月8日于被诉网站服务器上存在的是涉案软件的个人版，而某房地产公司并未提交任何证据予以证实，故对其抗辩，法院不予支持；且某房地产公司称其未使用涉案软件的抗辩与其称使用的软件版本为免费版的抗辩相互矛盾，但却未对此作出合理解释。因此，现有证据不能证实某房地产公司经某软件公司许可或在其许可范围内使用涉案软件。

某房地产公司是从事房地产业的营利性企业，被诉网站内容是对该公司及其经营的房地产项目的宣传、推广，网络用户通过被诉网站能够了解合景公司经营的房地产项目的相关信息，被诉网站无疑会增加某房地产公司的交易机会，某房地产公司经营该网站的目的包括通过增加交易机会获取商业利益，可见某房地产公司使用涉案软件是为了销售其经营的房地产业务等经营活动的需要，属于商业性使用软件行为。

另外，某房地产公司提交的与案外人签订的若干合同也未能证实被诉网站服务器由他人托管、被诉网站由他人维护的事实。某房地产公司作为计算机软件用户，未经著作权人某软件公司的许可，复制其计算机软件进行商业性使用，其行为侵犯了某软件公司享有的被诉软件的复制权及获得报酬的权利，依法应承担停止侵权、赔偿损失的民事责任。

广东省广州市萝岗区人民法院判决：某房地产公司赔偿某软件公司经济损失及合理费用 70000 元。

某房地产公司上诉，广州知识产权法院经审理后判决：

驳回上诉，维持原判。

【法官后语】

"互联网+"时代，计算机软件侵权案件中出现了采用计算机领域公知技术的取证方式。本案涉及 Telnet 命令远程访问涉嫌侵权网站服务器所得到的反馈信息是否足以证明侵权人安装、使用了被诉计算机软件的问题。在服务器端软件侵权案件中，对远程取证所获取证据的司法认定存在差异，关键在于各法院对于 Telnet 取证所获证据的证明力的认定不同。服务器端软件侵权成立与否的判断，涉及 Telnet 取证获得的反馈信息是否足以认定所探测的对象软件即该表面信息所指向的软件，即如何认定该证据的证明力及举证责任的分配标准。

本案考虑到服务器端软件相对于普通计算机软件而言，侵权人通过远程登录即可控制服务器，其删除侵权证据更便捷，服务器托管现象普遍又增加了证据保全的难度等因素，从 Telnet 取证获取证据的真实性、合法性、关联性角度具体分析，根据 Telnet 取证原理及过程并结合被告的抗辩及反驳证据，最终采信了 Telnet 取证方式获得证据的证明效力。通过本案研究服务器端软件侵权远程取证的司法认定，对服务器端软件侵权举证责任的分配及标准具有一定的参考意义。

编写人：广州知识产权法院 彭盎

049 网络服务商深度链接行为的性质

——某国际网络公司诉某信息技术公司、某科技公司侵害作品信息网络传播权案

【案件基本信息】

1. 裁判书字号

北京知识产权法院（2015）京知民终字第1444号民事判决书

2. 案由：侵害作品信息网络传播权纠纷

3. 当事人

原告（被上诉人）：某国际网络公司

被告（上诉人）：某信息技术公司、某科技公司

【基本案情】

原告某国际网络公司发现由二被告共同开发的手机应用软件“×××2”（以下简称涉案软件）中，未经许可通过信息网络向公众提供某电视台出品的电视系列节目《×××》第二季在线播放服务，侵害了原告信息网络传播权。故诉至法院，请求判令二被告：（1）立即停止通过信息网络传播涉案节目的侵权行为；（2）连带赔偿原告经济损失人民币100万元及原告为维权支出的合理费用5万元；（3）二被告共同承担本案全部诉讼费用。

被告某信息技术公司、某科技公司共同答辩称：

原告不享有涉案作品的独家信息网络传播权，涉案作品的正版光盘署名承制单位是某国际传媒公司和某传媒公司，承制单位是电影投资方委托的电影制作单位，根据著作权法，委托和受委托之间如果没有另外约定，应是受托方享有著作权，原始著作权人应是某国际传媒公司和某传媒公司，原告没有提供上述两单位的相应授权，因此认为原告不享有涉案作品的信息网络传播权；根据原告提供的侵权公证书及被告某科技公司提供的公证书，播放过程看到，涉案软件是跳转到了某视频的客户端页面，不管是原告的侵权证据还是被告某科技公司提供的抓包程序公证证据，都能证明被告某科技公司提供的是搜索链接服务；根据原告提供的侵权公证书截屏，显示涉案软件程序大小是7.9MB，根本无法承载大量的视频，远低于正常视频客户端大小。通过被告某科技公司抓包程序公证书可以看出，在播放过程中截取的数字信息域名均为tv.×××.com，证明涉案节目播放来源是在搜狐视频网站，且二被告未对涉案节目的在线播放进行编辑整理；二被告在接到本案诉讼材料后，立即断开与××视频网站的链接；被链接网站即××视频网站系经涉案节目权利人的合法授权，到目前为止××视频网站仍可以在线播放涉案节目；被告某科技公司开发的涉案软件为试用版本，是2014年5月6日上线。原告是在2014年5月15日取证，原告第一次取证时没有任何评分，在6月10日取证时评论数也只有5。因此，该客户端上线时间短、影响力小；根据原告进行的公证过程可以看出，原告仅仅对手机中的照片进行了清空，并没有对手机恢复出厂设置，无法判断涉案节目是否事先存储在公证的手机中；涉案软件系由被告某科技公司开发运营，与被告某信息技术公司无关。综上所述，二被告不同意原告全部诉讼请求。

【案件焦点】

1. 原告是否享有涉案作品的独家信息网络传播权；2. 被告某科技公司是否提供的是搜索链接服务。

【法院裁判要旨】

北京市石景山区人民法院经审理认为：根据涉案节目的片尾署名以及正版音像制品封面内容，在二被告无相反证据的情况下，法院认定某电视台享有涉案节目的著作权。另根据某电视台出具的《授权书》，原告某国际网络公司在授权期限内继受取得涉案节目的独占信息网络传播权及相关维权的权利。故二被告关于原告某国际网络公司不享有涉案节目的信息网络传播权非本案适格原告的抗辩意见，法院不予采信。

根据原被告提交的（2014）某证经字第 2316 号和第 2685 号公证书以及（2014）某证字第 21918 号公证书的公证内容，结合工业和信息化部“ICP/IP 地址/域名信息备案管理系统”显示和二被告当庭陈述，法院认为涉案软件系由二被告共同开发运营的手机 APP 视频播放软件，通过连接互联网络可以在线播放涉案节目全部内容。

二被告辩称涉案软件系通过软件的搜索链接功能，链接到案外人某视频网站服务器中，从而在手机上实现涉案节目的在线播放，并提交（2014）某证字第 21918 号公证书的公证书及公证光盘予以证明。法院认为，原告某国际网络公司提交的（2014）某证经字第 2316 号、第 2685 号公证书及公证光盘与二被告提交的（2014）某证字第 21918 号公证书及公证光盘，对于涉案软件信息中的“更新日期”存在不同，在二被告公证时间晚于原告某国际网络公司公证时间近半年的情况下，二被告公证时涉案软件信息显示的“更新日期”却早于原告某国际网络公司公证时显示的“更新日期”，因此二被告公证中使用的涉案软件与原告某国际网络公司二次公证中使用的涉案软件存在不一致，故在无法排除合理怀疑的情况下，二被告公证内容不能支持其辩称的事实；在原告某国际网络公司二次公证的涉案节目点击播放过程中，无法看到播放页面发生跳转或显示跳转至某视频网站的链接地址，仅凭视频画面显示的水印并不足以证明涉案节目的来源，故法院对于二被告的上述答辩主张不予采信。

根据本案查明的事实，二被告提交的证据不足以证明涉案节目系通过软件的搜索链接功能来自某视频网站的主张，故法院推定二被告通过涉案软件提供涉节目的在线播放服务。

二被告未经涉案节目权利人的授权许可，即共同通过涉案软件向公众提供涉案节目的在线播放服务，侵害了原告某国际网络公司对涉案节目所享有的独占信息网络传播权，应当共同承担停止侵害、赔偿损失的民事责任。

原告某国际网络公司并未举证证明因涉案侵权行为所受经济损失及二被告因涉案侵权行为的获益情况，法院将综合涉案节目的商业价值、播放期间、授权使用费用以及二被告实施侵权行为的主观故意程度、持续时间等因素，酌情确定二被告应当共同承担的赔偿数额；对于诉讼合理支出部分，公证费有相关票据在案佐证法院予以全部支持，律师费仅有票据而无相关代理合同在案佐证法院予以酌定，差旅费无票据在案佐证法院不予支持。

北京市石景山区人民法院依照《中华人民共和国侵权责任法》第八条、第三十六条第一款，《中华人民共和国著作权法》第十条第一款第十二项、第十一条第四款、第十五条第一款、第四十八条第一项、第四十九条，《最高人民法院关于审理侵害信息网络传播权民事纠纷案件适用法律若干问题的规定》第六条，《中华人民共和国民事诉讼法》第六十四条第一款，《最高人民法院关于民事诉讼证据的若干规定》第二条之规定，判决：

一、被告某信息技术公司、某科技公司于本判决生效后立即停止通过手机APP软件“×××2”提供电视节目《×××2》的在线播放服务；

二、被告某信息技术公司、某科技公司于本判决生效后十日内共同赔偿原告某国际网络公司经济损失25万元以及诉讼合理支出23000元，共计273000元；

三、驳回原告某国际网络公司的其他诉讼请求。

某信息技术公司、某科技公司上诉。北京知识产权法院经审理认为：根据涉案节目《×××》第二季的片尾署名以及正版音像制品封面内容，在某信息技术公司、某科技公司无相反证据的情况下，一审法院认定某电视台享有涉案节目的著作权。另根据某电视台出具的《授权书》，某国际网络公司在授权期限内继受取得涉案节目的独占信息网络传播权及相关维权的权利。某国际网络公司指控某信息技术公司、某科技公司共同经营手机APP应用软件“×××2”侵害了某国际网络公司享有的信息网络传播权。本案中，某国际网络公司一审提交的公证书显示，涉案软件“详细信息”中有“©某信息技术公司”“由国内第一美食社区——豆果网（www.×××.com）经授权独家打造”的内容。从著作权法意义上理解，标注©的主体应为相关作品的著作权人，而工业和信息化部的域名备案信息显示，涉案“××网”（网址：http://www.×××.com）亦为某信息技术公司主办。一审法院在某科技公司自认其参与了涉案软件开发运营的基础上，认定某信息技术公司和某科技公司为涉案软件的共同经营者并无不当。两上诉人虽认为涉案软件标注“©某信息技术公司”系标注错误，应标注为某科技公司，但并未提交证据予以证明。由于两上诉人均未提交关于涉案软件经营主体的反证，仅凭其陈述不足以否认某信息技术公司为涉案软件的经营者。上诉人某信息技术公司的这一主张，缺乏事实和法律依据，本院不予支持。

对于某国际网络公司提交的（2014）某证经字第2316号、第2685号公证书及公证光盘。某信息技术公司、某科技公司指出某国际网络公司用于公证的手机仅进行了“照片”清空，没有完整恢复出厂设置，不能确保取证设备的清洁度。对此本院认为，上述两次公证过程所使用的均是公证处提供的手机，可信度较高，通常能够保证取证设备的中立性和客观性，故在没有相反证据的情况下，本院对其真实性、合法性予以确认，两上诉人的上述主张缺乏事实及法律依据，本院不予支持。对于某信息技术公司、某科技公司在一审中提交的（2014）某证字第21918号公证书及公证光盘。首先，从形式上，某国际网络公司主张取证所采用的手机是由上诉人自备的，不能保证清洁度。对此本院认为，在公证过程中操作人员已经对所使用手机进行了“恢复出厂设置”操作，通常能够保证取证设备的清洁度，故在没有相反证据的情况下，某国际网络公司的上述主张不能成立，本院不予支持。其次，从内容上，某信息技术公司、某科技公司在一审中提交的公证书所作出时间晚于某国际网络公司公证时间近半年，且是在一审法院进行第一次证据交换之后，但其公证时涉案软件信息显示的“更新日期”却早于某国际网络公司公证时显示的“更新日期”，故在某信息技术公司、某科技公司公证中使用的涉案软件与某国际网络公司两次公证中使用的涉案软件存在不一致的情形下，且涉案软件一直在其控制之下，故不能排除其修改涉案软件的可能性。就此问题某信息技术公司、某科技公司在二审中提交了（2015）某证字第 10455 号、第 10456 号公证书及公证光盘，用以证明同一 APP 软件存在“更新日期”不一致的问题是因需在不同版本的设备上安装使用所致，属正常现象，不能据此断定 APP 软件本身进行过修改。对此本院认为，从某信息技术公司、某科技公司在二审中提交的（2015）某证字第 10455 号公证书及公证光盘显示的内容来看，在不同型号的苹果手机上安装的两款 APP 软件，其“更新日期”均相同，无法证明某信息技术公司、某科技公司的主张。（2015）某证字第 10456 号公证书仅为对“更新日期”不同的情况向苹果公司进行了提问，网页打印件也仅是对提问的再次确认。其后所附的据称是来自苹果公司的回复邮件，系某信息技术公司、某科技公司自行打印，且某国际网络公司对此不予认可，故本院对其真实性及其与前述公证书的对应性均不予认可。即使考虑该邮件，其回复内容亦只针对不同设备下载的 APP 软件大小不同，并未涉及“更新日期”不同是因何所致的问题。因此，某信息技术公司、某科技公司在二审中提交的上述证据，无法达到证明目的，无法为其一审公证中使用的涉案软件与某国际网络公司一审两次公证中使用的涉案软件存在不一致的情况作出合理解释，故本院对其在一审中提交的（2014）某证字第 21918 号公证书及公证光盘不予以采信。某信息技术公司、某科技公司主张，某国际网络公司提交的两份公证书所附公证录像截屏不全面，属于选择性取证。但就此问题，某国际网络公司提交的（2014）某证经字第 2316 号、第 2685 号公证书中显示的相关内容并无不合理之处，且某信息技术公司、某科技公司提交的证据并不足以否定该两份公证书的真实性和完整性，故某信息技术公司、某科技公司的上述主张不能成立，法院不予支持。

关于某信息技术公司、某科技公司通过涉案软件向网络用户提供了涉案节目的在线播放还是仅提供了涉案节目的链接服务。根据相关规定，在侵害信息网络传播权民事纠纷案件中，原告有初步证据证明网络服务提供者提供了相关作品、表演、录音录像制品，但网络服务提供者能够证明其仅提供网络服务，且无过错的，人民法院不应认定为构成侵权。由于民事诉讼证明标准实行明显优势证据规则，一方当事人提交的证据达到高度盖然性的证明标准即可被采信。即在原告提交了初步证据证明被告提供了相关作品的情况下，被告如认为自己仅提供网络服务，对此负有举证义务。本案中，某信息技术公司、某科技公司主张其仅提供了链接服务，应就此进行举证。某信息技术公司、某科技公司认为，在涉案节目点击播放过程中，可以看到播放页面发生了跳转，但未提交证据予以证明。某国际网络公司提交的（2014）某证经字第 2316 号、第 2685 号公证书显示，涉案节目在点击播放过程中未离开过涉案软件，亦未显示有跳转至某视频网站的绝对网络地址，故对其该项主张本院不予支持。涉案节目播放视频画面显示了“某视频”的水印，仅凭该水印并不足以证明涉案节目系链接自“某视频”。同时，在案证据还显示，“某视频”网站亦未将涉案作品的信息网络传播权进行转授权。因此，某国际网络公司提交的证据达到了高度盖然性的证明标准，一审法院认定某信息技术公司、某科技公司通过涉案软件提供涉案节目的在线播放，并无不当，两上诉人关于其仅提供涉案节目链接服务的主张，缺乏事实和法律依据，法院不予支持。

根据《中华人民共和国著作权法》的规定，权利人的实际损失或者侵权人的违法所得不能确定的，由人民法院根据侵权行为的情节，判决给予50万元以下的赔偿。本案中，由于双方当事人在本案中均未提交证据证明某国际网络公司的实际损失或某信息技术公司、某科技公司的侵权获利，在此情况下，一审法院综合考虑涉案节目的商业价值、播放期间、授权使用费用以及某信息技术公司、某科技公司实施侵权行为的主观故意程度、持续时间等因素，酌情确定的赔偿数额及根据在案证据确定的合理支出数额，并无不当，某信息技术公司、某科技公司关于一审判决赔偿数额过高的主张，缺乏事实和法律依据，本院不予支持。一审判决认定事实清楚，适用法律正确，应予维持。某信息技术公司、某科技公司的上诉理由不能成立，法院不予支持。

北京知识产权法院依照《中华人民共和国侵权责任法》第八条、第三十六条第一款，《中华人民共和国著作权法》第十条第一款第十二项、第十一条第四款、第十五条第一款、第四十八条第一项、第四十九条，《最高人民法院关于审理侵害信息网络传播权民事纠纷案件适用法律若干问题的规定》第六条，《中华人民共和国民事诉讼法》第一百七十条第一款第一项，判决：

驳回上诉，维持原判。

【法官后语】

手机应用软件APP在当今时代蓬勃发展的同时，也引发了不少新的侵权纠纷。本案就涉及某电视台热播的纪录片《×××》第二季在手机APP软件上在线播放而引发诉讼纠纷，因此备受社会公众关注。本案中，由某信息技术公司、某科技公司共同经营的手机应用软件 APP“×××2”，被诉未经许可提供央视纪录片《×××》第二季的在线播放服务而侵害了相关权利人的信息网络传播权。

一审、二审法院分别在判决中，主要针对如何认定手机应用软件 APP 的经营主体，双方当事人提交的公证书等证据材料应否予以采信，涉案手机应用软件 APP 向网络用户直接提供了涉案节目的在线播放还是仅提供了链接服务等法律问题进行了详尽论述。

本案通过对侵权行为的准确认定以及对损害赔偿数额的恰当酌定，有力地保护了著作权人的合法利益，在个案中充分体现加大知识产权保护力度，具有良好的社会宣传效果，同时发挥了遏制侵权、倡导正版的积极导向作用。

编写人：北京市石景山区人民法院　刘岭

050　未经许可抄袭、转载其他公众账号作品是否构成侵权

——某网络科技公司诉某视频公司著作权侵权案

【案件基本信息】

1. 裁判书字号

广东省中山市中级人民法院（2014）中法知民终字第 197 号民事判决书

2. 案由：著作权侵权纠纷

3. 当事人

原告（被上诉人）：某网络科技公司

被告（上诉人）：某视频公司

【基本案情】

“某网站”是经认证的微信平台的订阅号账号，该账号由某网络科技公司运营。2014 年 1 月 28 日、2 月 6 日、3 月 12 日，“某网站”先后向微信用户推送了标题为《中山谁最高？利和高度将被刷新 解密中山高楼全档案》《初八后大幅度降温阴雨天气（转告朋友们注意添衣保暖哦）》《莫笑老饼 为您推介中山四大名饼（你都吃过了吗）》的三篇文章。上述三篇文章的最后均载明“任何公众号未经许可不得私自转载或抄袭”。

“××中山”公众号由某视频公司运营并通过在微信平台上有偿为客户进行推广营利。2014 年 2 月 3 日、2 月 6 日、3 月 13 日，“××中山”先后向微信用户推送了《谁是中山第一高楼？中山高楼全档案！祝全体中山人更上一层楼！与你放眼中山!》《中山下周大幅降温最低 7 度！你爸妈知道吗？扩散周知!》及《中山四大名饼，你都吃过了吗？中山人转走》三篇文章。该三篇文章的内容均与“某网站”的三篇文章内容相似。

另外，“某网站”推送的《莫笑老饼 为您推介中山四大名饼（你都吃过了吗）》介绍的饼食名称、生产店家与 2013 年 7 月由广东人民出版社发行的《中山客》中的《中山四大名饼》内容相似，“某网站”推送的文章对《中山四大名饼》一文略作修改、删减。

【案件焦点】

1. 在微信公众账号发表的文章是否均属于我国著作权法所保护的作品；2. 营利性的微信公众账号未经许可抄袭、转载其他公众账号发表的作品，是否构成侵权。

【法院裁判要旨】

广东省中山市第一人民法院经审理认为：原告主张权利的三篇文章有著作权声明，在无相反证据的情况下，可以确认原告是该三篇文章的作者。其中，《中山谁最高？利和高度将被刷新 解密中山高楼全档案》一文具有一定独创性，符合作品的条件。《莫笑老饼 为您推介中山四大名饼（你都吃过了吗）》只是对刊登在《中山客》的《中山四大名饼》一文进行了删减、更换了某些词句的表述方式，应认定该篇文章已构成对《中山四大名饼》的抄袭，原告以该篇文章系其原创作品并据此主张相关著作权缺乏法律依据。而《初八后大幅度降温阴雨天气（转告朋友信注意添衣保暖哦）》的主要内容是介绍春节过后的天气变化情况，是对客观事实的描述，该文应为介绍天气情况的时事新闻，不属于著作权法所保护的作品的范围。

经比对，“××中山”推送的《谁是中山第一高楼？中山高楼全档案！祝全体中山人更上一层楼！与你放眼中山!》一文的行文结构、主体内容与原告的《中山谁最高？利和高度将被刷新 解密中山高楼全档案》一文基本相同，只是对个别字句进行了修改，两者已构成实质性相似，而被告并未举证证明其创作涉案文章的过程或合法来源。因“某网站”与“最潮中山”所推送的信息都是有关中山市的生活资讯，二者微信用户的受众具有高度相似性，被告在未经原告许可的情况下，擅自将原告在微信上发表并载明不允许其他微信公众号转载的文章改头换面在微信上推送，其行为足以导致相关公众将涉案作品误认为是被告的作品，已侵犯了某网络科技公司享有的署名权、修改权、信息网络传播权及获得报酬等著作人身权及财产权。

广东省中山市第一人民法院判决：

被告连续三日在“××中山”向原告书面赔礼道歉并向原告赔偿经济损失1元。

一审宣判后，被告提起上诉。广东省中山市中级人民法院判决：

驳回上诉，维持原判。

【法官后语】

本案作为广东省首例微信公众账号侵权案件，其审理具有一定的指导意义。微信是公众信息的交流平台，但并非所有在微信上发表的文章都是符合著作权法意义上的作品。合理使用与抄袭有明确界限，抄袭他人的作品不是著作权法所规定保护的作品，如时事新闻等不受著作权法的保护，但传播报道他人采编的时事新闻，应当注明出处。虽然微信只是一种新的手机聊天软件，但微信作为发布信息、沟通交往的新的平台，在微信上发表的作品也应享有著作权，在作者明确不允许转载的情况下，随意转载他人的作品同样构成侵权。微信平台中是带有转发功能的。通常情况下，转载者在转载前根本不对所转载信息的原始来源是否合法进行必要的审查，甚至转载的是一些没有原始出处和作者信息的作品。更有甚者，一些转载者为了掩人耳目，故意删除被转载作品的作者信息和原始出处，让公众误以为这是转载者自己创作的作品。一般而言，转载不能简单地认定为合理使用或者侵权，要看具体使用作品的情形和行为人主观动机，同时判定这种行为是否符合著作权人的意愿以及对著作权人利益的影响。同时，微信私人朋友圈转发与微信公众号转载性质亦有所不同。个人在朋友圈内转发文章并不涉及营利，不少文章的作者更乐见于这种传播。而公共账号尤其是商业运营的公众号，即使没有在文章内直接嵌入广告，都会有赚取用户点击量等营利性质，因而认定侵权的可能性较高。

编写人：广东省中山市第一人民法院　朱慧珊

051　外观设计专利权失效后权利人可否主张著作权保护

——某装饰公司诉某装饰材料公司侵害著作权案

【案件基本信息】

1. 裁判书字号

江苏省高级人民法院（2015）苏知民终字第 00037 号民事判决书

2. 案由：侵害著作权纠纷

3. 当事人

原告（被上诉人）：某装饰公司

被告（上诉人）：某装饰材料公司

【基本案情】

2007 年 3 月 30 日，某装饰公司就名称为“壁纸（布基墙纸、壁纸）”的外观设计申请外观设计专利，授权公告日为 2008 年 3 月 12 日，专利号为 20073000×××。2010 年 3 月 30 日，因某装饰公司未及时缴纳前述专利的年费，该专利权于 2010 年 3 月 30 日终止。

“壁纸”专利外观设计图案的设计人是某装饰公司担任设计工作的员工代某红，代某红出庭作证认可其设计的上述专利壁纸图片作品的著作权属于某装饰公司。

2013年10月14日某装饰公司通过网购从某旗舰店购得规格为MG-23103、MG-23101、MG-23107的墙纸各1卷，总价131元。网购成功后页面显示："交易已经成功，卖家将收到您的货款（某装饰材料有限公司）"。某公证处对某旗舰店网页有关内容及某装饰公司的上述网购过程进行了公证，并出具了（2013）某证字第23847号公证书。某装饰材料公司认可被公证保全的涉案某旗舰店系其经营的网店。将某旗舰店销售的涉案壁纸图案与某装饰公司主张权利的涉案图片进行比对，某装饰公司、某装饰材料公司均认为二者基本相同。

某装饰公司认为，上述获得专利授权的"壁纸"上的图片是美术作品，某装饰公司对此享有著作权，专利权失效并不表示著作权也不再受保护，某装饰材料公司的上述行为侵犯了其著作权，应承担民事责任。某装饰材料公司则认为，专利权终止后，即进入公有领域，成为社会公共财富，故某装饰材料公司出于对国家专利公告的信赖，在相同产品上使用涉案外观设计专利，使用方式、范围与专利产品相同，这种实施行为合情、合理、合法，属于一种信赖利益，不属于著作权法意义上的美术作品的复制、发行，故不构成侵权。

【案件焦点】

1. 某装饰公司对其外观设计专利中的图片是否享有著作权；2. 如果享有，某装饰材料公司是否侵害了其著作权。

【法院裁判要旨】

江苏省常州市中级人民法院经审理认为：某装饰公司对其外观设计专利中的图片享有著作权，某装饰材料公司的行为侵害了其著作权。首先，某装饰公司主张的著作权是其自身获得外观设计专利授权“壁纸”上的图片，而该图片具有一定的独创性，故其应属于我国著作权法意义上的美术作品。涉案美术作品的设计人为某装饰公司员工代某红，代某红和某装饰公司均认可涉案作品著作权属于某装饰公司。其次，在知识产权领域，法律并不禁止同一权利人在同一客体上可以享有两种或两种以上的权利，因此，某装饰公司对壁纸享有专利权的同时，还对壁纸上图片享有著作权。最后，同一客体上的每一种民事权利及其相应的义务应当由相应的法律分别进行规制和调整，不因一种权利的灭失而必然导致另外权利的丧失。因此，某装饰公司对其外观设计专利中的图片在专利失效后仍然享有著作权。某装饰材料公司认为涉案专利失效后，权利客体进入公有领域，某装饰材料公司的行为不构成侵权的观点不能成立。

江苏省常州市中级人民法院判决：

一、某装饰材料公司立即停止使用某装饰公司享有著作权的涉案美术作品；

二、某装饰材料公司于判决生效之日起十日内赔偿某装饰公司经济损失 10 万元（包括维权合理费用）；

三、驳回某装饰公司的其他诉讼请求。

某装饰材料公司持原审答辩意见提起上诉。江苏省高级人民法院二审维持原判。

【法官后语】

正确处理本案的关键在于对知识产权相关法律的理解。第一，获得外观设计专利授权的图案能否被同一权利人同时获得著作权。

在这一问题上实践中存在意见分歧。一种观点认为，虽然申请专利权的外观设计图案因具有独创性也构成著作权法意义上的美术作品，但该图案附在产品上被授予专利权，受专利法的保护，而不能同时再受著作权法保护。而另一种观点则认为，法律并不禁止权利人在同一客体上存在多种民事权利。随着工商业的高速发展，经营者在注重提高产品（服务）质量的同时，也非常关注满足消费者越来越高的审美要求。在这一背景下，作品特别是美术作品被大量使用到工商业领域，如产品的外观设计、商业标识、产品的包装装潢、广告宣传等。我国专利法规定，授予专利权的外观设计不得与他人在申请日以前已经取得的商标权、著作权等合法权利相冲突。说明不同的权利主体对同一客体取得不同权利时会造成权利冲突，而当权利人为同一人时则不应形成冲突。因此某一作品在受到著作权法保护的同时，由于其在工商业领域的使用被同一主体同时获得专利法、商标法、反不正当竞争法的保护，符合法律规定。具体到本案，在涉案专利权失效之前，某装饰公司基于涉案图案取得的著作权和外观设计专利权分别受到我国著作权法和专利法的保护，其他人如果实施了侵权行为，某装饰公司有权依照著作权法或者专利法追究其民事责任。

第二，对专利权失效后，其权利客体进入公有领域的理解。一种观点认为，专利权终止后，权利客体进入公有领域，公众可以自由使用，这是专利法确立的一般规则，本案中某装饰材料公司咨询相关部门，被告知该专利已进入公有领域，可以自由使用。另一种观点则认为，专利失效后，权利客体由于仍然受到著作权法的保护，因此，尚不能进入公有领域，自由使用。还有一种观点则认为，专利权终止后，权利客体进入公有领域，公众可以自由使用，这一规则应该主要适用于我国专利法规定的发明专利和实用新型专利，因为这两种专利权的客体都是供工业应用的技术方案，一般不属于文学、艺术或科学作品，不会获得专利权之外的其他民事权利，故在其专利权终止后，成为公众可以自由使用的公共资源。而在作品基础上获得的外观设计专利，权利人同时拥有专利权和著作权，两种权利并行不悖，外观设计专利权保护期届满后，权利人丧失的仅仅是专利法保护的相关权利，而其享有的著作权依然存在，受到著作权法的保护。涉案专利权因某装饰公司未及时缴纳年费而提前终止，同样适用上述原则。

编写人：江苏省常州市中级人民法院　吕福清

052 “实质性相似加接触”是判定侵权的核心标准

——某桌游公司诉某商贸公司、某网络公司著作权侵权案

【案件基本信息】

1. 裁判书字号

北京市第一中级人民法院（2014）一中民终字第04370号民事判决书

2. 案由：著作权侵权纠纷

3. 当事人

原告（被上诉人）：某桌游公司

被告（上诉人）：某商贸公司

被告：某网络公司

【基本案情】

某桌游公司系广大受众欢迎的《卡牌游戏》游戏卡牌的出版发行方，享有《卡牌游戏》卡牌中“主公”“忠臣”等13部美术作品的著作权，并且经其母公司某网络技术公司授权，其还享有《卡牌游戏》卡牌中“张飞”“周瑜”“诸葛亮”等23部美术作品的著作财产权。2013年5月，某桌游公司发现某商贸公司在某网络公司开办的网上商城中的“某旗舰店”上开设“卡牌游戏专区”，在该专区公开销售印制有《卡牌游戏》系列图案的服装商品。某桌游公司认为某商贸公司的上述行为侵犯了其对《卡牌游戏》系列美术作品的著作权，应当承担停止侵权、赔偿损失的法律责任，而某网络公司则应当承担连带赔偿责任。

某商贸公司抗辩称，某桌游公司不享有《卡牌游戏》卡牌中部分美术作品的著作权，理由之一是某桌游公司主张权利的部分美术作品与在先的《×××大战》《×××无双5》等电脑游戏中的相关人物形象构成实质性相似，不具有独创性，如某桌游公司的“诸葛亮”形象系抄袭《×××大战》游戏中的“诸葛亮”形象等。其亦抗辩称其公司销售的服装商品也未侵犯《卡牌游戏》卡牌美术作品的著作权，认为两者在构图、花纹、人物神情等各方面均存在明显差异，不构成实质性相似。故不同意某桌游公司的全部诉讼请求。

某网络公司则抗辩称其仅为提供信息发布平台的网络服务提供者，未实施侵权行为且不存在过错，不应承担连带赔偿责任。

【案件焦点】

1. 某桌游公司是否享有《卡牌游戏》卡牌中美术作品的著作

权；2. 某商贸公司销售的服装商品上使用的图片是否侵犯《卡牌游戏》卡牌美术作品的著作权。

【法院裁判要旨】

北京市昌平区人民法院经审理认为：某桌游公司提交的相关证据在没有相反证据的情况下，已经足以证明其享有涉案的《卡牌游戏》卡牌美术作品的著作权。虽然某商贸公司认为某桌游公司主张著作权的“诸葛亮”等部分美术作品抄袭了第三方作品，不享有相关作品的著作权，但是经比对，某桌游公司主张权利的上述美术作品，与某商贸公司所称的被抄袭作品的人物形象之间，在人物的面目神情、发型、服饰、手姿、身姿、武器等构成人物形象的主要要素方面均存在较大区别，在整体观感上存在显著差异，故不构成实质性相似，某商贸公司的此项异议不能成立。

某桌游公司主张著作权的《卡牌游戏》系列美术作品与某商贸公司在服装商品上所使用的《卡牌游戏》系列图案，就“三国×”作品而言，虽然两者在字体、颜色、“三”字左宽右窄的字型变形等方面具有相似性，但在“国”字、“×”字部分存在区别，而后者在“三”字最上面一横左边的云状变形处的设计具有独创性；就“主公”“忠臣”等作品而言，两者在字体、文字颜色、排列方式、圆形背景、文字与背景花纹的颜色对应关系等方面具有相似性，但在字体轮廓颜色、圆形背景底色、圆形背景花纹式样等处存在明显区别；就人物作品而言，两者虽然在人物的发型、服饰、手姿、身姿、武器等构成人物形象的主要要素方面极为相似，但两者勾勒人物的线条不同，人物的背景画面也不同，呈现出不同的表达风格，后者具有一定的独创性，并且在某些细节处后者具有独特的设计。此外，根据该案证据，某商贸公司在开始销售《卡牌游戏》系列服装产品时，某桌游公司的《卡牌游戏》卡牌已经在公众中流行并拥有较高知名度，某商贸公司可以轻易接触到某桌游公司的《卡牌游戏》系列美术作品。因此，某商贸公司的行为，应系在接触到某桌游公司享有权利的涉案作品后，未经某桌游公司许可，在原有作品上进行了具有一定独创性的改动和设计，侵犯了某桌游公司对作品的改编权。而某网络公司已经履行了相应的监管义务，不存在主观过错。

鉴于被诉的侵权行为已经停止，北京市昌平区人民法院判决：

某商贸公司赔偿某桌游公司经济损失 45 万元。

某商贸公司提起上诉，北京市第一中级人民法院经审理认为：

一、某桌游公司是否享有《卡牌游戏》系列美术作品著作权

《中华人民共和国著作权法》第十一条规定，由法人或者其他组织主持，代表法人或者其他组织意志创作，并由法人或者其他组织承担责任的作品，法人或者其他组织视为作者。《中华人民共和国著作权法实施条例》（以下简称《实施条例》）第二条规定，著作权法所称作品，是指文学、艺术和科学领域内具有独创性并能以某种有形形式复制的智力成果。《实施条例》第四条第八项规定，美术作品是指绘画、书法、雕塑等以线条、色彩或者其他方式构成的有审美意义的平面或者立体的造型艺术作品。

本案中，某桌游公司向原审法院提交了登记号为 2010-F-02××××的《著作权登记证书》，亦提交了边锋公司出具的授权书，在某商贸公司未提出相反证据的情况下，能够确认某桌游公司经边锋公司授权，取得了《卡牌游戏》系列美术作品中的“夏侯惇”“小乔”“许褚”等 23 部美术作品的著作财产权及维权权利。

根据某桌游公司提交的其他《著作权登记证书》，在无相反证据

证明的情况下，可以确认其系《卡牌游戏》系列美术作品中的“主公”“忠臣”“内奸”“反贼”等13部作品的著作权人。某商贸公司认为“主公”“忠臣”“内奸”“反贼”的字体为迷你繁方篆，不具有独创性。对此，法院认为，某商贸公司在原审及二审诉讼过程中，均未提交相应的证据证明其上述主张，且从某桌游公司提供的证据可以看出，其对“主公”“忠臣”“内奸”“反贼”的字体、文字颜色、排列方式进行了特殊的设计，并将上述艺术化的文字设置在具有花纹的圆形背景下，产生了一定的美感和视觉冲击感，具有独创性。因此，某商贸公司的上述主张不能成立。

关于某商贸公司认为某桌游公司主张著作权的“诸葛亮”“甘宁”“郭嘉”“吕布”“陆逊”“赵云”及“司马懿”七部美术作品分别抄袭《×××大战》中的“诸葛亮”“邢道荣”“周瑜”“甘宁”“曹丕”形象以及《×××无双5》中的“赵云”“司马懿”形象，不享有上述涉案作品著作权的主张，法院认为，上述七部美术作品与某商贸公司所称的被抄袭作品的人物形象在整体形象及细节描绘上均存在显著差异，具有独创性，某商贸公司的上述主张不能成立。

关于某商贸公司认为某桌游公司成立日期晚于登记号为2011-F-04××××的《著作权登记证书》中记载的作品创作日期的主张，本院认为，某桌游公司的成立时间虽然晚于《著作权登记证书》中记载的作品创作日期，但某桌游公司已经进行了合理解释，即在公司成立前，相关作品的创作工作系由游卡桌游工作室完成，均系职务作品，公司成立后，上述职务作品便登记在公司名下，且某商贸公司亦无相反证据证明上述《著作权登记证书》中记载的作品另属他人，因此，某商贸公司的上述主张不能成立。

对于某商贸公司提交的申请日为2011年3月22日，使用在服装商品上并涉及“张角”“曹丕”的两份外观设计专利请求书等材料，法院认为，上述外观设计申请虽然申请时间早于某桌游公司提交的《著作权登记证书》的登记时间，但是根据《著作权登记证书》所载明的作品完成时间，即“张角”作品于2009年7月7日创作完成，并于2009年9月21日首次发表，“曹丕”作品于2010年5月5日创作完成，并于2010年7月29日首次发表，结合某桌游公司的《卡牌游戏》系列产品自2010年起在市场上具有了一定知名度的客观事实，且上述外观设计专利申请均未获得授权，法院综合上述因素，认定某桌游公司享有涉案的“张角”“曹丕”作品的著作权。

综上，某商贸公司关于某桌游公司是否享有《卡牌游戏》系列美术作品著作权的诉讼主张均缺乏事实及法律依据，法院不予支持。

二、某商贸公司是否侵犯了某桌游公司《卡牌游戏》系列作品的署名权和改编权

《中华人民共和国著作权法》第九条第一款第二项规定，署名权，即表明作者身份，在作品上署名的权利。该款第十四项规定，改编权，即改编作品，创作出具有独创性的新作品的权利。

本案中，某桌游公司主张的艺术化文字作品在字体、文字颜色、排列方式、圆形背景、文字与背景花纹的颜色对应关系等方面具有相似性，但在字体变形、字体轮廓颜色、圆形背景底色、圆形背景花纹式样等处存在明显区别。就人物作品而言，两者虽然在人物的发型、服饰、手势、身姿、武器等人物形象要素方面极为相似，但两者勾勒人物的线条不同，人物的背景画面也不同，呈现出了不同的表达风格。根据前述认定，《卡牌游戏》系列作品从2009年起即已陆续创作完成并发表，《卡牌游戏》系列产品从2010年起即具有了一定的知名度，某商贸公司在可以接触到涉案《卡牌游戏》系列

作品的情况下，未经某桌游公司许可，在某桌游公司原有作品的基础上进行具有一定独创性的艺术化加工和设计，以改编的方式使用了某桌游公司享有著作权的涉案作品，侵犯了某桌游公司涉案作品的改编权。在进行上述改编后，某商贸公司未在其相关作品上标明某桌游公司的原著作权人的身份，亦侵犯了某桌游公司的署名权。因此，原审判决认定某商贸公司侵犯了某桌游公司享有的涉案作品的改编权和署名权结论正确，法院予以支持。

三、原审法院判定的赔偿数额是否合法

《中华人民共和国著作权法》第四十九条规定，侵犯著作权或者与著作权有关的权利的，侵权人应当按照权利人的实际损失给予赔偿；实际损失难以计算的，可以按照侵权人的违法所得给予赔偿。赔偿数额还应当包括权利人为制止侵权行为所支付的合理开支。权利人的实际损失或者侵权人的违法所得不能确定的，由人民法院根据侵权行为的情节，判决给予五十万元以下的赔偿。

本案中，某桌游公司未提交证据证明其因涉案侵权行为所受到的实际损失，而某桌游公司与某商贸公司提交的某网站空白纯色T恤商品销售页面均无法证明某商贸公司销售的涉案侵权服装商品的实际成本，（2013）某证字第1493号公证书中亦未公证所有涉案侵权服装商品的实际销售价格，无法计算某商贸公司的实际侵权所得。因此，原审法院基于上述情况，充分考虑涉案作品的数量及知名度、某商贸公司的侵权情节、侵权时间、涉案侵权服装商品的销售数量等因素，并最终依法酌定某商贸公司赔偿某桌游公司经济损失45万元的判决结论并无不当。某商贸公司认为原审法院判定的赔偿数额过高的诉讼主张缺乏事实及法律依据，不予支持。

综上所述，原审判决认定事实清楚，适用法律正确，依法应当予以维持。某商贸公司的上诉理由不成立，其上诉请求不予支持。依照《中华人民共和国民事诉讼法》第一百七十条第一款第一项之规定，判决如下：

驳回上诉，维持原判。

【法官后语】

本案中，某商贸公司的抗辩主张所依据的就是“实质性相似加接触”原则。我国著作权法的第五十二条和第五十三条对侵犯著作权的行为进行了列举，但是在具体认定方面，并没有确定明确的方法与标准。经过长期的司法实践，“实质性相似加接触”原则逐渐成为判定著作权侵权行为的核心标准。

“实质性相似加接触”原则是指如果被诉侵权的作品与权利人的作品实质性相似，同时作品权利人又有证据表明被诉方在“创作”被诉侵权的作品前，已经能够接触权利人的作品，那么就应当由被诉方来证明其所使用的作品具有合法来源，否则被诉方的行为即构成著作权侵权。著作权法意义上的作品，是指具有独创性的外在表达，因此只有“创”“独”兼备方可构成作品。“实质性相似”就是判定“创”的问题，即劳动成果是否达到一定创作高度要求，具有一定程度的智力创造性；“接触”判定的是“独”的问题，即劳动成果是否源自劳动者本人，而非抄袭的结果。

本案中，两次运用“实质性相似加接触”原则对作品是否构成著作权侵权进行了判断。第一次是将某桌游公司主张权利的部分《卡牌游戏》卡牌中的美术作品与《×××大战》《×××无双 5》等电脑游戏中的相关人物形象进行了比对。第二次是将某桌游公司主张权利的《卡牌游戏》卡牌中的美术作品与某商贸公司使用在服装商品上的相关《卡牌游戏》图案进行了比对。第一次比对是为了确认某桌游公司对该部分主张权利的美术作品是否享有著作权，第二次比对是为了判定某商贸公司使用《卡牌游戏》图案的行为是否侵犯了某桌游公司的著作权。

编写人：北京市昌平区人民法院　高笛

053　技术中立原则的免责边界

——某科技服务公司诉某网络电视公司等侵犯录音录像制作者权案

【案件基本信息】

1. 裁判书字号

北京市第一中级人民法院（2014）一中民终字第 2641 号民事判决书

2. 案由：侵犯录音录像制作者权纠纷

3. 当事人

原告（被上诉人）：某科技服务公司

被告（上诉人）：某电子公司、某网络电视公司

被告：某电器公司

【基本案情】

某跨国企业中国公司制作了 DVD 专辑《仰望》《想念式》《火力全开》等。该公司出具授权委托书，授权原告某科技服务公司就侵害某跨国企业中国公司制作的音像制品著作权及邻接权的行为提起包括诉讼在内的维权措施。

2012年3月，某科技服务公司在被告某电器公司经营场所内公证购买了由被告某电子公司生产的LCD-32LH440A型液晶电视机一台。经原审法院当庭比对，涉案电视机在接通互联网后，直接链接某网络电视公司的服务器，并且可播放名为《仰望》《想念式》等5部MV作品，与某科技服务公司主张权利的5部同名MV作品一致。另播放了《火力全开》《大城小爱》等21部MV作品，该21部作品中使用的音频内容与某科技服务公司享有录音制作者权的音像制品中所载的作品在基本旋律、演唱者、配器、风格、时长等方面基本一致。

某网络电视公司与某电子公司签订协议，获取了相应视频文件后，某网络电视公司将其集成在自己开发的数字播放平台上，并以专属链接的方式，许可购买涉案电视机的用户通过在线方式访问其数字平台，并可随时点播涉案视频文件，并不需要单独支付费用。

【案件焦点】

某电子公司制造涉案电视机的行为是否应当受到技术中立原则的保护，免于承担侵权责任。

【法院裁判要旨】

北京市石景山区人民法院经审理认为：某电子公司通过其生产的涉案电视机以专用通道的方式链接了某网络电视公司的服务器，实现了涉案视频文件的在线播放行为，与某网络电视公司共同侵害了原告依法享有的信息网络传播权，应与某网络电视公司承担连带侵权责任。鉴于涉案视频文件系存储于某网络电视公司的服务器中，故停止侵权的法律责任应由某网络电视公司独自承担，某电子公司仅需承担连带赔偿责任即可。

北京市石景山区人民法院依照《中华人民共和国著作权法》第四十二条、第四十八条、第四十九条、《中华人民共和国侵权责任法》第八条、《中华人民共和国民事诉讼法》第六十四条，判决：

一、被告某网络电视公司立即停止通过互联网向公众提供《仰望》《想念式》《火力全开》等二十六部涉案视频文件的行为；

二、被告某电子公司、某网络电视公司连带赔偿原告某科技服务公司经济损失6万元及支出的合理费用2万元，共计8万元；

三、驳回原告某科技服务公司其他诉讼请求。

某电子公司、某网络电视公司提起上诉。其中，某电子公司上诉请求法院秉持技术中立的观点，撤销原审判决，改判某电子公司不承担任何责任。

北京市第一中级人民法院经审理认为：某电子公司通过其生产的涉案电视机以专属链接的方式链接了某网络电视公司的服务器，实现了涉案视频文件的在线播放行为，该行为与某网络电视公司的行为共同侵害了某科技服务公司依法享有的信息网络传播权，应与某网络电视公司承担连带侵权责任。虽然某电子公司辩称，该公司制造的涉案电视机应受到技术中立原则的保护，但是，涉案电视机作为互联网电视机，除普通电视机所具有的接受广播、有线电视信号的功能外，还具备登录互联网的功能。而在链接互联网的功能方面，涉案电视机提供的既非与互联网的初始链接，也非与相关内容服务商网站的广泛专业性链接，更非全互联网搜索。基于某电子公司与某网络电视公司的商业合作，某电子公司制造的涉案电视机仅提供与某网络电视公司网站的专属链接。既然某电子公司选择某网络电视公司作为涉案电视机互联网节目的独家内容合作商，理应对某网络电视公司提供节目内容的合法性承担更高的注意义务。鉴于涉案电视机提供的是基于商业合作的、对特定数据库的专属链接，已明显丧失了技术中立的立场，不应再受到技术中立原则的保护。

北京市第一中级人民法院依照《中华人民共和国民事诉讼法》第一百七十条第一款第一项之规定，判决：

驳回上诉，维持原判。

【法官后语】

技术中立原则是某电子公司在上诉时才提出的免责理由，使本案成为近年首例涉及技术中立原则免责边界的案件。关于技术中立原则，也称“某跨国企业规则”，或称为“实质性非侵权用途原则”，其含义为：若被告提供的某种商品同时具有合法和非法用途，则可以免除其侵权责任。技术中立原则在互联网环境中的适用可以称为“网络中立”，即网络产品生产商或服务商不应当对其传输的内容进行区别对待，网络就好像公路，其管理者应当秉持中立的立场，对所有汽车都一视同仁，不应当限制在公路上行驶的汽车是什么品牌，是由哪个公司制造和销售的等等。当公路的管理者只允许某一品牌的汽车上路行驶时，其当然也就没有做到对所有汽车一视同仁，从而丧失了中立的立场。

本案中涉及的互联网电视机是近几年出现的一种将电视机和上网功能“二合一”的产品，既可以作为一般的电视机使用，又可以接入网络，具备上网功能。而这种上网功能在给电视机增添了对于消费者的新吸引力的同时，也引来了与互联网相关联的版权保护问题。电视机制造商如果不相应调整自己一直受保护的惯性思维，不重视此种产品功能涉及的版权保护问题，不采取必要措施限制和尽量避免上网功能对版权人信息网络传播权所可能造成的损害，就有可能在不经意间迈过了技术中立原则保护的边界，不再能够得到技术中立原则的保护。目前，互联网电视机通常有两种获得内容的模式，即特定数据库搜索和全互联网搜索。可以继续受到技术中立原则保护的模式应为全互联网搜索模式，即便考虑到电视机产品自身的特殊性，其保护的范围至多也只能扩展至全视频专业网站或者全部视频类专门栏目的搜索。而在互联网电视机中内置功能模块，使得该电视机仅仅能够专属链接至某一公司的特定数据库进行搜索的模式，这就如同公路管理者只允许某一品牌的汽车上路一样，此种模式已经丧失了面对所有互联网节目的中立立场，自然也就不应当再受到技术中立原则的保护。

本案中，某电子公司采用的即为在该公司制造的互联网电视机中内置功能模块，使得该电视机只能专属链接至某网络电视公司服务器进行特定数据库搜索的模式。虽然某电子公司选择某网络电视公司作为自己唯一互联网节目内容提供商的商业合作模式属于该公司自主经营决策的范畴，本身并无违法之处。但此种模式在给互联网电视机制造商带来稳定收益的同时，也表明某电子公司改变了其作为制造商的传统的技术中立立场。基于权利与义务相一致的原则，对电视机中播放的互联网节目的版权合法性问题，某电子公司也应当承担更高的审查义务。应当说，代表未来发展方向的新型商品、商业模式以及版权人的合法权益，都是需要保护的。本案在现有法律框架下综合考虑了各方利益的平衡保护、未来相关产业的发展方向，对于传统技术中立原则的免责边界也提出了必要的限制，希望可以为此类案件的审理提供借鉴。

编写人：北京市第一中级人民法院　强刚华

054 网络服务提供者与网络内容提供者共同侵权的认定
——某文化传播公司诉某数码公司等侵害作品信息网络传播权案

【案件基本信息】

1. 裁判书字号

广东省广州市中级人民法院（2014）穗中法知民终字第932号民事判决书

2. 案由：侵害作品信息网络传播权纠纷

3. 当事人

原告（被上诉人）：某文化传播公司

被告（上诉人）：某数码公司、某多媒体信息公司

被告：某电子科技公司

【基本案情】

原告经授权获得涉案电视剧《×××飞》在中华人民共和国境内的信息网络传播权并有权对非法使用该电视剧的第三方追究法律责任，授权期限自2013年7月4日至2021年7月3日。

某公证处作出的（2013）某第205318号公证书显示：域名为“969368.com”网站的主办单位为“某数码公司”；域名为“×××.com”网站的主办单位为“某多媒体信息公司”；“某数码网上营业厅”的“某宽频”栏目中载明“某宽频是某数码公司旗下的宽带上网接入服务品牌”等文字信息；“某在线”网站内有“某资源网”介绍，称“某宽频影视门户网站网，为用户提供影视资源”

等内容；进入“某资源网”搜索“×××飞”，出现电视剧《×××飞》简介，以及“01 02 03 04 05 总共包含 69 个资源”等信息；进入该电视剧，影像为第一集的片头，播放器旁边滚动轴显示有 01-69 集的提示，随机打开该剧的第 1、38、69 集的电视剧内容，视频画面标有“浙江卫视”字样，网页截图左上角均标示有“某资源网”组合标识。

在庭审比对中，原告认为公证保全中，要先登录某宽频，才能登录某资源网，打开“某资源网”，输入“×××飞”，该“×××飞”电视剧的影像内容与正版《×××飞》内容一致，原告并没有授权或许可三被告在某资源网内播放涉案影视作品《×××飞》，故三被告的行为侵犯了原告享有涉案作品的信息网络传播权。

某公证处出具的（2013）某第 227545 号公证书显示“某资源网，某宽频用户专享”以及该网站的抽奖活动均显示由“主办：某网，协办：某在线”等信息。据此，原告认为某资源网是某宽频的内网，只能通过某宽频才能登录，某资源网由三被告共同经营，三被告应连带承担侵权赔偿责任。

“某资源网”是由被告某电子科技公司开办和管理的网站，但该网站尚未在中华人民共和国工业和信息化部办理备案登记手续。此外，被告某电子科技公司亦没有领取《信息网络传播视听节目许可证》及《网络文化经营许可证》。

被告某多媒体信息公司与被告某电子科技公司于 2013 年 1 月 30 日签订《某在线 IDC[①] 机房服务器托管合作协议》，约定某网是被告某电子科技公司设立的专业视频共享网站，为被告某多媒体

① IDC（Internet Data Center），即互联网数据中心，指的是一种应用服务平台。

信息公司的某宽频用户提供免费的视频共享加速服务，被告某多媒体信息公司为被告某电子科技公司提供4台服务器的IDC机房托管服务以及提供广州某宽频出口宽带和机房资源，被告某多媒体信息公司对被告某电子科技公司宽松网提供的服务每年支付服务费50000元，被告某电子科技公司有义务和被告某多媒体信息公司共同进行网站的宣传推广工作，本协议从2013年1月1日至2014年12月31日等。

被告某数码公司、某多媒体信息公司在诉讼过程中向法院分别出具一份《关于不参与某资源网纠纷案的说明函》，均认为涉案某资源网是由被告某电子科技公司开办和管理，与该两公司无关，且某多媒体信息公司已于2013年10月11日与被告某电子科技公司终止了合作关系。但被告某数码公司、某多媒体信息公司、某电子科技公司未能提交有关证据证明被告某多媒体信息公司已于2013年10月11日与被告某电子科技公司终止了合作关系。

【案件焦点】

在侵害信息网络传播权纠纷中，网络服务提供者与网络内容提供者是否构成侵权应如何认定。

【法院裁判要旨】

广东省广州市越秀区人民法院经审理认为：原告享有涉案影视作品《×××飞》的信息网络传播权，并有权以其名义对侵权行为提起维权诉讼，因该项授权仍在有效期限内，故原告有权为维护其自身著作权利提起诉讼。

根据（2013）某第205318号公证书记载的保全证据过程结合对应公证封存光盘的内容，足以证实通过被告某数码公司设立和经营的某宽频可以登录某资源网，并在该网络环境内可观看到被控侵权电视剧《×××飞》的部分内容。经当庭比对，公证保全的影像内容与原告享有权利的涉案电视剧《×××飞》相对应部分内容完全一致，故法院对公证保全的影像内容与涉案影视作品第1、38、69集的内容相同予以确认。因原告在公证保全证据时，涉案电视剧网页显示总共包含有69个视频，且屏幕滚动轴列有01-69集节目序号，原告亦是随机选定播放被控侵权电视剧其中第1、38、69集数的内容，故法院据此可以认定涉案某资源网上展示有涉案影视作品《×××飞》的全集内容。原告已明确表示没有授权或许可被告某电子科技公司播放涉案影视作品《×××飞》，被告某电子科技公司在其开办和管理的某资源网上给某宽频的用户在其个人选定的时间和地点观看被控侵权影视作品《×××飞》的行为，已侵害了原告享有涉案影视作品《×××飞》的信息网络传播权，应承担停止侵权及赔偿损失的法律责任。

至于被告某多媒体信息公司、被告某数码公司是否构成共同侵权问题。首先，被告某多媒体信息公司与被告某电子科技公司存在服务器托管合作关系，被告某多媒体信息公司为被告某电子科技公司提供四台服务器的IDC机房托管服务以及提供某宽频出口宽带和机房资源，被告某电子科技公司为某宽频用户提供免费的视频共享加速服务，被告某多媒体信息公司需向被告某电子科技公司每年支付服务费50000元，可见被告某电子科技公司为丰富某宽频的节目内容提供视频和加速服务，被告某多媒体信息公司向被告某电子科技公司支付相应的服务费，故两者存在紧密的合作关系；其次，被告某数码公司是网络运营商，其属下的某宽频主要是为其某宽频用户提供互联网接入服务，虽然被告某数码公司认为涉案服务器托管合作协议是由被告某多媒体信息公司独立与被告某电子科技公司签订，其没有参与上述合作协议的履行和分配红利，但被告某多媒体信息公司是被告某数码公司的全资子公司，其没有网络运营资格，也不是某宽频的运营商，只有获得某数码公司的支持，才能将 IDC 机房及某宽频出口宽带和机房资源提供给某电子科技公司使用，用户才能通过某宽频访问资源网；最后，从原告所举的（2013）某第 227545 号公证书所附截图的内容来看，截图上明确标示是“某资源网 某宽频用户专享”文字信息，并结合原告所举的（2013）某第 205318 号公证书所附截图内容显示“某宽频影视门户网站某网”等文字信息，可以证实被告某数码公司与某多媒体信息公司在未对某电子科技公司开办“某资源网”相关资质及网内影视作品权属进行审查的情况下，对某资源网的视频内容进行了推荐和宣传，故某数码公司和某多媒体信息公司对某电子科技公司的侵权行为主观上存在共同过错。而对于一般某宽频的用户而言，提供涉案影视作品《×××飞》节目内容的主体是某数码公司。

综合上述评析意见，原告已明确表示没有授权和许可三被告播放涉案影视作品《×××飞》，某数码公司、某多媒体信息公司向某宽频用户推荐和宣传某电子科技公司的某资源网，未尽到合理审查义务，主观上存在共同过错，客观上对某宽频用户访问某资源网侵权资源提供了帮助，三者存在紧密的分工合作，构成共同侵权。故被告某数码公司、某多媒体信息公司应立即停止侵权行为，并对被告某电子科技公司的赔偿义务承担连带责任。

被告某数码公司、某多媒体信息公司、某电子科技公司抗辩称被告某多媒体信息公司与被告某电子科技公司已于 2013 年 10 月 11 日终止合作关系，但至今未能提供有关确凿证据予以证实，且根据上述（2013）某第205318号公证书，证明截至2013年10月22日仍需通过登录某宽频，进入涉案某资源网。

至于赔偿数额及合理维权费用的确定问题。因原告就三被告的侵权行为所受到的实际损失以及三被告因涉案侵权行为所获利润均无足够证据证实。综合考虑涉案作品的类型、发行的时间、知名度、剧集数，三被告的主观过错程度、侵权行为性质、持续时间、经营规模，以及原告为制止侵权行为所付出的合理费用，同时考虑原告批量维权诉讼等因素，酌情认定三被告承担的赔偿数额为34500元（该款含原告为制止侵权所支付的合理开支费用）。

广东省广州市越秀区人民法院依照《中华人民共和国著作权法》第十条、第四十八条第一项、第四十九条以及《最高人民法院关于审理侵害信息网络传播权民事纠纷案件适用法律若干问题的规定》第三条、第四条，《最高人民法院关于审理著作权民事纠纷案件适用法律若干问题的解释》第二十五条第一款、第二款、第二十六条之规定，判决如下：

一、被告某数码公司、某多媒体信息公司、某电子科技公司立即停止涉案侵犯原告某文化传播公司享有影视作品《×××飞》信息网络传播权的行为，即在某资源网网站上停止提供影视作品《×××飞》的在线点播服务；

二、被告某数码公司、某多媒体信息公司、某电子科技公司应于本判决发生法律效力之日起十日内，连带赔偿经济损失及合理维权费用合共34500元给原告某文化传播公司；

三、驳回原告某文化传播公司的其他诉讼请求。

某数码公司、某多媒体信息公司提起上诉。

广东省广州市中级人民法院经审理认为：某电子科技公司未经

许可，通过信息网络提供某文化传播公司享有信息网络传播权的作品，侵害了某文化传播公司的信息网络传播权，双方对此均无异议，予以认定。本案二审争议的焦点是某数码公司、某多媒体信息公司是否构成共同侵权以及本案赔偿数额是否合理。

关于共同侵权的问题。《最高人民法院关于审理侵害信息网络传播权民事纠纷案件适用法律若干问题的规定》第四条规定，有证据证明网络服务提供者与他人以分工合作等方式共同提供作品、表演、录音录像制品，构成共同侵权行为的，人民法院应当判令其承担连带责任。网络服务提供者与他人以分工合作等方式共同提供作品的，应与直接提供者共同承担相应法律责任。本案中，涉案影视作品虽然并非由某数码公司其设立和经营的某宽频直接提供的，该作品是由某电子科技公司开办和经营的某资源网直接提供的，但根据某多媒体信息公司与某电子科技公司签订的《某在线 IDC 机房服务器托管协议》，某多媒体信息公司为某电子科技公司提供 4 台服务器的 IDC 机房托管服务及广州某宽频出口宽带和机房资源，某电子科技公司每年支付服务费。可见，某多媒体信息公司与某电子科技公司属于以分工合作等方式共同提供涉案影视作品。关于某数码公司与某多媒体信息公司的共同侵权问题，因两公司对此未提出上诉，且原审法院论述充分，不再赘述。至于某数码公司、某多媒体信息公司主张某多媒体信息公司与某电子科技公司上述托管协议已经解除的问题。原审期间，某多媒体信息公司提交了《关于终止协议的函》、某电子科技公司提交了《关于终止合作协议的回函》拟证明某多媒体信息公司与某电子科技公司已于 2013 年 10 月 11 日协议解除了《某在线 IDC 机房服务器托管合作协议》；二审期间，某数码公司、某多媒体信息公司又提交了《软件测试报告》证明某资源网 IP

地址与某宽频的 IP 地址不一样拟佐证协议解除的事实。综合全案证据分析，法院认为上述证据尚不足以证明某多媒体信息公司与某电子科技公司于 2013 年 10 月 11 日已解除合作的事实，理由如下：(1) 本案公证书证明截至 2013 年 10 月 22 日网络用户可通过登录某宽频进入某资源网，而某数码公司、某多媒体信息公司虽然否认上述事实，但其未提交证据证明公证取证时宽松资源网并非利用某多媒体信息公司服务器 IDC 机房及某宽频出口宽带等资源实施了上述信息网络传播权行为；(2) 本案证据证明 2013 年 10 月 17 日、10 月 18 日某数码公司的员工仍在宣传、推介某资源网，某数码公司、某多媒体信息公司称上述行为仅为其员工业务水平不足等造成，但上述行为均属于职务行为，其法律后果应由某数码公司承担；(3) 仅凭某资源网 IP 地址与某宽频的 IP 地址不一样不能证明某数码公司、某多媒体信息公司与某电子科技公司已经停止合作。故法院对某数码公司、某多媒体信息公司该项主张，不予支持。综上，因某电子科技公司侵害了某文化传播公司对涉案作品所享有的信息网络传播权，而某数码公司、某多媒体信息公司与某电子科技公司以分工合作方式共同提供了涉案作品，依据《最高人民法院关于审理侵害信息网络传播权民事纠纷案件适用法律若干问题的规定》第四条的规定，某数码公司、某多媒体信息公司构成共同侵权，依法应与某电子科技公司承担连带赔偿责任。

关于本案赔偿数额问题。根据《中华人民共和国著作权法》第四十九条的规定，侵犯著作权或者与著作权有关的权利的，侵权人应当按照权利人的实际损失给予赔偿；实际损失难以计算的，可以按照侵权人的违法所得给予赔偿。赔偿数额还应当包括权利人为制止侵权行为所支付的合理开支。权利人的实际损失或者侵权人的违法所得不能确定的，由人民法院根据侵权行为的情节，判决给予五十万元以下的赔偿。原审法院在现有证据不足以证实某文化传播公司因侵权行为所受损失及某数码公司、某多媒体信息公司、某电子科技公司的侵权获利前提下，根据案件的具体情况，综合考虑涉案作品类型、某数码公司、某多媒体信息公司、某电子科技公司侵权行为的性质、主观过错程度及某文化传播公司为本案所支付的合理费用等因素，酌情确定本案赔偿数额符合法律规定，予以维持。

广东省广州市中级人民法院依照《中华人民共和国民事诉讼法》第一百四十四条、第一百七十条第一款第一项之规定，判决：

驳回上诉，维持原判。

【法官后语】

本案为一起典型的侵害影视作品信息网络传播权纠纷案件，审理焦点与难点即为三被告之间侵权行为的认定。某电子科技公司在其开办经营的网站上向公众提供影视作品，即为网络内容提供者；某数码公司与某多媒体信息公司提供服务器托管、宽带接入服务，即为网络服务提供者。根据《最高人民法院关于审理侵害信息网络传播权民事纠纷案件适用法律若干问题的规定》第四条的规定，网络服务提供者与网络内容提供者以分工合作等方式共同提供作品，构成共同侵权。

在审判实践中认定是否构成共同侵权主要考量以下几个因素：(1) 客观表现，即客观方面是否存在分工合作情形，本案中某多媒体信息公司为某电子科技公司提供服务器机房托管服务及宽频出口宽带和机房资源，某电子科技公司为某宽频用户提供视频共享加速服务，两者在客观上表现为互相分工合作提供影视作品。(2) 主观表现，即网络服务提供者主观上是否与网络内容提供者就共同提供作品存在共同过错，本案中虽然某资源网是由某电子科技公司开办经营，但某多媒体信息公司与某数码公司以“某宽频影视门户网站某网”“某资源网，某宽频用户专享”等内容对外进行推荐宣传，故其应当对某资源网上作品负有较高注意义务。而某数码公司与某多媒体信息公司并未对作品权属以及某电子科技公司资质进行任何审查，显然主观上存在共同过错。(3) 用户感知，用户感知标准与服务器标准是由深度链接引发的对于认定是否构成信息网络传播权行为的两种判断标准，尽管随着审判实践经验以及理论研究的丰富，逐渐倾向于采用服务器标准，但在个案认定中仍然应适当参考用户感知。若一般用户感知均是由网络服务提供者提供内容，即便不直接认定网络服务提供者提供了相关内容，也应当要求网络服务提供者负较高的注意义务。尤其在本案中，用户一般均认为宽松资源网上的影视作品是由某数码公司提供，更可印证三被告之间以分工合作方式共同提供了影视作品。

信息网络传播权保护本质上是对作品权利人合法权益与互联网产业发展两者之间的利益平衡，网络服务提供者在自身发展的同时也应当尊重知识产权保护。

编写人：广东省广州市越秀区人民法院　赵咏

055 “三网融合”背景下 IPTV[①] 之争

——某网公司诉某通信公司重庆分公司、某通信公司侵害作品信息网络传播权案

【案件基本信息】

1. 裁判书字号

重庆市高级人民法院（2014）渝高法民终字第 00316 号民事判决书

2. 案由：侵害作品信息网络传播权纠纷

3. 当事人

原告（上诉人）：某网公司

被告（被上诉人）：某通信公司重庆分公司、某通信公司

【基本案情】

2010 年 10 月 20 日，某网公司经授权取得影视节目《×城》的信息网络传播权，授权范围包括但不限于 IPTV 等。某网公司享有转授权的权利，并有权独立以自己的名义追究非法使用授权节目侵权者的法律责任。

2010 年 11 月 1 日，某网络公司与某网公司签订《节目授权播出协议》，某网公司授权某网络公司及其关联企业，在某网络公司运营的 IPTV 平台上，可重复播放《×城》等节目。授权性质为非独家不含转授权。

① 指的是交互式网络电视，下文对此不再提示。

2011 年 9 月 1 日，某通信公司重庆分公司（协议中称甲方）与上海某网络电视公司（协议中称乙方）签订了《关于 IPTV 业务的合作框架协议》，双方确定 IPTV 业务总体分工为：甲方负责 IPTV 业务支撑系统及基础网络的规划、建设、运营和管理，负责用户开户安装、线路维护、技术支持服务等；乙方负责办理甲方 IPTV 业务开展所在地的行政许可手续和符合政策法规的播出呼号，同时负责 IPTV 内容集成运营平台的规划、建设、运营和管理，负责基于 IPTV 系统平台上的所有视听节目内容的组织、审核、转播、监看和对外合作内容签约，并通过 IPTV 内容集成运营平台直接向电视机终端用户提供 EPG 和收视内容等。

某网络电视公司与某网络公司属于关联企业。某网络电视公司根据相关授权和批准，负责某广播电视台 IPTV 业务所涉集成播控平台的日常管理，包括 IPTV 业务审查、播出、监看等。某网络公司经授权负责独家运营与上述 IPTV 业务集成播控平台配套的所有经营性业务（法律、法规规定必须由某广播电视台和某网络电视公司负责的集成播控业务环节除外），包括但不限于技术服务、设备提供、节目内容引进、市场推广等。除特殊情况外，某网络公司有权在其经营范围内和法律、法规规定所允许的范围内以自己的名义与网络运营商、内容提供商、设备制造商及技术提供者等签署相关商务合作协议。

2012 年 3 月，某网公司发现某通信公司重庆分公司未经许可，擅自通过其所有和运营的“某通信公司网络电视 ITV”非法在线播放了涉案电影作品《×城》，并进行了公证取证。某网公司认为，某通信公司重庆分公司的上述行为严重侵犯了其信息网络传播权，造成了重大损失，理应承担赔偿责任。某通信公司作为某通信公司重庆分公司的总公司，理应对此承担补充赔偿责任。某通信公司及某通信公司重庆分公司则认为，某通信公司重庆分公司仅是为具有 IPTV 合法经营资质的第三人传播 IPTV 内容提供技术服务，不存在侵权行为。某网络公司及上海某网络电视公司则提出，二者属于关联企业，共同运营着一个 IPTV 平台，由于某网络公司已经获得某网公司的合法授权，有权将涉案电影作品运用于其所运营的 IPTV 平台，故某通信公司重庆分公司为具有 IPTV 合法经营资质的第三人提供技术服务并无过错，不应承担责任。

【案件焦点】

1. 播放涉案电影作品《×城》的平台性质属于 ITV 还是 IPTV；2. 播放涉案电影作品《×城》的平台是否为第三人某网络公司经营的平台；3. 某通信公司与某通信公司重庆分公司的行为是否构成侵权，是否应当承担以及承担何种民事责任。

【法院裁判要旨】

重庆市第一中级人民法院经审理认为：从某网公司提交的侵权公证书来看，不论是某通信公司重庆分公司销售的终端设备，还是节目导航栏中涉及的“IPTV 操作指南”，其指向都与“IPTV”有关，并无相关“ITV”的内容，某网公司的现有证据不足以证明涉案电影作品《×城》系在 ITV 平台播放而非在 IPTV 平台播放，综合全案证据来看，播放涉案电影作品《×城》的平台应为 IPTV 平台。

根据某通信公司重庆分公司与上海某网络电视公司签订的《关于 IPTV 业务的合作框架协议》，双方对于 IPTV 业务的合作分工有明确的约定，即某通信公司重庆分公司负责 IPTV 业务支撑系统及基础网络的规划、建设、运营和管理等；上海某网络电视公司则负责办理某通信公司重庆分公司 IPTV 业务开展所在地的行政许可手续和符合政策法规的播出呼号，负责 IPTV 内容集成运营平台的规划、建设、运营和管理等。同时，双方还约定，合作遵循投入产出配比的原则，具体的模式可以根据双方投入资源的多少约定业务收益及分成比例。从上述协议内容来看，涉案的 IPTV 平台应为某通信公司重庆分公司与上海某网络电视公司共同发展运作。庭审中，上海某网络电视公司与某网络公司提出，二者为关联企业，实则共同运营着一个 IPTV 平台，并举示了相关证据。某网公司虽对此提出不同意见，但并未举示足以支持其观点的相关反证。综上所述，由于上海某网络电视公司与某网络公司共同运营着一个 IPTV 平台，因此，在某通信公司重庆分公司与上海某网络电视公司共同发展运作的 IPTV 平台上播放的涉案电影作品《×城》即在某网络公司运营的 IPTV 平台上播放。

根据之前的分析评述，由于播放涉案影视作品的 IPTV 平台即某网络公司运营的 IPTV 平台，而某网络公司又拥有涉案电影作品的合法授权，因此，某通信公司重庆分公司不存在侵犯某网公司信息网络传播权的行为，某网公司要求中国某通信公司及某通信公司重庆分公司承担责任的主张不成立。

重庆市第一中级人民法院依照《中华人民共和国民事诉讼法》第六十四条、第一百四十二条及《最高人民法院关于民事诉讼证据的若干规定》第二条，判决：

驳回某网公司的全部诉讼请求。

某网公司不服提出上诉。重庆市高级人民法院经审理认为：一审判决认定事实清楚，适用法律正确，应予维持。

重庆市高级人民法院依照《中华人民共和国民事诉讼法》第一百七十条第一款第一项之规定，判决：

驳回上诉，维持原判。

【法官后语】

本案主要是涉及三网融合背景下IPTV的发展模式问题。三网融合是指某通信公司网、有线电视网和计算机网这三大网络通过进行技术改造，提供数据、语音、图像等综合多媒体通信业务。IPTV模式，被认为是目前三网融合的最现实的业务合作模式。一般来说，从事IPTV等信息网络传播视听节目业务应取得《信息网络传播视听节目许可证》，也就是俗称的“IPTV牌照”。取得IPTV牌照的单位或组织必须获得相关版权所有者或内容提供商的节目授权才能在其运营的IPTV平台上播放相关节目内容，任何超越授权范围的行为均构成侵权。由于IPTV业务需要依托宽带网络传输相关视听节目，因此，目前典型的IPTV业务模式主要是由某通信公司、网通等网络运营商与拥有IPTV牌照的内容运营商合作，共同开拓市场，收入分成。

随着IPTV的发展，逐渐出现了IPTV的版权所有者及内容提供商针对IPTV的内容运营商等主体提起的诉讼。本案与以往因内容运营商播放的节目内容未经授权而被诉侵权的案件不同，本案中内容运营商即某网络公司经授权有权在其运营的IPTV平台播放涉案电影作品，只是三方当事人对平台归属有不同意见。

本案的探讨价值在于，如何准确认定网络运营商与内容运营商行为的性质，进而认定其是否构成侵权以及如何承担侵权责任？最关键的一步是要确定平台的归属问题。首先，要明确上海某网络电视公司与某网络公司之间的关系。毕竟有节目授权的是某网络公司，而与某通信公司重庆分公司签订协议的是上海某网络电视公司，如果上海某网络电视公司与某网络公司是毫不相干的两个主体，那么涉案平台中播放的涉案电影作品就可能面临没有合法授权的问题。其次，在明确上海某网络电视公司与某网络公司属于关联企业，共同运营着一个 IPTV 平台后，就要确定上海某网络电视公司与某通信公司重庆分公司所签协议的性质，即二者之间是合作关系还是名为合作实为转授权。从二者所签协议内容来看，双方对于 IPTV 业务有着明确的分工，属于合作关系，即某通信公司重庆分公司作为国有基础某通信公司运营商，拥有完备的宽带网络平台及丰富的用户资源，而上海某网络电视公司经批准负责上海东方传媒集团 IPTV 平台的日常管理和经营，拥有丰富的视音频节目内容资源，双方利用各自的优势，共同发展运作 IPTV，共同获取并分配经济利益。据此认定，某通信公司重庆分公司不存在被诉的侵权行为。

值得注意的是，如果认定上述行为属于名为合作实为转授权的话，那么结论又会不同。在认定 IPTV 平台是否侵权时，需具体案件具体分析，不能一概而论。

编写人：重庆市第一中级人民法院　姜蓓

（二）商标权权属、侵权纠纷

056 商标许可合同条款解释与权利归属的判定规则

——饮料公司诉医药公司商标权权属案

【案件基本信息】

1. 裁判书字号

最高人民法院（2020）最高法民终 394 号民事判决书

2. 案由：商标权权属纠纷

3. 当事人

原告（上诉人）：饮料公司

被告（被上诉人）：医药公司

【基本案情】

饮料公司经营×牛维他命系列饮料。1996 年 12 月至 2009 年 6 月，饮料公司与医药公司多次签订《商标许可使用合同》，医药公司将“×牛系列商标”许可饮料公司使用，饮料公司已向医药公司支付了商标使用许可费。涉案的十七个×牛系列商标均在医药公司名下，且均处于有效状态。

2016 年 10 月，饮料公司曾起诉要求医药公司继续履行双方于 1998 年所签订的《商标许可使用合同》，后饮料公司撤回起诉。2017 年 9 月，饮料公司再次起诉医药公司，要求确认涉案部分商标及其他在类似商品上注册的与该商标相同或近似的×牛系列商标归饮料公司所有，后饮料公司撤回起诉。同时，饮料公司和医药公司均对涉案“×牛系列商标”进行过相应维权及诉讼事宜。饮料公司亦针对“×牛系列商标”的产品进行了市场推广和广告投入，并取得了高额的销售收入，而且其在每年的企业成本支出中已经将相关广告宣传投入予以了列支扣除。

饮料公司认为基于涉案协议及多年持续对“×牛系列商标”的宣传等商业投入，其应对相关商标具有合法民事权益，故起诉要求确认其对涉案“×牛系列商标”享有所有权、医药公司支付广告宣传费用37.53亿元。

【案件焦点】

1. 涉案《95年合资合同》与《98年合资合同》的条款含义如何界定；2. 饮料公司作为涉案“×牛系列商标”被许可人在合同到期终止后是否享有所有权。

【法院裁判要旨】

北京市高级人民法院经审理认为：饮料公司认为涉案合同应理解为医药公司同意将“×牛系列商标”归饮料公司所有，而医药公司认为上述约定应理解为其同意将“×牛系列商标”许可给饮料公司使用，对此，涉案合同条款可从以下几个方面理解：一是基于文义解释并不能直接、明确且毫无疑义地得出饮料公司所理解的含义；二是从涉案合同条款与其他条款的关系、所处的具体位置以及合同整体的意思等，亦不能得出饮料公司的理解内容；三是从合同设立的目的进行解释，医药公司并未将“×牛系列商标”作为标的进行出资，而且亦不必然影响饮料公司设立后的运营；四是从订立涉案合同各方主体的交易习惯进行解释，亦不能得出相关合同条款系对

“×牛系列商标”所有权进行的约定；五是饮料公司的相关行为可以印证合同条款并非针对“×牛系列商标”所有权进行的约定。此外，因涉案“×牛系列商标”均明确属于医药公司所有，故饮料公司依据广告宣传的投入而认为其取得了商标所有权缺乏法律依据。

北京市高级人民法院依照《中华人民共和国民法总则》第六条，《中华人民共和国民法通则》第四条，《中华人民共和国合同法》第四十四条、第六十一条、第七十七条、第一百二十五条，《中华人民共和国民事诉讼法》第六十四条第一款的规定，判决如下：

驳回饮料公司的诉讼请求。

饮料公司不服一审判决，提起上诉。最高人民法院经审理认为：涉案《95 年合资合同》及《98 年合资合同》的订立时间在合同法施行之前，但合同履行持续到合同法施行之后，在没有其他法律对合同的履行、解释有明确规定的情况下，一审法院参考合同法的有关规定精神，对合同进行解释、分析，并无不当。医药公司许可饮料公司使用商标的同时，还许可饮料公司同时使用产品配方和生产工艺，不仅允许饮料公司借助其在国外近似商标及产品上形成的商誉，甚至还在饮料公司成立之初为其提供广告费用，因此医药公司并非如饮料公司所言对“×牛系列商标”知名度提升没有付出。饮料公司为产品宣传所进行的投入已经得到产品利润等回报。根据双方签订的商标许可使用合同，饮料公司在中国境内使用“×牛系列商标”及生产、销售相关产品，已因商标使用以及同时伴随的技术许可获得了足够的回报。饮料公司的上诉请求不能成立，应予驳回。

最高人民法院依照《中华人民共和国民事诉讼法》第一百七十条第一款第一项之规定，判决如下：

驳回上诉，维持原判。

【法官后语】

在涉及知识产权合同纠纷案件中，若合同条款出现含义认知差异时，应当采取何种解释方法，才能符合合同订立时的本来目的，将直接影响各方当事人的实体权益。同时，商标被许可人是否可以依据在许可使用期间对涉案商标的商业投入，在合同到期终止后，享有涉案商标的所有权，是否可以将民法中物权的“添附”理论移植入商标许可法律关系中，均在本案中得到了明确的回应。

合同条款的解释系对合同各方主体订立合同此种法律行为的解释，目的在于探求各方主体的真实意思表示。若各方主体对合同条款的理解有争议时，应当基于合同有效的解释原则，可以采取文义解释、体系解释、目的解释、习惯解释和诚信解释等，对合同条款的真实本意进行分析、认定。

上述案件中，《95年合资合同》第十四条约定，医药公司提供饮料公司产品配方、商标等；第十九条约定，饮料公司的产品的商标是合资公司资产的一部分。《98年合资合同》第十四条约定，医药公司提供饮料公司的产品配方、商标等。对于上述合同中条款的理解，饮料公司认为应理解为医药公司同意将“×牛系列商标”归饮料公司所有，饮料公司对相关商标享有独立或者共同的所有权。而医药公司认为上述约定应理解为其同意将“×牛系列商标”许可给饮料公司使用，并非针对所有权进行的约定。对此，针对上述合同条款可以从以下五个方面进行理解：

第一，从《95年合资合同》第十四条、第十九条以及《98年合资合同》第十四条的条款文字词句进行解释，并未明确具体的商标注册号等信息，同时医药公司“提供”商标并不能直接解释为转让或者转移商标的专用权，通过许可方式亦是“提供”的形式之一，而且饮料公司作为“×牛饮料”的生产、制造方，其通过许可取得“×牛系列商标”专用权后，在许可期间所形成的相关权益亦可被称为公司企业财务制度中的“资产”，因此基于文义解释并不能直接、明确且毫无疑义地得出饮料公司所理解的含义。

第二，从涉案合同条款与其他条款的关系、所处的具体位置以及合同整体的意思等，亦不能得出饮料公司的理解内容。《95 年合资合同》第十四条系在“第六章合营各方的责任”部分进行的约定，第十九条系在“第七章产品的销售”部分进行的约定；《98 年合资合同》第十四条系在“第六章合资各方的责任”部分进行的约定，上述条款均并非各股东投资方式和比例进行的约定，而且针对《95 年合资合同》和《98 年合资合同》第十四条中均存在独立的对医药公司按期履行出资义务进行约定的条款，后续系为饮料公司正常运营的辅助责任；而且《95 年合资合同》第十四条更系在“产品的销售”部分就进行了约定，从其所处合同的整体体例位置的编排可以得出，该条款系对产品中商标的概述，而不是对商标具体所有权的约定。

第三，从《95 年合资合同》和《98 年合资合同》订立的目的解释，上述二份合同均系为了成立饮料公司所订立，根据《中华人民共和国公司法》的相关规定，股东可以以货币、不动产、知识产权等形式进行出资。然而《95 年合资合同》与《98 年合资合同》并未约定医药公司以知识产权对饮料公司进行出资，而且其第××8072 号、第××8073 号商标均早于合同签订日即已经申请注册，若依照饮料公司的理解，在合同订立时至少涉案“×牛系列商标”中第××8072 号、第××8073 号商标已经存在，可以通过明确约定的方式对其所有权进行确定，并且相关商标亦可以通过评估作价等形式作为出资方式进行约定，但是《95 年合资合同》和《98 年合资合同》对此均未作出明确约定，故从相关合同设立的目的进行解释，医药公司并未将“×牛系列商标”作为标的进行出资，而且亦不必然影响饮料公司设立后的运营。

第四，若合同所约定条款存在文字疑义时，可以参照合同各方主体的交易习惯进行解释。在本案审理过程中，饮料公司和医药公司均未对公司成立之初的各方主体的出资义务提出异议，而且饮料公司亦未举证证明《95年合资合同》或者《98年合资合同》各方主体曾针对医药公司未履行转让“×牛系列商标”等事项提出过异议，自涉案合同成立、生效并履行至今的二十余年的时间里，并不存在前述的相关争议，因此从订立涉案合同各方主体的交易习惯进行解释，亦不能得出相关合同条款系对“×牛系列商标”所有权进行的约定，医药公司负有转让“×牛系列商标”的合同义务。

第五，在合同解释时应当遵循诚实信用的原则，当事人的客观行为应当与其主观认知相一致，若其客观行为已经作出其他意思表示，在无合理事由的情况下不应作出不相符的理解。本案中，《95年合资合同》和《98年合资合同》签订之后，饮料公司均与医药公司签订了多份商标许可使用合同，并且依约实际支付了许可费用，在本案诉讼前已经将近二十年，通过双方后续履行合同的实际行为，亦不能认定合同中相关条款系对×牛系列商标所有权的约定。而且饮料公司曾基于商标许可使用协议向广东省佛山市中级人民法院就医药公司提起民事诉讼，虽其后续撤回起诉，但是从饮料公司该行为可以证明，其亦曾认为双方仅为商标许可使用法律关系。最后，饮料公司曾申请注册了第55464××号图形商标等12个商标，但均转让至医药公司名下，若饮料公司认为涉案“×牛系列商标”应为其所有，其无须额外对前述商标予以转让，故该行为亦可印证合同条款并非针对“×牛系列商标”所有权进行的约定。

因此，基于上述对《95 年合资合同》第十四条、第十九条与《98 年合资合同》第十四条的条款含义进行的分析，饮料公司主张依据《95 年合资合同》和《98 年合资合同》约定应当确认其对“×牛系列商标”享有所有权的请求不能成立。

商标作为无形资产，其除具有指示商品来源的作用外，会因实际的使用、宣传，而发挥广告、表彰等其他功能，而其中形成的商品声誉、商业信誉则是依附于商标存在，而商标的所有权一般仅为原始取得或继受取得，作为无形资产的客体并不适用添附取得，因为商誉是承载于商标之上，不能脱离商标而独立存在，二者无法进行现实的分离。因涉案“×牛系列商标”的权属状态是明确的，均归属于医药公司所有，故饮料公司依据广告宣传的投入而认为其取得了商标所有权缺乏法律依据。同时，根据饮料公司自行制作的审计报告，其已经在成本中扣除了相关广告宣传投入，作为其市场运营的成本，故民法中物权的“添附”理论不能直接移植到商标许可法律关系中，进而作为判定商标权属的法律依据。

编写人：北京市高级人民法院　陶钧

057 商标近似及混淆的认定标准

——甲酿酒公司诉控股公司等侵害商标权案

【案件基本信息】

1. 裁判书字号

北京知识产权法院（2020）京 73 民终 2519 号民事判决书

2. 案由：侵害商标权纠纷

3. 当事人

原告（被上诉人）：甲酿酒公司

被告（上诉人）：控股公司、乙酿酒公司

被告：超市公司

【基本案情】

原告甲酿酒公司享有第115×××号“×华及图”商标专用权，该商标于1979年10月31日注册，核定使用商品为第33类酒，商标注册证商标图样上方载有“商标×华牌”字样。经核准，该商标经续展注册有效期至2023年。20世纪80年代、90年代至21世纪初，×华牌中国红葡萄酒、桂花陈酒等产品获得北京市优质产品、北京名牌产品、国家银质奖等荣誉称号。2006年，“×华”被认定为“中华老字号”。

案外人酒祖公司系第152×××号“×康及图”、第9718×××号“×康”、第9718×××号“×康及图”等×康系列商标的注册人，核定使用商品均为第33类酒等。其中，第152×××号“×康及图”商标于1981年即获准注册，并在2006年、2011年被认定为驰名商标。该公司另曾申请在第33类上注册“×華×康”商标，但由于“×華”与我国国家名称近似，故该商标注册申请被驳回。2014年，该公司签订数份《商标使用许可合同》，许可被告控股公司、乙酿酒公司使用其“×康”系列注册商标，有效期分别至2022年、2023年，并已报商标局备案。

2016年8月3日，甲酿酒公司委托代理人随公证处公证员、工作人员至超市公司马家堡店选购了装在印有“×华×康”字样手提袋内酒2瓶。红色手提包装袋及白酒包装盒的正面及背面、酒瓶瓶身正面的中间部位均以较大字体印有“×華×康”文字，该文字上方均印有“×康”商标，另在包装盒正反面的底部、顶部及酒瓶瓶盖印有“×康”商标。涉案商品多处印有控股公司、乙酿酒公司的企业名称，该二公司亦认可涉案商品系其生产。甲酿酒公司认为被告控股公司、乙酿酒公司在其生产、销售的白酒商品上使用的“×华×康”标识，完整包含权利商标显著部分“×华”二字，构成近似，易造成相关公众混淆，属于商标侵权行为。被告超市公司销售被控侵权商品，亦构成商标侵权行为。故甲酿酒公司提起本案诉讼，要求三被告立即停止涉案商标侵权行为并承担连带赔偿经济损失200万元及合理开支56218元等法律责任。

【案件焦点】

1. 涉案被控侵权标识“×华×康”中使用“×华”二字是否构成合理使用；2. 甲酿酒公司“×华及图”商标与涉案被控侵权标识“×华×康”中的“×华”二字是否构成近似商标，是否导致相关公众混淆误认。

【法院裁判要旨】

北京市丰台区人民法院经审理认为：《中华人民共和国商标法》第四十八条规定，本法所称商标的使用，是指将商标用于商品、商品包装或者容器以及商品交易文书上，或者将商标用于广告宣传、展览以及其他商业活动中，用于识别商品来源的行为。本案中，被告控股公司、乙酿酒公司生产销售的涉案商品所附红色外包装袋、包装盒、酒瓶瓶身上均使用了“×華×康”文字，其字体较大、位置居中显著，能够起到识别商品来源的作用。涉案商品虽也使用“×康”商标，但其文字图形的大小和位置相对并不明显，较之“×華×康”标志，则不容易为相关公众所识别。故本院认定涉案商品使用“×華×康”标志的行为构成商标性使用。

《中华人民共和国商标法》第五十七条第二项规定，未经商标注册人的许可，在同一种商品上使用与其注册商标近似的商标，或者在类似商品上使用与其注册商标相同或者近似的商标，容易导致混淆的，属于侵犯商标专用权的行为。本案中，对于涉案商品使用的标志即“×華×康”与第115×××号“×华及图”商标（以下简称涉案商标）是否构成近似商标。涉案商标由汉字“×華”、汉语拼音“zhonghuapai”及华表图形这三部分构成，因文字较之图形更易被相关公众识别呼叫，故汉字“×華”为涉案商标的显著识别部分。被诉侵权标识为“×華×康”文字，其完整包含涉案商标的显著识别部分“×華”，虽然“×康”本身也具有一定知名度，但是鉴于涉案商标也具有较为久远的历史与较高的知名度，涉案商品将“×华”与“×康”联合使用后，不仅容易使得相关公众误认为其来源与商标权人或其商品存在特定的联系，也有可能将商标权人的商品误认为是被诉侵权人的商品，或者认为商标权人与被诉侵权人存在某种联系，进而影响涉案商标的正常使用。因此，被诉侵权标识“×華×康”与涉案商标构成近似标识，加之涉案商标核定使用在酒商品上，而被诉侵权标识被使用在白酒商品上，落入涉案商标核定使用的商品范围，故涉案商品使用“×華×康”标志的行为，属于侵犯涉案商标专用权的行为。控股公司、乙酿酒公司作为涉案商品的生产商，应当承担停止侵权、赔偿损失等法律责任。

根据《中华人民共和国商标法》第六十四条第二款之规定及在

案证据显示，超市公司销售的涉案商品系购自其他公司，超市公司对涉案商品上具有的商标权利进行过审查，其已尽到审慎注意义务，故本院认定超市公司的合法来源抗辩成立，其不应承担侵权赔偿责任，但对于甲酿酒公司要求超市公司承担停止侵权责任的诉讼请求，本院予以支持。

北京市丰台区人民法院依照《中华人民共和国商标法》第四十八条、第五十七条第二项、第六十三条、第六十四条第二款，《最高人民法院关于审理商标民事纠纷案件适用法律若干问题的解释》第九条第二款、第十条之规定，判决如下：

一、本判决生效之日起，被告控股公司、乙酿酒公司立即停止生产、销售涉案侵犯原告甲酿酒公司第115×××号注册商标专用权的商品；

二、本判决生效之日起十日内，被告控股公司、乙酿酒公司共同赔偿原告甲酿酒公司经济损失50000元、合理开支30000元；

三、本判决生效之日起，被告超市公司立即停止销售涉案侵犯原告甲酿酒公司第115×××号注册商标专用权的商品；

四、驳回原告甲酿酒公司的其他诉讼请求。

控股公司、乙酿酒公司不服一审判决，向北京知识产权法院提起上诉。北京知识产权法院经审理认为：控股公司、乙酿酒公司生产、销售的涉案商品所附红色手提包装袋的正面及背面中间部位，白酒包装盒的正面及背面、酒瓶瓶身正面的中间部位均印有“×華×康”文字，位置居中，文字排列整齐，字体较大，间隔均匀，具有显著的识别效果，相关公众容易以此识别商品来源，故涉案商品上对“×華×康”文字的使用方式属于商标意义上的使用行为。涉案商标由“×华”文字、“华表”图形及“zhonghuapai”三部分构成，其中“×华”的呼叫发音是消费者区分商品时的关键词语，故文字“×华”系涉案商标的显著识别部分。涉案商品上使用的“×華×康”完整包含涉案商标的显著识别部分“×华”，若该标志与涉案商标共同使用在酒类商品上，容易导致相关公众误认为涉案商品为甲酿酒公司×华牌酒的系列商品或与甲酿酒公司存在关联关系。控股公司、乙酿酒公司提交的证据不足以证明二者形成了稳定的区分市场，因此，被控侵权商品包装盒、包装袋及其瓶贴上使用汉字“×華×康”字样的行为，侵害了涉案商标专用权。一审法院酌情确定的经济损失、合理支出数额合理。

北京知识产权法院依照《中华人民共和国民事诉讼法》第一百七十条第一款第一项之规定，判决如下：

驳回上诉，维持原判。

【法官后语】

是否构成商标性使用是商标侵权判断中永恒的主题，亦是在做进一步商标相同、近似及商品和服务相同、类似认定的前提条件。商标性使用指的是相关公众能够根据该商标的使用情况区分商品或者服务来源。由于商标保护的就是该识别功能，所以如果被控侵权标识不构成商标性使用，则未对权利商标的识别功能造成破坏，也即不构成商标侵权。判断是否构成商标性使用要结合被控侵权标识的使用表征、使用方式及主观意图来判断。本案中，被控侵权标识为“×华×康”，“×华”系我国国家名称的简称，本身不具有商标意义上的显著性，而“×康”系已注册商标，被告经合法授权有权使用。但从被告的使用方式看，其系将“×华”作为其“×康”商标的前缀，以同样大小、字体，在商品外包装居中的显著位置上进行标识，难谓未将“×华”或者“×华×康”作为商标使用。另考虑到“×康”商标的权利人曾试图申请注册“×华×康”商标，而未获准这一事实情节，法院最终认定涉案使用“×华×康”商标标识的行为构成商标性使用。

商标权的权项包括专用权和禁用权。商标专用权的内涵和外延清晰，以核准注册的商标标识和核定使用的商品、服务为限。商标禁用权的范围要大于其专用权，其不仅包括禁止他人在相同商品、服务上使用相同商标，也包括禁止他人在类似商品、服务上使用近似商标，而后者关于“类似”“近似”的判断，是导致商标禁用权的权利边界具有不确定性和模糊性的原因所在，这也是司法审判中商标侵权认定的重点和难点。本案中，“×华及图”权利商标核定使用的商品与涉案被控侵权商品均为“酒”，因此在相同商品的判定上不存在分歧。则本案争议焦点实为判断“×华及图”商标与“×华×康”中的“×华”标识是否构成近似的问题。

根据《中华人民共和国商标法》第五十七条第二项规定，商标近似的认定包含两个层次的判断，也即商标标识本身构成近似及存在混淆可能性，具体判定规则应参照《最高人民法院关于审理商标民事纠纷案件适用法律若干问题的解释》第九条、第十条的规定。对于商标标识本身是否构成近似，系指文字商标的读音、字形、含义，图形商标的构图及颜色，或者文字、图形各要素组合后的整体结构是否相似等，同时应以相关公众的一般注意力为标准，既要对商标进行整体对比，又要对商标的显著识别部分进行比对，尤其是对于图形、文字及字母的组合商标，还要考虑到中国人基于汉语母语的呼叫习惯。对于存在混淆可能性的判断，则不仅要考虑是否会将使用被控侵权商标的商品误认为系原告所有，或者将原告的商品误认为系被告所有，或误认为原被告双方存在授权、归属等关联关系，也要考虑到权利商标及被控侵权商标的知名度和显著性。权利商标知名度、显著性的高低与造成混淆的可能性正相关，而被控侵权商标如亦具有相应知名度，则会降低混淆可能性，但仍不能忽视被告使用其商标主观上善意与否。

本案中，“×华及图”商标由图形及文字组成，“×华”文字是其主要识别因素及呼叫部分，同时根据原告提交的“×华牌”相关荣誉证书，可以证明“×华”与原告商标及其商品建立了紧密联系，并具有较高知名度。而涉案商品上使用的“×华×康”完整包含权利商标的显著识别部分“×华”。因此“×华及图”商标与涉案被控侵权标识“×华×康”中的“×华”构成近似商标。此外，根据被告提交的相应驰名商标证据，其“×康”商标亦具有很高知名度。在原、被告双方商标的知名度均较高，形成对抗态势的情况下，分析被告具体侵权行为则可以看出，其超出自身“×康”商标核定使用的范围，于“×康”前加以“×华”前缀，不仅是不规范使用，容易使相关公众误认为涉案商品为原告的系列商品或与原告存在关联关系，造成混淆。而且该种行为，实则意图通过实际使用来变相扩大自身商标权利的边界，将触及并侵入原告“×华及图”商标禁用权的领域之内。若不加制止，长此以往，该种行为将导致原告“×华及图”商标或者“×华牌”失去自身显著性，无法再作为识别商品来源的商标使用。综上，法院判定被告涉案使用“×华”标识的行为侵犯了原告“×华及图”注册商标专用权。

编写人：北京市丰台区人民法院　杜靓

058 商标侵权案件中关于正当使用抗辩的认定

——甲公司诉乙公司侵害商标权案

【案件基本信息】

1. 裁判书字号

北京知识产权法院（2020）京73民终735号民事判决书

2. 案由：侵害商标权纠纷

3. 当事人

原告（上诉人）：甲公司

被告（被上诉人）：乙公司

【基本案情】

Silk ××××Online（丝路××）系丙公司开发的游戏，2005年，丁公司代理该游戏，2011年，丁公司将“丝路××”注册为商标，后将该商标转让给原告甲公司。2013年，丙公司将该游戏运营方变更为被告乙公司。被告乙公司在宣传涉案游戏时，在其网站上使用“丝路××”“丝路××R”作为网络游戏Silk ×××× Online在丁公司代理期间的中文译名，将“新丝路××”“新·丝路”作为其代理的Silk ×××× Online游戏的中文译名使用，并在涉案游戏的开启、操作界面使用了“新丝路××”等字样。据此，原告甲公司认为被告乙公司的上述行为侵犯其商标权，被告则抗辩称其行为系商标正当使用。

【案件焦点】

被告称其使用“丝路××”“新丝路××”“新·丝路”等文字内

容系正当使用的抗辩是否成立。

【法院裁判要旨】

北京市石景山区人民法院经审理认为：

首先，根据本案已查明的事实，被告乙公司在中国境内运营的游戏与案外人丁公司曾运营的游戏均为丙公司开发的 Silk ×××× Online 游戏。两个公司代理运营的游戏虽然在具体游戏介绍、角色职业及角色技能有所差异，但属于同一款游戏即 Silk ×××× Online 游戏的版本更迭。因此，被告乙公司在其网站上使用“丝路××”等作为韩国网络游戏 Silk ×××× Online 在丁公司代理期间的中文译名，将“新丝路××”等作为其代理的 Silk ×××× Online 游戏的中文译名使用，并在涉案游戏的开启、操作界面使用了“新丝路××”等字样，显然是对其运营的网络游戏 Silk ×××× Online 的中文描述性指代，相关文字所发挥的也并非区分商品或服务来源的作用。

其次，是否构成正当使用，在考虑被告涉案使用行为属于描述性使用的前提下，还需考虑被告的使用行为是否为善意。由于被告乙公司运营的涉案游戏系丙公司开发，该游戏英文名称为 Silk ×××× Online，“丝路××”为丁公司运营涉案游戏时经丙公司许可的游戏中文名称，在被告乙公司运营的涉案游戏与案外人丁公司运营的丝路××游戏同属“Silk ×××× Online”中文版的情况下，被告在其网页上宣传涉案游戏时所述“乙公司旗下 3D 玄幻网游《Silk ××××》（《丝路××》《丝路××R》）国服正式命名为《新·丝路》”以及在网页和涉案游戏中标注《新丝路××》，一方面是对涉案游戏与原“Silk ×××× Online”中文版游戏承接关系的客观描述，另一方面也尽力将前后两个运营主体进行了区分，因此被告并不具有混淆商品或服务提供者使消费者产生误认或攀附他人商标商誉的主观过错。

综上所述，被告乙公司涉案使用行为系将“丝路××”等文字作为游戏中文名称的非商标性使用，亦不具有主观过错，不会导致相关公众混淆误认，不构成商标侵权行为。

北京市石景山区人民法院依照《中华人民共和国商标法》第四十八条、第五十七条之规定，判决如下：

驳回原告甲公司全部诉讼请求。

甲公司不服一审判决，提出上诉。

北京知识产权法院同意一审法院的裁判意见，维持原判。

【法官后语】

本案系一起涉及商标正当使用抗辩的典型知识产权案件。商标的功能在于识别商品或服务的来源，一般情况下，未经商标专用权人许可，使用他人注册商标，会损害他人的商标专用权。而实践中，除了商标意义上的使用，还存在商标的正当使用，本案中，需要论述的焦点即为被告使用“丝路××”等文字内容的行为，是否属于商标正当使用的情况，是否构成对原告注册商标专用权的侵害。

商标的正当使用作为一种对商标专用权的限制和商标侵权人的一项合理抗辩，必须要明确商标正当使用的构成要件，对于保护商标专用权人和非专用权人的合法权益、厘清商标专用权利界限，有着重要的意义。

如何认定涉案行为属于商标正当使用行为，主要从以下几个方面考量：

第一，对涉案文字使用只是为了说明或者描述自己的商品或者服务，并不是作为商标使用。

《中华人民共和国商标法》第四十八条规定，商标的使用，是指将商标用于商品、商品包装或者容器以及商品交易文书上，或者将商标用于广告宣传、展览以及其他商业活动中，用于识别商品来源的行为。商标是商品或服务的提供者为了将自己的商品或服务与他人提供的同种或类似商品或服务相区别而使用的标识。商标的功能包括识别来源、品质保障和广告宣传，其中识别来源是商标的核心功能。在一般情况下，只有使用人对特定的图形、文字等内容有意识地作为消费者识别商品或服务来源的标志时，即实施了商标法意义上的商标使用行为时，才可能构成对他人商标专用权的侵害。在商标侵权行为的认定中，应将发挥区分商品或服务来源作用的商标性使用行为，与发挥客观既有事物指代性作用的名称性使用行为即商标正当使用行为区分开来，避免商标意义上使用行为认定的泛化。如果允许商标注册人独占使用商标涉及的文字或词汇，则会使得他人对自己产品或服务的表述受到一定的限制，造成对权利人与他人利益以及公共利益的不平衡。

本案中，被告乙公司在中国境内运营的游戏与案外人丁公司曾运营的游戏均为丙公司开发的 Silk ×××× Online 游戏，属于同一款游戏的版本更迭。因此，被告乙公司在其网站上使用“丝路××”作为 Silk ×××× Online 在丁公司代理期间的中文译名，将“新丝路××”“新·丝路”作为其代理的 Silk ×××× Online 游戏的中文译名，并在涉案游戏的开启、操作界面使用“新丝路××”等字样，显然是对其运营的网络游戏 Silk ×××× Online 的中文描述性指代，属于正当使用行为，并非对涉案注册商标的使用。

第二，使用涉案文字出于善意，且不会造成相关公众的混淆、误认。

对于商标的正当使用，还应有一定的限制，即他人注册商标中的商品通用图形、型号，或者直接表示商品的质量、原料、功能等文字，第三人不可以采取任何方式使用，即第三人使用他人商标中的文字对己方提供的产品或服务进行描述，必须是善意的，要进行一定的合理避让，这是正当使用他人注册商标的基础。如果第三人将他人注册商标突出使用，或者使用方式并非对己方产品或服务客观情况、事实的描述，造成相关公众的混淆误认，则该行为依然构成商标侵权行为。

本案中，由于被告乙公司运营的涉案游戏系丙公司开发，该游戏英文名称为Silk ×××× Online，“丝路××”为丁公司运营涉案游戏时的游戏中文名称，且从原告甲公司及丁公司注册的商标分析，原告及丁公司应当认可“丝路××”是“Silk ×××× Online”的中文译名。被告在其网页上宣传涉案游戏时所述“乙公司旗下3D玄幻网游《Silk ××××》(《丝路××》《丝路××R》)国服正式命名为《新·丝路》”以及在网页和涉案游戏中标注《新丝路××》，一方面是对涉案游戏与原“Silk ×××× Online”中文版游戏承接关系的客观描述，另一方面也尽力将前后两个运营主体进行了区分，故被告并不具有混淆商品或服务提供者使消费者产生误认或攀附他人商标商誉的主观过错。

故法院最终判决认定被告行为系对商标的正当使用，驳回了原告全部诉讼请求。

在商标侵权案件中，被告经常以商标正当使用作为抗辩主张。法院在处理此种情况时，要结合被诉侵权人使用商标方式、主观恶意程度、是否会造成相关公众混淆误认等方面综合判断被控侵权行为究竟是商标侵权行为，还是正当使用行为，以合理界定注册商标专用权的保护范围，达到商标专用权和公共利益之间的平衡。

编写人：北京市石景山区人民法院　易珍春　郑天晓

059 不规范使用文字商标构成商标侵权的司法认定

——科技公司诉电子公司侵害商标权案

【案件基本信息】

1. 裁判书字号

广东省深圳市中级人民法院（2020）粤03民终15301号民事判决书

2. 案由：侵害商标权纠纷

3. 当事人

原告（被上诉人）：科技公司

被告（上诉人）：电子公司

【基本案情】

原告科技公司诉称，被告电子公司未经原告许可，在某网店上擅自使用与小天才近似的“儿童星小天才”商标，很容易导致混淆，构成商标侵权。据此请求法院判令电子公司：（1）立即停止侵权行为，包括停止在网站、产品等地方使用任何含有“小天才”字样的标识；（2）赔偿经济损失共计人民币400000元（以下币种均为人民币）；（3）支付维权合理开支共计6500元；（4）判令负担本案全部诉讼费用。被告电子公司辩称，被告经授权使用的儿童星小天才是合法核准的注册商标，核定使用商品包括智能手表（数据处理）等。被告在儿童智能手表上使用，合法合理，不构成商标侵权。

科技公司经核准注册第 14599×××号、第 19429×××A 号小天才注册商标，第 14599×××号商标核定使用商品为第 14 类，包括手表、电子钟表等，有效期自 2015 年 7 月 21 日至 2025 年 7 月 20 日；第 19429×××A 号商标核定使用商品为第 9 类，包括智能手表（数据处理）等，有效期自 2017 年 5 月 21 日至 2027 年 5 月 20 日。科技公司通过自产自销和授权经销的方式制造、销售小天才品牌儿童手表，经过持续宣传使用，小天才注册商标在全国范围内具有较高的知名度。

陈某经核准注册第 20900×××号儿童星小天才注册商标，核定使用商品为第 9 类，包括智能手表（数据处理）等，有效期自 2017 年 9 月 28 日至 2027 年 9 月 27 日。2019 年 8 月 27 日，该商标经核准转让给黄某勇。陈某、黄某勇均出具《商标使用授权书》，授权电子公司使用儿童星小天才。

电子公司在天猫平台开设专营儿童智能手表的品牌旗舰店和数码专营店。儿童星小天才品牌旗舰店店名使用“儿童星小天才”；两家网店展示售卖的商品名称为“儿童星小天才”儿童智能手表；旗舰店首页标注儿童星小天才，数码专营店首页商品图片的左上角标注儿童星 小天才。科技公司从上述两家网店公证购买的儿童智能手表外包装盒均标注“儿童星小天才”。旗舰店宝贝排行榜排名前面的五款智能手表共售出 20029 笔；数码专营店宝贝排行榜排名前面的五款智能手表共售出 31947 笔。

【案件焦点】

电子公司是否构成商标侵权。

【法院裁判要旨】

广东省深圳市龙华区人民法院于2020年4月24日作出（2019）粤0309民初14026号民事判决：经审理认为，电子公司被诉侵权行为包括两类：第一类，按照儿童星小天才注册商标标识使用。被告电子公司在网店儿童智能手表的商品名称及销售的被诉侵权产品外包装盒使用了“儿童星小天才”标识，经审查，儿童星小天才注册商标标识虽经过艺术化处理，但电子公司上述行为中使用的标识与儿童星小天才注册商标仅在字体上有细微差别，被告电子公司属于在注册商标标识范围内规范使用，故原告对于被告电子公司上述行为的争议，应当依法向有关行政主管机关申请解决，该主张不属于民事诉讼案件审理范围，不予处理。第二类，没有按照儿童星小天才注册商标标识使用。电子公司在旗舰店的首页标注有儿童星小天才标识，该标识分成两行，上行为“儿童星”三个字，下行为“小天才”三个字，下行的“小天才”明显大于上行的“儿童星”。电子公司在其经营的数码专营店中被诉侵权产品图片的左上角标注儿童星小天才标识，其中“小天才”三个字突出放大使用。经审查，电子公司在旗舰店首页和数码专营店被诉侵权产品图片上实际使用的两个标识属于没有按照儿童星小天才注册商标标识规范性使用，电子公司使用上述两个标识的行为不能视为其使用儿童星小天才注册商标的行为，科技公司主张电子公司实际使用的上述两个标识与其第 14599×××号及第 19429×××A 号小天才注册商标构成近似、侵犯其注册商标专用权，属于人民法院的受案范围，予以受理。本案中，原告享有的涉案两个商标，系艺术化设计后的小天才文字，具有一定的显著性，原告在儿童智能手表领域具有较高的声誉，其享有的涉案商标经过持续的使用和宣传，为相关公众所熟知，知名度较高。被告电子公司在旗舰店首页和数码专营店被诉侵权产品图片上实际使用的儿童星小天才、儿童星小天才标识突出使用“小天才”三个字，因原告涉案商标在儿童智能手表领域享有较高知名度，消费者的认知度较高，相关消费者施以一般注意力，容易误认被告上述实际使用的标识与小天才注册商标存在关联，因此认定被告电子公司在网店首页和产品图片上实际使用的上述标识与原告涉案小天才注册商标构成近似。电子公司经营儿童智能手表，与科技公司主张保护的第 14599×××号及第 19429×××A 号注册商标核定使用的商品属于同类商品。电子公司为销售儿童智能手表而在其经营的某网店中使用与第 14599×××号及第 19429×××A 号“小天才”注册商标近似的标识用于广告宣传，侵犯了科技公司依法享有的上述两个注册商标专用权，应依法承担停止侵权、赔偿损失的民事责任。综合考虑科技公司涉案商标的知名度、电子公司的主观故意及其侵权行为的性质等因素，对于科技公司要求电子公司赔偿 40 万元的诉讼请求予以全额支持，酌情确定电子公司赔偿科技公司经济损失 40 万元。科技公司在本案中支出公证费 7200 元，因该费用为其维权而支付的合理费用，故科技公司请求电子公司承担其中的6400元，予以支持。

广东省深圳市龙华区人民法院依照《中华人民共和国商标法》第四十八条、第五十七条第二项、第六十三条第三款，《中华人民共和国公司法》第六十三条，《最高人民法院关于审理商标民事纠纷案件适用法律若干问题的解释》第九条第二款、第十条、第十一条第一款，《最高人民法院关于审理注册商标、企业名称与在先权利冲突的民事纠纷案件若干问题的规定》第一条第二款，《中华人民共和国民事诉讼法》第六十四条第一款、第一百二十四条第三项的规定，判决如下：

一、电子公司立即停止侵犯第14599×××号、第19429×××A号小天才注册商标专用权的行为，即立即停止不规范使用儿童星小天才注册商标的行为；

二、电子公司应于判决生效之日起十日内赔偿科技公司经济损失400000元、支付维权合理开支6500元（以上共计406500元）。

电子公司不服一审判决，提起上诉。广东省深圳市中级人民法院经审理认为：电子公司应严格按照第20900×××号注册商标核准注册的儿童星小天才规范使用。经比对，儿童星小天才、儿童星小天才与儿童星小天才具有显著差别：被诉侵权标识均改变了字体、文字大小，儿童星小天才还改变词组的排列方式。电子公司以改变显著特征的方式使用注册商标儿童星小天才，已经违反了商标法对注册商标的使用规定，不构成对儿童星小天才的合理使用。关于电子公司是否构成商标侵权。首先，关于电子公司使用儿童星小天才、儿童星 小天才，是否属于商标侵权的民事纠纷，即是否属于人民法院审理民事案件的主管范围。电子公司系以改变显著特征、组合的方式使用注册商标儿童星小天才，并非规范使用注册商标，故电子公司主张本案不属于民事纠纷，缺乏法律依据，不予采纳。其次，关于儿童星小天才、儿童星 小天才与小天才是否构成近似。判断本案被诉侵权商标与权利商标是否构成近似，应综合考虑以下因素：（1）本案的两个注册商标均系艺术化设计后的“小天才”文字，先天具有一定的显著性；科技公司在儿童智能手表领域具有较高的声誉，其享有的涉案商标经过持续的使用和宣传，为相关公众所熟知，知名度较高。（2）电子公司使用的儿童星小天才、儿童星 小天才均包含“小天才”三个字，且突出使用“小天才”，对于相关公众而言，被诉侵权标识的识别性主要来自“小天才”。（3）注册商标在儿童智能手表领域享有较高知名度，相关公众的认知度较高，相关公众施以一般注意力，容易导致被诉侵权标识与小天才发生混淆，误以为电子公司与科技公司存在关联。电子公司未经科技公司许可，在同一种商品智能手表上使用与注册商标小天才近似的标识用于广告宣传，很容易导致混淆，侵害注册商标专用权，应依法承担停止侵害、赔偿损失等民事责任。关于停止侵害。科技公司对此一审的诉讼请求为：电子公司立即停止侵犯注册商标专用权的行为，包括停止在网站、产品等地方使用任何含有“小天才”字样的标识。如前所述，电子公司可规范使用儿童星小天才，电子公司使用儿童星小天才、儿童星 小天才构成商标侵权，即并非电子公司所有使用含有“小天才”标识的行为均应被禁止，故该项诉讼请求不应被全部支持。一审法院判决电子公司立即停止不规范使用第20900×××号儿童星小天才注册商标标识的行为，系限缩支持诉讼请求中的合理部分，并无不当，二审法院予以确认。

广东省深圳市中级人民法院依照《中华人民共和国民事诉讼法》第一百七十条第一款第一项之规定，判决如下：

驳回上诉，维持原判。

【法官后语】

随着市场经济的快速发展，攀附商标知名度、搭便车的商标侵权行为花样翻新、不断升级。本案系在同一种商品智能手表（数据处理）上存在先后注册的小天才、儿童星小天才（均未指定颜色）商标：科技公司对小天才享有注册商标专用权；经授权，电子公司可合法使用儿童星小天才。电子公司一共实施五种不同的商标使用行为：（1）销售的儿童智能手表外包装盒标注“儿童星小天才”字样；（2）旗舰店店名使用“儿童星小天才”字样；（3）数码专营店展示的“儿童星小天才智能手表”商品名称中使用“儿童星小天才”字样；（4）旗舰店首页标注儿童星小天才；（5）数码专营店首页产品图片左上角标注儿童星 小天才。科技公司诉称，前述行为均不是严格使用儿童星小天才，均与小天才构成近似，构成商标侵权；电子公司辩称，前述行为均系对**儿童星小天才**的合法、合理使用。前述行为很具有迷惑性，仅在网店首页突出使用儿童星小天才、儿童星 小天才，达到吸引眼球、引导流量进入自己店铺浏览商品的目的；相关公众打开商品链接，店铺名称、商品名称均使用“儿童星小天才”；实际销售的商品包装盒上使用的也是“儿童星小天才”。审理此类事实繁复的商标侵权案件，必须条分缕析、抽丝剥茧、一一甄别。

一、电子公司使用“儿童星小天才”构成对注册商标**儿童星小天才**的使用

（一）使用注册商标的认定标准：差别细微，未改变显著特征

《最高人民法院关于审理商标授权确权行政案件若干问题的规定》第二十六条第二款规定，实际使用的商标标志与核准注册的商标标志有细微差别，但未改变其显著特征的，可以视为注册商标的使用。商标的显著特征，是指注册商标最具识别力的部分。**儿童星小天才**为文字商标，字体排列均衡、大小相同，字形略有设计感，但整体视觉效果不特别、不惊艳，故其显著特征应来自“儿童星小天才”文字本身。在比对时，应主要考虑文字的字形、读音、含义。电子公司在第（1）~（3）种使用方式中使用的“儿童星小天才”，均未严格按照**儿童星小天才**使用，字形略有区别。《中华人民共和国商标法》第五十六条规定，注册商标的专用权，以核准注册的商标和核定使用的商品为限。科技公司据此主张，电子公司的前述使用行为均不合法。笔者认为，注册商标的专用权，以核准注册的

商标为限。该“限”，并非指实际使用商标标志与注册商标在物理意义上完全相同，而是存在细微差别、未改变注册商标显著特征的实际使用，应被容许。商标法意义上的相同，是指二者在视觉上基本无差别。本案实际使用的“儿童星小天才”与儿童星小天才相比，文字相同，文字之间的大小比例关系相同，二者存在细微的差别，“儿童星小天才”未改变儿童星小天才的显著特征。相关公众在比对对象隔离的状态下分别观察“儿童星小天才”、儿童星小天才，会感觉二者在视觉上基本无差别。电子公司使用“儿童星小天才”，构成对注册商标儿童星小天才的使用。

（二）使用注册商标的法律后果：民事不可诉

《最高人民法院关于审理注册商标、企业名称与在先权利冲突的民事纠纷案件若干问题的规定》第一条第二款规定，原告以他人使用在核定商品上的注册商标与其在先的注册商标相同或者近似为由提起诉讼的，人民法院应当根据民事诉讼法第一百二十四条第三项的规定，告知原告向有关行政主管机关申请解决。如前所述，电子公司的第（1）~（3）种使用行为均属于在核准注册的商标、核定使用的商品上使用儿童星小天才，故科技公司对电子公司上述行为的争议，不属于人民法院受理民事诉讼案件的主管范围，其应当依法向有关商标行政主管机关申请解决。

二、电子公司使用儿童星小天才、儿童星小天才，对小天才构成商标侵权

（一）电子公司使用儿童星小天才、儿童星小天才已改变

儿童星小天才的显著特征，不构成对注册商标**儿童星小天才**的使用

注册商标的专用权，以核准注册的商标和核定使用的商品为限。他人不得以改变显著特征、拆分、组合等方式使用注册商标。在司法实践中，改变商标显著特征的具体表现形式为拆分、组合注册商标、突出使用部分图形商标、在文字商标中增加文字、变更文字商标的大小等。因**儿童星小天才**为文字商标，如前所述，其显著特征来自“儿童星小天才”文字本身。如果单纯从文字商标的字形、读音、含义等方面进行比对，诚如电子公司所辩称，我司使用儿童星小天才、儿童星小天才与**儿童星小天才**一字不差，构成相同。虽然**儿童星小天才**未指定颜色，但因儿童星小天才、儿童星小天才使用的颜色、字体、排列均具有一定的设计感，会对消费者的视觉效果造成较**儿童星小天才**更大的冲击。特别是被诉侵权商品为儿童智能手表，对于目标消费人群儿童而言，因儿童星小天才、儿童星小天才使用的颜色搭配更加鲜艳、生动，其显著性不仅来自文字本身，还来自整体视觉效果。故儿童星小天才、儿童星小天才均已兼具图形商标的识别功能，在比对时，可引入图形商标的整体结构比对来判断是否改变显著特征。经比对，儿童星小天才、儿童星小天才与**儿童星小天才**具有显著差别：（1）被诉侵权标识均改变字体的形状、大小关系比例，特

别突出“小天才”；儿童星小天才还改变词组的上下排列位置。(2) 除文字识别功能外，儿童星小天才、儿童星 小天才均已兼具图形商标的识别功能。电子公司以改变显著特征、排列组合的方式使用注册商标，已经违反了《中华人民共和国商标法》对注册商标的使用规定，不构成对儿童星小天才的使用。

(二) 儿童星小天才、儿童星 小天才与小天才构成近似

《最高人民法院关于审理商标民事纠纷案件适用法律若干问题的解释》第九条第二款规定，商标法规定的近似商标，是指被诉侵权的商标与原告的注册商标相比较，其文字的字形、读音、含义或者图形的构图及颜色，或者其各要素组合后的整体结构相似，或者其立体形状、颜色组合近似，易使相关公众对商品的来源产生误认或者认为其来源与原告注册商标的商品有特定的联系。判断商标是否近似，还应当考虑请求保护注册商标的显著性和知名度。如前所述，小天才与儿童星小天才均为文字商标，如单纯比对二者文字的字形、读音、含义，一定会得出既不相同也不近似的结论：因为在小天才核准注册之后，儿童星小天才仍然能在同一种智能手表（数据处理）商品上被核准，足以证明二者不相同、不近似。笔者认为，认定儿童星小天才、儿童星 小天才与小天才是否构成近似，应综合考虑以下因素：(1) 主观因素：儿童星小天才、儿童星 小天才系对

儿童星小天才的变形、不规范使用，特别突出“小天才”，在近似的认定上应充分考虑电子公司使用行为攀附小天才商誉的主观故意，亦即对近似的认定不能严苛得仅限于文字。（2）客观表现：儿童星小天才、儿童星 小天才特别突出使用“小天才”，显著性和识别作用不再均衡地来自“儿童星小天才”，而是主要来自“小天才”，故“小天才”应作为被诉侵权标识的主要部分。比对时，应偏重考虑“小天才”的影响，即应加大“小天才”在认定近似的权重。（3）比对方法：小天才虽为文字商标，但文字造型具有设计感，“小”字像一个大大的笑脸，故对目标消费人群儿童而言，其整体视觉效果的识别作用亦不容忽视，故图形商标的整体结构比对法同样应予考虑。（4）小天才的显著性和知名度。

（三）儿童星小天才、儿童星 小天才与小天才容易导致混淆

容易导致混淆是指易使相关公众对商品的来源产生误认或者认为其来源与原告注册商标的商品有特定的联系。人民法院应当综合考量如下因素以及因素之间的相互影响，认定是否容易导致混淆：（1）商标标志的近似程度；（2）商品的类似程度；（3）请求保护商标的显著性和知名程度；（4）相关公众的注意程度；（5）其他相关因素。被诉侵权人的主观意图以及实际混淆的证据可以作为判断混淆可能性的参考因素。考虑到认定商标是否构成近似与是否容易导致混淆的考虑因素经常重合，第（1）~（5）项在认定商标近似时已予论述，鉴于科技公司未提交实际混淆的证据，电子公司的主观

意图可作为第（5）项的其他相关因素，在认定是否容易导致混淆时予以重点考量。因电子公司变形使用儿童星小天才、突出使用“小天才”，足以反映其攀附小天才商誉、故意诱导消费者产生混淆的主观故意。

三、对本案的进一步引申思考

如前所述，本案的被诉侵权行为花式繁多，合法使用与侵权行为交织；文字商标、图形商标的比对方法结合运用，近似、混淆的认定颇费思量。除前述商标侵权认定外，以下问题亦值得进一步思考：

（一）停止侵害的范围应以侵权行为为限

1. 剔除原告诉讼请求中不成立的部分。科技公司的诉讼请求为：电子公司立即停止侵权行为，包括停止在网站、产品等地方使用任何含有“小天才”字样的标识。即原告认为，电子公司均未按照儿童星小天才严格使用商标，均构成商标侵权。电子公司可规范使用儿童星小天才，电子公司使用儿童星小天才、儿童星 小天才构成商标侵权，即并非电子公司所有使用含有“小天才”标识的行为均应被禁止，故科技公司的该项诉讼请求不应被全部支持。经过比对，电子公司第（1）~（3）项使用行为可认定为对儿童星小天才的使用，不构成商标侵权。故一审判决：电子公司立即停止侵害第14599×××号、第19429×××A号小天才注册商标专用权的行为，即立即停止不规范使用儿童星小天才注册商标的行为。一审的处理并无不当，故二审予以维持。

2. 停止侵害的判项对具体的侵权行为应具有唯一指向性。同一侵权主体实施的商标侵权行为有两项要素：一是实际使用的商标标志；二是实际使用的载体。至少有一项不同，即可视为不同的侵权行为，在判决停止侵权时应针对不同的侵权行为逐一撰写判项，以提高停止侵害判项的精准性及执行的可操作性。因一审停止侵害的判项较为笼统，不够精准，可进一步改进。如前所述，电子公司实施的商标侵权行为是第四项、第五项，故判决“电子公司立即停止在旗舰店首页使用儿童星小天才、在数码专营店首页产品图片上使用儿童星小天才”可能更为妥帖。

（二）本案可适用惩罚性赔偿

《中华人民共和国商标法》第六十三条规定，对恶意侵害商标权，情节严重的，可依法适用惩罚性赔偿。《中华人民共和国民法典》第一千一百八十五条规定，故意侵害他人知识产权，情节严重的，被侵权人有权请求相应的惩罚性赔偿。（1）主观要件：电子公司改变儿童星小天才的显著特征使用儿童星小天才、儿童星小天才，突出使用“小天才”，具有攀附小天才商誉搭便车的主观故意。（2）客观要件：情节严重。①侵权商品销量巨大。旗舰店宝贝排行榜排名前面的五款智能手表共售出20029笔；数码专营店宝贝排行榜排名前五款智能手表共售出31947笔。②具有民事、行政的双重违法性。电子公司不规范使用儿童星小天才，不但构成商标侵权，还破坏了注册商标规范使用的行政管理秩序。其社会危害性远远大于普通的商标侵权行为。鉴于科技公司在一审辩论终结前未提出适用惩罚性赔偿，本案未适用惩罚性赔偿。一审根据侵权商品的销量，计得的侵权获利已大于诉讼请求，故予以全额支持。

（三）电子公司使用儿童星小天才、儿童星小天才对儿童星小天才是否构成商标侵权

如前所述，儿童星小天才、儿童星小天才已改变儿童星小天才作为文字商标的显著特征，二者构成近似。电子公司在同一种商品上使用儿童星小天才、儿童星小天才，容易使相关公众产生混淆。此混淆非彼混淆，与小天才的混淆，是相关公众对商品的来源产生误认；或者认为其来源与小天才的商品有特定的联系。电子公司经商标注册人合法授权使用儿童星小天才，二者如出一辙。相关公众对儿童星小天才、儿童星小天才与儿童星小天才产生混淆存在两种可能性：(1) 对儿童星小天才显著性、知名度增加有益的混淆：因为近似度太高，大部分相关公众不以为意，仅施以一般注意力。(2) 对儿童星小天才识别性减弱的有害混淆：整体视觉效果毕竟不同，部分心细的相关公众反而会怀疑，两个标识代表的商品来源是否为同一家。会削弱、延迟甚至斩断在相关公众心目中对儿童星小天才与商标注册人的直接联系。长此以往，必将贬损儿童星小天才的显著性、知名度。电子公司的前述使用行为可谓损二人之利而全一己之私。诚

实信用为经商的根本，电子公司应持续规范使用儿童星小天才，专注深耕儿童星小天才商誉的培树，而不是觊觎他人商标的知名度，攀附商誉搭便车花式侵权。

本案的指导意义在于：（1）文字商标兼具图形商标的识别功能时，近似的比对可参考图形商标的方法。（2）停止侵害的范围应以侵权行为为限。（3）判决支持原告的全部诉讼请求，充分体现小天才注册商标的市场价值，切实加大对恶意商标侵权行为的打击力度。在2020年“4.26知识产权宣传周”中，一审法院公开开庭审理并当庭宣判，对商标恶意侵权行为形成有力震慑，引起社会广泛关注。本案的审理取得政治、法律、社会效果三效合一的良好预期。

编写人：广东省深圳市中级人民法院　黄瑜瑜

060 商标权惩罚性赔偿适用的司法认定

——通信公司诉甲科技公司、乙科技公司侵害商标权案

【案件基本信息】

1. 裁判书字号

广东省深圳市中级人民法院（2020）粤03民终16190号民事判决书

2. 案由：侵害商标权纠纷

3. 当事人

原告（被上诉人）：通信公司

被告（上诉人）：甲科技公司

被告：乙科技公司

【基本案情】

通信公司指控甲科技公司、乙科技公司制造、销售的使用“vivi”商标的手机产品侵害其第9773×××号vivo注册商标专用权，请求停止侵权并赔偿损失500万元、支付维权合理开支126000元。

通信公司对第9773×××号vivo享有注册商标专用权。核定使用商品为第9类中的电话机、手提电话等，有效期限自2012年9月21日至2022年9月20日。《第19257768号“VIVO”商标不予注册的决定》认为，通过通信公司的长期使用和广泛宣传，通信公司的第9773×××号vivo商标已在我国相关公众中具有较高知名度，并认定通信公司注册使用在“手提电话”商品上的vivo商标为驰名商标。

甲科技公司网站首页使用vivi标识，网页展示“vivi v9”“vivi v15”“vivi v12”“vivi X9”“vivi X7”“vivi R9S”等vivi手机商品信息，商品图片显示手机上均使用vivi标识，该网站系甲科技公司运营。甲科技公司在官网上宣称“vivi手机”的单款产品的销售量平均达到30万台。“乙科技”网店销售“正品vivi v9-X6.0寸全面屏智能手机”，所附商品图片显示手机上使用vivi标识。乙科技公司确认：涉案手机系其销售，网店“乙科技”系其经营。涉案手机与注册商标核定使用的手提电话商品属于同一种商品。

《vivi v9 手机进网许可证》发证日期为 2017 年 6 月 16 日。2018 年 6 月 27 日，甲科技公司继受取得第 4764197 号 ViVi、第 23108311 号 ViVi 注册商标专用权。2018 年 8 月 6 日，通信公司对网上部分 vivi 手机销售店铺进行公证取证，将销售链接显示的月销量逐一相加，得出淘宝网上部分 vivi 手机的近 30 日销量为 12621 台。甲科技公司自认每台手机利润为 39.3 元。2019 年 5 月 28 日，一审法院向网店所在平台作出《协助执行通知书》，内容为：立即下架“乙科技”网店销售的带有 vivi 标识的手机产品。

【案件焦点】

1. 甲科技公司是否构成商标侵权；2. 如甲科技公司构成商标侵权，民事责任应如何承担。

【法院裁判要旨】

广东省深圳市福田区人民法院经审理认为：甲科技公司未经通信公司许可，在手机上使用与通信公司第 9773×××号“vivo”注册商标近似的“vivi”标识，侵犯了通信公司的注册商标专用权。甲科技公司其在官网域名中使用的“vivi”字母为普通的英文字体，与通信公司第 9773×××号“vivo”注册商标的字母不完全相同，而与其自有的第 4764197 号、第 23108311 号“ViVi”注册商标字母相同，系对其自有商标的合理使用。通信公司主张甲科技公司使用域名侵犯其注册商标专用权，理由不成立，不予支持。乙科技公司销售的两部 vivi 手机，使用了“vivi”及“vivi”

标识，上述标识与通信公司第 9773×××号“vivo”注册商标近似，属于侵犯通信公司注册商标专用权的商品。乙科技公司未经通信公司许可，销售被诉侵权商品，亦侵犯了通信公司的注册商标专用权。乙科技公司虽提交了《商标注册证》《品牌授权书》等证据，但并不足以证明其销售的涉案手机具有合法来源。甲科技公司生产、销售、宣传使用了“vivi”标识的手机，乙科技公司销售使用了“vivi”“vivi”标识的手机，均侵犯了通信公司的注册商标专用权，均应停止侵权。关于赔偿损失的金额问题。根据甲科技公司提交的 2019 年 1 月的记账凭证及发票，其当月向丙科技公司销售手机共计 356 台，金额共计 142845. 06 元。从甲科技公司 2017 年 6 月取得“vivi v9”型号手机的《电信设备进网许可证》起算，至 2019 年 5 月作出涉案行为保全裁定，共计 23 个月。故酌情确定甲科技公司生产、销售 vivi 手机的获利金额为 345000 元（月利润 15000 元×23 个月）。根据通信公司注册商标的知名度高低、甲科技公司侵权情节的严重程度以及酌定赔偿基数可能偏低的情形，就通信公司在庭审中提出对其判令惩罚性赔偿，予以支持。按照上述确定的获利金额的三倍确定甲科技公司的赔偿数额，即 1035000 元。

广东省深圳市福田区人民法院依照《中华人民共和国商标法》第五十七条第二项和第三项、第六十三条第一款和第三款，《最高人民法院关于审理商标民事纠纷案件适用法律若干问题的解释》第十六条第一款和第二款、第十七条，《中华人民共和国民事诉讼法》第六十四条第一款、第一百四十四条之规定，判决如下：

一、甲科技公司应立即停止侵犯通信公司第 9773×××号 vivo 注册商标专用权的行为，即立即停止在网站宣传带有

vivi标识的手机产品，停止生产、销售带有vivi标识的手机产品，去除库存侵权产品上的侵权标识；

二、乙科技公司应立即停止侵犯通信公司第 9773×××号vivo注册商标专用权的行为，即立即停止销售带有vivi、vivi标识的手机产品，去除库存侵权产品上的侵权标识；

三、甲科技公司应于本判决发生法律效力之日起十日内赔偿通信公司经济损失 1035000 元及为制止侵权行为所支付的合理开支 100000 元；

四、乙科技公司应于判决发生法律效力之日起十日内赔偿通信公司经济损失 200000 元及为制止侵权行为所支付的合理开支 26000 元；

五、驳回通信公司的其他诉讼请求。

甲科技公司不服一审判决，提出上诉。广东省深圳市中级人民法院经审理认为：未经权利人的许可，甲科技公司在同一商品上使用与vivo注册商标近似的商标vivi，容易导致混淆；乙科技公司销售侵权商品，均属于侵犯通信公司的注册商标专用权的侵权行为，理应依法承担停止侵权、赔偿损失等民事责任。关于停止侵害。鉴于甲科技公司、乙科技公司均构成商标侵权，二审法院依法支持通信公司关于停止商标侵权的诉请。关于赔偿损失。因各方当事人均同意按照侵权人因侵权所获得的利益确定赔偿数额，一审法院根据甲科技公司“每月销售数额×单部手机侵权获利×侵权时间”的公式计算赔偿数额，各方当事人对此计算公式均不持异议。

首先，关于侵权手机每月销售数额的认定。一审法院责令甲科技公司提交相关的账簿、资料。甲科技公司一审庭后提交《书面说明》、订单、记账凭证及发票照片打印件。其中，2019 年 1 月的记账凭证、发票显示：甲科技公司向案外人丙科技公司销售手机 356 台，销售收入为 142845.06 元。鉴于涉案手机系乙科技公司销售，两部涉案手机均标注甲科技公司的生产信息，前述证据足以证明，甲科技公司的客户不止丙科技公司一人。即甲科技公司提交的证据不能证明其制造、销售侵权手机的真实、完整数据，通信公司主张对前述证据不予采纳，符合证据规则。侵权人不提供或者提供虚假的账簿、资料的，根据商标法的相关规定，人民法院可以参考权利人的主张和提供的证据。据此，通信公司一审提交公证取证的近 30 天某网站上“vivi 手机”的部分销售链接，计得实际销售数据为 12621 台。甲科技公司对此不予认可，认为前述销售数据中有部分是假冒“vivi 手机”。对此，甲科技公司一审提交某网站投诉明细表打印件。因该证据为打印件，对其真实性二审法院不予采纳，甲科技公司提交证据不能证明，通信公司提交销售数据中存在假冒“vivi 手机”。结合甲科技公司在官网上宣称“vivi 手机”的单款产品的销售量平均达到 30 万台，二审法院采纳通信公司的主张，即侵权手机的月销售数量为 12621 台。

其次，关于侵权时间的认定。通信公司主张：“vivi v9”手机的进网许可证发证日期为 2017 年 6 月 16 日，该手机模仿通信公司 vivo X9 手机。vivo X9 手机上市时间为 2016 年 11 月 24 日，甲科技公司攀附热度推出“vivi v9”，同时申请相关的进网许可证。甲科技公司于 2016 年成立，经营范围包括手机的生产、销售，一直具备手机产品的制造能力。一审认定甲科技公司于 2017 年 6 月开始生产、销售侵权手机，已晚于实际侵权时间。甲科技公司主张：2018 年 6 月 27

日，我司才受让取得ViVi商标，不可能在此之前擅自使用vivi。对此，二审法院认为，甲科技公司获得入网许可证不意味着实际生产手机。考虑到侵权事实的存在是容易举证的积极事实，根据“谁主张、谁举证”的原则，通信公司应对2017年6月16日~2018年6月26日，甲科技公司使用vivi商标制造、销售手机，实施侵权行为进行举证。鉴于通信公司对此未提交证据证明，结合其二审当庭确认新型号手机的销售周期一般为一年，二审法院酌定将甲科技公司继受取得注册商标的时间（2018年6月27日）作为其实际使用vivi实施商标侵权行为的计算起点，计至一审法院作出《协助执行通知书》（2019年5月28日）为止，侵权持续时间共计11个月。

最后，关于侵权获利的计算。根据甲科技公司一审自认每部手机利润为39.3元，计得本案的侵权获利为5456058.3元（12621台×39.3元×11个月）。鉴于该数额已经远远高于一审的判赔数额，因通信公司对一审判赔数额未提出上诉，系该司对自身权利的处分，二审法院对一审确定的赔偿数额予以确认。甲科技公司主张一审判赔数额过高，缺乏事实依据，二审法院不予采纳。

广东省深圳市中级人民法院依照《中华人民共和国民事诉讼法》第一百七十条第一款第一项之规定，判决如下：

驳回上诉，维持原判。

【法官后语】

一、商标权惩罚性赔偿的适用原则

（一）填平为主，惩罚为辅

在“赔偿损失”的责任承担方式法律体系中，宏观衡量填平与惩罚的比例。填平原则是基础，惩罚性赔偿是补偿性赔偿的有益补充。补偿性赔偿遵循填平原则，要求对权利人经济损失的弥补，既不能多也不能少；惩罚性赔偿的实质是比填平更多。惩罚功能体现为：赔偿数额>实际损失（侵权获利）。

（二）个案适用，因需适用

在个案审理中用于判断是否具有适用惩罚性赔偿的必要性。惩罚性赔偿适用应坚持必要性原则。以原告的诉讼请求为限，如计算得出的权利人损失或者侵权人获得利益>诉讼请求，惩罚性赔偿的适用就无必要。如果把原告的诉讼请求置之不理，激进适用惩罚性赔偿，就很容易越俎代庖，僭越行政责任、刑事责任的惩罚权域。

（三）以惩罚性赔偿为主，倍数罚则为辅

在应适用惩罚性赔偿的个案审理中，如何既体现惩罚性，又淡化惩罚色彩的原则。同理以原告的诉讼请求为限，如计算得出的权利人损失或者侵权人获得利益<诉讼请求，则惩罚性赔偿的适用就有必要。但如何体现惩罚性呢？是否倍数罚则就够惩罚性，非倍数罚则不够惩罚性？在确需适用惩罚性赔偿的商标权侵权案件中，可在赔偿数额的计算基数中引入惩罚性因素，不宜机械主动适用倍数罚则，因为倍数罚则的惩罚性质过于浓重，民事责任的惩罚性必须考虑与行政责任、刑事责任的惩罚性兼容和协调。

二、商标权惩罚性赔偿的证据规则

（一）一般规则为主，特殊规则为辅

当事人对自己提出的主张，应当提供证据加以证明，人民法院应坚持一般规则的充分运用。当前强调“加大知识产权司法保护力度，引入证据妨碍排除规则”，对特殊规则的适用，确能给案件增添程序性亮点。但不能因功利性趋向，背离必要性原则。在一般规则的适用即可查明事实的情况下，不必再适用“书证提出命令、证据妨害”等特殊规则。

（二）个案适用，因需适用

对特殊证据规则的适用应坚持必要性原则。其一，缺乏必要性：如权利人的举证已将计算基数全部证明完毕，即可以直接计算赔偿数额。考虑到民事诉讼便利、经济、效率的原则，大可不必再多此一举适用特殊举证规则。其二，确有必要性：权利人已经尽力举证，而与侵权行为相关的账簿、资料主要由侵权人掌握。

三、商标权惩罚性赔偿数额确定的价值导向

（一）加强知识产权保护，切实保障权利人合法合理诉求实现的最大化

加强知识产权保护已经上升到国家战略高度，必须脚踏实地、落地生根。落实到具体的个案中，必须切实保障权利人合法合理诉求实现的最大化。

（二）强化“谁主张、谁举证”当事人举证的一般原则

指导当事人，特别是原告积极、全面、正确、诚实地完成举证，根本破解“举证难”。

（三）严格落实惩罚性赔偿制度，在确定赔偿数额时尽可能引入惩罚性因素

鉴于倍数赔偿并非惩罚性赔偿的唯一实现方式，根据惩罚性赔偿制度的法理和本质，赔偿数额>实际损失（侵权获利）即带有惩罚性质，就能实现惩罚性赔偿区别于补偿性赔偿的惩罚（威吓）、预防（阻却）等制度价值。

本案系深圳首例适用商标权惩罚性赔偿的生效案例。一审法院适用倍数罚则，二审法院在计算侵权获利时引入惩罚性因素，均对

商标权惩罚性赔偿的具体适用进行大胆探索。创设商标权惩罚性赔偿"个案适用、因需适用"原则，充分运用一般证据规则，在选择侵权获利计算依据确定赔偿数额时，充分遵循实现诉求>引导举证>落实惩罚的价值导向，为提高赔偿数额计算的科学性、合理性，创设出一整套可复制的审判经验。

编写人：广东省深圳市中级人民法院　黄瑜瑜

061　"×茶"商标侵权案中惩罚性赔偿的司法适用

——餐饮公司诉投资公司等侵害商标权案

【案件基本信息】

1. 裁判书字号

广东省广州市白云区人民法院（2019）粤 0111 民初 25748 号民事判决书

2. 案由：侵害商标权纠纷

3. 当事人

原告：餐饮公司

被告：投资公司、孙某梅、陈某涛

【基本案情】

餐饮公司旗下的"×茶"是中国极具影响力的茶饮料品牌，在特调茶饮服务和商品领域具有极高的行业声名以及广泛的消费者基础。餐饮公司为更好地维护自己的品牌，将"×茶""""××EKCAA"等商标申请注册并已获准，目前均处于有效期内。

2018 年，餐饮公司经公证取证发现投资公司在其域名为“××××999. com”的网站及微信号为“××××999”的公众号上大量使用“×茶”“”，以及与“××EKCAA”极为近似的“××AKCEE”“××× FOR TEA”进行宣传及招商，在经营活动中实施“×茶”特许加盟经营项目。餐饮公司主张与投资公司毫无关系，也从未与其开展过任何商业合作。2017 年 6 月 12 日，投资公司与陈某涛签订《餐饮服务协议书》，约定投资公司同意陈某涛开设“港座×茶”餐饮店，合同期限自 2017 年 6 月 12 日起至 2018 年 6 月 11 日止，签约费用为 59800 元。上述《餐饮服务协议书》签订后，陈某涛遂开业经营茶馆。2019 年 1 月 8 日，餐饮公司向某市市场监督管理局龙圩区分局投诉，茶馆属于与投资公司合作经营的“港座×茶”项目，并提交了与港座茶馆的《合作协议书》。该局于 2019 年 1 月 10 日作出《责令改正通知书》，要求陈某涛立即停止侵权行为。餐饮公司认为，投资公司及港座茶馆在奶茶、果汁、咖啡及茶馆、餐厅服务中使用涉案商标的行为，属于未经商标注册人的许可，在同一种商品及服务上使用与其注册商标相同及近似的商标，投资公司及港座茶馆的行为严重侵犯了投资公司的注册商标专用权，构成商标侵权。

另在审理中查明，投资公司特许其他加盟商开设“港座×茶”餐饮店的情况包括餐饮公司于 2018 年 6 月 1 日投诉某店内，使用“×茶”“HEAKCAA”等注册商标，被诉人能证明自己是合法取得并说明提供者为投资公司，该局已责令该店铺停止销售。成都高新技术产业开发区人民法院作出的（2018）川 0191 民初 4902 号《民事判决书》，查明投资公司与王某签订《凯美合作协议书》，授权王某为某区“港座×茶”品牌加盟商，王某需要支付相关费用。根据原告提交的投资公司与王某签订的《凯美合作协议书》显示，王某需要支付投资公司相关费用105000元，服务费用5000元。2017年9月20日，投资公司与李某娥签订《凯美合作协议书》，约定，投资公司授权其开设“又一×茶”餐饮店。李某娥向投资公司支付相关费用35000元，根据投资公司与李某娥签字、盖章的《设备大礼包》载明：投资公司的已收金额为70440元。

【案件焦点】

1. 投资公司、茶馆是否实施了侵害涉案权利注册商标的行为；2. 本案能否适用惩罚性赔偿；3. 各被告应负担的赔偿金额认定问题。

【法院裁判要旨】

广东省广州市白云区人民法院经审理认为：投资公司在官方网站使用了混淆性图片，在微信公众号使用了图片，前述图片中的×茶文字，与餐饮公司注册商标“×茶”属于近似标识；前述图片中的“××AKCAA”英文标识与深圳餐饮公司注册商标“××EKCAA”构成实质性相识；前述图片中的“××AKCEE”与深圳餐饮公司注册商标“××EKCAA”比照，与权利商标结构、排列组合及字母选择上基本相同，极易引起视觉混淆，构成相似标识。前述图片中的“一举杯喝饮料的侧面黑发人形”图形标识，与深圳餐饮公司注册商标“”整体外观上基本无差别，构成近似；前述图片中“×××

FOR TEA”标识，与深圳餐饮公司注册商标“××× FOR TEA”构成实质性相似。投资公司在同类商品或服务上使用与前述权利商标相近似的标识，容易使相关公众对商品或服务的来源产生误认，其使用被控侵权标识的行为已构成对深圳餐饮公司注册商标的侵权，应承担停止侵权、销毁宣传材料、删除宣传信息并赔偿损失的责任。孙某梅为投资公司的唯一自然人股东，不能证明公司财产独立于股东自己的财产，应当对公司债务承担连带责任。

港座茶馆在经营店铺中使用了

，均与深圳餐饮公司注册商标构成近似，构成商标侵权。现港座茶馆已停止侵权行为，但港座茶馆仍应就侵权行为对餐饮公司造成的损失承担赔偿责任，港座茶馆已经依法注销，故港座茶馆的债务应当由陈某涛以个人财产负担。因投资公司除自身使用外，还特许他人经营使用侵权标识，属侵权情节严重，本案查明的侵权所得额约为15万元，故法院依据上述金额，适用惩罚性赔偿。

广东省广州市白云区人民法院依照《中华人民共和国民法总则》第五十六条，《中华人民共和国侵权责任法》第十五条第一项、第六项，《中华人民共和国商标法》第四十八条、第五十七条第二项和第三项、第六十三条，《中华人民共和国公司法》第六十三条，《最高人民法院关于审理商标民事纠纷案件适用法律若干问题的解释》第九条第一款、第十六条、第十七条，《中华人民共和国民事诉讼法》第六十四条、第一百四十四条之规定，判决如下：

一、投资公司应承担的赔偿金额为700000元（含合理费用），孙某梅对该债务承担连带赔偿责任；

二、陈某涛应承担的赔偿金额为 60000 元。

宣判后，当事人均未上诉，判决书已生效。

【法官后语】

一、法定赔偿中引入惩罚性赔偿的思考

司法实践中，能否将法定赔偿作为惩罚性赔偿的基数依据？笔者认为，法定赔偿在目前司法实践中占据较大比例，将其纳入惩罚性赔偿制度体系范围之内也有一定的合理之处。首先，从性质上分析，法定赔偿在惩罚性赔偿制度出现之前就已经存在，因而其本质也应当是补偿性赔偿的一种方式。其次，关于重复评价主观因素的问题，目前在实践中适用法定赔偿时，确实会将当事人的主观状态也作为参考因素确定数额，而惩罚性赔偿中也将主观恶意作为构成要件，但主观因素并非法定赔偿的必要考量因素，解决重复评价问题，应当明确在法定赔偿作为基数时，相应数额的考量因素及范围。[①] 最后，现有规定仅要求法定赔偿数额应根据侵权行为的情节在 500 万元以下确定，自由裁量空间较大，可以明确列明某些具体情形将法定赔偿的数额划分成数个不同的区间范围，将法定赔偿类型化、层级化。比如，依据涉案商标的知名程度，销售时间、地域范围等，划分不同的层级范围确定数额，[②] 再以此为基础考量惩罚性赔偿的构成要件，确定是否适用以及对应的倍数，但如果是作为惩罚性赔偿的基数时，合理开支仅是作为对原告的诉讼维权成本的赔偿，不应作为基数范围内考量的构成要素。

---

① 陈若雪：《我国商标侵权惩罚性赔偿规则及其适用研究》，华东政法大学 2018 年硕士学位论文。

② 吕莹：《我国商标侵权惩罚性赔偿研究》，中国政法大学 2018 年硕士学位论文。

二、“故意”“情节严重”的相关认定解析

《中华人民共和国商标法》第六十三条规定，对恶意侵犯商标专用权，情节严重的，可以在按照上述方法确定数额的一倍以上五倍以下确定赔偿数额。所谓“故意”，系明知自己的行为会侵犯他人的合法权利，仍然实施侵权行为[①]。本案中，投资公司在官网及微信公众号中大量宣传和使用相关标识，并通过侵权的宣传材料特许第三方成为加盟商，具有明显的侵权主观故意，且投资公司拒不出庭应诉也不停止侵权，认错态度较差，符合适用惩罚性赔偿制度的主观要件。而对于“情节严重”，认为应纳入考量的因素包括侵权行为的表现形式、侵权持续时间、损害程度和结果、恶劣影响等。本案中，投资公司在线上发布大量侵权网络信息，在线下实际发展特许加盟业务并获取收益，实施侵权的地域范围较广，侵权行为严重，结合×茶品牌的知名度，可以认定投资公司的行为已构成“情节严重”。

三、惩罚性赔偿数额的计算

在现有规定下，适用惩罚性赔偿需要以实际损失、侵权所取得利益、商标许可费的合理倍数作为基数。为确定基数，对当事人的举证责任提出了相对较高的要求。权利人负有的举证责任包括向法院提供证据的责任及在待证事实真伪不明的情形下承担不利后果的责任。[②] 因此，合理分配举证责任，充分适用举证妨碍规则，即在对方当事人持有证据，无正当理由拒绝提交相关证据时，应承担证据

---

① 王利明：《论我国民法典中侵害知识产权惩罚性赔偿的规则》，载《政治与法律》2019 年第 8 期。

② 王太平、邓宏光：《中华人民共和国商标法》，北京大学出版社 2017 年版，第 154 ~157 页。

妨碍的相关责任，法院可以结合有关情况推定原告的相关主张成立。[①] 在本案中经查明，餐饮公司提交的现有证据显示投资公司通过许可第三方进行加盟的部分相关判决及特许经营合同的签订情况分析获利约为 15 万元，本院依据上述基数，结合本案具体情况确定投资公司的惩罚性赔偿倍数为近五倍，最终认定赔偿餐饮公司经济损失的金额为 70 万元。

编写人：广东省广州市白云区人民法院　段静楠　吕明洲

062　二手车擅自更换核心部件并出口国外，构成商标侵权

——汽车公司诉进出口贸易公司侵害商标权案

【案件基本信息】

1. 裁判书字号

天津市滨海新区人民法院（2020）津 0116 民初 3814 号民事判决书

2. 案由：侵害商标权纠纷

3. 当事人

原告：汽车公司

被告：进出口贸易公司

【基本案情】

原告诉称，原告汽车公司始建于 1956 年，生产、销售各种载重汽车、特种汽车、客车和专用车及发动机、变速箱、车桥等总成和汽车零部件。原告系 CNHTC 及图形商标的注册人，该商标在

① 依据《最高人民法院关于民事诉讼证据的若干规定》第七十五条的规定。

2009年被认定为驰名商标，在国内及国际享有很高的声誉。2019年12月10日，经天津海关通知，被告将带有原告注册商标的1台汽车牵引车申报出口到境外，经原告鉴定上述汽车并非原告公司生产，该车辆更换了发动机等部件，系“非法拼装车”。原告认为，被告未经原告许可，使用原告注册商标，给原告造成了严重损失和恶劣影响，为维护原告合法权益，故请求判令被告停止侵权以及赔偿原告经济损失及合理开支30万元。

被告未出庭亦未提交答辩意见。

法院经审理查明，关于原告注册商标及知名度情况。2004年12月21日，原告注册第3562×××号及图形商标（以下简称CNHTC及图），核定使用商品为第12类，商标有效期经续展至2024年12月20日。2009年4月24日，原告“CNHTC及图”商标经原国家工商行政管理总局商标局认定为驰名商标。2009年7月17日，原告在尼日利亚注册“CNHTC&×××”[①]商标，核定使用商品为第12类，并已续展。

关于被诉侵权事实。2019年8月9日，被告作为境内发货人以一般贸易的方式，向天津新港海关申报一辆带有原告注册商标的白色牵引车，出口贸易国为尼日利亚。2019年8月14日，海关查验货物时发现货物为使用过的车辆，与申报不符，车辆方向盘及排气筒上有汽车公司标识，该商品有侵权嫌疑，遂于2019年8月15日向原告发出确认进出口货物知识产权状况通知书，对上述货物中止放行。2020年7月17日，法院去海关仓库就涉案车辆进行现场勘验，勘验情况与上述记载情况一致。涉案车辆更换了原

① 即“CNHTC及图”。

告出厂的一辆“载货车”的发动机及无编号、无型号、无铭牌的变速箱。该涉案车辆在方向盘、车身前挡风玻璃、变速箱、遮阳罩、油箱、进气道、挡泥板、车桥端盖等处均显示有原告“CNHTC及图”商标，同时原本在车辆前面罩处的“CNHTC及图”商标，单独存放于驾驶室随车出口。

关于涉案车辆登记情况及其他事实。根据查询《道路交通管理机动车类型》，涉案车辆属于载货汽车中的半挂牵引车。半挂牵引车的使用年限为15年①，案涉不属于报废车辆。

根据《中华人民共和国道路交通安全法实施条例》以及《机动车登记规定》的相关规定②，机动车更换发动机、车身、车架等情形的应当交验机动车，同时提交机动车安全技术检验合格证明。根据《机动车维修管理规定》的规定③，托修方要改变机动车车身颜色，更换发动机、车身、车架应当按照有关法律、法规办理相关手续，更换同质配件，并实行配件追溯制度，机动车维修经营者应当建立机动车维修档案，并及时上传承修机动车的维修电子记录至有关国家汽车维修电子健康档案系统，并出具维修合格证。同时，还应当到公安交通管理部门申请变更登记，并提交机动车安全技术检验合格证明。另外，《机动车登记工作规范》规定④，办理改变机动车车身颜色、更换发动机、更换车身或者车架变更登记的，需审查机动车安全技术检验合格证明，更换的发动机、车身或者车架无号码的，需打刻原发动机号码、车辆识别代号。

---

① 《机动车强制报废标准规定》第五条第八项。

② 《道路交通安全法实施条例》（2017年）第六条。

③ 《机动车维修管理规定》（2019年）第二十二条、第三十条、第三十二条。

④ 《机动车登记工作规范》（2008年）第十条。

依据上述相关规定，法院对涉案车辆的情况进行了调查。经与车辆档案存档的照片比对，涉案车辆的驾驶室不仅颜色改变，外观也发生了变化。涉案车辆并不符合上述规定。

此外，涉案车辆系二手车，对于二手车出口，目前我国采取的是许可证制度。按照商务部等有关部门的要求，二手车出口企业在国内收购车辆后应办理二手车交易登记手续，凭报关单等向机动车登记地交管部门申请注销登记。经本院调查，被告并无相关二手车出口资质。

【案件焦点】

案涉汽车更换五大总成等核心部件，未经登记、备案，如未取得相关技术合格证明，那么更换自有品牌零件的二手汽车，再次进行销售时，是适用商标用尽原则，还是属于商标权侵权的行为。

【法院裁判要旨】

天津市滨海新区人民法院经审理认为：原告系“CNHTC 及图”注册商标的权利人，对于发生在注册商标有效期间内的侵害行为有权提起诉讼，请求法律保护。

关于涉案汽车是否为侵权商品，法院认为，根据法院查明的事实，涉案车辆更换了发动机、变速箱，驾驶室外观、颜色（原为红色，现为白色）亦进行了改变。经调查车辆档案信息，档案中并无合法更换发动机、变速箱、改变车身颜色的变更记录，被告也没有提交相关机动车安全技术检验合格证明。据此，涉案车辆并非经正常维修的车辆，属于对原产品的重新组装、翻修，当属再造车辆。涉案汽车与原告商标核定使用的商品为同类商品，其车身等多处显示、使用了原告的“CNHTC 及图”商标，且未经许可。法院认为，从商标来区别商品来源、商誉承载等功能、消费者对品牌的信赖及合理期待等角度看，涉案车辆属于侵害原告注册商标专用权的商品。

根据被告在海关报关的相关材料，被告系出口涉案车辆的发货人，在没有其他相反证据的情况下，应认定为销售者。因此，被告销售侵犯原告注册商标专用权的商品，构成侵权，应承担停止侵权、赔偿损失的民事责任。

关于原告主张的赔偿经济损失及合理支出费用的数额，本案中原告并未举证证明其因侵权所致的实际损失，亦未举证证明被告因侵权所获的利益。法院综合考虑原告商标的知名度、被告的侵权行为性质和后果、主观过错、经营规模等因素，以及确有委托律师等合理费用的支出，酌情确定被告赔偿原告经济损失及合理开支。

天津市滨海新区人民法院依照《中华人民共和国商标法》第五十七条第三项、第六十三条第三款，《最高人民法院关于审理商标民事纠纷案件适用法律若干问题的解释》第十六条第二款，《中华人民共和国民事诉讼法》第六十四条第一款、第一百四十四条之规定，判决如下：

一、被告进出口贸易公司立即停止销售侵犯原告汽车公司“CNHTC 及图”注册商标专用权商品的行为；

二、被告进出口贸易公司于判决书生效之日起十日内赔偿原告汽车公司经济损失以及为制止侵权所支付的合理开支共计 15 万元；

三、驳回原告汽车公司的其他诉讼请求。

宣判后，当事人均未上诉，判决书已生效。

【法官后语】

一、更换汽车核心部件是否属于商标侵权

法院认为，首先，从商标的区分来源功能上讲，商标的功能在于识别商品来源，降低消费者搜寻成本，以便消费者快速找到想要的商品，并指导消费和吸引顾客。商标的区别功能是基础功能。识别来源的过程，是在该商标权利人的商誉与其具有相应特性的商品之间形成稳定的对应关系的过程，改变商标或者商品中的任何一个要素，都有可能对商标的识别功能造成损害。涉案车辆未经法定程序更换了核心部件，与原告生产的汽车已存在本质的差异，即使零部件均来源于原告，但是相应的更换技术以及更换流程是否合乎规范，汽车是否符合驾驶条件等均无法确定，所以其属于翻修、再造的汽车，而非原告产品。现涉案车辆仍使用原告商标，显然会导致相关公众对商品来源产生混淆，误认涉案车辆系原告生产并合法投放市场的二手整车。其次，对于商标权人来讲，商标的核心是商誉。从商誉承载功能方面讲，原告的注册商标经过多年经营、投入和维护，已经积累了较好的声誉，不仅在全国范围内具有广泛的知名度，甚至在国际上也有了一定的影响力。在经济全球化时代。通过商标权的严格保护，遏制案涉二手车的国际流通，净化国际消费市场，规范国际市场秩序，有利于塑造我国良好的国际形象，展示文明、负责任的大国形象。最后，从相关公众对品牌的合理期待和信赖利益方面讲，商标代表着商品的可靠性，具有品质保证功能，原告“CNHTC 及图”注册商标系驰名商标，其生产的重型汽车在消费者心目中意味着稳定的、一贯的质量和品质。即使是二手车，同等条件下消费者也愿意去选择信誉高的商品。对于汽车这种涉及道路交通安全的特殊商品，国家对更换配件都有严格的监管程序，而涉案车辆更换核心部件，已经改变了商品的原始状态，经法院调查其既无合法维修更换配件的记录，也没有证据证明涉案车辆取得了维修合格证、安全技术检验合格证，其内在品质已发生实质性变化，质量和安全均无法保障。该商品使用原告的商标，可能会误导因信赖原告商标而购买该产品的消费者，降低相关公众对原告汽车品质的信任度和认可度，致使商标权利人的信赖利益遭受损害。综上，案涉汽车属于侵犯商标权的商品。

二、是否适用商标用尽

权利用尽的本质在于在商品的自由流通与商标权利人权利保护之间达到平衡。目前我国对于商标权用尽及其例外并无明确的法律规定，理论上对于商标权用尽例外有以下三种情况：(1) 反向假冒；(2) 侵害权利人商誉；(3) 禁止平行进口。本案中，擅自更换的行为很可能使汽车的品质发生变化，尤其是发动机等核心部件，即使是更换原有品牌产品，但未经过登记核验程序，也可能出现安全问题，产品的品质由此无法得到保证。所以，在汽车领域，登记核验程序十分必要，对于商品质量保证和道路安全是非常重要的保障。由于擅自更换的行为，一旦发生故障或者事故，都可能会导致消费者对于商标权人的信任降低，进而会影响商标权人的良好声誉。因此，本案不适用商标用尽原则。

三、地域性保护问题

首先，该案的销售行为一部分发生在国内。销售是一系列的行为，包括展示、推荐、运输、出口、报关等，都是销售的一种手段、方式或者是环节，均未脱离销售的本质。本案中，案涉汽车在出口报关环节被权利人发现，报关单显示被告为发货人，在无其他相反证据的情况下，可以认定被告即为涉案侵权商品的销售者，如前所述，出口报关作为销售的一个环节发生在中国境内，那么针对注册商标的侵权行为发生在国内的情形，权利人有权依据我国商标法维护自己的合法权益。

其次，尽管涉案车辆出口至尼日利亚，但误认并非仅仅发生在域外。根据法院查明的事实，原告在非洲设有多个代表处和办事处，很多中资企业在非洲参与各项建设。与涉案商品有关的相关公众，不仅包括国内消费者或者可能实际接触的其他经营者，也包括在域外的中国消费者和中国进口商等可能实际接触的经营者，都会产生相关公众误认的可能性。

最后，在经济全球化的趋势下，过分强调地域性保护，可能会使商标权的保护过于薄弱，不仅会导致恶意抢注的问题发生，也会使商标权人多年苦心经营的商誉付之东流，不利于企业的国际化发展。在互联网蓬勃发展的今天，商品或者服务流通的范围也早已不局限于中国市场，为商品或者服务的国际流通营造更有利的国际环境才是发展的应有之义。因此，商标地域性的保护不宜过于严格，否则会导致中国市场与国际市场的割裂，不符合我国高质量发展的要求，不利于国际合作与竞争。

四、商标权保护范围的界定

涉案车辆系二手车，对于二手车出口，我国目前采取许可证制度。按照商务部等有关部门的要求，二手车出口企业在国内收购车辆后应办理二手车交易登记手续，凭报关单等向机动车登记地交管部门申请注销登记。2019 年 4 月 26 日，商务部、公安部、海关总署在《关于支持在条件成熟地区开展二手车出口业务的通知》中明确了地方商务部主管部门应做好境外售后服务保障，解决海外质量和售后服务的重大问题，着力培育以质量、品牌和服务为核心的二手车国际竞争力。经本院调查，被告并无相关二手车出口资质。

对于二手车出口，我国处于刚刚放开模式，从通知上看，二手车出口除需要履行一系列的必要程序外，对于其质量、品质和服务都提出了更为严格的要求。符合二手车出口标准的汽车，不属于本案规制的范围。从二手车出口业务看，禁止案涉二手车的流通，确定商标权权利保护的边界，有利于促进二手车出口企业的健康发展，指引未来二手车出口走向健康、有序的发展道路，更加符合我国二手车出口发展的理念和方向。

编写人：天津市滨海新区人民法院　李安静

063 商标侵权的判断标准及惩罚性赔偿制度的司法适用

——照明公司诉塑料公司侵害商标权案

【案件基本信息】

1. 裁判书字号

广东省高级人民法院（2019）粤民再 147 号民事判决书

2. 案由：侵害商标权纠纷

3. 当事人

原告（上诉人、再审申请人）：照明公司

被告（被上诉人、再审被申请人）：塑料公司

【基本案情】

照明公司是第 14244××号“欧普 OPPLE”、第 44265××号“欧普”注册商标的权利人，核定使用商品均为第 11 类，包括灯、日光灯

管等，其中第14244××号“欧普 OPPLE”注册商标多次被认定为广东省著名商标，并于2007年被认定为中国驰名商标。塑料公司是第139841××号“OUPUTE”注册商标的权利人，核定使用范围是第11类，包括日光灯管、电灯等。塑料公司是第139845××号“欧普特”注册商标的权利人，核定使用范围是第21类，包括除蚊器、清洁用布等。塑料公司在其生产、销售、许诺销售的台灯、小夜灯等灯类产品及相关宣传网页上使用“欧普特”“OUPUTE 欧普特”“OUPUTE 欧普特”“欧普特”等标识，被诉产品在各大实体超市销售，在电商平台等线上销售。塑料公司生产的灯具等商品曾因质量不合格被行政处罚。经照明公司申请，国家商标评审委员会作出裁定，裁定塑料公司的第139841××号“OUPUTE”商标予以无效宣告。塑料公司不服，向法院提起行政诉讼，后被判决驳回诉讼请求。

照明公司以塑料公司构成商标侵权为由诉至法院，请求判令塑料公司在灯类产品等上立即停止使用上述“欧普特”等商标标识，消除影响，并请求适用惩罚性赔偿其经济损失及合理费用300万元。

【案件焦点】

1. 塑料公司的被诉行为是否构成商标侵权；2. 若构成，塑料公司应承担何种民事责任；3. 本案赔偿数额应如何确定以及应否适用惩罚性赔偿。

【法院裁判要旨】

广东省广州市南沙区人民法院经审理认为：塑料公司的被诉标

识与照明公司的注册商标不构成近似，以一般消费者的注意力足以区分两者，故塑料公司不构成侵犯商标权。

广东省广州市南沙区人民法院依照《中华人民共和国民事诉讼法》第六十四条第一款，《中华人民共和国商标法》第五十七条第二项，《最高人民法院关于审理商标民事纠纷案件适用法律若干问题的解释》第九条第二款之规定，判决如下：

驳回照明公司的全部诉讼请求。

照明公司不服一审判决，提起上诉。广州知识产权法院经审理认为：被控侵权标识与照明公司的案涉注册商标不构成近似，虽照明公司主张其案涉注册商标具有较高显著性及知名度，但在本案中以相关公众的一般注意力足以区分两者。

广州知识产权法院依照《中华人民共和国民事诉讼法》第一百七十条第一款第一项之规定，判决如下：

驳回上诉，维持原判。

照明公司不服二审判决，申请再审。广东省高级人民法院经审理认为：

一、关于塑料公司的被诉行为是否构成商标侵权问题

“欧普 OPPLE”“欧普”注册商标中“欧普”文字属于臆造词，具有较强的固有显著性，经过其持续的使用和宣传，该商标已达到相当高的知名度。虽然被诉商标“欧普特”的字体与涉案商标有所不同，但由于其为纯文字商标，对应的“欧普”在文字构成、呼叫等方面相近，且未形成明显有别于涉案商标的其他含义，两者构成近似标识。而“OUPUTE 欧普特”“OUPUTE 欧普特”及“OUPUTE 欧普特”标

识虽然外形与涉案商标有一定区别，但均含有“欧普”两字，且对应的英文“OUPUTE”与“OPPLE”在字母组成、呼叫等方面相近，也与“欧普”读音相似，在照明公司的涉案商标具有较强显著性和较高知名度的情况下，塑料公司的被诉标识已构成使用在同一种商品上的近似商标，极易使相关公众对商品来源产生混淆和误认，构成商标侵权。

二、关于本案赔偿基数应如何确定问题

照明公司主张以涉案商标许可使用费的倍数合理确定本案赔偿数额。

1. 关于涉案商标许可使用费。照明公司提交的《商标授权许可协议》、银行转账凭证、店铺照片等证据已证实其实际履行了《商标授权许可协议》。结合涉案商标知名度，足以证明“照明公司授权给销售商的涉案商标许可使用费为 36.5 万元/年”这一事实成立。

2. 关于本案应计赔的侵权时长。塑料公司于 2016 年 2 月至 2020 年 1 月持续侵权。由于本案为再审案件，本案计算赔偿的侵权时间应截至二审判决作出之日，即应计赔的侵权时长为 21 个月，折合为 1.75 年。

3. 关于合理倍数的确定。照明公司授权许可涉案商标给销售商的使用范围仅限于在销售商的经营场所使用和宣传涉案商标，区域仅为销售商所在的地市。而本案塑料公司被诉侵权行为的性质为生产、销售和许诺销售被诉侵权产品，销售方式包括线上和线下，范围为全国甚至全球，可见塑料公司使用涉案商标的程度和范围要比照明公司授权销售商的大得多。因此，本案商标许可使用费至少应按“36.5 万元/年”的 2 倍计算，即 73 万元/年。故本案赔偿基数应确定为 73 万元/年×1.75 年共计 127.75 万元。

三、关于本案应否适用惩罚性赔偿问题

根据我国商标法规定，对于恶意侵犯商标专用权且情节严重的侵权行为，可以适用惩罚性赔偿。

1. 关于恶意的认定。首先，塑料公司明知他人享有商标权，仍故意实施侵权行为。照明公司起源于广东，且为中国驰名商标，塑料公司作为同地区同行业的经营者，仍故意在相同商品上使用多个近似商标，主观恶意明显。其次，塑料公司明知其不享有相关商标权利，仍然故意实施商标侵权行为。故塑料公司在申请注册“欧普特”商标时，显然已经充分知晓“欧普特”商标不能用在第 11 类商品上。但塑料公司仍然故意将其注册在第 21 类的“欧普特”商标，跨类别地使用于第 11 类的灯类商品上，可见塑料公司侵犯照明公司商标权、攀附照明公司商誉的主观意图明显。

2. 关于情节严重的认定。首先，塑料公司生产并且在电商平台等多渠道销售被诉侵权产品，侵权持续时间长，从本案起诉至再审期间均未停止侵权，且侵权产品种类多，销售数量巨大。其次，塑料公司还不断扩大生产规模，另行成立了新的公司，专门从事灯饰产品的研发与生产。最后，塑料公司生产的侵权产品还因质量不合格被行政处罚，给照明公司通过长久努力积累起来的商业信誉带来负面评价。且塑料公司经营范围并不包含灯具制造，产品质量不合格极易引发安全事故，影响公共安全。

综上，塑料公司的主观恶意明显，侵权情节严重，本案应适用惩罚性赔偿。综合考虑本案塑料公司的主观恶意程度、侵权行为的性质、情节和后果等因素，本案应按三倍确定赔偿数额。由于上述赔偿基数 127.75 万元的三倍已超过 300 万元，故对于照明公司的诉请予以全额支持。

广东省高级人民法院依照《中华人民共和国商标法》第五十六条、第五十七条、第六十三条第一款和第二款，《最高人民法院关于审理商标民事纠纷案件适用法律若干问题的解释》第九条、第二十一条，《中华人民共和国民事诉讼法》第一百七十条第一款第二项之规定，判决如下：

一、撤销二审判决；

二、撤销一审判决；

三、塑料公司立即停止侵犯照明公司涉案注册商标专用权的行为；

四、塑料公司在电商平台等刊登声明消除影响；

五、塑料公司向照明公司赔偿经济损失及合理费用合计 300 万元；

六、驳回照明公司的其他诉讼请求。

【法官后语】

一、商标侵权的判定标准

《中华人民共和国商标法》在商标侵权判断原有的近似性标准基础上增加了混淆可能性标准。近似性与混淆可能性作为商标相似侵权判断的独立要件，近似性是商标侵权判断的前提，混淆可能性则是商标侵权判断的决定性要件。

第一，商标近似的比对方法。商标近似是指被控侵权的商标与原告的注册商标相比较，其文字的字形、读音、含义或者图形的构图及颜色，或者其各要素组合后的整体结构相似，或者其立体形状、颜色组合近似，易使相关公众对商品的来源产生误认或者认为其来源与原告注册商标的商品有特定的联系。在审判实践中，一般遵循以下比对原则：

一是整体比对兼要部比对原则；二是隔离比对原则，即在假定被比对商标与比对商标在隔离状态下进行，而不是将两者放在一起比对。

第二，商标构成混淆的判定标准。判断是否存在造成相关公众混淆、误认的可能性时，应重点考虑商标的显著性和知名度，商标的相同或近似程度、商品的相同或类似程度以及被告的主观意图、市场定位、消费者的范围等因素。把握混淆判断标准，要以相关公众的一般注意力观察时，对商品或服务的来源或者相关信息产生混淆或者误认的可能性作为判断标准。

第三，商标近似与混淆可能性的关系。根据商标近似和混淆可能性的不同组合形式，实践中主要存在三种商标近似形态：商标近似且存在混淆可能性；商标近似但不存在混淆可能性；商标不近似（或仅部分近似）但存在混淆可能性。对于第一种情形，既具备商标近似的形式要件，又满足实质要件，通常可认定构成商标混淆。对于第二种情形，仅具备商标近似的形式，但由于考虑到显著性、历史情况等其他因素，通常认为不会引起市场混淆。对于第三种情形，虽然在形式上不完全具备近似的表现，但是因为考虑到商标的知名度、主要识别部分的近似程度等因素，通常也应认定构成商标混淆。

第四，知名度高低加显著性强弱与商标权保护强弱的关系。商标权的保护强度是与知名度和显著性相关的。《最高人民法院关于当前经济形势下知识产权审判服务大局若干问题的意见》指出，认定商品类似和商标近似要考虑请求保护的注册商标的显著程度和市场知名度，对于显著性越强和市场知名度越高的注册商标，给予其范围越宽和强度越大的保护。在具体案件中，相关商标的构成要素整体上构成近似的，通常可认定为近似商标。而有些商标虽然构成要素整体上不近似，但主张权利的商标的知名度要远高于被诉侵权商标的，可以采取比较主要部分决定其近似与否。在保护具有较高知名度的商标时，应按有关司法解释的精神，适当放宽近似商标或者类似商品的判断标准。

二、惩罚性赔偿及其适用条件

惩罚性赔偿，是指由法院所作出的超出实际损害数额的赔偿。因其赔偿金数额超出了实际损失的数额，而被看作对民法“损害填平原则”的一大突破。《中华人民共和国商标法》在2013年的修订中首次规定了知识产权领域的惩罚性赔偿制度。2020年5月28日发布的《中华人民共和国民法典》从民事基本法层面对知识产权侵权惩罚性赔偿进行了总括性规定，[①] 这标志着惩罚性赔偿制度在知识产权领域的普遍建立。

（一）惩罚性赔偿适用的程序要件

一般以原告在诉讼请求中主张为前提。从不告不理的原则出发，若受害人作为原告并未明确提出请求，法官不能主动适用惩罚性赔偿。如果原告在起诉时并未申请适用惩罚性赔偿，但在案件审理过程中，经法官释明，被告有可能符合承担惩罚性赔偿责任情形的，原告可变更或增加其诉讼请求，要求被告承担惩罚性赔偿责任，但一般应当在一审法庭辩论终结前提出。

（二）惩罚性赔偿适用的实体要件

1. 主观要件：“恶意”的认定。“恶意”是指行为人明知其行为损害他人合法权益而故意为之的心理状态，其针对的是行为人的主观状态，表明其行为的可责难性。在审理商标侵权诉讼中，具有下

---

① 《中华人民共和国民法典》第一千一百八十五条规定：“故意侵害他人知识产权，情节严重的，被侵权人有权请求相应的惩罚性赔偿。”

列情形之一的，可认定行为人具有恶意：（1）权利商标的知名度较高；（2）侵权人与权利人之间具有许可、经销、代理、代表、合作等合同关系，或者存在劳动、劳务关系，或者进行过磋商、诉讼、异议程序等，明知他人知识产权存在；（3）侵权人曾抢注原告驰名商标，或注册过近似商标，在相关部门驳回或被起诉后，仍攀附原告商标声誉，继续实施侵权行为；（4）侵权人或者其控股股东、法定代表人等在生效判决作出后，重复或变相重复实施侵权行为；（5）侵权人或者其控股股东、法定代表人等经权利人多次警告或受到行政机关处罚后，仍继续实施侵权行为；（6）假冒原告注册商标；（7）侵权人在侵权过程中存在掩盖其侵权行为、伪造或毁灭侵权证据等行为；（8）侵权人拒不履行行为保全裁定等情形。

2. 恶意与故意的区别及关系。《中华人民共和国民法典》以及新修订的《中华人民共和国著作权法》《中华人民共和国专利法》，都采用"故意"的用语，而《中华人民共和国商标法》则使用了"恶意"一词。单纯从语义上看，"故意"是指行为人对行为可能产生的危害结果具有清醒的认识，希望或放任危害结果的发生，包括直接故意和间接故意。对于"恶意"，是一种较"故意"更具可责性的主观心态。但是，在民法理论中，"恶意"与"故意"并未有严格区隔，"恶意"也并非传统民法领域的类型化概念，在实践中较少对两者进行区分理解和使用。因此，从功能角度看，将"恶意"解释为"故意"，更有利于惩罚性赔偿两法律要件规制范围的清晰化区分及功能实现，也可以直接与民事侵权理论和实践关于主观故意的理解相契合。在审判实践中，应当将惩罚性赔偿中的"恶意"限于直接故意，防止将"故意"的内涵过于宽泛。

3. 客观要件："情节严重"的认定。"情节严重"是指被控侵权人从事的侵犯商标权的行为从方式、范围、所造成的影响等方面均对权利人产生了较大损失和消极影响。在认定情节严重时，可从如下几个方面予以考虑：一是侵权时间长或多次侵权。二是侵权地域范围广。三是侵权手段恶劣、损害结果严重。四是侵权产品种类多，侵权获利数额巨大，给权利人带来巨大经济损失或其他严重后果。五是侵害行为对权利人的商誉产生了消极影响。六是社会影响大，侵权产品涉及食品、药品、医疗、卫生等行业，可能危害人身安全或者损害公共利益等。七是以侵权为业等。

三、惩罚性赔偿基数的确定

根据《中华人民共和国商标法》第六十三条第一款规定，惩罚性赔偿的适用，除应当满足前述主客观要件外，其计赔基数必须是按照“权利人因被侵权所受到的实际损失”“侵权人因侵权所获得的利益”或者“商标许可使用费的倍数”这三种方法进行确定。笔者仅结合本案的举证和主张，对如何确定商标许可使用费及其合理倍数进行分析和阐释。

（一）商标许可使用费的确定

一个真实合理并且已得到实际履行的商标许可使用费，对确定惩罚性赔偿基数具有重要意义。在确定商标许可使用费时，应综合考虑下列因素：（1）许可使用合同是否已实际履行，有无发票、付款凭证、商标许可使用实况等相应证据；（2）许可使用合同是否备案；（3）许可使用的权项、方式、范围、区域、期限等因素与被诉行为之间有无可比性及重合度；（4）许可使用费是否为正常的商业许可费用而未受到诉讼、并购、破产、清算等外在因素的影响；（5）许可人与被许可人之间是否存在亲属、投资或关联公司等利害关系。

（二）商标许可使用费的合理倍数的确定

从学理上理解，对“商标许可使用费的合理倍数”的适用，目的在于弥补权利人因商标专用权遭受侵犯所受到的应得而未得之消极损失。在确定具体“倍数”时，需要根据案件的具体情况，按照能够使商标权人因侵权行为受到的实际损失得到充分的赔偿，依循侵权人不能因侵权行为获利的原则，进行合理确定。具体需要考虑的因素有：一是许可使用的权项、方式、范围、区域、期限等因素与被诉侵权行为之间的差距；二是权利商标在侵权行为发生地的市场影响力、市场价值等因素；三是权利商标的知名度与商标许可使用费之间的市场匹配度等。

需要注意的是，参照商标许可使用费的倍数合理确定实际损失或者侵权所得时，只能考虑该许可费所针对的许可行为与涉案侵权行为在权利性质、许可时间、范围等方面的可参考程度，而不应当考虑惩罚性因素。否则，以此作为基数，再根据具体情节确定适当的惩罚倍数时，相当于对侵权人进行了双重惩罚，失去了正当性。

四、惩罚性赔偿倍数的确定

依据《中华人民共和国商标法》（2013 年修订）第六十三条第一款的规定，在确定惩罚性赔偿数额时，以前述确定的赔偿基数的“一倍以上三倍以下”进行计算。《中华人民共和国商标法》（2019 年修订）提高了惩罚性赔偿数额的上限，规定了“一至五倍”，进一步强化了对商标权的保护。在惩罚倍数的确定上，应当遵循以下原则：（1）充分考虑被诉侵权人的恶意程度和情节严重的程度，遵循“罚责相适应”。在具体案件中，可对前文所列举的主观故意和情节严重所考虑的各项因素赋予不同权重，规范法官裁量权的行使。而惩罚性赔偿的倍数并不限于整数，如可以是 1.3 倍、2.5 倍等。实现惩罚性赔偿在民事责任领域中的比例协调，还需要留意那些具有商业维权色彩的知识产权批量维权行为，避免因重复维权导致惩罚过度。(2) 兼顾考虑侵权人的财务状况和当地的经济发展水平。对于财力薄弱者而言适当的惩罚性赔偿数额，往往难以触动财力雄厚者。在侵权人为盈利丰厚的企业或者大型公司时，较高倍数的惩罚性赔偿才能产生相应的威慑或者预防效应。且对于同一地区或者经济水平相当地区的商标侵权行为，应当保持惩罚性赔偿数额的相对稳定。(3) 统筹考虑民事、行政、刑事责任关系，遵循比例协调原则，避免对同一侵权行为的过度惩罚。由于三者在价值取向上不完全一致，被告以其同一被诉行为已受到行政罚款或者刑事罚金处罚为由，请求抵销惩罚性赔偿相应数额的，一般不予支持。但对于同一被诉行为，在确定惩罚性赔偿数额时，法官应考虑被诉侵权人已经为自己的行为受过刑事或者行政处罚的事实，适当限制惩罚性赔偿的数额，做到罚当其责。

需要说明的是，虽然塑料公司因产品质量不合格已经受到了行政处罚，但由于该处罚所针对的是小夜灯产品，并非其“主打”的台灯产品，且时间发生于较早的2016年之前，而本案被诉侵权行为主要发生于2016年之后，因此该次行政处罚对本案惩罚倍数的确定影响不大。

编写人：广东省高级人民法院　王晓明　郑英豪

064 刑民交叉案件刑事处罚后民事侵权责任的承担

——汽车公司诉沈某健、徐某巍侵害商标权案

【案件基本信息】

1. 裁判书字号

上海市杨浦区人民法院（2019）沪0110民初6040号民事判决书

2. 案由：侵害商标权纠纷

3. 当事人

原告：汽车公司

被告：沈某健、徐某巍

【基本案情】

原告汽车公司经授权享有第2057××号图形商标和第G11106××号图形商标在中华人民共和国境内的非独占性许可使用和维权的权利。

2018年4月24日，浙江省慈溪市人民法院就沈某健、徐某巍犯假冒注册商标罪作出（2017）浙0282刑初666号刑事判决书。刑事判决书认定：2013年下半年，沈某健化名“刘某飞”结识了徐某巍，向徐某巍担任副总经理的汽车配件公司购买气囊袋。2014年4月，沈某健在未取得注册商标所有人授权的情况下，租用汽车配件公司一楼仓库作为生产场所，擅自组装标注第2057××号、第G11106××号等商标的汽车安全气囊。徐某巍明知沈某健所组装的气囊涉嫌商标侵权，为销售气囊袋赚取利润，仍提供场地、人员给沈某健，帮助其组装气囊。2016年1月15日、5月30日，

某市市场监督管理局某区分局、某市公安局某区分局在汽车配件公司内查获同时标注第 2057××号、“YFKSS”商标的副气囊 439 个（按出厂价计价值 230475 元），标注第 2057××号商标的主气囊（无发生器）361 个，标注第 G11106××号商标的主气囊（无发生器）590 个，另查获其他品牌气囊及无品牌副气囊若干。经某价格认证中心某认字（2018）102 号价格认定结论书认定，同时标注第 2057××号、“YFKSS”商标的副气囊成品，在价格认定基准日的被侵权商品的出厂价格为 525 元/只。浙江省慈溪市人民法院认为，沈某健、徐某巍未经注册商标所有人许可，在同一种商品上使用与其注册商标相同的商标，且假冒两种以上注册商标，经营额达 62 万多元，情节特别严重，其行为均已构成假冒注册商标罪。公诉机关指控的罪名成立。在共同犯罪中，沈某健起主要作用，系主犯，应当按照其所参与的全部犯罪处罚，沈某健当庭自愿认罪，酌情从轻处罚；徐某巍起次要作用，系从犯，且有立功表现，又能如实供述自己的罪行，依法予以减轻处罚。根据本案实际情况，结合沈某健、徐某巍的犯罪情节和悔罪表现，依法均可适用缓刑。浙江省慈溪市人民法院依法判决沈某健犯假冒注册商标罪，判处有期徒刑三年，缓刑五年，并处罚金三十二万元；徐某巍犯假冒注册商标罪，判处有期徒刑六个月，缓刑一年，并处罚金六万元。

另外，某市价格认证中心某认字［2016］488 号价格认定报告书（关于“一批涉案侵权商品”价格认定结论书），载明侵权 A 品牌 PAB 安全气囊在价格认定基准日的被侵权商品认定价格为 2750 元/只。某市价格认证中心某认字［2016］1086 号价格认定报告书中价格认定明细表载明侵权B品牌副气囊单价2750元。案外人汽车安全系统公司于2018年8月22日出具DAB安全气囊（无发生器）的组件市场销售价说明，内容为其系原告的零部件配套企业，专司生产A品牌和C品牌的安全气囊，A品牌DAB安全气囊（无发生器）的组件市场销售价约为520元，C品牌DAB安全气囊（无发生器）的组件市场销售价约为520元。

【案件焦点】

1. 在民事责任有无的问题上，刑事未作认定或认定未遂的部分，侵权人是否需要承担民事责任；2. 在民事责任大小的问题上，主从犯的认定是否意味着民事责任存在差异；3. 在民事赔偿多少的问题上，民事赔偿数额是否应以犯罪数额为基准。

【法院裁判要旨】

上海市杨浦区人民法院经审理认为：原告经商标注册人许可享有第2057××号、第G11106××号注册商标的许可使用权和维权权利。根据已生效的浙江省慈溪市人民法院刑事判决书认定，被扣押产品包括439个A品牌副气囊（有发生器）、361个A品牌主气囊（无发生器）和590个C品牌主气囊（无发生器），在本案庭审中原、被告均予以认可，法院予以确认。关于439个A品牌副气囊（有发生器），两被告认可系属于在相同的产品上使用与注册商标相同的标识构成商标侵权，法院亦予以确认。关于361个A品牌主气囊（无发生器）和590个C品牌主气囊（无发生器），被告从事侵权产品的生产销售，其在气囊上印有涉案商标明显是为销售做准备，亦属于在相同的产品上使用与注册商标相同的标识，构成商标侵权。涉案刑事判决书已明确认定其明知被告沈某健所组装的气囊涉嫌商标侵权，为销售气囊袋赚取利润，仍提供场地、人员给被告沈某健，帮助其组装气囊，故对其没有参与生产销售抗辩法院不予采信。两被告未经注册商标所有人许可，在同一种商品上使用与其注册商标相同的商标，其行为已构成商标权侵权行为，应当承担相应的民事责任。

关于赔偿数额，原告未能举证证明其因侵权行为遭受的实际损失，也未能证明被告因涉案侵权行为而获得的利益，故法院考虑到原告商标在相关产品上具有较高知名度、产品的质量可能影响到消费者的人身安全，并综合考量被告的主观恶意程度、侵权行为的性质、时间、后果、侵权产品数量和单价等因素，对原告主张经济损失 450000 元予以支持。对于原告主张合理费用律师费 50000 元，原告虽未提交相应委托代理合同和支付凭证，但确有律师出庭参加诉讼，法院综合考虑案件情况、律师实际工作量及相应的收费标准予以酌定。

上海市杨浦区人民法院依照《中华人民共和国侵权责任法》第四条、第八条、第十五条第一款第六项，《中华人民共和国商标法》第五十七条第一项、第六十三条第一款及第三款，《最高人民法院关于审理商标民事纠纷案件适用法律若干问题的解释》第四条、第十六条第一款及第二款、第十七条之规定，判决如下：

被告沈某健、徐某巍于本判决生效之日起十日内共同赔偿原告汽车公司经济损失 450000 元及为制止侵权行为支出的合理费用 20000 元。

宣判后，当事人均未上诉，判决书已生效。

【法官后语】

在刑民交叉案件中，既存在刑事犯罪，又存在民事不法，并且两者之间具有某种重合性。[①] 商标侵权行为除损害商标权人的利益外，还会使消费者对商品或服务的来源产生混淆，损害公共利益，因此假冒商标行为可能同时承担民事责任和刑事责任。由于两者在保护法益、认定标准、责任范围等方面均有不同，在刑事判决之后，民事责任该如何承担，还存在诸多争议之处。

一、民事责任有无的问题：刑事未作认定或认定未遂的部分，不能排除侵权人承担民事责任

由于刑事犯罪认定与民事侵权构成有所差异，刑事犯罪的构成要件通常包括主体、客体、主观要件和客观要件[②]，一般民事侵权责任承担主要是从主观过错、行为违法、损害事实、因果关系判断[③]，故对相同的事实可能会产生不同的法律评价。法院在审理这类案件时需处理刑法犯罪认定与民事侵权构成的协调问题。

刑事有罪判决确认的事实部分具有预判力在民事案件中属于免证事实，除非当事人有相反证据足以推翻。刑事未作认定或认定未遂的部分，不能排除侵权人承担民事责任。理由是：其一，犯罪的判断标准与民事侵权的判断标准存在本质的区别。刑事未认定的部分或认定未遂的部分，是法院根据犯罪构成要件、定罪量刑的证据标准等所作出的判断，只是说明被评价的行为没有具备法律规定的犯罪要件，但并不意味着该行为不构成侵权，也不意味着行为人不

① 陈兴良：《刑民交叉案件的刑法适用》，载《法律科学（西北政法大学学报）》2019 年第 2 期。

② 高铭暄：《关于中国刑法学犯罪构成理论的思考》，载《法学》2010 年第 2 期。

③ 张新宝：《侵权责任构成要件研究》，法律出版社 2007 年版，第 12 页。

需要承担民事责任。其二，尽管民事诉讼证据规则明确规定，已为人民法院发生法律效力的裁判所确认的基本事实，属于免证事实，但如前所述商标侵权判断不是一个事实认定，而是一个法律判断。即便基于刑事案件确实、充分的高证据标准，在先刑事判决对于同一法律事实的法律判断可能是十分正确的，但仍不能替代在后民事裁判的法律判断。

本案中，对于刑事判决书已经做认定部分，两被告并无异议，且确属在相同商品上使用与原告注册商标相同的标识，故法院认定该部分构成商标假冒侵权。另被扣部分气囊并未安装发生器属于半成品，虽印有A品牌公司商标，但刑事判决对这部分未作认定。对此法院首先认定涉案商标核定使用商品范围包括零部件，因此属于同一种商品、相同商标；接着指出被告从事侵权产品的生产销售，其在气囊上印有涉案商标明显是为销售做准备，亦属于在相同的产品上使用与注册商标相同的标识，构成商标侵权。这种认识的理由是：侵权状态应从侵权人主客观方面来认定，而非机械以侵权产品的物理形态来判断。只要被告从上家购买标识主观上是为销售气囊袋赚取利润，客观上在安全气囊上印有涉案商标（粘贴行为）是为销售做准备，侵犯商标专用权就是确定的。至于产品本身有无最终完成组装并不影响定性评价，只影响对产品单价标准的计算。

二、民事责任大小的问题：主从犯的认定，并不当然意味着民事责任存在差异

《中华人民共和国刑法》根据行为人在共同犯罪起的作用不同，将起主要作用的定为主犯，将起次要或辅助作用的定为从犯，并对从轻、减轻处罚或者免除处罚。但这种刑事责任大小并不能平行移植到民事责任中。根据《中华人民共和国民法典》第一千一百六十

八条的规定，二人以上共同实施侵权行为，造成他人损害的，应当承担连带责任。因此，刑事案件中所有共同犯罪人，在民事案件中的身份都是共同侵权人，共同侵权人对受害人的损失都需要承担连带责任。换言之，主从犯并不当然意味着民事责任大小不同。

当然，共同侵权行为既可能是共同加害行为，也可能是教唆帮助行为。因此，还需要进一步明确：刑事中的从犯在民事中是构成共同加害行为还是帮助行为？本案刑事判决书认定沈某健组装气囊构成直接侵权，徐某巍提供场地、人员，帮助其组装气囊，似乎徐某巍属于帮助行为。从法律规范来看，《中华人民共和国刑法》第二十五条规定的共同犯罪，其客观方面包括实行行为、组织行为、教唆行为和帮助行为，《中华人民共和国民法典》第一千一百六十八条和第一千一百六十九条则分别规定了共同加害行为、教唆帮助行为，但这两处的帮助行为不能完全等同而论。如前所述，刑事认定在民事领域的法律效力，应根据民事法律规定进行判断。在本案庭审中，两被告均确认可双方存在合作关系，唯一差异在于，徐某健陈述系按每卖出一只产品抽取2.5元房租和人工费的标准，沈某巍认为只是大体约定等卖成之后再分钱。据此可以看出，两被告存在事先策划、分工，具有主观意思的共同性，两人存在互相利用、彼此支持，具有加害行为的协作性，查获的气囊两人均参与，具有损害结果的同一性，因此徐某巍的行为不属于帮助侵权，而属于直接侵权行为，最终，对两被告不区分份额，判决承担共同赔偿责任。

三、民事赔偿多少的问题：民事赔偿数额不能简单以犯罪数额为基准

“非法经营数额”或“违法所得数额”是假冒注册商标罪的入

罪标准之一。根据《最高人民法院、最高人民检察院关于办理侵犯知识产权刑事案件具体应用法律若干问题的解释》第十二条第一款的规定，“非法经营数额”，是指行为人在实施侵犯知识产权行为过程中，制造、储存、运输、销售侵权产品的价值。已销售的侵权产品的价值，按照实际销售的价格计算。制造、储存、运输和未销售的侵权产品的价值，按照标价或者已经查清的侵权产品的实际销售平均价格计算。侵权产品没有标价或者无法查清其实际销售价格的，按照被侵权产品的市场中间价格计算。上述计算方式与商标民事侵权赔偿金额计算标准中的侵权获利并不相同，不能简单地将刑事犯罪数额作为民事案件的赔偿标准。理由是：其一，无论是“非法经营数额”还是“违法所得数额”，都只是考虑被告人/侵权人一方的因素，证据主要是账本上显示的销售数额、查扣在案的货值数额等，而确定民事责任数额除根据侵权人获利外，还可以计算被侵权人方的损失或给他人的许可使用费，并根据知名度、市场份额等因素综合考虑。其二，刑事与民事的证据标准截然不同。故，在司法实践中被告人实际经营数额往往高于刑事判决书认定的犯罪数额，在民事案件中重新予以认定、调高，是完全正常的。因此，民事赔偿数额不能简单以犯罪数额为基准，犯罪数额仅是民事赔偿数额计算的一个参考因素。

本案中，由于未查获销售记录，涉案刑事判决书最终认定所有涉案商品尚未销售，并按照在仓库查获的产品数量乘以被侵权商品的出厂单价计算非法经营数额。据此被告抗辩称：刑事判决书认定所有涉案商品尚未销售，说明未有产品流入市场，原告并无侵权损失，被告也无侵权获利；即便一定要赔偿，也应当按照刑事判决认定的经营数额（无发生器的气囊部分）扣除相应成本，而非按照查获的所有气囊来计算民事赔偿金额。对此，虽然刑事判决书认定所有涉案商品尚未销售，但只是针对被查获的产品，仅表明在查获时间段内仓库未发货；另外，两被告从2014年擅自组装气囊直至2016年被查获已有两年的时间，因此公安机关未查获销售记录，并不代表侵权人从未销售。事实上，在被告人供述以及证人证言中，两被告也曾承认有过销售并制作过出库单。因此，该案法院未将刑事犯罪数额作为民事案件的赔偿标准来确定赔偿数额，而是根据民事诉讼证据标准，综合考量被告的侵权行为的时间、原告商标在相关产品上的知名度、产品的质量对消费者人身安全的影响等因素，对原告主张经济损失450000元予以全额支持。

此外，本案被告还抗辩称，其已经受到了刑事处罚，并交纳罚金，因此不应再承担民事赔偿责任，即便承担，也应当抵扣。这就涉及另一个相关问题：刑事判决已经对侵权人处以罚金的，是否影响民事案件中赔偿金额的认定？被告的抗辩显然不能成立。由于民法和刑法规范的目的、功能等方面的不同，行为评价在民法意义上和刑法意义上存在差异。尽管某行为在刑法领域被追究刑事责任，但其引发的民事法律后果应当根据民事诉讼程序及民事法律责任规范进行独立评价。虽然被告人的侵权获利是赔偿数额计算方式之一，但罚金是上缴国库并非向权利人支付的，若因被告人上缴了罚金而影响了民事赔偿数额的计算，显然对权利人不公，不利于知识产权的保护。故罚金作为刑事责任之一，不影响民事案件中赔偿金额的认定，也不是酌定金额的考量因素。

编写人：上海市杨浦区人民法院　韩磊　倪贤锋

065 “互联网+”业态中APP服务类别的性质判断与商标侵权认定

——甲科技公司诉乙科技公司侵犯商标权案

【案件基本信息】

1. 裁判书字号

北京市海淀区人民法院（2017）京0108民初40039号民事判决书

2. 案由：侵犯商标权纠纷

3. 当事人

原告：甲科技公司

被告：乙科技公司

【基本案情】

2015年7月29日，甲科技公司在第9类和第38类商品上注册“小×车”文字商标，同年开发上线“小×车”修车服务APP，2017年4月完成微信认证，创建“小×车”微信公众号。

2014年年初，戴某、张某丁等人创立“of×共享单车”新业态，2015年乙科技公司成立，法定代表人为戴某，经营范围包括计算机系统服务、软件开发等，实际采购和经营的共享单车在外观上呈现为黄色的自行车。2017年5月17日，乙科技公司正式将品牌名称从“of×共享单车”更改为“of×小×车”。同时，乙科技公司在其APP名称、APP详情介绍、APP启动界面、用户登录界面、APP服务主界面、使用扫描界面、官网APP下载界面、APP

用户服务协议、APP 版本记录、官方广告宣传活动、微信订阅号、官方微博、支付宝应用的推送内容等位置使用“of×小×车”“小×车”“of×”等标识。

【案件焦点】

1. 乙科技公司的使用行为是否是具有标识商品或服务来源的商标性使用；如果具有标识商品来源的作用，则所标识区分的是商品还是服务，是“自行车出租服务、互联网租赁自行车”还是原告主张的“可下载的计算机应用软件”商品、“信息传送”等服务；2. 乙科技公司使用标识的商品或服务与甲科技公司注册商标核定使用的商品、服务是否构成相同或类似；3. 乙科技公司使用的标识与甲科技公司的商标是否容易造成相关公众混淆误认。

【法院裁判要旨】

北京市海淀区人民法院经审理认为：首先，“小×车”属于常用词汇，将其使用在与车相关的商品和服务领域，则不具有显著性或显著性极弱。乙科技公司经营的出租自行车的外观颜色是“黄色”，“小×车”作为其车辆、服务的描述性称谓具有合理性，乙科技公司使用“小×车”的目的及结果是对特点的描述。乙科技公司的使用行为虽然属于商标性使用，但其提供的系“自行车出租—互联网租赁自行车”服务，而非甲科技公司所主张的“可下载的计算机应用软件”商品。

其次，甲科技公司第 9 类涉案注册商标核定使用的“可下载的计算机应用软件”等商品，能够作为商品独立存在、交换，其功能和目的是处理、存储和管理信息数据等，针对的是使用该程序和软件进行信息化处理的相关公众。APP 系“of×小×车”自行车出租服务不可分割的组成部分，不能单独运行，不能作为单独的“商品”售卖，不具有“商品属性”，与传统意义上能够单独运行可以售卖的“计算机程序（软件）”有着本质区别，与其他能够自主实现特定功能的“移动应用程序（APP）”亦有明显区别，甲科技公司与乙科技公司的服务在目的、内容、服务方式、消费对象等方面不相同，已不存在容易使相关公众混淆的特定联系，故乙科技公司使用“of×小×车”标识的商品服务与甲科技公司涉案注册商标核定使用商品或服务不相同或类似。

最后，根据乙科技公司提供的证据并结合消费者普遍知晓的事实，可以证明该公司自 2014 年开始持续使用“of×”“of×小×车”标识，通过期刊报纸、网络广告和众多媒体的大量宣传报道，获得了较高知名度，具有相对稳定的“of×共享单车”消费群体，消费者不可能单从 APP 名称与甲科技公司产生混淆误认，也不可能将乙科技公司使用的“of×小×车”从事的自行车租赁服务误认为系甲科技公司提供或与其产生联系，故乙科技公司的使用行为不会造成相关公众混淆误认。

北京市海淀区人民法院依照《中华人民共和国商标法》第四条第二款、第四十八条、第五十七条第二项，《最高人民法院关于审理商标民事纠纷案件适用法律若干问题的解释》第九条、第十条、第十一条、第十二条，《中华人民共和国民事诉讼法》第六十四条第一款之规定，判决如下：

驳回原告甲科技公司的诉讼请求。

宣判后，当事人均未上诉，判决书已生效。

【法官后语】

作为自行车租赁这一传统行业的互联网化，即“互联网+”，其实现需要借助移动通信与互联网。作为“互联网+”入口的第9类“可下载的计算机应用软件”及“互联网+”通道的第38类“信息传送”商品服务，在判断互联网租赁自行车涉及相同或近似商品服务类别时，究竟是采用形式主义还是实质主义能更符合商品服务分类规则本意及“互联网+”时代的行业发展特征，本案判决对此进行了多角度的详细论证，正面回应了“互联网+”时代互联网租赁自行车行业所涉APP软件应用程序及信息传送系统的商品服务类别判断的司法难题，归纳了实质判断的维度和规则，对“互联网+”业态中商标侵权的类似案件具有行业规范与指引的典型意义。

一、APP名称使用的功能定位

审判实践中，原告起诉被告提供的APP下载侵犯其商标权，通常会首先指控被告提供下载的APP名称系商标性使用，与原告在第9类商品“可下载的计算机应用软件”享有专有权的商标相同或近似。那么，首先要解决的问题就是APP名称是否都是商标？或者都是商标性使用？判断应用软件APP名称是否属于商标性使用，应当区分该名称系对该软件功能、内容等进行描述性使用，还是对该软件商品服务的来源提供者进行识别性使用，如果该名称发挥的是来源识别功能，就可以认定构成商标性使用。

二、APP承载的商品或服务属性

目前，《类似商品和服务区分表》将所有商品和服务共划分为45个类别，其中商品部分是第1类至第34类，服务部分是第35类至第45类。其中，第9类“可下载的计算机应用软件”被归入商品类别范畴，因此说明其本质应当属于商品性质，而非服务性质。在

“互联网+”新业态发展涉及互联网技术与实体产业融合发展的情况下，判断涉及互联网软件及通信技术的商标识别类别时，应当注意区分该商标识别的是商品来源还是服务来源，以及应用软件APP本身是具有独立交易性质的可下载软件商品还是作为提供服务依托性质的软件平台，抑或兼而有之的综合体，以此认定应用软件APP的商品属性或服务工具属性。

三、“互联网+”业态中APP承载的商品服务类别划分

在移动互联网时代，移动互联网与应用软件是新型产业的基础设施，任何企业开展“互联网+”模式的经营活动，均需要使用计算机辅助设备，包括软硬件，尤其是传统行业互联网化，即“互联网+”的实现，需要借助互联网与移动通信开发移动应用程序，在此基础上对传统行业进行整合，真正实现产业升级。在这种背景下，判断“互联网+”业态中商品和服务类别，如果因其形式上使用了基于互联网和移动通信业务产生的应用程序，就机械地将其归为手机应用程序（可下载软件）商品或者通信服务，或者将应用软件程序商品、互联网通信服务的使用者与提供者混为一谈，就可能偏离“互联网+”业态提供商品和服务的本质。对利用信息网络通过应用软件APP提供的商品或者服务，与他人注册商标核定使用的商品或者服务是否构成相同或者类似，应当结合“互联网+”业态的特点以及应用软件APP具体提供服务的目的、内容、方式、对象等方面，并根据相关公众一般注意力进行实质性认定，不能片面、机械地认定其与计算机软件商品或者互联网服务构成类似商品或者服务。

综上，对于“互联网+”业态下利用信息网络通过应用软件APP提供的商品或者服务的商标侵权判断中，在按照商标侵权构成基本要件进行分析时，应当注意区分该APP名称是发挥对软件

的描述说明功能，还是对商品或服务提供者来源的识别功能；注意区分该APP本身是具有独立交易性质的可下载软件商品还是作为提供服务依托性质的软件平台，抑或兼而有之的综合体；注意根据该APP提供商品或服务的实质对其进行类似商品或服务的归类。这三个重点层次在司法裁判思路中的厘清，将有助于规范“互联网+”新业态发展中商标申请与正当维权的营商环境秩序，防止在与互联网相关的商品或服务类别上恶意抢注该垂直领域商标的不正当行为，发挥司法指引作用，着力培育科技创新能力和拓展创新空间，为“互联网+”行动国家战略提供和谐宽松的法律环境和司法保障。

编写人：北京市海淀区人民法院　陈昶屹　刘思鹭

066 网络搜索服务中关键词侵权行为认定

——餐饮公司诉信息技术公司侵害商标权及不正当竞争案

【案件基本信息】

1. 裁判书字号

北京市石景山区人民法院（2020）京0107民初11058号民事判决书

2. 案由：侵害商标权及不正当竞争纠纷

3. 当事人

原告：餐饮公司

被告：信息技术公司

【基本案情】

原告餐饮公司受让取得第 43 类：茶馆；餐馆等“×茶”注册商标，后发现被告信息技术公司在某搜索引擎上将原告享有专用权的“×茶”注册商标的文字内容设置为搜索的关键词，并在搜索链接的标题部分及标题下面的网络推广内容中使用“×茶加盟”字样，但点击链接进入页面却与原告无关。原告餐饮公司主张该行为构成商标侵权及不正当竞争行为，故请求法院判令被告停止侵权、消除影响，并赔偿经济损失及合理支出共计 10.2 万元。

【案件焦点】

权利人就同一涉案行为即网络搜索服务中关键词侵权分别主张商标侵权及不正当竞争，应如何判定。

【法院裁判要旨】

北京市石景山区人民法院经审理认为：根据各方当事人的诉辩主张，本案争议焦点为：（1）被告行为是否侵犯了原告享有的注册商标专用权；（2）被告涉案行为是否构成不正当竞争。

一、被告行为是否侵犯了原告享有的注册商标专用权

根据本案查明的事实，被告信息技术公司经营的网站将原告餐饮公司享有商标权的“×茶”文字作为搜索关键词，导致网络用户在搜索该关键词时，被告的推广链接即出现在搜索结果页面中，推广链接的内容为其他茶饮的加盟服务。本案中，涉案注册商标核定使用范围为第 43 类：茶馆；餐馆等，涉案行为属于提供加盟服务，不在涉案注册商标核准的服务范围内。因此，涉案行为不属于在涉案注册商标核定范围内使用与其相同或近似商标标识的行为，故对

原告餐饮公司主张被告信息技术公司侵犯其注册商标专用权的主张，本院不予支持。

二、被告涉案行为是否构成不正当竞争

本案中，被告信息技术公司经营范围为技术推广、发布广告等，在某搜索引擎搜索栏中输入包含原告餐饮公司享有权利的注册商标“×茶”或“×茶加盟”文字时，被告的推广链接会出现在搜索结果中，且根据公证书显示，该推广链接均出现在某搜索引擎搜索结果第一位。虽然在上述搜索过程中，作为搜索关键词的“×茶”文字所发挥的商品来源识别作用并未受到影响，且点击被告信息技术公司链接后跳转的页面并未出现涉案注册商标，相关公众不会对商品来源产生混淆误认。但是，该涉案行为会使部分用户不仅得到其本应得到的原告餐饮公司涉案注册商标的搜索结果，亦会得到被告信息技术公司提供的搜索结果，从而导致被告借助客户因对原告涉案注册商标的认知而提高被告网站的访问概率，进而影响原告的市场利益，降低其竞争优势，故本院认定被告行为构成不正当竞争，依法应当承担停止侵害、赔偿损失的民事责任。

关于赔偿经济损失的数额，本案中，鉴于原告餐饮公司请求法院适用法定赔偿方式，且无证据证明原告因涉案侵权行为所受到的实际损失或被告信息技术公司因侵权所获利益，故本院将适用法定赔偿方式根据涉案商标知名度、侵权持续时间、具体侵权情节、被告主观过错程度等因素予以酌定。

北京市石景山区人民法院依照《中华人民共和国商标法》第五十七条第二项，《中华人民共和国反不正当竞争法》第六条第一项、第十七条之规定，判决如下：

一、被告信息技术公司于本判决生效之日起立即停止针对原告餐饮公司的不正当竞争行为，即不得将包括“×茶”在内的文字作为其域名的搜索关键词；

二、被告信息技术公司于本判决生效后十日内赔偿原告餐饮公司30000元及合理支出4200元，两项共计34200元；

三、驳回原告餐饮公司的其他诉讼请求。

宣判后，当事人均未上诉，判决书已生效。

【法官后语】

近年来，网络搜索服务中关键词侵权的案件明显增多，一方面搜索关键词服务为网络推广服务平台商带来了流量，为其开辟了新的营销方式；另一方面将他人的注册商标设置为网络搜索关键词，又会带来侵权风险。

本案涉及的争议焦点主要有二个，第一个焦点是关于涉案行为的性质判定问题。司法实践中，同为关键词侵权，有的案件以成立商标侵权进行处理，有的又以成立不正当竞争行为进行判定，类似行为为何会出现不同的判决结果，这需要从该行为涉及的不同具体情况来进行分析。

第一种情况，网络推广服务平台商或其客户将他人注册商标设置为网络搜索的关键词，并在搜索结果网页的推广链接和网页中显示该注册商标，但其真正推广、展示的商品或服务只是与该注册商标所涉及的商品或服务相同或类似。比如，都涉及奶茶产品，但推广的并非商标注册权利人的商品，该行为显然构成商标侵权行为。由于此种行为侵权恶意明显，目前司法实践中已较少出现此类情况。

第二种情况，即网络推广服务平台商或其客户将他人注册商标设置为网络搜索的关键词，但在搜索结果的推广链接和网页并不显示该注册商标，其只是利用他人注册商标为其网络推广平台及其具体广告引入流量，即本案遇到的情况，这也是目前较为常见的纠纷类型，尤其高发于网络加盟经营活动中。该情况又分为两种情形：一是纠纷涉及的注册商标本身核定使用的范围包括广告推广或加盟服务等，涉案行为应认定为商标侵权行为。二是纠纷涉及的注册商标与广告推广或加盟服务无关，如注册保护范围为餐饮服务。在此种情形下，许多注册商标权利人会选择同时以商标侵权和不正当竞争为由提起诉讼，由于这种行为系借助他人注册商标的知名度为自己网站提高访问量从而获得不当利益，同时损害了注册商标权利人的市场利益，法院亦多以不正当竞争行为成立为由支持权利人的诉讼请求，但不认定为商标侵权的理由却有所不同。有观点认为，网络推广服务平台商或其客户将他人注册商标设置为网络搜索的关键词，但在搜索结果的推广链接和网页并不显示该注册商标，不构成商标性使用，因此不会导致相关公众的混淆误认，故不构成侵害商标权。另有观点认为，注册商标核定使用的范围不包括加盟服务或广告推广，如将该情形判定为商标侵权，则有扩大注册商标保护范围之嫌。而且，从最广义的角度来看，在整个互联网市场，经营者之间皆有可能存在一定程度的竞争关系，对于互联网市场经营者之间竞争关系的判断不应过于机械，因此以成立不正当竞争行为处理为宜。

笔者同意第二种观点，因此具体到本案，在某搜索引擎搜索栏中输入包含原告餐饮公司享有权利的注册商标“×茶”或“×茶加盟”文字时，被告信息技术公司的推广链接会出现在搜索结果中，且根据公证书显示，该推广链接均出现在某搜索引擎搜索结果第一位。虽然在上述搜索过程中，作为搜索关键词的“×茶”文字所发挥的商品来源识别作用并未受到影响，相关公众不会对商品来源产生混淆误认。但是，该涉案行为会使部分用户在得到原告餐饮公司涉案注册商标搜索结果的同时，亦会得到被告信息技术公司提供的搜索结果且位于第一位，将导致被告借助客户因对原告涉案注册商标的认知而提高被告网站的访问概率，进而影响原告的市场利益，降低其竞争优势，故应认定被告行为构成不正当竞争。

第二个争议焦点，是对关键词网络推广服务平台商所负审查注意义务的认定。目前司法实践对于网络搜索服务中关键词网络推广服务平台所负的事先审查注意义务存在两种观点。一种观点认为，关键词网络推广服务平台负有事先审查客户选定的关键词的义务，不应区分商标知名度，只要未经授权或许可，将他人注册商标设置为网络搜索关键词，该平台商即应当承担相应的法律责任。另一种观点则认为，关键词网络推广服务平台仅针对知名度较高的注册商标负有事先审查注意义务，否则将忽略了关键词广告的技术特征。因为客户可以在后台系统中自行随时添加、修改、删除关键词，即关键词具有易变性和即时性。如果要求客户选定的关键词经过关键词广告服务商审查后才能发布生效，关键词广告业务将不复存在，因为审查所消耗的时间会使针对用户搜索行为的精准营销失去良机。同时，技术上难以实现。①

笔者认为在审理此类案件时，除非有证据表明涉案关键词确由客户自行设定或发布，否则关键词网络推广服务平台将对此项事实将负有举证义务。在确认关键词系由客户自行设定、发布时，笔者

① 杨晖：《网络搜索服务中侵权的司法认定——兼评网络搜索的中立性》，载《人民司法应用》2015 年第 11 期。

同意第二种观点，理由是：第一，从法律适用上分析，将他人注册商标设置为搜索关键词的不正当竞争行为涉及的法律规定为《中华人民共和国反不正当竞争法》第六条第一项，该条款明确规定适用前提为涉案商标需具有一定影响力。而且，就笔者所遇到的情况而言，之所以将他人注册商标设置为关键词，该商标必然具有一定影响力，权利人对此举证难度不大。司法实践中的争议在于，涉案行为发生在网络上，权利人是否需要举证其注册商标在全国范围都具有一定知名度，才可以成立不正当竞争行为。对此笔者认为，如果要权利人举证证明其在全国范围内都享有一定知名度，将会使大批权利人的注册商标权得不到保护，反而会导致出现大量关键词侵权行为，因此权利人只需依照相关法律规定，举证证明其注册商标具有一定影响力即可满足适用条件。第二，实践中，网络推广服务平台商往往会以关键词系由客户自行设定和发布，要求其对所有关键词都负有事先审查注意义务不现实作为其抗辩意见，本案中亦是如此。对此，笔者认为，鉴于注册商标的公开性，网络推广服务平台商完全有能力从技术上对于关键词侵权行为进行预防和干预。如果司法实践一直容忍其不尽到事先审查注意义务或长期保持一个较低的审查水平，就无法遏制目前仍然比较突出的关键词侵权现象。

编写人：北京市石景山区人民法院　易珍春

067 合法受让在先域名与在后注册相同商标权利冲突的裁判路径

——李某宾、科技公司诉甲通信公司、乙通信公司网络域名权属案

【案件基本信息】

1. 裁判书字号

北京互联网法院（2019）京0491民初21930号民事判决书

2. 案由：网络域名权属纠纷

3. 当事人

原告：李某宾、科技公司

被告：甲通信公司、乙通信公司

【基本案情】

科技公司经营化妆品等商品，李某宾为该公司监事。域名为“real××.cn”于2011年5月注册，科技公司于2018年12月受让取得该域名。甲通信公司于2019年3月向某仲裁中心投诉二原告，称其拥有“Real××”商标多年并为人所熟知，二原告没有域名相关在先权益，受让域名具有主观恶意，请求裁决域名归其所有。二原告未答辩，某仲裁中心于2019年6月裁决争议域名应转移给甲通信公司。依据该裁决，争议域名被转移至甲通信公司，后又被甲通信公司转移至乙通信公司。第13945×××号“Real××”商标于2015年4月被核准注册，核定使用商品分类为化妆品，科技公司于2018年9月获得授权使用该商标，并于2019年8月取得了该商标专用权。第8959×××号“Real ××”商标于2011年12月

被核准注册，核定使用商品分类为手机等，乙通信公司于2018年7月获得授权使用该商标。甲通信公司于2018年8月获得授权使用该商标，并于2018年12月取得了该商标专用权。二原告认为，科技公司对争议域名享有在先权利，且其经营的化妆品与二被告经营的手机完全不同，不可能导致消费者误认，故诉至法院，请求确认争议域名归科技公司所有。

【案件焦点】

争议域名系在先合法注册，受让人经受让方式取得域名后，在后注册的商标权利人是否有权以受让人的受让行为侵害其在先合法权利为由取得域名。

【法院裁判要旨】

北京互联网法院经审理认为：依据《互联网域名管理办法》，域名注册服务原则上实行“先申请先注册”。除域名的注册、使用行为侵犯他人在先权利或构成不正当竞争外，由在先申请注册者享有域名的相关权益。《最高人民法院关于审理涉及计算机网络域名民事纠纷案件适用法律若干问题的解释》第四条规定，人民法院审理域名纠纷案件，对符合以下各项条件的，应当认定被告注册、使用域名等行为构成侵权或者不正当竞争：（1）原告请求保护的民事权益合法有效；（2）被告域名或其主要部分构成对原告驰名商标的复制、模仿、翻译或音译；或者与原告的注册商标、域名等相同或近似，足以造成相关公众的误认；（3）被告对该域名或其主要部分不享有权益，也无注册、使用该域名的正当理由；（4）被告对该域名的注册、使用具有恶意。本案中，争议域名的注册时间为2011年5月22

日。第8959×××号“Real ××”商标的注册时间为2011年12月28日，晚于争议域名的注册时间。因此，根据上述规定，对于第8959×××号“Real ××”商标，争议域名的注册行为不符合应当被认定为侵权或者不正当竞争的条件，具有正当性。

科技公司于2018年9月19日被授权在化妆品产品上使用第13945×××号“Real××”商标，同时与某公司签订商标转让协议，并于2019年8月6日取得该商标专用权。2018年12月19日，科技公司又合法受让本案争议域名，该域名的主要部分“Real××”与第13945×××号“Real××”商标完全相同，因此科技公司受让取得本案争议域名的行为，具有正当理由，不违反法律规定。

二被告辩称，在其在先申请、注册的第8959×××号“Real ××”商标具有较高知名度的前提下，科技公司的域名受让、使用（不使用）行为缺乏正当理由。本院认为，在域名注册这一市场竞争领域，享有相关的注册商标专用权，并不当然享有与相关商标或企业名称相同或近似的域名的权益。如果他人系在先正当注册相关域名，其他市场经营者均应承受不能再注册该域名的不利后果。本案中，虽然争议域名的主要部分“Real××”与第8959×××号“Real ××”商标相同，但争议域名的注册时间早于第8959×××号“Real ××”商标的注册时间，第8959×××号“Real ××”商标的权利人不当然享有本案争议域名的权益。科技公司于2018年12月19日受让争议域名时，已取得第13945×××号“Real××”商标的使用权，具有受让、使用争议域名的正当理由。二被告关于科技公司受让、使用争议域名缺乏正当理由的抗辩意见，缺乏事实和法律依据，本院不予采纳。

二被告辩称，在其“Real××”商标具有较高知名度的前提下，二原告获得争议域名后长期空置不使用，具有明显恶意。本院认为，本案中因争议域名已被转移至乙通信公司且停止解析，二原告提供的证据不足以证明科技公司已对争议域名进行了解析使用，但自科技公司受让争议域名至争议域名被移转至甲通信公司仅 7 个多月时间，根据《最高人民法院关于审理涉及计算机网络域名民事纠纷案件适用法律若干问题的解释》第五条第一款的规定，尚不足以据此得出二原告受让域名后长期空置、具有明显恶意的结论。因此，二被告关于二原告长期空置不使用争议域名而具有恶意的抗辩意见，缺乏事实和法律依据，本院不予采纳。

二被告还辩称，科技公司没有生产、委托生产化妆品的资质，未商业化使用第 13945×××号“Real××”商标，在二被告的 Real××智能手机产品知名度急剧上升时期，二原告“捡漏”式购买相关商标和域名，具有极大的“投机性”，是看中了二被告 Real××品牌的巨大潜在价值，以便在未来搭乘被告知名品牌声誉的便车，甚至通过高价售卖的方式，向被告索取巨额的商业利益。本院认为，本案争议域名权属问题的判断关键在于审查争议域名的注册、转让行为是否合法有效，与科技公司是否具有生产、委托生产化妆品的资质、是否已商业化使用第 13945×××号“Real××”商标无关，且二被告未提供相关证据证明原告存在“搭便车”“高价售卖”“向被告索取巨额的商业利益”行为，因此二被告的上述抗辩意见缺乏事实和法律依据，本院不予采纳。

北京互联网法院依照《最高人民法院关于审理涉及计算机网络域名民事纠纷案件适用法律若干问题的解释》第四条、第五条之规定，判决如下：

域名“real××. cn”归原告科技公司所有。

宣判后，当事人均未上诉，判决书已生效。

【法官后语】

根据《互联网域名管理办法》第二十六条的规定，域名注册服务以“先申请先注册”为原则，除域名的注册、使用行为侵犯他人在先权利或构成不正当竞争外，由在先申请注册者享有域名的相关权益。在域名持有人对争议域名拥有合法权益前提下，必须排除争议域名不侵权其他在先权利，结合本案争议焦点分析如下：

一是权属判定基本原则：先申请先注册。2001 年《最高人民法院关于审理涉及计算机网络域名民事纠纷案件适用法律若干问题的解释》第四条规定，对已为特定主体持有的域名，当事人若主张域名权属或侵权，法院裁判中应同时对被侵权人主张保护的法益、域名持有人对域名享有合法权益或注册使用域名正当理由进行审查，换言之，涉案当事人应就与争议域名存在直接利害关系进行举证。此处的合法权益包括商标权、企业名称、字号等权益，只要有相应权益证明即可予以，对缺乏注册使用正当理由的“恶意抢注”行为认定争议均不大。但如果诉讼双方对争议域名均享有合法权利，该如何处理，实践中还存有争议。保护在先权利是知识产权案件审理基本原则，在涉域名权属、侵权纠纷中是否当然适用呢？笔者认为答案是否定的。域名以“先申请先注册”为原则，一般而言，先申请先注册者是当然的域名所有人，如其注册、使用行为具有正当性，其域名权益不应因他人在先享有权利而受到限制。本案中，虽争议域名的主要部分与被告手机上的注册商标“Real ××”相同，但域名注册时间早于该商标的注册时间，二被告不当然享有争议域名的相关权益。原告作为化妆品“Real××”商标的利害关系人，受让取得争议域名，注册使用域名具有正当理由，这是本案域名权属认定前提。

二是权属判定的例外：域名达到侵害商标权的实质标准。适用“先申请先注册”原则确定域名权属应排除域名的注册、使用行为侵犯他人在先权利或构成不正当竞争的情况，具体又需要符合三个方面的要件或者标准：

第一，时间标准。该规定的目的在于保护在先权利，因此，在域名权益和商标权发生冲突的情况下，域名注册、使用行为被认定为侵害商标权的首要前提就是域名的注册时间应晚于商标的注册时间。如果域名的注册时间早于商标的注册时间，则就无法根据上述规定认定域名的注册、使用行为侵害了商标权。在时间标准方面，可能产生争议之处在于域名注册后再转让的话，受让行为是否应该被认定为新的注册行为？即便在先注册行为不构成侵权，那么发生在商标注册时间之后的域名受让行为是否构成侵权？对此，笔者认为，域名转让不应被认定为新的注册行为，否则微观上会人为割裂域名存续状态，宏观上会极大地影响正常的域名交易市场秩序，应当对域名的注册、使用、转让等作动态的一体把握。

第二，误认标准。在满足时间标准的前提下，司法审查的核心应在于“若争议域名与注册商标（此处对驰名商标暂不作讨论）相同或近似，是否足以造成相关公众的误认”，此为域名侵害商标权的实质要件。其中，对“误认”的理解应当在充分考虑域名和商标功能竞合基础上，重点考量域名持有人是否利用与商标的相似性，使相关公众认为争议域名指向的主体与商标权利人主体为同一主体或者主体之间具有关联性，而非直接基于商标与域名的主要部分相同或近似即认定为“误认”。如果双方在不同的商标的核定使用范围享有几乎一致的商标，在判断“误认”时应重点考虑通过商标来核定使用范围与域名持有人主营业务之间的关系来判断是否足以造成相关公众的误认。以本案为例，原告作为化妆品“Real××”商标权利人，受让争议域名后主营业务也为化妆品，这与被告主营的手机业务差异较大，在被告未举证证明自己权利商标为驰名商标的前提下，很难认定争议域名导致相关公众的误认。

第三，恶意标准。2001年《最高人民法院关于审理涉及计算机网络域名民事纠纷案件适用法律若干问题的解释》第五条规定了可以认定域名的注册、使用人具有“恶意”的几种情形。本案被告也主张原告受让取得争议域名后没有使用域名，因此其注册使用具有恶意。在此需要进一步明确的是，首先，“恶意”的证明责任应当由域名注册、使用人的相对方承担，如果相对方没有提供充分的证据加以证明，则不能认定域名注册、使用人具有恶意；其次，域名持有者注册或者受让域名后不使用的行为不能当然认定为具有恶意，因为不使用域名可能存在一些无法使用的客观原因，比如客观条件不具备等，此时直接认定其并不使用也未准备使用争议域名，进而认定为“恶意”确实不妥。此外，除需要考虑使用的客观条件外，还需要考虑不使用状态的持续时间。2001年《最高人民法院关于审理涉及计算机网络域名民事纠纷案件适用法律若干问题的解释》未明确多长时间不使用可以认定为具有故意阻止权利人注册该域名或者其他恶意。笔者认为，时间太长不利于发挥域名的使用目的和价值，时间太短不利于域名市场的稳定，可以借鉴商标法的相关规定，以三年为宜。《最高人民法院关于审理涉及计算机网络域名民事纠纷案件适用法律若干问题的解释》在2020年修订时，以上条款内容未发生变化。

由于域名本身的商业价值及其与商标在识别功能方面的竞合，在判定域名是否侵害在先权利时，不应局限于域名持有人和商标权人双方，还应考虑对访客用户利益、正常市场竞争秩序维护等社会公共利益的影响，依照保护在先权利、维护公平竞争和诚实信用的原则正确界定当事人的合法权益。本案中，虽然二被告主张自身商标具有一定知名度、原告存在“搭便车”等行为，因该抗辩意见缺乏事实依据，本案裁判中未展开论述并予以认可，但在其他类似案件，尤其是争议域名与驰名商标权益产生了冲突的情况下，驰名商标注册在域名之后能否直接按照上诉裁判逻辑，对域名权属作出认定呢？对此法律目前尚无明确规定。按照驰名商标侵权的一般理论，只要会减少、削弱该驰名商标对其商品或服务的识别性和显著能力的，任何与驰名商标相同或具有足以混淆的相似性的域名都会对域名商标存在损害，对此笔者认为在处理此类案件时可以适用本案裁判逻辑，但应平衡好域名与公共利益的关系，域名持有人应尽到提示注意义务和不得恶意攀附的义务，如在与域名相关的搜索链接及网站上加注区别性标识 ，以使相关公众将争议域名与驰名商标等相区分。

综上，虽然本案争议域名的主要部分与被告在手机分类上注册的“Real ××”商标相同，但争议域名的注册时间早于该商标的注册时间，二被告不当然享有争议域名的相关权益。原告作为化妆品“Real××”商标的利害关系人，受让取得争议域名，在二被告未提供相关证据证明原告具有恶意的情况下，原告受让争议域名的行为具有正当理由，不违反法律规定，有权保有并使用该域名，故本案依法判决域名对原告所有。

编写人：北京互联网法院　李威娜

北京市丰台区人民法院　毕凯丽

068 代理商代理国外品牌期间自行附加中文标识的权利归属

——某琴业公司诉某代理公司、某东公司侵害商标权案

【案件基本信息】

1. 裁判书字号

北京知识产权法院（2017）京73民终1992号民事判决书

2. 案由：侵害商标权纠纷

3. 当事人

原告（上诉人）：某琴业公司

被告（上诉人）：某代理公司

被告（被上诉人）：某东公司

【基本案情】

2005年3月至2014年11月，某琴业公司是德国RECARO公司儿童安全座椅的中国总代理商。在代理期间，某琴业公司在京东平台开设了“德国斯迪姆官方旗舰店”，销售儿童安全座椅，在网页中的产品描述为：斯迪姆STM汽车儿童安全座椅德国原装进口阳光超人带SOFIX3到12岁……2014年11月，某琴业公司与RECARO公司解除了总代理关系。2014年11月24日，某琴业公司申请注册“阳光超人”商标，2016年1月21日某琴业公司取得了第15779283号“阳光超人”商标注册证，有效期至2026年1月20日。核定使用商品/服务项目第12类：儿童安全椅（运载工具用）……

在某琴业公司与RECARO公司解除了总代理关系之后，某代理公司作为新的中国总代理，全权负责RECARO公司斯迪姆儿童安全座椅在中国地区的独家销售及服务。某代理公司在京东平台开设了“storchenmuhle旗舰店”。销售儿童安全座椅的网页页面中的产品描述为：“德国STM阳光超人原装进口汽车用儿童安全座椅……”在商品宣传的网页图片、包装箱等处标有“阳光超人”。某琴业公司主张某代理公司的行为侵害了其注册商标权，故诉至一审法院，要求停止侵权、赔偿损失。

【案件焦点】

国内代理商在代理国外品牌期间，在外文商标之上自行附加中文标识，中外文商标共同使用。在代理关系结束之时，国内一方将中文标识注册为商标，国外一方在国内继续销售时使用该中文标识是否构成侵害商标权。

【法院裁判要旨】

北京市海淀区人民法院经审理认为：某琴业公司享有“阳光超人”注册商标专用权，依法应受到保护。现有证据无法认定某代理公司有权使用“阳光超人”标识。即使“阳光超人”的标识存在在先使用的问题，也是使用在RECARO公司的儿童安全座椅产品上，而涉案产品上并无任何中文标识，被告某代理公司作为代理公司并无“阳光超人”的在先使用权，故被告某代理公司应停止对“阳光超人”的使用。北京市海淀区人民法院依照《中华人民共和国商标法》第四十八条，第五十七条第一项、第二项、第三项，第五十九条第三款；《最高人民法院关于审理商标民事纠纷案件适用法律若干问题的解释》第十六条第二款，第十七条的相关规定，作出如下判决：

一、某代理公司立即停止在儿童安全座椅的销售和宣传上使用“阳光超人”标识；

二、某东公司立即断开某代理公司在京东商城开设的“storchen-muhle 旗舰店”中带有“阳光超人”标识的销售链接；

三、某代理公司于判决生效之日起十日内，赔偿某琴业公司经济损失十万元；

四、某代理公司于判决生效之日起十日内，赔偿某琴业公司律师费一万元、公证费及购买涉案商品支出五千五百元；

五、驳回某琴业公司的其他诉讼请求。

某琴业公司、某代理公司均不服一审判决，提出上诉。北京知识产权法院经审理认为：“阳光超人”标识经过多年使用，逐渐与其所标识的 RECARO 公司生产的儿童安全座椅产生稳定的对应关系，使得相关公众在看到“阳光超人”这一标识时，就会联想到 RECARO 公司生产的儿童安全座椅。“阳光超人”不仅起到区分产品来源的作用，还承载了特定的品质和声誉，形成了附载在该标识上的特有利益。在双方代理关系结束之时，“阳光超人”标识代表的声誉和品质，均源于 RECARO 公司的产品。“阳光超人”标识在获得核准注册之前，即已在长期使用过程中，与 RECARO 公司生产的儿童安全座椅相联系，并形成了一定的消费者认知。某代理公司使用“阳光超人”标识的方式系沿袭之前某琴业公司在京东网络销售平台的使用方式，有权在原使用范围内继续使用，并不构成侵权。一审法院关于构成侵权的认定不当，二审法院予以纠正。依照《中华人民共和国商标法》第五十九条第三款，《中华人民共和国民事诉讼法》第一百四十四条、第一百七十条第一款第二项、第一百七十四条之规定，作出如下判决：

一、撤销北京市西城区人民法院（2017）京0102民初1263号民事判决；

二、驳回某琴业公司的全部诉讼请求。

【法官后语】

国内代理商在代理国外品牌的产品期间，在该产品的国外品牌之上附加中文标识，但中文标识与外文标识并不具备翻译关系，且中文标识的名称本身系由国内代理商自行创造并已成功注册商标，对于中文标识的利益归属问题，分歧较大。对于上述问题，存在两种有代表性的观点：

第一种观点认为，国内代理商系中文标识的创造者，也是该标识的注册人，当然享有该标识的相关权利，国外一方只对外文商标享有权利，而对中文商标，国外一方既没有主观上的使用，也没有客观上的创设商标的行为，不应享有该标识的相关权利。在国内代理商注册该中文标识之后，若国外一方使用该中文标识，构成商标侵权。

第二种观点认为，外文商标和中文标识经过长期共同使用，中文标识起到了区分商品来源的作用，逐渐形成了一定的消费者认知，该中文标识在相关公众中的认知指向外国产品，承载了国外一方的商誉，故在没有相反证据的情况下，该中文标识的标识利益属于国外一方。故代理关系结束后，国内代理商将该中文标识注册，并主张国外一方新的代理人继续使用该中文标识的行为属于侵权，不应当获得支持。

判断涉案中文标识利益的归属，应当从商标权的权利本质着手，着重分析其标识指示功能、标识价值指向，以及标识利益的形成。本案中，某琴业公司代理 RECARO 公司的 storchenmuhle 品牌儿童安全座椅期间，基于认读、宣传便利等方面的考虑，将“阳光超人”中文标识与原有外文标识共同使用在上述产品的宣传、销售等环节，起到了标识商品来源的作用，属于商标性使用。

在标识指示功能的层面，“阳光超人”标识经过多年使用，已形成了一定的消费者认知，逐渐与其所标识的 RECARO 公司生产的儿童安全座椅产生稳定的对应关系，使得相关公众在看到“阳光超人”这一标识时，就会联想到 RECARO 公司生产的儿童安全座椅。由此可见，“阳光超人”所标识的产品来源指向 RECARO 公司，而非某琴业公司。

在标识价值指向的层面，商标作为一种财产，其最核心的价值就在于其代表了特定的质量和信誉，进而影响消费者的选择，帮助商标权利人在激烈的市场竞争中取得更多的交易机会，获得更多利润。本案中，某琴业公司在双方代理关系存续期间对商品的描述为：“斯迪姆 STM 汽车儿童安全座椅德国原装进口阳光超人带 SOFIX3 到 12 岁”，突出强调了产品系“德国制造”。“阳光超人”经过多年使用，相关公众在看到该标识时不仅会联想到产品，还会联想到该产品“德国制造”的良好品质，故“阳光超人”不仅起到区分产品来源的作用，还承载了特定的品质和声誉，形成了附载在该标识上的特有利益。很显然，在双方代理关系结束之时，“阳光超人”标识代表的声誉和品质，均源于 RECARO 公司的产品。

在标识利益形成的层面，消费者的认知是商标价值实现的桥梁，没有消费者和市场，商标就无法实现其价值。消费者的认可和评价在很大程度上决定了标识的商业价值。因此，判断某一标识经使用产生的原始利益归属，并非考察标识的称谓本身由谁创造，而是应当考察消费者将该标识与何种商品相联系，进而判断相应标识利益的归属。本案中，在双方代理关系存续期间，相关消费者对“阳光超人”的认知均是与RECARO公司及其产品相关联。故某琴业公司作为RECARO公司的原代理商，即使其自行创设了“阳光超人”这个名称，并进行了商标注册，但并不当然地享有“阳光超人”标识的相关利益。这是因为，商标名称创造与商标权利归属并不能等同，阳光超人一词本身由谁创造的争议，属于作品意义上的权利诉求，而是否构成作品、是否享有作品上的权利，属于著作权法的调整对象，并不是商标侵权法律关系调整的内容。

而对于RECARO公司是否有主观使用意图的问题，由于中文标识“阳光超人”和外文标识长期使用，“阳光超人”已经客观上起到指示商品来源的效果，除非RECARO公司明确否认、拒绝“阳光超人”的指示效果，否则均应当承认“阳光超人”在相关公众中客观上指向RECARO公司的现实状态。

综上分析，第二种观点是正确的。

编写人：北京知识产权法院　张宁

069　颜色组合商标民事侵权的认定

——某密封系统公司诉某电气公司侵害商标权案

【案件基本信息】

1. 裁判书字号

北京知识产权法院（2019）京73民终2736号民事判决书

2. 案由：侵害商标权纠纷

3. 当事人

原告（被上诉人）：某密封系统公司

被告（上诉人）：某电气公司

【基本案情】

原告某密封系统公司经核准，在第17类密封球、密封物、接头用密封物等商品上注册了第1191××××号商标（以下简称涉案权利商标），注册有效期为2015年8月28日至2025年8月27日。涉案商标由蓝色（国际标准色卡色号：2925）和黑色（国际标准色卡色号：黑色）组成。涉案商标在实际使用中有一定的图形限制：蓝色和黑色以同心圆的形式使用在指定商品上，黑色圆圈位于中心位置，四周围绕蓝框。经过多年的使用和宣传，涉案权利商标在市场上获得了较高的知名度。

某电气公司生产销售电力密封组件、通信密封组件等多个产品，其中电力密封组件内嵌一个密封模块，密封模块横截面呈现蓝色和黑色相间的图案，中心为黑色圆形，其外围排列有蓝色、黑色循环反复的同心圆（以下简称被控侵权标识），通信密封组件内嵌九个密封模块，每个密封模块横截面呈现的图案除大小不同外，与上述电力密封组件横截面图案相同。某密封系统公司认为某电气公司的上述行为侵犯了其注册商标专用权，故诉至法院，要求某电气公司停止涉案侵权、赔礼道歉并赔偿经济损失。某电气公司不同意原告的全部诉讼请求。

【案件焦点】

1. 涉案被控侵权图案与商品本身结合紧密，是否属于商标性使用；2. 如被控侵权图案与原告权利商标存在具体色号差异，能否认定为相同商标。

【法院裁判要旨】

北京市东城区人民法院经审理认为：本案中，某密封系统公司在申请注册第1191××××号商标时，已在申请书中明确声明该商标为颜色组合商标，并在所提交的文字说明中明确了颜色使用的具体方式是：蓝色和黑色以同心圆的形式使用在指定商品上，黑色圆圈位于中心位置，四周围绕蓝框。某密封系统公司作为涉案商标注册人，其享有的注册商标专用权应当得到法律保护。

本案中，被控侵权商品属于涉案商标核定使用的商品类别，系法律规定的相同商品。通常情况下，传统类型的商标往往贴附在商品之上，与商品本身存在物理上的独立性，而本案中的被控侵权标识正是通过被控侵权商品中的密封部件横切面呈现出来的，其同心圆的外观即来源于密封部件多层结构，其包含的蓝色、黑色就是多层结构本身的颜色，但是，商标法并未规定商标的使用必须以标识与商品本身可以物理分离为要件，只要能够起到指示商品来源的作用，即属于商标的使用。某电气公司虽辩称被控侵权标识使用具有功能性，不构成商标性使用，但根据在案证据即双方陈述，仅是密封部件的同心圆多层结构具有功能，其使用的颜色并无任何功能性，被告提供的证据也显示同类产品可使用不同颜色组合，而颜色组合正是涉案权利商标的显著性所在和申请保护的对象，故法院对某电气公司的该项答辩不予采纳。

根据某密封系统公司提交的宣传图片及产品实物，将某电气公司使用的被控侵权标识与涉案商标比较，被控侵权标识呈现的黑色在内、蓝黑相间的排列方式符合涉案商标的使用方式描述，某密封系统公司虽未证明被控侵权标识中使用的蓝色与涉案商标的蓝色系为完全相同色号，但是整体视觉外观上并无明显不同，按照相关公众一般的注意程度，应当判定为相同商标。根据在案证据可见，某密封系统公司相关商品销售时间及地域范围较广，涉案商标也有较为持续和广泛的使用，在相关公众中享有一定知名度，某电气公司在相同商品上使用与涉案商标相同的商标，容易使相关公众误认为是对涉案商标的使用，亦妨碍了某密封系统公司在相关公众中进一步强化涉案商标与其商品的对应关系。综上，某电气公司在相同商品类别上使用与某密封系统公司相同商标的行为侵害了某密封系统公司对涉案商标享有的注册商标专用权，应当承担停止侵权、赔偿经济损失的法律责任。

综上所述，依照《中华人民共和国商标法》第八条、第九条、第四十八条、第五十七条第一项、第六十三条第一款、第三款，《中华人民共和国商标法实施条例》第十三条第四款之规定，判决如下：

一、自本判决生效之日起，被告某电气公司停止生产、销售涉案侵权商品；

二、自本判决生效之日起十日内，被告某电气公司赔偿原告某密封系统公司经济损失 100000 元及合理支出 40000 元；

三、驳回原告某密封系统公司其他诉讼请求。

某电气公司不服原审判决，提起上诉。二审法院同意一审法院裁判意见，经审理后判决：驳回上诉，维持原判。

【法官后语】

该案的典型意义在于，如何认定对颜色组合商标这种较为少见的商标类型的民事侵权。首先，需要根据商标法相关规定的精神和原理，结合颜色组合商标与商品功能模块紧密结合的特殊呈现方式，判断被控侵权商品的相应标识是否属于商标性使用。其次，在判断颜色组合商标与被诉侵权商标是否构成相同或近似时，应考虑其特殊性，以消费者的一般注意力为标准，重点从颜色组合商标的使用位置、排列组合方式、颜色色差、整体视觉效果等方面来进行观察，如果使用在相同或类似商品上时，易使相关公众对商品或服务的来源产生混淆误认，则应判定属于商标相同或近似。

一、关于商标性使用的认定

商标的使用，是指将商标用于商品、商品包装或者容器以及商品交易文书上，或者将商标用于广告宣传、展览以及其他商业活动中，用于识别商品来源的行为。本案某电气公司生产、销售的密封组件横截面呈现黑色在内、蓝黑相间的同心圆图案，且其通过主办的网站以及宣传材料对上述商品进行宣传。本案中，被控侵权标识特殊之处就在于，一是被控侵权产品中蓝、黑相间的图案系密封模块中可撕胶片横切面自身的颜色，而非贴附于商品之上的标识；二是同心圆排列的可撕胶片具有随着撕掉胶片调节密封模块内径的实用功能。关于商标的使用方式，法律并未限定商标必须以物理上与商品本身明确隔离的吊牌、铭牌等形式使用，也未禁止商品本身或某些部位呈现的形状和色彩作为商标；另外，根据查明事实和双方陈述，被控侵权密封组件中蓝黑相间的同心圆所附着的可撕胶片确实具有上述实用功能，但是其上附着的蓝、黑两种颜色与产品的实用功能并无直接联系，颜色可以随机选择，因此该图案可以起到识别商品来源的作用，属于商标性使用。

二、关于商标相同、近似的判定

《中华人民共和国商标法》规定，未经商标注册人许可，在同一种商品上使用相同商标，以及在同一种或类似商品上使用相同或近似商标容易导致混淆的，均属于侵犯注册商标专用权行为。该案中，涉案商标的核准使用商品包括密封球、密封物、接头用密封物等，被诉侵权商品为密封组件产品，两者属于相同商品。某电气公司在其生产的密封组件上使用了横截面呈现蓝色和黑色相间的图案，中心为黑色圆形，其外围排列有蓝色、黑色循环反复的同心圆，与某密封系统公司的权利商标进行比较，蓝色和黑色的使用位置相同，排列组合方式一致，虽然某电气公司主张被控侵权产品上呈现的蓝黑相间图案色号与权利商标存在差异，但在案证据显示二者在视觉上并无明显差别，基于普通消费者的一般注意力标准，很难辨别同种颜色不同色号间的细微不同。综上，被控侵权标识与某密封系统公司的权利商标相比较，二者在视觉上无实质性差别，构成相同商品上的相同商标。某电气公司使用与权利商标相同的标识，容易导致相关公众对二者的商品来源产生混淆误认。最终，法院认定某电气公司在相同类别上使用与某密封系统公司相同商标的行为侵犯了某密封系统公司涉案注册商标专用权，应当承担相应的法律责任。

编写人：北京市东城区人民法院　闫永廉　李向阳

070 商标侵权判定中可适用多因素测试法判断是否存在混淆可能性

——国际旅行公司诉集团公司、股份公司侵害商标权案

【案件基本信息】

1. 裁判书字号：北京知识产权法院（2019）京 73 民终 2544 号民事判决书

2. 案由：侵害商标权纠纷

3. 当事人：

原告（上诉人）：国际旅行公司

被告（被上诉人）：集团公司、股份公司

【基本案情】

原告国际旅行公司成立于 2014 年 10 月 28 日，经受让取得第 6477049 号“××旅游”商标的注册商标专用权，注册有效期为 2010 年 7 月 14 日至 2020 年 7 月 13 日，核定使用服务项目为第 39 类旅行陪伴、观光旅游等。

被告集团公司成立于 1993 年 7 月 30 日，经核准注册，依法取得了第 7237144 号“××”××加麦穗图形商标、第 1199114 号“××”文字商标的注册商标专用权，核定使用类别均为 32 类，目前均在有效期内。上述三个商标在啤酒产品上已具备较高的知名度。被告股份公司于 1997 年 7 月 8 日注册成立。

啤酒 YANJINGBEER”、第 1140906 号“ ”“××啤酒文化节”是集团公司举办的一年一度的啤酒文化活动。国际旅行公司

提交的侵权公证书载明：集团公司在第二十四届、第二十五届、第二十七届“××啤酒文化节”观光旅游中使用了“××啤酒”四个字及“ ”××加麦穗标识（以下简称被控侵权标识），并在其经营管理的网站（www.yanjing. com.cn）及名称为“××啤酒”微信公众号进行了宣传推广。

国际旅行公司主张上述被诉行为由集团公司、股份公司共同实施，被诉行为中使用的被控侵权标识与其享有的“××旅游”商标构成近似，侵犯了其享有的注册商标专用权，故要求集团公司、股份公司共同承担停止侵权、消除影响、赔礼道歉的民事责任。被告集团公司、股份公司则认为：原、被告商标核定使用类别不同，在适用范围、商标用途、消费对象、功能、销售渠道及销售习惯等方面完全不同，而且“××啤酒”和“××旅游”商标差异巨大，字体不同，含义、商标类型不同，读音、字形不同，整体结构也不同，则不能认定为相同商标或近似商标，故不构成商标侵权。

【案件焦点】

集团公司和股份公司是否侵犯了国际旅行公司的注册商标专用权。

【法院裁判要旨】

北京知识产权法院经审理认为：关于原、被告商标是否构成近似的问题。因“××旅游”“××啤酒”“××加麦穗标识”显著识别部分均为“××”，故原、被告商标构成近似商标。

关于“工厂游”“××啤酒文化节”服务与“××旅游”商标核准

注册服务是否构成类似服务的问题。集团公司和股份公司举办的“工厂游”与“××啤酒文化节”，其根本目的固然是宣传××啤酒系列产品，但从服务的具体内容和形式而言，系将提供旅游服务和宣传××啤酒相结合，属于旅游服务的一种，二者构成类似服务。一审法院认定二者不构成类似服务，二审对此进行了纠正。

关于混淆的可能性以及被诉行为是否构成侵权的问题。集团公司和股份公司的被诉行为虽然属于在类似服务上使用与“××旅游”近似商标的行为，但判定是否构成商标侵权，还应判断二者是否容易导致相关公众的混淆。经过集团公司和股份公司长期的宣传和使用，“××啤酒”及“××加麦穗标识”在啤酒商品上已具备较高知名度，加之“工厂游”与“啤酒文化节”本身与其啤酒生产和销售紧密相关，“××啤酒”及“××加麦穗标识”商标亦主要指向的是其啤酒产品，而并非旅游服务本身。故即便同样使用在旅游类服务上，相关公众在产源识别上仍然会指向集团公司和股份公司而非国际旅行公司。而从“××旅游”的角度考察，其提交的微信公众号截图、宣传册等尚不足以证明其具有较高的知名度。因此，相关公众不会将“××啤酒”“××加麦穗标识”与“××旅游”相混淆。集团公司和股份公司的被诉行为未侵害国际旅行公司享有的商标权。

北京市东城区人民法院于2019年6月14日作出一审判决，驳回原告国际旅行公司的全部诉讼请求。宣判后，原告国际旅行公司提出上诉。北京知识产权法院于2019年11月18日作出（2019）京73民终2544号民事判决，驳回上诉，维持原判。

【法官后语】

在当前的司法实践中，对于商标侵权的判定，通常还局限在对于商标、商品是否相同或近似上，虽然《中华人民共和国商标法》第五十七条第二项引入了“混淆可能性”的判断标准，但实践中对于混淆可能性的认定往往一笔带过，标准也有很大的模糊性和不确定性。对于哪些因素可能影响混淆误认的认定，在理论界和实务界均存在不同的认识。《最高人民法院关于商标确权授权行政案件若干问题的规定》借鉴了欧美立法中的多因素测试法，列举了商标标志的近似程度、商品的类似程度、请求保护商标的显著性和知名程度、相关公众的注意程度、商标申请人的主观意图以及实际混淆的证据等作为判定未注册驰名商标的混淆可能性的考量因素，尽管该条是对未注册驰名商标的保护，但由于认定商标侵权的理论基础都是混淆可能性，因此这一判断方法在一般商标的侵权认定中也有一定的参考意义。本案在认定商标和商品构成近似的基础上，采用多因素分析方法，从被告商标知名度显著高于原告商标，被告使用其商标的意图和目的具有正当性和合理性，被告商标指向啤酒产品并非旅游服务本身，不会导致相关公众对产品来源产生混淆等方面，对于被控侵权标识的使用是否容易造成消费者混淆进行了详尽的分析，对于同类案件的审理具有一定的借鉴意义。

笔者认为，判定是否存在混淆可能性，应从以下三个维度进行考量：其一，将商标与商品以及商标具体的使用情形相结合。公众在购买商品或服务时，通常看到的不是注册证上的商标，而是将商标与商品结合起来整体进行识别，因而商标的具体使用情形及消费者的整体印象对于判断是否可能造成混淆就尤为重要。其二，请求保护商标的显著性和知名程度。在商标侵权案件中，请求保护商标的知名度虽与行为人是否存在攀附他人商标商誉无必然因果关系，但可以作为判断行为人是否知晓请求保护商标的考量因素。再者，注册商标专用权的保护范围与其知名度有着直接关系。持续使用注册商标的时间越长、范围越广，知名度也越就高；在商标侵权中认定商标近似和商品类似的范围越大，其商标专用权的排斥范围越大，因而可以获得更宽的保护范围。相反，知名度相对较低的注册商标，其注册商标专用权的排斥范围就越小，对其保护范围也越小。其三，行为人是否具有混淆意图，考查行为人主观上是否具有攀附他人商标声誉的恶意。关于行为人的主观状态，学界通说认为知识产权侵权适用无过错责任，因而是否具有侵权故意并不是构成商标侵权的必要条件，只可作为考量因素之一。一般而言，个体的主观心理很难通过直接证据予以证明，需要借助外在行为或其他间接证据予以推定。实践中，可以考量原被告商标的知名度、原被告的业务范围、是否属于同业经营者，原被告商标的历史使用情况、市场环境等因素综合判断行为人是否存在混淆的故意。

综上，司法审判中认定是否存在混淆可能性，应当尽可能的置身还原现实的消费环境，考量消费者的认知能力和水准，同时结合请求保护商标的知名度、行为人是否具有混淆意图、商标的使用情况等因素进行全面考量。

编写人：北京市东城区人民法院　王丹　刘蔚雯

071 认定商标使用的商品或服务类别应当结合商标使用人的经营范围及商标的使用场景、使用方式、消费对象的认知等因素综合判断

——某果园公司诉某水果公司、某水果店侵害商标权案

【案件基本信息】

1. 裁判书字号

福建省高级人民法院（2019）闽民终 1274 号民事判决书

2. 案由：侵害商标权纠纷

3. 当事人

原告（上诉人）：某果园公司

被告（被上诉人）：某水果公司、某水果店

【基本案情】

原告某果园公司拥有第 146××××号“”注册商标（核定使用商品为第 31 类“鲜水果、新鲜蔬菜、甘蔗”等）。原告某果园公司基于此商标对被告某水果公司、某水果店提起标的额高达 91030000 元的侵权诉讼，主张被告某水果公司在鲜水果上使用了与其注册商标“”相似的百果园等标识构成商标侵权。被告某水果公司主张其拥有第 1606××××号“百果园”（核定使用商品为第 9 类“计算机软件（已录制）、计算机程序（可下载软件）”等、第 680××××号“百果园”（核定使用服务为“替他人推销”等）注册商标，其是提供水果零售服务的连锁

企业，而非水果生产企业，其在经营过程中使用百果园等标识是属于对其商标及字号的正当使用，不会与原告注册商标造成混淆，不构成商标侵权。

【案件焦点】

1. 某果园公司的起诉是否属于法院的受理范围；2. 某水果公司、某水果店使用“百果园”标识的行为是否侵害某果园公司的第146××××号“”注册商标专用权；3. 如果某水果公司、某水果店构成侵权，应当承担具体的民事责任为何。

【法院裁判要旨】

福建省泉州市中级人民法院经审理认为：某果园公司在本案中是以某水果公司超出其核定商品或服务的范围为由主张某水果公司构成商标侵权，根据《最高人民法院关于审理注册商标、企业名称与在先权利冲突的民事纠纷案件若干问题的规定》第一条第二款的规定，属于人民法院的受案范围，应当予以受理。

某水果公司的经营范围不包括农业种植或者相关水果种植，结合其与果农、水果种植企业等水果源头企业签订的购销合同，说明某水果公司不是一家种植水果的农业企业，而是在商品流通领域以提供水果销售、加工及配套服务为主的服务型企业。尼斯分类的版本变动以及实际经营中大多数零售商家在第35类“替他人推销”类别上申请注册商标并将该商标实际上用于商场、超市服务范围之内，应当认定商品的零售服务属于第35类“替他人推销”。某水果公司经过多年的宣传推广经营活动，其商业规模已经涵盖了全国主要的省级行政区划，旗下的授权门店多达千家，其为水果种植企业与消费者之间搭建了一条采购、配送、服务的渠道，为水果种植企业提供水果零售的便利综合服务，亦为消费者提供了与水果种植企业沟通的纽带。某水果公司及其授权门店在实体店铺中使用“百果园”标识或字样的行为，并未直接标识到每个独立的水果或者单一水果包装上，不应认定在第31类“鲜水果”类别上使用，某水果公司授权门店中销售的部分水果带有水果种植企业使用的商品商标，说明某水果公司使用“百果园”标识或字样的目的并不在于识别水果的种植及生产来源，而是在于标识经营场所以及区分零售服务提供者的来源。故应当认定某水果公司及其授权门店在实体店中使用涉案“百果园”标识或字样的行为，属于在核定服务项目范围内合法使用第680××××号“”注册商标的行为。

某果园公司和某水果公司所提供的商品及服务构成一条产业链的前端及后端，司职分工不同，在两家公司未相互进入对方经营领域以及各自在各自领域均持有注册商标的情况下，其商标使用的类别不构成类似。

另外，某水果公司经过多年的经营，在商业上已经形成较大的市场规模，而某果园公司并未进入商品零售行业，某水果公司不可能具有攀附某果园公司涉案注册商标知名度的主观意图。结合某水果公司在具体场所和情景中使用的标识与某果园公司的“”注册商标在图形及字母方面存在较大差别，两者所属商品或服务类别亦不同，共存于市场并不会造成相关消费者的混淆。泉州市中级人民法院一审驳回了某果园公司的诉讼请求。后某果园公司不服提出上诉，二审法院同意一审法院的裁判意见。

【法官后语】

本案为典型的涉及权利冲突的侵害商标权纠纷。首先，法院明确了在涉及注册商标权利冲突时人民法院受理商标侵权案件的要件。其次，本案就应当如何认定商标使用的商品或者服务类别以及零售服务和商品是否构成类似的问题提供了审理思路。结合本案双方当事人的具体情况，在认定双方当事人各自持有商标的具体使用类别时应当结合商标使用人的经营范围及商标的使用场景、使用方式、消费对象的认知等因素综合判断。零售、推销服务应当归为第 35 类“替他人推销”，该类别与被推销的商品本身所处类别分别构成一条产业链的前端及后端，司职分工不同，在商标使用人的经营范围未有实际交叉以及在各自经营范围均持有注册商标的情况下，不应认定构成类似商品和服务。

本案诉讼时机处于被告使用涉案标识已具备一定商业规模并即将进行下一步融资的情况下，应当说原告知晓被告使用涉案标识多年但未采取相关措施，而本次原告提出高达 9103 万元索赔的诉讼动机值得推敲，结合本案被告使用的注册商标曾在行政程序中被认定为驰名商标，最终法院驳回原告的诉讼请求，维持了现有商业秩序的稳定。

编写人：福建省泉州市中级人民法院　黄熠

072 商标使用人有权在原有范围内继续使用其先使用并有一定影响的商标

——某商贸公司诉某网络公司侵害商标权案

【案件基本信息】

1. 裁判书字号

北京知识产权法院（2019）京 73 民终 2760 号民事判决书

2. 案由：侵害商标权纠纷

3. 当事人

原告（上诉人）：某商贸公司

被告（被上诉人）：某网络公司

【基本案情】

案外人周某葆于2010年9月16日申请并经商标局于2011年11月7日核准注册“拉手”商标，该商标核定使用的服务类别为第35类，包括广告、进出口代理、拍卖、替他人推销、替他人采购（替其他企业购买商品或服务）、广告代理、职业介绍所、会计、替他人订阅报纸、组织商业或广告展览（截止），注册有效期为2011年11月7日至2021年11月6日。2016年12月6日，某商贸公司受让该商标。某商贸公司注册了LASHOU拼音商标。

某商贸公司注册成立于2014年8月5日，其营业执照登记的经营范围包括日用百货、五金产品等，该公司在内蒙古自治区呼和浩特市金桥开发区某小区×幢××号商铺设有经营场所，在其经营场所招牌上，某商贸公司使用了“拉手”商标，某商贸公司亦提交证据证明其曾在报纸上使用“拉手”刊登广告。

某网络公司于2009年9月15日注册成立。某网络公司成立后使用域名lashou.com进行某网站的经营。该网站首页左上角使用了附件一标识。某网站为团购网站，其经营的主要方式及内容为展示合作商户的商品/服务团购信息并销售团购代金券，除团购信息外，某网站上还有为商户发布的以链接形式展示的广告。某网络公司提供证据证明其早在2010年7月，即在公司前提使用“某网站”字样。审计报告显示某网络公司2010年度营业收入

2369901 元，经营产生的现金流量净额 21151299.85 元。

某商贸公司主张某网络公司构成商标侵权，主张停止侵权、赔礼道歉、赔偿经济损失及合理费用 200 万元。某网络公司主要抗辩意见为其在先使用拉手相关标识，不构成商标侵权。

【案件焦点】

1. 某网络公司经营的服务与拉手商标核定使用的服务类别是否构成相同或近似；2. 某网络公司是否构成在先使用。

【法院裁判要旨】

北京市朝阳区人民法院经审理认为：从某网络公司提供的服务来看，某网络公司经营的为团购网站，其基本的经营方式为在网站上展示商户的商品/服务信息，并为消费者提供代金券的购买。消费者在购买代金券后凭券到商户的店铺中进行消费，某网络公司并未直接向消费者提供商户的商品/服务，仅是以销售团购代金券的方式吸引消费者到商户店铺进行消费，从某网络公司上述经营的基本方式与内容上来看，某网络公司提供的服务可归入替他人推销的服务类别，与某商贸公司拉手商标、LASHOU 拼音商标核定使用的服务类别相同。

某网络公司于 2009 年 9 月 15 日注册成立，“拉手”系其企业字号。某网络公司自 2010 年 3 月即已与商户开展团购合作，经营名为某网站的团购网站，且某网络公司在其公司前台使用了显著的某网站字样作为标识，某网络公司使用某网站作为商标在先。根据相关媒体报道，截至 2010 年 9 月“拉手”商标申请注册前，某网站在团购网站中即已具备了一定的影响力，某网络公司在先使用的某网站商标在“拉手”商标申请注册前，即已具有一定影响。某网络公司使用的某网站商标与拉手商标仅一字差，二者构成近似商标，但根据《中华人民共和国商标法》第五十九条第三款的规定，在某网络公司在先使用的某网站商标在拉手商标申请注册前即已具有一定影响的情况下，某商贸公司无权禁止某网络公司在原有范围内继续使用。

本案中，某商贸公司起诉某网络公司构成商标侵权的行为为某网络公司使用附件一标识，附件一标识在某网络公司在先使用的某网站文字的基础上附加了图形与“Lashou. com”字样。某网络公司使用的上述标识，与某商贸公司的“拉手”商标、LASHOU 拼音商标相比较均附加了显著的区别标识。在某网络公司使用附件一作为商标的情况下，相关公众更能将使用该标识的某网络公司识别为某网站这一团购网站的经营者，不会将某网络公司通过某网站这一网站提供的服务与某商贸公司使用“拉手”商标或 LASHOU 拼音商标的服务相混淆。且某网络公司使用的范围仍在某网站这一团购网站的范围内。某网络公司对附件一标识的涉案使用行为，构成《中华人民共和国商标法》第五十九条第三款规定的在先使用，某商贸公司主张某网络公司侵犯其“拉手”商标、LASHOU 拼音商标的商标专用权，并无事实及法律依据，法院依法不予支持。

某网络公司使用的 lashou. com 的域名中二级域名“lashou”与某商贸公司 LASHOU 拼音商标相同，但某网络公司使用该域名在 LASHOU 拼音商标注册前，亦在“拉手”商标注册前，相关公众登录域名为 lashou. com 的团购网站，会清楚地认识到其登录的是名为“拉手”的团购网站，而非使用了“拉手”商标或 LASHOU 拼音商标的网站，基于某网络公司对该域名的在先注册与使用，相关公众不会产生误认，某商贸公司主张某网络公司使用该域名构成商标侵权并无事实及法律依据。

北京市朝阳区人民法院一审判决某商贸公司全部诉讼请求。北京知识产权法院同意一审法院的裁判意见。

【法官后语】

我国商标法采取商标注册保护制度，因此在市场经营活动中，经营者欲使其使用的商标获得商标法的强保护，应当树立主动对商标进行注册的意识。但在一这基本制度下，《中华人民共和国商标法》第七条对于商标的申请注册与使用还规定了诚实信用的基本原则，配合这一基本原则，《中华人民共和国商标法》在第五十九条第三款规定了在先使用并有一定影响的商标也是可以获得商标法弱保护的，同时该弱保护在满足一定条件的情况下还有对抗商标注册人的效力，本案所要解决的基本问题就是被告方在先使用并有一定影响的抗辩是否成立的问题。

《中华人民共和国商标法》第五十九条第三款规定，商标注册人申请商标注册前，他人已经在同一种商品或者类似商品上先于商标注册人使用与注册商标相同或者近似并有一定影响的商标的，注册商标专用权人无权禁止该使用人在原使用范围内继续使用该商标，但可以要求其附加适当区别标识。根据上述规定，在先使用抗辩权的成立，至少要满足以下两个条件：首先，时间条件。在先使用人的使用必须在商标权人申请商标注册前，而不是在商标获准注册日前。申请时间必然是早于获准注册时间的，在先使用人的使用必须更早于此日期。其次，知名度条件。商标法对于在先使用的商标进行保护，要求其达到有一定影响的程度。当然，“有一定影响”并无更具体的判断标准，司法实践中，人民法院会根据在先使用的提交的持续使用时长、媒体宣传报道、产品与服务获奖情况等在案证据综合判断。

在先使用抗辩成立的后果如何，是必然绝对排斥注册商标的效力吗？当然不是。在先使用抗辩成立的法律后果主要体现在以下几个方面：第一，在先使用权人抗辩成立，其使用行为不构成商标侵权。因为虽然商标权人经商标注册程序获得了专用使用权，但该注册商标的专有使用权仍不能违背与忽视在此之前相同或类似的商标标识已经在市场当中发挥识别商标来源作用的客观事实。注册商标专用权产生在后，在后的权利不能作为认定在先行为构成商标侵权的基础。在不构成商标侵权的情况下，在先使用人自然无须承担赔偿商标注册人经济损失的法律责任。第二，在先使用抗辩的成立，亦不能否定和突破我国商标法规定的商标注册基本制度。根据商标法注册程序所获准注册的商标仍然有其专用权与禁用权的范围。在注册商标禁用权的辐射之下，在先使用的商标如可能与注册商标产生混淆的，在先使用的商标也丧失了以其原使用形态继续存在的合法性。这里我们需要注意的是，《中华人民共和国商标法》第五十九条第三款规定的是注册商标专用权人有权要求在先使用人附加适当区别标识。但法院是否需要根据注册商标专用权人的申请判决在先使用人附加区别标识，应当个案判断。如果在先使用人所使用的标识本身与注册商标专用权人即不一样，同时其所使用的商标已经获得一定的知名度，且注册商标专用权人使用注册商标积累的知名度较小，相关公众一看到在先使用人使用的商标即能指向唯一的经营主体，不会造成混淆，则在这种情况下，法院无须另行判决在先使用人承担附加区别标识的责任，本案即这种情况。

在先使用未注册商标与在先注册商标产生冲突，既可能是由于巧合，也可能是由于商标抢注的不诚信行为。在诚实信用成为商标法立法原则的前提之下，在商标抢注不诚信行为多发的社会背景之下，法院在审理商标侵权案件中，应当根据被告提取的在先使用抗辩、结合其提交的证据，综合判断在先使用是否成立，在后注册是否有违诚信。对于诚信的市场经营者，应当依法通过长期经营所积累的商誉、未注册商标的在先使用权。

编写人：北京市朝阳区人民法院　崔树磊

073　在先使用抗辩成立的要件分析

——某服务公司诉某家政公司侵害商标权案

【案件基本信息】

1. 裁判书字号

北京知识产权法院（2019）京73民终2025号民事判决书

2. 案由：侵害商标权纠纷

3. 当事人

原告（被上诉人）：某服务公司

被告（上诉人）：某家政公司

【基本案情】

2015年9月24日，某服务公司向国家工商行政管理总局商标局申请注册“轻管家”商标，申请服务为第45类。2016年11月7日，某服务公司经核准注册第1797××××号“轻管家”商标，核定服务项目第45类：临时看管房子；临时照料宠物；家务服务；

社交陪伴；开保险锁；在线社交网络服务；域名注册（法律服务）；计算机软件许可（法律服务）；计划和安排婚礼服务；安全保卫咨询（截止）。注册有效期自 2016 年 11 月 7 日至 2026 年 11 月 6 日。2016 年 1 月 25 日，某家政公司向国家工商行政管理总局商标局申请注册“轻管家”商标，申请商品/服务为第 45 类：侦探服务；社交陪伴；家务服务；服装出租；交友服务；计划和安排婚礼服务；在线社交网络服务；计算机软件许可（法律服务）；殡仪；安全及防盗警报系统的监控。2017 年 5 月 14 日，某家政公司经核准注册第 18975996 号“轻管家”商标，核定服务项目第 45 类：服装出租；殡仪，其余申请项目，包括家务服务，均被驳回。2018 年 7 月 13 日，浏览某家政公司的网站 www. xiaomaguanjia. com，可见该网站首页左上角名称为“小马管家”，右侧分为首页、轻管家、元气介护、服务集市等菜单；首页下拉页面可见“轻管家服务”字样，所使用字体大于页面其他所有文字使用的字体；点击菜单栏“轻管家”进入页面，可见“小马管家轻管家服务”字样位于页面中上方位置，下拉页面可见“我叫轻管家”“我用轻管家”“我是轻管家套餐”字样，以不同颜色、不同字体进行显示，区别于页面其他内容。用电脑与手机分别登入某家政公司的“小马管家”微信公众号页面，首页均可见“轻管家”“轻管家 PLUS”图标，滚动内容亦可见“轻管家 PLUS”字样。点击进入“轻管家”，可见“为什么选择轻管家”字样，内容介绍为“清洁服务”“家务打包”等，下方为“预约轻管家”选项；进入“轻管家 PLUS”，可选择“立即预订”；内容介绍为“星级服务　家务全包”等。

【案件焦点】

商标在先使用抗辩成立的条件。

【法院裁判要旨】

北京市西城区人民法院经审理认为：商标在先使用抗辩成立的条件应包括：（1）使用人先于商标注册人使用商标；（2）使用人的此种使用行为使商标已经具有一定影响，此种“有一定影响”的判断应当结合商标使用的宣传、使用行为的持续时间、使用程度、地域范围、使用规模、销售额等综合判定。本案中，虽然在案证据能够证明被告使用该商标的时间早于原告申请注册商标的时间，但是也仅能够证明2015年8月26日被告召开一次新闻发布会发布“轻管家”服务、2015年11月被告“轻管家”模式被一家刊物刊发报道的事实。其中，刊物刊发时间晚于原告申请注册商标的时间2015年9月24日，故该次宣传不应作为认定在先权利的依据。而仅就新闻发布会而言，无论是从宣传的频次、时间持续，还是从宣传报道的范围、主体来说，该次发布会的宣传报道都不足以使被告使用的商标达到“有一定影响”的程度。此外，从召开新闻发布会至原告2015年9月24日申请注册商标，期限较短，并无证据表明期间被告持续使用“轻管家”商标并取得了一定影响，其未经许可在相同服务上使用“轻管家”商标，构成商标侵权。

北京市西城区人民法院依照《中华人民共和国商标法》第五十七条第一款第二项、第六十三条，《中华人民共和国民事诉讼法》第六十四条第一款之规定，作出如下判决：

一、某家政公司于本判决生效之日停止侵害某服务公司注册商标专用权的行为；

二、本判决生效之日起三十日内，某家政公司在其网站、手机APP、微信公众号中刊登声明，消除影响；

三、某家政公司自本判决生效之日起十日内赔偿某服务公司经济损失50000元；

四、某家政公司自本判决生效之日起十日内赔偿某服务公司合理开支20000元；

五、驳回某服务公司的其他诉讼请求。

某家政公司不服一审判决，提出上诉。北京知识产权法院同意一审法院裁判意见，并判决驳回上诉，维持原判。

【法官后语】

一、商标在先使用抗辩的立法意旨

在先使用抗辩的法律依据为我国商标法第五十九条第三款的规定："商标注册人申请商标注册前，他人已经在同一种商品或者类似商品上先于商标注册人使用与注册商标相同或者近似并有一定影响的商标的，注册商标专用权人无权禁止该使用人在原使用范围内继续使用该商标，但可以要求其附加适当区别标识。"商标在先使用作为一种抗辩权而非请求权，其设立的目的主要在于倡导商标注册制度的同时捍卫在先使用者已经形成的商业声誉和商品信誉。换言之，一方面需要依据诚实信用保护在先权利，另一方面又要防止在先权保护过度对商标注册制的冲击，因此，赋予先权利人对抗损害赔偿和停止侵害救济的权利。商标注册登记制之下，在先使用形成的既有权利和市场保护与注册申请人之间的平衡需要商标法给出回应，因此在2013年商标法修改之时加入了此部分规定的内容。

二、商标在先使用抗辩要件梳理

在商标在先使用抗辩立法本意的指导下，该项抗辩成立的条件主要包括：(1) 在先使用人的行为已经符合商标侵权的要件；(2) 符合两个“在先”条件，即先于商标申请日前使用且先于商标权人使用；(3) 在先使用人的此种使用行为使商标已经具有一定影响；(4) 在先使用人的使用应当出于善意。具体而言：

首先，从字面上理解商标法相关规定，在先使用并有一定影响的时间早于商标注册申请日即可，但是从衡平两方利益、稳定相关市场的立法意旨角度分析，不宜给予在先权利人过度保护，因此，如果双方均表明自己在申请注册日期之前有使用行为，则应由法院依据证据确定双方的最早使用时间，以确定谁更早使用该商标。在先使用人不仅需要证明其在商标权人申请注册之前就已经使用，还需要进一步证明其最早使用时间早于商标权人。

其次，我国虽然采用商标注册制，但是仍然依据未注册商标的使用范围、时间、影响力大小给予不同程度的保护，在先使用抗辩成立就需要使用人证明此种使用行为使商标已经具有一定影响。如此规定，同样是为了保障诚实信用、勤恳经营的市场主体利益之平衡。因此，对“一定影响”的判断不宜标准过高，否则将使在先使用抗辩形同虚设。但是，如果将“一定影响”泛化，又会冲击商标注册制这一基本制度，蚕食注册商标的市场。故而，在先使用具有“一定影响”的判断，应当结合商标的广告宣传程度、使用行为的持续时间、使用程度、地域范围、使用规模、销售额等综合判定。之所以考虑这些因素，是因为它们均是稳定市场的证明，即持续实际的使用使得未注册商标在一定范围内为相关公众所知晓，频繁广泛的使用造就了相对平稳的市场和信誉，这才是在先使用抗辩制度需要衡平的一方利益。

最后，善意的使用才是正当的市场信誉和利益，才是在先使用抗辩保护的对象。具体是否善意亦是从当事人的举证情况来进行判定。一般而言，如果商标注册人反证对方此前存在业务合同往来、商标代理注册或者其他极有可能的业务接触，使得使用人完全能够知晓注册商标存在，则使用人难谓善意。

总之，商标在先使用抗辩旨在稳定市场、衡平利益，这一本意也应贯穿抗辩成立的具体要件的分析过程。

编写人：北京市西城区人民法院　黄秋平　高天

074　商标描述性使用侵权抗辩应满足主观善意要件

——某文化公司诉某风景旅游管理委员会、某建设公司侵害商标权案

【案件基本信息】

1. 裁判书字号

北京知识产权法院（2019）京73民终3067号民事判决书

2. 案由：侵害商标权纠纷

3. 当事人

原告（被上诉人）：某文化公司

被告（被上诉人）：某风景旅游管理委员会

被告（上诉人）：某建设公司

【基本案情】

原告是一家专门从事旅游文化产业推广、体育文化产业推广等业务的创新企业，拥有第1366××××号“爱情国际马拉松AIQINGGUOJIMALASONG”商标（以下简称“爱情国际马拉松”

商标)、第2299××××号“爱情马拉松”商标(以下简称“爱情马拉松”商标)的专用权。2016年,原告曾与被告一签订协议合作承办2016年雁荡山“爱情国际马拉松”赛事策划和运营。2018年11月,二被告曾在其联合组织的体育赛事活动中再次使用“爱情马拉松”字样。原告认为上述行为侵害了其“爱情国际马拉松”“爱情马拉松”注册商标权,故诉至法院,要求判令二被告立即停止侵权、刊登声明、消除影响并赔偿经济损失20万元。

二被告的抗辩意见主要包括两点:一是“爱情马拉松”“马拉松”只是赛事的名称,并非作为商标性使用。“爱情马拉松”是由“爱情”和“马拉松”两个通用名称组成,直接表明了马拉松赛的主题内容、功能及特点,不具有商标意义上的显著性。二是地名“雁荡山”因享誉世界的著名景点“夫妻峰”而素有爱情名山之称,雁荡山旅游管委会举办2018年“雁荡山爱情马拉松”跑步赛事活动,是“第七届中国雁荡山夫妻节”的一个组成部分,使用“爱情马拉松”仅表明爱情的主题,并未起到指示商品或服务来源的作用,不会造成社会公众对服务来源的混淆误认,属于正当使用,故否认构成商标权侵权。

【案件焦点】

二被告使用“雁荡山爱情马拉松”作为赛事名称是否构成商标的描述性合理使用,是否侵害原告“爱情马拉松”“爱情国际马拉松”注册商标权。

【法院裁判要旨】

北京市朝阳区人民法院经审理认为:《中华人民共和国商标法》第五十九条第一款规定,注册商标中含有的本商品的通用名称、图形、型号，或者直接表示商品的质量、主要原料、功能、用途、重量、数量及其他特点，或者含有的地名，注册商标专用权人无权禁止他人正当使用。就本案而言，原告注册的“爱情国际马拉松”商标、“爱情马拉松”商标中“马拉松”文字为直接表明体育比赛活动内容的部分，原告对该部分无权禁止他人正当使用。但对于马拉松比赛或活动来说，“爱情”并非直接表明其质量等特点的词汇，上述两商标的显著性即体现在将“爱情”与“马拉松”组合上。在不考虑象征意义的情况下，“爱情”与作为体育比赛的“马拉松”并无直接关联，并无证据证明在原告承办“2016 雁荡山爱情国际马拉松”前“爱情国际马拉松”或“爱情马拉松”已经成为马拉松类体育赛事的通用名称，故二被告抗辩称“2018 年乐清雁荡山爱情马拉松”中使用“爱情马拉松”系对商品通用名称或对直接表示商品质量等其他特点部分的正当使用，并无事实及法律依据，法院依法未予支持。

二被告使用“2018 年乐清雁荡山爱情马拉松”作为其举办的马拉松赛事活动名称，并使用该名称用于赛事活动的广告、宣传、推广当中，上述使用方式，起到了区分赛事活动来源的作用，系将“2018 年乐清雁荡山爱情马拉松”作为商标使用的行为，不属于描述性使用，对于二被告提出的该种使用方式系出于描述性使用商标标志的抗辩意见，一审法院未予采信。因二被告联合主办的“2018 年乐清雁荡山爱情马拉松”活动与原告的“爱情国际马拉松”商标核定使用的组织教育或娱乐竞赛服务构成类似服务，与“爱情马拉松”商标核定使用的组织体育比赛服务构成相同服务。而作为商标使用的“2018 年乐清雁荡山爱情马拉松”与“爱情马拉松”“爱情国际马拉松”相比，表示年份的“2018 年”与表示地名的“雁荡山”并非其主要识别部分，“爱情马拉松”构成“2018 年乐清雁荡山爱情马拉松”的主要识别部分，二者从整体上比较构成近似商标，对于一般社会公众而言，容易将二被告主办的比赛活动与原告使用“爱情马拉松”或“爱情国际马拉松”商标举办的活动产生混淆，或使一般社会公众误认二被告主办的比赛活动与原告举办的相同活动存在特定的联系，因此，二被告的行为违反了《中华人民共和国商标法》第五十七条第二项之规定，构成在相同或类似商品上使用与注册商标近似商标且容易导致混淆的商标侵权行为，依法应当承担停止侵权、赔偿损失民事责任。故依据《中华人民共和国侵权责任法》第八条、第十五条，《中华人民共和国商标法》第五十七条第二项、第六十三条之规定，判决：二被告共同赔偿原告经济损失及合理开支共计 10. 8 万元。

被告二不服一审判决，提起上诉。北京知识产权法院经审理认为：商标的描述性使用是针对商标第一含义的使用，主要包括商品的通用名称、图形、型号、或者直接表明商品的质量、主要原料、功能、用途、重量、数量及其他特点或者地名等词汇，这些描述性词汇并非像臆造性词汇一样具有较强的显著性，属于公有领域的符号，由社会共享公共资源和公共知识。故在他人合理、善意的使用与注册商标相同或近似的标志，且使用仅是为了说明或描述商品的质量、功能、用途等，不会引起相关公众的混淆误认，则注册商标权人无权禁止他人的正当使用。判断他人使用与注册商标相同或近似的标志是否构成善意，需要考虑他人使用时是否具有攀附商标权人商誉、使用方式等因素。

2016 年原审被告一在与被上诉人合作举办马拉松活动后，知晓了被上诉人享有商标权的涉案商标，亦应知晓被上诉人使用涉案商标举办过其他赛事活动，上诉人和原审被告一在共同举办2018年涉案赛事活动中，仍然使用与涉案商标相同或近似的文字，在使用方式和宣传口号、赛事主题、赛程设置等方面，均与2016年雁荡山·爱情国际马拉松活动存在诸多相同或相似，不能排除上诉人和原审被告一在主观意图上具有搭便车、攀附被上诉人商誉的故意，其上述使用行为并非出于善意，不能认定上诉人和原审被告一对“爱情马拉松”文字的使用，构成《中华人民共和国商标法》第五十九条规定的商标合理使用。上诉人和原审被告一的使用行为，属于商标意义上的使用，侵害了被上诉人的商标权。上诉人的上诉请求与理由无法律及事实依据，二审法院未予支持，判决：驳回上诉，维持原判。

【法官后语】

商标权的授权旨在激励和保护商标权利人，通过此种社会性设计赋予商标权人垄断性的专用权难以避免会产生权利保护与自由竞争的冲突问题。因此，为了平衡公共利益与商标权人的利益，商标法通过第五十九条对商标合理使用制度加以明确。

《中华人民共和国商标法》第五十九条第一款规定，注册商标中含有的本商品的通用名称、图形、型号，或者直接表示商品的质量、主要原料、功能、用途、重量、数量及其他特点，或者含有的地名，注册商标专用权人无权禁止他人正当使用。该条规定的理论基础源于对描述性词汇双层含义的区分，描述性词汇本身具有的含义为“第一含义”，其经过长期的特定使用而获得了商标意义上的“第二含义”。虽然商标权人基于第二含义享有商标专用权，但不能抹杀该类词汇本身具有的第一含义，也不得禁止他人基于该词汇第一含义而进行的非商标意义上的使用。

本案中，二被告将“2018年乐清雁荡山爱情马拉松”作为其举办的马拉松赛事活动的名称进行使用，该赛事活动名称中的“2018年”表示年份，“乐清雁荡山”表示地名，均属于描述性词汇本身的正当使用。因此，本案的争议焦点就是“爱情马拉松”是否构成通用名称，二被告在涉案马拉松活动名称中使用“爱情马拉松”字样是否属于描述性使用。

针对“爱情马拉松”是否构成通用名称。本案中，原告分别在2015年2月14日和2018年2月28日经核准注册取得了第1366××××号“爱情国际马拉松”、第2299××××号“爱情马拉松”商标专用权，核定使用的服务类别为第41类，包括体育教育、教育、组织教育或娱乐竞赛、组织体育比赛等。一般而言，在商标民事侵权案件中，根据权利商标已经注册并维持有效的事实就应当推定权利商标在核定商品或服务的类别上具有显著性。因此，“爱情马拉松”“爱情国际马拉松”标志并不构成商品或服务的通用名称。从一般公众认识来讲，“爱情”也并非直接表明马拉松比赛或活动质量等特点的词汇，“爱情”与“马拉松”的这种组合形式在马拉松类体育赛事或活动上具备商标的显著性特征。因此，从该角度来讲，“爱情马拉松”“爱情国际马拉松”亦不构成商品或服务的通用名称。

针对被诉行为是否构成描述性使用。判定一种使用商标标志的行为构成描述性使用，通常要对行为的正当性进行审查。一般而言，出于对商标标志本身“第一含义”的善意使用才能被认定为描述性使用。基于“爱情马拉松”并非通用名称，所以在判断被诉行为的正当性时就要进一步探究行为人的主观状态。本案中，被告一与原告曾在2016年有过共同举办马拉松活动的合作历史，并明确知晓原告享有“爱情马拉松”“爱情国际马拉松”的注册商标权，亦应知晓原告使用涉案商标举办过其他赛事活动。因此，二被告在联合举办2018年涉案赛事活动中仍然属于与2016年雁荡山·爱情国际马拉松活动诸多相同或相似的宣传口号、主题等策划，不能排除二被告在主观意图上具有搭便车、攀附原告商誉的故意。故法院认定二被告上述使用行为并非出于善意，不能认定二被告对“爱情马拉松”文字的使用具有正当性。

综上，二被告在涉案马拉松赛事活动名称中使用“爱情马拉松”不属于通用名称，二被告的行为并不属于商标的描述性使用，不构成《中华人民共和国商标法》第五十九条规定的正当使用。最终基于商标侵权的一般判定规则，法院判定二被告的涉案行为构成商标侵权。

编写人：北京市朝阳区人民法院　唐铁星

075　商标连续三年不使用中“使用”的认定

——某网络公司诉某创业公司侵害商标权案

【案件基本信息】

1. 裁判书字号

天津市高级人民法院（2018）津民终114号民事判决书

2. 案由：侵害商标权纠纷

3. 当事人

原告（上诉人）：某网络公司

被告（被上诉人）：某创业公司

【基本案情】

2009 年 8 月 7 日，案外人唐某剑经核准取得第 511××××号“××城”文字商标注册证，核定使用服务（第 36 类）：不动产管理；公寓管理；公寓出租；住所（公寓）；经纪等服务上。2017 年 3 月 31 日，唐某剑与某网络公司签订《品牌授权管理合作协议》将“××城”在内的四个商标排他使用许可给某网络公司管理、使用和维护，并约定收益比例分配。2017 年 5 月 27 日，某网络公司通过公证取证，对天津市津南区景荷道“××苑”小区入口处的“××城”标识及周边的现状拍照。

另外，2005 年 11 月 2 日，某报 A8 版广告页也刊登了上述首创置业楼盘广告页，页面中间位置载有与前述 10 月 26 日广告页字体相同的较大醒目“A××城”文字。上述广告均由北京某创业公司刊登。某创业公司开发的涉案“××苑”小区入口处的园林背景墙上载有的“A××城”文字，其中“A××”英文文字在上方，“××城”汉字在下方，“A××”字体图案与上述两份某报广告页刊登的“A××”字体图案基本相同。2017 年，原告某网络公司诉至天津市第二中级人民法院，认为被告某创业公司在其开发建设的位于天津市津南区“××创 · ××城”小区，擅自使用“××城”商标字样，其行为已侵犯原告对“××城”注册商标的独占使用权，请求判令：被告停止侵权行为，即停止使用“××城”商标字样，并赔偿原告损失 200000 元。

庭审中，某网络公司认可如果未能获得收益或者没有其他侵权收益，其不用向案外人唐某剑支付商标许可使用费，并明确表示该公司不从事房地产开发服务行业，只是从事投资咨询类管理。

原告某网络公司为证明自己实际使用了涉案商标，向法院提交了如下证据：河北亚太广告于2017年5月1日的亚太咨询广告页，内载明："爱这城，爱这城，爱这家，爱尚生。都市人的心灵居所，海泽盛悦，浪漫之夜。览都市美景，享人生温馨　爱这城，爱这家，海悦品质，尽享奢华"，以证明某网络公司以盛悦公司的名义在亚太广告进行了广告宣传。二审审理期间某网络公司表示，上述亚太广告只是对"××城"商标的推广，没有相应楼盘。

【案件焦点】

1. 某创业公司是否实施了侵害某网络公司享有的"××城"文字注册商标专用权行为；2. 如果侵权行为成立，某创业公司应当承担怎样的法律责任。

【法院裁判要旨】

天津市第二中级人民法院经审理认为：原告某网络公司享有第511××××号"××城"注册商标的专用权，该商标核定使用于第36类的不动产管理、公寓管理、公寓出租等服务，与被告某创业公司商品房销售相比，两者的功能用途、消费对象、销售渠道基本相同，不动产管理等服务与商品房销售存在特定的联系，应当认定为商品与服务之间的类似。被告某创业公司在其开发的楼盘使用"××城"标识，与原告某网络公司注册的商标完全相同，可以认定为相同标识。根据《中华人民共和国商标法》第五十七条第二项，《中华人民共和国商标法实施条例》第七十六条的规定，在类似商品上将与他人注册商标相同的标志作为商标或商品名称使用的，构成商标侵权，须具备误导公众、容易导致混淆的条件。

综观本案事实，被告某创业公司关联公司在本案商标申请前已在北京相关楼盘使用“××城”标识宣传、销售商品房，被告在天津使用“××城”标识虽在原告商标注册之后，但基于本案商标注册后并无实际使用的证据，亦无证据证明原告及商标注册人对“××城”商标进行任何商业宣传，从而表明本案“××城”商标具有一定的知名度和美誉度，故不能认定被告具有攀附原告商标信誉的主观心理态度。同时，因原告主张权利的“××城”商标缺乏知名度，且“××城”在文字表述上具有“喜爱或者爱上这座城”的字面含义，被告当时作为楼盘名称使用具备一定正当性，客观上亦不会造成相关公众的混淆。综合分析商标注册人唐某剑申请其他商标的情况，其维护合法权益的正当性值得推敲，故对原告某网络公司主张被告的行为构成侵权，不予支持。

天津市第二中级人民法院依照《中华人民共和国商标法》第五十七条第二项，《中华人民共和国商标法实施条例》第七十六条，《中华人民共和国民事诉讼法》第六十四条第一款之规定，判决：

驳回原告某网络公司的诉讼请求。

某网络公司不服一审判决，提起上诉。天津市高级人民法院经审理认为：不能认定某创业公司实施了侵害某网络公司享有的第511××××号“××城”文字注册商标专用权行为。

依据《中华人民共和国商标法》第一条的规定，我国商标法的立法宗旨是为了加强商标管理，保护商标专有权，促使生产、经营者保证商品和服务质量，维护商标信誉，以保障消费者和生产、经营者的利益，促进社会主义市场经济的发展。第四十八条规定，商标法所指的商标的使用，是指将商标用于商品、商品包装或者容器以及商品交易文书上，或者将商标用于广告宣传、展览以及其他商业活动中，用于识别商品来源的行为。第五十六条规定，注册商标专用权，以核准注册的商标和核定使用的商品为限。依据上述规定，注册商标专用权所保护的利益，不是核准注册的标识本身，而是经营者由于使用该标识于特定商品后产生的商誉，该商誉代表了经营者提供的商品或者服务的质量，是商标的真正价值所在，没有商品或者服务载体的标识本身是无法起到区别商品或者服务来源作用的，也是没有商标价值的。因此，取得商标注册并不意味着必然会受到注册商标专用权的保护。最高人民法院公布的指导性案例 82 号，王某永诉某力公司、百货公司侵害商标权纠纷案[①]中，明确指出注册商标权利人如果构成权利滥用，是不应当受到保护的，该指导性案例阐述了权利滥用认定规则："诚实信用原则是一切市场活动参与者所应遵循的基本准则。一方面，它鼓励和支持人们通过诚实劳动积累社会财富和创造社会价值，并保护在此基础上形成的财产性权益，以及基于合法、正当的目的支配该财产性权益的自由和权利；另一方面，它又要求人们在市场活动中讲究信用、诚实不欺，在不损害他人合法利益、社会公共利益和市场秩序的前提下追求自己的利益。民事诉讼活动同样应当遵循诚实信用原则。一方面，它保障当事人有权在法律规定的范围内行使和处分自己的民事权利和诉讼权利；另一方面，它又要求当事人在不损害他人和社会公共利益的前提下，善意、审慎地行使自己的权利。任何违背法律目的和精神，以损害他人正当权益为目的，恶意取得并行使权利、扰乱市场正当竞争秩序的行为均属于权利滥用，其相关权利主张不应得到法律的保护和

---

① 《指导案例 82 号：王某永诉某力公司、百货公司侵害商标权纠纷案》，载最高人民法院网站，https：//www. court. gov. cn/fabu-xiangqing-37652. html，2022 年 12 月 29 日访问。

支持。”本案中，由于某创业公司明确抗辩，涉案注册商标权利人案外人唐某剑以及某网络公司的行为是通过恶意抢注“搭便车”，通过诉讼要求高额的赔偿，达到盈利目的。因此，需要依据最高人民法院指导性案例 82 号明确的上述权利滥用认定规则进行审查，以认定某网络公司指控的某创业公司实施了侵害某网络公司享有的第 511××××号“××城”文字注册商标专用权行为是否成立。

首先，某创业公司在该公司开发的“××苑”小区入口处的园林背景墙上使用“××城”文字系来源于北京某创业公司在北京开发的楼盘中使用“××城”名称，某创业公司没有攀附涉案注册商标商誉的主观故意。根据已经查明的事实可知，“××城”文字先由北京某创业公司在其北京开发的楼盘中使用，且在某报的广告宣传中，将“××城”文字与英文字母“A××”一起使用。某创业公司在“××苑”小区入口处的园林背景墙上使用“××城”文字的方式与 2005 年北京某创业公司在某报上的推广使用方式相同。某创业公司提供的关于北京某创业公司使用“××城”文字的相关证据，能够证明某创业公司对“××城”文字的使用系来源于北京某创业公司，法院对于某创业公司的该项主张予以采信。

其次，某创业公司在本案中使用“××城”文字行为不会使相关公众产生混淆，误认为某创业公司销售的“××苑”小区楼盘，与享有本案注册商标专用权的某网络公司具有关联性。如前所述，我国商标法所保护的商标的基本功能是区分商品和服务的来源。《中华人民共和国商标法》第五十七条第二项规定，未经商标注册人的许可，在同一种商品上使用与其注册商标近似的商标，或者在类似商品上使用与其注册商标相同或者近似的商标，容易导致混淆的，属侵犯注册商标专用权。《最高人民法院关于审理商标民事纠纷案件适用法律若干问题的解释》第八条规定，商标法所称相关公众，是指与商标所标识的某类商品或者服务有关的消费者和与前述商品或者服务的营销有密切关系的其他经营者；第十一条规定，类似服务，是指在服务的目的、内容、方式、对象等方面相同，或者相关公众一般认为存在特定联系、容易造成混淆的服务；《商标注册用商品和服务国际分类表》《类似商品和服务区分表》可以作为判断类似商品或者服务的参考。本案中，涉案商标核定使用的服务，包括：保险；资本投资；艺术品估价；不动产管理；公寓管理；公寓出租；住所（公寓）；经纪；担保；代管产业（截止）等。某创业公司作为经营房地产开发、销售的企业，在该公司开发的“××苑”小区入口处的园林背景墙上使用“××城”文字，应当认定为在房地产开发、销售中使用，由于涉案商标核定使用的服务包括不动产管理，但不包括房地产开发，因此，应当认定某创业公司是在与涉案注册商标类似的服务中使用了“××城”文字。一审法院认定本案系“商品与服务之间类似”，认定有误，法院予以纠正。根据已经查明的事实，某网络公司虽从案外人唐某剑处取得涉案注册商标专用权授权，但无论是唐某剑还是某网络公司均没有在核定使用的商品上使用涉案商标，且某网络公司明确表示，该公司不从事房地产开发服务，其也没有提供证据证明唐某剑从事房地产开发服务。因此，对于关注房地产开发、销售的有关的消费者和其他经营者而言，不会在看到“××苑”小区入口处的园林背景墙上的“××城”文字时，与唐某剑、某网络公司产生任何联想。

最后，某网络公司取得和行使涉案注册商标专用权的行为不具有正当性。第一，涉案注册商标由案外人唐某剑于 2009 年 8 月 7 日经国家工商行政管理总局商标局核准注册，而早在 2005 年，北京某创业公司已经在开发的楼盘上使用“××城”文字进行宣传，并在某报上刊登，案外人唐某剑可以接触和知悉某创业公司使用“××城”文字进行宣传的情况。第二，“××城”本身非汉语中的固定词组，将该文字组合用于指示房地产服务来源，具有较强的固有显著性，依常理判断，在完全没有接触或知悉的情况下，因巧合而出现共同用于区分服务来源的可能性甚小。第三，某网络公司没有提供任何证据证明该公司及唐某剑将涉案商标实际使用于核定使用的服务，相反，某网络公司提供的其与唐某剑的《品牌授权管理合作协议》及亚太广告宣传等证据，恰恰证明某网络公司取得本案注册商标专用权的目的，就在于通过许可他人使用涉案注册商标使用权而获利，并且依约与唐某剑分配获利，无论是唐某剑，还是某网络公司取得涉案注册商标专用权的目的均不是通过真实使用商标取得商誉，唐某剑、某网络公司对于注册商标专用权的取得都不具有正当性。据此，根据前述最高人民法院指导性案例 82 号确立的权利滥用认定规则，可以认定某网络公司以非善意取得的商标权对某创业公司的使用行为提起的侵权之诉，构成权利滥用，其与此有关的诉讼请求不应得到法律的支持。

综上，某创业公司在本案中使用“××城”文字的行为，主观上不具有攀附涉案注册商标商誉的意图，客观上也不会使相关公众对正确识别相关服务来源形成障碍，某网络公司以非善意取得的商标权对某创业公司的使用行为提起的侵权之诉，构成权利滥用，某网络公司主张某创业公司在本案中使用“××城”文字的行为构成《中华人民共和国商标法》第五十七条规定的侵犯注册商标专用权行为的诉讼请求，无事实和法律依据，不应得到支持。由于某网络公司主张某创业公司在本案中使用“××城”文字的行为构成《中华人民共和国商标法》第五十七条规定的侵犯注册商标专用权行为的诉讼请求不成立，因此某创业公司无须承担相应的民事法律责任。

综上所述，一审法院判决驳回某网络公司的诉讼主张，并无不当，法院予以维持。但一审判决认定事实有瑕疵，适用法律亦有瑕疵，法院予以纠正。某网络公司的上诉请求不能成立，应予驳回。

天津市高级人民法院依照《中华人民共和国民事诉讼法》第一百七十条第一款第一项，《最高人民法院关于适用〈中华人民共和国民事诉讼法〉的解释》第三百三十四条之规定，判决如下：

驳回上诉，维持原判。

【法官后语】

从一审、二审的判决中可以看出，仅仅将商标用于广告宣传，对商标进行象征性的使用，不能作为商标权人对注册商标进行了实际使用的证据。那么，何为商标的实际使用？需要什么样的证据才能达到证明实际使用的目的？

一、商标实际使用的法律界定

《中华人民共和国商标法》第四十八条对何为商标的使用以例示的方式作出了规定："本法所称商标的使用，是指将商标用于商品、商品包装或者容器以及商品交易文书上，或者将商标用于广告宣传、展览以及其他商业活动中，用于识别商品来源的行为。"商标局在对连续三年不使用的注册商标的行政审查中对商标使用的判定与商标法上述规定基本一致，如《商标审查及审理标准》第七章撤销注册商标案件审理标准 5.3.1 规定"商标的使用，是指商标的商业使用。包括将商标用于商品、商品包装或者容器以及商品交易文书上，或者将商标用于广告宣传、展览以及其他商业活动中，用于识别商品来源的行为”。《商标审查及审理标准》在其规定中又分别对商标使用在指定商品上及使用在指定服务上的具体表现形式，以例示式的方式进一步作出了更加细化的规定。

从上述规定可以看出，商标使用的构成要件主要有两个：(1) 必须在商业活动中使用；(2) 使用的目的在于识别和指示商品的来源。区分商品和服务来源是商标的基本功能，一商标经权利人用于其生产销售的商品上，通过长期推广和使用，能够增加消费者对其商品的认知度和熟悉度，随着该商品不断地在市场出现，通过市场占有率、曝光率、知名度的提高，逐渐会使得消费者建立商品和商标之间一一对应的联系。这种对应联系的建立，一方面能激励商标权人不断提升商品品质、扩大生产、占有市场以获取商业利益，另一方面又使得消费者逐渐建立对品牌的信任，减少购物时的选择困难。商标法为商标权人划定注册商标专用权的目的也在于通过赋予商标权人在一定程度和范围内的具有支配性和排他性专属权利，鼓励其不断在商业活动中，使用其商标，实现商标的经济价值。

另外，从商标的使用主体来讲，只有特定的主体将商标用于商业活动之中，发挥商标的识别功能的使用，才可以认定为商标的实际使用。如果他人是在未经商标权人知晓或许可的情况下，对注册商标进行使用，该种使用行为不能被商标权人拿来作为认定对商标实际使用的有效证据。既然商标权人通过商标法而获得了对某一标识的专属权利，其依法对该标识的商业性使用即成为其应承担的义务。关于商标的使用主体，《最高人民法院关于审理商标授权确权行政案件若干问题的意见》（以下简称《意见》）规定：“商标权人自行使用、许可他人使用以及其他不违背商标权人意志的使用，均可认定属于实际使用行为”由此可知，必须是商标权人本人的使用或者基于其意志之上的使用，才符合法律规定的商标使用，除此之外的对商标的使用行为，不能作为商标使用的证据。

二、非商标使用的情形

根据最高人民法院《意见》的规定，没有实际使用注册商标，仅有转让或许可行为，或者仅有商标注册信息的公布或者对其注册商标享有专有权的声明等的，不宜认定为商标使用。这是对非商标使用的概括性规定，在《商标审查及审理标准》中对非商标使用行为作出了具体的规定："仅提交下列证据，不视为商标法意义上的商标使用：(1) 根据商品销售合同或提供服务的协议、合同；(2) 书面证言；(3) 难以识别是否经过修改的物证、视听资料、网站信息等；(4) 实物与复制品""以下情形，不被视为商标法意义上的商标使用：(1) 商标注册信息的公布或者商标注册人关于对其注册商标享有专用权的声明；(2) 未在公开的商业领域使用；(3) 仅作为赠品使用；(4) 仅有转让或许可行为而没有实际使用；(5) 仅以维持商标注册为目的的象征性使用。"

对商标使用的认定归根结底要把握好两个方面：第一，主观上有真实的使用意图；第二，客观上有实际的使用行为。所谓真实的使用意图，关键是看使用人是否有将其商标用于发挥其识别区分功能的目的。如果仅将其注册商标作为诉讼谋利的手段，或者在商标被核准注册后待价而沽，单纯用于转让获利；或者仅签订许可合同，而未实际使用。上述行为显然无法发挥商标的功能，从客观行为推导其主观上并无用于商业活动的目的，而仅仅是一种商标投机行为。实际的使用行为，是一种在商业活动中的使用行为，符合《中华人民共和国商标法》第四十八条规定的，用于识别商品来源的商标使用行为。仅作为赠品而使用，或只是对商标的象征性使用，从其外在的使用方式上难以认定其为商标的实际使用行为。

三、不实际使用商标的法律后果

“商标的生命力归根结底在于实际使用”，对商标注而不用，不仅不符合商标法的立法目的，而且是一种商标资源的浪费，他人使用商标的目的也无法实现。为了督促商标权人对其商标进行商业性使用，防止资源及权利的浪费，商标法对怠于使用商标的行为，设定了一定不利的后果。例如，《中华人民共和国商标法》第四十九条第二款规定的“撤三”：“注册商标成为其核定使用的商品的通用名称或者没有正当理由连续三年不使用的，任何单位或者个人可以向商标局申请撤销该注册商标。商标局应当自收到申请之日起九个月内做出决定。有特殊情况需要延长的，经国务院工商行政管理部门批准，可以延长三个月。”再如，第六十四条第一款规定的“侵权不赔偿”“注册商标专用权人请求赔偿，被控侵权人以注册商标专用权人未使用注册商标提出抗辩的，人民法院可以要求注册商标专用权人提供此前三年内实际使用该注册商标的证据。注册商标专用权人不能证明此前三年内实际使用过该注册商标，也不能证明因侵权行为收到其他损失的，被控侵权人不承担赔偿责任”。

当然，法律作出上述规定，其目的并不在于积极地撤销已经获得核准注册的商标，而在于督促消极的不实际使用商标的行为，督促商标的使用。应当注意的是，该条款的立法目的在于激活商标资源，清理闲置商标，撤销只是手段而不是目的，注册商标如果长期搁置不用，该商标不仅不会发挥商标的功能和作用，还会妨碍他人的注册、使用，从而影响到商标制度的良好运转。正如法律谚语所言：“法律不保护权利上的睡眠者”，商标法规定“撤三”及“侵权不赔偿”重在督促权利上的睡眠者积极行使其权利，促进商标发挥应有的经济价值。

四、本案具体分析

本案中原告提交的使用注册商标的证据为，将商标用于宣传的广告页“爱这城，爱这城，爱这家，爱尚生。都市人的心灵居所，海泽盛悦，浪漫之夜。览都市美景，享人生温馨　爱这城，爱这家，海悦品质，尽享奢华”。暂且不论广告中使用的“××城”是对其商标的使用还是对“爱上这座城”的缩写，即使认定其曾将商标用于广告宣传，该商标于2009年被核准注册后，至原告2017年提起本案诉讼时，已长达八年，无论是商标权人还是商标被许可给本案原告之后，在八年的商标有效期内仅有这一次的广告使用行为，而这仅有的一次使用行为其目的也只是对“××城”商标的推广，却并没有相对应的楼盘。故此，无论是从商标权利人的主观意图还是从客观使用行为上来讲，均不能认定原告刊登广告推广其“××城”商标的行为，构成法律意义上的商标性使用。

编写人：天津市第二中级人民法院　史凡凡

076　商标授权期满后继续使用并作为企业名称的构成侵权

——上海某珠宝公司诉北京某珠宝公司、关某侵害商标权及不正当竞争案

【案件基本信息】

1. 裁判书字号

北京知识产权法院（2019）京73民终2089号民事判决书

2. 案由：侵害商标权纠纷及不正当竞争纠纷

3. 当事人

原告（被上诉人）：上海某珠宝公司

被告（上诉人）：北京某珠宝公司、关某

【基本案情】

上海某珠宝公司于2000年7月31日经核准登记设立，2014年1月28日注册了第989××××号“某珠宝”商标，2017年4月14日注册了第17747××××号某图文组合商标。原告上海某珠宝公司以委托制作合同、会展服务租赁服务协议书等证据证明其持续通过各种方式对“某珠宝”商标进行深入宣传，具有较高知名度。2017年6月22日，被告北京某珠宝公司经核准登记成立，经营范围包含销售珠宝首饰。后北京某珠宝公司经上海某珠宝公司授权，在某商场开设“某珠宝”品牌专柜，于2017年8月1日以第三方代理模式入场经营，授权起始时间为2017年7月，授权截止日期为2018年2月21日。原告主张被告北京某珠宝公司在明知字号“某珠宝”为公众熟知并具有市场知名度的情况下注册成立，有明显攀附原告商誉的故意，侵害了原告字号权，该公司经营范围包含销售珠宝首饰，与原告的经营范围一致，造成了相关公众的混淆、误认，严重侵害了原告的知识产权和商业利益。原告上海某珠宝公司作为“某珠宝”注册商标专用权人，委托证人谢成成于2018年5月15日前往西单商场某珠宝专柜购买彩金项链一条，发现被告仍然在专柜的店铺招牌上使用“某珠宝钻石”商标，服务卡和《销货凭证》上也标有某珠宝注册商标，并且在某珠宝品牌专柜销售非某珠宝品牌产品。2018年5月30日，原告上海某珠宝公司向北京市工商行政管理局西城分局举报被告北京某珠宝公司侵犯其商标权。根据西单商场2018年6月12日出具的商场举报通知，确认2018年6月5日为北京某珠宝公司某商场柜台停止营业的时间。此外，原告主张被告关某既实施了侵权行为，又不能证明被告北京某珠宝公司的财产独立于其个人财产，应对被告公司债务承担连带责任。

【案件焦点】

1. 北京某珠宝公司在某商场专柜店铺招牌上使用某图文组合商标、销售彩金项链、使用印有“某珠宝”字样的服务卡和销货凭证，其行为是否侵害原告商标权及应承担的法律责任；2. 北京某珠宝公司以“某珠宝”作为其字号是否侵害上海某珠宝公司的字号权、构成不正当竞争以及应承担的法律责任；3. 关某是否应承担连带责任。

【法院裁判要旨】

北京市西城区人民法院经审理认为：首先，关于北京某珠宝公司的行为是否侵害原告商标权的认定。本案原告上海某珠宝公司系第989××××号“某珠宝”注册商标和第17747××××号某图文组合注册商标的所有人，核定使用范围均为第14类，均包含珠宝首饰、项链（首饰）等，在该商标的有效期内依法享有注册商标专用权。被告北京某珠宝公司在2018年2月21日授权截止后，继续在其以珠宝为主要销售对象的专柜招牌上突出使用某图文组合商标，销售非某珠宝品牌的彩金项链、使用印有“某珠宝”字样的服务卡和销货凭证，该种使用具有标识商品来源的目的，其行为落入商标保护范围。因所使用的商标主要认读部分均为横向排列的汉字“某珠宝”，按照国内消费者的认读习惯，商标的呼叫、字形完全相同，易使相关公众对商品的来源产生误认或者认为其来源与原告注册商标的商品有特定的联系，属于商标法意义上在类似商品上使用与注册商标相同以及近似的商标的行为。其次，关于北京某珠宝公司以“某珠宝”作为其字号是否侵害上海某珠宝公司字号权的认定。本案原告上海某珠宝公司与被告北京某珠宝公司均为经营者，其经营范围均包含珠宝首饰的销售，二者之间存在竞争关系。原告上海某珠宝公司在各项广告宣传活动中，均使用企业冠名、品牌展示等方式进行，在“某珠宝”既是其企业名称，又是其注册商标的情况下，因企业名称的广泛使用会使商标知名度提升，而商标知名度的提升同时又使企业名称对应商誉得以积累，故而商标与企业名称之间存在彼此牵连、互相促进的关系。上海某珠宝公司的字号“某珠宝”为有一定影响的企业名称，在无证据表明北京某珠宝公司经上海某珠宝公司同意的情况下，其擅自使用上海某珠宝公司的企业字号“某珠宝”作为企业名称，具有攀附上海某珠宝公司企业名称知名度的恶意，足以引人误认为是他人商品或者与他人存在特定联系，构成不正当竞争，应当承担停止侵害、赔偿损失等民事责任。最后，关于关某是否应承担连带责任的认定。关某作为北京某珠宝公司的法定代表人，其行为与公司行为之间存在重合和交叉，本案中无论是未经授权的商标使用行为，还是字号使用的不正当竞争行为，均系关某以公司名义、为公司利益、从事公司业务而进行，故其行为后果必当归属于公司。关某在原告公司员工盛碧瑜告知其需要补交西单商场专柜出货的款项后，以自己账户向原告转账 5978 元，附言为北京某商场货款。由于关某既未能对此作出合理解释，亦未提交证据证明此笔款项来源于公司账户，公司财产独立于其个人财产，故其应当对公司债务承担连带责任。

综上，依照《中华人民共和国民法总则》第六十一条，《中华人民共和国商标法》第三条第一款、第四十八条、第五十六条、第五十七条第一款第一项和第二项，《中华人民共和国反不正当竞争法》第六条，《中华人民共和国公司法》第六十三条，《最高人民法院关于审理商标民事纠纷案件适用法律若干问题的解释》第九条，《中华人民共和国民事诉讼法》第六十四条第一款、第六十九条之规定，判决：

一、被告北京某珠宝公司于本判决生效之日起立即停止侵害原告上海某珠宝公司第989××××号“某珠宝”注册商标和第17747××××号“金伯利钻石 Kimberlite Diamond”注册商标专用权的行为；

二、被告北京某珠宝公司于本判决生效之日起十五日内向有关工商行政管理机关变更其企业名称，更名后的企业名称中不得含有“某珠宝”字样；

三、被告北京某珠宝公司于本判决生效之日起十日内赔偿原告上海某珠宝公司经济损失3万元及合理开支2万元，被告关某对北京某珠宝公司的上述债务承担连带责任；

四、驳回原告上海某珠宝公司的其他诉讼请求。

被告北京某珠宝公司、关某不服原审判决，提起上诉，二审法院同意一审法院裁判意见，判决驳回上诉，维持原判。

【法官后语】

本案涉及两个焦点问题：一是商标授权期满后继续使用商标的行为性质认定；二是对商标权与企业名称权冲突的处理。

针对第一个问题，经营者在其专柜店铺的门头招牌及内部装潢上使用商品商标、将商品商标用于其他品牌产品的销售以及使用印有该商标的服务卡和销货凭证等行为，属于在商品上使用商标的延伸，而不是服务行为。依据商品商标的权利用尽规则，即使授权期满，被授权方仍然可以销售已经进购的产品。但是，期满后被授权方以其他形式继续使用商标的行为等同于未经授权的使用行为，如果具有明显恶意还可能纳入判赔因素。就本案而言，涉案商标为商品商标，商标许可使用期满后，被告未经商标注册人许可，将其商标继续使用于店铺门头、店内装潢，将印有商标的服务卡、销货凭证用于其他品牌商品的销售，属于《中华人民共和国商标法》第五十七条第一款在同一种商品上使用与其注册商标相同的商标，构成商标侵权。

针对第二个问题，商标权和企业名称权属于不同的请求权，标识的影响力范围决定其受保护的强度和权利边界范围。当原告同时主张其商标权与字号权受侵害时，应分别进行评价而不能择一裁判。根据《最高人民法院关于当前经济形势下知识产权审判服务大局若干问题的意见》的相关规定，企业名称的合法外衣不能作为侵权者的抗辩理由，即使有工商登记等合法形式，只要实体上构成商标侵权或不正当竞争的，均应依法认定构成商标侵权或不正当竞争。若企业名称因突出使用而侵犯在先注册商标专用权的，依法按照商标侵权行为处理；若企业名称未突出使用但其使用足以产生市场混淆、违反公平竞争的，依法按照不正当竞争处理。

具体到本案，商标权与企业名称权的冲突表现为两种形式：一是被告登记注册的企业字号是原告知名商标，使得他人对其商品或服务的来源产生混淆，二是被告登记注册的企业字号是原告在异地同行业享有一定知名度的企业字号，易使消费者误认为两企业间存在某种关联关系。本案“某珠宝”既是原告注册商标又是其企业字号，原告有权同时主张商标权与字号权受到侵害，对于被告将某珠宝注册为企业字号的行为应分别进行评价。一方面，被告虽将原告的注册商标用于其企业名称，但未进行突出使用，此行为不构成侵害商标权，因其违反诚信原则，易使相关公众产生误认，故认定为不正当竞争。另一方面，原、被告经营范围均包含珠宝首饰的销售，二者之间存在竞争关系。被告在企业注册登记时，明知原告企业字号具有一定市场知名度，却在没有任何权利基础的情况下作为自己的企业字号使用，满足以下四个条件：（1）被侵权经营者的企业字号有一定市场影响力和知名度；（2）经营者明知或应知他人享有权利的字号已具有知名度，有不正当竞争的主观恶意；（3）经营者与知名字号经营者从事同一行业，具有竞争关系；（4）可能造成相关消费者对商品或服务主体产生混淆，误认为两者之间存在关联关系。因此，被告将“某珠宝”作为企业字号注册登记的行为构成不正当竞争。

编写人：北京市西城区人民法院　黄秋平　肖亚

077　不规范使用注册商标亦可构成商标侵权

——某电影公司诉某文化传媒公司侵害商标权案

【案件基本信息】

1. 裁判书字号

北京知识产权法院（2018）京73民终1211号民事判决书

2. 案由：侵害商标权纠纷

3. 当事人

原告（被上诉人）：某电影公司

被告（上诉人）：某文化传媒公司

【基本案情】

2006年3月21日，第381××××号“某电影”商标获准注册，核定使用服务为第41类：教育等，有效期经续展至2026年3月20日。2015年1月20日，某电影公司受让取得该商标并于之后取得该商标转让前的维权权利。某电影公司的关联公司与其他公司合作设立“某电影培训”品牌，后又分别与另两家公司签订《培训合作合同》开办艺考培训班等。2016年，某电影公司获“2015—2016年度国家文化出品重点企业”称号。某电影公司为本案支出公证费6150元，律师费20000元。

2014年8月28日，第1230××××号“某电影人”图文商标获准注册，核定使用服务为第41类：教育等，有效期至2024年8月27日。2016年7月20日，某文化传媒公司受让取得该商标。某文化传媒公司曾于2014年在第41类培训上申请注册“某电影艺考”商标，该申请已被商标局驳回。

2017年9月8日，北京市精诚公证处公证如下事实：某文化传媒公司的某电影艺考网站（www. ×××. com）主页上端显著位置标有“某电影艺考”字样。在“优秀学员”和“名师授课”内容下方有多幅师生照片，照片背景板上基本上均有“某电影艺考”四字。点击网页上的“表演学院”“播音学院”等栏目，相关网页中均有大量内容涉及“某电影艺考”，并显示有某文化传媒公司学员参加中央戏剧学院等名校的考试人数、排名及各专业不同班型的收费标准等。

某电影公司提交的京工商昌处字（2017）第1180号行政处罚决定书载明："当事人自2015年12月16日开始利用www.×××.com进行公司宣传，网站名称为某电影艺考……2017年，我局执法人员发现当事人在公司网站www.×××.com发布的内容与实际不符……"

某电影公司认为，第381××××号"某电影"商标经原注册人及原告长期使用在相关领域已具有较高知名度。某文化传媒公司在未取得授权的情况下，擅自在其网站中使用与"某电影"商标相近似的商标对其培训服务进行宣传，侵犯了某电影公司的注册商标专用权。综上，请求法院判令某文化传媒公司停止使用"某电影艺考"等被诉侵权标识，并在其网站首页显著位置刊登声明以消除给某电影公司造成的不良影响并赔偿经济损失及合理费用共103万元。某文化传媒公司不同意某电影公司的全部诉讼请求。

【案件焦点】

1. 某文化传媒公司使用"某电影""某电影艺考"标识是否侵害某电影公司享有的注册商标专用权；2. 若构成商标侵权，某文化传媒公司应承担的具体法律责任和应当赔偿的金额。

【法院裁判要旨】

北京市石景山区人民法院经审理认为：某电影公司是"某电影"注册商标专用权人，在商标有效期内有权提起侵权诉讼。某电影公司的"某电影"商标核定使用范围包括"教育"，在相关领域已具有一定知名度，某文化传媒公司所使用的"某电影艺考"显著识别部分在于“某电影”二字，与某电影公司的“某电影”商标已构成近似，某文化传媒公司不仅未采取任何合理避让措施，即规范使用其享有的“某电影人”注册商标，还一直在“某电影”商标核准使用范围内大量、突出使用“某电影艺考”“某电影官网”“某电影视频”等含有“某电影”的标识或字样，侵犯了某电影公司“某电影”的注册商标专用权，依法应承担停止侵害、消除影响、赔偿损失的民事责任。

关于赔偿损失的数额，原告某电影公司主张按照被告某文化传媒公司的违法所得计算，但在被告学员人员不准确，收费标准不统一且无法查明被告培训班所获单位利润的情况下，因此无法按照被告侵权获利计算赔偿数额，应当适用法定赔偿方式确定赔偿数额并酌情考虑以下因素：（1）涉案商标的显著性和声誉，“某电影”系原告某电影公司的简称，显著性较强，且经过持续使用具有一定知名度；（2）侵权行为的性质、持续时间及被告主观过错程度，被告某文化传媒公司在其经营活动中大量、突出地使用某电影商标，且在原告提出诉讼后仍继续使用某电影商标，侵权持续时间较长，侵权故意较明显；（3）被告经营规模较大，收费标准较高，推定其侵权获利较多。律师费、公证费均有票据在案佐证，应全额支持，交通费未提供相关票据，将酌情确定。

北京市石景山区人民法院依照《中华人民共和国商标法》第四十八条、第五十六条、第五十七条第一项和第二项、第六十三条第三款之规定，判决如下：

一、自本判决生效之日起，被告某文化传媒公司立即停止侵害第381××××号注册商标的行为，即停止使用“某电影”“某电影艺考”标识；

二、被告某文化传媒公司于本判决生效之日起连续三十日在其公司网站（www. ×××. com）首页显著位置刊登声明，为原告某电影公司消除影响（声明内容须经法院核实，逾期不刊登，原告某电影公司可将本判决书主要内容刊登于某一全国发行的报刊，费用由被告某文化传媒公司承担）；

三、被告某文化传媒公司于本判决生效之日起十日内赔偿原告某电影公司经济损失 1000000 元及合理开支共计 26450 元，两项共计 1026450 元；

四、驳回原告某电影公司的其他诉讼请求。

某文化传媒公司不服原审判决，提起上诉。

北京知识产权法院同意一审法院的裁判意见，判决驳回上诉，维持原判。

【法官后语】

本案案情反映了一类商标侵权案件的共性特征，具有典型性。就侵权行为而言，侵权行为人往往通过在后申请注册或受让取得与原告注册商标有一定相似但又具有一定区别的打擦边球的商标，并通过拆分、组合等形式不规范使用该商标的恶意滥用注册商标专用权的方式，达到与原告具有一定知名度的注册商标构成近似和混淆的效果来实施商标侵权行为。而被告通常在抗辩中提出被诉侵权标识的使用系源自其注册或受让取得的其他商标，故不构成侵权亦不具有攀附他人商誉的意图。

针对此类案件，首先需判断其是否属于两枚注册商标间的冲突。根据相关规定，若原告以他人使用在核定商品上的注册商标与其在先的注册商标相同或近似为由提起诉讼的，应由人民法院根据《中华人民共和国民事诉讼法》的相关规定，告知原告向有关行政主管机关申请解决。

同时，依照《最高人民法院关于审理注册商标、企业名称与在先权利冲突的民事纠纷案件若干问题的规定》第一条第二款“但书”之规定，若原告以他人以改变显著特征、拆分、组合等方式使用的注册商标，与其注册商标相同或者近似为由提起诉讼的，人民法院则应当受理。这一规定意味着注册商标专用权人应当规范使用其注册商标，正当行使而不得滥用其专用权。一方面，注册商标专用权的范围应以核定使用的商品或服务为限。另一方面，注册商标专用权的范围应以核准注册的商标为限，不得以改变显著特征、拆分、组合等方式使用注册商标。以拆分、组合等方式不规范使用自身注册商标，构成在同一种或类似服务上使用与他人注册商标相同或近似标识，亦构成商标侵权。

本案中，被告行为即为典型的滥用注册商标专用权，攀附他人注册商标商誉的商标侵权行为。被告经营的业务为艺术考试培训服务且与影视相关，理应知晓原告某电影公司及其在影视相关领域的知名度和影响力，并进行合理避让，即规范使用自身注册商标避免混淆误认，然而被告却仍将持有的“某电影人”商标拆分或变形为“某电影”“某电影艺考”“某电影官网”等均以“某电影”为显著识别部分的标识使用，明显具有攀附他人商誉的主观恶意。此外，本案中被告于2014年在第41类教育培训上申请注册“某电影艺考”商标被驳回后，仍直接肆意在其官网大量、突出使用“某电影艺考”标识进行培训宣传，亦可证明其主观恶意较为严重，侵权行为性质较为恶劣。

在具体责任确定上，鉴于被告的恶意侵权行为已造成了混淆误认的后果，故应当承担刊登声明以消除影响的法律责任。而关于赔偿损失的数额，之所以未按照原告主张的被告某文化传媒公司的违法所得计算，但仍然适用法定赔偿全额支持了原告主张的经济损失，主要基于以下几方面因素：其一，涉案商标为原告某电影公司的简称，原告在影视行业具有很高的知名度且被告某文化传媒公司从事的教育培训服务与影视有密切关联，原告在影视领域的影响力显然能够辐射到影视教育、培训领域；其二，侵权行为的性质、持续时间及被告主观过错程度，被告某文化传媒公司在其经营活动中大量、突出地使用某电影商标，且在原告某电影公司提出诉讼后仍继续使用某电影商标，侵权持续时间较长，侵权主观恶意明显；其三，被告经营规模较大，收费标准较高，推定其侵权获利较多。

本案对此类类型化的恶意商标侵权行为加大惩处力度，不仅有力地保护了权利人的注册商标专用权，有效地打击了商标市场上“搭便车”的行为，对促进和规制商标的规范使用亦起到了良好效果。而针对此类商标侵权案件，除一旦遭遇侵权可积极通过诉讼等渠道维权外，笔者还建议权利人做到以下两点：首先，应当尽早对自身在先并持续使用的品牌进行商标注册，以使不断累积的商誉得到专用权的保障。其次，商标权利人若发现他人申请注册或已经注册取得与自身具有知名度的注册商标相近似的商标，或构成其他商标无效理由的，应依照《中华人民共和国商标法》的规定在法定期限内及时提出商标注册异议申请或注册商标无效宣告请求，才能根本地从源头上杜绝或减少商标专用权被侵害的可能，并更加有效地维护自身注册商标专用权。

编写人：北京市石景山区人民法院　易珍春　王晓露

078 不具备识别商品来源的涉外贴牌行为不属于商标使用

——某服饰鞋业公司诉某鞋业公司侵害商标权案

【案件基本信息】

1. 裁判书字号

福建省泉州市中级人民法院（2018）闽05民终1060号民事判决书

2. 案由：侵害商标权纠纷

3. 当事人

原告（上诉人）：某服饰鞋业公司

被告（被上诉人）：某鞋业公司

【基本案情】

某服饰鞋业公司于2013年2月14日经核准注册“*AL HOJOUM*”“الهجوم”商标，核定使用商品为第25类的服装、拖鞋等。某服饰鞋业公司生产的涉案商标鞋子均出口至国外，未在中国境内销售过。Mohammed公司系2001年8月30日在沙特注册成立的公司，其于2014年1月31日在沙特注册了“الهجوم AL HOJOUM”商标，商标类别为第25类。Mohammed公司于2016年1月1日出具授权书，委托某鞋业公司生产加工其注册商标的拖鞋，并授权某鞋业公司将所生产的产品全部出口，Mohammed公司在授权书中承诺不在中国销售某鞋业公司所生产的产品，授权期限自2016年1月1日至2017年7月31日。

2016年9月3日，晋江市公安局根据某服饰鞋业公司的举报，在某鞋业公司处查获标有涉案商标的鞋子8886双。2017年3月1日，晋江市公安局以在侦查过程中发现不应追究刑事责任为由，撤销案件。某服饰鞋业公司认为，某鞋业公司未经许可，在相同商品上使用某服饰鞋业公司的注册商标，侵犯了某服饰鞋业公司注册商标专用权，请求判令某鞋业公司立即停止侵犯某服饰鞋业公司注册商标专用权的行为，并赔偿某服饰鞋业公司经济损失及合理开支49万元。

【案件焦点】

某鞋业公司对于涉案标识的使用是否构成商标法意义上的使用行为。

【法院裁判要旨】

福建省晋江市人民法院经审理认为：商标是商业主体在其提供的商品或者服务上使用的，能够将其商品或服务与其他市场主体提供的商品或服务区别开来的标志，其基本功能就在于识别和区分商品的来源。侵害商标权行为的本质特征是对商标识别功能的破坏，造成相关公众对商品或服务的来源产生误认或者认为其来源与注册商标的商品有特定的联系。《中华人民共和国商标法》（以下简称《商标法》）保护商标就是保护商标的识别功能。也即是否破坏商标的识别功能，是判断是否构成侵害商标权的基础。而商标的识别功能只有在使用中才得以体现。因此，某鞋业公司的被诉侵权行为是否属于商标使用是确认某鞋业公司是否侵权的关键。

商标的使用，根据《商标法》第四十八条规定："本法所称商标的使用，是指将商标用于商品、商品包装或者容器以及商品交易文书上，或者将商标用于广告宣传、展览以及其他商业活动中，用于识别商品来源的行为。”在本案中，某鞋业公司接受 Mohammed 公司委托，加工生产带有涉案商标的拖鞋，并约定将产品全部运送给 Mohammed 公司，不在中国境内销售，属于涉外贴牌加工行为。更关键的是，某服饰鞋业公司亦未在国内有销售过标注涉案商标的产品。在国内消费者均无法接触某服饰鞋业公司、某鞋业公司涉案商标产品的情况下，不存在国内消费者对该商品的来源发生混淆或者误认的基础，某鞋业公司贴牌加工的行为亦不会对某服饰鞋业公司在中国市场份额带来任何实质性损害或者被不正当挤占。因此，在中国境内，某鞋业公司在产品上贴附的涉案商标不具有识别商品来源的功能，不是商标法意义上的商标使用行为。另外，某鞋业公司在接受 Mohammed 公司委托加工时，对 Mohammed 公司提供商标的合法来源进行了必要的审查，主观上没有侵权的故意，尽到合理的注意义务。

综上，某服饰鞋业公司在我国注册了涉案商标，其依法享有的注册商标专用权受我国法律保护。但某鞋业公司在委托加工产品上贴附的标识，在我国境内不具有区别所加工商品来源的意义，不能实现识别该商品来源的功能，不属于我国商标法意义上的商标使用，不构成对某服饰鞋业公司注册商标专用权的侵权。

福建省晋江市人民法院依照《中华人民共和国商标法》第八条、第四十八条、第五十七条之规定，判决如下：

驳回某服饰鞋业公司的诉讼请求。

某服饰鞋业公司不服原审判决，提起上诉。福建省泉州市中级人民法院同意一审法院的裁判意见，依照《中华人民共和国民事诉讼法》第一百七十条第一款第一项的规定，判决如下：

驳回上诉，维持原判。

【法官后语】

本案的特殊之处在于，该标识在国外亦有进行商标注册，而某鞋业公司系受国外的商标权人的委托进行加工和出口，并不在国内进行销售，国内消费者是接触不到标有某服饰鞋业公司商标的产品的。因此，在国内，某鞋业公司根据外国委托方的要求在涉案产品上使用涉案商标，并不会发挥商标的识别商品来源的功能，这也是法院认定不属于商标性使用最根本的理由。因此，只要国内加工方对国外注册的商标来源有履行必要的审查注意义务，则不应承担侵权责任。

但是，在“互联网+全球购”的背景下，不少法律人士和专家学者提出涉外贴牌产品存在返销国内的情形，应重新审视涉外贴牌加工行为的性质。笔者认为，目前在司法实践中，涉外贴牌加工的商标侵权纠纷均为国内的商标权利人起诉国内的加工方，加工方只应对其国内的加工行为进行负责，其根据国外定作方的要求，在加工产品上贴附的商标，该商标在国内市场并不能发挥识别作用，并非商标法意义上的商标使用的情况，不应承担商标侵权责任。至于国外定作方将产品再次返销国内的可能，国内加工方无法控制，返销所存在的侵权法律后果应由国外定作方承担，与加工方无关。

编写人：福建省晋江市人民法院　沈雄华

079 代理销售中的侵犯商标权行为

——某家居公司诉某商贸公司侵害商标权案

【案件基本信息】

1. 裁判书字号

北京知识产权法院（2018）京73民终540号判决书

2. 案由：侵害商标权纠纷

3. 当事人

原告（被上诉人）：某家居公司

被告（上诉人）：某商贸公司

【基本案情】

2015年12月，某家居公司发现某商贸公司在某网站突出使用“×派”文字，销售侵害某家居公司注册商标权的卫浴、厨房用品，对上述侵权行为，某家居公司申请公证进行了证据保全，随后诉至北京市丰台区人民法院，其诉称某家居公司系第11类“×派”等注册商标权人，某商贸公司故意在网店上非法使用“×派”文字，并销售侵害某家居公司商标权的产品，该行为侵害了某家居公司第××号注册商标专用权，给某家居公司造成了极大的经济损失，应承担相应的法律责任。

某商贸公司辩称其销售的产品是某卫浴实业公司生产并委托其销售的，即便被告销售的产品或包装上有任何与原告商标近似的成分，也是生产方某卫浴实业公司所为，其仅是代理销售，没有主观恶意，且能够证明自己销售的产品系合法取得并能够说明提供者，故根据《中华人民共和国商标法》，其不构成侵权。

【案件焦点】

1. 某商贸公司抗辩称涉案侵权商品系购自某卫浴实业公司，其代理销售的行为是否构成商标侵权；2. 某商贸公司是否知道或应当知道其销售的是侵权商品且该商品具有合法来源，就其销售涉案侵权商品的行为承担停止侵权的法律责任的同时，是否应承担赔偿责任。

【法院裁判要旨】

北京市丰台区人民法院经审理认为：某家居公司是第××号商标的注册人。某商贸公司在某网詁上开设“×旗舰店”网店用于经营销售，在该网店页面中多个商品名称处及展示商品的宣传图片中突出显示有“×派卫浴”等字样。同时，某商贸公司所销售的淋浴花洒商品的外包装、合格证、安装说明书中突出显示有“×派”等字样，上述对于“×派”字样的使用方式，足以使相关消费者将“×派”与卫浴商品产生密切联系，在客观上起到了区分商品来源的作用，属于商标性使用。

“×派”中文与某家居公司主张权利的第××号“×派”商标相比，除“×”字有繁简写区别外，呼叫与含义均一致，二者构成近似，且某商贸公司涉案网店所销售的商品为水龙头、淋浴花洒等卫浴产品，与涉案注册商标核定使用的第11类商品为同类商品，极易导致相关公众对商品的来源造成混淆或误认，故某商贸公司在涉案网站上以涉案方式使用“×派”字样的行为已构成对某家居公司注册商标专用权的侵犯。某商贸公司应就其上述侵犯商标权的行为承担停止侵权、赔偿损失的民事责任。

某商贸公司称涉案侵权商品系购自某卫浴实业公司的抗辩，法院认定某家居公司拥有较高的市场知名度，某商贸公司作为在大型电商平台开设有长期固定的网店且专营卫浴产品的销售者，对于拥有较高市场知名度的同类产品应当知晓。因此，某商贸公司虽主张涉案侵权商品系购自某卫浴实业公司，但在该商品外包装、合格证及安装说明书中均突出显示“欧派”字样的情况下，某商贸公司并未提供证据证明其对某卫浴实业公司是否有权授权其使用“×派”字样进行过任何核实及审查，故某商贸公司销售涉案侵权商品并未尽到合理的注意义务。至于涉案侵权商品的来源，某商贸公司在本案中对于商品提货地点的陈述先后不一，其主张的提货后以现金支付货款的情况与市场交易惯例不符，其提交的经公证认证的证明书及附件中的出库单未明确产品价格，其中某卫浴实业公司关于“OPAI8606 产品是由本公司生产”的表述与涉案侵权商品外包装所载“生产商：广东开平水口镇某卫浴五金厂”的信息相互矛盾，故某商贸公司现有证据不足以证实涉案侵权商品的买卖交易实际发生，法院对于某商贸公司关于其所售涉案侵权商品具有合法来源的主张不予认可。综上，某商贸公司知道或应当知道所销售的商品为侵权商品且该商品并无合法来源，其应就涉案销售行为承担相应的民事赔偿责任。

北京市丰台区人民法院依照《中华人民共和国民法通则》第一百三十四条第一款第一项、第七项；《中华人民共和国商标法》第五十七条第二项、第三项，第六十三条第一款、第三款；《中华人民共和国民事诉讼法》第六十四条；《最高人民法院关于民事诉讼证据的若干规定》第十一条第二款规定，判决如下：

一、某商贸公司于一审判决生效之日起立即停止在涉案网店上以涉案侵权方式使用“×派”字样的行为；

二、某商贸公司于一审判决生效之日起立即停止销售涉案侵犯第××号注册商标的商品；

三、某商贸公司于一审判决生效之日起十日内赔偿某家居公司经济损失 100000 元；

四、某商贸公司于一审判决生效之日起十日内赔偿某家居公司合理支出 5000 元；

五、驳回某家居公司的其他诉讼请求。

某商贸公司提起上诉。北京知识产权法院经审理认为：某商贸公司称涉案侵权商品系购自某卫浴实业公司。首先，涉案侵权商品的外包装、合格证及安装说明书中均突出显示有“×派”字样；其次，在案证据可以证明，第××号商标在相关商品上具有较高的市场知名度；最后，某商贸公司作为电商平台上同类产品的销售商，对涉案侵权商品显然应负有较高的审查义务。然而，在案没有证据可证明某商贸公司曾对某卫浴实业公司是否有权授权其使用“×派”字样进行过任何形式的核实及审查，故某商贸公司销售涉案侵权商品显然未尽到合理的注意义务。一审法院对于某商贸公司关于其所售涉案侵权商品具有合法来源的主张不予认可，结论正确，法院依法予以支持。某商贸公司应就其涉案销售行为承担相应的民事赔偿责任。

北京知识产权法院依照《中华人民共和国民事诉讼法》第一百七十条第一款第一项之规定，判决如下：

驳回上诉，维持原判。

【法官后语】

本案围绕商品代理销售行为中，代理商销售涉嫌侵犯商标权的商品的行为如何认定，重点围绕《中华人民共和国商标法》第六十四条第二款的规定，代理商因何还有如何承担赔偿责任这一中心问题展开探讨。

本案中，“×派”的商标外形与某家居公司主张权利的第××号商标相比，除繁简书写方式的区分外，称呼与含义均相同，外形结构极其近似；此外，在某商贸公司经营的某网站店中，所销售的淋浴花洒等卫浴类商品，与某家居公司享有商标权的商品属于同类商品，极易使普通民众对两者商品产生混淆，难以区分。因此，某商贸公司在某网站店上销售印有“×派”商标的商品的行为已构成对某家居公司注册商标专用权的侵犯。

本案中，某商贸公司抗辩称涉案侵权商品系购自某卫浴实业公司，故其就销售涉案侵权商品的行为承担停止侵权的法律责任的同时，是否应承担赔偿责任，关键在于其是否知道或应当知道其销售的是侵权商品且该商品具有合法来源。对此，实践中，对具有一定经营规模的专门从事某一类商品销售的销售者而言，如本案的某商贸公司，其应尽的注意义务显然应高于普通消费者及一般综合类商品销售商。综合本案，第一，根据证据可以认定某家居公司拥有较高的市场知名度，某商贸公司用于销售涉嫌侵权商品的某网店“×旗舰店”开设时间已经有三年，专门销售卫浴类产品，各类商品的销量也比较高，因此，可以认定某商贸公司作为在大型电商平台开设有长期固定网店且专营卫浴产品的销售者，应当知晓在市场上有较高知名度的某家居公司的同类产品。第二，某商贸公司自述称其所售产品是经某卫浴实业公司授权，本身只是专门代理销售产品的经销商，那么其更应在从事专门行业销售时对经销商品是否存在侵权的可能性给予必要的关注及审查，并避免销售可能构成侵权的商品。然而，庭审过程中，某商贸公司并未提供充足的证据证明其对某卫浴实业公司是否有权授权其使用“×派”商标进行过任何核实及审查，因此，可以认定某商贸公司对销售该类侵权商品并未尽到合理的注意义务。第三，某商贸公司提供的证据不足以证实该侵权商品的买卖交易实际发生，法院不认可某商贸公司提出的关于其所售侵权商品具有合法来源的主张。综上，某商贸公司知道或应当知道所销售的商品为侵权商品且该商品并无合法来源，其应就涉案销售行为承担相应的民事赔偿责任。

编写人：北京市丰台区人民法院　王韩

080　描述性文字用于识别商品来源功能的商标性使用构成侵权

——邓某诉某包子铺侵害商标专用权案

【案件基本信息】

1. 裁判书字号

重庆市高级人民法院（2018）渝民终281号民事判决书

2. 案由：侵害商标专用权纠纷

3. 当事人

原告（上诉人）：邓某

被告（被上诉人）：某包子铺

【基本案情】

邓某注册成立的渝中区某馒头经营部，生产销售丝丝馒头，在消费者中享有一定的口碑。2012年11月28日，邓某经申请获得第978××××号“金丝”文字注册商标，核定使用商品为第30类，包括糕点、包子、面包、花卷、馒头、大饼、面粉制品、以谷物为主的零食小吃。邓某对金丝牌馒头进行了一定的宣传并对外进行商标授权许可使用。

某包子铺成立于2016年2月1日，其在店内售卖与普通花卷外形相似、颜色呈黄色、表层盘绕窄条状纹理的馒头，并在该店面点餐墙面上所挂菜单及收银小票中使用“金丝馒头”字样。邓某起诉认为某包子铺侵犯其注册商标专用权。

某包子铺提供的证据显示，早在“金丝”商标注册前，相关书籍中已有“金丝烧麦”“金丝包”“金丝蛋糕”等面食称谓的记载。

【案件焦点】

某包子铺使用“金丝”作为馒头的名称是否为对原告邓某注册商标专用权的侵权行为。

【法院裁判要旨】

重庆市第五中级人民法院经审理认为：“金丝”是对颜色为金色、形状呈丝的面食制品外观的客观描述，某包子铺将“金丝馒头”作为区别于一般馒头的一种特定馒头销售，是以“金丝”作为对此种特定馒头性状的描述，而非作为“金丝”商标之下的馒头，此处“金丝”不具有识别商品来源的功能，是非商标性使用，不构成商标侵权。

重庆市第五中级人民法院依照《中华人民共和国商标法》（2013年修正）第四十八条、第五十九条第一款，《最高人民法院关于审理商标民事纠纷案件适用法律若干问题的解释》第八条，《中华人民共和国民事诉讼法》第一百四十二条之规定，判决：

驳回邓某的全部诉讼请求。

邓某不服一审判决，提起上诉。

重庆市高级人民法院经审理认为：某包子铺虽然没有突出使用“金丝”一词，而是将“金丝馒头”作为一种商品名称使用，但根据《中华人民共和国商标法实施条例》第七十六条“在同一种商品或者类似商品上将与他人注册商标相同或者近似的标志作为商品名称或者商品装潢使用，误导公众的，属于商标法第五十七条第二项规定的侵犯注册商标专用权的行为”之规定，直接将注册商标作为商品名称使用的行为，也容易使公众误认为其与商标权人有某种联系，并可能导致商标的显著性被淡化，削弱商标权人与商标的联系。因此，某包子铺使用“金丝馒头”字样的行为不具有正当性，构成《中华人民共和国商标法》（2013 年修正）第五十七条第二项规定的商标侵权行为。

重庆市高级人民法院根据《中华人民共和国民法总则》第一百七十九条第一款，《中华人民共和国商标法》（2013 年修正）第十一条、第五十七条第二项、第五十九条第一款、第六十三条第一款和第三款，《中华人民共和国商标法实施条例》第七十六条，《中华人民共和国民事诉讼法》第一百七十条第一款第二项之规定，判决如下：

一、撤销重庆市第五中级人民法院（2017）渝 05 民初 1031 号民事判决；

二、被上诉人某包子铺自本判决生效之日立即停止侵犯上诉人邓某享有的第 9780194 号“金丝”注册商标专有权的行为；

三、被上诉人某包子铺自本判决生效之日赔偿上诉人邓某经济损失（含合理费用）20000 元；

四、驳回上诉人邓某的其他诉讼请求。

【法官后语】

本案处理的重点问题在于在相同或相似商品上使用非商标法意义上对特定商品属性或特点的描述所必需的词汇描述涉案商品名称的行为的定性。商标法意义上的描述性词汇是指仅仅或者主要是直接描述、说明特定商品的属性或特征的词语。描述性词汇要求对商品属性或特点的描述达到一定的普遍性，个别性使用案例不足以证明某一词语构成特定商品的常规描述性词汇。一个词汇通常有多层含义，而且通过比喻、暗示等手法，词汇还可能衍生出更多的含义和用法。如果不加以必要的限制，则大多数词语均可解释为商标法中的描述性词汇。文字商标一旦被认定为某种商品的描述性词汇，其商标权的效力范围会受到较大限制，这将极大地影响其商标权的稳定性。虽然相关书籍资料显示，现实生活中存在以“金丝”为前缀的面点食品，如“金丝烧麦”“金丝饺”“金丝面”“金丝饼”“金丝卷”等，但是均未指向馒头这一特定商品，不能证明“金丝”属于对馒头的描述性词汇。

判断文字商标是否属于某种商品的描述性词汇，通常需要考虑如下因素：(1) 该词汇的词典含义；(2) 该词汇被用以描述涉案商品的实际使用情况；(3) 普通消费者将该词汇与涉案商品属性或特点联系起来的难易程度；(4) 竞争者用该词汇描述涉案商品的必要性。具体到本案中，首先，“金丝”一词在《辞海》中有七种含义：(1) 金制的线；(2) 乐器的金属弦；(3) 借指弦乐器；(4) 借指《乐经》；(5) 比喻柳树的垂条；(6) 比喻飞溅之泉水；(7) 喻指烟草。可见，在词典中，“金丝”一词没有“颜色呈金黄色、外形成丝条状”这一含义，也没有将该词用于描述面点食品的示例。因此，从“金丝”的词典含义无法得出该词汇是对馒头属性或特点的描述。

其次，如上所述，在某包子铺举示的相关出版物中，仅记载有“金丝烧麦”“金丝饺”“金丝面”“金丝饼”“金丝卷”等称谓，无证据证明“金丝”一词曾被正式用于描述馒头的性状。某包子铺也没有举示证据证明案外人在商业实践中正在使用或者曾经使用“金丝”一词描述馒头。相反，邓某举示了2014—2015年其将涉案“金丝”注册商标许可给贵州省、四川省等地的案外人使用（销售馒头）的事实，可以证明相关市场主体并没有将“金丝”一词用于描述馒头的属性或特点，或者至少说明在行业竞争者中即使存在用“金丝”一词来描述馒头性状的现象，这种现象也不具有普遍性的。再次，结合《辞海》对“金丝”一词的解释，如果要将“金丝”一词与馒头的属性或特点联系起来，消费者需要施加一定的想象力。“金丝”一词与涉案馒头“颜色呈黄色、表层盘绕窄条状纹理”的特性，在语义上并不是直接对应的。即使用“金丝”一词来描述涉案馒头的性状，也是一种比喻性修辞。依据《中华人民共和国商标法》第十一条第一款第二项的规定，描述性词汇是指“直接表示”特定商品的属性或特点的词语。借助想象力显然已经超出了“直接表示”的语义射程。消费者需要借助想象力才能将其与特定商品的属性或特点建立联系的词汇，一般不能认定为描述性词汇，而应归类于暗示性词汇。学理上也认为，暗示性与描述性商标的基本界限乃是其构成要素对于指定使用商品的特性的描述是否直接、具体和明显。最后，从“金丝”一词的词典含义以及结合馒头的特性来看，“金丝”一词并不能表征馒头的主要特性，如主料、辅料、整体外形等，它仅能在某种意义上体现涉案馒头的颜色、纹理等特性。用以描述涉案馒头的颜色、纹理等特性的词汇，并不限于“金丝”一词。而且，如上所述，用“金丝”一词描述涉案馒头的颜色、纹理等特性，不具有直接性和准确性，对涉案馒头之销售并不是非常有用的。因此，用“金丝”一词描述涉案馒头的颜色、纹理，不具有必要性。因此，某包子铺举示的证据不足以证明“金丝”一词属于商标法意义上对馒头属性或特点的描述性词汇。

退一步讲，某包子铺辩称其虽然没有突出使用“金丝”一词，而是将“金丝馒头”作为一种商品名称在使用，但根据《中华人民共和国商标法实施条例》第七十六条“在同一种商品或者类似商品上将与他人注册商标相同或者近似的标志作为商品名称或者商品装潢使用，误导公众的，属于商标法第五十七条第二项规定的侵犯注册商标专用权的行为”之规定，直接将注册商标作为商品名称使用的行为，也容易使公众误认为与商标权人有某种联系，并可能导致商标的显著性被淡化，削弱商标权人与商标的联系。

综上所述，某包子铺使用“金丝馒头”字样的行为不具有正当性，构成《中华人民共和国商标法》第五十七条第二项规定的商标侵权行为，应承担相应的侵权赔偿责任。

编写人：重庆市第五中级人民法院　刘德宝

重庆市江津区人民法院　蒋璐

081　商标近似的认定标准

——某集团公司诉某酿造公司侵害商标权案

【案件基本信息】

1. 裁判书字号

北京市第三中级人民法院（2017）京73民终2051号民事裁定书

2. 案由：侵害商标权纠纷

3. 当事人

原告（被上诉人）：某集团公司

被告（上诉人）：某酿造公司

【基本案情】

某集团公司系第33类酒类商品中第708××、32447××、32447××、32447××、19684××、14744××、32447××号商标的注册商标专用权人，上述注册商标中分别包括“×城”文字、“×twall”英文及长城图案等要素；其中第70855号商标中同时包含上述三要素，于1974年即取得注册，并于2004年被认定为驰名商标；其他6枚商标亦至迟于2003年已取得核准注册。

某酿造公司的前身为“张家口地区某酿酒公司”，现有证据显示该公司于1982年开始使用上述名称，后更名为“张家口某酿酒公司”。1983年，张家口地区某酿酒公司（本案被告某酿造公司之前身）与某粮油食品进出口总公司（本案原告某集团公司之前身）、某酒业有限公司合资成立“中国某葡萄酒有限公司”。该公司成立之后，将涉案第708××号商标持续使用在其生产的葡萄酒产品上，并获得了极高的知名度。1996年，张家口某酿酒公司进行企业改制，改制后新注册企业的名称为“张家口某酿造（集团）有限责任公司”（本案被告），同时其工厂大门的横匾上开始使用行书字体的“某酿造集团”字样。2003年，某酿造公司将其持有的某葡萄酒有限公司的股份转让，与该公司脱离关系。某葡萄酒有限公司现为某集团公司的控股子公司。

本案中，某酿造公司在其生产、销售的“××酒魂”“××王”白酒产品包装盒上使用了“×城”“×WALL”等字样和长城图案，在其官方网站中突出展示上述白酒的包装装潢，并且在其白酒产品的包装和官方网站上将企业名称中的“×城酿造”字样以行书字体突出使用。某集团公司认为某酿造公司的上述行为构成商标侵权，故起诉至法院要求判令被告停止侵权、消除影响、赔偿损失20万元等。某酿造公司认为其与某集团公司存在很深的历史渊源，该公司使用行书字体“×城酿造”是历史原因形成，在产品包装上使用的“×城”“×WALL”等字样早于某集团公司涉案商标的注册时间等，均属于善意合法正当使用，且与原告商标不近似，不构成商标侵权。经询，某酿造公司仅提交其2006年之后生产的“××酒魂”“××王”白酒的包装实物，未能提交其他在先使用的证据。且现有证据显示，某酿造公司最早于1998年11月开始在其生产的“××牌酒霸”白酒产品的包装上标注行书字体的“某酿造集团”字样。

【案件焦点】

1. 某酿造公司使用的“×城”汉字、“×twall”英文字母及长城图案是否与某集团公司享有注册商标专用权的涉案商标构成近似；2. 某酿造公司使用的涉案标识是否构成在先使用并有一定影响的商业标识，其与某集团公司存在的历史渊源是否能构成合理使用抗辩。

【法院裁判要旨】

北京市朝阳区人民法院经审理认为：某集团公司作为涉案商标的注册商标专用权人，依法享有上述商标在核定使用范围内的专用权。由于某集团公司“×城”系列商标在酒类商品中的知名度极高，且各个商标、商标中的各个要素都是统一的“×城”含义，使得消费者在购买酒类商品时，不论是看到“×城”汉字、“×twall”英文字母或者是一段长城的图案，均能联想到“×城”的含义，进而均会与该系列商标的持有人某集团公司产生联系。因此，对“×城”系列商标的保护不能严格限制于其核定的字形、图案及商品范围之内，而应当重点判断被告的使用行为是否会造成相关公众的混淆误认。

某酿造公司在其生产、销售的“××酒魂”“××王”白酒产品包装盒上使用了“×城”“×WALL”等字样和长城图案，在其官方网站中突出展示上述白酒的包装装潢，并且在其白酒产品的包装和官方网站上将企业名称中的“×城酿造”字样以行书字体突出使用，上述行为均构成商标性使用。某酿造公司上述使用行为的商品类别与某集团公司涉案商标的核定使用范围相同或类似；并且，由于某酿造公司涉案使用行为的含义均为“×城”，在对比对象相互隔离的状态下，普通消费者施以一般的注意力仅会对其中统一的要素“×城”产生印象及联想；同时，基于某集团公司涉案商标的知名度以及各商标组成要素的统一含义“×城”，消费者极有可能会误认为某酿造公司的涉案产品来源于某集团公司，或者会产生二者之间存在某种关系的联想。因此，法院认定某酿造公司的涉案行为侵犯了某集团公司的注册商标专用权。

关于某酿造公司主张其在某集团公司涉案商标的注册之前已经使用“×城”“×WALL”等用于商品包装装潢，并使用行书字体的“××酿造”字样等，因证据不足，法院不予支持。且由于某酿造公司与某集团公司有过合作历史，故某酿造公司对于某集团公司的涉案商标及知名度当属明知，其涉案使用行为属于故意侵权。

北京市朝阳区人民法院依照《中华人民共和国商标法》（2013

年修正）第五十七条第二项、第五十九条第三款、第六十三条之规定，判决如下：

一、被告某酿造公司于本判决生效之日起立即停止在产品包装装潢、网站及推广宣传中实施侵犯原告某集团公司涉案注册商标专用权的行为；

二、被告某酿造公司于本判决生效之日起三十日内在网址为www.×××.com 网站首页上连续三十日发表声明，以消除因涉案侵权行为给原告某集团公司造成的不良影响（声明内容须于本判决生效后十日内送法院审核，逾期不履行，法院将在相关媒体上刊登本判决主要内容，所需费用由被告某酿造公司承担）；

三、被告某酿造公司于本判决生效之日起三十日赔偿原告某集团公司经济损失 120000 元；

四、被告某酿造公司于本判决生效之日起三十日赔偿原告某集团公司合理支出 1148 元；

五、驳回原告某集团公司的其他诉讼请求。

某酿造公司持原审起诉意见提起上诉，后又申请撤回上诉。北京知识产权法院经审查认为：某酿造公司在本案审理期间提出撤回上诉的请求，不违反法律规定，予以准许。

北京知识产权法院依照《中华人民共和国民事诉讼法》第一百七十三条之规定，裁定：

准许某酿造公司撤回上诉。一审判决自本裁定书送达之日起发生法律效力。

【法官后语】

本案涉及商标标识近似的认定和在先、合理使用抗辩问题。

某酿造公司在其生产、销售的“××酒魂”白酒产品的外包装盒上突出使用了“×城”字样和长城图案，在“××王”白酒产品的外包装盒上突出使用了“×WALL”英文字母和长城图案，并且在其官方网站中突出展示上述白酒的包装装潢。某酿造公司的上述行为均能起到识别商品来源的效果，系对“×城”“×WALL”及长城图案的商标性使用。同时，某酿造公司在其白酒产品的包装和官方网站上标注的企业名称中的“××酿造”字样与其他文字的字体明显不同，并非规范使用其经核准的企业名称，亦属于商标性的突出使用。在此基础上，需要分析某酿造公司使用的涉案标识与原告享有注册商标专用权的商标标识是否构成近似、使用商品是否构成类似，以及是否会造成相关公众的混淆误认，以此来判定是否构成商标侵权。

在商标近似方面，某集团公司第708××号“×城×twall”及图商标于2004年11月被认定为驰名商标，具有极高的知名度。该商标系由“×城”汉字、“×twall”英文字母以及一段长城的图案组合而成，其中每一个组成要素的含义均为“×城”。由于该商标具有极高的知名度，且各组成要素的含义统一，就使得消费者在购买酒类商品时，不论是看到“×城”汉字、“×twall”英文字母或者是一段×城的图案，均能联想到“×城”的含义，进而均会与该商标的持有人某集团公司产生联系。从这个意义上说，某集团公司在2000年至2003年注册的第32447××、32447××、32447××、19684××、14744××、32447××号等商标，虽然在字形、图案等方面与第708××号注册商标不完全相同，但上述商标的含义均是与第708××号商标一脉相承的“×城”，基于第708××号商标所取得的极高知名度，上述其他六件商标在“×城”的意义上亦享有较高的知名度和显著性，对其的保护范围亦不能严格限制于其核定的字形、图案及商品范围之内。

基于上述理由，本案中某酿造公司使用的涉案“×城”“××酿造”“×WALL”及长城图案等，其含义均为“×城”，在对比对象相互隔离的状态下，普通消费者施以一般的注意力就会对其中统一的要素“×城”产生印象及联想；同时，基于某集团公司涉案商标的知名度以及各商标组成要素的统一含义“×城”，消费者极有可能会误认为某酿造公司的涉案产品来源于某集团公司，或者产生某酿造公司的涉案产品及该公司与某集团公司之间存在某种关系的联想。因此，法院认定某酿造公司使用的涉案“×城”“××酿造”“×WALL”及×城图案等，与某集团公司主张权利的涉案商标标志构成近似。某酿造公司主张其使用的长城图案系来源于人民币、与某集团公司主张权利的涉案商标不构成近似的抗辩意见不能成立，法院对此不予采信。

关于在先、合理使用抗辩问题。某酿造集团主张其使用“××酿造”的文字字体是历史原因形成的，在产品包装上使用的“×城”“×WALL”等字样早于某集团公司涉案商标的注册时间，均属于善意合法的正当使用。法院认为，在先取得企业名称权的权利人有权正当使用自己的企业名称，不构成侵犯在后的注册商标专用权。但是，本案中，某集团公司主张权利的涉案商标最早注册于1974年；而某酿造集团注册成立于1996年，即其取得该企业名称的时间为1996年；即使以其企业改制前的前身“张家口地区某酿造公司”的企业名称为准，现有证据证明该企业名称最早使用于1982年；因此，某酿造公司的企业名称取得时间晚于某集团公司涉案商标的注册时间，不构成在先权利。同时，某酿造公司在产品包装上突出使用行书字体的“某酿造集团”字样，以及在使用企业名称全称时以行书字体突出“××酿造”字样，均不属于对其企业名称全称的合法使用，故其关于合法使用在先企业名称的抗辩意见不能成立。

某酿造公司提交的证据不能证明其“××酒魂”“××王”白酒产品的包装装潢起用时间早于某集团公司涉案商标的注册时间，亦不能证明其网站中的相关宣传推广时间早于某集团公司涉案商标的注册时间。因此，某酿造公司在上述产品或宣传中使用“×城”“×WALL”以及长城图案等，均不构成在“商标注册人申请商标注册前”的使用，不能适用《中华人民共和国商标法》（2013年修正）的前述规定，其关于在先使用相关商标标志的抗辩意见亦不能成立。

此外，某酿造公司在合作期间知晓原合作对象的商标、字号、商誉等信息，在2003年结束与中国长城葡萄酒有限公司的控股关系后，其更应当对原合作对象使用的商标、字号等进行合理避让，平等有序地参与市场竞争。但现有证据无法证明其已获得继续使用涉案商标之授权，其在明知涉案商标权属及知名度的情况下，仍实施了涉案侵犯某集团公司注册商标专用权的行为，构成故意侵犯他人的注册商标专用权。

本案的典型意义在于，对于商标权人注册的含义相同但形式稍有区别的一系列商标，在商标知名度极高的情况下，对应当如何确定其保护范围，如何判定被告行为是否构成商标侵权等方面进行了有益探索，对于在后案件的处理有一定的参考价值。

编写人：北京市朝阳区人民法院　巫霁

082　销售者合法来源抗辩的认定

——某石膏公司诉某装饰公司商标权权属、侵权案

【案件基本信息】

1. 裁判书字号

北京市西城区人民法院（2018）京 0102 民初 20147 号民事判决书

2. 案由：商标权权属、侵权纠纷

3. 当事人

原告：某石膏公司

被告：某装饰公司

【基本案情】

第 90224××号“泰山及图”商标、第 90224××号“泰山”商标于 2013 年 5 月 14 日核准注册，注册人某建材公司，核定使用商品第 6 类“建筑用金属附件、建筑用金属架、建筑用金属框架、建筑用金属托架、金属隔栅、金属建筑材料、金属建筑构件、金属建筑物、金属梁”，专用权期限至 2023 年 5 月 13 日。

2017 年 3 月 22 日，商标局受理上述商标的转让申请，转让人为某建材公司，受让人为某石膏公司，2017 年 10 月 20 日予以核准。

2017 年 9 月 12 日，某区工商管理和质量技术监督局作出行政处罚决定书，其中载明：“经查，当事人某装饰公司某文化大厦剧场装饰工程项目部于 2017 年 5 月下旬起通过一名上门推销员购进了一批标称‘×山’牌的轻钢龙骨产品，用于某文化大厦剧场装饰

工程项目，现场查获商标侵权‘×山’牌50″付龙骨、75″竖向龙骨、60″龙骨、100″竖向龙骨四个品种共计2776根。当事人销售的上述轻钢龙骨的产品标识上突出标示有‘×山’文字及图形商标……当事人销售的上述轻钢龙骨产品，经商标权人某石膏公司鉴定属侵犯‘×山’注册商标专用权的产品……我局认为：当事人销售的轻钢龙骨上突出使用‘×山’文字及图形作为商品商标，与商标权人持有‘×山’文字及图形商标构成相同。根据《中华人民共和国商标法》第五十七条‘有下列行为之一的，均属侵犯注册商标专用权……（三）销售侵犯注册商标专用权的商品的’之规定，构成侵犯注册商标专用权违法行为。本案调查中，当事人对上述事实作了如实陈述，对认定的违法行为未作申辩……我局认定本案非法经营额为43360元。（1848×19+72×17×768×19+88×40＝43360）……根据本案当事人从事商标侵权活动违法经营额43360元的事实和证据，责令当事人立即停止侵权行为，并作出如下行政处罚决定：1. 没收商标侵权商品2776根；2. 罚款60000元……”称其未对该决定申请复议或提起诉讼。

某装饰公司提交的送货单载明货品名称为各型号龙骨、吊顶、吊杆、吊件等及其规格、数量、单价和金额，但无签名或盖章；《采购合同》约定甲方（某装饰公司）、乙方（某然公司），经双方友好协商，就甲方某文化大厦剧场装修项目采购事宜，签订合同，以供双方共同遵守，供货标的物及价款、名称、石膏板、板材、瓷砖，单位平方米，数量200000、1000、6000，单价（元）6、2100、110，金额（元）1200000、2100000、660000；材料到货清单载明材料名称为石膏板、板材、瓷砖。发票开具日期均为2018年1月3日，货物或应税劳务、服务名称为木制品*密度板，金额均为 10000 元。

另查，第 10632××号“×山及图”商标于 1997 年 7 月 28 日核准注册，注册人某纸面石膏板总厂，核定使用商品第 19 类“石膏板”，续展注册有效期至 2027 年 7 月 27 日，2017 年 6 月 1 日被核准变更注册人为某石膏公司。第 66481××号“×山”商标于 2010 年 10 月 21 日核准注册，注册人某石膏公司，核定使用商品第 19 类“熟石膏；石膏；石膏板”，注册有限期限至 2020 年 10 月 20 日，2017 年 6 月 1 日被核准变更注册人为某石膏公司。

【案件焦点】

某装饰公司销售的涉案商品是否具有合法来源。

【法院裁判要旨】

北京市西城区人民法院经审理认为：某区工商管理和质量技术监督局作出的行政处罚决定书载明，某装饰公司某文化大厦剧场装饰工程项目部于 2017 年 5 月下旬起通过一名上门推销员购进一批标称“×山”牌的轻钢龙骨产品，用于河南文化大厦剧场装饰工程项目，现场查获商标侵权“×山”牌 50″付龙骨、75″竖向龙骨、60″龙骨、100″竖向龙骨四个品种共计 2776 根，某装饰公司销售的上述轻钢龙骨产品标识上突出标示有“×山”文字及图形商标，属侵犯某石膏公司注册商标专用权的产品。某装饰公司认可未对行政处罚决定书申请复议或者提起行政诉讼，法院对行政处罚决定书查明的事实予以确认，认定某装饰公司销售的商品属于侵犯某石膏公司注册商标专用权的商品，某装饰公司销售涉案商品的行为侵犯了某石膏公司的注册商标专用权。某装饰公司系装修项目的承包人，而非普通消费者，故其关于自身行为性质仅为使用，而非销售的答辩意见，法院不予采纳。

销售不知道是侵犯注册商标专用权的商品，能证明该商品是自己合法取得并说明提供者的，不承担赔偿责任。本案中，某装饰公司虽提交了其与案外人某然公司之间签订的《采购合同》，以及送货单、材料到货清单、发票等，但称送货单为其他项目使用的剩余材料；《采购合同》、材料到货清单均未显示涉案商品，且签订时间晚于行政处罚决定书查明的进货时间，发票金额与采购合同无法对应，某装饰公司该项主张亦与行政处罚决定书认定的商品来源不一致，以现有证据无法确定某装饰公司销售的涉案商品具有合法来源，某装饰公司该项答辩意见，法院不予采纳。某装饰公司应当承担停止侵权、赔偿损失等法律责任。某石膏公司要求某装饰公司拆除装修项目中使用的侵权商品，但未就某装饰公司具体使用商品的情况提交证据证明，法院对其该项诉讼请求不予支持。关于经济损失的赔偿数额，某石膏公司明确主张的侵权商品范围为行政处罚决定书确定的范围，法院对此不持异议。鉴于某石膏公司未举证证明其因涉案侵权行为所受到的实际损失和某装饰公司因侵权所获得的利益，故法院综合考虑涉案正品商品及侵权商品的销售价格，某石膏公司商标的知名度，某装饰公司的主观过错程度、经营规模等因素酌定为50000元。

北京市西城区人民法院依照《中华人民共和国商标法》第五十七条第三项、第六十三条、第六十四条第二款，《最高人民法院关于审理商标民事纠纷案件适用法律若干问题的解释》第十六条，《中华人民共和国民事诉讼法》第六十四条之规定，判决如下：

一、自判决生效之日起七日内，某装饰公司赔偿某石膏公司经济损失50000元；

二、驳回某石膏公司的其他诉讼请求。

案件裁判已生效。

【法官后语】

司法实践中主要从主体、客体、主观方面和客观方面综合认定“合法来源”抗辩的成立。

伴随市场交易模式的复杂化，市场交易链条的主体呈现多元化。从产品的产出到经流通环节流转至消费者手中，除开端的生产者和末端的消费者外，流通环节中所有从事销售工作的批发商、代理商、分销商、零售商均为“合法来源”适用的主体。而在流通环节中，从事仓储、运输、包装等工作的主体则不属于“合法来源”的主体。

某装饰公司并非涉案商品的生产者，但系装修项目的承包人，其购入涉案商品的目的是用于某文化大厦剧场装饰工程项目，其行为区别于末端、普通消费者意义上的“使用”，故某装饰公司本质上属于销售者。

某区工商管理和质量技术监督局作出的行政处罚决定书载明，某装饰公司河南文化大厦剧场装饰工程项目部于2017年5月下旬起通过一名上门推销员购进一批标称“×山”牌的轻钢龙骨产品，用于某文化大厦剧场装饰工程项目，现场查获商标侵权“×山”牌50″付龙骨、75″竖向龙骨、60″龙骨、100″竖向龙骨四个品种共计2776根，某装饰公司销售的上述轻钢龙骨产品标识上突出标示有“×山”文字及图形商标，属侵犯某石膏公司注册商标专用权的产品。

实践中，法院主要依据是否存在“明知”或“应知”的可能性，判断销售者是否尽到了合理的注意义务，进而判断经营者主观上是否存在过错。具体包括：销售商是否收到过权利人发出的警告函、律师函，是否已就类似纠纷与权利人有过民事诉讼并被认定构成侵权，是否已因销售侵权产品而被行政机关查处，是否同时销售正品和侵权产品等综合考虑涉案商品的形式是否合法，涉案商品的进货价格是否显著低于正品的进货价格、商标的知名度等因素。

本案中，某装饰公司经工商查处后仍继续在工程中使用侵权商品，显然不属于主观上“不知道”的情形。

客观方面的认定包括合法的进货渠道和能说明提供者两个方面。实践中，销售商提供的进货证据是法院认定销售商进货渠道合法的重要依据，如增值税专用发票、商业发票、购货合同、进货单、出库单、入库单、销货清单、供货单位的证明、供货自然人的证言以及购货经办人的证言等，其证明力因证据类型、合法性、规范性、完整性的不同而存在差异。如销售者可提供完整、规范的增值税专用发票、购货合同、进货单、出库单、销货清单，则可形成完整的证据链，证明商品的流通过程。而如果仅提供购货合同、收货收据、收货单、入库单中的一部分，甚至在形式上不规范、未加盖公章，则证明力很弱，法院多不予采信。

本案中，某装饰公司虽提交了其与案外人某然公司之间签订的《采购合同》，以及送货单、材料到货清单、发票等，但称送货单为其他项目使用的剩余材料；《采购合同》、材料到货清单均未显示涉案商品，且签订时间晚于行政处罚决定书查明的进货时间，发票金额与采购合同无法对应，某装饰公司的该项主张亦与行政处罚决定书认定的商品来源不一致，无法形成证据链，故无法确定某装饰公司销售的涉案商品具备合法的进货渠道，更无法说明涉案商品的提供者。

编写人：北京市西城区人民法院　李帅帅

083 商标侵权抗辩中的指示性使用认定

——某建材公司诉某商贸公司侵害商标权案

【案件基本信息】

1. 裁判书字号

北京知识产权法院（2017）京73民终1236号民事判决书

2. 案由：侵害商标权纠纷

3. 当事人

原告（上诉人）：某建材公司

被告（上诉人）：某商贸公司

【基本案情】

经国家工商行政管理总局商标局（以下简称商标局）核准，案外人某集团公司注册取得第31256××号“×牌”图及文字商标（以下简称涉案商标），核定使用商品为第19类石膏板、石膏、混凝土建筑构件、水泥板等，注册有效期限自2003年5月28日至2013年5月27日。2005年1月14日，经商标局核准，某建材公司受让取得了涉案商标。2013年7月22日，经商标局核准，涉案商标续展注册，续展注册有效期为2013年5月28日至2023年5月27日。为证明涉案商标的知名度，某建材公司提供了商标局于2008年3月5日出具的商标驰字〔2008〕第110号关于认定“×及图”商标为驰名商标的批复。2016年11月2日，某建材公司委托代理人任立成与北京市长安公证处的工作人员来到某建材城板材西区9187-9××号商铺内，该商铺上方招牌上标有“龙牌石膏板全系列”字样及涉案商标，任某成进入店铺以普通消费者的身份与该店铺内一男子进行交谈，现场取得名片一张；现场使用公证处手机对该店铺外部现状及现场取得的名片进行了拍照、对交谈过程进行了摄像。北京市长安公证处为此出具了（2016）京长安内经证字第31725号公证书。

【案件焦点】

某商贸公司的行为是否构成商标侵权。

【法院裁判要旨】

北京市石景山区人民法院经审理认为：合法取得的注册商标专用权应受法律保护。某建材公司依法取得了“×牌”图及文字注册商标的专用权。根据我国《中华人民共和国商标法》规定，给他人的注册商标专用权造成损害的，属于侵犯注册商标专用权的行为。本案中，某商贸公司在其经营的商铺招牌中使用涉案商标，并标有“×牌石膏板全系列”字样，该行为显然属于商标性使用。虽然某商贸公司辩称，在招牌中使用涉案商标是因为其商铺出售×牌商品，但未提交证据予以证明，某建材公司亦不认可，故对于某商贸公司上述抗辩主张一审法院不予采信。综上，某商贸公司未经授权在店面招牌中使用涉案商标的行为，侵犯了某建材公司的注册商标专用权，应当承担停止侵权、赔偿损失的法律责任。关于赔偿数额，某建材公司虽然提交了涉案商标知名度高、与案外人签订的《商标使用许可协议》及协议部分履行等证据，以证明其实际损失，但本案还应当综合考虑某商贸公司经营规模、侵权情节、侵权持续时间等客观因素，对其实际损失予以酌定。关于某建材公司主张的公证费用，系维权合理支出且提供了相关票据，故全额予以支持。

北京市石景山区人民法院依照《中华人民共和国民法通则》第一百一十八条,《中华人民共和国商标法》第四十八条、第五十七条第七项、第六十三条第一款之规定，判决如下：

一、被告某商贸公司于本判决生效后立即停止侵犯原告某建材公司注册商标专用权的行为；

二、被告某商贸公司于本判决生效后十日内赔偿原告某建材公司经济损失 50000 元及诉讼合理支出 5180 元，两项共计 55180 元；

三、驳回原告某建材公司的其他诉讼请求。

双方当事人均不服原审判决，提起上诉。二审审理期间，某商贸公司提交了两份证据：（1）某经销公司向其提供的特约经销商证书，该证书显示经销单位为某经销公司，授权单位为某建材公司，经销商品包含龙牌石膏板，用以证明某经销公司系某建材公司授权的经销商；（2）2016 年 3 月 16 日至 12 月 25 日，某商贸公司从某经销公司购入龙牌石膏板的进货收据 17 张，用以证明某商贸公司从正规渠道进货并销售正品的×牌石膏板。某建材公司提交的署名情况说明认可某经销公司系其特约经销商，但该经销商权限不包括授权他人使用某建材公司的注册商标。

北京知识产权法院经审理认为：关于事实问题，根据本案二审期间某商贸公司新提供的关于其销售石膏板合法来源的证据显示，某商贸公司从某建材公司的特约经销商某经销公司处购入涉案商标石膏板，某建材公司虽表示其不能确认某商贸公司所销售的涉案商标石膏板是否为正品，但其既未对销售行为进行公证保全，也未提供其他任何反证。故根据本案现有证据，法院认为某商贸公司所销售的涉案商标石膏板为正品。在此前提下，某商贸公司使用涉案商标的行为是否构成商标侵权，需要重新加以审视。

由于商标是商业主体在其提供的商品或者服务上使用的，能够将自己的商品或服务与其他市场主体提供的商品或服务区别开来的标志，所以无论何种形式的商标使用，其最终目的均应是向消费者指明商品或服务的来源，使消费者在选择商品时能够识别不同提供者的商品或服务，并防止相关公众产生混淆和误认。商标法在保护注册商标专用权人的利益的同时，亦通过商标合理使用制度对商标权人的权利范围进行限制，使社会主体间的利益达成平衡，即他人在生产经营过程中可以正当地使用权利人的商标，而不必征得权利人的许可，也不必支付商标使用费。例如，在商品销售过程中，经销商为了向消费者指示其销售商品的来源，应当允许其合理使用所销售商品的商标。当然在上述情况下，经销商对于他人商标的使用应以指示商品来源为限，不应随意扩大他人商标的使用范围，必须遵守指示性合理使用的规则。

具体到本案中，某商贸公司作为涉案商标石膏板的经销商，在其店铺招牌中使用涉案商标与“×牌石膏板全系列”字样的目的就在于向相关消费者指示其销售商品类型与来源，结合某商贸公司所处的建材批发市场的实际经营环境，该使用行为属于对涉案商标指示性的合理使用，并不会导致相关消费者对于涉案商标商品的来源产生混淆误认。同时，公证书所显示的某商贸公司的店铺环境、销售联系名片显示，某商贸公司清楚地对外表明其建材销售商的身份，其对于涉案商标的使用仅限于向消费者表明其销售石膏板的商品来源，且未有误导或暗示消费者其与某建材公司存在特殊关系的情形。因此，某商贸公司对于涉案商标的使用未超出指示性使用的合理范畴。

北京知识产权法院依据《中华人民共和国民事诉讼法》第一百七十条第一款第二项之规定，判决如下：

一、撤销北京市石景山区人民法院（2016）京 0107 民初 16490 号民事判决；

二、驳回上诉人某建材公司的诉讼请求。

【法官后语】

由于商标是商业主体在其提供的商品或者服务上使用的，能够将自己的商品或服务与其他市场主体提供的商品或服务区别开来的标志，所以无论何种形式的商标使用，其最终目的均应是向消费者指明商品或服务的来源，使消费者在选择商品时能够识别不同提供者的商品或服务，并防止相关公众产生混淆和误认。商标法在保护注册商标专用权人利益的同时，亦通过商标合理使用制度对商标权人的权利范围进行限制，使社会主体间的利益达到平衡，即他人在生产经营过程中可以正当地使用权利人的商标，而不必征得权利人的许可，也不必支付商标使用费。例如，在商品销售过程中，经销商为了向消费者指示其销售商品的来源，应当允许其将所销售商品的商标通过适当的方式向相关公众展示使用，此种使用方式属于商标合理使用制度下的指示性使用，无须得到商标权利人的授权。当然，此种对商品商标的使用应当限制在一个合理且适度的范围内，即使用行为应以指示商品来源为限，若超出此合理必要限度，进而误导相关公众将经销商与商标权利人建立联系，则属于商标侵权的行为。

本案中，某商贸公司系一家小规模的建材石膏板经销商，同时销售多个品牌的石膏板，其中包含涉案商标石膏板，在其店铺招牌中使用了涉案商标与“×牌石膏板全系列”字样。同时，某商贸公司的店铺环境、销售联系名片显示，某商贸公司清楚地对外表明其建材销售商的身份，其对于涉案商标的使用仅限于向消费者表明其销售涉案商标品牌的石膏板，其对于涉案商标的使用并不会使消费者产生某商贸公司与涉案商标权利人某建材公司之间存在某种关联关系，或者某商贸公司系涉案商品特许经销商的错误认识。

结合某商贸公司所处的建材批发市场的实际经营环境，类似某商贸公司这种小规模销售店铺，往往同时经营多个品牌的相同或类似商品，但经营者一般将其中较为知名的一个或几个品牌的商标使用在店铺招牌上用于招揽顾客。此种对商品商标的使用模式在相关批发市场中属于常见现象，无论经营者还是消费者均对此有非常清楚的认识，通常并不因此发生混淆误认。因此，某商贸公司对于涉案商标的使用未超出指示性使用的合理范畴。

商标合理使用是商标侵权纠纷中的被诉侵权人通常采用的抗辩事由，在日常经济活动中亦存在许多使用他人商标从事经营活动的情况。因此，在涉及前述行为产生的商标侵权纠纷中，如何界定商标合理使用的范围具有重要意义。

本案中，法院在采纳了当事人提交的授权经销商证书及相关进货证据的基础上，综合考量了当事人对涉案商标的使用方式、经营环境、经营规模等要素，在结合一般生活常识的基础上，以相关公众的通常认知水平为判断基准，认定行为人的使用行为的确出于指示商品来源之目的，其具体使用方式亦未超过必要限度从而造成相关公众混淆误认，因此属于对涉案商标的合理使用，未构成商标侵权。据此，明确了在此类经营活动中，界定商标合理使用范围的一般方法。

商标法在保护注册商标专用权人利益的同时，亦具有降低消费者搜寻成本、保护市场公平竞争、维护公共利益之职责。商标合理使用是保护商标权与平衡社会主体利益的一种重要方式，指示性使用是商标合理使用的一种方式。在商标侵权纠纷中，明确指示性使用的构成要件，对于明确市场主体关于商标的行为界限、明晰责任承担范围具有重要的实践意义。

编写人：北京知识产权法院　宋堃

084 备案是否可以对抗他人在先取得商标使用许可
——某科技公司诉某技术公司、某经贸公司侵害商标权及不正当竞争案

【案件基本信息】

1. 裁判书字号

北京知识产权法院（2018）京73民终370号民事判决书

2. 案由：侵害商标权及不正当竞争纠纷

3. 当事人

原告（被上诉人）：某科技公司

被告（上诉人）：某技术公司、某经贸公司

【基本案情】

某仪器厂注册有第10665××号“×迪商标”，核定使用的商品类别为第12类汽车零部件，注册有效期为1997年7月28日至2007年7月27日（以下简称×迪商标）。2005年11月21日，韩某受让×迪商标并经核准转让。后×迪商标获得续展，续展注册有效期为2007年7月28日至2017年7月27日。诉讼中，某研究所

于2017年1月15日出具《情况说明》，陈述×迪商标事件：×迪商标为其原下属企业北京转速仪器厂于1996年申请注册的商标。2005年10月，某仪器厂因军办企业政策变化被撤销，时任转速仪器厂厂长韩某请示当时工厂管理办主任关于商标处理的意见，该主任口头表示可由工厂自行处理。韩某在自认为将商标注销和转让都合情合理的情况下，选择了将该商标转入个人名下，并于2012年8月授权给个人持股的某科技公司使用。2014年8月因本案诉讼，某技术公司法定代表人举报韩某拥有×迪商标的合法性问题。2016年8月该商标转回某研究所名下。

2012年8月22日，某科技公司与韩某订立《商标使用许可合同》，约定韩某将×迪商标许可某科技公司在第12类汽车零部件商品上使用，许可使用期限为2012年8月22日至2017年7月27日。许可使用性质为独占性授权许可。某科技公司承认韩某曾向其发送过解除合同函，也认可韩某在一审法院组织的前述谈话中陈述内容的真实性，但表示其不同意解除合同，韩某无权单方解除合同，双方没有达成解除合同的合意。

某科技公司主张某技术公司在所生产的倒车雷达产品上使用"×迪""×迪3目"，属于在相同类别的商品上使用了与×迪商标近似的商标，容易导致混淆，违反了《中华人民共和国商标法》（2013年修正）第五十七条第二项，侵害了其享有的×迪商标权。某经贸公司销售了某技术公司生产的侵害×迪商标权的商品，违反了《中华人民共和国商标法》（2013年修正）第五十七条第三项的规定，亦侵害其×迪商标权。二被告认为：某科技公司没有提起本案诉讼的资格。某技术公司有×迪3目注册商标，有权使用在倒车雷达商品上。某技术公司于2003年7月17日就获得了某仪器厂授权使用涉案×迪商标。

【案件焦点】

在侵害商标权纠纷案件中，原告主张被告使用商标的行为侵害其商标权时，双方分别提交了商标使用许可的备案及在先商标使用许可合同，法院应当如何认定二者的效力。

【法院裁判要旨】

北京市海淀区人民法院经审理认为：韩某持有×迪商标期间，订立《商标使用许可合同》，约定韩某将该商标独占性许可给某科技公司，合同期限为2012年8月22日至2017年7月27日。该合同后经商标局备案。尽管此后韩某向某科技公司发函要求解除合同，但某科技公司不同意解除，双方对解除合同事宜未达成一致意见。尽管某技术公司提供的关于其取得×迪商标使用许可的证据无原件，但考虑到许可方韩某的意见及以上相关情节，法院认定某技术公司先后两次取得了×迪商标的使用许可，有效期限截至2016年11月30日。除非当事人另有约定，商标使用许可合同未备案的，不影响该合同的效力。虽然某科技公司与韩某所订立的《商标使用许可合同》经过商标局备案，但商标使用许可的备案效力不足以对抗他人在先取得商标使用许可的效力。因此，2016年11月30日前，某科技公司在本案中主张其为×迪商标的独占性使用许可人，有权禁止某技术公司在倒车雷达商品上使用“×迪”“×迪3目”的主张，缺乏充分有效的证据支持。在没有证据证明某技术公司获得×迪商标许可使用期限到期后，还能在其生产的商品上使用×迪商标的情况下，某科技公司有权就2016年12月1日至2017年7月27日某技术公司未经许可使用×迪商标的行为提起诉讼。

某技术公司在倒车雷达商品上使用×迪3目商标，不属于将其注册的×迪3目商标用于核定使用商品上的行为。由于“×迪3目”中“×迪”具有固有的显著性，因此，本案中某技术公司在倒车雷达上使用“×迪3目”的行为，属于在相同类别上使用与×迪商标近似商标的行为。

北京市海淀区人民法院依照《中华人民共和国商标法》第五十七条第二项、第三项，《中华人民共和国反不正当竞争法》第九条，《中华人民共和国民事诉讼法》第六十四条第一款之规定，作出如下判决：

一、一审判决生效之日起十日内，某技术公司赔偿某科技公司经济损失1万元及合理开支5000元，某经贸公司对其中的5000元承担连带责任；

二、驳回某科技公司的其他诉讼请求。

某技术公司、某经贸公司不服一审判决，提起上诉。

北京知识产权法院同意一审法院的裁判意见，判决：

驳回上诉，维持原判。

【法官后语】

伴随着市场经济的快速发展，商标使用许可已是商标权人行使商标专用权、实现收益的重要方式之一。可是在经营过程中，商标权人往往会为了自身利益最大化，进行重复许可，同时还会进行合同备案，这就导致了不同许可与备案之间发生冲突。《最高人民法院于关于审理商标民事纠纷案件适用法律若干问题的解释》第十九条规定，商标使用许可合同未经备案的，不影响该许可合同的效力，但当事人另有约定的除外。因合同不具对外效力，《中华人民共和国商标法》第四十三条规定了商标使用许可备案效力，即许可他人使用其注册商标的，许可人应当将其商标使用许可报商标局备案，由商标局公告。商标使用许可未经备案不得对抗善意第三人。但如何理解商标使用许可备案的对抗效力，实践中一直存在较大争议。本案中，双方当事人主要的争议焦点之一就是商标使用许可的备案效力是否可以对抗他人在先取得的商标使用许可的效力，主要有以下两种观点：

第一种观点认为，商标使用许可的备案效力优先。因为备案具有公示性，可以证明备案双方当事人的真实意思表示及许可的客观事实。考虑结合物权中不动产登记公示的规定。登记备案方应当优先受到法律的保护。

第二种观点认为，在先签订的商标使用许可合同效力优先。根据《中华人民共和国民法典》的相关规定，商标权人许可多人使用商标其先后签订的合同均为有效，其中备案的程序并未赋予当事人更强的法律效力。在先被许可人根据合同约定使用商标系善意并有法律依据的。

笔者支持第二种观点，主要理由如下：

关于多份合同效力的分析。商标权人与商标使用人签订商标许可合同，将商标使用权部分或全部转让给被许可人，商标所有权仍属许可人，被许可人按照约定的时间和区域使用商标，并支付对价，未经许可人同意不得再许可他人使用，许可终止后许可人收回商标。需根据许可合同的内容决定，商标权人是否有权再行许可他人使用商标。

关于商标许可备案的分析。从商标局的角度来说，商标许可备案带有行政管理的色彩。但是对于社会公众而言，备案意味着公示。目前商标局发布的《商标使用许可合同备案公告》涉及商标编号、商标、许可使用的商品或服务、备案号、许可使用期限、许可人、被许可人七项信息。商标许可备案与不动产的登记公示存在区别，商标专用权的归属与商标使用主体并非必须一一对应，也可以同时存在多个合法使用商标的情况，而物权的不动产则具有唯一性。

编写人：北京知识产权法院　李志峰

085 售后混淆商标侵权的判定

——某美妆公司诉某化妆品公司、某日用化工厂侵害商标权案

【案件基本信息】

1. 裁判书字号

上海知识产权法院（2018）沪73民终17号民事判决书

2. 案由：侵害商标权纠纷

3. 当事人

原告（被上诉人）：某美妆公司

被告（上诉人）：某化妆品公司、某日用化工厂

【基本案情】

原告某美妆公司系第77870××号、第34815××号“雪花秀”商标以及第60815××号、第73329××号“Sulwhasoo”商标的商标权人，上述商标现均在有效期内。被告某化妆品公司、某日用化

工厂均从事化妆品的生产、销售。两公司分别系第59825××号“水妍丽”、第14132××号“”注册商标的商标权人。

2016年4月，原告至山东某化妆品市场购买了“水妍丽雪莲柔玉保湿霜”“水妍丽雪莲沁白提亮洁面膏”“水妍丽雪莲焕采乳珠BB霜”“水妍丽雪莲柔玉精华液”各一瓶。上述产品及包装盒的正面居中位置均标有竖排的“雪莲秀”字样。底部标有几排英、韩文，其中第一排以较大字体标有“Sulansoo”字样。产品及包装盒背面分别标有“水妍丽”字样及产品名称等信息。包装盒底部标有“”商标并注明该产品由被告某化妆品公司出品、被告某日用化工厂生产。包装盒内的产品说明书显示水妍丽雪莲秀系列产品共有17种类型。

原告诉称，原告系“雪花秀”“Sulwhasoo”商标权利人。原告“雪花秀”品牌在化妆品领域享有极高知名度。两被告未经原告许可在其生产销售的化妆品上使用了“雪莲秀”“Sulansoo”标识，上述标识与原告中英文商标均构成近似，构成对原告注册商标专用权的侵犯。故起诉要求被告立即停止商标侵权行为；刊登声明、消除影响；赔偿原告经济损失及合理费用人民币55万元。

两被告辩称，被控侵权产品的原料中含有雪莲内脂，被告将“雪莲”用于其产品名称属于对汉字的合理使用，并无混淆原、被告产品的恶意。原告产品在我国的知名度有限，被告产品使用的标识与原告商标既不相同也不近似。原、被告产品在销售价格、销售场所、包装品质和市场定位等诸多方面存在巨大差异，上述差异足以阻却消费者因两者标识可能产生的混淆，从而将原、被告产品区分。被告产品销售范围有限，且已停止销售，不会对原告商誉产生实质性的影响。

【案件焦点】

被告行为是否构成对原告注册商标专用权的侵害、民事责任如何承担。

【法院裁判要旨】

上海市浦东新区人民法院经审理认为：（1）被告产品说明书中的所有 17 种产品类型与原告商标核定使用的化妆品、乳霜、眼霜、滋养霜等产品均属相同或类似商品。（2）被告“雪莲秀”标识与原告第 77870××号、第 34815××号注册商标相比整体上差异较小，两者构成近似；被告所使用的英文标识与原告英文商标构成近似。（3）原、被告产品在销售价格、销售场所等处确实存在着差异，但是鉴于原告产品的知名度，被告产品上采用与原告近似的标识之后，却可能会导致消费者认为生产被控侵权产品的企业即被告与原告存在某种关联关系。被控侵权标识均显著标识于被告产品上，消费者在购买该产品后，他人看到该产品时必然会将被告产品与原告产品造成混淆，误以为系原告产品或与原告有关联关系的产品。因此，被告在相同或类似商品上使用与原告注册商标近似的标识，主观上具有攀附原告商标知名度的故意，客观上易造成相关公众的混淆，构成对原告注册商标专用权的侵害。

上海市浦东新区人民法院依照《中华人民共和国商标法》第五十七条第二项、第三项，第六十三条第一款、第三款；《最高人民法院关于审理商标民事纠纷案件适用法律若干问题的解释》第九条第二款，第十条，第十一条第一款，第十二条，第十六条第一款、第二款，第十七条之规定，判决如下：

一、被告某化妆品公司、某日用化工厂于本判决生效之日起立即停止侵害原告某美妆公司对第×××××××号、第×××××××号、第×××××××号、第×××××××号注册商标享有的注册商标专用权；

二、被告某化妆品公司、某日用化工厂于本判决生效之日起三十日内在《中国知识产权报》上刊登声明、消除影响；

三、被告某化妆品公司、某日用化工厂于本判决生效之日起十日内赔偿原告某美妆公司经济损失 50 万元；

四、被告某化妆品公司、某日用化工厂于本判决生效之日起十日内赔偿原告某美妆公司为制止侵权行为而支出的合理费用 47000 元。

一审判决后，被告不服，提起上诉。上海知识产权法院维持了一审判决。

【法官后语】

售后混淆又称旁观者混淆，是指消费者在最初提供商品的环境之外观察该商品，并且与其他相似产品相混淆。在这种情况下，消费者购买产品时虽未产生混淆，但在购买之后，旁观者看到该产品时却容易产生混淆。

售后混淆商标侵权构成要件有三点：（1）权利商标具有一定的知名度；（2）行为人未经许可，在相同或类似的商品或服务上，使用与注册商标相同或近似的标识；（3）相关公众在最初提供商品的环境之外观察该商品产生混淆。本案原告雪花秀产品经过持续广泛的宣传和推广，已获得了较高知名度，为相关公众所知悉；被告产品说明书中所有的 17 种产品类型与原告商标核定使用的化妆品等产品均属相同或类似商品。被告产品上使用的“雪莲秀”“Sulansoo”标识与原告中英文商标相比整体差异较小，构成近似；原、被告产品在销售价格、销售场所等处确实存在差异，但是鉴于原告产品的知名度，被告产品采用与原告商标相近似的标识之后，很可能会导致消费者认为被告与原告存在某种关联关系。被控侵权标识均显著标识于被告产品上，消费者在购买该产品后，他人看到该产品时必然会将被告产品与原告产品造成混淆，误以为系原告产品或与原告有关联关系的产品。因此，被告行为满足售后混淆商标侵权的构成要件，已经产生了售后混淆的后果，构成对原告注册商标权的侵害。

编写人：上海市浦东新区人民法院　杜灵燕

086 在后台设置关键词进行商业推广是否构成商标侵权

——某餐饮公司诉某投资公司、某网讯科技公司侵害商标权案

【案件基本信息】

1. 裁判书字号

北京知识产权法院（2018）京73民终454号民事判决书

2. 案由：侵害商标权纠纷

3. 当事人

原告（被上诉人）：某餐饮公司

被告（上诉人）：某投资公司

被告（被上诉人）：某网讯科技公司

【基本案情】

某餐饮公司经授权获得涉案商标专有使用权和相应维权权利，涉案商标具有较高的知名度和影响力。某投资公司、某网讯科技公司分别系×友网和×度网的运营商，在×度网中搜索“某餐饮加盟”，搜索结果第四项链接为×友网，该链接名称和链接描述中均不含有“某餐饮”字样；点击该链接进入帮友网后，显示“某餐饮加盟”项目，页面中含有“某餐饮”字样和附有涉案商标的照片。某餐饮公司认为某投资公司使用“某餐饮加盟”作为关键词进行商业推广，以及在×友网中使用“某餐饮”和附有涉案商标的图片，系假冒某餐饮公司名义进行加盟活动的行为，侵害其注册商标专用权；某网讯科技公司为某投资公司提供搜索推广服务，构成帮助侵权。

二被告称某投资公司提供的服务系加盟，不同于涉案商标核定使用类别。某网讯科技公司另称某投资公司在帮友网中对涉案商标的使用系描述性使用，且在某网讯科技公司控制之外；关于竞价排名，涉案关键词“某餐饮加盟”系某投资公司自行设置和添加，其仅提供技术服务，在知晓侵权行为后立即断开链接，已尽到合理注意义务。

【案件焦点】

1. 某投资公司在后台将涉案商标设置为关键词进行百度商业推广的行为是否构成商标侵权；2. 某投资公司在帮友网涉案加盟项目中使用涉案商标的文字，并使用附涉案商标的图片之行为是否构成商标侵权，以及某网讯科技公司是否应就此承担侵权责任。

【法院裁判要旨】

北京市海淀区人民法院经审理认为：除法律明文规定外，侵犯注册商标专用权的行为均系对商标的商业性使用。所谓“商标的商业性使用”，是指在商业活动中，使用商标标识表明商品或服务的来源，使相关公众能够区分提供商品的不同市场主体。本案中，某投资公司系后台使用关键词的行为，未将涉案商标使用在某投资公司提供的涉案加盟项目及涉案链接名称、涉案链接描述中，没有发挥商标区分不同服务来源的功能，不属于商标使用行为，因此不构成商标侵权。

关于某投资公司在帮友网涉案加盟项目中使用“某餐饮”文字和附有涉案商标图片的行为，加盟服务与涉案商标核定使用的服务类别的第 43 类不属于同一服务。虽然某餐饮公司本身的经营模式不包括加盟，但涉案商标作为其火锅连锁品牌，当消费者有意通过官网进一步了解某餐饮公司提供的服务或有加盟意图等情形时，以涉案商标文字部分为搜索关键词进行搜索的可能性极大。因此，涉案加盟项目服务之对象应属与涉案商标所标识的服务的营销有密切关系的其他经营者，某投资公司使用“某餐饮”文字，容易使这些经营者认为涉案加盟服务与涉案商标所标识的某火锅餐饮店存在特定联系，故构成类似服务。结合×友网中相关标识与涉案商标构成近似，易使相关公众产生混淆，故某投资公司构成商标侵权。由于该行为超出某网讯科技公司的控制范围，故某网讯科技公司不应承担侵权责任。

北京市海淀区人民法院依照《中华人民共和国商标法》（2013 年修正）第五十七条第二项以及《最高人民法院关于审理商标民事纠纷案件适用法律若干问题的解释》第八条、第十一条、第十二条及第二十一条第一款之规定，判决如下：

一、本判决生效之日起十日内，被告某投资公司赔偿原告某餐饮公司经济损失 500000 元及合理开支 1250 元；

二、本判决生效之日起三十日内，被告某投资公司在一家北京发行的餐饮类杂志上发布声明，为原告某餐饮公司消除影响（在一期杂志上发布声明，声明内容须经法院审核，逾期不履行，法院将依法公开本判决书的主要内容，相关费用由被告某投资公司负担）；

三、驳回原告某餐饮公司的其他诉讼请求。

某投资公司不服一审判决，提起上诉。二审法院同意一审法院的裁判意见。

北京知识产权法院依照《中华人民共和国民事诉讼法》第一百七十条第一款第一项之规定，判决如下：

驳回上诉，维持原判。

【法官后语】

竞价排名，是指付费搜索，其主要发生在搜索引擎平台之中，是一种按效果付费的网络推广方式，搜索引擎按付费最高者排名靠前的原则，对购买了同一关键词的网站在搜索结果中进行排名。在竞价排名这一商业推广模式出现后，商家为了获得更好的宣传效果，使自己的网站获得更高的曝光率，购买、利用竞争对手的商标对自身进行推广的现象大量存在，由此引起的争端和讨论也不断出现。

目前利用他人商标进行竞价排名的行为主要有以下四种：一是全显性使用，即商家购买他人商标作为搜索关键词，在搜索结果页面的网页链接名称及链接描述中均含有该商标，同时在被链接网站中亦使用该商标；二是半显性使用，即商家购买他人商标作为搜索关键词，并将他人商标用在搜索结果页面的网页链接名称或描述中，但被链网站中并不含有相应商标，该种情况也是目前司法实践中最常见的情形；三是半隐性使用，即商家购买他人商标作为搜索关键词，在搜索结果页面的网页链接名称或描述中均未出现该关键词，但被链网站中含有相关商标；四是全隐性使用，即商家仅购买他人商标作为搜索关键词，但搜索结果页面及被链网站中均不含有相应商标。本案即第三种情形。

对于判断设置关键词行为是否构成商标侵权，应当首先判断该种使用行为是否构成商标的商业性使用。根据《中华人民共和国商标法》第四十八条的规定，商标的使用，是指将商标用于商品、商品包装或者容器以及商品交易文书上，或者将商标用于广告宣传、展览以及其他商业活动中，用于识别商品来源的行为。因此，判断商标性使用的关键在于能否在商业活动中识别商品或服务的来源。即使相关公众能够区分提供商品的不同市场主体。对于仅在后台设置关键词的行为，由于搜索结果的链接标题和链接描述中均未出现相关商标，此时通过搜索引擎搜索相关商标的用户在前端无法从搜索结果本身看到该标识，也就不会将该关键词作为识别该链接对应网站所提供的商品或服务的来源标识，此时该关键词未发挥区分商品或服务来源的功能，也就不属于商标性使用行为，因此不能构成商标侵权。

而对于本案中某投资公司网站中对涉案商标的使用行为，由于涉及对其加盟项目的广告宣传，因而应当属于商标性使用行为。对于该种商标性使用是否构成侵权，则需要进一步判断其是否在该商标核准服务类别的相同或类似服务中使用。对于类似服务的判断，根据《最高人民法院关于审理商标民事纠纷案件适用法律若干问题的解释》第十一条第二款的规定，类似服务，是指在服务的目的、内容、方式、对象等方面相同，或者相关公众一般认为存在特定联系、容易造成混淆的服务。因此，在个案中判断被诉标识所依附的商品或服务是否与权利人商标权核定使用的类别构成类似时，一方面，应考量注册商标专用权人的禁用权范围是大于核定使用类别的范围的，故对于类似服务的判断不能机械地从商标核定使用类别是否相同进行认定；另一方面，就服务的对象上，相关公众的范围也不仅仅局限于一般的普通消费者，对于与相应服务营销有密切关系的其他经营者也属于该“相关公众”的范围，如果与商标所标识的服务有关的消费者和与该服务的营销有密切关系的其他经营者一般认为存在特定联系、容易造成混淆的服务，亦构成类似服务。正如在本案中，虽某投资公司提供的加盟服务与涉案商标核准的餐厅等服务不尽相同，但涉案商标作为连锁经营服务的品牌，服务对象上亦包含期望通过搜索该商标了解加盟途径的相关经营者，某投资公司使用涉案商标容易使这些经营者认为其加盟服务与涉案商标标识的呷哺火锅餐饮店存在特定联系，因而构成类似服务。

编写人：北京市海淀区人民法院　张璇　李思頔

087　市场开办者怠于履行管理职责构成帮助侵权

——某股份公司诉颜某等侵害商标权案

【案件基本信息】

1. 裁判书字号

广州知识产权法院（2018）粤73民终1765号民事判决书

2. 案由：侵害商标权纠纷

3. 当事人

原告（上诉人）：某股份公司

被告（上诉人）：某房地产公司、某物业管理公司

被告：颜某

【基本案情】

某股份公司是第1458××号“CHANEL”、第1458××号“”、第793287号“”商标的注册人，核定使用商品为第18类的钱包、手提包、皮包等人造革皮具商品。国家某委员会作出的复审裁定书中认定“CHANEL”“××儿”在衣服、化妆品、钱包、皮具等商品上为驰名商标。某服装批发中心是由某房地产公司、某物业管理公司开办和管理的专业市场。2010年4月12日，工商行政管理部门发布通告，“CHANEL”等国际知名品牌只能在公布的经营场所内销售才能视为正牌正货，通告公布的经营场所不含某服装批发中心。

2016年6月20日，某股份公司在颜某经营的某服装批发中心经营2100铺公证购买了一个女装皮包。该皮包的外包装、锁扣、吊牌以及内饰上使用了“CHANEL”和“”标识，上述标识与某股份公司注册的上述商标在视觉上基本无差别，两者构成相同。2016年8月8日，某股份公司委托某律师事务所向某房地产公司、某物业管理公司发出《制止侵犯注册商标专用权行为的律师函》，认为某服装批发中心经工商行政管理部门检查后，仍有多家商铺销售假冒某股份公司注册商标的商品。某股份公司已对该批发中心内的2100铺、2045铺、3025铺、2030铺等商铺进行了

证据保全，并封存了侵权商品，希望某房地产公司、某物业管理公司高度重视市场内的售假现象，彻底查处售假商铺的侵权行为。2016 年 8 月 12 日，某房地产公司复函某股份公司，认为在检查中没有发现市场内存在销售假冒某股份公司注册商标的商品。2017 年 2 月 14 日，工商行政管理部门再次对某服装批发中心进行执法检查，发现颜某经营的 2100 铺未领取营业执照，继续销售假冒“CHANEL”“ ”“ ”注册商标专用权的手提包，遂对颜某作出停止经营，没收侵权商品并罚款 10000 元的行政处罚。

【案件焦点】

1. 某房地产公司、某物业管理公司是否构成帮助侵权；2. 如果构成帮助侵权，某房地产公司、某物业管理公司应承担何种赔偿责任。

【法院裁判要旨】

广东省广州市越秀区人民法院经审理认为：原告系注册号为第 1458××号“CHANEL”、第 1458××号“ ”商标以及第 7932××号“ ”注册商标的注册人，其有权为维护商标权利提起诉讼。被告颜某的销售行为侵犯了原告对前述三个注册商标的专用权。原告于 2016 年 6 月 20 日在涉案商铺公证购买到涉案侵权商品，于同年 8 月 8 日以律师函的形式告知了被告某房地产公司，并得到被告某房地产公司出具的复函确认收到律师函，故被告某房地产公司自 2016 年 8 月 10 日起已知涉案商铺销售侵犯原告商标权的商品。2017 年 2 月 14 日，广州市越秀区工商行政管理局作出的穗越工商处字（2017）137 号《行政处罚决定书》记载因涉案商铺在 2016 年 10 月

1日至2016年12月23日销售侵犯原告商标权的商品受到行政处罚。可见被告某房地产公司并未及时制止侵权，对于2016年8月10日之后，商户销售侵权商品的行为主观上存在帮助侵权的故意，客观上提供了经营场所的便利条件，构成帮助侵权。被告某物业管理公司是被告某房地产公司的分支机构，涉案经营场所登记在其名下，且市场的经营、管理业务由其实际执行，属于共同侵权。而对于涉案商铺在2016年8月10日之前实施的侵权行为，被告某房地产公司、某物业管理公司否认其知晓，据原告提交的证据也不能推定其明确知道，缺乏构成帮助侵权的主观要件，故被告某房地产公司、某物业管理公司对涉案商铺在2016年8月10日之前实施的侵权行为主观上无过错，故被告某房地产公司、某物业管理公司应对被告颜某的部分侵权行为承担连带赔偿责任。

广东省广州市越秀区人民法院判决如下：

一、颜某立即停止销售侵犯某股份公司注册商标专用权的皮具商品；

二、某房地产公司、某物业管理公司立即停止为颜某销售侵权商品的行为提供经营场所；

三、颜某应于判决书发生法律效力之日起十日内赔偿经济损失及维权费用合计50000元给某股份公司；

四、某房地产公司、某物业管理公司对颜某赔偿金额中的25000元承担连带赔偿责任；

五、驳回某股份公司的其他诉讼请求。

宣判后，某股份公司、某房地产公司、某物业管理公司均不服一审判决，提起上诉，请求撤销原判。

广州知识产权法院经审理认为：案件的争议焦点是某房地产公

司、某物业管理公司是否构成帮助侵权；如果构成帮助侵权，某房地产公司、某物业管理公司应承担何种赔偿责任。某股份公司在颜某的商铺内购买到侵权商品后，随即致函某房地产公司、某物业管理公司，告知其市场内存在销售侵权产品的行为，并列明包括颜某在内的商铺号，某房地产公司、某物业管理公司收到律师函并予以复函，可见其应当知道市场内存在侵权行为，但工商行政管理部门在随后的检查中仍发现市场内存在侵权行为，故某房地产公司、某物业管理公司并未采取有效措施制止侵权行为的发生，使颜某能够在一段时间内继续销售侵权产品，某房地产公司、某物业管理公司主观上存在故意，客观上为颜某的侵权行为提供了便利条件，故某房地产公司、某物业管理公司构成帮助侵权；根据《中华人民共和国侵权责任法》第九条第一项的规定，帮助他人实施侵权行为的，应当与行为人承担连带责任。某房地产公司、某物业管理公司应对颜某的侵权后果承担全部连带赔偿责任。

广州知识产权法院依照《中华人民共和国民事诉讼法》第一百七十条第一款第二项的规定，判决如下：

一、维持广东省广州市越秀区人民法院（2017）粤 0104 民初 10186 号民事判决第一项、第二项、第五项；

二、变更广东省广州市越秀区人民法院（2017）粤 0104 民初 10186 号民事判决第三项、第四项为：颜某应于判决生效之日起十日内，赔偿某股份公司经济损失及合理维权费用合计 50000 元；某房地产公司、某物业管理公司承担连带赔偿责任。

【法官后语】

本案的意义在于界定市场开办者的知识产权侵权责任。

《国务院关于进一步做好打击侵犯知识产权和制售假冒伪劣商品工作的意见》明确规定“市场开办者、网络交易平台经营者要承担相应的管理责任，引导和督促商户规范经营”。可见，市场开办者在运营市场期间应当切实承担管理责任。针对市场内商户的侵权行为，虽然市场开办者没有直接实施，但其明知商户实施了侵害他人知识产权的侵权行为却不及时采取如收取违约金、暂停营业、解除租赁合同等必要措施以避免侵害后果扩大的，构成故意。《中华人民共和国商标法》第五十七条第六项将帮助侵权行为表述为“故意为侵犯他人商标专用权行为提供便利条件”，因此市场开办者的过错判断标准主要是“明知”，如权利人已向市场开办者发出制止侵权行为的通知，工商行政管理部门对商户作出行政处罚、消费者的特定投诉、知名度较高的奢侈品牌商品低价销售（知名度越高，注意义务越高）等情形，若市场开办者不作为，放任损害结果的发生，则可以认定市场开办者未尽注意义务构成帮助侵权，帮助他人实施侵权行为的，应当与行为人承担连带责任，即对损害结果承担全部连带责任。另在赔偿金额的确定上没有分段计算的法律规定，应与经营者承担全部连带侵权责任。

交易市场内销售侵犯知识产权商品的行为理应得到遏制，“山寨”产品也应退出市场。合理确定市场开办者的注意义务有利于商品交易市场的健康稳定发展。

编写人：广东省广州市越秀区人民法院　刘婷

088 驰名商标跨类保护力度的确定

——某制造公司诉某食品公司侵害商标权案

【案件基本信息】

1. 裁判书字号

广东省高级人民法院（2017）粤民终633号民事判决书

2. 案由：侵害商标权纠纷

3. 当事人

原告（被上诉人）：某制造公司

被告（上诉人）：某食品公司

【基本案情】

某制造公司的关联公司先后于1996年、2004年和2005年在中国境内申请注册了第8084××号“”商标、第35142××号“×虎”商标、第43094××号“LAND ROVER”商标，以上商标均核定使用在第12类“陆地机动车辆”等商品上，具有较高知名度，后转让到某制造公司名下。某食品公司在网站上和实体店中宣传销售其“×虎维生素饮料”，相关产品、包装盒及网页宣传上使用的被诉标识包括“×虎”“LAND ROVER”“Land rover ×虎”及上下排列的“×虎 Land Rover”等。某食品公司曾于2010年在第30类“非医用营养液”和第32类“不含酒精的饮料”等商品上申请注册“×虎 LANDROVER”商标，但均被商标行政部门不予核准注册或驳回复审。某制造公司遂提起本案诉讼，请求法院判令：（1）某食品公司立即停止其商标侵权行为，并向某制造公司赔偿侵权损失共计人民币200万元；（2）某制造公司为制止侵权行为而支付的合理费用人民币411494元由被告支持；（3）判令某食品公司在媒体上公开发布公告，消除影响等。

【案件焦点】

1. 被诉行为发生时，某制造公司涉案三个注册商标是否已经处于驰名状态；2. 被诉行为是否构成侵权；3. 一审判赔数额是否合理。

【法院裁判要旨】

广东省广州市中级人民法院经审理认为：某制造公司涉案三个商标均核准在第12类陆地机动车辆等商品上，使用被诉侵权标识的维生素饮料属第32类不含酒精饮料商品，二者不相同也不相类似，本案确有必要对涉案商标是否驰名作出认定。经审核，某制造公司提供了2004年至2013年中国各报纸、杂志、网站大量报道，相关销售记录和宣传广告规模等证据，可认定涉案商标在中国汽车行业中享有盛誉，具有较高知名度和广泛影响力，为相关公众所普遍知晓，已经达到驰名商标的程度。某食品公司在其产品上作为商标使用的被诉侵权标识与某制造公司驰名的涉案商标相同或者相近似，构成侵权。万某政销售由某食品公司生产的侵害某制造公司涉案商标的商品，亦构成侵权。

一审法院依照《中华人民共和国民法通则》第一百三十四条第一款第一项、第七项和第二款，《中华人民共和国商标法》（2001年修正）第五十二条第二项、第五项，第五十六条，《最高人民法院关于审理商标民事纠纷案件适用法律若干问题的解释》第一条第二项，第十六条第一款、第二款，第十七条的规定，判决如下：

一、某食品公司自判决发生法律效力之日起立即停止在其生产、销售的商品上及在互联网上的广告宣传中使用侵犯某制造公司涉案三注册商标专用权的商标标识的行为，并销毁侵权商标标识、带有侵权商标标识的包装物及专用模具；

二、万某政自判决发生法律效力之日起立即停止销售侵犯某制造公司涉案三注册商标专用权的商品，并销毁侵权商标标识、带有侵权商标标识的包装物；

三、某食品公司自判决发生法律效力之日起十日内赔偿某制造公司人民币 120 万元；

四、驳回某制造公司的其他诉讼请求。

某食品公司不服一审判决，提起上诉。

广东省高级人民法院二审同意一审法院裁判意见。在确定赔偿额时，综合考虑了某制造公司所涉商标的知名度及被诉侵权行为的性质、规模、情节，某食品公司抢注囤积商标的主观故意，某食品公司经营行为对某制造公司的影响、某制造公司合理维权费用等六方面因素。

广东省高级人民法院依照《中华人民共和国民事诉讼法》第一百七十条第一款第一项之规定，判决如下：

驳回上诉，维持原判。

【法官后语】

本案系涉及驰名商标跨类保护的典型案例，亦系广东法院探索破解知识产权损害赔偿难工作的典型案例。除凸显一般驰名商标跨类保护审查中所注重的“因需认定”“个案认定”等审慎态度外，本案的特殊性在于，被告不仅对被诉标识进行了商标注册，还对大量其他名人名企的姓名或标识进行了商标抢注，其利用法律漏洞、不尊重知识产权的恶意明显。因此，该案在论述赔偿责任一节中，全面、详尽地论述了确定120万元赔偿数额的事实与法律依据，彰显了制止恶意囤积商标行为的司法态度。

本案中，某制造公司提供的大量证据已经能够证明其享有的涉案三商标已达到驰名程度。而某食品公司并非被诉标识的善意使用者，其利用我国商标注册制度囤积和不当使用商标的主观恶意明显。某食品公司不仅无法对其使用被诉标识的行为作出合理解释，反而以其使用的商标曾经获得授权、申请商标注册并不违法为由坚称不侵权，系利用合法形式来掩盖侵权实质的行为，严重有违诚实信用原则，应予制止。而无论某食品公司是否已就“×虎 LANDROVER”商标在某一类商品上申请乃至获准商标注册，某制造公司均有权寻求禁止在后注册商标使用的民事救济，从而制止某食品公司在实际经营活动中模仿其驰名商标在不相同和不相类似的商品上作为商标使用、误导公众。某食品公司实施的被诉行为构成侵权，法院在确定赔偿额时综合考虑了以下因素：涉案注册商标知名度高，享有良好的市场声誉，应受到与其知名度相匹配的司法保护力度；被诉标识攀附驰名商标声誉的主观恶意明显，情节恶劣；被诉标识在线上宣传、线下使用，被诉侵权行为持续的时间较长、传播范围较广；某食品公司并非被诉标识的善意使用者，其利用我国商标注册制度囤积和不当使用商标的主观恶意明显，严重有违诚实信用原则；某食品公司曾受到广东省工商行政管理局的通告查处，涉案驰名商标的知名度显然将因被诉侵权行为而受到淡化，美誉度因某食品公司的不当使用而受到贬损；某制造公司为制止本案侵权行为，提供了28万多元的前期调查取证费用凭据，并提供了其他合理开支的部分票据。为了打击利用商标注册制度恶意抢注名牌商标、加大驰名商标保护力度、引导社会公众尊重知识产权，法院最终确定某食品公司赔偿某制造公司120万元。

编写人：广东省高级人民法院　肖海棠 张胤岩

089　驰名商标认定及其跨类保护的范围

——某大学诉某能源公司、骆某荣侵害商标权案

【案件基本信息】

1. 裁判书字号

广东省高级人民法院（2016）粤民终1734号民事判决书

2. 案由：侵犯商标权纠纷

3. 当事人

原告（上诉人）：某大学

被告（被上诉人）：某能源公司、骆某荣

【基本案情】

1911年，某大学（原名某学堂）设立，现是国内外公认的著名综合性大学。1998年11月21日，某大学向商标局申请注册了“清×”商标，商标注册证号为第1225974号，注册有效期经核准续展至2018年11月20日，核定使用服务项目第41类，包括学校（教育）、教育、函授课程、教育信息、培训、组织和安排学术讨论会、收费图书馆、书籍出版、录像带制作、组织文化教育展览。某大学主张其第12259××号“清×”商标是驰名商标，便向商标局提交了多份商标异议裁定书、商标不予注册决定、认定驰名商标名单、民事判决书等有关本案注册商标作为驰名商标受保护的证据材料。

某大学系某某控股公司（国有独资企业）的股东，某某控股公司作为发起人之一，于1997年6月25日设立某股份公司（上市公司）。某股份公司分别于1997年8月4日、2000年7月13日在第11类部分商品上申请注册第12034××号、第16380××号“”图形商标。

2010年4月14日，某能源公司向商标局申请注册了“”商标，注册有效期自2010年4月14日起至2020年4月13日止，核定使用商品（第11类）包括电炊具、微波炉（厨房用具）、冷却设备和装置、水龙头、消毒设备、暖器、热水器、灯。

2013年6月19日，某大学公证购买某能源公司生产、骆某荣销售的“某王牌升级版3D空气能中央热水机”被诉侵权产品一件，并获取相应的销售单和《热泵保修卡》等，该产品及外包装上均有“J.Y.QHWP 清华王牌”的标识，《热泵保修卡》右侧显示“某太阳能集团有限公司（监制）”及某能源公司名称、地址及网址等信息，下方显示“某太阳能集团有限公司”“清×企业”等字样或标识。被诉侵权产品主机包装箱上贴有带“某企业”字样的包装带。某能源公司网站相关页面左上角显著位置均有“J.Y.QHWP 清华王牌”标识。某大学认为某能源公司、骆某荣擅自将“某”名称、“某”商标在标识的最显著部分使用，侵犯了某大学的商标专用权，故起诉至法院，请求判令某能源公司、骆某荣立即停止侵权行为；在《人民日报》首页就其侵权行为刊登道歉声明不少于7个工作日；向某大学赔偿经济损失70万元整以及某大学为制止侵权行为所支付的合理费用78000元整。

【案件焦点】

1. 本案第12259××号“清×”商标是否为驰名商标；2. 某能源公司、骆某荣是否构成商标侵权。

【法院裁判要旨】

广东省广州市中级人民法院经审理认为：某大学主张本案“清×”商标为驰名商标，而某能源公司、骆某荣对此提出异议。某大学仅提供了该商标作为驰名商标受保护的记录，未提供证据证明其使用该商标的市场份额、销售领域、利税、宣传或者促销活动的方式、持续时间、程度、资金投入和地域范围、市场声誉等，故其主张本案“清×”商标为驰名商标依据不足，不予支持。某能源公司使用被诉标识的产品与某大学“清×”商标核定使用服务在产品性质、功能、所属行业、经济领域等方面存在较大差异，相关公众一般不会产生混淆误认，故某能源公司的被诉行为没有侵害某大学本案“清×”注册商标专用权。

广东省广州市中级人民法院依照《中华人民共和国民事诉讼法》第六十四条第一款，《最高人民法院关于民事诉讼证据的若干规定》第二条的规定，作出如下判决：

驳回某大学的全部诉讼请求。

某大学不服一审判决，提出上诉。广东省高级人民法院经审理认为：某大学系一所有着逾百年历史、国内外知名的综合性大学，“清×”商标在学校、教育服务领域构成中国境内为社会公众广为知晓的商标，本案中某大学已提供其第12259××号“清×”商标驰名的基本证据，故对第12259××号“清×”商标驰名的事实予以认定。一审法院对“清×”商标驰名的事实不予认定不当，应予纠正。

某能源公司将被诉标识使用在第 11 类空气能热水器，与本案“清×”注册商标核准服务项目第 41 类的学校（教育）、函授课程等属不相同、不相类似的商品或服务。将被诉标识与本案注册商标相比，被诉“”标识在组成要素上包括某能源公司的“”注册商标、“J. Y. QHWP”及“某王牌”。对于习惯使用中文的中国相关公众来说，被诉标识中的“某王牌”是被诉标识的核心部分，其中“某”二字与本案注册商标的文字内容完全相同，仅在文字形态上存在简体与繁体的差别，而“王牌”含评价之义，相较于“某”而言识别性不强。因此，被诉标识的核心识别部分基本完整包含本案注册商标，被诉标识与本案注册商标已经构成近似。

驰名商标的跨类保护应以“误导公众，致使该驰名商标注册人的利益可能受到损害”为要件。“清×”作为某大学的简称，在“学校（教育）、教育、培训”等服务领域为一般公众广为知晓且享有极高声誉。学校、教育、培训服务与被诉产品分属不同领域，两者在商品/服务性质、消费对象等方面虽然存在差异，但基于某大学具有众所周知的知名度及其在理工科领域享有的极高声誉，并结合某能源公司在经营过程中对“某太阳能集团有限公司”“清×企业”等字样的使用情况等综合考虑，相关公众容易误认为标有被诉标识的商品来源于某大学或其关联企业或某能源公司在经营活动中使用“某”二字得到了某大学的许可，抑或某能源公司与某大学之间存在参股控股、关联企业等特定联系。概言之，某能源公司使用被诉标识的行为容易使相关公众误以为其与某大学具有相当程度的联系，从而不当利用了某大学驰名商标的声誉，损害了某大学的利益，构成商标侵权。

广东省高级人民法院依照《中华人民共和国侵权责任法》第十

五条，《中华人民共和国商标法》（2001 年修正）第十三条第二款、第十四条、第五十六条，《最高人民法院关于审理涉及驰名商标保护的民事纠纷案件应用法律若干问题的解释》第四条、第八条、第九条第二款、第十条，《中华人民共和国民事诉讼法》第一百七十条第二项，《最高人民法院关于适用〈中华人民共和国民事诉讼法〉的解释》第九十三条的规定，判决如下：

一、撤销一审判决；

二、某能源公司于判决发生法律效力之日起立即停止侵害某大学第 12259××号注册商标权的行为；

三、骆某荣于判决发生法律效力之日起立即停止侵害某大学第 12259××号注册商标权的销售行为；

四、某能源公司于判决发生法律效力之日起十日内赔偿某大学经济损失及制止侵权行为所支付的合理开支共计 50 万元；

五、驳回某大学的其他诉讼请求。

【法官后语】

本案的审理体现了对高驰名度商标合法权益的强保护，通过遏制不正当利用他人驰名商标声誉损害其利益的行为，净化市场，避免造成公众的混淆误认。人民法院认定商标是否驰名，应以证明其驰名的事实为依据。对此我国《中华人民共和国商标法》及相关司法解释对商标认驰需考虑的各项因素以及相关事实的证明责任进行了规定，但为避免机械地适用司法规定，也赋予了人民法院一定的司法裁量权，在具体个案中可根据案件实际情况来确定决定驰名商标所需要考虑的因素。本案“清×”商标作为社会公众广为知晓的商标，某大学已提供其商标驰名的基本证据，法院对本案商标驰名的事实应当予以认定。

关于驰名注册商标跨类保护的范围掌握问题，《中华人民共和国商标法》第十三条对驰名注册商标的跨类保护以“误导公众，致使该驰名商标注册人的利益可能受到损害”为构成要件，《最高人民法院关于审理涉及驰名商标保护的民事纠纷案件应用法律若干问题的解释》第九条第二款对该要件进行了明确。在司法实践中，驰名注册商标之间的驰名程度客观上存在高低不同的差别，不能要求对驰名程度不同的注册商标给予同等范围的跨类保护。驰名商标跨类保护的范围应与其驰名程度相适应，总体而言，二者应当呈同向正比关系。本案“清×”商标在学校、教育等服务领域已达到社会公众广为知晓的驰名程度，结合被告使用被诉标识以及相关标识的具体情况，相关公众容易误认为被告与某大学具有相当程度的联系，从而被告不当利用了某大学驰名商标的声誉，损害了某大学的利益，通过驰名商标跨类保护对此种行为予以禁止，符合知识产权司法保护基本政策中“严格保护”的内在要求。

编写人：广东省高级人民法院　李婵娟

090　楼盘名称侵害商标权的认定

——某集团公司诉某实业公司、某科技公司侵害商标权案

【案件基本信息】

1. 裁判书字号

北京知识产权法院（2017）京73民终798号民事判决书

2. 案由：侵害商标权纠纷

3. 当事人

原告（上诉人）：某集团公司

被告（上诉人）：某实业公司

被告：某科技公司

【基本案情】

2010年1月28日，某集团公司在第36类不动产出租、不动产代理、商品房销售、不动产管理、保险等服务上获准注册第63450××号“大悦城”商标。2010年3月28日，某集团公司在第36类不动产出租、不动产代理、不动产管理等服务上获准注册第57969××号“大悦城”商标，该商标获准注册类别不包含商品房销售。经广泛使用与宣传，某集团公司的上述商标享有较高知名度。2016年，国家工商行政管理总局某委员会认定第63450××号“大悦城”商标为使用在不动产出租、不动产管理服务上的驰名商标。

某集团公司主张某实业公司使用“大悦城”或“恒利·大悦城”作为楼盘名称，并在售楼处悬挂“恒利·大悦城”“大悦城售楼部”标识，在楼盘广告、施工围挡、销售员名片以及微信公众号等多处使用“大悦城”“恒利·大悦城”“宜春大悦城”“恒利大悦城”标识，侵犯其“大悦城”商标专用权。某科技公司在搜房网发布某实业公司“大悦城”楼盘购房团购、楼盘户型图、宣传资料等信息构成帮助侵权。某集团公司请求法院判令停止侵权、消除侵权影响，并连带赔偿80万元。

某实业公司认为“大悦城”商标系服务商标，保护的范围仅是提供相关服务，不包括楼盘商品、房地产名称和房地产本身，某实业公司使用“恒利·大悦城”楼盘名称并非用于房产销售服务，消费者不可能误认其购买的某实业公司开发的房产系某集团公司所建。“大悦城”商标仅在一定地域内有知名度，在江西省不具有较高知名度。商品房的高价值性决定实际发生混淆的可能性很小。某实业公司已经向有关行政部门申请楼盘名称备案，不构成商标侵权。某科技公司主张搜房网系不动产信息平台，涉案楼盘信息系从宜春房地产网等网站上采集得来，不具有共同侵权故意，且已删除相关信息，不构成帮助侵权。

【案件焦点】

1. 某实业公司使用“大悦城”“恒利·大悦城”“宜春大悦城”标识是否侵犯某集团公司“大悦城”商标专用权；2. 若某实业公司侵害某集团公司“大悦城”商标专用权，应当承担何种民事责任。

【法院裁判要旨】

北京市朝阳区人民法院经审理认为：某实业公司将“大悦城”作为楼盘项目名称的主要部分，并在广告宣传单、施工现场围挡、销售人员名片、企业微信公众号等相关宣传中使用包含“大悦城”字样的表述，意图在于体现该楼盘与其他楼盘的区别性，在事实上起到了楼盘的识别作用，实质上属于一种商业标识，上述使用方式起到标识商品来源的作用，属于商标性使用。

某实业公司使用“恒利·大悦城”及相关标识是用于其商品房销售的过程中，某实业公司使用上述标识提供的服务与某集团公司第63450××号“***大悦城***”商标核定的商品房销售服务项目相同，属于在相同服务上使用与近似商标的行为，侵犯某集团公司第63450×

×号“大悦城”注册商标的专用权。但是，第57969××号“大悦城”商标核定服务类别不包含商品房销售，仅包含不动产管理，某实业公司的经营范围以及实际经营行为均为商品房开发与销售，与第57969××号“大悦城”商标核定使用的不动产管理服务不属于相同或类似服务，不侵犯第57969××号“大悦城”商标专用权。

综上所述，一审法院依照《中华人民共和国侵权责任法》第十五条，《中华人民共和国商标法》第五十七条第二项、第六十三条之规定，判决如下：

一、某实业公司立即停止将“大悦城”字样用于商品房销售和宣传推广的商标侵权行为，包括停止在楼盘、广告招牌、宣传资料、网络及微信平台上使用“大悦城”及类似字样的行为；

二、某实业公司于本判决生效之日起七日内赔偿原告某集团公司有限公司经济损失400000元；

三、某实业公司于本判决生效之日起七日内赔偿原告某集团公司有限公司合理支出25630元；

四、驳回某集团公司有限公司其他诉讼请求。

某集团公司与某实业公司均不服一审判决，提起上诉。

北京知识产权法院经审理认为：对于一审法院关于某实业公司侵犯第63450××号“大悦城”商标专用权的裁判意见予以支持，但是二审法院认为不动产管理服务与某实业公司的涉案商品房开发销售服务在服务对象、内容、方式等方面联系非常密切，某实业公司的涉案使用行为容易使相关公众将其商品房项目误认为某集团公司的项目，或者误认为与某集团公司存在特定联系，引起市场混淆，应当认定为构成类似服务。此外，某实业公司的经营范围为商品房开发与销售以及其所实际从事的商品房开发销售经营行为均不是排除不动产管理服务与商品房开发销售构成类似服务的当然依据，最终认定某实业公司使用“大悦城”“恒利·大悦城”“宜春大悦城”等标识的涉案行为亦侵犯第57969××号“大悦城”商标专用权。

二审法院在综合考虑涉案商标知名度、不动产服务商标对于不动产识别、价值认定等方面的较高影响力以及商品房的市场价值、侵权恶意等因素基础上，作出如下判决：

一、撤销一审判决中关于400000元赔偿数额的判项。

二、支持一审判决中某实业公司赔偿某集团公司合理支出25630元判项及停止侵权、消除影响的判项。

三、于判决生效之日起十日内，某实业公司赔偿某集团公司经济损失774370元。

【法官后语】

本案某实业公司将“大悦城”作为楼盘项目名称的主要部分，并在相关宣传中使用包含“大悦城”标识，事实上已起到了服务来源的识别作用，属于商标性使用。

基于尼斯分类的《类似商品和服务区分表》是商标主管部门为了商标检索、审查、管理工作需要，总结实践工作经验的产物，其仅是判断、处理商标案件的参考，而非判断依据。认定商品或者服务类似，应当以相关公众对商品或者服务的一般认识综合判断，不应拘泥于《类似商品和服务区分表》的相关记载。

本案中，北京知识产权法院在认定楼盘名称具有区分商品来源作用、构成商标性使用的基础上，不局限于涉案“大悦城”商标核定使用服务项目的表面含义，而是根据不动产的特殊属性以及相关公众的认知习惯，充分考虑涉案“大悦城”商标核定使用的不动产管理服务，与某实业公司在楼盘名称上使用“大悦城”标识、在商品房销售宣传过程中使用相关标识的行为，二者在服务的目的、内容、方式、对象等方面具有一定的共同性，如果使用近似标识，就容易使得相关公众认定服务提供者为同一主体或者服务提供者之间存在特定联系，很容易引起相关公众对服务来源的混淆误认。因此，二审法院结合服务类别的特点，根据相关公众的认知习惯对服务类别进行综合判断，认定不动产管理服务与商品房销售构成类似服务，更加符合市场实际状况，有利于维护商标权人的合法权益。

加大知识产权司法保护已成为落实“创新驱动发展”战略的重要举措。本案在综合考量房地产行业特性，即公众经常会以楼盘名称作为初步认知与判断标准、商品房价格较高、涉案商标具有较高知名度、被控侵权行为获利空间较大以及主观攀附恶意等因素的基础上，全额支持某集团公司的索赔额，真正做到了根据案件事实依法加大侵权赔偿力度，切实保护商标权利人的合法利益，较好地体现了加大知识产权司法保护的理念，取得了较好的社会效果。

编写人：北京知识产权法院　刘晓慧

091 商业标识的在先使用与他人注册商标权冲突的认定

——盾牌公司诉行家商贸等三公司商标权权属、侵权案

【案件基本信息】

1. 裁判书字号

福建省福州市中级人民法院（2017）闽01民终7007号民事判

决书

2. 案由：商标权权属、侵权纠纷

3. 当事人

原告（被上诉人）：盾牌公司

被告（上诉人）：行家商贸等三公司

【基本案情】

2012 年 11 月 15 日，某戈公司申请在第 18 类商品上注册“ WENGER”商标，国家工商行政管理总局商标局于 2016 年 12 月 12 日作出不予注册的决定。2016 年 1 月 6 日，某戈公司将作品 3D“ ”申请著作权登记，国家版权局予以登记。2013—2014 年某戈公司授权行家商贸等三公司使用“WENGER® ”及“某戈十字设计”。2017 年 6 月 8 日，某戈公司授权行家商贸等三公司使用含涉案 3D“ WENGER”徽标在内的 8 项商标和标志，授权有效期限为 2007 年至 2017 年。

2014 年 7 月 2 日，某工具公司申请在第 18 类商品上注册第 150176××号“ ”商标，国家工商行政管理总局予以注册，注册公告期为 2017 年 1 月 14 日。2016 年 8 月 15 日，某工具公司授权盾牌公司使用该注册商标以及对有关商标的侵权行为以盾牌公司自己名义提起诉讼等权利。盾牌公司认为行家商贸等三公司销售带有“ ”标志的箱包，侵犯了其“ ”商标专用权并构成不正当竞争，故诉至福建省福州市鼓楼区人民法院，要求行家商贸等三公司立即停止侵权并赔偿损失。

行家商贸等三公司辩称：其使用的“ ”标志为某戈公司享有

著作权的美术作品及申请的商标“WENGER”的图形部分。某工具公司总经理李某坚控制的包括盾牌公司在内的多个关联公司曾经是 WENGER 品牌箱包在中国的代工厂，其明知某戈公司和行家商贸等三公司对“”标志及“WENGER”商标享有合法在先权利，仍注册“”商标，具有明显恶意。

【案件焦点】

在先使用未能注册的商标能否受商标法保护。

【法院裁判要旨】

福建省福州市鼓楼区人民法院经审理认为：（1）行家商贸等三公司使用的“”标志与盾牌公司的注册商标“”近似。（2）行家商贸等三公司对“某戈十字设计”享有装潢标识的使用在先权利。某戈公司注册商标申请时间早于某工具公司，并在某工具公司申请注册商标日 2014 年 7 月 2 日之前，某戈公司的“WENGER®”及“某戈十字设计”已被广泛地使用在行李箱、旅行包、旅行配件以及小件皮具上，并长期在杂志上对相关产品进行宣传，在市场上，“WENGER®”及“某戈十字设计”有一定辨别度和受众群体。在遵循诚实信用原则和尊重消费者认知并不损害他人合法权益的前提下，其在先使用权应予以保护，某戈公司可在原使用范围内继续将“”作为商品装潢使用，但应与“WENGER®”同时使用，以区分于注册商标“”。（3）盾牌公司无实际经济损失。盾牌公司未向法院提交证据证明其商标注册公告之日起至起诉之日此段较短期间存在实际损失，故盾牌公司提出赔偿损失的诉请，法院不予支持。

福建省福州市鼓楼区人民法院判决如下：

行家商贸等三公司可以在原使用范围继续将“某戈十字设计”作为商品装潢使用，但除当在某一产品的大小和款式使“某戈十字设计”无法与特定字词同时使用外，均应与“WENGER® ”同时使用。

行家商贸等三公司不服，提起上诉，认为某戈公司为“某戈十字标识”的著作权人，上诉人在中国销售的 WENGER 品牌箱包所使用的“某戈十字标识”享有在先著作权，依法应予保护。

福建省福州市中级人民法院以该诉请不在本案二审审理范围之内为由，判决如下：

驳回上诉，维持原判。

【法官后语】

本案主要争议焦点是被列为禁用商标的“某戈十字设计”标识，是否能因为其长期广泛使用，拥有一定市场辨别度和一定市场认知群体，而享有如在先装潢使用权等权利。本案中，行家商贸等三公司使用的“某戈十字设计”标示未被商标局核准商标注册，但“某戈十字设计”符合在先使用权的其他各项条件，并在市场上具备了一定的影响，为消费者所认知。法院遵循了诚实信用原则，消费者的认知不受影响，且未损害他人合法权益的前提下，肯定了行家商贸等三公司的在先使用权。同时，为了更好地解决利益冲突，并未机械地驳回注册商标一方的诉请，而是依据法院规定及当事人之间的约定，明确了行家商贸等三公司在先标识的具体使用方式。本案判决立足诚信原则，妥善解决了因特殊历史原因产生的商标权纠纷，既适度保护了原有市场秩序，也合理回应了注册商标权利人的诉求，对同类案件的裁判具有较好的借鉴意义。

编写人：福建省福州市中级人民法院　刘启鸣

092 商标侵权行为认定的混淆标准

——某商业公司诉某制衣公司侵害商标权案

【案件基本信息】

1. 裁判书字号

广东省高级人民法院（2017）粤民终 588 号民事判决书

2. 案由：侵害商标权纠纷

3. 当事人

原告（上诉人）：某商业公司

被告（被上诉人）：某制衣公司

【基本案情】

某商业公司是注册号为 20237××“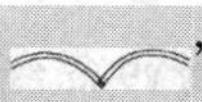”商标的商标权人，该商标被核准在第 25 类服装、牛仔裤、衬衫等商品上使用，注册有效期为 2005 年 5 月 14 日至 2025 年 5 月 13 日。某商业公司将该商标主要用于“LEVI'S”品牌牛仔裤的后裤袋上。某制衣公司于 1991 年 9 月成立，经营范围包括男女时装裤、恤衣等的制造及销售，某制衣公司分别注册了注册号为 20126××的“Wenshite/×时特”商标、注册号为 78473××的“WENSHITE”商标、注册号为 169774××的“W/×时特”商标、注册号为 78473××的“W/ Wenshite/×时特”商标以及注册号为 78473××的“W/×时特/ WENSHITE”商标。2015 年 1 月 13 日，某商业公司的代理人在×时特的网店购买了由×时特生产并销售的型号为 W4310108、W4310101、W01005 三条涉案牛仔裤，并经某公证处进行公证。2016 年 1 月 27 日，某商业公司代理人发现×时特的网店上仍在销售涉案牛仔裤，某商业公司认为×时特生产并销售的涉案牛仔裤的裤袋上所使用设计、标识与某商业公司的双弧线商标非常类似，该行为侵犯了某商业公司对涉案商标享有的注册商标专用权，要求某制衣公司停止生产和销售涉案侵权产品。某制衣公司抗辩称被诉的侵权标识与某商业公司的注册商标并不构成近似，且某制衣公司在涉案产品上还显著使用了自有商标“WENSHITE”，后裤袋上的双弧线标识只起到装饰作用不会引起混淆。经比对，某商业公司的注册商标“”，其采用两条平行弧线闭合交叉的形式，在交叉点的菱形框中还添加了一条横向的分割线，特点是平行双弧线；被诉侵权标识一“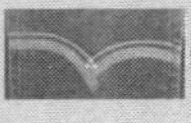”（产品型号为 W4310108），其采用两条粗弧线闭合交叉的形式，开口均向上，上面的粗弧线交叉处形成三角形，下面的粗弧线由四条线条组成，交叉处左边弧线略长于右边弧线，且上面交叉形成的三角形与下面交叉处相重叠；被诉侵权标识二“”（产品型号为 W4310101），其采用三条线条加英文的形式，其中一条直角线开口向上，一条弧线开口向上，与直角线保持平行，另一条弧线开口向下，与另两条线双交叉，三条弧线交叉处不闭合，英文配字在三条线条的上方；被诉侵权标识三“”（产品型号为 W01005），其采用两条粗弧线立体绣的形式，上面粗弧线由两条线条组成，下面粗弧线由四条线条组成，开口均向下，两条弧线不交叉。

【案件焦点】

某制衣公司对被诉侵权标识的使用是否构成商标侵权。

【法院裁判要旨】

广东省汕尾市中级人民法院经审理认为：某商业公司的注册商标与被诉侵权标识虽然均由弧线组成，但两者在整体图案及弧线交叉部分均存在不同，被诉侵权标识能够明显区别于某商业公司较简单的由两条平行弧线组成的双弧线商标。原、被告的组合要素、构图、组合后的整体结构均存在不同，两者不构成近似。再者，某商业公司产品上除双弧线商标外还有双马图形商标、“LEVI'S”、尖角裤袋商标、501 商标，其中，双马图形商标及“LEVI'S”商标为驰名商标，一般消费者在购买某商业公司产品时对其“LEVI'S”标志更为熟知，且消费者通常不会以牛仔裤后裤袋上的图案来判断商品的来源。而某制衣公司在其牛仔裤上明显使用了自有商标，后裤袋上的双弧线标识是其注册商标“WENSHITE”中图案 W 的使用及演绎使用，被诉侵权标识不会造成消费者对商品来源的误认。综上，被告不构成侵犯原告注册商标专用权。

广东省汕尾市中级人民法院依照《中华人民共和国商标法》第三条第一款、第五十六条、第五十九条第一款的规定，判决如下：

驳回某商业公司的诉讼请求。

某商业公司持原审起诉意见提起上诉。广东省高级人民法院经审理认为：以相关公众的一般注意力为标准，三被诉侵权标识与某商业公司的商标尚不足以构成相近似。且某制衣公司在三被诉侵权产品的腰部显著位置及产品的吊牌上多处使用其自有商标、明确表明产品生产商及生产地址等信息，这些亦可起到使相关公众区分二者的作用，三被诉侵权标识并不容易导致相关公众的混淆。因此，某制衣公司的行为不构成对某商业公司注册商标专用权的侵犯。

广东省高级人民法院依照《中华人民共和国民事诉讼法》第一

百七十条第一款第一项规定，判决如下：

驳回上诉，维持原判。

【法官后语】

商标是用来区别商品来源的标识，防止混淆是商标保护的基本出发点。在商标法理论中，商标侵权行为的认定标准是混淆（或者称为“混淆性近似”）。只有行为人使用商标的行为造成消费者对商标来源的混淆，才能认定其构成商标侵权。商标标识的相同或近似是认定混淆的重要因素，但并不必然造成混淆，也并不必然是商标侵权行为。《中华人民共和国商标法》第五十七条第二项规定：“未经商标注册人的许可，在同一种商品上使用与其注册商标近似的商标，或者在类似商品上使用与其注册商标相同或者近似的商标，容易导致混淆的”属于侵犯注册商标专用权的行为。根据该规定，可以将商标侵权行为的认定过程分为两个层面：一是标识本身是否近似或相同；二是该行为是否容易导致相关公众混淆，从而构成混淆性近似。本案一审、二审法院在判定某制衣公司的被诉侵权标识是否构成对某商业公司双弧线注册商标的侵犯时，首先立足于被诉侵权标识与注册商标是否构成近似，即从组合要素、构图、组合后的整体结构上作外观判断。在作出是否构成近似的判断后，再进一步对是否容易造成混淆作出认定。

商标混淆性近似的判定存在三项原则：(1) 以相关公众的一般注意力为标准；(2) 既要对商标作整体比对，又要对商标主要部分作比对，且应当在隔离状态下分别进行；(3) 结合注册商标的显著性和知名度。本案涉案商标使用商品为牛仔裤，从商品的比对上看，一审、二审法院从涉案产品整体构图上着眼，对线条的粗细、走向以及设计理念均作出了差异性分析，确定了注册商标与被诉侵权标识不构成近似；从注册商标的显著性和知名度来看，“双弧线”注册商标并不具有非常高的知名度，不足以引起相关公众的注意；从相关公众的一般注意力看，会对牛仔裤上的显著商标留下深刻印象。例如，“双马图”和“LEVI'S”，相关公众对某商业公司产品的一般认知应主要通过其具有知名度的驰名商标获得。某制衣公司的牛仔裤上除涉案装饰外还在显著位置上印有自有商标“WENSHITE”以及产品吊牌，这些标识在整体上使被告的产品与原告的产品能够形成明显的区分，不会造成消费者的混淆和误认。据此，一审、二审法院均认定某制衣公司的行为不构成对某商业公司注册商标专用权的侵犯。

编写人：广东省汕尾市中级人民法院　陈朝敏

093 第三方交易平台的信息披露义务及采取必要技术措施的条件

——某商贸公司诉某购物平台公司侵害商标专用权案

【案件基本信息】

1. 裁判书字号

山东省济南市中级人民法院（2017）鲁01民终3439号民事判决书

2. 案由：侵害商标专用权纠纷

3. 当事人

原告（被上诉人）：某商贸公司

被告（上诉人）：某购物平台公司

【基本案情】

某商贸公司是“×康”商标的注册人。2015 年 7 月至 2016 年 4 月，某商贸公司共 9 次向某购物平台公司的某网站知识产权投诉平台进行投诉并发送律师函，要求清理并删除“某网站”上所有销售“×康”系列产品的商家链接及相关网页，屏蔽相关网站链接，不再允许其他企业或个人在“某网站”上销售“×康”品牌系列产品，并提供相关侵权网络店铺经营者的真实身份信息，其投诉的理由是某网站上销售的佐康系列产品均为跨渠道销售，未经过其授权。2016 年 4 月 28 日，某购物平台公司对投诉进行回函，认为根据某商贸公司的投诉无法判断侵权成立，某商贸公司应更进一步提供委托方身份证明、权利证明、委托关系证明、判断侵权成立的证明资料或者足以判断侵权成立的理由，然后重新发起投诉。为此某商贸公司起诉要求某购物平台公司删除相关商家链接并披露其真实身份信息，承担其为本案支出的合理费用。案件在二审过程中某商贸公司对某网站上的两家店铺销售×康产品的行为进行了公证保全取证。

【案件焦点】

1. 某商贸公司向某购物平台公司发出的通知是否有效；2. 某商贸公司要求某购物平台公司披露商家真实身份信息和断开链接的要求是否合理。

【法院裁判要旨】

山东省济南市历下区人民法院经审理认为：在某商贸公司已提供相关证据并多次向某购物平台公司投诉的情况下，某购物平台公司未及时删除相关侵权店铺的链接，主观上为其他店铺的侵权行为提供了便利。某商贸公司要求某购物平台公司披露清理并删除“某网站”上销售“×康”系列产品的商家链接、相关网页、被诉商品信息，屏蔽相关网站链接，不再允许其他企业或个人在“某网站”上销售“×康”品牌系列产品，理由正当，法院予以支持。

山东省济南市历下区人民法院依照《中华人民共和国商标法》第四十二条、第五十七条，《最高人民法院关于审理商标民事纠纷案件适用法律若干问题的解释》第十七条规定，判决如下：

一、某购物平台公司清理并删除“某网站”上销售“×康”系列产品的商家链接、相关网页、被诉商品信息，屏蔽相关网站链接，不再允许其他企业或个人在“某网站”上销售“×康”品牌系列产品；

二、某购物平台公司向某商贸公司提供卖家为“×嘴 monkey”和“×生活爱 456”网络商店的真实身份信息；

三、某购物平台公司支付某商贸公司公证费 3000 元。

某购物平台公司不服，提出上诉。山东省济南市中级人民法院经审理认为：（1）权利人发出的有效通知应当包括被侵权人身份情况、权属凭证、侵权人网络地址、侵权事实初步证据等内容。某商贸公司向某购物平台公司发送的投诉材料及律师函欠缺初步的侵权证据支持，不属于有效通知。二审过程中某商贸公司提供了向相关网络店铺购买商品的公证书及封存实物等新证据，可以作为侵权事实的初步证据使用。对某商贸公司要求某购物平台公司提供有关网络商品经营者的身份信息的主张，鉴于二审过程中其提供了初步证据，某购物平台公司应予配合。（2）关于某商贸公司要求某购物平台公司披露商家真实身份信息和断开链接的要求，采取必要技术措施应遵循审慎、合理的原则，根据所侵害权利的性质、侵权的具体情形和技术条件等综合确定。某商贸公司向某购物平台公司发送通知时未提供侵权的初步证据，即便二审过程中提供了相关证据，在商标侵权行为尚未进行最终认定的情况下，应当由某购物平台公司在调查核实后根据情况决定是否采取相应的技术措施。

山东省济南市中级人民法院依照《中华人民共和国民事诉讼法》第一百七十条第一款第二项规定，判决如下：

一、维持山东省济南市历下区人民法院（2016）鲁 0102 民初 4235 号民事判决第二项；

二、撤销山东省济南市历下区人民法院（2016）鲁 0102 民初 4235 号民事判决第一项、第三项。

【法官后语】

在第三方交易平台进行的网络商品交易中的商标侵权问题，适用《中华人民共和国民法典》关于网络用户利用网络服务实施侵权行为的规定。但是该规定没有明确权利人发送的有效通知应当包含的内容，以及第三方交易平台采取的必要技术措施和披露商家身份信息的条件等问题，需要结合相关司法解释以及指导案例确定的原则进行处理。

第一，第三方交易平台的信息披露义务及有效通知的要件。根据国家工商行政管理总局《网络交易监督管理办法》的相关规定，第三方交易平台应当对申请进入平台销售商品或者提供服务的法人、其他经济组织或者个体工商户的经营主体身份进行审查和登记，建立登记档案并定期核实更新，在其从事经营活动的主页面醒目位置公开营业执照登载的信息或者其营业执照的电子链接标识。但是对不具备工商登记注册条件的自然人，第三方交易平台只能对其身份信息进行审查和登记，并且负有保密义务。如果被投诉店铺是由自然人经营的，权利人由于无法确定侵权主体而难以诉诸法律手段。商标权人会向第三方交易平台发出投诉通知以要求披露侵权被投诉人身份信息。根据最高人民法院发布的83号指导案例“某家电公司诉某工贸公司、某网络公司侵害发明专利权纠纷案”[①] 的裁判要点，网络用户利用网络服务实施侵权行为，被侵权人依据《中华人民共和国民法典》向网络服务提供者所发出的要求其采取必要措施的通知，包括被侵权人身份情况、权属凭证、侵权人网络地址、侵权事实初步证据等内容的，即属有效通知。向权利人披露被投诉人身份信息，不会像采取技术措施一样对被投诉人正常经营产生严重影响，在权利人提供包括上述内容的有效通知后，第三方交易平台就应当向权利人披露被投诉人的身份信息。

第二，采取必要的技术措施应遵循审慎、合理且有效的原则。第三方交易平台采取的技术措施轻则删除相关商品链接，重则查封账号，消费者无法再搜索到相关产品的链接，正在进行的交易就会中断，会对网络经营者的正常经营和信用产生影响，可能给第三方交易平台带来法律风险。因此，“必要措施”应遵循审慎、合理的原则，根据所侵害权利的性质、侵权的具体情形和技术条件等来加以综合确定。首先，为了避免法律风险，第三方交易平台有权利亦有义务在被要求采取技术措施时，要求权利人提供侵权成立的相关证据，以协助审查判断是否构成侵权。在第三方交易平台认为有必要时，还可以通知被投诉人，给予其申诉的机会。只有在有充分理由

① 《指导案例83号：某家电公司诉某工贸公司、某网络公司侵害发明专利权纠纷案》，载最高人民法院网站，https://www.court.gov.cn/fabu-xiangqing-37662.html，2022年12月29日访问。

确信被投诉人侵权，且不采取技术措施不足以制止侵权行为时，才能够考虑采取必要的技术措施。其次，所采取的技术措施应当合理且有效。第三方交易平台应当根据商标或作品的知名度、被投诉人侵权的具体方式、商标权被侵害的紧迫程度等，综合考量采取一种或综合采用多种技术措施。除删除或屏蔽链接之外，第三方交易平台还可以对被投诉人进行信用扣分、限制账号权限、降低信用评级、查封账号等。采取的技术措施是否适当，还要结合技术措施制止侵权、防止损失扩大的效果来判断，不仅要在时及时制止了侵权行为，还要避免未来相同或者类似的侵权行为。

《中华人民共和国民法典》第一千一百九十四条至第一千一百九十七条对网络用户和网络服务提供者的侵权行为进行了进一步的规定，在原《中华人民共和国侵权责任法》第三十六条的基础上明确了权利人通知所包含的必要信息、网络服务提供者接到通知后的及时转送义务、权利人错误通知的侵权责任等内容，后续此类案件的审理有了明确的法律依据。

编写人：山东省济南市中级人民法院　于密

094 商标标识的具体使用方式存在混淆可能性

——某网络信息公司诉某技术公司侵害商标权、不正当竞争案

【案件基本信息】

1. 裁判书字号

福建省高级人民法院（2018）闽民终 371 号民事判决书

2. 案由：侵害商标权、不正当竞争纠纷

3. 当事人：

原告（上诉人）：某网络信息公司

被告（上诉人）：某技术公司

【基本案情】

某网络信息公司系第42808××号、第147541××号、第179124××号“某域”文字商标的商标注册人，其注册商标专用权处于有效期间内。某网络信息公司长期、持续地在其开发运营的网络游戏“某域”上使用上述注册商标的核心标识“某域”文字，或者包含“某域”文字的艺术字体图案。至提起本案诉讼之日止，某网络信息公司提交的相关证据材料表明，“某域”网络游戏营收高达十几亿元，相关宣传报道表明，“某域”网络游戏具有很高的市场知名度和美誉度。某网络信息公司针对某技术公司开发运营的“决战某域”在线网游的运行情况做了公证证据保全，公证保全的证据显示：某技术公司在其公司网站上将“决战某域”（艺术字体）作为游戏名称使用，在诸多内容分发平台上均提供了该款游戏的在线运行、下载服务。“决战某域”游戏与某网络信息公司开发运营的游戏在内容、人物设定、场景设置、情节演化、操作方式上均存在较大差异。

【案件焦点】

关于商标侵权案件中，被诉侵权标识的使用方式是否存在混淆可能性的判定。

【法院裁判要旨】

福建省福州市中级人民法院经审理认为：商标法意义上的混淆，

是指相关消费者对服务的来源产生误认，或者对服务提供者的关系产生误解，而不是指相关消费者认为两种服务的内容是相同的。如果消费者混同了两种服务，则证明消费者有很大可能会对服务的来源产生误认，但对此进行反向解释不符合《中华人民共和国商标法》的相关规定。另外，商标通过标识的指示来源功能以及沉积在商标中的商誉产生的品质保障功能，能够影响相关消费者的交易决定，故商标法上的混淆误认指的是导致消费者作出交易决定的混淆误认。即便是相关消费者在作出交易决定后发现商品、服务的不同，甚至发现商品、服务的来源不同，也不影响消费者已经产生混淆误认，并对注册商标专用权人造成损害的事实。就本案而言，由于某技术公司将其游戏名称命名为“决战某域”，并在游戏的初始页面上予以显著标识，在进入游戏之前，基于“某域”商标的知名度，足以导致相关网络用户认为两款游戏的提供者之间存在关联，进而影响网络用户是否继续进入游戏的决定。一旦网络用户基于错误认识决定进入“决战某域”游戏，无论在具体的游戏操作过程中是否能够认识到两款游戏是由不同且无关联的主体提供的，某技术公司都已经获取了网络流量利益，相应地也就造成对某网络信息公司的损害。

福建省福州市中级人民法院判令某技术公司承担停止侵权、赔偿经济损失 50 万元的侵权责任。

某网络信息公司、某技术公司不服一审判决，遂提出上诉。

福建省高级人民法院经审理认为：注册商标专用权作为一种标识类权利，发挥的作用主要体现在区分商品或服务的来源。一般来说，注册商标的知名度越高或者显著性越强，其识别功能就越强。本案中，某网络信息公司的“某域”系列商标，经过近十年坚持不懈地在游戏软件中使用，已经具有较强的识别功能，与某网络信息公司已经建立起较为稳定的对应关系，相关公众接触到“某域”或者含有“某域”字样的网络游戏时，通常会认为系某网络信息公司提供或者与某网络信息公司具有关联关系。某技术公司在与某网络信息公司提供的相同网络服务游戏上，使用包含“某域”字样的“决战某域”，由于“某域”并非汉语中的普通词汇，在网络游戏中，“某域”标识已经与某网络信息公司形成对应关系的情况下，相关消费者对“决战某域”中“某域”二字的认知，更多的应是其标识性作用，而非某技术公司上诉所称的作为“某域大陆”的描述性使用，这种使用行为容易让相关公众误认为其与某网络信息公司具有关联关系，从而导致混淆误认。

福建省高级人民法院判决如下：

驳回上诉，维持原判。

【法官后语】

本案争议的行为是在相同的服务上，将与他人注册商标近似的标识作为服务名称使用，此时对于该使用行为是否可能导致相关消费者产生混淆、误认，还需要进行分析、研判。本案被告坚持的观点之一是：由于原、被告所提供的游戏在内容、人物、场景、情节以及操作方式上均存在较大不同，游戏用户很容易分辨出两款游戏的不同，在此基础上，游戏用户也不会混淆两款游戏的提供者，或者认为二者存在某种关联关系。但是一审、二审法院均未支持被告的观点。主要理由是，判断普通消费者是否可能混淆的时机应当是消费者购买商品或服务时，而非购买完成之后。

通常来说，具有一般分辨能力的消费者在购买完成之后，在使用过程中完全有可能发现所购得的商品并非其所欲购买的商品，但这并不影响混淆、误认已经发生的事实。申言之，商标法制止的是侵权行为人利用普通消费者其认知心理中的模糊地带，攀附他人的商业信誉，不正当地为自己制造商业机会。从广义上来说，商标侵权行为也可以被视为一种欺诈行为，当欺诈的结果形成之后，无论消费者是否能够意识到被欺诈了，侵权行为人都已经从中获利，商标权人也就因商业机会的丧失蒙受了损失，而这正是商标法所要制止的情形。因此，某技术公司的抗辩理由以及列举的证据都不能否定其对“决战某域”标识的使用行为存在混淆可能性的事实。

编写人：福建省福州市中级人民法院　潘筝

095　单纯的售前混淆仅构成不正当竞争

——某男装公司诉某商贸公司侵害商标权案

【案件基本信息】

1. 裁判书字号

北京知识产权法院（2017）京73民终1805号民事判决书

2. 案由：侵害商标权纠纷

3. 当事人

原告（上诉人）：某男装公司

被告（被上诉人）：某商贸公司

【基本案情】

第15652××号“×霸 K-BOXING 及图”商标、第33825××号“×霸”商标核定使用在第25类服装等商品上；第15997××号“×霸 K-BOXING 及图”、第112289××号“×霸 K-BOXING 及图”

商标、第190069××号“×霸创富汇”商标核定使用在第35类替他人推销等服务上。上述商标的权利人现均为某男装公司。

2016年11月1日，某男装公司委托代理人会同北京市国立公证处公证员及工作人员，来到某商贸公司的住所地即某商铺，由公证人员对该商铺及周边现场状况进行了拍照。照片显示商铺外墙上以较大字体标有“×霸”字样，店铺入口处的模特所穿外套在左胸前的价签处标有“×霸198元”字样，但该店铺所销售的服装品牌并非×霸品牌。

某男装公司认为某商贸公司上述行为侵害其第15652××号、第33825××号、第15997××号、第112289××号、第190069××号商标的注册商标专用权，违反了《中华人民共和国商标法》第五十七条第二项的规定，故起诉至法院，请求法院判令某商贸公司立即停止侵害注册商标专用权，赔偿经济损失24000元及律师费5000元、公证费1000元。

【案件焦点】

单纯的售前混淆是否构成侵害商标权。

【法院裁判要旨】

北京市东城区人民法院经审理认为：某商贸公司以较为醒目的方式在其经营的店铺外墙及衣服价签上使用“×霸”标识，上述行为显然具有标示商品来源以达到使相关公众区分不同商品提供者的目的，构成商标法意义上的使用。

关于某男装公司主张某商贸公司侵犯其第15652××号、第33825××号商标的注册商标专用权。上述商标为商品商标，不能脱离商品而独立存在。在某男装公司未举证证明涉案店铺销售的是未经授权假冒其注册商标的商品的情况下，不能认定某商贸公司使用“×霸”标识的行为侵犯了上述注册商标专用权。

关于某男装公司主张某商贸公司侵犯其第15997××号、第112289××号、第190069××号商标的注册商标专用权。上述商标为服务商标，核定使用在第35类“广告、替他人推销”服务上。被诉侵权行为系某商贸公司对其销售商品的一种标示，而不属于通过一定媒介和形式，向公众介绍自己所推销的商品或者服务的广告行为或替他人推销行为，即不属于上述商标核定使用的相同或类似服务，故该行为不构成对涉案商标权的侵害。

北京市东城区人民法院依照《中华人民共和国商标法》第四十八条，第五十七条第一项、第二项、第三项之规定，作出如下判决：

驳回某男装公司的全部诉讼请求。

某男装公司不服一审判决，提出上诉。

北京知识产权法院经审理认为：本案的争议焦点在于某商贸公司在店铺招牌和模特价签上使用“×霸”二字的行为，是否侵犯了某男装公司的商标专用权。

关于涉案侵权行为是否侵犯了某男装公司在第25类商品上的商标专用权。首先，涉案标签系临时张贴在店铺模特胸口的矩形价格牌，与通常固定在服装上的标签有显著差异，消费者一般不会仅凭此确定服装品牌，且某男装公司认可涉案店铺所销售的服装均标有其他服装品牌的标识，故不能得出侵犯商标权的结论。其次，某男装公司称某商贸公司的上述行为会影响消费者的选择、增加交易机会，但某男装公司明确本案的法律适用依据均在商标法领域，且本案案由亦为侵犯商标权纠纷，即使本案中存在搭便车等不当行为，也不属于商标法调整的范畴。涉案行为不符合侵犯商标权的构成要件，故某男装公司的相关主张不成立。

关于涉案侵权行为是否侵犯了某男装公司在第 35 类服务上的商标专用权。“广告”“替他人推销”服务对象为经销商，盈利模式通常为收取广告或推广费用；而涉案店铺服务对象为消费者，盈利模式为出售商品赚取价差，存在显著差异，故某男装公司的相关主张亦不成立。

北京市知识产权法院依照《中华人民共和国民事诉讼法》第一百七十条第一款第一项之规定，判决如下：

驳回上诉，维持原判。

【法官后语】

“售前混淆”是指在交易的合意发生之前，交易主体对拟购买的商品或服务来源发生混淆的情形。“售中混淆”也称售时混淆，是指交易的合意形成之后，发生混淆的情形。司法实践中，对售前混淆属于商标侵权行为，还是不正当竞争行为，或是二者兼而有之，存在争议。本案支持第二种观点，理由如下：

第一，售前发生混淆但售中不混淆的，不符合《中华人民共和国商标法》第五十七条的构成要件。

《中华人民共和国商标法》第五十七条第一项、第二项规定商标侵权的构成包含两个基本条件：一是在同一种或类似商品上；二是容易发生混淆。这里的混淆是指发生在所购商品上的混淆。商标的基本价值在于区分商品来源，便于相关公众认牌识货，促进交易完成，最终实现利润。在售前混淆而售中不混淆的情形中，购方知晓其购买的商品不是此品牌，而是其他品牌，故实际起到区分商品来源作用的是其他品牌的商标。由此可见，对售前发生混淆的商标，并未在后续的实际交易中发挥区分来源的作用，实际发挥区分作用的商标并没有被混淆。

本案中，某商贸公司虽然在店铺招牌等处使用“×霸”二字，但其销售的服装均标有其他品牌的标识，故一般消费者在实际选购时并不会误认为是“×霸”品牌的服装。诚然，某男装公司潜在的消费者在看到某商贸公司店铺招牌等处的“×霸”二字时，可能会进店选购从而增加店内商品的销售概率。但应当看到，《中华人民共和国商标法》第五十七条规定的商标侵权要件系在“同一种或类似商品”上使用相同或近似标识。本案中，涉案店铺在“在同一种商品上”使用的是其他商标，而非“×霸”商标，故某商贸公司的行为并不满足《中华人民共和国商标法》第五十七条的构成要件，不构成对“×霸”商标权的侵犯。

第二，侵权法体系的逻辑自洽。

从调整对象来讲，《中华人民共和国商标法》及《中华人民共和国反不正当竞争法》均是调整侵犯商誉类权益的法律。一般认为，《中华人民共和国商标法》调整的是侵犯商标权益的法律，《中华人民共和国反不正当竞争法》是调整侵犯商标权以外的其他商誉性权益的法律，即《中华人民共和国反不正当竞争法》承担着“兜底”角色。

本案中，“×霸”系某男装公司具有一定的知名度的字号，某商贸公司未经授权就在商业活动中使用了上述字号，使得消费者在进店选购之前，误以为其店内销售的商品为某男装公司的商品或者与某男装公司存在特定联系，属于假借他人知名度，增加自售商品的交易机会，并由此取得不正当竞争优势的行为，构成1993年《中华人民共和国反不正当竞争法》第五条第三项规定的不正当竞争。

实际上，新修订的《中华人民共和国反不正当竞争法》对此有了更为明确的规定，该法第六条第四项规定：经营者不得实施下列混淆行为，引人误认为是他人商品或者与他人存在特定联系：“（四）其他足以引人误认为是他人商品或者与他人存在特定联系的混淆行为。”上述规定用兜底条款确认了此类行为的性质，同时也申明了该法的保护范围。考虑到《中华人民共和国商标法》与《中华人民共和国反不正当竞争法》之间的关系，从保持侵权法体系逻辑自洽的角度出发，对同一个搭便车的行为，一般应在《中华人民共和国商标法》或《中华人民共和国反不正当竞争法》中择一予以规制，本案中的售前混淆行为即应当仅认定构成不正当竞争行为。

编写人：北京知识产权法院　张宁　李佳桐

096 驰名商标侵权认定之商标使用是对商标功能的利用

——某 1 食品公司诉某 2 食品公司、某超市公司侵害商标权案

【案件基本信息】

1. 裁判书字号

北京市高级人民法院（2017）京民终字第 28 号民事判决书

2. 案由：侵害商标权纠纷

3. 当事人

原告（被上诉人）：某 1 食品公司

被告（上诉人）：某 2 食品公司、某超市公司

【基本案情】

涉案商标为第2021191号“老××”商标，注册人为某1食品公司，该商标于2003年5月21日核准注册，核定使用商品为第30类：豆豉、辣椒酱（调味）、炸辣椒油等商品，经续展，涉案商标专用期限至2023年5月20日。

涉案第2021191号“老××”商标曾在2011年、2014年、2015年、2016年多次被国家工商行政管理总局商标局、国家工商行政管理总局某委员会和相关法院认定为驰名商标。

某2食品公司拥有第46862××号、第107816××号、第35507××号、第58539××号的“牛头牌及图”系列注册商标，核定使用商品为第29类牛肉食品。“牛头牌及图”商标曾在2010年被商标局认定为驰名商标。

根据（2015）某证字第27571号公证书记载，2015年9月14日，某1食品公司的委托代理人在公证员的陪同下，在某超市公司的某商铺处购买了三支牛肉棒（以下简称涉案商品），单支售价为24.8元，并当场取得购物小票以及发票一张，发票上加盖有被告某超市公司的印章。涉案商品包装的正面上部标有某2食品公司所拥有的“牛头牌及图”商标，中部印有“老××味”字样；包装背面标有涉案商品品名为“老××味牛肉棒”，注明配料有牛肉、豆豉、鱼露等，还写明了涉案商品的制造商是某2食品公司。

某2食品公司确认某超市公司销售的涉案商品系某2食品公司生产。某2食品公司自2014年开始购入某1食品公司生产的“老××”牌豆豉作为调料生产涉案商品，某2食品公司生产的牛肉棒除了涉案商品中标明的“老××味”，还有“原味”“麻辣”

"香辣""黑胡椒"等其他商品。2015 年某 2 食品公司生产的"老××味牛肉棒"销售收入总计 219485.7 元。某 1 食品公司还提交了其合理支出的相关票据。

【案件焦点】

被告某 2 食品公司在涉案商品上使用"老××味"字样是否属于商标使用以及是否属于商标的合理使用行为。

【法院裁判要旨】

北京知识产权法院经审理认为：涉案"老××"商标为驰名商标，可以享有跨类保护。传统混淆理论认为"商品来源存在混淆的可能"是商标保护的基础，而被告使用"老××味"字样并非用于识别来源，如何认定被告的使用行为是本案定案的关键。而对具备显著广告效应的驰名商标而言，无混淆，仍可能侵害权利人的利益。有必要从商标功能视角去解释"商标使用"，可以将其分为"识别性商标使用"和"广告性商标使用"。识别性商标使用行为目的是使消费者对来源产生混淆，属于混淆式侵权；而在广告性商标使用行为后果在于淡化驰名商标的显著性，属于淡化式侵权。被告某 2 食品公司将涉案驰名商标作为自己牛肉棒产品的系列名称，用涉案驰名商标来描述自己的产品，会使消费者误以为涉案产品与商标权人某 1 食品公司具有某种联系，被告某 2 食品公司将"老××味"作为一种口味，有可能会导致涉案驰名商标的显著性、识别性减弱，甚至会导致其名称通用化。被告某 2 食品公司侵犯了原告某 1 食品公司所拥有的涉案商标专用权。

北京知识产权法院依照《中华人民共和国商标法》第五十七条

及《最高人民法院关于审理涉及驰名商标保护的民事纠纷案件应用法律若干问题的解释》第九条第二款之规定，作出如下判决：

一、某2食品公司立即停止在其生产、销售的牛肉棒商品上使用“老××味”字样，某超市公司停止销售上述印有“老××味”字样的牛肉棒；

二、某2食品公司赔偿某1食品公司经济损失及合理支出共计426500元；

三、驳回某1食品公司的其他诉讼请求。

宣判后，某2食品公司提起上诉。北京市高级人民法院判决如下：

驳回上诉，维持原判。

【法官后语】

本案需要明确某2食品公司在涉案商品上使用“老××味”字样是否属于商标使用以及是否属于商标的合理使用行为。

首先，商标权人有专用权和禁用权，其所享有的专用权与禁用权均体现了对商标功能的维护与发挥，因此对商标权的侵害，实质在于对商标功能的损害。本案判决探索了从商标功能视角去解释“商标使用”，将其分为“识别性商标使用”和“广告性商标使用”。具体到本案，被告用涉案驰名商标来描述自己的产品，虽不属于识别性商标使用，但却属于广告性商标使用，仍然符合判定商标侵权的前提条件。

其次，商标法上的合理使用主要包括两种情形：描述性使用与指示性使用。涉案产品上虽然印有的是“老××味”字样易引起消费者将其与原告某1食品公司之间搭建不恰当的联系，将“老××”商标所享有的优良商誉投射到涉案产品之上，不属于合理使用的范畴。

最后，在识别性商标使用行为目的是使消费者对来源产生混淆，属于混淆式侵权；而在广告性商标使用行为后果在于淡化驰名商标的显著性，属于淡化式侵权。被告某2食品公司将涉案驰名商标作为自己牛肉棒产品的系列名称，用涉案驰名商标来描述自己的产品，会使消费者误以为涉案产品与商标权人某1食品公司具有某种联系，被告某2食品公司将“老××味”作为一种口味，有可能会导致涉案驰名商标的显著性、识别性减弱，甚至会导致其通用名称化。

编写人：北京知识产权法院　邓卓

097 互联网金融服务与第35类推销（替他人）服务是否构成类似

——某研究院诉某电子商务公司、某经贸公司等侵害商标权案

【案件基本信息】

1. 裁判书字号

北京知识产权法院（2016）京73民终394号民事判决书

2. 案由：侵害商标权纠纷

3. 当事人

原告（上诉人）：某研究院

被告（被上诉人）：某电子商务公司、某经贸公司

【基本案情】

2013年2月28日，某研究院经核准注册第97872××号“小金库 xiaojinku”汉字、拼音及图形组合商标，核定使用服务类别为第35类，包括数据通信网络上的在线广告、广告、替他人推销等项目。2014年12月7日，某研究院注册第123607××号“小金库”文字商标，核定使用服务类别为第35类，包括进出口代理、对购买订单进行行政处理等项目。2015年6月14日，某研究院注册了第120713××号“积金汇小金库”文字商标，核定使用服务类别为第36类，包括发行有价证券、共有基金、公积金服务等项目。某研究院对上述涉案商标仅在手机“亲信”APP中以“人民小金库”的方式使用，且仅有“人民小金库”的文字介绍，无法实际操作使用。

某商城网站系某电子商务公司运营的网站。该网站中设有“某金融-某小金库”频道，某会员登录后在该频道内可以看到“某小金库余额”、《小金库用户服务协议》等内容。该服务协议中对其“小金库”的解释是指“通过网银钱包系统与其合作金融机构的系统相连，通过金融机构系统在本公司的网上自助前台系统（网银钱包）进行相关理财产品交易资金的划转、支付及在线进行理财产品交易、信息查询等服务”。目前，与某电子商务公司在“某小金库”中合作的金融机构有嘉某基金和鹏某基金。2015年4月，某商城网站多处均设有“某小金库周年庆”的广告链接，该广告中包含“小金库尊享理财”“小金库周年成绩单”等多项内容。同时，某电子商务公司运营的手机“某金融”应用软件中，首页显示有“小金库”等栏目，首页下方亦有“某小金库周年庆”

的广告。另外，某贸易公司在新浪网注册了昵称为“某小金库”的微博，行业类别为“金融服务—金融/理财产品”，其发布的博文中包括“小金库每日收益播报”等内容。

某研究院认为，二被告的上述行为侵害了其对涉案商标享有的专用权。因此诉至法院请求判令某经贸公司与某电子商务公司停止上述侵权行为，共同承担某研究院的维权合理支出3万元等。

某电子商务公司与某经贸公司共同答辩称：首先，“小金库”是有固定含义的非臆造词，尤其是在金融领域显著性极低。而某电子商务公司使用的是“某小金库”商标，与原告涉案商标不构成近似，不会造成相关公众的混淆误认。其次，某电子商务公司提供的“某小金库”类似金融服务，与原告涉案商标的第35类服务类别不同。最后，某经贸公司并未提供“某小金库”服务，不是适格被告。请求驳回原告全部诉讼请求。

【案件焦点】

互联网金融服务与《商标注册用商品和服务国际分类》中第35类“推销（替他人）”服务是否构成类似服务。

【法院裁判要旨】

北京市朝阳区人民法院经审理认为：二被告使用的“某小金库”与原告涉案商标相比，在读音、字形、整体视觉效果上均存在明显差异；同时，“小金库”一词本身具有固定含义，尤其是在与资金、资产相关的服务中显著性较弱。二被告使用“某小金库”不构成与原告涉案商标的混淆。关于服务类别方面，“某小金库”是以自己的名义销售基金产品，其服务与第36类金融服务相类似。而原告主张的第35类“推销（替他人）”服务是为他人的销售提供辅助服务的行为，并非以自己名义销售。因此，“某小金库”服务与原告涉案商标的服务项目不构成相同或类似。另外，二被告在网站、微博中使用“小金库”一词系对“某小金库”的简称，没有攀附其他商标的故意；同时，由于原告自己使用涉案商标的范围极窄，不具有知名度；故二被告在前述范围内使用“小金库”一词不会造成相关公众对二者的混淆误认。二被告的行为未侵犯原告涉案商标权。

北京市朝阳区人民法院依照《中华人民共和国商标法》第五十七条第二项之规定，判决如下：

驳回原告某研究院的诉讼请求。

某研究院持原审理由上诉。北京知识产权法院经审理认为，一审法院认定事实基本清楚，适用法律正确，应予维持。

北京知识产权法院依照《中华人民共和国民事诉讼法》第一百七十条第一款第一项之规定，判决如下：

驳回上诉，维持原判。

【法官后语】

本案中，双方争议最大的就是“某小金库”所提供的服务与“替他人推销”服务是否构成类似。对此，笔者认为还是要从《商标注册用商品和服务国际分类》中规定的服务项目与“某小金库”所提供的具体服务内容是否一致来判定。从某电子商务公司在其《小金库用户服务协议》中的定义来看，“某小金库”是以自己的名义销售鹏某基金和嘉某基金的相关产品，是该公司金融业务中的一项服务内容，与第36类金融服务相类似。同时，《商标注册用商品和服务国际分类》第35类“推销（替他人）”服务应属于为他人的销售提供辅助服务的行为，而非以自己名义销售。因此，

"某小金库"提供的服务，与某研究院涉案三件商标的核定服务类别均不构成相同或类似。

原告使用涉案商标时并未严格依照其注册的商标标志来使用，且其使用范围极窄，没有知名度。而被告方所使用的"某"+"小金库"一词所组成的"某小金库"有其合理性，并无攀附原告商标的故意，也不会造成公众的混淆误认。"某小金库"与原告的涉案三件商标相比，不构成近似商标。

编写人：北京市朝阳区人民法院　巫霁

098　商标权抗辩的裁判规则

——某建材公司诉刘某利等侵害商标权案

【案件基本信息】

1. 裁判书字号

黑龙江省高级人民法院（2016）黑民终字第358号民事判决书

2. 案由：侵害商标权纠纷

3. 当事人

原告（被上诉人）：某建材公司

被告（上诉人）：刘某利、某建筑公司、某家居公司

【基本案情】

某建材公司是第47325××号"窗友"商标的权利人，该商标的核定使用商品（第1类）：聚胺脂；氯丁胶；工业用胶；填漏剂；填隙剂；墙砖粘合剂；工业用粘合剂；未加工的人造合成树脂；酯；

硅酮，有效期限为2008年12月14日至2018年12月13日。

2010年11月28日，刘某利获准注册第71690××号“窗×”商标，核定使用商品（第17类）：膨胀接合填料；非金属软管；绝缘材料，有效期限为2010年11月28日至2020年11月27日。

某建筑公司系股东为刘某利的一人投资的有限责任公司（自然人独资），法定代表人为刘某利，成立日期为2012年9月14日，经营范围为经销五金、建材、保温材料、装饰材料、汽车配件。

2012年3月6日，某建材公司申请对刘某利的第71690××号“窗×”商标复议。国家工商行政管理总局某委员会于2014年4月14日作出商评字（2014）第0614××号《关于第71690××号“窗×”商标争议裁定书》，认为：争议商标第71690××号与引证商标第47325××号“窗×”商标在文字构成、呼叫方面相同；第71690××号“窗×”商标核定使用的膨胀接合填料商品与第47325××号“窗×”商标核定使用的填隙剂等商品功能、用途关联密切，如第71690××号“窗×”商标使用在上述核定商品上，易使消费者对商品的来源产生混淆误认。故裁定如下：第71690××号“窗×”商标在膨胀接合填料商品上予以撤销。刘某利不服，起诉至北京市第一中级人民法院，该案现在审理中。

2011年10月1日，某家居公司、某建材公司签订了《商标使用许可合同》，刘某利许可某家居公司、某建材公司在膨胀接合填料、非金属软管、绝缘材料商品上使用第71690××号“窗×”商标，许可使用期限为2011年10月1日至2012年10月31日。2012年1月，某建材公司出具授权书，授权某家居公司为其旗下所有产品的唯一生产商及销售商。

哈尔滨市工商行政管理局于2012年9月24日作出哈工商经检处字（2012）第022号《行政处罚决定书》，主要内容为：刘某利于2011年10月与某建材公司签订了商标使用许可合同，某建材公司委托某家居公司生产"窗×"聚氨酯泡沫填缝剂（内包装名称为"窗×"聚氨酯膨胀结合填料剂）并销售给刘某利。刘某利未按照其注册商标核定商品类别使用"窗×"商标，属跨类违法使用，构成商标侵权，根据在刘某利经营的某装饰材料经销处采集的销售票据统计，刘某利共销售"窗×"聚氨酯泡沫填缝剂326箱零5瓶，销售金额为57981.5元，决定没收侵权"窗×"聚氨酯泡沫填缝剂15箱，罚款4.5万元并上缴财政。

某建材公司举示了其生产的1瓶"窗×"聚氨酯泡沫填缝剂实物和3瓶被诉侵权×胀接合填料商品实物。3瓶被诉侵权膨胀接合填料，2瓶底色为土黄色，1瓶底色为深绿色。底色为深绿色和土黄色的2瓶被诉侵权膨胀接合填料瓶体上，有"商标注册号：第71690××号""窗×""膨胀接合填料""执行标准：JC936—2004""某建材公司监制""制造商：某家居公司"等字样，瓶底标注生产日期分别为2013年11月16日和2014年3月11日；另1瓶底色为土黄色的被诉侵权膨胀接合填料瓶体上有"商标注册号：第128920××号""窗×发泡""膨胀接合填料""通用型""某建材公司监制""某建材有限公司"等字样，生产日期字迹模糊不清。某建材公司的"窗×"聚氨酯泡沫填缝剂商品实物，底色为土黄色，瓶体上有"窗×""聚氨酯泡沫填缝剂""执行标准：JC936—2004""某建材公司""有效期至：2016/06/15P"等字样。经比对，2瓶底色为土黄色的被诉侵权膨胀接合填料瓶体装潢的布局、底色、图片位置及产品介绍、产品特性、产品用途、使用方法、有害物质限量指标等内容与某建材公司的“窗×”聚氨酯泡沫填缝剂基本一致或者近似。

某建材公司起诉称：刘某利未按照核准使用的商品类别跨类违法使用“窗×”商标的行为属商标侵权行为。某建筑公司、某家居公司作为侵权产品的监制、生产方，应承担赔偿责任。请求法院判令：刘某利、某建筑公司、某家居公司立即停止侵害某建材公司第47325××号“窗×”注册商标权的行为，赔偿某建材公司损失1464000元及维权合理开支57103元，合计1521103元，并负担本案诉讼费用。

【案件焦点】

刘某利、某建筑公司、某家居公司以刘某利持有第71690××号“窗×”注册商标因而不构成商标侵权的主张是否成立。

【法院裁判要旨】

黑龙江省哈尔滨市中级人民法院经审理认为：刘某利明知某建材公司将第47325××号“窗×”注册商标用于聚氨酯泡沫填缝剂商品及其知名度等情况，却在膨胀接合填料商品上申请注册与某建材公司第47325××号注册商标相同的“窗×”文字商标，故意违反前述《中华人民共和国商标法》第七条第一款关于“申请注册和使用商标，应当遵循诚实信用原则”、第九条第一款关于“申请注册的商标，应当有显著特征，便于识别，并不得与他人在先取得的合法权利相冲突”和第三十二条关于“申请商标注册不得损害他人现有的在先权利”等规定，系恶意注册。刘某利恶意侵害某建材公司已经取得的第47325××号“窗×”注册商标的在先权利，利用某建材公司第47325××号“窗×”注册商标已有的知名度和影响力，在与某建材公司第47325××号“窗×”注册商标核定使用商品相同或者类似的被诉侵权膨胀接合填料商品上使用与某建材公司注册商标相同的“窗×”商标，不加区分，制造混淆，“傍”某建材公司的“名牌”，“搭”某建材公司的“便车”，造成相关公众对商品来源的混淆误认，获取非法利益，构成商标侵权，应当承担相应的责任。某建筑公司既是刘某利投资开办的一人有限责任公司，又是被诉侵权商品膨胀结合填料剂的监制单位，应当与刘某利承担连带责任。某家居公司明知刘某利经营“窗×”膨胀接合填料的行为已被工商行政管理机关查处，却仍然进行生产以及提供给刘某利，事实清楚。某家居公司构成商标侵权，应当停止涉案侵权行为，并承担赔偿责任。考虑侵权行为的性质、地域范围、持续的时间、所处商业区域、后果，侵权商品的销售价格、数量，刘某利曾受到行政处罚及其主观恶意等具体情况，考虑某建材公司为制止侵权行为所支付的合理开支等因素，综合确定赔偿数额。

黑龙江省哈尔滨市中级人民法院依据《中华人民共和国商标法》第七条第一款、第九条第一款、第十五条、第三十二条、第五十六条、第五十七条、第六十三条第三款，《最高人民法院关于审理商标民事纠纷案件适用法律若干问题的解释》第十六条、第十七条，《最高人民法院关于审理商标授权确权行政案件若干问题的意见》第十二条、第十三条、第十五条、第十六条，《最高人民法院关于审理注册商标、企业名称与在先权利冲突的民事纠纷案件若干问题的规定》第一条第二款的规定，判决如下：

一、被告刘某利、被告某建筑公司、被告某家居公司于本判决生效之日起停止侵害原告某建材公司第47325××号“窗×”注册商标权的行为；

二、被告刘某利、被告某建筑公司赔偿原告某建材公司损失及为制止侵权行为所支付的合理开支150万元，被告某家居公司对其中的50万元承担共同赔偿责任，于本判决生效之日起十日内付清；

三、驳回原告某建材公司的其他诉讼请求。

刘某利、某建筑公司、某家居公司提起上诉。黑龙江省高级人民法院经审理认为：国家工商行政管理总局某委员会已于2014年4月14日作出商评字（2014）第061430号《关于第71690××号“窗×”商标争议裁定书》，裁定第71690××号“窗×”商标在膨胀接合填料商品上予以撤销，在此情形下，刘某利、某建筑公司、某家居公司以刘某利持有第7169076号“窗×”注册商标为不侵权抗辩事由不成立。某建材公司提交的证据能够证明刘某利、某建筑公司未经许可，生产、销售了案涉“窗×”牌产品，某家居公司受刘某利委托生产了被诉侵权产品，一审法院认定刘某利、某建筑公司、某家居公司实施了被诉侵权行为正确。“窗×”是无固定含义的臆造词，具有较强的固有显著性。经多年经营和宣传，某建材公司生产的“窗×”聚氨酯泡沫填缝剂已经具有了较高的市场知名度，为相关公众所熟知。刘某利。某建筑公司、某家居公司作为该商品领域的生产、销售商，应知晓某建材公司“窗×”聚氨酯泡沫填缝剂产品的知名度，刘某利在此情况下成立某建筑公司，并在其生产、销售的产品上使用“窗×”商标，易使相关公众将被诉侵权产品与某建材公司的产品混淆，或认为产品来源于某建材公司。一审判决认定刘某利、某建筑公司、某家居公司生产、销售被诉侵权产品构成商标侵权正确，予以维持。某建材公司因被侵权所受损失，刘某利、某建筑公司、某家居公司因侵权所得利益，涉案注册商标许可使用费均难以确定，人民法院应根据侵权行为的情节来判决赔偿数额。一审法院综合考虑涉案商标的知名度，刘某利、某建筑公司、某家居公司侵权行为的性质，持续的时间和后果，以及某建材公司为制止侵权行为所支付的必要合理开支，判决刘某利、某建筑公司赔偿某建材公司150万元，某家居公司对其中的50万元承担共同赔偿责任并无不当，予以维持。

黑龙江省高级人民法院依据《中华人民共和国民事诉讼法》第一百七十条第一款第一项之规定，判决如下：

驳回上诉，维持原判。

【法官后语】

本案涉及的法律问题是，在商标侵权纠纷案件中被告以其使用自行核准注册的商标因而不构成对原告的注册商标侵权进行抗辩的问题。按照《最高人民法院关于审理注册商标、企业名称与在先权利冲突的民事纠纷案件若干问题的规定》第一条第二款的规定，原告以他人使用在核定商品上的注册商标与其在先的注册商标相同或近似为由提起诉讼的，人民法院应当告知原告向有关行政主管机关申请解决。但原告以他人超出核定商品的范围或者以改变显著特征、拆分、组合等方式使用的注册商标，与其注册商标相同或者近似为由提起诉讼的，人民法院应当受理。

本案中，某建材公司以刘某利超范围使用注册商标与某建材公司注册商标相同或近似为由提起诉讼，因而一审法院受理了此案。在一审诉讼中某委员会裁定撤销刘某利在类似商品类别上的注册商标。刘某利、某建筑公司、某建材公司以被诉侵权行为发生时刘某利的注册商标尚在核准注册中为由认为不构成侵权，并且以某委员会的裁定仍在行政诉讼审理为由要求法院中止等待该行政诉讼判决作出后审理本案。对此问题，一审、二审法院虽然均认定被告的商标权抗辩不成立，但理由不同。一审法院认定：刘某利故意违反《中华人民共和国商标法》第七条第一款关于“申请注册和使用商标，应当遵循诚实信用原则”、第九条第一款关于“申请注册的商标、应当有显著特征，便于识别，并不得与他人在先取得的合法权利相冲突”，系恶意注册。二审法院认为：虽然某委员会的裁定仍在行政诉讼审理中，但该裁定是基于第71690××号“窗×”商标核定使用的膨胀接合填料商品与第47325××号“窗×”商标核定使用的填隙剂等商品功能、用途关联密切，如第71690××号“窗×”商标使用在上述核定商品上，易使消费者对商品的来源产生混淆误认”为由作出，该裁定被行政诉讼撤销的可能性不大。如等待行政诉讼的判决结果，则会为被告继续侵权、逃避责任提供机会，或增加原告的损失，因此认定该抗辩不成立。

编写人：黑龙江省高级人民法院　徐明珠

099　地理标志的商标权

——某大米协会诉某米厂等侵害注册商标专用权案

【案件基本信息】

1. 裁判书字号

江苏省高级人民法院（2015）苏知民终字第00165号民事判决书

2. 案由：侵害注册商标专用权纠纷

3. 当事人

原告（被上诉人）：某大米协会

被告：赵某军、某市场经营管理公司华江分公司

被告（上诉人）：某米厂

【基本案情】

某大米协会是依法成立的社会团体法人，业务范围包括稻米生产、加工、销售咨询、服务等。2002 年 8 月 6 日，某大米协会申请注册“××大米及图”集体商标，于 2005 年 4 月 21 日核准注册，核定使用商品为第 30 类米。2008 年 12 月 25 日，江苏省局认定某大米协会使用在米商品（服务）上的“××大米及图”为江苏省著名商标。2011 年 5 月 27 日，国家商标局认定“××大米及图”注册商标为驰名商标。

2006 年 6 月 27 日，案外人朱某申请注册“××She chang”商标，于 2009 年 5 月 28 日核准注册，核定使用商品为第 30 类方便米饭、米、食用面粉等。2009 年 8 月 26 日，朱某将“××She chang”注册商标许可给被告某米厂使用。某米厂生产的被控侵权产品××大米外包装袋上使用的标识包括两个部分，上半部分为“××大米”四个汉字，其中“××”汉字略大，字体相同，“大米”汉字稍小；下半部分为“She chang da mi”。

2014 年 11 月 7 日，某大米协会通过公证保全的方式在某市场经营管理公司华江分公司“××粮铺”购买了“××大米”一袋。江苏省盐城市盐城公证处对上述过程进行了公证保全，并出具了公证书。

【案件焦点】

被告行为是否构成对某大米协会“××大米及图”地理标志商标专用权的侵犯。

【法院裁判要旨】

江苏省盐城市中级人民法院经审理认为：某米厂在使用第54446××号“××”注册商标时，实际上是将第54446××号“××”注册商标和“大米”“da mi”标识组合使用，使之浑然一体，形成一个新的标识“××大米”，这种组合使用方式已经改变了第54446××号“××”注册商标的显著特征，构成对某大米协会第32659××号“××大米及图”注册商标专用权的侵害。

江苏省盐城市中级人民法院依照《中华人民共和国商标法》第五十七条第二项，《最高人民法院关于审理注册商标、企业名称与在先权利冲突的民事纠纷案件若干问题的规定》第一条第二款之规定，作出如下判决：

一、某米厂、赵某军立即停止侵害某大米协会第32659××号“××大米及图”注册商标专用权的行为；

二、某米厂于判决生效之日起十日内赔偿某大米协会经济损失及为制止侵权行为而支付的合理开支共计人民币60000元；

三、驳回某大米协会的其他诉讼请求。

某米厂提出上诉。

江苏省高级人民法院经审理认为：本案无须经过行政前置程序认定“××She chang”商标是否应予撤销。某米厂将“××She chang”商标与“大米 da mi”文字进行组合，构成了新的“××大米 She chang da mi”商业标识，属于对其“××She chang”商标的不规范使用，人民法院可以受理。综合“××大米及图”地理标志商标的知名度及显著性，某米厂主观上具有攀附知名商品的故意及相关公众容易对涉案商标与被控侵权标识构成误认等因素，足以认定某米厂在大米商品上使用“××大米”标识构成对“××大米及图”地理标志商标专用权的侵犯。原审判决认定事实清楚，适用法律正确，判决结果并无不当。

江苏省高级人民法院依照《中华人民共和国民事诉讼法》第一百七十条第一款第一项之规定，判决如下：

驳回上诉，维持原判决。

【法官后语】

通常情况下，两个注册商标之间的权利冲突，法院不予受理。但是，如果原告以他人超出核定商品的范围或者以改变显著特征、拆分、组合等方式使用的注册商标与其注册商标相同或者近似为由提起诉讼的，人民法院应当受理。虽然某大米协会在申请涉案商标时，放弃了对“大米”的专用权，但其核准注册的“射陽大米及图”商标是地理标志商标，地理标志商标是将“具体地名+产品通用名称”结合起来使用，不能简单地依照普通商标的保护范围和禁用权范围来界定地理标志商标的保护范围和禁用范围。被告使用的“××大米”标识，是将“××She chang”注册商标与“大米”“da mi”标识组合使用，使之浑然一体，形成一个新的标识——“××大米”，这种组合使用方式已经改变“××She chang”注册商标的显著特征，属于不规范使用注册商标的行为，本质上是滥用注册商标专用权，法院应当受理。

地理标志是一种特殊的商业标识，通常采用“具体地名+产品通用名称”的方式。现行法律制度对地理标志的授权和管理作了相对详尽的规定，但未能针对地理标志本身的特殊性制定完善的民事救济制度，《中华人民共和国商标法》中也没有针对地理标志商标保护的专门法律规定，是为不足。本案判决通过界定“具体地名+产品通用名称”地理标志商标专用权和禁用权的范围，对地理标志商标的权利边界保护作了有益的探索，对于依法保障地方特色品牌的发展具有积极意义。

编写人：江苏省盐城市中级人民法院　贾娟

100　承担刑事责任的商标侵权人并不必然承担民事责任
——某电气公司诉高某良、高某余侵害商标权案

【案件基本信息】

1. 裁判书字号

广州知识产权法院（2016）粤73民终字第746号民事判决书

2. 案由：侵害商标权纠纷

3. 当事人

原告（上诉人）：某电气公司

被告（被上诉人）：高某良、高某余

【基本案情】

第G7153××号“Schneider”商标的注册人是某电气公司，核定使用商品为第9类，包括电子或电气元器件、电感器等；第2676××号“Telemecanique”商标的注册人是某电气工业公司，核定使用商品为第9类，包括电力配给系统中的各种操作、日用开关等。两商标均在注册有效期限内。某电气公司、某电气工业公司

许可某电气公司使用两注册商标，自2013年1月1日起有权以自己名义对侵害两商标权的行为进行维权。

2016年1月27日，广东省广州市越秀区人民法院作出(2015)穗越法刑初字第1684号刑事判决书，其中查明：自2000年，高某良成立某电器公司广州市销售公司，在广州市越秀区某路××号首层从事电气产品的经营销售。其间，高某良在未经商标权利人的许可或者授权下，将一批假冒“Schneider”“Telemecanique”注册商标的电气产品装入印有“Schneider”商标的包装盒中，存放在广州市越秀区某路××号昌得机电设备商行仓库内，准备进行销售。2015年6月17日，公安人员在上述仓库将高某良抓获，现场查获假冒“Schneider”“Telemecanique”注册商标的电气产品42种共计19288个（经鉴定，其中36种5318个共价值407030元），以及印有“Schneider”商标的包装盒230个、手机1台、手提电脑3台、销售单据1批。据此，法院认定高某良销售明知是假冒注册商标的商品，销售金额数额巨大，其行为构成销售假冒注册商标的商品罪，鉴于高某良系犯罪未遂，对其判处有期徒刑十个月，缓刑一年，并处罚金3万元，扣押在案的假冒注册商标的电气产品、包装盒等物予以没收、销毁。该刑事判决已发生法律效力。

另查明：某机电设备商行为个体经营，经营地址位于广州市越秀区某路××号首层，经营者为被告高某余。

某电气公司认为，高某良销售侵犯涉案商标权的商品，高某余为被告高某良销售侵权商品提供便利条件，两人均应承担商标侵权民事责任，故请求法院判令高某良、高某余立即停止侵权行为，共同赔偿经济损失 40 万元，在省级或当地媒体上刊登致歉声明，以消除影响。

【案件焦点】

承担刑事责任的商标侵权人的民事侵权责任应如何认定。

【法院裁判要旨】

广东省广州市越秀区人民法院经审理认为：高某良将一批假冒“Schneider”“Telemecanique”注册商标的注册商标的电气产品装入印有“Schneider”商标的包装盒中，存放在广州市越秀区某路××号某机电设备商行仓库内，准备进行销售，后被公安机关查获。高某良对被诉侵权产品重新包装的行为，属于《中华人民共和国商标法》第五十七条第一项规定的“使用”，构成商标侵权；高某余提供仓库存放涉案侵权产品，其行为构成帮助侵权。但是，高某良重新包装的假冒注册商标的商品尚未实际销售，即全被公安机关查获，其行为不符合《中华人民共和国商标法》第五十七条第三项所规定的“销售侵犯注册商标专用权的商品”之情形，某电气公司主张高某良销售侵犯其注册商标专用权的商品，没有法律依据，法院不予采纳。高某良重新包装后的侵权产品尚未实际进入市场销售，该侵权产品后被法院判决没收、销毁，高某良的侵权行为没有给某电气公司造成实际损失。因此，某电气公司要求高某良与高某余赔偿其经济损失，依据不足，法院不予支持。高某良与高某余的侵权行为早在涉案刑事案件发生后即停止，且侵权行为尚未造成某电气公司实际损失，因此，某电气公司本无继续提起本案民事诉讼的必要，其主张的律师费、调查费、差旅费等费用不应由高某良与高某余负担。某电气公司的其他诉讼请求亦无依据，法院不予支持。

广东省广州市越秀区法院依照《中华人民共和国商标法》第五十七条第一项、第三项、第六项、第六十三条第一款之规定，判决如下：

驳回某电气公司的诉讼请求。

宣判后，某电气公司提起上诉，广州知识产权法院判决如下：

驳回上诉，维持原判。

【法官后语】

商标犯罪不以出现损害结果为构成要件。《中华人民共和国刑法》第二百一十三条、第二百一十四条和第二百一十五条分别规定了假冒注册商标罪、销售假冒注册商标的商品罪和非法制造、销售非法制造的注册商标的标识罪。相关司法解释对三个罪名的构罪要件与量刑标准进行了细分。构成假冒注册商标罪，要求行为人在同一种商品上使用与其注册商标相同的商标，且具有非法经营数额在5万元以上等严重情节；构成销售假冒注册商标的商品罪，要求行为人主观上明知是假冒注册商标的商品，且销售金额在5万元以上；构成非法制造、销售非法制造的注册商标的标识罪，要求行为人有非法制造、销售注册商标标识达两万件以上等犯罪情节。

值得注意的是，与刑法中的其他罪名一样，侵犯商标权罪也存在犯罪未遂形态。如假冒注册商标的商品尚未销售，货值金额达到15万元以上的，以销售假冒注册商标的商品罪（未遂）定罪处罚；尚未销售非法制造的注册商标标识数量在6万件以上的，以销售非法制造的注册商标标识罪（未遂）定罪处罚。据此，行为人的主观上有侵犯他人商标权的犯罪意图，客观行为达到了法定情节或数额标准，则构成了侵犯商标权罪，即使行为人的行为没有实施完毕，亦可能成立犯罪未遂。

商标侵权以出现可能混淆商品或服务的来源的损害结果为构成要件。商标的功能在于区分商品或服务的来源，权利人使用商标的目的在于使消费者能够通过商标将商品或服务与提供者正确地联系在一起，确保商品商誉排他性地凝结在商标中，从而提升商品或服务的市场竞争力。行为人只有实施了可能导致消费者对商品或服务来源产生混淆的行为，才能构成商标侵权。虽然在同一商品或类似商品上使用与注册商标相同或近似的商标，但使用该商标并非用以指示商品或服务的来源，不会导致消费者对商品来源产生混淆，此情形下就不能认定行为人构成假冒或仿冒注册商标的侵权行为。

犯罪未遂状态下的行为人不应承担民事侵权责任。如上所述，侵犯商标权罪与商标侵权有着不同的构成要件，行为人实施了刑法所规定的犯罪构成要件，即使没有出现犯罪结果或实现行为人的犯罪目的，其行为也有可能构成侵犯商标权罪；商标侵权以出现损害结果为构成要件，没有损害结果，行为人虽然实施了一定非法行为，也不能认定其行为构成侵权。侵犯商标权罪有既遂与未遂形态，未遂状态下，行为人主观上有侵犯商标权的恶意，行为具有违法性，但未出现违法行为可能导致消费者对商品和服务来源产生混淆的损害结果，依照相关法律规定，行为人的行为构成侵犯商标权罪，但不成立商标侵权。

本案中，法院依照商标法规定将高某良的行为细分为两项：一是对涉案电气产品进行新的包装；二是准备销售涉案电气产品。就第一项行为而言，高某良不是涉案电气产品的制造和生产者，没有将“Schneider”“Telemecanique”商标使用在电气产品上，但其从他人处购买印有“Telemecanique”商标的包装盒，按每十个电气产品一盒分装入包装盒内，使得涉案电气产品与包装盒作为商品整体进入市场，可能导致消费者混淆或误认涉案产品来源于原告，该重新包装行为，应当认定为《中华人民共和国商标法》第五十七条规定中的“使用”，构成商标侵权。就第二项行为来说，《中华人民共和国商标法》第五十七条规定的销售侵犯商标权商品的商标侵权行为，以导致相关公众对商品来源产生混淆为构成要件，不会导致混淆，就不构成侵权。涉案产品存放在仓库中准备销售，但至被查扣前产品未上架供消费者选购，也没有证据表明高某良与客户签订了销售合同，不具有导致相关公众对涉案产品来源产生混淆的可能性，该行为不构成商标侵权。

尽管对涉案电气产品进行新的包装而构成商标侵权，但是刑事判决书已判决没收、销毁涉案电气商品和包装盒，法院不再判令高某良停止侵权。商标侵权民事赔偿责任以“损失填平”为原则，无损失则无须赔偿。涉案电气商品未实际销售，并没有造成商标权人的实际损失，高某良也不应承担民事赔偿责任。

编写人：广东省广州市中级人民法院　欧阳福生

101 反向混淆中固有显著性对侵权认定的影响

——某香水公司诉某化妆品公司等侵害商标权案

【案件基本信息】

1. 裁判书字号

江苏省无锡市中级人民法院（2015）锡知民终字第0040号民事判决书

2. 案由：侵害商标权纠纷

3. 当事人

原告（上诉人）：某香水公司

被告（被上诉人）：某商业公司、某化妆品公司、某商业大厦

【基本案情】

某香水公司系国内一家专门从事香水、化妆品生产销售的企业。2000年8月14日，某香水公司在化妆品类别中注册了第1431198号“ONE”商标。2014年5月8日，经其调查发现，被告某商业大厦商场内的“×奥”专柜对外销售一款标注“ONE ESSENTIAL”的红色瓶装面膜，被告某化妆品公司系该商品的国内总经销商。此外，在被告某商业公司注册的网站“www.×××.com”中点击“中文”选项，网址自动跳转至“www.×××.cn”，而在“www.×××.cn”网站的子页面中则呈现出“ONE ESSENTIAL”相关产品的推介信息。某香水公司认为“ONE ESSENTIAL”侵害了其“ONE”注册商标专用权。某商业大厦、某化妆品公司则认为，第14311××号“ONE”注册商标显著性较弱，不足

以禁止他人合理使用“ONE”文字，而且某香水公司的“ONE”香水在化妆品领域知名度较低，但被诉侵权商品属于国际顶尖奢侈品牌“DIOR”，故二者在市场上不会造成相关公众的混淆。被告某商业公司认为，被诉侵权产品的相关信息出现在“www. ×××. cn”网站中，其不是该网站的经营者，不应作为本案被告。

【案件焦点】

1. 某商业公司是否为本案适格被告；2. 被诉“DIOR”品牌商品使用“ONE ESSENTIAL”标识的行为是否侵害了第14311××号“ONE”注册商标的专用权。

【法院裁判要旨】

江苏省无锡市滨湖区人民法院经审理认为：www. ×××. com网站并未以嵌入的方式直接呈现www. ×××. cn网站中的商品信息，亦未以绕过网站主页，直接跳转至www. ×××. cn网站中的具体商品页面的方式进行链接，而是根据公众对于语种的选择，以被链接网站的整体为目标，跳转至www. ×××. cn网站首页，而被诉侵权商品及标识均出现在www. ×××. cn网站的子页面中，故应由www. ×××. cn网站的域名注册人承担网页内容是否侵权的民事责任，某商业公司不是本案适格被告。本案中“ONE”注册商标的构成要素为常用英文单词“ONE”及常规字体，且某香水公司未证明“ONE”商标具有较高的知名度，故第14311××号“ONE”注册商标显著性较弱，此外，虽然“ONE ESSENTIAL”完整包含“ONE”单词，但未对“ONE”作突出使用，故应将“ONE”商标与“ONE ESSENTIAL”标识进行整体比对，两者在文字的组成、含义及整体结构上，均存在明显差异；相关公众在购买“ONE ESSENTIAL”相关商品或浏览涉案网站时，均易识别相关商品的品牌为“DIOR”，不会对商品来源产生误认，或者认为其来源与某香水公司的商品有特定联系。因此，被诉侵权商品、网络宣传所使用“ONE ESSENTIAL”标识的行为不侵害第14311××号“ONE”注册商标专用权。

江苏省无锡市滨湖区人民法院依照《中华人民共和国商标法》第五十七条第二项之规定，判决如下：

驳回原告某香水公司的诉讼请求。

某香水公司持原审起诉意见提起上诉。江苏省无锡市中级人民法院经审理认为：被诉侵权商品、标识的展示和介绍页面均出现在www. ×××. cn网站的子页面中，原审法院认定某商业公司不是本案适格被告并无不当。“ONE ESSENTIAL”标识与“ONE”商标相比较，两者在文字的组成、含义及整体结构上，均存在明显的差异，并且公众在购买“ONE ESSENTIAL”相关商品时，不易对商品来源产生混淆。一审判决认定事实清楚，程序合法，适用法律正确，应予维持。

江苏省无锡市中级人民法院依照《中华人民共和国民事诉讼法》第一百七十条第一款第一项的规定，判决如下：

驳回上诉，维持原判。

【法官后语】

某化妆品公司经销的被诉侵权商品，系出自国际著名的高档奢侈品牌“×奥”，在化妆品生产销售领域内，其与某香水公司存在市场竞争关系，但某香水公司明显处于商业实力弱势地位，现某香水公司主张“×奥”品牌的相关商品侵权，故本案主要涉及反向混淆情形中的商标侵权认定问题。

一、反向混淆情形下的商标侵权认定仍应判断混淆可能性

商标固有权能受到侵害的重要表现就是相关公众对商品的来源产生混淆或误认，即使是反向混淆的情形，也不能将混淆理论与商标侵权割裂开来，并且我国《中华人民共和国商标法》第五十七条第二项规定的侵权情形中，并未区分正向混淆与反向混淆，而均以“容易导致混淆”作为侵权构成要件之一。由此可见，不论是在后使用人“攀附”在先商标权人声誉的正向混淆情形，还是该案所涉反向混淆情形，混淆可能性判断均系商标侵权认定的基础。

二、反向混淆情形下商标固有显著性对侵权判定的影响

固有显著性是指商标标识本身在设计之初就因其臆造性、独特性而具备显著特征。商标区分商品来源的功能由固有显著性和长期使用而形成的知名度共同实现，因此商标的固有显著性和知名度均是混淆可能性判断的影响因素。正向混淆的情形下，在先权利人的商标通常已具有一定的知名度，经过长期使用已获得相关公众的认可，故即使其固有显著性较弱，也不妨碍该商标获得较强的商标法保护。与正向混淆相反，反向混淆情形中的在先权利人商标尚未形成相当的知名度，若其固有显著性也较弱，那首先其作为一个弱商标就难以获得强保护，其次相关公众也难以对不具有知名度的弱商标产生关联关系混淆。因此，反向混淆情形下，商标固有显著性越强，越容易产生混淆可能性。该案中某化妆品公司的“ONE”商标固有显著性较弱，又缺乏较高的知名度，一方面，如果对该“ONE”商标进行强保护，容易产生商标垄断的不良后果，如将英文单词

“ONE”作为前、后缀使用的所有英文标识都落入“ONE”注册商标的保护范围，显示公允；另一方面，相关消费者既不会认为“×奥”品牌的被诉侵权商品来源于某化妆品公司，也由于“ONE”本身缺乏显著特征，而难以对某化妆品公司的“ONE”商品与“×奥”品牌存在关联产生误认。

三、反向混淆情形下固有显著性较弱商标的近似认定

与混淆可能性判断直接向关的是商标的近似程度，商标近似认定也是侵权判定的核心问题。《最高人民法院关于审理商标民事纠纷案件适用法律若干问题的解释》中明确了商标近似的比对方法，在隔离比对的状态下，既要进行整体比对，又要进行要部比对。一般商标正向侵权的情形，由于权利商标具有较高的知名度的显著性，在后使用人出于攀附的目的，将权利商标构成要素以拆分、组合或替换等方式进行的近似使用，因此司法实践中对于商品知名度相差悬殊的正向混淆侵权通常以要部比对为主的方式来认定商标的近似性。但在反向混淆情形下，如果权利商标的固有显著性较弱，那么相关公众识别商品来源的方式主要基于对商标整体的视觉印象，而非其中的个别构成要素，故此时应当重点以整体比对的方式认定商标的近似性。该案中“ONE”商标的固有显著性较弱，被诉侵权商品使用的“ONE ESSENTIAL”标识虽然完整包含“ONE”单词，但未将“ONE”区别于“ESSENTIAL”突出使用，因此相关公众选择购买被诉侵权产品或基于“×奥”品牌的知名度，或基于“ONE ESSENTIAL”整体标识的美誉度，但不会基于“ONE ESSENTIAL”中“ONE”部分的知名度，因此该案应以整体比对的方式认定“ONE”注册商标与“ONE ESSENTIAL”整体标识的近似性。但若权利商标的固有显著性较强，那商标标识本身就有较强的区分来源

属性，易使相关公众产生关联关系混淆，故即便是反向混淆的情形，仍应当着重以要部比对的方式进行近似认定，以契合一般消费者对商品来源的认知判断。

编写人：江苏省无锡市滨湖区人民法院　杨洋

102　涉三维标志商标的相同、近似认定规则

——某实验室公司诉某1化妆品公司等侵害商标权案

【案件基本信息】

1. 裁判书字号

广东省广州市中级人民法院（2014）穗中法知民终字第601号民事裁定书

2. 案由：侵害商标权纠纷

3. 当事人

原告（上诉人）：某实验室公司

被告（被上诉人）：某1化妆品公司、某2化妆品公司、某3化妆品公司、彭某娜

被告：某4化妆品公司

【基本案情】

原告某实验室公司为其产品在中国注册了以下商标，其中包括但不限于：（1）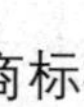图形商标，注册号：37488××，第3类（化妆品等），于2006年6月7日获得注册，该商标在瑞士、加拿大、智力、日本、印度尼西亚、韩国、马来西亚、墨西哥、新西兰、

俄罗斯、我国台湾地区都已进行了注册，并在商业活动中广泛使用。(2) 三维标志商标，指定颜色为银色，注册号：53361××，第3类（化妆品等），于2009年11月21日获得注册。(3) 三维标志商标，指定颜色为银色，注册号：53272××，第3类（化妆品等），于2009年9月28日获得注册。原告在中国投入大量资金对其产品进行宣传和推广，并已建立深入人心的品牌形象及极高的知名度，原告的上述商标亦已深入人心，在消费者心中建立起与原告产品密不可分的联系。本案被告某2化妆品公司从事化妆品制造及销售。被告某1化妆品公司是被告某2化妆品公司的关联公司，本案涉及的产品即由被告某1化妆品公司销售。被告某3化妆品公司、某4化妆品公司负责为被告某2化妆品公司生产产品。原告认为上述四个被告未经原告许可，擅自在其生产、销售的产品、宣传册、广告上使用了与原告商标极为近似的商标标识。被告彭某娜在其店铺内销售上述侵犯原告商标权的侵权产品。经比对可知，被诉侵权标识仅将原告注册商标图形进行了镜像处理，并对个别细节进行了调整，而主要图画部分、所配文字、文字字体、构图、外圈圆环，皆与原告商标对应元素相同或极为近似。被告在相同商品上使用与原告注册商标极为近似的商标标识，对消费者产生误导，使消费者误认为被告产品即为原告产品，或与原告存在某种联系，扰乱了正常的经营秩序，被告行为已经构成商标侵权。被告某2化妆品公司、某1化妆品公司、某3化妆品公司、某4化妆品公司侵权产品在广州、深圳、北京、南京、福州、西安、长沙、太原等地都有销售，在全国各地有60多家代理，建立了3000余家品牌加盟店和特约连锁店，侵权范围极为广泛，影响恶劣，给原告造成了巨大损失。

被告某2化妆品公司、某1化妆品公司、某3化妆品公司、某4化妆品公司、彭某娜共同辩称，被告并没有侵犯原告的商标权，被告产品的标识也取得了相应的商标证书和外观设计专利证书，依法应当受到法律的保护，而且被告产品的标识与原告的商标图样是明显不同的，故不构成侵权。

【案件焦点】

1. 被诉侵权的涉案化妆品外包装盒及宣传资料上印制的“”标识是否侵犯原告享有的第37488××号“”注册商标专用权的问题；2. 原告指控的涉案化妆品外包装盒是否侵犯原告享有的第53361××号“”、第53272××号“”三维标志商标专用权的问题；3. 被告是否应承担侵权责任及承担责任方式的问题；4. 赔偿金额的问题。

【法院裁判要旨】

广东省广州市白云区人民法院经审理认为：关于被诉侵权的涉案化妆品外包装盒及宣传资料上印制的“”标识是否侵犯原告享有的第37488××号“”注册商标专用权的问题。根据《中华人民共和国商标法》（2001年修正）第五十二条的规定，未经注册商标权利人许可，在同一种商品或类似商品上使用与其注册商标相同或近似的商标的，构成侵犯注册商标专用权；销售侵犯注册商标专用权的商品的，属侵犯注册商标专用权。首先，第37488××号“”商标的使用类别为包含化妆品等在内的第3类商品，本案中原告主张的被控侵权商品为公证封存的化妆品包装盒及宣传单，根据《中华人民共和国商标法实施条例》（2002 年）第三条的规定，商标法和本条例所称商标的使用，包括将商标用于商品、商品包装或者容器以及商品交易文书上，或者将商标用于广告宣传、展览以及其他商业活动中。被诉侵权的外包装盒及宣传单系用之于化妆品，与原告第 37488××号“”商标的使用类别相同。其次，比对被诉侵权标识“”与原告的第 37488××号“”注册商标，均为以建筑物为内置于主体部分的圆圈状图形，两者之间的建筑物呈镜像关系，图形差别较为细微，两者构成近似，易使相关公众混淆误认。因此，法院依法确认本案的被控侵权标识“”侵害了原告享有的第 37488××号“”注册商标权。

关于被诉侵权的涉案化妆品外包装盒是否侵犯原告享有的第 53361××号“”、第 53272××号“”三维标志商标专用权的问题。被诉侵权的外包装盒系用之于化妆品，与原告第 37488××号“”商标的使用类别相同。比对被控侵权产品的外包装盒与原告主张的第 53361××号“”、第 53272××号“”三维标志商标，被诉侵权的外包装盒顶面标示的“”，与原告上述三维标志商标中主视图的盒顶面“”标识近似，且六面体每个面的颜色均为银色。因此，被诉侵权产品外包装盒的整体标识与原告享有的上述三维标志商标近似，易使相关公众混淆误认。法院依法确认被控侵权化妆品外包装盒侵害了原告享有的第 53361××号“”、第 53272××号“”三维标志商标专用权。

关于各被告是否应承担侵权责任及承担责任方式的问题。被告某2化妆品公司、某1化妆品公司、某3化妆品公司未经原告的许可，生产、销售了侵犯原告注册商标专用权的产品，构成对原告第37488××号“”、第53361××号“”、第53272××号“”商标专用权的侵害，应承担相应的侵权责任。现原告要求被告停止侵权、赔偿损失的诉讼请求，符合法律规定，法院予以支持。被告辩称其已取得外观设计专利证书，因该专利申请时间在原告取得的涉案注册商标时间之后，其不构成侵权的理据不足，法院不予采信。虽被告某4化妆品公司是被告某2化妆品公司的生产基地，但从被控侵权商品来看，并未标示某4化妆品公司为生产者，亦无法证明被诉侵权商品系被告某4化妆品公司生产，故原告关于要求被告某4化妆品公司停止侵权、赔偿损失、消除影响的诉讼请求法院不予支持。被告彭某娜销售了被控侵权商品，其称系被告某2化妆品公司在广州的产品代理商，被告某2化妆品公司亦认可该事实，法院对此予以确认。根据《中华人民共和国商标法》（2001年修正）第五十六条第三款的规定，销售不知道是侵犯注册商标专用权的商品，能证明该商品是自己合法取得的并说明提供者的，不承担赔偿责任。故原告关于要求被告彭某娜承担民事赔偿责任的诉讼请求法院不予支持，但该被告应当停止销售被控侵权商品。

关于原告要求被告在《南方都市报》刊登声明消除影响的诉讼请求，因消除影响的民事责任方式一般仅适用于侵犯人身权的案件，而侵犯商标权属于侵犯财产权，且没有证据证明由于被告的侵权给原告企业的商业信誉造成了损害，故对原告提出的要求被告在报纸刊登声明以消除影响的诉讼请求，法院不予支持。

关于赔偿金额，原告主张其为制止侵权支付了查询费、翻译费、公证费和律师费，提供了上述费用的发票，法院予以支持。关于原告主张的律师费，虽原告只提供了授权委托合同，未提交律师费发票，但原告确有聘请律师参与诉讼，故法院对原告主张的律师费予以酌情支持。被告某2化妆品公司、某1化妆品公司、某3化妆品公司共同赔偿原告合理支出15000元。因原告未能举证证实其因被告侵权所受损失及被告因侵权所获利情况，故法院综合考虑原告商标的声誉、侵权者的主观过错及纠错态度、侵权产品的销售形式、价格、侵权期间、后果及权利人为制止侵权行为所支付的合理开支等情况，酌情确定被告某2化妆品公司、某1化妆品公司、某3化妆品公司应共同赔偿原告经济损失人民币90000元。

某实验室公司不服一审判决提出上诉，后撤诉。

【法官后语】

三维标志商标，又称立体商标，是指仅由三维标志或者由含有其要素的三维标志构成的商标。三维标志商标可以表现为商品自身的三维形状、商品包装或容器的三维形状或者其他三维标志。涉三维标志商标的侵权认定，存在以下几种情况：（1）被诉侵权标识与他人在先商标均为三维标志商标；（2）被诉侵权标识为三维标志商标，他人在先商标为平面商标；（3）被诉侵权标识为平面商标，他人在先商标为三维标志商标。认定涉三维标志商标是否侵权，关键在于如何认定被诉侵权标识与他人在先商标构成相同或近似。

在原来的《商标审查及审理标准》中就有对三维标志商标相同或近似认定的具体规定。在2022年1月1日施行的《商标审查审理指南》中，对三维标志商标相同、近似的审查规则有了更明确、详细、全面的规定：三维标志商标相同、近似的审查包括三维标志商标之间相同、近似的审查和三维标志商标与平面商标之间相同、近似的审查。审查时应考虑商标中三维形状的任一可观察角度，并就观察到的表现内容及视觉效果与他人在先商标进行比对。具体如下：(1) 仅由三维形状构成的三维标志商标，其整体视觉效果与他人在先的三维标志商标相同或构成近似，易使相关公众对商品或者服务的来源产生混淆的，判定为相同或者近似商标。(2) 由具有显著特征的三维形状和其他平面要素组合而成的三维标志商标，若其具有显著特征的三维形状部分或者具有显著特征的平面要素部分与他人在先的三维标志商标对应部分相同或者近似，易使相关公众对商品或者服务的来源产生混淆的，判定为相同或者近似商标。(3) 由不具有显著特征的三维形状和具有显著特征的平面要素组合而成的三维标志商标，若两件商标具有显著特征的平面要素相同或近似，易使相关公众对商品或者服务的来源产生混淆的，判定为相同或者近似商标；若两件商标具有显著特征的平面要素部分区别较大，相关公众能够据以区分商品或服务来源的，则不判定为相同或近似商标。(4) 仅由三维形状构成的三维标志商标，与他人在先的平面商标在整体视觉效果上相同或者近似，易使相关公众对商品或者服务的来源产生混淆的，判定为相同或者近似商标。(5) 由三维形状和其他平面要素组合而成的三维标志商标，若其具有显著特征的三维形状部分与他人在先的平面商标相同或近似，易使相关公众对商品或者服务的来源产生混淆的，判定为相同或者近似商标。由此可见，我们既要对三维标志商标中的三维形状进行比对，也要对三维标志商标中的平面要素（若有的话）进行比对。

基于上述规定，结合涉三维标志商标的侵权存在三种情况以及由于三维标志商标不必然通过其三维形状来体现其显著性的情况，在涉三维标志商标的侵权认定中，判断被诉侵权商标是否与他人在先商标构成相同或近似，存在以下几种情况：

1. 被诉侵权标识及他人在先商标均为三维标志商标的认定方法，应当将被诉侵权标识具有显著特征的三维形状或平面要素分别与他人在先的三维标志注册商标对应部分进行比对，若显著部分构成相同或近似，易使相关公众对商品或者服务的来源产生混淆的，整个被诉侵权标识应当被认定为相同或近似标识。

2. 被诉侵权标识为三维标志商标而在先商标为平面商标的认定方法，应当将被诉侵权标识具有显著特征的三维形状或平面要素与他人在先的平面商标进行比对，若构成相同或近似，易使相关公众对商品或者服务的来源产生混淆的，整个被诉侵权标识应当被认定为相同或近似的标识。

3. 被诉侵权标识为平面标识而在先商标为三维标志商标的认定方法，应当将被诉侵权标识整体与在先的三维标志商标进行比对，易使相关公众对商品或者服务的来源产生混淆的，构成相同或近似标识。

本案例属于第一种情况，被诉侵权的标识及原告主张权利的商标均为立体标识。其中两标识的三维形状均为缺乏显著特征的正方体，有显著特征的为正方体俯视面的具有显著特征的平面元素，将该平面元素进行了比对，认定构成近似，从而认定两个立体标识整体上构成近似。

当然，以上仅为被诉侵权标识与他人主张权利商标是否构成相同或近似的认定方法，是否构成商标侵权，仍应当结合商标侵权的其他构成要件综合认定。

随着经济发展和知识产权的保护力度加强，三维形状与其他标志在三维标志商标上的体现方式可以多种多样，立体商标平面化，平面商标立体化等多样的使用方式也给涉三维标志商标的相同或相似的比对带来难度。具体的比对方法仍应通过司法实践进行进一步地探索。

编写人：广东省广州市白云区人民法院　曹玲　简晓莉

103　类似商品的判定

——王某宣诉某实业公司、某货运服务部侵害商标权案

【案件基本信息】

1. 裁判书字号

广州知识产权法院（2015）粤知法商民终字第255号民事判决书

2. 案由：侵害商标权纠纷

3. 当事人

原告（被上诉人）：王某宣

被告（上诉人）：某实业公司

被告：某货运服务部

【基本案情】

王某宣注册了第99220××号“QX QINGXING 庆兴”商标，核准使用商品为第23类的纱、人造丝、弹力丝（纺织用）、丝纱、线、纺织线和纱、尼龙线、绒线、毛线、毛线和粗纺毛纱，注册有效期限自2012年11月7日起至2022年11月6日止。王某宣认为某实业公司未经许可，在生产、销售纱线产品中使用的商标侵犯了王某宣注册的第99220××号商标专用权，某货运服务部为某实业公司的侵权行

为提供仓储、运输、销售等服务，属于共同侵权，依法应当承担连带责任。起诉请求判令：（1）某实业公司与某货运服务部停止侵权，某货运服务部停止为某实业公司的侵权行为提供仓储、运输、销售等服务；某实业公司停止在企业名称中使用“庆兴”字号，并销毁侵权产品包装、宣传资料；（2）某实业公司赔偿王某宣经济损失200000元，由某货运服务部承担连带责任；（3）某货运服务部与某实业公司承担王某宣为诉讼支出的合理费用共计9114元。

王某宣通过证据保全公证取得被诉侵权产品，系黑白两色绕成圈的线状产品，其外包装箱侧面左上角印有“”标识，另有“某实业公司”“慶興”等字样，其中“某实业公司”居上方，字体较小且一致，“慶興”居中，字体较大。“某货运服务部专用承运单”上载明货物名称为“织带”，货款为“提付1084”，“销售发货单”上列明货品名称、规格为“庆兴牌涤纶DTY黑150D/36FA”“庆兴牌涤纶DTY白150D/36FA”。王某宣认为被诉侵权产品是用于纺织的纱、线，某实业公司则认为被诉侵权产品是涤纶纤维，属于纤维纺织原料。对被诉侵权产品上所使用的“”标识，王某宣认为与其第99220××号商标的构成要素完全相同，某实业公司则认为与第86325××号商标完全一致。

案外人某织带公司注册了第8632528号“”商标，核定使用商品为第22类的麻带、绳索、非金属绳索、包装用纺织品袋（信封、小袋）、非橡胶或塑料制（填充或衬垫用）包装材料、纤维纺织原料、纺织品纤维、纺织品用塑料纤维（纤维）、网、纺织品遮篷，注册有效期限自2011年9月21日起至2021年

9月20日止。某实业公司与某织带公司曾于2003年、2011年、2013年签订了多份《商标使用许可合同》，约定某织带公司第86325××号商标许可给某实业公司在核定商品上使用，相关合同已报申请备案。

【案件焦点】

被诉侵权产品与涉案第99220××号注册商标核定使用的商品是否为类似商品。

【法院裁判要旨】

广东省广州市天河区人民法院经审理认为：被诉侵权产品包装上使用的“QX 庆兴 QINGXING”标识与第99220××号“QX QINGXING 庆兴”商标相比较，两者构成要素相同，仅系排列有所不同，应认定两者构成近似；另使用的“慶興”标识与第9922064号“QX QINGXING 庆兴”商标构成要素中的主要部分“庆兴”文字相同，仅有繁简体之分，故两者亦应认定构成近似。注册商标的专用权，以核准注册的商标和核定使用的商品为限。某实业公司虽经某织带公司许可使用第86325××号商标，但依照合同约定仅有在上述商标核定商品上使用的权利，被诉侵权产品系涤纶纱线，并不属于上述商标核定使用商品，其使用已经超出核定使用商品的范围，因此某实业公司据此抗辩系经授权合法使用于法无据。

广东省广州市天河区人民法院判决如下：

一、某实业公司于判决发生法律效力之日起立即停止侵害王某宣第99220××号“QX QINGXING 庆兴”注册商标专用权行为，销毁涉案侵权产品包装；

二、某实业公司于本判决发生法律效力之日起十日内赔偿王某宣经济损失60000元；

三、某实业公司于本判决发生法律效力之日起十日内赔偿王某宣为制止侵权所支付的合理费用共计9114元；

四、驳回王某宣的其他诉讼请求。

某实业公司不服一审判决，提出上诉。广州知识产权法院经审理认为：某实业公司被许可使用的第86325××号“QX庆兴 QING XING”商标，核定使用的商品为第22类，包括“麻带、绳索、非金属绳索、包装用纺织品袋（信封、小袋）、非橡胶或塑料制（填充或衬垫用）包装材料、纤维纺织原料、纺织品纤维、纺织品用塑料纤维（纤维）、网、纺织品遮篷”。根据该类别商品的名称及内涵，其中的“纤维纺织原料”应当理解为用于纤维纺织的未经加工的原材料类产品，有别于半成品或成品。王某宣第99220××号“QX QINGXING 庆兴”商标核定使用的商品为第23类，包括“纱、人造丝、弹力丝（纺织用）、丝纱、线、纺织线和纱、尼龙线、绒线、毛线、毛线和粗纺毛纱”。从商品名称及内涵，该类别商品属于纺织用的线和纱。被诉涤纶产品是被加工成丝状的长纤维，且被卷绕成线圈状，从其功能、用途上可以认定属于纺织用的纤维。要判断商品之间是否类似，除考虑商品的物理属性等因素外，还需要考虑在相关公众的一般认知中，是否认为商品之间存在特定的联系并容易造成混淆。某实业公司称该涤纶产品要再加工成纱后方能用于纺织，但相关公众从该涤纶产品的性状角度来看，更容易将其认为是纺织用的半成品或是成品，而非未经加工的纺织用原材料。被诉涤纶产品与第23类商品构成类似商品，某实业公司称在核定第22类商品范围内使用第86325××号

“QX 庆兴 QING XING”商标，缺乏充分依据。某实业公司在被诉涤纶产品包装上使用与王某宣第99220××号“QX QINGXING 庆兴”商标近似的“QX 庆兴 QING XING”商标及“慶興”标识，容易引起相关公众对商品来源的混淆，误认为该商品是王某宣提供的或者某实业公司与王某宣之间存在特定的联系，构成对王某宣第99220××号“QX QINGXING 庆兴”商标专用权的侵犯。原审判决查明事实清楚，适用法律正确，应予维持。

广州知识产权法院依照《中华人民共和国民事诉讼法》第一百七十条第一款第一项的规定，判决如下：

驳回上诉，维持原判。

【法官后语】

现实生活中产品纷繁复杂且层出不穷，《类似商品和服务区分表》虽然按照一定的标准对人类社会生活中的所有商品进行了分类和尽量囊括所有商品，但也未必所有产品名称都能在《类似商品和服务区分表》内找到对应一致的名称。本案中，双方当事人交易使用的产品通用名“涤纶”就没有出现在《类似商品和服务区分表》中。

判定商品商标侵权首先要判断是否属于同一种或类似商品。法院对于判断商品类似具有独立性。类似商品，在商标民事纠纷中应当严格按照《最高人民法院关于审理商标民事纠纷案件适用法律若干问题的解释》（以下简称《商标法司法解释》）第十一条、第十二条界定的含义理解，《类似商品和服务区分表》可以作为参考。

本案中，某实业公司抗辩称其销售的“涤纶”产品属于第22类的“纤维纺织原料”。根据第22类商品的名称及内涵，其中的“纤维纺织原料”应当理解为用于纤维纺织的未经加工的原材料类产品，有别于半成品或成品。王某宣第99220××号商标核定使用的商品为第23类，包括“纱、人造丝、弹力丝（纺织用）、丝纱、线、纺织线和纱、尼龙线、绒线、毛线、毛线和粗纺毛纱”。从商品名称及内涵，该类别商品属于纺织用的线和纱。而被诉涤纶产品是被加工成丝状的长纤维，且被卷绕成线圈状，从其功能、用途上可以认定属于纺织用的纤维，非未经加工的原材料类产品。被诉涤纶产品从自然属性、功能、用途方面进行判断，更接近于王某宣享有商标权的第23类商品。

司法实践中，法官可假设站在普通消费者的角度依经验法则对“相关公众的一般认知”作出判断。相关公众的一般认知，是相关市场的一般消费者对商品的通常认知和一般交易观念。这种对商品类似的认识，来源于一般生活常识和消费习惯。相关公众在认识类似商品时一般不会受到《类似商品和服务区分表》的影响，因为绝大多数人应该不知道该表的存在以及“区分表”是如何划分商品类别和类似的。

本案中，相关公众从该涤纶产品的性状角度来看，更容易将其认为是纺织用的半成品或是成品，而非未经加工的纺织用原材料，故相关公众的一般认知中，被诉涤纶产品与王某宣享有商标权的第23类商品构成类似商品。

编写人：广州知识产权法院　刘培英

104 商标指示性使用的边界

——某电脑公司诉顾某侵害商标权案

【案件基本信息】

1. 裁判书字号

江苏省高级人民法院（2014）苏知民终字第0142号民事判决书

2. 案由：侵害商标权纠纷

3. 当事人

原告（被上诉人）：某电脑公司

被告（上诉人）：顾某

【基本案情】

原告某电脑公司因与被告顾某侵害商标权纠纷一案，向江苏省泰州市中级人民法院提起诉讼。

某电脑公司是“×想”与“Lenovo”商标的商标权人，核定使用商品为计算机存储器；计算机；计算机外围设备；笔记本电脑等，“×想”商标与“Lenovo”商标均被国家商标局认定为驰名商标。顾某经工商部门核准注册成立某电脑配件经营部，经营范围为电脑、电脑耗材、电脑配件零售、维修。某电脑公司主张顾某在销售店铺的门头及店内装饰等处突出使用“lenovo×想”及“Lenovo”标识，使消费者误认为是×想专卖店，构成商标侵权。请求法院判令顾某：（1）立即停止商标侵权行为；（2）在市级报纸刊登声明以消除影响；（3）赔偿某电脑公司侵权赔偿金及合理费用20万元；（4）承担本案诉讼费。

顾某辩称：其本身就是主要经营某电脑公司产品的销售商，在经营行为中使用某电脑公司的相关注册商标属于合法合理的宣传和使用行为，意在告知消费者其店中所销售商品是由某电脑公司生产，该行为对某电脑公司没有任何危害性，也不存在误导消费者。

法院查明：某电脑公司于1992年12月24日注册成立，注册资本为港元17548.13万元，公司类型为有限责任公司。1990年5月30日，中国科学院计算所计算机技术公司经国家商标局核准注册了“×想”商标，商标注册证号为第520416号，核定使用商品第9类：汉卡、微机、计算机外部设备、传真卡、电源、可编程工业控制器，注册有效期限自1990年5月30日至2000年5月29日止。1991年3月30日该注册商标经国家商标局核准变更商标注册人名义为某计算机集团公司，2010年12月9日又再次经国家商标局核准变更商标注册人名义为某电脑公司，后经核准续展有效期至2020年5月29日。1999年1月5日，“×想”商标被国家商标局认定为驰名商标。

2004年7月14日，某电脑公司经国家商标局核准注册了“Lenovo”商标，商标注册证号为第34625××号，核定使用商品第9类：计算机存储器；计算机；计算机外围设备；计算机软件（已录制）；笔记本电脑；与计算机联用的打印机；扫描仪（数据处理设备）；集成电路卡；复印机（光电、静电、热）；电传真设备；调制解调器；手提电话；与电视机连用的娱乐器具；个人用立体声装置；随身听；照相机（摄影）；单晶硅；集成电路（商品截止），注册有效期限自2004年7月14日至2014年7月13日止。2008 年 3 月 4 日，“Lenovo” 商标被国家工商行政管理总局商标局认定为驰名商标。

2008 年 11 月 17 日，顾某经工商部门核准注册成立某电脑配件经营部，经营范围为电脑、电脑耗材、电脑配件零售、维修，经营场所位于某市某路××号一楼××位。

江苏省南京市钟山公证处于 2013 年 7 月 12 日出具的（2013）宁钟证经内字第 2189 号公证书证实：2013 年 7 月 8 日，某律师事务所指派孔某凡向××公证处申请证据保全。当日，该公证处公证人员李某阳、姜某随同孔某凡来到顾某位于某市某路××号某电脑城一楼的“某旗舰店 A4”的经营场所。孔某凡在该店购买鼠标一个，支付货款后，该店店员开具×想专卖店销售单一张，连同一张名片交给孔某凡。公证人员对该店进行拍照。孔某凡离开该店后将现场获得的鼠标、销售单、名片交给公证人员保管。返回公证处后，公证人员对现场取得的鼠标进行拍照，对现场取得的销售单、名片进行复印，复印后将上述物品交给孔某凡保管。公证机构证明：公证书所记载的上述过程均是在公证员面前进行的，与现场发生的情况相符。公证书所附的附件一照片打印件七页系依据现场拍摄数据打印所得；附件二系现场取得的销售单、名片复印所得。

作为公证书附件一的第 2、3、4、5、6 页的照片打印件内容显示，顾某在其门头及店内装饰多处使用了“lenovo×想”及“Lenovo”标识，上述标识采用了橙色背景与白色字样，颜色醒目、突出。第 7 页照片打印件可以证实孔某凡所购的鼠标的特征。公证书附件二显示，顾某就其所销售的该 ThinKPad 鼠标开具了

"lenovo×想专卖店销售单"。顾某的名片正面标有"lenovo×想 ThinKPad 顾某 华诚电脑销售公司"字样，反面标有"lenovo×想某旗舰店"字样。顾某的销售清单，连同其名片，亦使用了"Lenovo""×想"标识。

【案件焦点】

1. 顾某是否侵犯了某电脑公司涉案注册商标专用权；2. 如果侵权成立，被告顾某应当承担何种民事责任。

【法院裁判要旨】

江苏省泰州市中级人民法院经审理认为：顾某作为某电脑公司产品的零售商，为了指明其所售商品的基本信息，应允许其在经营活动中善意、合理地使用某电脑公司的注册商标，但该使用方式不能超出合理使用的界限。顾某在其店招上仅使用了"×想"及"Lenovo"字样，除此之外，再无其他任何说明文字，其店招上的橙色背景与白色字样的使用方式一方面使得颜色醒目、突出，另一方面也使得顾某店招上的字样与某电脑公司品牌店的门面规范设计较为接近；另外，顾某还在其销售单及名片上使用了"lenovo×想专卖店、某旗舰店"的字样，其对"×想"及"Lenovo"的上述使用方式会使前往购买计算机产品的一般消费者或者相关公众误认为该店与某电脑公司之间存在特定的商业关系，明显已超出了合理使用的界限，在未经某电脑公司许可的情况下，其行为构成对某电脑公司注册商标专用权的侵犯，应当承担侵权的民事责任。

江苏省泰州市中级人民法院依照《中华人民共和国商标法》第三条第一款，第五十二条第五项，第五十六条第一款、第二款；《中华人民共和国商标法实施条例》第三条；《最高人民法院关于审理商标民事纠纷案件适用法律若干问题的解释》第十六条第一款、第二款、第十七条及《中华人民共和国民法通则》第一百三十四条的规定，判决如下：

一、顾某于判决生效之日起立即停止侵犯某电脑公司第 520416号“×想”、第 34625××号“Lenovo”注册商标专用权的行为；

二、顾某于判决生效之日起三十日内在某市市级报纸上刊登声明，就其商标侵权行为消除影响（声明的内容须经法院审核）；

三、顾某于判决生效之日起十日内一次性赔偿某电脑公司经济损失及合理费用合计人民币 25000 元；

四、驳回某电脑公司其他诉讼请求。

顾某不服提起上诉称其行为并不构成商标侵权。（1）顾某销售的商品全部为某电脑公司生产制造，不存在商标侵权。（2）顾某在销售某电脑公司的商品过程中，善意、合理地使用某电脑公司的商标，退一步讲，即使其超出了善意、合理使用的界限也不能视为商标侵权行为，因为这种使用行为不符合商标侵权的定义和客观行为要件。（3）顾某的行为没有对某电脑公司产生任何损害后果。一方面，其销售某电脑公司的产品，提高了某电脑公司的产品销量；另一方面，其为某电脑公司的产品和商标进行广告宣传，扩大了某电脑公司的知名度，均有利于某电脑公司。（4）顾某善意、合理地使用某电脑公司商标的行为不会造成一般消费者或公众“误认为”其与某电脑公司之间存在特定的商业关系，因为顾某一直在销售某电脑公司的产品，确实与某电脑公司存在商业关系。某电脑公司答辩称：一审判决认定事实清楚，适用法律正确，请求驳回上诉，维持原判。

江苏省高级人民法院经审理认为：顾某强调其对涉案“×想”和“Lenovo”注册商标的使用系出于善意、合理的使用，并未对某电脑公司造成任何损害，其主张的实质即在于被控侵权行为属于商标的指示性合理使用，并不构成商标侵权。对此，法院经审查认为，顾某对涉案商标的使用已超出合理使用范畴，已对某电脑公司的相关商标权益造成损害，构成商标侵权。一审判决认定事实清楚，适用法律正确。江苏省高级人民法院依照《中华人民共和国民事诉讼法》第一百七十条第一款第一项的规定，判决如下：

驳回上诉，维持原判。

【法官后语】

销售者在实际销售某品牌商品的过程中，往往会在经营店铺上突出使用所售商品的商标，该行为是否构成商标侵权？关键在于考量销售者使用他人的商标是否属于正当使用，即必须明确商标指示性使用的合理边界。在产品修理、零配件制造、产品销售、产品组装等商业领域中，经营者为了向消费者客观说明自己商品或者服务的来源、用途、服务对象及其他商品本身固有的特性，固然允许其善意合理地使用商标权人的注册商标。但在上述情况下，经营者不能以其描述的需要为由随意扩大使用商标权人的商标，而必须遵守指示性合理使用的规则，即一般要求使用者系基于诚信善意，使用商标的具体形式、程度也应保持在合理范畴之内，且未对商标权人的合法权益造成损害。

一、商标的指示性合理使用

《中华人民共和国商标法》第五十七条规定，未经商标注册人的许可，在同一种商品上使用与其注册商标相同的商标；在同一种商品上使用与其注册商标近似的商标，或者在类似商品上使用与其注册商标相同或者近似的商标，容易导致混淆的，属于侵犯注册商标专用权的行为。但是商标法对注册商标的保护并不是绝对的，如果他人是将与注册商标相同或近似的文字用来叙述、说明商品的特点、质量、数量等或者描述某种商业活动的客观事实，而不具有区分商品来源和不同生产者的作用，则他人的使用不构成对注册商标专用权的侵犯。为此，《中华人民共和国商标法》第五十九条第一款规定，注册商标中含有的本商品的通用名称、图形、型号，或者直接表示商品的质量、主要原料、功能、用途、重量、数量及其他特点，或者含有的地名，注册商标专用权人无权禁止他人正当使用。在产品修理、零配件制造、产品销售、产品组装等商业领域中，经营者为了向消费者描述其制造、销售的商品或提供的服务内容、来源，应当允许其合理使用商标权人的注册商标。但在上述情况下，经营者不能以其描述的需要为由随意扩大使用商标权人的商标，必须遵守指示性合理使用的规则，一般要求使用者系基于诚信善意，使用商标的具体形式、程度也应保持在合理范畴之内，且未对商标权人的合法权益造成损害。

二、顾某对涉案商标的使用已超出合理使用范畴，构成商标侵权

本案中，综合全案事实，顾某对涉案商标的使用已超出合理使用范畴，对某电脑公司的相关商标权益造成损害，其关于指示性使用商标且不构成商标侵权的抗辩主张不能成立。

首先，顾某对涉案商标的使用已经超出了合理使用的范畴。顾某作为“×想”电脑的经销商，可以在经营活动中正当使用“×想”和“Lenovo”商标以指示其销售商品的内容与来源，即顾某可以在其所售商品上通过标签、在店铺上通过“本店销售×想电脑”等合

理方式标注“×想”和“Lenovo”商标以达到指示商品来源的作用。但在本案中，顾某在其经营场所全面使用涉案商标，并在店铺门头、店内装饰、名片、销售清单等处突出使用“lenovo×想”“Lenovo”等标识，从上述行为可以推断出顾某具有试图使消费者误认为其与某电脑公司存在特许经营、加盟、专卖等特定商业关系的攀附故意，客观上也形成了上述效果，显然属于对合理指示商品来源的权利的不当扩张，已经超出了商标指示性使用的合理范畴。

其次，顾某对涉案商标的使用行为对某电脑公司的商标权益造成了损害。商标的功能不仅在于保证消费者能够通过商标识别商品或服务的来源，使消费者相信使用相同商标的商品或服务具有相同的质量，使商标权人很容易利用商标进行广告宣传，还在于在长期的使用过程中，消费者逐渐将商标与使用商标的商品或服务密切联系起来，商标越来越具有反映与传达商标所有人商誉的价值，从而具有商誉载体的功能。本案中，顾某基于标明商品本身来源的目的而使用涉案商标的行为固然具备正当性，但其在经营场所中全面使用涉案“×想”和“Lenovo”商标，容易导致消费者误认为其与某电脑公司之间存在某种特定商业关系，既不当借助了某电脑公司涉案商标的商业声誉，也可能在一定程度上割裂了涉案商标与某电脑公司本身的对应关系，妨碍了某电脑公司涉案商标功能的完整发挥，对其商标权益形成了不当损害。

综上，顾某对涉案商标的使用已经超出了合理使用的范畴，且对某电脑公司商标权益造成了损害，构成商标侵权。

编写人：江苏省高级人民法院　刘莉

（三）专利权权属、侵权纠纷

105 商标法意义上生产者与专利法意义上制造者之间的界限

——电器科技公司诉厨房用品公司等侵害发明专利权案

【案件基本信息】

1. 裁判书字号

最高人民法院（2020）最高法知民终1558号民事判决书

2. 案由：侵害发明专利权纠纷

3. 当事人

原告（被上诉人）：电器科技公司

被告（上诉人）：厨房用品公司、纸制品公司

被告：胡某江、乘用车公司、汽车服务公司

【基本案情】

专利号为ZL201310345×××、名称为“×××××手工操作咖啡机”的发明专利权人为电器科技公司。厨房用品公司与纸制品公司为关联企业，经营范围均包括厨具生产等，胡某江为厨房用品公司法定代表人兼销售经理；乘用车公司经营范围为汽车制造业等；汽车服务公司经营范围为销售汽车产品等。

经公证，电器科技公司在厨房用品公司及纸制品公司网店、纸制品公司经营场所、乘用车公司微信公众号通过汽车服务公司及另一专营店分别购买到被诉产品“×版咖啡机”。厨房用品公司网店被诉产品网页上有“mini××××”“WA××××”标识。上述商标

的申请人均为电器科技公司。上述从乘用车公司专营店购买的被诉产品实物及外包装盒上均印有“NI××××”标识，外包装盒标贴显示生产厂商为厨房用品公司，并有乘用车公司的名称。经比对，被诉产品具备与涉案专利权利要求1全部相同的技术特征。电器科技公司认为厨房用品公司、乘用车公司、纸制品公司、胡某江、汽车服务公司构成共同侵权，诉请停止侵权并连带赔偿经济损失及维权合理支出1500000元。

乘用车公司、厨房用品公司均否认系被诉产品的制造者。乘用车公司抗辩被诉产品合法来源于礼品公司，采购合同约定卖方应保证使买方免于任何第三方提起的、因买方使用卖方提供的产品侵犯其专利权引起的索赔、指控或诉讼，技术任务书载明产品材质规格等要求。厨房用品公司确认乘用车公司的被诉产品系礼品公司向其采购，但抗辩被诉产品合法来源于电器科技公司，在沟通过程中，厨房用品公司通过微信发送的图片中显示有与被诉产品外观基本一致的咖啡杯产品，该产品上印有“mini×××××”标识。

【案件焦点】

1. 乘用车公司是否为被诉产品的制造者及其合法来源抗辩是否成立；2. 厨房用品公司是否为被诉产品的制造者及其合法来源抗辩是否成立。

【法院裁判要旨】

广州知识产权法院经审理认为：在商品上标注可识别性标识或企业名称，可以起到宣示商品来源的作用，属于商标法意义上的生产者，而不能等同于专利法意义上的制造者。专利法意义上的制造属于实施专利的行为，并不局限于直接制造出采用了专利技术方案的产品，还包括本身不从事生产而提供技术方案委托他人代加工的行为。因此，判断被诉产品上的标识或企业名称所指向的主体是否为专利法意义上的制造者，关键在于其是否为被诉侵权技术方案的提供者。

本案中，乘用车公司否认其销售、许诺销售的被诉产品系其制造，但被诉产品上有“NI××××”标识及其公司名称，电器科技公司已完成初步的证明责任。在这种情况下，举证责任转移至乘用车公司一方，其需举证证明被诉产品的来源且被诉侵权技术方案并非其提供。乘用车公司抗辩被诉产品来源于厨房用品公司，并提交了其与礼品公司签订的采购合同等，上述证据与厨房用品公司提交的证据内容可以相互印证，且被诉产品上也标明生产厂商为厨房用品公司。在乘用车公司与礼品公司签订的采购合同、技术任务书中，乘用车公司对其采购的咖啡机产品提出了技术标准和要求，但其内容局限于材质等方面，而没有包括产品具体的技术方案。厨房用品公司主营厨具生产，其网店亦销售被诉产品。由此可见，乘用车公司提供被诉侵权技术方案的可能性较小。乘用车公司在其与礼品公司签订的采购合同中约定关于若卖方提供的产品侵犯专利权由卖方负责的条款，虽不能对抗第三人，但也可以佐证上述判断。因此，乘用车公司已完成未提供被诉侵权技术方案的举证责任，不宜认定为被诉产品的制造者，其合法来源抗辩成立。

乘用车公司销售的被诉产品外包装盒所贴标签上标明生产厂商为厨房用品公司，厨房用品公司否认被诉产品系其制造，并抗辩被诉产品来源于晋昇公司。厨房用品公司提交的证据之间相互印证，可以认定被诉产品来源于晋昇公司。但同时，上述证据难以证明厨房用品公司所订购的被诉产品所采用的技术方案并非其向晋昇公司提供。相反，厨房用品公司通过微信发送的图片中显示有与被诉产品外观基本一致的咖啡杯产品，该产品上印有“mini××××”标识；厨房用品公司网页上被诉产品名称为“mini×××× 咖啡壶”，并在产品介绍中出现“WA××××”标识；“WA××××”和“mini××××”商标的申请人均为电器科技公司。以上证据可以说明，厨房用品公司在明知电器科技公司涉案专利产品的情况下，主动要求以涉案专利产品为模板定制被诉产品。据此，本院认定被诉侵权技术方案系厨房用品公司提供，厨房用品公司系被诉产品在专利法意义上制造者，其不符合合法来源抗辩的主体要求，对其抗辩不予采纳。

广州知识产权法院依照《中华人民共和国侵权责任法》第八条、第十五条第一款第一项和第六项、第二款，《中华人民共和国专利法》第十一条第一款、第五十九条第一款、第六十五条、第七十条，《最高人民法院关于审理侵犯专利权纠纷案件应用法律若干问题的解释》第七条，《最高人民法院关于审理专利纠纷案件适用法律问题的若干规定》第二十一条及《最高人民法院关于适用〈中华人民共和国民事诉讼法〉的解释》第九十条之规定，判决如下：

一、厨房用品公司、纸制品公司自本判决发生法律效力之日起停止制造、销售、许诺销售侵害涉案专利产品，并销毁库存侵权产品；

二、乘用车公司自本判决发生法律效力之日起停止销售、许诺销售侵害涉案专利的产品，并销毁库存侵权产品；

三、汽车服务公司自本判决发生法律效力之日起停止销售侵害涉案专利权的产品；

四、厨房用品公司、纸制品公司应于本判决生效之日起十日内连带赔偿电器科技公司经济损失及维权合理支出共计500000元；

五、驳回电器科技公司的其他诉讼请求。

厨房用品公司、纸制品公司不服一审判决，遂提起上诉。最高人民法院经审理认为：原审判决认定事实清楚，适用法律正确，应予维持。厨房用品公司、纸制品公司的上诉请求均不能成立。

最高人民法院依照《中华人民共和国民事诉讼法》第一百七十条第一款第一项之规定，判决如下：

驳回上诉，维持原判。

【法官后语】

专利法中，实施专利包括以生产经营目的为制造、使用、许诺销售、销售、进口专利产品。于专利侵权案件而言，制造行为系侵权产品之源头，为专利法重点打击之对象。因此，在该类型案件的审理中，制造行为的认定往往成为主要争议焦点。

在商标法意义上，流通商品上的商标或企业名称标志着该商品的来源，据此可推定该商标的持有人或该名称的企业为该商品的生产者，此即商标法意义上的生产者。在实践中，该生产者可以是商品的直接生产厂家，也可以委托他人生产而贴自己的牌。若该商品系侵害专利权的产品，则前者与专利法意义上的制造者一致，但后者则不能一概而论。专利保护的对象是技术方案，实施专利的本质在于实施专利所保护的技术方案。因此，对于贴牌加工而言，专利产品技术方案的提供者才是专利的真正实施者，亦即专利法意义上的制造者。

在专利侵权案件中，根据“谁主张，谁举证”的一般规则，应由原告对被告实施制造行为承担举证责任。但对于被诉产品上有被告商标或企业名称的情况下，被告已构成商标法意义上的生产者，此时可认为原告已完成初步的举证责任。若被告否认其为专利法意义上的制造者，则需要承担进一步的举证责任，即举证责任转移至被告，由其举证证明被诉产品的来源且被诉侵权技术方案并非其提供。此举证责任分配规则的设定，符合诚实信用、公平合理的民法原则，对于专利侵权案件中制造行为的认定具有现实意义和程序价值，并有利于加强专利保护，打击侵权源头。

本案中，被诉产品上既有乘用车公司的“NI××××”标识及其公司名称，又标明制造商为厨房用品公司，乘用车公司与厨房用品公司均否认其为被诉产品的制造者，并提出合法来源抗辩。两者相比较，乘用车公司的证据可以证明其提供被诉侵权技术方案的可能性较小，而厨房用品公司虽能举证证明被诉产品的来源，但难以证明被诉侵权技术方案并非其向案外人提供。相反，本案有证据显示，厨房用品公司曾向案外人发出过显示有与被诉产品外观基本一致的咖啡杯产品图片，该产品上标有电器科技公司商标信息。由此可见，厨房用品公司在明知电器科技公司涉案专利产品的情况下，主动要求以涉案专利产品为模板定制被诉产品，其系专利法意义上的制造者。

本案比较典型，有助于厘清商标法意义上生产者与专利法意义上制造者之间的界限，对审判实践具有一定的指导意义。

编写人：广州知识产权法院　官健　陈建辉

106 专利权权属案件中依优势证据认定专利权人

——某疏散系统公司诉某科技发展公司发明专利权权属案

【案件基本信息】

1. 裁判书字号

北京市高级人民法院（2019）京民终 190 号民事判决书

2. 案由：发明专利权权属纠纷

3. 当事人

原告（被上诉人）：某疏散系统公司

被告（上诉人）：某科技发展公司

【基本案情】

某疏散系统公司诉称，其主要从事高层疏散逃生系统的研发。2013 年 3 月，被告某科技发展公司成立，其拥有第“20141028××××.1”号名为“一种高层建筑物逃生系统”的发明专利（涉案专利）。某科技发展公司与某疏散系统公司接触之前，不具备任何高楼逃生疏散系统的技术和研发能力，既未生产过同样产品，也没有相关产品的国内市场。2013 年 4 月至 12 月，某科技发展公司为引进某疏散系统公司技术，与某疏散系统公司签订备忘录，由某疏散系统公司负责型号为 AMES-2 的样品（以下简称涉案样品）的研制生产，某疏散系统公司一周内提供样品的全套技术文件。某疏散系统公司与某科技发展公司签订《中外合资经营企业合同》，决定建立中外合资经营企业有限公司。合同签订后，某疏散系统公司将高楼逃生系统的技术资料交予被告。某疏散系统公司将样品的相关技术资料交付被告。某疏散系统公司完成涉案样品的研制生产后，将涉案样品以及样品的全套技术文件、涉案样品的用户手册交付某科技发展公司。涉案样品运抵中国后，某科技发展公司委托国家消防装备质量监督检验中心进行了样品的安装测试，并出具了检验报告。由于某科技发展公司原因，合资公司未设立。后某疏散系统公司发现，某科技发展公司由某疏散系统公司处获得涉案样品以及全套技术文件和用户手册后，擅自将英文原版手册翻译成中文并注明版权归其所有，同时在上述检验报告中，某科技发展公司将生产单位标注为自己。某疏散系统公司向中华人民共和国国际经济贸易仲裁委员会提出仲裁申请，请求解除合资合同。2015年7月，仲裁裁决解除合资合同，裁决书中明确认定某疏散系统公司研制生产出样品，并将样品交付被告。涉案专利的技术方案实质上就是某疏散系统公司发往某科技发展公司的技术资料、图纸所载的技术方案。某科技发展公司并未对涉案专利的实质性特点作出创造性的贡献，涉案专利的专利权应归属于某疏散系统公司。某疏散系统公司请求法院判令：(1)确认涉案专利的专利权归属某疏散系统公司所有；(2)某科技发展公司于判决生效10日内将涉案专利的专利权变更为某疏散系统公司，变更费用由某科技发展公司承担；(3)由某科技发展公司承担全部诉讼费用。

某科技发展公司辩称：涉案专利系被告自主申请，系第“20122040××××.5”号专利的延伸。涉案样品系半成品，缺少核心技术，且涉案样品与被告在2012年申请的第“20122040××××.5”号专利基本相同。某疏散系统公司始终未提供技术文件和专利复印件。综上，请求驳回原告的诉讼请求。

【案件焦点】

涉案专利的专利权的归属问题。

【法院裁判要旨】

北京知识产权法院经审理认为：某疏散系统公司主张某科技发展公司从某疏散系统公司处获得了高层疏散逃生系统技术并申请了涉案专利，涉案专利的专利权应属于某疏散系统公司。对此，某疏散系统公司应当提供证据加以证明。根据查明事实，某疏散系统公司与某科技发展公司双方曾存在商业上的合作关系。某疏散系统公司与某科技发展公司于 2013 年 4 月召开高楼逃生设施项目的投资合作商谈会，并于 2013 年 5 月签订了备忘录，双方一致同意在中国共同进行研发、生产、销售、推广及升级产品的开发。根据备忘录的约定，某科技发展公司进行出资，某疏散系统公司在以色列生产涉案样品，并于 2013 年 10 月交付某科技发展公司进行检验，某科技发展公司委托国家消防装备质量监督检验中心进行检验并出具了《检验报告》。某疏散系统公司研发的涉案样品为“一种高楼疏散系统”，涉案专利的发明名称为“一种高层建筑物逃生系统”。根据勘验结果，涉案样品与涉案专利的技术方案基本上能够一一对应，仅拉杆机构、钩挂件、第二销杆及由节点控制滑道本体打开长度的特征无法从涉案样品中出示。但根据涉案样品检测时所拍摄的照片，可确定以下情况：涉案样品“L”形的把手部件原连接有拉杆；舱门下部一侧原有一片状部件；“U”形部件可通过螺钉固定飘带端部的固定圈；存储舱顶板外侧设置原有两个中空的凸楞。由此可推断，涉案样品原有的很多部件均已被拆除，因此不能排除涉案样品原本具有拉杆机构、钩挂件等部件的可能性。

某科技发展公司主张涉案专利系其自主研发，涉案专利系专利号为“20122040××××.5”专利的延伸。对此法院认为，“20122040××××.5”号专利的申请日早于某科技发展公司成立日期，且某科技发展公司并未举证证明“20122040××××.5”号专利与某科技发展公司之间具有何种关联。故某科技发展公司提交的证据不能证明涉案专利系其自主研发。此外，某科技发展公司主张涉案样品不存在托架。法院认为，根据查明事实，涉案样品舱门内部设置有一外方内圆的框架及一中间略凹的板形框架，两者相连接，整体呈“L”型。外方内圆的框架和板形框架的交接处设置有转轴，两者可绕该转轴翻转一定角度。外方内圆的框架和板形框架整体相当于托架，故对于某科技发展公司的上述主张不予支持。

因此，在某疏散系统公司与某科技发展公司曾存在商业上的合作关系、涉案样品于涉案专利申请日前由某疏散系统公司研制并交付给某科技发展公司进行检测、涉案样品与涉案专利的技术方案基本能够一一对应、涉案样品部分原有部件明显已被拆除、某科技发展公司提交的证据不能证明涉案专利系其自主研发的情况下，法院认为更多优势证据指向了涉案专利系某疏散系统公司完成的发明创造，涉案专利的专利权应归属于某疏散系统公司。故判决如下：

一、确认ZL20141028××××.1“一种高层建筑物逃生系统”发明专利的专利权归原告某疏散系统公司所有；

二、驳回原告某疏散系统公司的其他诉讼请求。

某科技发展公司不服原审判决，提起上诉。二审法院同意一审法院裁判意见，依据《中华人民共和国民事诉讼法》第一百七十条第一款第一项之规定，判决如下：

驳回上诉，维持原判。

【法官后语】

在司法实践中，涉及专利方面的权属纠纷分为专利申请权纠纷和专利权权属纠纷。专利权权属纠纷是一种针对授权专利的确认之诉。随着各企业知识产权保护意识的提高，各行业企业间合作的提升，技术人员流动的加快，专利权权属纠纷案件数量近年呈增加趋势。《中华人民共和国专利法》第六条第二款、《中华人民共和国专利法实施细则》第十三条对专利权人、发明人进行了规定。此类案件的审理焦点在于确定涉案专利的归属。涉案专利的归属主要以该专利的实质性特点到底是谁创造性贡献来作为判断依据。

本案主要按照以下思路进行审理：一是利用举证责任规则分配证明责任。根据“谁主张、谁举证”原则，原告主张被告从原告处获得相关技术并申请了涉案专利，原告应就此主张提供相应的证据加以证明。本案中，原告提交了以下证据：在涉案专利申请日前原告与被告商业合作备忘录、原告研发的涉案样品交给被告并委托被告进行检验的情况、原告涉案样品现场测试照片等，并向法院申请证据保全扣押涉案样品。被告答辩称涉案专利系其自主研发，并提交另一专利以证明涉案专利由另一专利延伸而来。二是使用证据判断规则判断证据的可采性及证明力大小。法院根据原告提交的证据，对原告的涉案样品与涉案专利的技术方案进行比对，比对结果为：涉案样品与涉案专利的技术方案基本能够一一对应，仅拉杆机构、钩挂件、第二销杆及由节点控制滑道本体打开长度的特征无法从涉案样品中示出。但根据涉案样品检测时所拍摄的照片，可确定涉案样品原有的很多部件均已被拆除。因此，不能排除涉案样品原有上述拉杆机构、第二销杆等部件的可能性。且被告仅提交另一专利文件，但无法证明其提交的另一专利与被告具有何种关系。三是利用优势证据原则来决定当事人的诉讼请求。本案中，虽然涉案样品与涉案专利的技术方案存在小部分差异，但鉴于原告与被告的合作关系、涉案样品曾交付被告进行测试的事实、涉案样品测试现场照片的内容及被告无法证明涉案专利系其自主研发的情况下，当事人提交的证据能让法官心里产生确信“存在的可能性大于不存在的可能性”，更多的优势证据指向了涉案专利系原告完成的发明创造，涉案专利的专利权应当归属于原告。

优势证据规则包括以下几个方面：（1）优势证据规则所确定的标准是一种相对真实，而不是绝对真实。过去发生的事情难以进行还原和复制，只能依据现有材料对某些重要的情节进行固定。因此，通过证据固定下来的事件情节是一种相对事实。虽然不是过去发生事件的完整全貌，但可以确定下来的重要事实使得案件能有一个比较明确的法律判定。（2）优势证据规则所表达的证明标准是一种最低限度的标准。这种最低限度的标准建立在两个基础条件之上：一是双方当事人之间提供的证据有分歧，甚至将案件指向完全相反的两个方向，同时法院通过当事人申请调查的证据或者依职权调查的证据无法清晰地证明案件事实，即案件在现有证据下存在事实不清的现象；二是法院对双方当事人所举证据进行比较的结果，但这种比较必须建立在最低限度的标准基础上，而不是简单的比较。当事人双方的证据由法院比较哪一方的证据更具有说服力。（3）优势证据规则建立在证明责任基础上。一方面，当事人对自己所提的主张负有举证责任，向对方提供的证据是为了阻碍举证者解除其举证责任，抵消、削弱其所举证据的分量。另一方面，优势证据规则要求负有举证责任的当事人提供的证据在质量或分量上达到“明显优势”。如果负有举证责任的一方和相对方提供的证据所支持的事实均不能达到优势证据程度，人民法院应当依据证明责任的分配规则作出裁判，由负有证明责任的一方当事人承担举证不能的不利后果。

编写人：北京知识产权法院　张晰昕　李春锦

107　专利侵权合法来源认定应尊重交易习惯

——某塑胶电子公司诉罗某文侵害实用新型专利权案

【案件基本信息】

1. 裁判书字号

重庆市第一中级人民法院（2018）渝 01 民终 8373 号民事判决书

2. 案由：侵害实用新型专利权纠纷

3. 当事人

原告（被上诉人）：某塑胶电子公司

被告（上诉人）：罗某文

【基本案情】

2015 年 1 月 21 日，某知识产权局颁发第 4079×××号实用新型专利证书，专利权人系某塑胶电子公司。2016 年 12 月 16 日，某公证处出具（2016）渝中证字第 4594 号公证书，内容表明：2016 年 12 月 15 日，某塑胶电子公司的委托代理人与公证人员于“步行者电器”处购买自拍杆四个，共计 80 元，发票上盖有“罗某文发票专用章”，经比对，该产品的技术特征包含某塑胶电子公司专利权利要求 2 全部技术特征，侵犯某塑胶电子公司的专利权。

后罗某文举示了渝中区屏有通讯器材经营部的个体工商户管理登记卡和营业执照照片。另举示抬头为"重庆靓宇通信"的送货单，显示：购货单位为"罗某文"，发货人为"朱"。在送货单的右下方，附有"渝中区屏有通讯器材经营部"盖章，商品名称和数量为迷你自拍杆5个，加长自拍杆5个，送货单时间为2016年3月3日，罗某文于当日通过支付宝转款方式向朱兴宏支付货款510元。根据该店铺的照片显示：位于重庆市渝中区长江二路××号重庆通信器材交易市场中嘉通信城一层××号开间的店铺名称为"靓宇通信"。此地址与屏有通讯器材经营部工商执照上记载的经营地址一致。（2016）渝中证字第××号公证书记载公证购买的涉案产品的黑色外包装上注明是3代，与罗某文在视频中向屏有通讯器材经营部出示的产品基本相同。

【案件焦点】

专利侵权案件销售商合法来源抗辩成立的条件。

【法院裁判要旨】

重庆市渝北区人民法院经审理认为：某塑胶电子公司系涉案专利专利权人。经比对，罗某文销售的产品技术特征包含涉案专利权利要求2全部技术特征。罗某文的销售行为侵犯了某塑胶电子公司享有的涉案实用新型专利权。罗某文的合法来源抗辩因无相应事实依据而不成立，应承担相应的侵权责任。

重庆市渝北区人民法院根据《中华人民共和国侵权责任法》第十五条第一款第一项、第六项、第二款，《中华人民共和国专利法》第十一条第一款、第五十九条第一款、第六十五条、第七十条，《最高人民法院关于审理侵犯专利权纠纷案件应用法律若干问题的解释》第七条,《最高人民法院关于审理侵犯专利权纠纷案件应用法律若干问题的解释（二）》第二十五条,《中华人民共和国民事诉讼法》第一百四十二条之规定，作出如下判决：

一、罗某文立即停止销售侵犯某塑胶电子公司实用新型专利权的商品的行为，并销毁库存侵权商品；

二、罗某文赔偿某塑胶电子公司经济损失10000元；

三、驳回某塑胶电子公司的其他诉讼请求。

罗某文不服一审判决，提起上诉。重庆市第一中级人民法院经审理认为：根据罗某文提供的送货单及支付宝转账电子回单显示，转款记录与出示的送货单在交易时间、交易当事人、交易标的额等方面均保持一致，符合一般交易习惯。据罗某文提供的照片显示，“靓宇通信”店铺的地址与屏有通讯器材经营部工商执照上记载的经营地址一致。结合送货单和工商登记信息，该店铺虽名为“靓宇通信”，实则由“屏有通讯器材经营部”经营。前述送货单上抬头虽为“靓宇通信”，但实际上是由屏有通讯器材经营部发货。罗某文在二审期间举示的新证据形成完整的证据锁链，可以认定达到了高度盖然性的证明程度，法院认定上诉人销售的涉案自拍杆来源于屏有通讯器材经营部。罗某文提出的被控侵权产品具有合法来源的主张，法院予以支持。

罗某文销售了侵权产品，其理应停止销售上述商品，并销毁库存商品。由于其销售的侵权产品具有合法来源，故依法不应承担相应的侵权赔偿责任，但应分担某塑胶电子公司为本案所支出的相应合理费用。

重庆市第一中级人民法院依照《中华人民共和国侵权责任法》

第十五条第一款第一项、第六项、第二款，《中华人民共和国专利法》第十一条第一款、第六十五条、第七十条，《最高人民法院关于审理侵犯专利权纠纷案件应用法律若干问题的解释（二）》第二十五条，《中华人民共和国民事诉讼法》第一百七十条第一款第二项之规定，作出如下判决：

一、维持重庆市渝北区人民法院（2018）渝 0112 民初 26144 号民事判决的第一项、第三项；

二、撤销重庆市渝北区人民法院（2018）渝 0112 民初 26144 号民事判决的第二项；

三、上诉人罗某文于判决生效之日起五日内补偿被上诉人某塑胶电子公司合理费用 1000 元。

【法官后语】

《中华人民共和国专利法》第七十七条之规定明确了合法来源抗辩成立的两个条件：一是主观上没有侵权的故意，即行为人不知道且不应当知道是未经专利权人许可而制造销售的专利侵权产品；二是客观上能证明该产品具有合法来源，及行为人能够举证证明被控侵权产品系从合法的销售渠道等正常商业方式取得，同时，行为人应当提供符合交易习惯的相关证据。

专利合法来源抗辩的立法目的之一在于：维护商品正常的市场流通，避免因专利侵权纠纷而影响市场正常经营，基于此平衡善意行为人合法权益与权利人合法权益间的关系。并且由于立法选择由销售者提供被控侵权产品的合法来源以免除赔偿责任，有利于权利人通过对销售者的诉讼，发现生产侵权产品的源头，以助于案件事实的查明。基于此种法律渊源及立法目的，对销售者的合法来源抗辩证明标准不宜过于严格，有人主张因专利有关材料对包括销售者在内的公众而言是触手可及的，销售者应据此对其销售的产品承担审查的义务，但过于严格的标准忽略了主体承担义务时的民事责任能力，也可能忽略了最基本的市场要素——产品销售的多样性。对不同销售主体、不同销售产品课以相同证明标准实质上否定了合法来源的制度价值。因此，有必要切合实际讨论合法来源抗辩中“尊重交易习惯”的具体适用。

对于侵权产品享有合法来源这一积极事实，通过《中华人民共和国专利法》第七十七条的规定，被分配给由主张该事实的被控侵权销售者承担，以证明侵权产品是经过合法的商业渠道获得。实践中，对此并无争议，主要的争议点集中在：合法商业渠道的认定标准，包括合法来源成立的证据要求上。

针对专利合法来源抗辩客观审查标准过高的问题，本案中，二审法院认为专利侵权中合法来源的认定应尊重交易习惯，根据诉讼主体的民事责任能力在个案中就有关交易行为的一般交易习惯进行判断。基于民事诉讼的时效性、复杂性，其事实认定的标准与刑事诉讼排除一切合理怀疑的证明标准不尽相同。针对不同诉讼主体证据保存能力等方面的差异性，应当充分考虑其经营活动及交易习惯等实际情况，在一定情况下只需要达到高度盖然性的证明标准即可。即在个体工商户基于交易习惯无直接证据以证明合法来源的情况下，若其提交的间接证据可以形成完整的证据锁链，相互印证被控侵权产品系通过合法的销售渠道等正常商业方式取得，则行为人关于被控侵权产品的合法来源抗辩的客观条件成立。

综上，结合现行法律法规，考虑到相对于商标，专利侵权中一般销售者对专利侵权的识别和审查能力较弱，在销售者对专利侵权主观上无过错的情况下，应对合法来源适用相对宽松的标准，但同时也能让权利人基于合法来源的明确指向追溯到上家，体现了知识产权保护宽严相济的司法政策。

编写人：重庆市第一中级人民法院 谭颖

108 权利要求书中的笔误应结合说明书、附图及本领域技术常识综合认定

——齐某勇诉邴某华侵害实用新型专利权案

【案件基本信息】

1. 裁判书字号

山东省高级人民法院（2019）鲁民终711号民事判决书

2. 案由：侵害实用新型专利权纠纷

3. 当事人

原告（被上诉人）：齐某勇

被告（上诉人）：邴某华

【基本案情】

原告齐某勇是专利号为“20172122××××.7”、名称为“新型果树开甲刀”实用新型专利的独占实施被许可人。原告在本案中主张涉案专利的保护范围为权利要求1、4，其内容为：（1）新型果树开甲刀，包括定握板和动握板，动握板通过设置在定握板上的连接板与定握板铰接，定握板与动握板之间安装有扭簧，定握板的前端设有夹板，其特征在于，在所述的定握板的前端两侧分别

设有安装板，U 型刀片两侧的第一纵板和第二纵板分别固定在两安装板上，两纵板的前端分别连接有斜刀片，两斜刀片的前端连接有横刀片……（4）如权利要求 1 或 2 所述的新型果树开甲刀，其特征在于，在所述的动握板的上端有向外折曲的按板。齐某勇认为，被告郇某华制造、销售的环剥器的全部技术特征落入涉案专利权利要求 1、4 的保护范围，起诉要求郇某华停止侵权并赔偿损失。

郇某华则主张，被控产品有一处技术特征与权利要求 1 不符，即被控产品是 U 形刀片与动握板具有连接关系，而根据涉案专利权利要求书的记载，是 U 形刀片与定握板具有连接关系，故被控产品没有完全落入权利要求 1 中的保护范围。原告则主张，其涉案专利权利要求 1 记载的“在所述的定握板的前端两侧分别设有安装板（9）”中的“定握板”系“动握板”的笔误，应按修正后的表述予以认定。审理过程中，被告郇某华为证明权利要求书中的“定握板”并非笔误，按照涉案专利权要求书的字面表述制作了一件果树开甲刀产品并进行了演示。该产品也能够实现为果树开甲的功能，但不够美观，使用效果也较差。

【案件焦点】

对于当事人主张的专利权利要求书中的笔误应如何认定。

【法院裁判要旨】

山东省济南市中级人民法院经审理认为：涉案专利附图清晰地显示，安装板（9）安装在动握板（12）的前端。根据权利要求书和说明书记载，安装板的作用是用来安装固定 U 型刀片，在该处技术特征之前已限定“定握板的前端设有夹板（4）”。根据涉案专利说明书记载，使用时按压定握板和动握板，使树干卡在两刀片与夹板之间，然后手握本实用新型绕树干转动，实现对树皮的横向环剥。该处记载明确说明，刀片与夹板是相对设置在动握板、定握板上，工作时树干放置在刀片与夹板之间，因为夹板在定握板前端、刀片安装到安装板，因此安装板只能设置在动握板上。据此，涉案专利权利要求1中“定握板的前端两侧分别设有安装板”的“定握板”系“动握板”的明显笔误，应当进行修正。根据修正后的涉案专利权利要求，被告产品的全部技术特征落入涉案专利权的保护范围。

山东省济南市中级人民法院依照《中华人民共和国专利法》第十一条第一款、第五十九条第一款、第六十五条，《最高人民法院关于审理侵犯专利权纠纷案件应用法律若干问题的解释》第二条，《最高人民法院关于审理侵犯专利权纠纷案件应用法律若干问题的解释（二）》第四条的规定，作出如下判决：

一、被告郦某华立即停止制造、销售侵犯原告齐某勇名称为“新型果树开甲刀”实用新型专利权的产品的行为；

二、被告郦某华于本判决生效之日起十日内赔偿原告齐某勇经济损失包括维权费用共计3万元。

郦某华不服，提出上诉。山东省高级人民法院经审理认为：从涉案产品设计常理来看，定握板的前端已经设有夹板，而为了更好地贴合树枝实现夹持，夹板一般都会带有一定弧度，而在弧形夹板上再设置安装板（9），如郦某华在本案中自行制作的产品实物，虽然也可以实现果树开甲的功能，但不符合产品工学、美学及适于实用的要求，不合理地增加了产品的制造难度，且影响产品的功能和技术效果，该技术方案并非涉案专利权保护的技术方案。一审法院认定涉案专利权利要求 1 中相关记载为笔误，并以修正后的含义进行解释并确定涉案专利权保护范围，并无不当。

山东省高级人民法院依照《中华人民共和国民事诉讼法》第一百七十条第一款第一项之规定，作出如下判决：

驳回上诉，维持原判。

【法官后语】

本案涉及对于专利权利要求书中出现的“笔误”如何认定的问题，具有较强的典型性。

对权利要求书的修改仅限于权利要求的删除、合并和技术方案的删除，不允许对权利要求书的文字进行修改。对权利要求书中的笔误救济方式，只能在专利侵权诉讼或在专利无效宣告程序中，交由法官或者审查员对权利要求进行解释，以达到对专利权利保护范围的正确界定。在专利侵权诉讼中，对于权利要求中的相关表述是否为笔误的认定及处理，是非常考验法官的专利审判业务水平及司法智慧的问题。

《最高人民法院关于审理侵犯专利权纠纷案件应用法律若干问题的解释（二）》第四条规定，权利要求书、说明书及附图中的语法、文字、标点、图形、符号等存有歧义，但本领域普通技术人员通过阅读权利要求书、说明书及附图可以得出唯一理解的，人民法院应当根据该唯一理解予以认定。根据上述规定，认定专利权利要求书中的相关表述是否为笔误以及是否需要修正，必须以能否得出“唯一理解”为依据，而并非所有的笔误均要修正。这是因为，确定专利保护范围，必须坚持以权利要求的内容为准的基本原则，强化权利要求的公示作用，增强专利权保护范围的确定性，为社会公众提供明确的法律预期，同时也有利于促使专利文件撰写水平的提高。还要坚持利益平衡原则，厘清专利权与其他民事权利的法律边界，既保护权利人的正当权益，鼓励发明创造，又避免专利权不适当地扩张，防止压缩再创新空间和损害公共利益、他人合法权益。依据上述指引，如果权利要求书与说明书及附图发生了冲突，并且能够得出两种以上理解的情况，一般应当坚持权利要求书优先的原则，以权利要求书的记载确定专利保护的技术方案，但是这种理解必须是站在本领域技术人员的角度，符合本领域技术常识的理解。如果本领域技术人员通过阅读权利要求书、说明书及附图，并结合本领域技术常识，只能得出一种结论的，应当以该种理解认定专利保护范围。

本案中，权利要求书中的表述与说明书及附图的描述不一致，在此情况下应当以权利要求书的书面记载为准还是以说明书、附图为准，存在两种意见。一种意见认为，虽然权利要求书有“定握板的前端两侧分别设有安装板”的表述，但附图清晰显示安装板系安装在动握板的前端，而说明书关于使用方式的说明内容也能够确定，刀片与夹板是相对设置的，在夹板设置在定握板的前提下，刀片以及安装刀片的安装板必然设置在动握板上。本领域普通技术人员通过阅读说明书及附图，就能够判断出权利要求书中的相关表述系笔误，应当以修正后的含义确定专利保护范围。另一种意见认为，尽管权利要求的表述与附图明显不符，与说明书的相关内容也不一致，但是根据权利要求也能够实现发明的目的，当两者发生冲突时，应当以权利要求的表述优先。至于说明书记载的与权利要求不一致的技术方案，则可以适用“捐献原则”，视为对社会的捐献。法院最终采纳了第一种意见的理由在于，本案涉及领域为机械制造，按照权利要求书的字面含义虽然能够制作出产品，但结构不符合基本的机械原理，导致在使用时效果明显变差，外观也不符合大众审美标准，且与附图明显不一致，本领域普通技术人员均不会选择此种技术方案，而是会根据本领域的技术常识确定相关表述系笔误作出修正，并以修正后的表述确定专利技术方案。

编写人：山东省济南市中级人民法院　颜峰

109 《外观设计专利权评价报告》在专利侵权案件中的法律属性

——某粮油公司诉某米业公司、某经营部侵害外观设计专利权案

【案件基本信息】

1. 裁判书字号

重庆市第一中级人民法院（2019）渝01民终1017号民事判决书

2. 案由：侵害外观设计专利权纠纷

3. 当事人

原告（被上诉人）：某粮油公司

被告（上诉人）：某米业公司、某经营部

【基本案情】

某粮油公司于2013年7月8日向某知识产权局申请名称为“包装袋（仙桃香米）”的外观设计专利，于2013年12月18日获得授权。2018年8月17日，某粮油公司代理人与公证员来到位

于重庆市江北区观农贸粮油批发市场××号门市处购买了“仙桃香米”（怀庆牌）大米一袋（生产商：某米业公司），当场取得《某经营部食品进货清单》一张。某米业公司于2017年7月13日向某知识产权局申请名称为“包装袋（仙桃香米）”的外观设计专利，于2018年2月27日获得授权。该外观设计产品为包装袋(仙桃香米)，主要用于盛装大米。

2019年1月11日，某知识产权局就某米业公司取得的上述外观设计专利权出具了一份《外观设计专利权评价报告》。该报告显示，就上诉人某米业公司经授权取得的前述专利，在前述专利产品相同和相近种类中，某知识产权局经过检索得到反映前述外观设计专利部分设计特征或者有关的现有设计文件若干。经比对，某知识产权局认为，前述专利与检索对比设计之间的差异十分明显，与现有设计之间亦具有显著差异，前述专利符合《中华人民共和国专利法》第二十三条第一款、第二款规定，未发现存在不符合授予专利权条件的缺陷。该报告显示，就某米业公司经授权取得的前述专利，在前述专利产品相同和相近种类中，某知识产权局经过检索得到反映前述外观设计专利部分设计特征或者有关的现有设计文件若干。

经比对，某知识产权局认为，前述专利与检索对比设计之间的差异十分明显，与现有设计之间亦具有显著差异，前述专利符合《中华人民共和国专利法》第二十三条第一款、第二款规定，未发现存在不符合授予专利权条件的缺陷。该报告所附检索对比设计共10个，其中包括某粮油公司（本案被上诉人）经授权取得的涉案外观设计专利。另，前述对比设计中至少有三个对比设计的申请日均在涉案外观设计专利权之前，且均包含以下设计要素：（1）仙桃图案，即双桃加树枝和树叶；（2）“仙桃香米”文字；（3）基底色为红色；（4）整体排列布局上，仙桃图案位于中部，其上为“仙桃香米”文字，其下为生产者或相关经营者信息，包装袋右上角为QS标识。某米业公司及某经营部认为，某粮油公司没有依法提交其《外观设计专利权评价报告》，不能证明其专利权处于合法有效的法律状态。且《外观设计专利权评价报告》已认定被诉侵权设计与涉案外观设计不相同亦不近似，故被诉侵权设计未落入权利人外观设计专利保护范围。

【案件焦点】

1.《外观设计专利权评价报告》是否系判定专利权效力的直接依据；2.《外观设计专利权评价报告》的对比结果能否直接作为判定被诉侵权设计是否落入权利人外观设计专利保护范围的依据。

【法院裁判要旨】

重庆市渝北区人民法院经审理认为：某粮油公司向某知识产权局申请了涉案外观设计专利并获得授权，享有涉案外观设计专利权。涉案外观设计专利权在法定保护期限内且按照规定缴纳年费。一审法院认为某粮油公司对涉案外观设计专利享有专利权。根据比对，涉案产品的外观设计与某粮油公司外观设计专利证书中主视图在图案、色彩及其结合方面均基本相同。二者从整体视觉效果上并无实质差异，构成近似。被控产品获得外观设计专利在后，故其获得专利权不能成为不侵权的抗辩事由。

重庆市渝北区人民法院依照《中华人民共和国侵权责任法》第

十五条,《中华人民共和国专利法》第十一条、第五十九条、第六十五条,《最高人民法院关于审理侵犯专利权纠纷案件应用法律若干问题的解释》第八条、第十一条,《最高人民法院关于审理侵犯专利权纠纷案件应用法律若干问题的解释(二)》第二十三条,《中华人民共和国民事诉讼法》第一百四十二条之规定,作出如下判决:

一、某米业公司立即停止生产、销售侵害某粮油公司外观设计专利权的产品;

二、某米业公司赔偿某粮油公司经济损失 30000 元,某经营部赔偿某粮油公司经济损失 10000 元;

三、驳回某粮油公司的其他诉讼请求。

某米业公司、某经营部不服一审判决,提起上诉。重庆市第一中级人民法院经审理认为:《外观设计专利权评价报告》只是外观设计专利权稳定性的初步证据,而非关于外观设计专利权效力性的法律文件,当事人不能以该评价报告作为判定专利权效力的直接依据。法律并未强制要求专利权人在专利侵权案件中必须出具专利权评价报告。某粮油公司为证明涉案外观设计专利权合法有效的事实,已向一审法院举示了相关证据。综合全案证据,涉案外观设计专利权目前仍合法有效。某米业公司经授权取得的外观设计专利权在后,故其不能以在后取得的专利权作为不侵权的抗辩事由。根据某米业公司在二审中提交的《外观设计专利权评价报告》所附对比设计可知,至少有三个对比设计的申请日均在涉案外观设计专利权之前,前述对比设计的相关设计元素属于现有设计,若涉案外观设计专利使用了在先设计元素,那么应将相关在先设计元素排除在涉案外观设计专利权的保护范围之外。经比对,被诉侵权设计与涉案外观设计专利在包装袋左上角、包装袋两侧等部位均存在差异,上述差别足以对产品外观设计的整体视觉效果产生显著影响。一般消费者施以一般注意力整体观察、综合判断，两者在整体视觉效果上既不相同也不相似，被诉侵权设计的前述设计要点未落入涉案外观设计专利权的保护范围。某粮油公司基于被控侵权产品落入涉案外观设计专利的保护范围这一主张而提出的本案全部诉讼请求均不能成立，应予以驳回。

重庆市第一中级人民法院依照《最高人民法院关于审理侵犯专利权纠纷应用法律若干问题的解释》第十一条，《最高人民法院关于审理侵犯专利权纠纷案件应用法律若干问题的解释（二）》第十四条以及《中华人民共和国民事诉讼法》第一百七十条第一款第二项之规定，作出如下判决：

一、撤销重庆市渝北区人民法院（2018）渝 0112 民初 22255 号民事判决；

二、驳回某粮油公司的全部诉讼请求。

【法官后语】

实践中，关于《外观设计专利权评价报告》的法律属性问题存有不少误解。本案争议焦点即《外观设计专利权评价报告》是否系判定专利权效力的直接依据，其比对结果能否直接作为判定被诉侵权设计是否落入权利人外观设计专利保护范围的依据。解决本案争议，关键是厘清《外观设计专利权评价报告》在专利侵权纠纷中的法律属性及其作用问题。

首先，从关于专利权效力及关于《外观设计专利权评价报告》的立法规定来看，经授权取得的外观设计专利权，在其有效期限内未出现《中华人民共和国专利法》第四十四条规定的情形，且未经无效宣告程序确认无效的，应认定为有效。《外观设计专利权评价报告》只是外观设计专利权稳定性的初步证据，属于法院审理、处理专利侵权纠纷的证据之一，而非关于外观设计专利权效力性的法律文件，当事人不能以该评价报告作为判定专利权效力的直接依据。外观设计专利权效力的判定应以无效宣告程序中的最终确认结果为依据。

其次，如前所述，《外观设计专利权评价报告》只是外观设计专利权稳定性的初步证据，属于法院审理、处理专利侵权纠纷的证据之一，而非唯一证据，对于被诉侵权设计是否构成侵权，法院仍应根据专利法相关规定审查判定。即根据《最高人民法院关于审理侵犯专利权纠纷案件应用法律若干问题的解释》第九条、第十条、第十一条规定的比对规则，考虑到授权外观设计区别于现有设计的设计特征相对于授权外观设计的其他设计特征，被诉侵权设计与授权外观设计在整体视觉效果上无差异或无实质性差异的，应判定被诉侵权设计落入权利人外观设计专利保护范围。反之，则未落入权利人外观设计专利保护范围。

最后，根据《最高人民法院关于审理侵犯专利权纠纷案件应用法律若干问题的解释》第十四条的规定，被诉侵权设计与一个现有设计相同或无实质性差异的，人民法院应当认定被诉侵权人实施的设计属于《中华人民共和国专利法》第六十七条规定的现有设计。《中华人民共和国专利法》第六十七条规定，在专利侵权纠纷中，被控侵权人有证据证明其实施的技术或者设计属于现有技术或者现有设计的，不构成侵犯专利权。由此可知，在确定外观设计专利权保护范围时，应将现有设计排除在外。

具体到本案，根据某米业公司在二审中提交的《外观设计专利权评价报告》所附对比设计可知，至少有三个对比设计的申请日均在涉案外观设计专利权之前，也就是说前述对比设计的相关设计元素属于现有设计，若涉案外观设计专利使用了在先设计元素，那么应将相关在先设计元素排除在涉案外观设计专利权的保护范围之外。涉案外观设计专利区别于现有设计的设计特征才是其具有创新点的设计特征，才属于法律赋予的保护范围。

综上所述，在专利侵权纠纷中，《外观设计专利权评价报告》除对法院中止诉讼程序有一定影响外，其还对现有设计判定具有一定影响，当事人只有充分了解《外观设计专利权评价报告》的法律属性及其作用，才能更好的以外观设计专利权评价报告制度保护自己的合法权益。

编写人：重庆市第一中级人民法院　姜蓓

110　“设计缺陷”的认定应以设计合同约定为依据

——某能源公司诉某石化公司技术服务合同案

【案件基本信息】

1. 裁判书字号

北京知识产权法院（2019）京 73 民终 2886 号民事判决书

2. 案由：技术服务合同纠纷

3. 当事人

原告（被上诉人）：某能源公司

被告（上诉人）：某石化公司

【基本案情】

2014年1月18日，某石化公司（甲方、委托人）与某能源公司（乙方、受托人）签订涉案合同，约定，项目名称为云南安一项目草甘膦母液焚烧系统的基础设计；有效期限为2014年1月18日至2016年12月31日；设计主要任务为负责HLS60/700/1100-FY型焚烧炉及系统的方案设计，焚烧系统包含一次焚烧室、横梁式链条炉排及基础条件、横梁式链条炉排与一次焚烧室之间的隧道窑（恒温室）、旋风分离器、返料器、二次燃烧焚烧室、焚烧系统的连接烟道设计及辅机选型设备等组成；焚烧的母液条件；辅助燃料；草甘膦废液和废液干品焚烧原则；焚烧系统设计技术要求；焚烧系统的设计负荷范围和连续运行时间；设计中采用的标准规范；履行地点；验收方式；保证期的期间及义务；受托人负责提供焚烧系统的全套技术方案资料，配套辅机设备的选型与设计包含横梁式链条炉排及电机，系统中电气及控制系统设计、燃烧器、钢架、平台扶梯、基础的施工设计以及焚烧炉各部件的详细施工设计由委托人自行完成或再委托实施；对委托方自己或另行委托其他单位进行的电气及控制系统设计、燃烧器、钢架、平台扶梯、基础的施工设计以及焚烧炉各部件的详细施工设计进行审核；本合同总计报酬45万元；等等。

2014年3月31日，某能源公司通过电子邮件向某石化公司发送设计文件。2014年4月4日，某能源公司为某石化公司开具金额为45万元的设计费发票。2014年5月20日，某石化公司（定作人）与某能源公司（承揽人）签订《北京市加工合同》，约定承揽人按照定作人提供的图纸和技术协议书约定的要求，包工包料加工焚烧炉。2014 年 10 月 15 日，某能源公司的关联公司将按照涉案设计制作完成的合格的焚烧炉交付现场。云南安一公司及某石化公司在专业工程中间交接验收记录中明确记载：符合图纸技术要求、资料齐全有效、验收结论合格。

2015 年 2 月 23 日、2015 年 3 月 18 日、2015 年 4 月 15 日、2015 年 5 月 5 日，云南安一公司分别给某石化公司发函，说明某石化公司承揽的定向转化总包工程经过多次投料试产，因各种原因一直不能正常运行，未能达标达产。某石化公司提交 2017 年 11 月 15 日北京热物理与能源工程学会对云南安一公司焚烧系统和余热锅炉作出的设计鉴定书，“鉴定意见”包括焚烧系统设计存在缺陷、余热锅炉设计不合理等问题。某能源公司提供的 2018 年 4 月 11 日和 2018 年 4 月 16 日的云南安一公司交接班记录打印件未显示设备运行异常。

某能源公司提起本案诉讼，要求某石化公司支付剩余设计费 31.5 万元。某石化公司认为某能源公司的涉案设计存在缺陷，故不同意支付剩余设计费，并提起反诉，要求某能源公司退还其已经支付的设计费 13.5 万元。

【案件焦点】

如何确定设计存在缺陷且由某能源公司导致。

【法院裁判要旨】

北京市丰台区人民法院经审理认为：某石化公司主张实际安装运行的草甘膦母液焚烧系统废液处理量不达标、积灰严重、运行周期短暂，故涉案设计存在缺陷。但是，某石化公司并未提交充分证据证明其及时向某能源公司反映过这些问题并要求整改，且焚烧系统设备点火试运行距今已有四年多的时间，某石化公司认可设备一直在运行，某能源公司提供的中控室交接班记录未显示焚烧炉运行异常或检修、维修情况。所以，不能证明废液处理量不达标、积灰严重、运行周期短暂的问题一直存在，且系涉案设计缺陷导致。某石化公司并未举证证明某能源公司的涉案设计违反了涉案合同中约定的焚烧系统设计的技术要求和标准规范；涉案合同的焚烧系统设计技术要求中对于焚烧炉中的焚烧室的组成部件、运行温度、位置排列、设计原理都进行了明确的规定，所以焚烧炉的整体设计并非全由某能源公司自主决定并完成；焚烧炉应属众多系统中的单个环节和单项设备，废液处理量、运行周期与母液缓冲罐中的母液量、喷枪的位置、数量和喷量、辅助燃料等因素均有一定的关系，某能源公司负责焚烧系统的基础设计，而非全部设计，相应的设备和材料也并非全部由某能源公司提供；某石化公司在收到某能源公司提交的设计后又委托其进行加工制造，并且在专业工程中间交接验收记录中记载验收合格。所以，无法证明系某能源公司的涉案设计存在缺陷并导致废液处理量不达标、积灰严重、运行周期短暂。某能源公司已经按照涉案合同约定履行了其设计义务，故其要求某石化公司支付第二笔合同款和第三笔合同款共计 31.5 万元的诉讼请求，于法有据；某石化公司要求某能源公司返还 13.5 万元设计费的诉讼请求，于法无据。

北京市丰台区人民法院依照《中华人民共和国合同法》第六十条、第一百零九条，《最高人民法院关于适用〈中华人民共和国民事诉讼法〉的解释》第九十条、第九十三条第一款第六项之规定，判决如下：

一、本判决生效之日起十日内，被告（反诉原告）某石化公司给付原告（反诉被告）某能源公司设计费315000元；

二、驳回被告（反诉原告）某石化公司的反诉请求。

一审宣判后，某石化公司不服提出上诉。北京知识产权法院经审理认为：依法成立的合同，双方当事人均应当按照合同约定履行。根据合同约定，双方在合同中明确了服务内容、方式和要求等内容，并明确了验收标准。云南安一公司及某石化公司在专业工程中间交接验收记录中明确记载：符合图纸技术要求、资料齐全有效、验收结论合格。某石化公司认为该设计存在重大缺陷，主张根据其提交的会议纪要、业主函和设备运行照片能够佐证，并分析其中重要原因系设计不合格，设计对钠盐考虑不足，设计存在缺陷。对此，法院认为，在合同中已经明确约定了设计中采用的标准规范及相关参数，某能源公司按照该协议履行了相应的义务，设计的实物符合合同约定，并且已经投产，因合同设计参数系双方约定，某能源公司不可能擅自改变设计原有的约定条款，故双方合意形成的设计制约了设计参数空间，根据该设计形成的成果也经过云南安一公司及某石化公司验收通过。至于某石化公司声称对钠盐考虑不足，导致管道堵塞，设备不能正常运转等行为，系一系列工程规范的参数及施工等问题当中的一个环节，其中任何一个环节出现问题均可能导致出现堵塞，但这种堵塞无论出现原因如何，均与本案双方形成合意的设计无关联。某石化公司提交的上述证据，不足以证明其主张。

北京知识产权法院依照《中华人民共和国民事诉讼法》（2017年修正）第一百七十条第一款第一项之规定，判决如下：

驳回上诉，维持原判。

【法官后语】

合同纠纷中，合同条款为双方合意形成，双方须严格按照合同约定履行各自的义务。技术服务合同中，受托人应按照合同约定完成服务项目，以其技术知识为另一方解决特定技术问题，保证工作质量，但是其技术知识的运用不能脱离合同约定的范围。涉案合同对于设计中要采用的标准规范和相关参数进行了明确约定，某能源公司的义务就是完成符合相关标准规范和参数的设计。某能源公司提供了设计文件，并依照该设计制作了相关设备，安装于使用现场，其设计义务已经履行完毕。

某石化公司主张涉案设计存在缺陷，对钠盐结垢性考虑不足，导致草甘膦母液焚烧系统管道堵塞、停车频繁、不能达到预定的处理量，但却始终未说明某能源公司向其提供的涉案设计，具体不符合合同约定的哪些条款。在合同中对设计的标准规范和相关参数有明确约定的情况下，某能源公司不能擅自改变原有的约定条款，故双方合意形成的设计制约设计参数空间。另外，现场安装的是草甘膦母液焚烧系统，包括对废液处理和再利用的整套系统，涉案设计只是涉及焚烧部分的焚烧炉及相关系统，其余部分，如电气及控制系统设计、燃烧器等，系某石化公司或其另行委托其他单位设计。所以，即使涉案草甘膦母液焚烧系统存在管道堵塞、处理量不足等问题，也只是一系列工程规范的参数及施工等问题当中的一个环节，不能直接归咎于涉案设计。

某石化公司在一审中要求对现场安装的草甘膦母液焚烧系统进行鉴定。该母液焚烧系统是一个庞大的处理系统，涉案合同约定的设计只是该系统中焚烧炉的设计方案，鉴定检材超过合同约定的设计方案的内容，鉴定事项不能直接证明设计方案存在缺陷，且某石化公司未明确涉案设计的具体缺陷以及不符合合同的哪些约定、涉案设计已经实际制作设备并安装运行且经业主方及某石化公司验收通过，鉴定事项对待证事实也无意义。故一审法院未予准许鉴定申请。某石化公司寻求在二审程序中继续鉴定，不符合法律规定，故二审法院亦驳回其鉴定申请。

本案的典型性在于对合同自治精神的严格贯彻落实。合同双方应该按照合同约定全面履行其义务。依据技术服务的成果制作的设备的运行状况是否正常，取决于多个因素，在受托人已经按照合同约定交付技术服务成果的情况下，委托人应对运行不正常与技术服务成果的因果关系承担举证责任，举证不能的，应承担不利后果。

编写人：北京市丰台区人民法院　闫金

111 外观设计的整体视觉效果综合判断原则

——孔某诉某光电科技公司、某工程管理处侵害外观设计专利权案

【案件基本信息】

1. 裁判书字号

最高人民法院（2018）最高法民再86号民事判决书

2. 案由：侵害外观设计专利权纠纷

3. 当事人

原告（再审申请人、被上诉人）：孔某

被告（被申请人、上诉人）：某光电科技公司

被告：某工程管理处

【基本案情】

2006年3月28日，某照明器材配套公司向某知识产权局申请外观设计专利，名称为路灯灯具（PV-1单光源），该申请于2007年2月14日获得授权，专利号为ZL2006300××××.4。2007年5月9日，专利权人变更为某照明公司。2014年7月1日，孔某通过转让获得外观设计专利权并取得自该专利权授权公告之日起的一切权利，支付费用70万元。2014年8月6日，某市政府采购中心就某市政工程处某路延伸段路段路灯项目进行竞标，2014年8月12日，某光电科技公司中标，中标金额为363800元，随后在此路段安装了118杆双臂路灯共计236盏，且当庭提供了安装灯具的样品。庭审中，就被诉侵权产品与授权外观设计图进行了对比。从主视图比对：被诉侵权设计与授权外观设计的主视图整体均呈头尾较尖、中部较宽的流线体设计，灯体头部有一平滑的线条向尾部延伸，在灯体中后部向灯体顶部回折，整体看来，该线条与灯体的流线外形结合，共同在灯体上形成了一块类似尖橄榄型的图案；从仰视图比对：被诉侵权设计与授权外观设计整体形状均呈橄榄型，发光区域有类似皮鞋前掌形状的图案设计，在灯体尾部均有若干装饰性的线条。一审法院认为，被诉侵权设计的整体视觉效果与授权外观设计并无实质性差异，二者属于近似外观设计，被诉侵权产品落入孔某专利权的保护范围。另查明，孔某与某照明电器公司于2015年8月18日签订专利实施许可合同，将授权外观设计以普通实施许可的方式许可给该公司使用，许可使用费支付方式为：某照明电器公司每销售一套专利产品（路灯PV-1），需向孔某支付人民币385元作为许可使用费。孔某于2015年

10月12日向该公司开具专利使用费发票，数量为112套路灯PV-1，金额为43210元。该公司于2015年10月21日向孔某支付了该笔款项。再查明，某光电科技公司于2015年7月15日获得名称为路灯（10）、专利号为ZL2015300××××.1外观设计专利；案外人潘某禧于2015年8月5日获得名称为路灯（3）、专利号为ZL20153004××××.5外观设计专利。

【案件焦点】

被诉侵权产品是否落入授权外观设计专利权的保护范围。

【法院裁判要旨】

江西省宜春市中级人民法院经审理认为：关于某光电科技公司生产、安装的产品是否侵权。孔某依法享有专利号为ZL20063008××××.4、名称为“路灯灯具（PV-1单光源）”的外观设计专利的专利权，受法律保护。任何单位或个人未经专利权人许可，不得为生产经营目的制造、许诺销售、销售、进口专利产品。经当庭比对，被诉侵权产品中灯头的技术特征和授权外观设计视图的技术特征一一对应，落入涉案专利权的保护范围，某光电科技公司的被诉行为构成侵权。

某光电科技公司抗辩称被诉侵权产品与授权外观设计存在的重点区别设计是被诉侵权产品灯体后部的金属卡口，该卡口实现了授权外观设计不具备的方便开合的技术效果，是技术上的进步，故二者不属于近似外观设计。外观设计保护的是产品的美感设计，而非技术功能。认定外观设计是否相同或者近似时，应当根据授权外观设计、被诉侵权设计的设计特征，以外观设计的整体视觉效果进行综合判断，对于主要由技术功能决定的设计特征应当不予考虑。在本案中，某光电科技公司所称的卡口显然是实现灯体开合这一技术功能的特征，在侵权比对时不应当予以考虑。

某光电科技公司还抗辩称其实施的是自有外观专利，故不构成侵权。专利权的本质是禁止他人未经许可实施，被诉侵权行为发生于2014年8月，而某光电科技公司的外观设计专利是2015年2月申请、2015年7月获得授权，即使其使用的是自己的专利，也应避让在先合法专利权。

《最高人民法院关于审理专利纠纷案件适用法律问题的若干规定》第二十一条规定，专利侵权赔偿额的计算方式，有许可费的，法院可以参照专利许可费的1~3倍确定赔偿额。本案中，被诉侵权产品数量为236盏，孔某许可他人实施的专利许可费是每盏385元，案外人也已实际支付，真实合法，可以作为确定赔偿额的依据，一审法院据此认定孔某经济损失为90860元。此外，一审法院酌定孔某因制止侵权的合理费用为8000元。某工程管理处使用被诉侵权产品合法来源的抗辩成立，依据《中华人民共和国专利法》（以下简称《专利法》）第七十条的规定，某工程管理处不承担本案的赔偿责任。

江西省宜春市中级人民法院作出如下判决：

一、某光电科技公司立即停止制造、销售侵害孔某“路灯灯具（PV-1单光源）”外观设计专利权产品的行为并销毁除本案已安装使用的侵权产品；

二、某光电科技公司赔偿孔某经济损失及合理费用98860元；

三、驳回孔某的其他诉讼请求。

上诉人某光电科技公司不服一审判决，提起上诉。

江西省高级人民法院认为，本案的争议焦点为：某光电科技公司销售的被诉侵权产品是否侵害授权外观设计专利，应否承担赔偿责任，赔偿经济损失的数额如何确定。

被诉侵权产品与孔某外观设计专利产品种类同为路灯，外观设计专利权的保护范围以表示在图片或者照片中的该产品的外观设计为准。一般消费者观察12米高的路灯的方式是仰视，所以应将被诉侵权产品的灯头技术方案与授权外观设计仰视图、主视图综合比对。审核实物和图片可见，被诉侵权设计与授权外观设计仰视图整体形状均呈橄榄型，发光区域均为类似皮鞋前掌图案，灯体尾部均有若干装饰性的线条；但靠近灯座部位，被诉侵权设计的边缘呈渐开的U形状，而授权外观设计则是半个小括号与半个中括号相背结合，故仰视两者整体视觉效果既不相同也不近似。被诉侵权设计与授权外观设计主视图整体形状均呈头尾较窄、中部较宽的流线体，灯体头尾由一平滑曲线相连，灯体顶部另一平滑曲线在灯体中后部向灯体顶部对称回折，共同在灯体上形成了一幅类似尖橄榄型图案，被诉侵权产品灯头金属卡口确实是为实现灯体开合的功能性的设计特征，但被诉侵权产品灯头金属卡口的客观存在足以影响被诉侵权产品的外观，在与孔某外观设计比对时应一并考虑，故两者的主视图整体视觉效果既不相同也不近似。此外，考虑到某光电科技公司系按自有外观设计专利的技术方案生产产品，故被诉侵权产品并未落入授权外观设计专利权的保护范围。

江西省高级人民法院作出（2016）赣民终400号民事判决：撤销一审判决，驳回孔某的全部诉讼请求。

孔某不服二审判决，提出再审申请。最高人民法院经审理认为，本案的争议焦点是被诉侵权产品是否落入授权外观设计专利权的保护范围。《专利法》第五十九条第二款规定：“外观设计专利权的保护范围以表示在图片或者照片中的该产品的外观设计为准，简要说明可以用于解释图片或者照片所表示的该产品的外观设计。”《最高人民法院关于审理侵犯专利权纠纷案件应用法律若干问题的解释》第八条规定：“在与外观设计专利产品相同或者相近种类产品上，采用与授权外观设计相同或者近似的外观设计的，人民法院应当认定被诉侵权设计落入专利法第五十九条第二款规定的外观设计专利权的保护范围。”该法第十条规定：“人民法院应当以外观设计专利产品的一般消费者的知识水平和认知能力，判断外观设计是否相同或者近似。”本案中，被诉侵权产品与涉案外观设计专利产品相同，均为路灯类产品，因此，关键问题是对于一般消费者而言，被诉侵权设计与授权外观设计是否相同或者近似，本案中，灯具背部的弧形轮廓、翼翅状的设计、灯具底面椭圆形的发光区、灯体尾部竖条纹状等特征是授权外观设计的区别设计特征。上述设计主要集中在灯具背面的壳体、灯具底面的形状以及图案上，属于容易被直接观察到的部位，在对整体视觉效果进行综合判断时，上述部位上的设计均应予以重点考察。被诉侵权设计与授权外观设计相比：（1）从主视图比对，被诉侵权设计与授权外观设计的主视图整体均呈头尾较尖，中部较宽的流线体设计，灯体头部有一平滑的线条向尾部延伸，在灯体中后部向灯体顶部回折，整体看来，该线条与灯体的流线外形结合，共同在灯体上形成了一块类似尖橄榄型的图案；（2）从仰视图比对，被诉侵权设计与授权外观设计整体形状均呈橄榄型，发光区域有类似皮鞋前掌形状的图案设计，在灯体尾部均有若干装饰性的线条。可见，两者均具有灯具背部的弧形轮廓、翼翅状的设计、灯具底面椭圆形的发光区、灯体尾部竖条纹状等设计特征，两者在整体视觉效果和设计风格上近似，而且上述部位属于容易被直接观察到的部位。虽然授权外观设计与被诉侵权设计相比，在产品侧面增加了卡口、灯具底面的线条设计上存在着部分差异，但是这些差异都属于局部的细微差异，对整体视觉效果影响不大。授权外观设计与被诉侵权设计整体视觉效果上无实质性差异，两设计构成近似。被诉侵权产品落入授权外观设计的保护范围。

最高人民法院依照《专利法》第十一条、第五十九条第二款，《中华人民共和国民事诉讼法》第一百七十条第一款第二项、第二百零七条第一款，《最高人民法院关于审理侵犯专利权纠纷案件应用法律若干问题的解释》第八条、第十条、第十一条，《最高人民法院关于审理侵犯专利权纠纷案件应用法律若干问题的解释（二）》第二十三条之规定，判决如下：

一、撤销江西省高级人民法院（2016）赣民终400号民事判决；

二、维持江西省宜春市中级人民法院（2015）宜中民三初字45号民事判决。

【法官后语】

随着网络信息搜索便利性的增加，外观设计侵权纠纷呈现增长趋势。而外观设计专利侵权的判定又与实用新型、发明专利的判定有所差异，后者能借助相关专业知识判定，而前者更多地依赖于“一般消费者的认知”，这就使得外观设计专利侵权判定的主观性增加。

在审判实践中，为了更好地保护专利权人的合法权益，通常使用“全面观察，综合判断”与“着重要部分判断”两大判定原则。一般外观设计是由若干要素组合，形成特定的整体效果。因此，通过全面观察，从外观设计的整体出发，若在普通人眼中被诉侵权产品与授权产品相似，那么就可以认定被诉产品侵权；反之，若两者在整体效果上有明显的差别，则不构成侵权。

但仅仅依靠“整体观察”还不够，由于外观设计的立体性，需要法官从多角度进行判定。此时，需法官运用“着重要部分”原则。所谓重要部分，是指在某一产品中容易引起一般消费者注意的部分，也即一般消费者最容易感知的部分。在多维空间中，物是由多个角度组成，由最容易被一般消费者感知的角度所成就的美观是一外观设计区别于其他的关键。因此，对于外观设计的侵权判定，应综合外观设计的载体、运用的场景、消费者的社会文化背景等进行综合判定，不能机械、单一地判定。

值得一提的是“功能性设计”的判定问题。常有以“功能性设计”为抗辩理由进行抗辩，依据专利法实施细则的规定，外观设计是指对产品的形状、图案、色彩或者其结合所作出的富有美感并适于工业上应用的新设计。据此，可得出，外观设计保护的是产品的美观设计，而非技术功能。认定外观设计是否相同或者近似时，应当根据授权外观设计、被诉侵权设计的设计特征，以外观设计的整体视觉效果进行综合判断，对于主要由技术功能决定的设计特征，若该功能设计不足以影响整体效果，应判定该设计对整体效果影响不大。

编写人：江西省宜春市中级人民法院　赵东　吴勉

112 网络收货地址不能作为专利侵权案件的管辖连接点

——相某诉某户外公司、某网络公司侵害发明专利权案

【案件基本信息】

1. 裁判书字号

天津市第二中级人民法院（2018）津02民初812号民事裁定书

2. 案由：侵害发明专利权纠纷

3. 当事人

原告：相某

被告：某户外公司、某网络公司

【基本案情】

原告系“军用作训服内腰带”发明专利的专利权人，专利号为ZL20101026××××.7。某户外公司在未经许可的情况下，生产制造了被诉侵权产品，并通过“某网”来进行销售。2018年5月24日，相某通过网络公证保全证据，在“某”上购买取得了被诉侵权产品。某网络公司作为“某”网络平台的经营者，为他人的侵权行为提供了网络平台。相某起诉请求法院判令：某户外公司立即停止生产、销售、许诺销售被诉侵权产品，删除网络销售链接，销毁侵权产品，并赔偿相应损失；某网络公司停止在网络平台销售侵权产品，并连带赔偿相关损失。

某户外公司在提交答辩状期间，对管辖权提出异议，认为天津市作为网络购物收货地，并非侵权行为实施地。不能将“网络购物收货地”扩大解释为“侵权结果发生地”。故请求将本案移送至浙江省杭州市中级人民法院审理。

某网络公司在提交答辩状期间，对管辖权提出异议，其认为本案应该由侵权行为地或者被告住所地法院管辖。本案侵权结果发生地应当理解为是侵权行为直接产生的结果发生地，不能以相某受到损害就认为其所在地为侵权结果发生地。请求将本案移送至浙江省杭州市余杭区人民法院管辖。

【案件焦点】

专利侵权案件中网络购物预留的收货地址能否作为案件管辖连接点。

【法院裁判要旨】

天津市第二中级人民法院经审理认为：本案系侵害发明专利权纠纷。在网络环境下，《最高人民法院关于审理专利纠纷案件适用法律问题的若干规定》第五条规定的销售行为地原则上包括不以网络购买者的意志为转移的网络销售商主要经营地、被诉侵权产品储藏地、发货地或者查封扣押地等，但网络购买方可以随意选择的网络购物收货地通常不作为网络销售行为地。

本案中，根据相某提交的公证书，能够证明某户外公司为被诉侵权产品的生产者，其住所地广东省东莞市是被诉侵权产品的制造行为的实施地。某网络公司住所地浙江省杭州市是被诉侵权产品侵权行为的实施地。本市仅仅是公证购买被诉侵权产品的收货地，不能以此作为侵权行为地确定管辖，某户外公司和某网络公司提出的管辖权异议成立。

根据《最高人民法院关于审理专利纠纷案件适用法律问题的若干规定》第二条第一款的规定：“专利纠纷第一审案件，由各省、自治区、直辖市人民政府所在地的中级人民法院和最高人民法院指定的中级人民法院管辖。”以及东莞公司和某网络公司的请求，本案应当由浙江省杭州市中级人民法院管辖。

天津市第二中级人民法院依照《中华人民共和国民事诉讼法》第一百二十七条第一款的规定，作出如下裁定：

某户外公司、某网络公司对管辖权提出的异议成立，本案移送浙江省杭州市中级人民法院处理。

【法官后语】

从全国范围来看，知识产权侵权案件中因网络收货地址能否作为管辖地而引起的管辖争议案件数量总体上呈逐年增长趋势。最高人民法院（2016）最高法民辖终107号裁定书①确定了网络侵犯商标权纠纷案件的管辖规则，但网络侵犯专利权纠纷案件的管辖仍不明确。本案件具有典型意义，可以对在网络侵犯专利权纠纷案件的管辖问题提供借鉴。

与传统的在固定实体交易场所交易形式相比，通过计算机互联网等信息网络进行的交易行为具有特殊性，买受人可以任意确定收货地址，容易造成买受人任意选择管辖的法院，管辖法院随意性较大。如果买受人设置的网络收货地法院可以作为管辖法院，其实质是将管辖法院的选择权和决定权完全授予买受人。如此，可能会导致被告面向到全国法院应诉的结果，从民事诉讼程序公平性的角度而言，对被告显然不公平。

民事案件的管辖要符合诉讼两便原则，而且连接点应当与案件

① 《某服饰公司、周某伦商业贿赂不正当竞争纠纷二审民事裁定书》，载中国裁判文书网，https：//wenshu. court. gov. cn/website/wenshu/181107ANFZ0BXSK4/index. html? docId=rnZKb0y5gfz4881n/1ZxomkMHA3x2Fc5EK/QJNGNUB9t6aIK+YfjLJO3qNaLMqsJLtMGU+Mc345IAqnl4fqepP86vUAxp4XOZZZ30vet/griFlc2sB7LkUeK7kvL63+g，2022年12月29日访问。

纠纷有实际关联性，以网络收货地址为侵权结果发生地将导致连接点过多，管辖标准不确定，有违程序公正。案件管辖地的确定应当以方便确定、便利诉讼为原则。因此，网络收货地址并非侵权结果发生地，不能将网络收货地址作为案件管辖连接点。本案被告住所地同时为制造、许诺销售、销售侵权行为地，应由该地对本案进行管辖。

编写人：天津市第二中级人民法院　胡浩　史凡凡

113　在管辖权异议审查中应依据实际法律关系，坚持全面审查的原则进行认定

——某冶金公司诉某重工公司专利合同案

【案件基本信息】

1. 裁判书字号

北京市第三中级人民法院（2018）京03民辖终286号民事裁定书

2. 案由：专利合同纠纷

3. 当事人

原告（被上诉人）：某冶金公司

法定代表人：僧某

被告（上诉人）：某重工公司

法定代表人：陈某

【基本案情】

某冶金公司诉称，2003年7月13日，双方签订《委托加工制造协议书》，2005年8月8日，双方签订《委托加工协议的补充协议》。双方根据具体项目签订工业品买卖合同及技术协议。根据协议约定，某冶金公司委托某重工公司加工设备并向某重工公司支付加工费用。后来，双方商定，某重工公司可以自己寻找客户，按某冶金公司技术资料生产设备，并向某冶金公司支付技术费。自2008年1月1日起，某重工公司从某冶金公司聘请了年轻技术人员，组建自己的设计队伍后，某重工公司继续使用某冶金公司的技术和设计图纸并自行销售《委托加工制造协议书》及《委托加工协议的补充协议》约定的产品而不告知某冶金公司。双方根据项目合同，生产了15套设备，至2016年12月26日已结账。根据某重工公司的产品样本、宣传册、《中国冶金报》的报道和其他资料，某冶金公司得知某重工公司已违约制造并销售至少32套产品。根据《委托加工制造协议书》第六条约定可知，某重工公司已经违约，依法应当承担违约责任。故诉至北京市朝阳区人民法院，请求判令某重工公司支付某冶金公司违约制造产品的经济损失暂计300万元，判令某重工公司承担某冶金公司所付的律师服务费，某重工公司承担本案诉讼费用。

某重工公司在答辩期内对管辖权提出异议，称合同纠纷提起的诉讼由某重工公司住所地或合同履行地法院管辖，法院对本案没有管辖权，本案应由秦皇岛市经济技术开发区人民法院管辖。故要求法院将本案移送至秦皇岛市经济技术开发区人民法院审理。

某冶金公司诉称，双方于2005年8月8日签订的《委托加工协议的补充协议》约定“发生异议，协商解决。实在解决不了，也可诉诸法律。起诉地点：起诉方所在地”，即双方约定由某冶金公司住所地法院管辖。某重工公司所在地位于北京市朝阳区广顺北大街33号，北京市朝阳区人民法院对本案有管辖权，不同意某重工公司的管辖权异议。

【案件焦点】

1. 在管辖权异议审查阶段，对当事人主张的法律关系正确性是否应予审查；2. 管辖权异议审查的原则是仅依当事人主张的理由进行审查，还是全面审查。

【法院裁判要旨】

北京市朝阳区人民法院经审理认为：合同或者其他财产权益纠纷的当事人可以书面协议选择某重工公司住所地、合同履行地、合同签订地、某冶金公司住所地、标的物所在地等与争议有实际联系的地点的人民法院管辖。涉案的某冶金公司作为甲方，某重工公司作为乙方于2005年8月8日签订之《委托加工协议的补充协议》约定“发生异议，协商解决。实在解决不了，也可诉诸法律。起诉地点：起诉方所在地”。该补充协议中约定之起诉方所在地应解释为某冶金公司所在地，即本案某冶金公司、某重工公司所在地。经查，某重工公司住所地位于北京市朝阳区。故法院对本案有管辖权。某重工公司提出的管辖权异议，理由不成立，法院不予采纳。

北京市朝阳区人民法院依照《中华人民共和国民事诉讼法》第三十四条、第一百二十七条之规定，裁定如下：

驳回某重工公司对本案管辖权提出的异议。

某重工公司不服一审裁定，提起上诉。

北京市第三中级人民法院经审理认为：首先，虽然本案中原审某冶金公司主要系依据双方签订的《委托加工制造协议书》《委托加工协议的补充协议》以承揽合同纠纷提起本案诉讼，但该协议的主要内容为专利产品的委托加工，且某冶金公司在诉状的事实理由部分主张双方曾商定某重工公司可以自己寻找客户，按某冶金公司技术资料生产设备，并向某冶金公司支付技术费（专利费、设计费或技术服务费），故合同实质上涉及实用新型专利等知识产权的委托制造、使用许可、自行制造销售产品与合同约定产品是否系同一产品等问题。现原审某冶金公司虽然以承揽合同纠纷起诉，主张某重工公司承担违约责任，但案件在审理过程中可能涉及涉案产品是否使用原审某冶金公司专利的认定问题。综上，本案应属于知识产权合同纠纷。

其次，原审某冶金公司与原审某重工公司在《委托加工协议的补充协议》中约定“发生异议，协商解决。实在解决不了，也可诉诸法律。起诉地点：起诉方所在地”，其约定的“起诉方所在地”可解释为某冶金公司所在地，本案原审某重工公司的住所地位于北京市朝阳区。依据《北京市高级人民法院关于调整本市法院知识产权民事案件管辖的规定》第二条的规定，诉讼标的额在1亿元以下且当事人一方住所地不在本市的专利第一审知识产权民事案件由北京知识产权法院管辖，故本案应由北京知识产权法院管辖。

北京市第三中级人民法院依照《中华人民共和国民事诉讼法》第一百七十条（新民事诉讼法第一百七十七条）第一款第二项、第一百七十一条（新民事诉讼法第一百七十八条）、第一百七十五条（新民事诉讼法第一百八十二条）之规定，裁定如下：

一、撤销北京市朝阳区人民法院（2017）京0105民初38936号管辖权异议民事裁定；

二、本案移送北京知识产权法院处理。

【法官后语】

本案是一起管辖权异议上诉改裁案件，关于在管辖权异议审查阶段，对当事人主张的法律关系正确性是否应予审查；管辖权异议审查的原则是仅依当事人主张的理由进行审查，还是全面审查。在审判实践中对此存在模糊认识和不同做法，因此对当事人和审判人员造成很大困扰。

本案在审理阶段经论理，适用了全面审查的原则，应结合特定案件的具体案情判断法律关系是否属于应予审查的范围，即当法律关系的确定并不影响原受理法院对案件的管辖权时，法律关系认定问题，可以待到实体审理阶段进行审查；当法律关系的确定直接影响原受理法院对案件有无管辖权，则应在管辖权异议审查阶段对本案实际法律关系进行审查认定，并依据审查结果作出管辖权异议的裁定。同时，管辖权异议不仅是当事人的一项诉讼权利，管辖分工更是不同法院之间分工行使审判权的一项公权力，因此，对于法院管辖权的审查应坚持全面审查的原则，而不能仅限于当事人提出的管辖权异议的理由。管辖权异议案件的审查应在分析法律关系的基础上，坚持全面审查原则，在归纳案件争议焦点的基础上，以民事诉讼管辖制度精神为纲，结合具体案情判断合同类型、性质，而不拘泥于当事人的主张。在本案审理中适用的管辖权异议审查原则，可在审判实践中为该问题的模糊认识提供一定的审查思路，具有一定的参考价值和意义。

编写人：北京市第三中级人民法院　马志星

114 解释权利要求应符合发明目的及其所要解决的技术问题

——某电器公司诉某科技公司侵害发明专利权案

【案件基本信息】

1. 裁判书字号

江苏省高级人民法院（2015）苏知民终字第 00237 号民事判决书

2. 案由：侵害发明专利权纠纷

3. 当事人

原告（上诉人）：某电器公司

被告（被上诉人）：某科技公司

【基本案情】

某电器公司于 2009 年 9 月 11 日向某知识产权局申请了名为“有载调节 20KV 及以下电网中调容变压器的开关”的发明专利，并于 2012 年 9 月 15 日获得授权，专利号为 ZL20091018××××. 1（以下简称涉案专利）。2014 年 10 月 28 日，其通过公证购买的方式从某科技公司处购买到被控侵权产品，故认为某科技公司制造、销售的被控侵权产品落入了涉案专利权利要求的保护范围，构成侵权。

双方关于侵权比对的主要争议集中于：被控侵权产品双断口结构是否与涉案专利权利要求“串联多断口”相同或等同。某电器公司认为：被控侵权产品双断口结构与涉案专利权利要求“串联多断口”特征相同或等同。某科技公司认为：被控侵权产品主触头、过渡触头的串联双断口结构，必须结合中部抽头降低断口电压，其技术手段与涉案专利不同，降压的技术效果优于专利方案，且减少断口，触头耗材减少，降低了成本。

【案件焦点】

涉案专利权利要求中的“串联多断口”这一技术特征中的“多”是否包含“双”。

【法院裁判要旨】

江苏省扬州市中级人民法院经审理认为：被控侵权产品不构成侵权，理由如下：

首先，被控侵权产品双断口的技术特征与涉案专利“多断口”的技术特征并不相同。根据涉案专利的说明书，有载开关的单个触头断点的切换能力不能高于2KV，因此，涉案专利中的“串联多断口”的数量并非大于1的任意数，而是需要根据变压器的电压容量进行匹配，20KV电压对应的断口数不得少于6个，10KV电压对应的断口数不得少于3个，6KV对应的断口数不得少于2个。在与被控侵权产品相同的电压条件（10KV）下，技术特征3中主触头、过渡触头的断口数都不得少于3个。而被控侵权产品断口数只有2个，其通过在绕组中部增加一个抽头与双断口结构降低每个断口电压。因此，在10KV条件下被控侵权产品双断口的技术特征与涉案专利“多断口”（断口数不少于3个）的技术特征并不相同。

其次，被控侵权产品双断口的技术特征与涉案专利“多断口”的技术特征亦不等同。从涉案专利权利要求相应技术特征的技术手段看，是单纯通过增加断口数量分担来切换电压的；被控侵权产品技术方案降低电压的技术手段是设置绕组中部抽头和双断口结构，即在绕组中部增加一个抽头与开关的静触头相连，可使切换时过渡电阻承受的电压值由原来的5773V降为3330V左右，再通过双断口结构，使得开关切换时的断口电压值降为1670V左右，降压效果明显区别于涉案专利的多断口技术。因此，两者技术手段、技术效果明显不同，且不属于本领域技术人员常用的技术手段，故被控侵权产品的双断口技术特征与涉案专利的"多断口"技术特征亦不构成等同。

江苏省扬州市中级人民法院依照《中华人民共和国民事诉讼法》第六十四条第一款之规定，判决如下：

驳回某电器公司的全部诉讼请求。

某电器公司不服一审判决，提起上诉。江苏省高级人民法院经审理认为：在进行专利权利要求解释时，对于权利要求中使用的词语，不能脱离具体的技术背景作抽象理解，应当结合发明目的、发明所要解决的技术问题来准确界定其含义。本案双方争议点主要集中在涉案专利权利要求中的"串联多断口"中的"多"是否包含"双"。在本案中所涉的有载调容开关的技术领域中，根据涉案专利的发明目的，并结合现有证据，涉案专利权利要求中"串联多断口"中的"多"不应包含"双"，因此，被控侵权产品使用的"串联双断口"及其与其他技术特征一起形成的技术方案，不应落入涉案专利权利要求的保护范围。具体理由如下：

首先，根据涉案专利说明书所记载的内容，涉案专利在高压侧设置"串联多断口触头"这一技术特征是为了解决"高压侧触头在星角切换过程中可靠熄弧"这一技术问题。其次，为解决该技术问题，涉案发明是通过增加串联断口的数量来降低单个触头上的切换电压，从而实现"高压侧触头在星角切换过程中可靠熄弧"。再次，根据涉案专利的说明书以及相关技术资料的内容，一般情况下，有载开关的单个触头断点的切换能力不能高于 2KV，只有经过特别的设计，才能使得单个触头断点的切换能力高于 2KV。而涉案专利权利要求中并未对串联多断口的主触头、过渡触头的结构作出特别限定，仅仅限定了触头与绕组的连接方式。因此，在进行权利要求解释的时候，应当将涉案专利权利要求中的串联多断口理解为一般情况下的串联多断口结构，其单个触头断点的切换能力不能超过 2KV。最后，被控侵权产品应用于 10KV 的电压环境中，根据涉案专利说明书中所记载的计算方式，只有当有载调容开关的串联断口的数量 N 大于 3 时，才能保证单个触头断点的切换电压低于 2KV；而当 N 等于 2 时，单个触头断点的切断电压是 2886. 5V，大于 2KV，无法实现“高压侧触头在星角切换过程中可靠熄弧”这一发明目的。因此，当在本案被控侵权产品应用的 10KV 电压环境中，涉案专利权利要求中的“串联多断口”不能解释为包含“双”，只能解释为 3 个及其以上，被控侵权产品采用的“串联双断口”不能纳入涉案专利的“串联多断口”的范围，两者属于不同的技术特征。二审法院意见同意一审法院意见，两者亦不构成等同。江苏省高级人民法院依据《中华人民共和国民事诉讼法》第一百七十条第一款第一项之规定，判决如下：

驳回上诉，维持原判。

【法官后语】

本案中两审法院结合涉案专利说明书中记载的发明目的，将权利要求中的技术特征“串联多端口”进行了限缩性解释。在我国现有《中华人民共和国专利法》及其司法解释中，并未将“符合发明目的”作为一种权利要求解释的原则或方法在法条中予以明确。值得注意的是，发明目的对专利保护范围的确定具有重要意义，应结合发明目的以及拟解决的技术问题，对专利权利要求进行合理的解释，本案提供了一个重要的分析样本。

一、发明目的在专利权利要求解释中的作用

正确解释专利权利要求，合理界定专利权保护范围，旨在实现专利法上的利益平衡主旨，在专利权人与社会公众间保持合理的平衡，合理限制专利权人的垄断权，保证社会公众对于技术成果的合理使用。我国《中华人民共和国专利法》及司法解释均已明确专利说明书在权利要求解释中的适用。专利说明书包括发明或者实用新型所要解决的技术问题以及解决其技术问题采用的技术方案，并对照现有技术写明发明或者实用新型的有益效果。由此可知，专利法上的发明目的直接体现为发明所要解决的技术问题及对比现有技术的有益效果，发明目的对专利而言，体现了其价值所在，也是整个技术方案围绕的核心，而专利权利要求则体现为对具体技术方案的保护，对其解释离不开发明目的的指引。

二、“符合发明目的原则”的司法应用

权利要求用语存在含义冲突时，结合具体技术方案中的发明目的（有益效果）进行解释。本案中，抽象地解释汉语中的“多”是否能够包含“双”，从已有的汉语词典、工具书籍以及一般人的认知来看，难以形成多数一致意见。但在本案所涉的有载调容开关的技术领域中，根据涉案专利的发明目的即实现“高压侧触头在星角切换过程中可靠熄弧”，在10KV电容条件下涉案专利权利要求中“串联多断口”中的“多”不应包含“双”。从涉案专利的发明目的去解释权利要求，既是合理界定专利权保护范围的内在需要，又能避免在裁判中对汉语中具有丰富含义词汇作出武断定义。

需要说明的是，在我国目前大量的国内授权专利中，专利权人在说明书中的发明目的部分或者发明所要解决的技术问题部分总是习惯进行夸大或罗列堆积多个发明目的，而事实上其中部分发明目的是无法实现的，即发明所提供的技术方案仅仅解决了部分发明目的。在此情况下，法院完全依赖发明目的来解释权利要求应当是十分谨慎的，否则就容易出现解释偏差。本案中，涉案专利说明书中仅有一个发明目的，以此解释权利要求并无不妥。

编写人：江苏省扬州市中级人民法院　杨林

115　确认不侵权诉讼适用消除影响责任

——某医疗公司北京分公司、某医疗公司江苏分公司诉某医疗科技公司确认不侵害专利权案

【案件基本信息】

1. 裁判书字号

北京市高级人民法院（2017）京民终字第 9 号民事判决书

2. 案由：确认不侵害专利权纠纷

3. 当事人

原告（被上诉人）：某医疗公司北京分公司、某医疗公司江苏分公司

被告（上诉人）：某医疗科技公司

【基本案情】

某医疗公司北京分公司和某医疗公司江苏分公司分别是涉案产品“骨科超声手术仪”的生产商和销售商。2015 年 9 月，某医

疗科技公司向某医疗公司北京分公司发送律师函称“骨科超声手术仪”侵犯了其名称为“超声骨科精细手术系统及其复合超声振动手柄”的20122022××××.6号实用新型专利（以下简称涉案专利）。某医疗科技公司同时还向某医疗公司北京分公司的若干客户发送了内容基本相同的律师函。两原告认为其制造和销售的涉案产品与涉案专利技术方案完全不同，被告的专利侵权主张没有任何依据。经原告发催告函后，被告既不确认原告不侵权又不向法院提起诉讼，故原告提起本案诉讼要求确认：（1）确认两原告制造、销售、许诺销售的XD860A骨科超声手术仪产品，不侵犯某医疗科技公司的20122022××××.6号实用新型专利；（2）请求被告消除发出侵权警告行为所带来的影响。

【案件焦点】

确认不侵犯专利权诉讼是否可以受用消除影响的责任方式。

【法院裁判要旨】

北京知识产权法院经审理认为：确认不侵犯专利权诉讼起诉的条件不仅在于双方对于是否存在侵犯专利权的事实产生争议，而且在于专利权人向被控侵权的一方及其潜在的客户发送带有指控侵权内容的函件，导致被控侵权一方的商誉受到损害。确认不侵犯专利权诉讼从法律属性上属于侵权之诉。可以提起确认不侵犯专利权诉讼的主体包括被警告人或者利害关系人。某医疗公司江苏分公司作为涉案产品的生产商，同样会由于警告行为而导致商誉受损，潜在的客户流失，属于利害关系人，是本案的适格原告。

涉案专利权利要求1和权利要求8分别是两项独立权利要求，

权利要求1中包括“具有摆动功能超声手柄”以及“具有摆动结构的复合超声振动手柄”的技术特征，经现场勘验，涉案产品中既不包括摆动结构，超声手柄也不具备摆动功能，没有落入涉案专利权利要求1的保护范围。涉案专利独立权利要求8包括“具有摆动结构的复合超声振动手柄”“摆动机构，将旋转运动变为摆动，并带动换能器一起摆动”“电机，产生旋转运动，驱动摆动机构运动”“柔性密封部件，其内圈固定于换能器上，外圈固定于外壳上，在换能器摆动时实现密封作用”的技术特征，涉案产品的超声手柄不具有摆动机构，内部没有“电机”不具有“内圈固定于换能器上，外圈固定于外壳上，在换能器摆动时实现密封作用的柔性密封部件”，没有落入涉案专利权利要求8的保护范围。涉案产品并未包括涉案专利独立权利要求中的全部必要技术特征，未落入涉案专利的保护范围，不侵犯涉案专利权。

某医疗科技公司向原告及其潜在的客户发送律师函，指控原告生产、销售的涉案产品侵犯涉案专利权，该内容与事实不符，造成原告商誉的降低，现原告要求消除影响，应予支持。判决被告某医疗科技公司在一定时期内，在其网站上登载说明即足以达到消除影响的效果，对于原告主张的向收到被告侵权警告函的客户逐一发送诉讼说明函的请求超出了消除影响的必要限度，不予支持。

北京知识产权法院依据《中华人民共和国侵权责任法》第六条、第十五条，《最高人民法院关于审理侵犯专利权纠纷案件应用法律若干问题的解释》第十八条的规定，作出如下判决：

一、确认某医疗公司江苏分公司、某医疗公司北京分公司生产销售的XD860A骨科超声手术仪不侵犯涉案专利权；

二、某医疗科技公司在其官方网站上登载声明，声明内容需要表明某医疗公司江苏分公司、某医疗公司北京分公司生产销售的XD860A骨科超声手术仪不侵犯涉案专利权，声明持续登载十五日。

某医疗科技公司上诉，请求撤销或改判原审判决。北京市高级人民法院经审理认为：《最高人民法院关于审理侵犯专利权纠纷案件应用法律若干问题的解释》第十八条规定了提起确认不侵害专利权诉讼的前提条件。本案中，某医疗科技公司认可原审判决关于涉案产品未落入涉案专利权的保护范围、不侵害涉案专利权的认定，法院予以确认。某医疗科技公司认为某医疗公司北京分公司、某医疗公司江苏分公司未向法院提供实际构成侵权的产品，但是在某医疗公司北京分公司、某医疗公司江苏分公司已向法院提交涉案产品的情况下，某医疗科技公司如果有相反意见，其应当承担举证责任，而某医疗科技公司未能举证证明某医疗公司北京分公司、某医疗公司江苏分公司实际制造、销售的产品不同于涉案产品。某医疗科技公司上诉主张其发警告函的行为不会导致社会公众对于某医疗公司北京分公司、某医疗公司江苏分公司的商业评价降低。根据查明的事实，涉案专利为实用新型专利，某医疗科技公司在未对涉案产品的结构进行充分了解的情况下，仅凭拍摄的产品外观图片即向某医疗公司北京分公司、某医疗公司江苏分公司发出警告函，并且向某医疗公司北京分公司、某医疗公司江苏分公司等多家客户发出函件，必然会降低某医疗公司北京分公司、某医疗公司江苏分公司在客户群体中的信誉，某医疗科技公司存在过错，应当承担相应的法律责任，某医疗公司北京分公司、某医疗公司江苏分公司关于消除影响的诉讼请求应当予以支持。一审法院判令某医疗科技公司在一定时期内在其网站上登载说明的责任承担方式与某医疗科技公司的行为对某医疗公司江苏分公司、某医疗公司北京分公司造成的负面影响是相当的。某医疗科技公司的相关上诉理由不能成立。某医疗科技公司的上诉理由缺乏事实和法律依据，对其上诉请求不予支持。原审判决认定事实清楚，处理结果正确，应予维持。

北京市高级人民法院依照《中华人民共和国民事诉讼法》第一百七十条第一款第一项之规定，判决如下：

驳回上诉，维持原判。

【法官后语】

本案处理重点在于对确认不侵犯专利权之诉的理解。目前主流的观点是认为确认不侵犯专利权诉讼属于确认之诉，审理的对象是知识产权侵权法律关系。但是，警告方发出警告函的范围往往不限于原告，同时包括了原告的客户或者潜在的客户。警告方可能将发送侵犯专利权警告函作为诋毁商业信誉的手段。如果仅作出确认判决，要求当事人取得确认之诉后，另行提起反不正当竞争或者侵权之诉，则显得过于机械，也会造成司法资源的浪费。

被控侵权一方提起诉讼的目的不仅在于消极的确认不侵权的事实，而且希望通过诉讼积极的使其受损的商誉得到恢复。确认不侵犯专利权纠纷的功能也不应当仅限于对是否存在侵权事实作出确认，而是要起到正本清源的作用，实现对商誉的恢复和对商业利益损失的弥补。确认不侵害专利权诉讼从法律属性上属于侵权之诉，应当适用《中华人民共和国民法典》的规定。实际上是将确认不侵犯专利权诉讼理解为了一般的民事侵权诉讼，审理的对象也不仅限于是否存在专利权侵权法律关系，进一步扩展到包括商誉和潜在商业利益侵权法律关系在内，可以一并通过确认不侵犯专利权诉讼一案进行解决，无须另行提起反不正当竞争或者侵权诉讼。

还应注意的是，确认不侵犯专利权过错的认定。对于确认之诉并不需要考虑过错。但是如果将确认不侵犯专利权诉讼认为属于一般的侵权诉讼，则需要依据一般侵权的要件来判断发出警告函的一方是否存在过错。这里的过错应当遵循客观标准，通过对被警告的产品与专利权的比对来确定。在确认不侵犯专利权诉讼中也需要进行专利和产品的比对，只是这种比对不但是为了确认是否侵权的事实，同时也是为确认过错。与此相关的是既然要进行专利和产品的比对，那么确认不侵犯专利权诉讼虽然就性质上与一般的专利侵权诉讼不同，但是仍然应当由中级人民法院管辖。

编写人：北京知识产权法院　高瞳辉

116 外观设计专利侵权中“转用”的认定

——某科技公司诉某技术公司侵害外观设计专利权案

【案件基本信息】

1. 裁判书字号

广东省高级人民法院（2016）粤民终1076号民事判决书

2. 案由：侵害外观设计专利权纠纷

3. 当事人

原告（被上诉人）：某科技公司

被告（上诉人）：某技术公司

【基本案情】

某科技公司诉称：其系专利号为ZL20143004××××.9、名称为“等离子车载空气净化器”的外观设计专利的独占被许可人，某技术公司、某环保科技公司未经该专利权人或者某科技公司的许可，制造、销售、许诺销售该专利产品，侵犯了某科技公司的本案专利权，给其造成了严重的经济损失，故请求判令某技术公司、某环保科技公司停止侵权并赔偿损失。

某技术公司辩称：被控侵权产品与本案专利相同点在于整体形状，不同点在于被控侵权产品顶部存在“WiFi”指示图设计，而专利的杯身整体设计是由其他产品的设计转用而来，因此本案专利的“杯身”造型属于现有设计，对于产品的整体视觉效果影响较小。进而产品顶部是否存在WiFi指示图标这一细节上的差别，构成被控侵权产品与本案专利之间的显著差别，故而被控侵权产品与本案专利既不相同也不相近似，不落入本案专利的保护范围。

【案件焦点】

被控侵权产品是否落入本案专利的保护范围。

【法院裁判要旨】

深圳市中级人民法院经审理认为：外观设计专利的保护范围应当以表示在图片或者照片中的该产品的外观设计为准，人民法院在认定外观设计是否相同或者近似时，应当首先审查外观设计专利产品与被控产品是否属于同类或者近类产品；然后应当以外观设计专利产品的一般消费者的知识水平和认知能力，根据授权外观设计、被控侵权产品设计特征的整体视觉效果进行综合判断。

本案外观设计专利产品与被控侵权产品均系“车载空气净化器”，是同类产品。将被控侵权产品与本案专利进行比对，二者整体形状相同，均呈类似圆柱体，柱身上部直径最大，靠近底部直径最小，中部收腰，侧边平滑过渡。顶部均为圆形，一条弧线将圆形横向分割为两部分，每一部分均呈月牙形，二者的控制按钮均分布在一个月牙中，且控制按钮的数量、线条以及排列构成的图案均相同。出风口设计相同，均系两列排布的隔栅，且均位于圆柱体的上半部。二者的不同之处在于被控侵权产品的顶部圆形中有一个形似 WiFi 指示图标的风口设计，而本案专利没有该设计。

针对上述不同，某技术公司认为本案专利的整体形状系由其他种类产品即“杯子”的外观设计“转用”而来，形状的创新程度有限，产品其他部分的设计对视觉效果的影响更加显著，因此被控侵权产品与本案专利间有无“WiFi 指示图标”的设计差别，构成显著差异，被控侵权产品与本案专利既不相同也不相近似。

“转用”是指将产品的外观设计应用与其他种类的产品。根据《中华人民共和国专利法》第二十三条第二款关于“授予专利权的外观设计与现有设计或者现有设计特征的组合相比，应当具有明显区别”的规定，授权设计与现有设计特征的组合相比，应当具有明显区别。据此，当一份授权设计与不同种类产品现有设计的外观相同或者近似，同时在该授权设计相同或者相近类产品的现有设计中存在具体的转用手法的启示时，应当认定授权设计与现有设计特征的组合相比，没有明显区别。但在本案中，某技术公司并未提交证据证明在授权设计相同或者相近类产品与“杯子”产品之间存在具体的转用手法的启示。退一步讲，即便如某技术公司所主张，在空气净化器与杯子之间证明存在转用手法的启示，将授权设计与某技术公司主张的与授权设计最为近似的“水杯（CQG1037）”的外观设计进行比对，二者虽然整体上均呈上宽下窄的类圆柱体形状，但二者之间在形状与图案上仍然存在显著区别：二者柱身的直径与高的比例不同，前者柱身更为修长；前者由顶部突起、顶部镶边、杯身和底部镶边四部分组成，后者由杯盖、柱体、底部镶边三部分组成；前者顶部镶边有两个斜面，后者没有该设计特征；前者杯身背后有出风口设计，后者没有该设计特征；前者顶部面盖被一条弧线分为两个月牙，其中一个月牙内分布了按钮和指示灯，后者没有该设计特征。因此本案专利设计与某技术公司主张的对比设计整体形状、图案等设计均存在很大差别，二者之间不相同也不相近似，因此即便存在转用手法的启示，本案专利也不属于现有设计特征的简单组合，某技术公司关于本案专利系“杯子”产品的简单转用，其形状不能区别于现有设计的主张缺乏事实和法律依据。综上，被控侵权产品与本案专利虽然存在有无“WiFi 指示图标”的区别，但该区别属于局部细微变化，不会对整体视觉效果产生显著影响，被控侵权产品与本案专利无实质性差别，构成相近似，落入本案专利的保护范围。

深圳市中级人民法院根据《中华人民共和国专利法》第二十三条，《最高人民法院关于审理侵犯专利权纠纷案件应用法律若干问题的解释》第十一条的规定，判决如下：

一、某技术公司、某环保科技公司立即停止侵害某科技公司涉案“等离子车载空气净化器”（专利号为 ZL20143004××××.9）的外观设计专利权，销毁库存侵权产品；

二、某技术公司、某环保科技公司于一审判决生效之日起十日内连带赔偿某科技公司经济损失及合理支出费用共计人民币 7 万元；

三、驳回某科技公司的其他诉讼请求。

某技术公司不服一审判决，提起上诉。广东省高级人民法院审理后依照《中华人民共和国民事诉讼法》第一百七十条第一款第一项之规定，判决如下：

驳回上诉，维持原判。

【法官后语】

“转用”抗辩是什么？在专利侵权案件中，由于我们对专利的有效性不做审查，不能将其他种类的产品设计与专利对比，因此被告若以“转用”作不侵权抗辩，实质上是将转用的其他种类产品的现有设计视为相同或者相近似种类产品的现有设计，参考适用现有设计抗辩的有关规定。因此转用在侵权纠纷中的应用就是在符合特定条件（该具体的转用手法在相同或者相近种类产品的现有设计中存在启示）下，将其他种类产品的外观设计与涉案被控侵权产品进行对比，若相同或者近似，则被控侵权产品的现有设计抗辩成立，不构成侵权。

“转用”作为现有设计抗辩的条件是什么？转用的条件有两种，一是产品的外观设计是由其他非相同或者非近似种类产品的现有设计得到的。这里要强调的是：转用的必须是现有设计，而非现有设计特征，即必须是其他种类产品的所有设计特征的总和，而不能从其他种类产品的现有设计中分割出某个或者某些设计特征来主张转用。也就是说如果被控侵权产品只是使用了其他种类产品的某个或者某几个设计特征，则不属于转用；二是该具体的转用手法在相同或者相近类产品的现有设计中存在启示。

本案中，被告主张属于“转用”情形。但其关于本案因构成“转用”而不侵权的观点是：由于本案专利使用的产品形状是转用了其他种类产品的现有设计特征，因此该产品形状属于现有设计特征，在侵权比对中该形状对视觉产品的影响应当忽略或者弱化，故而被控侵权产品与本案专利对比中，除形状外的其他差别就成了对视觉效果会产生显著影响的差别。

本案被告的观点有两个错误：首先，转用作为同类比对的例外情形，有着严格的适用条件，如前所述，转用必须是其他种类产品的现有设计，而不能只是个别的设计特征。只引用了其他种类产品的某个或者某几个设计特征，不属于转用。其次，被告要求弱化产品形状对于整体视觉效果的影响，其法律依据应当是《最高人民法院关于审理侵犯专利权纠纷案件应用法律若干问题的解释》第十一条的规定，人民法院认定外观设计是否相同或者近似时……授权外观设计区别于现有设计的设计特征相对于授权外观设计的其他特征通常对视觉效果更有影响力。该条文中所指的现有设计的设计特征，仅仅是指同类产品的现有设计，而非其他种类产品的现有设计。被告若想主张应当在侵权对比中应当忽略或者弱化产品形状对视觉效果的影响，应当举证证明该产品形状是同类产品的现有设计的设计特征，而不能以其他种类产品的现有设计特征作为抗辩依据。因此，被告的“转用”抗辩不能成立。

编写人：广东省高级人民法院　李金娟

二、不正当竞争纠纷

117 智能产品语音指令不正当竞争纠纷案

——网络公司诉科技公司、电子商务公司不正当竞争案

【案件基本信息】

1. 裁判书字号

北京市海淀区人民法院（2019）京 0108 民初 63253 号民事判决书

2. 案由：不正当竞争纠纷

3. 当事人

原告：网络公司

被告：科技公司、电子商务公司

【基本案情】

网络公司经授权获得包括某度智能音箱在内的某度产品名称、某度某度唤醒词、指令词、“×du ×du”语音商标权、名称权及其他所有权益。网络公司提交大量报道显示，其在 2013 年即在硬件产品上使用“某度”名称，网络公司及其关联公司自 2017 年起已开始将“×du ×du”语音指令用于其智能音箱产品，其某度智能音箱产品、包装、使用手册中多处标注“某度”标识，并可以使用“×du ×du”语音指令对其进行操作。科技公司运营的杜××网宣传中使用“某杜”指代其生产、销售的杜××学习机，其杜××学习机产品屏幕贴膜、说明书中及杜××网中多处对“某杜 某杜”可以唤

醒操作该学习机进行说明，发出“×du ×du”语音指令可以唤醒和操作该学习机。电子商务公司运营的店铺中销售有杜××学习机。庭审中，各方确认线上被诉行为已经停止，网络公司未就线下被诉行为持续提交证据。

【案件焦点】

1. 网络公司与科技公司是否存在竞争关系；2. 网络公司就“某度”及“×du ×du”是否享有受反不正当竞争法所保护之权益；3. 被诉行为是否构成不正当竞争；4. 如被诉行为构成不正当竞争，二被告应承担何种法律责任。

【法院裁判要旨】

北京市海淀区人民法院经审理认为：经过网络公司广泛使用推广，“某度”作为其智能音箱的商品名称属于《中华人民共和国反不正当竞争法》第六条第一项所规定的有一定影响的商品名称；“×du ×du”是用户在某度智能音箱时必不可少且频繁出现的特定语音指令，该语音指令已与网络公司及其产品建立起了明确、稳定的联系，并具有较高知名度和影响力，应受到《中华人民共和国反不正当竞争法》第六条第四项的保护。结合“某度”和“×du ×du”的知名度和影响力、某度智能音箱和杜××学习机从功能、受众、销售渠道等方面来看属同类产品，科技公司实施被诉行为，主观上具有恶意，客观上也易使相关公众误认为杜××学习机与网络公司的某度智能音箱及其相关服务可能存在产品研发、技术支持、授权合作等方面的特定联系，导致混淆。科技公司上述行为违反了《中华人民共和国反不正当竞争法》第六条第一项及第四项的规定，对网络公司构成不正当竞争。

北京市海淀区人民法院依照《中华人民共和国反不正当竞争法》第六条第一项、第四项及第十七条，《中华人民共和国民事诉讼法》第六十四条第一款，《最高人民法院关于民事诉讼证据的若干规定》第九十五条之规定，判决如下：

一、本判决生效之日起三日内，被告科技公司在杜××网首页显著位置连续七十二小时刊登声明，就涉案不正当竞争行为为网络公司消除影响（声明内容需经本院审核，逾期不履行的，本院将依网络公司的申请在相关媒体公布判决主要内容，费用由被告科技公司承担）；

二、本判决生效之日起十日内，被告科技公司赔偿网络公司经济损失 50 万元及合理开支 5 万元；

三、驳回网络公司的其他诉讼请求。

宣判后，当事人均未上诉，判决书已生效。

【法官后语】

一、反不正当竞争法中的竞争关系

竞争关系问题常常是反不正当竞争案件中被告提出的抗辩意见之一。对于竞争关系的审查也往往是此类案件的第一环节。

本案中，虽然二被告并未提出该抗辩意见，且从双方经营范围、产品类型、产品功能、消费群体来看均存在重合，双方确实存在直接的市场竞争关系，但由于对反不正当竞争法的适用无须以原被告处于完全相同的行业或存在狭义的竞争关系为前提，只要被诉行为有可能属于经营者在生产经营活动中，违反该法规定扰乱市场竞争秩序，损害其他经营者或者消费者的合法权益之行为，即可适用该法予以评判。因此，即便诉讼双方不存在直接的竞争关系，也不影响权利人在满足上述条件下适用反不正当竞争法对相关行为主张权利。

二、受《中华人民共和国反不正当竞争法》第六条第四项所保护的权益

《中华人民共和国反不正当竞争法》第六条即是“混淆”条款，该条的保护对象为商业标识，即在商业活动中一切具有可识别性或区分性的市场标识。该条前三项对保护的具体商业标识类型作出了较为明确的规定，如商品（或服务）名称、企业名称、网页等，第四项作出了兜底性的规定。由于第四项兜底条款未明确指向特定对象，该条款具体如何适用也存在一定的困难。

从具体实践来看，《中华人民共和国反不正当竞争法》第六条第四项的适用主要包括相关商业标识无法纳入前三项的控制范围、整体性混淆行为及商业标识权利冲突造成的市场混淆行为。[①] 从上述情形来看，均是回归到混淆条款的本质和目的加以适用，即制止市场中的混淆行为，避免相关公众产生误认。

正如本案中，人机交互中语音指令作为人工智能发展到一定阶段的产物，较之商品名称、企业名称、网络域名、网站名称等出现得较晚，在类型方面亦存在一定差别，其是否属于混淆条款的保护范畴并未由法律明确规定。但根据混淆条款的本质，只要其能够与该商品或服务及其提供者建立起特定的联系，且具有一定的影响，即应被纳入《中华人民共和国反不正当竞争法》第六条所规定的权益保护范围之内。擅自将他人符合上述条件的语音指令进行使用，即应当属于该条第四项所规定的，其他足以引人误认为是他人商品或者与他人存在特定联系的混淆行为。

---

① 孔祥俊：《反不正当竞争法新原理分论》，法律出版社2019年版，第118页。

三、“混淆”的认定

适用《中华人民共和国反不正当竞争法》第六条的要件之一系产生混淆结果，此种“混淆”应从广义来理解，不仅包括最常见和最基本的商品或服务商业来源的混淆，即认为由同一生产者生产；也应当包括关联关系的混淆，即认为两个经营者之间系关联公司；亦包括认可关系的混淆，即认为两个经营者之间就相关商品或服务存在许可或合作关系。尤其在对混淆条款第四项的兜底条款中，对于是否构成混淆的判断更需要综合全案被诉行为整体、广义来进行判断和认定。

正如本案中，在人工智能产品中擅自使用他人语音指令，同时结合被告创始人为原告前员工的身份，以及相关的新闻报道，该行为极易使相关公众认为二者产品来源相同，即便能够区分系来自不同经营者，也很容易认为二者间在产品研发、技术支持、授权合作等方面的特定联系，进而导致混淆。

编写人：北京市海淀区人民法院　杨德嘉

118 利用电商平台恶意投诉构成不正当竞争

——甲科技公司诉乙科技公司、品牌管理公司不正当竞争案

【案件基本信息】

1. 裁判书字号

广东省深圳市中级人民法院（2020）粤03民终6793号民事判决书

2. 案由：不正当竞争纠纷

3. 当事人

原告（被上诉人）：甲科技公司

被告（上诉人）：乙科技公司

被告：品牌管理公司

【基本案情】

甲科技公司自2014年起开始生产、销售ANKER品牌数据线，销售额巨大，数据线上使用了“ANKER”标识，且2012年以来在国内外多次获奖，品牌知名度较高。

乙科技公司、品牌管理公司为关联公司。乙科技公司经受让取得以下注册商标：1. 第14613×××号“安壳 Anker”注册商标，核定使用商品包括电线等，有效期限为2015年7月28日至2025年7月27日；2. 第220277×××号“ANKER”注册商标，核定使用商品包括USB线、电源材料（电线、电缆）等，有效期限为2018年2月21日至2028年2月20日。

乙科技公司主张甲科技公司销售的数据线上使用“ANKER”标识，侵犯其第14613×××号、第220277×××号注册商标专用权，于2018年6月11日开始向甲科技公司发送电子邮件，要求甲科技公司在各大电商平台下架侵权商品，并称其不卖商标。2018年7月30日，乙科技公司就商标转让问题，提出“你们可以开价”。

2018年6月26日至2018年9月28日，乙科技公司在多个电商平台上，以第220277×××号或第14613×××号注册商标为权利基础，对甲科技公司的多个数据线商品反复发起投诉，致使甲科技公司的产品在部分电商平台上被下架。

甲科技公司就乙科技公司的涉案注册商标向某知识产权局提出无效宣告请求，并就乙科技公司的警告、投诉行为提起不正当竞争之诉及确认不侵害商标权之诉。

另外，乙科技公司申请注册的商标共计264个，涵盖33个商标类别。品牌管理公司的员工陈述乙科技公司、品牌管理公司从事投资、买卖商标的业务。乙科技公司提交的证据显示其最早于2018年4月在数据线等产品上使用“ANKER”注册商标。乙科技公司经营的网店虽有销售“Anker数据线”，但商品实物未使用“ANKER”标识；乙科技公司未在商品上实际使用“安壳 Anker”注册商标。

二审期间，乙科技公司第14613×××号“安壳 Anker”商标在“电线”商品上的注册被撤销。甲科技公司提交的北京知识产权法院（2019）京73行初12150号判决认为，“安壳 Anker”注册商标的注册申请违反法律规定，应当予以无效宣告。

【案件焦点】

1. 甲科技公司在数据线产品上使用“ANKER”标识是否侵犯了乙科技公司的注册商标专用权；2. 乙科技公司对甲科技公司的警告、投诉行为是否构成不正当竞争。

【法院裁判要旨】

广东省深圳市福田区人民法院经审理认为：

1. 甲科技公司在数据线产品上使用“ANKER”标识，不构成对乙科技公司注册商标权的侵犯。其一，甲科技公司在数据线上使用的“ANKER”“ANKER”标识与第14613×××号“安壳 Anker”注册商标整体视觉效果存在明显差异，且乙科技公司未在商品上实际使用“安壳 Anker”商标，不会造成混淆，故甲科技公司并不侵犯乙科技公司该注册商标专用权。其二，甲科技公司经营的ANKER品牌在该商标申请注册之前，已具有一定的知名度，并已实际使用在数据线产品上，且持续使用时间及规模远大于乙科技公司。故甲科技公司在数据线商品上使用自有品牌标识“ANKER”，不构成对乙科技公司第220277×××号“ANKER”注册商标专用权的侵权，乙科技公司无权禁止甲科技公司在数据线商品上继续使用涉案商标。

2. 乙科技公司向甲科技公司发送警告邮件不属于不正当竞争行为，但其后期投诉行为构成不正当竞争。其一，乙科技公司的邮件内容不足以认定其有迫使甲科技公司向其购买涉案注册商标的恶意，且警告的内容不为公众所知悉，不会影响甲科技公司的正常经营，不构成不正当竞争。其二，乙科技公司作为第220277×××号注册商标权利人，发现甲科技公司在同种商品上使用与其注册商标近似的商标后，在电商平台上发起投诉，本应属正当维权行为。但在启动相关司法程序之后，其应当知道其投诉所依据的权利基础存在不确定性、甲科技公司是否构成侵权亦存在争议，却未循司法渠道主张权利，而是继续在电商平台对甲科技公司的商品发起投诉，明显未对其投诉行为是否会损害甲科技公司合法权益尽善意、审慎的注意义务。综观双方对"ANKER"商标的使用情况及各自的品牌知名度、经营规模，甲科技公司的商标使用行为并不会造成商品来源的混淆，亦不存在挤占乙科技公司市场份额、造成其经济损失的情形；而乙科技公司的投诉却使甲科技公司的商品被下架，给甲科技公司造成了经济损失及商誉损害。综上，乙科技公司后续投诉行为已明显超出正常维权的需要，违背商业道德，给甲科技公司造成损失，构成不正当竞争，应承担停止侵权、消除影响、赔偿损失的民事责任。

广东省深圳市福田区人民法院依照《中华人民共和国侵权责任法》第六条第一款，《中华人民共和国反不正当竞争法》第二条、第十七条，《中华人民共和国商标法》第七条、第五十九条第三款，《中华人民共和国民事诉讼法》第六十四条、第一百四十二条之规定，判决如下：

一、被告乙科技公司应立即停止投诉原告甲科技公司销售 ANKER 品牌数据线的不正当竞争行为；

二、被告乙科技公司应于本判决发生法律效力之日起三十日内在《中国工商报》刊登声明（内容需经本院审核，逾期不履行，本院将择要公布判决书主要内容，费用由被告乙科技公司承担），为原告甲科技公司公开消除影响；

三、被告乙科技公司应于本判决发生法律效力之日起十日内赔偿原告甲科技公司经济损失 500000 元；

四、驳回原告甲科技公司的其他诉讼请求。

乙科技公司不服一审判决，提出上诉。广东省深圳市中级人民法院经审理认为：乙科技公司囤积商标，主观恶意昭然，且其据以投诉的涉案两个注册商标是以不正当手段恶意申请取得的，原审认定构成不正当竞争及酌定的赔偿金额，并无不当。

广东省深圳市中级人民法院依照《中华人民共和国民事诉讼法》第一百七十条第一款第一项之规定，判决如下：

驳回上诉，维持原判。

【法官后语】

随着互联网经济的不断发展，电商平台已成为市场经营活动的重要场所，是众多经营者重要的销售渠道。为保护知识产权权利人的合法权益，各大电商平台建立起相应的知识产权投诉及处理机制。投诉，本是一种维权方式，但权利的行使并非不受限制，在正当维权与不正当竞争之间，存在着法律界限。若以维权之名行侵权之实，必然会受到法律的负面评价。

结合本案，笔者认为，认定当事人的投诉行为是否具有恶意，是否构成不正当竞争，一般应考虑以下四个方面：

一、投诉行为是否具备合法的权利基础

如果不具备合法的权利基础，当事人的投诉目的必然不在于维权，而在于打击经营者或敲诈勒索，显然不具有正当性。

本案中，乙科技公司囤积了大量注册商标，受让涉案商标后亦未积极使用，而是在短时间内发起大量投诉，其抢注商标并企图通过转让商标获利的可能性较大。但本案一审期间，关于乙科技公司据以作为投诉权利基础的注册商标是否系恶意抢注、应否被宣告无效仍有诉讼在进行，故一审法院并未直接否定乙科技公司所主张的权利基础。一旦涉案注册商标被认定为属于恶意抢注，则乙科技公司的权利基础便不复存在，可认定其投诉行为自始具有恶意。

即使在投诉时具备权利基础，但明知权利状态不稳定后仍进行投诉，亦可认定投诉者具有恶意。本案中，在乙科技公司发起第一轮投诉之后，甲科技公司便就其权利商标向某知识产权局提出无效宣告请求、就其投诉行为向法院提起不正当竞争之诉。乙科技公司在知悉上述案件后便应当知道其投诉所依据的权利基础不稳定，仍选择继续发起投诉，故其后续的投诉行为明显具有恶意。

二、被投诉行为是否构成侵权

电商平台知识产权保护规则要求在投诉时提交权利证明与初步侵权证据。故恶意的推定除明知权利瑕疵外，还需考虑是否明知被投诉行为依法不构成侵权。

本案甲科技公司在数据线产品上使用“ANKER”商标，符合商标法关于在先使用的规定，乙科技公司无权禁止甲科技公司在数据线商品上继续使用涉案商标。甲科技公司经营的ANKER品牌具有一定的知名度，其在数据线产品上在先使用“ANKER”商标的事实，乙科技公司作为同业竞争者应有所了解，却反复发起投诉，难言善意。

如投诉人已被认定是通过不正当手段申请取得权利，则可以认定其自始具有恶意。如投诉人具备形式合法的权利基础，发起投诉时认为被投诉行为构成侵权，其时的心理状态宜推定为善意相信；但如其已经明知被投诉行为是否构成侵权存在争议，却仍予以投诉，即可推定其主观具有恶意。本案乙科技公司在甲科技公司提起确认不侵害商标权之诉后继续投诉，显然未施以善意、审慎的考量。

三、投诉行为是否超出合理及必要的范围

当权利基础存在争议，理性的维权者应保持审慎的注意义务，充分考虑投诉行为给双方带来的影响，当发起投诉给对方造成的损失远大于暂停投诉给自己造成的损失时，应当暂停投诉，循法律途径主张权利。

本案中，甲科技公司的品牌知名度及经营规模远高于乙科技公司，乙科技公司如停止投诉，并不存在其产品市场份额被挤占等损失，但其继续投诉，却会不断增加甲科技公司的损失。乙科技公司明知甲科技公司已对其投诉行为提起诉讼，却还继续在电商平台对甲科技公司的商品发起投诉，致使甲科技公司产品被下架，其后续投诉行为已不具有合理性及必要性，也是主观上具有恶意的表现，有违诚实信用原则和商业道德，如果造成相应的损害后果，则构成不正当竞争。

为防范投诉行为超出合理及必要范围，《中华人民共和国电子商务法》第四十三条也对投诉行为的限度设置了限制机制，被投诉人在收到投诉通知后可以发起不存在侵权的反通知，投诉人收到反通知后，可以选择向有关主管部门投诉或向法院提起诉讼，并需要在十五日内将结果通知电商平台，否则平台将会终止对被投诉人采取的措施。

四、投诉行为是否给被投诉人造成实际损失

损害结果的发生是认定构成不正当竞争行为的要件之一，即投诉人的投诉行为扰乱市场竞争秩序，损害其他经营者的合法权益。

电商平台上知识产权恶意投诉行为的处理结果大致有两种：第一种，恶意投诉导致商品链接删除以及商铺降级、扣分等；第二种，恶意投诉因被投诉人申诉成立而被驳回。第一种处理结果会直接影响被投诉人的正常经营活动，造成被投诉人经济损失、商誉受损的后果。第二种处理结果不会直接影响被投诉人的商品销售和商铺信用等，但也不能因此认定“未损害被投诉人的合法权益”，投诉人的恶意投诉行为客观上扰乱了投诉人的正常经营活动，可能会耗费被投诉人大量的人力、物力，间接导致经营不善等后果。

本案中，乙科技公司的投诉行为，使甲科技公司的商品被下架，尤其是重要销售节点前在重要电商平台上被下架，给甲科技公司造成了重大经济损失，也破坏了甲科技公司的竞争优势，使公众对甲科技公司及其产品产生负面印象和负面评价，造成了商誉损害。

本案系深圳市福田区人民法院首例因恶意投诉，造成电商平台经营者损失故而承担赔偿责任的判决案件。本案一审判决虽未直接否定乙科技公司所主张的权利基础，但从投诉的时间点及必要性对其是否具有主观恶意进行认定，分阶段论述其行为是否具有正当性，不失为一种新的裁判思路，及时制止了乙科技公司的不正当竞争行为，有效维护了甲科技公司的合法权利。

本案一审依据反不正当竞争法第二条作出判决，该条款是法院认定新类型不正当竞争行为的主要法律依据之一，但长期以来其适用标准不明确，裁判标准不统一的现象时有发生。《最高人民法院关于适用〈中华人民共和国反不正当竞争法〉若干问题的解释》第一条规定，经营者扰乱市场竞争秩序，损害其他经营者或者消费者合法权益，且属于违反反不正当竞争法第二章及专利法、商标法、著作权法等规定之外情形的，人民法院可以适用反不正当竞争法第二条予以认定。该解释厘清了一般条款与具体行为条款、知识产权专门法规定之间的适用关系，也明确了反不正当竞争法第二条的兜底适用地位，更有助于在司法中正确适用该条款，维护公平竞争的市场秩序。

编写人：广东省深圳市福田区人民法院　陈铃铃

119 “分时出租视频 VIP[1] 账号使用时长”不正当竞争案

——甲科技公司诉乙科技公司、丙科技公司不正当竞争案

【案件基本信息】

1. 裁判书字号

北京知识产权法院（2019）京 73 民终 3263 号民事判决书

2. 案由：不正当竞争纠纷

3. 当事人

原告（上诉人）：甲科技公司

被告（上诉人）：乙科技公司、丙科技公司

【基本案情】

甲科技公司的经营模式包括“付费 VIP 会员”模式，用户只有支付相应对价，成为甲科技公司 VIP 会员后才能享受跳过广告和观看 VIP 视频等会员特权，用户购买 VIP 会员账号后仅获得有限使用权，且该种限制在用户协议中已明确。二被告知晓其对甲科技公司 VIP 账号享有有限使用权。

某网站的 ICP 备案主办单位为丙科技公司运营，某网站中可下载涉案 APP，涉案 APP 中“联系我们”包括乙科技公司的电子邮箱，并标注“乙科技公司版权所有”字样。涉案 APP 中分时出租甲科技公司 VIP 账号，使得用户可以购买相应时段观看甲科技公司 VIP 视频。同时涉案 APP 对甲科技公司 APP 部分功能进行限

---

① VIP（very important person），一般指贵宾，重要的人。

制，即在涉案 APP 中点击甲科技公司相关页面的部分按钮无法启用相应功能。甲科技公司 2017 年向二被告发送侵权告知函后，二被告仍持续实施被诉行为。二被告则认为其系合法获得甲科技公司 VIP 账号使用权，系运用“云流化”新技术的新商业模式对甲科技公司 VIP 账号进行分时出租，二被告未对涉案 APP 中的甲科技公司 APP 原生界面进行功能限制。

【案件焦点】

1. 丙科技公司是否为本案适格主体；2. 二被告被诉行为是否构成不正当竞争；3. 二被告关于被诉行为正当性的抗辩意见是否成立；4. 若认定二被告构成不正当竞争，其应承担的法律责任。

【法院裁判要旨】

北京市海淀区人民法院经审理认为：根据涉案 APP 标注的邮箱和版权信息，以及某网站的 ICP① 备案信息，可以认定二被告至 2018 年 5 月双方仍系涉案 APP 的共同实际运营主体，为本案适格被告。

关于双方的竞争关系，互联网技术的不断深化使得流量等资源在不同行业或产业之间融合成为常态，市场资源争夺也扩展到同业竞争者之间，故竞争关系的争议已经不再局限于同业竞争。二被告通过分时出租甲科技公司 VIP 账号获得用户流量将会影响甲科技公司相应的经营利益，存在竞争关系。

本案的主要争议焦点在于被诉行为的性质判断。就分时出租 VIP 会员账号行为而言，结合该行为并非个人用户的正常行为故将

---

① ICP（Internet Content Provider），指的是向广大用户综合提供互联网信息业务和增值业务的电信运营商。

导致甲科技公司正常经营成本和风险均因此上升，二被告通过分时出租 VIP 账号而实际提供甲科技公司 VIP 视频内容系对甲科技公司重要经营资源的恶意搭便车，二被告通过被诉行为获利且在甲科技公司发送侵权通知后通过改版等形式使其行为进一步隐蔽而具有主观恶意等因素，认定被诉行为具有不正当性。此外，二被告利用云流化技术对云端产品中的甲科技公司 APP 界面进行的限制，此种限制将使甲科技公司的潜在用户产生误认并影响其对甲科技公司 APP 的使用体验，亦具有不当性。

法院另指出，被诉行为本身具有不正当性，故该行为性质并不会因二被告系合法取得涉案甲科技公司 VIP 账号而发生改变；相反地，二被告合法购得甲科技公司 VIP 账号，理应知晓甲科技公司对其 VIP 账号所设使用权限，故二被告的主观恶意更加明显。涉案 APP 使用的流化技术确在一定程度上具有创新性，尤其是在用户处理日常工作、生活逐渐依赖于手机端，故安装的手机 APP 也不断增多的当下，通过使用流化技术可以解决用户需求提升与手机空间有限之间的矛盾等问题；但本案评判的并非流化技术本身，而是二被告通过流化技术实施的被诉行为是否正当，因此，即便流化技术本身具有创新性，也不当然意味着依托于该商业模式下的行为均合法正当。

据此，法院认为上述被诉行为破坏了甲科技公司基于“付费 VIP 会员”模式进行的正常经营行为，损害了甲科技公司的合法权益，系二被告利用技术手段实施的网络环境中的不当行为，故违反了《中华人民共和国反不正当竞争法》第十二条第二款第四项的规定，构成不正当竞争。

北京市海淀区人民法院依照《中华人民共和国反不正当竞争法》第十二条第二款第四项、第十七条，以及《中华人民共和国民事诉讼法》第六十四条第一款之规定，判决如下：

一、本判决生效之日起三十日内，被告乙科技公司、被告丙科技公司在被告丙科技公司经营的某网站首页或涉案APP“热门应用”专栏中连续一周刊登声明，就被诉不正当竞争行为为原告甲科技公司消除影响（声明内容须经本院审核，逾期不履行，本院将根据原告甲科技公司申请，在相关媒体公布判决主要内容，费用由被告乙科技公司、被告丙科技公司共同承担）；

二、本判决生效之日起十日内，被告乙科技公司、被告丙科技公司共同赔偿原告甲科技公司经济损失290.7万元及合理开支9.3万元。

二被告不服一审判决，提起上诉，北京知识产权法院经审理认为：

二被告系涉案APP运营者，为本案适格被告。二被告于甲科技公司存在业务重合，拥有相同的市场利益，且在网络用户的经营资源争夺中存在竞争关系。二被告被诉行为，一方面既获得直接经济利益，获得网络用户流量，增加了交易机会，另一方面也影响用户对甲科技公司APP的服务评价或用户体验，不仅干扰了甲科技公司等视频网站的运营模式和盈利方式，也使得甲科技公司的交易机会、会员收入及用户流量等受到实质影响，直接损害了甲科技公司基于VIP视频服务所产生的经营收益，从长远来看，也将逐步降低市场活力，破坏竞争秩序和机制，阻碍网络视频市场的正常、有序发展，并最终造成消费者福祉的减损，构成不正当竞争。

北京知识产权法院依照《中华人民共和国民事诉讼法》第一百七十条第一款第一项之规定，判决如下：

驳回上诉，维持原判。

【法官后语】

网络视频服务已成为各年龄段消费者文化娱乐生活必不可少的服务类型，对网络视频的点播关注则成为网络行业用户流量的重要来源。近年来，虽网络视频平台“免费视频+广告”“会员免广告”并轨运营的模式已经逐步建立并完善，但仍有部分用户希望免费获得相关网络视频的免广告点播，由此催生了购买视频网站会员账号后分享、租赁账号的业务。这些经营者往往打着“合法获得”“合理使用”或“分享经济”的名义开展经营活动，但其此种经营行为是否正当，则需结合反不正当竞争法相关规定进行判断和明确。而本案，即是擅自分时段出租视频网站VIP账号而引发的此类新型网络不正当竞争纠纷典型案例。

一、关于被诉行为实施主体的判断

在网络不正当竞争纠纷案件中，由于网络环境的隐蔽性、易变性，查明网站、软件的实际经营者往往相对困难，运营者主体信息常出现漏标、错标等现象，甚至出现冒用他人主体资质实施侵权行为的情形。因此，被告常提出的抗辩意见之一即其非被诉行为实施主体。

在判断被诉行为的实际实施主体时，由于ICP备案主体信息为工业和信息化部的官方公示信息，故该信息系通常情况下认定网站经营主体的关键证据。除非有强力的相反证据，否则就不能推翻ICP备案信息的公示效力。对于应用软件的经营者判断，应用商店中标注的开发者、运营者，相关网络产品中的版权信息、联络信息等均可作为判断实际运营者和被诉行为实施者的依据。例如，本案中，即是通过ICP备案主体、应用商店标注的开发者信息、APP中的版权信息及联系信息，综合认定二被告共同运营涉案APP。

二、关于竞争关系的认定

竞争关系也是网络不正当竞争纠纷中被告常提出的抗辩意见之一。对于传统行业，竞争关系的认定依据主要是双方经营范围是否相同，是否属于同行业的经营者。但随着互联网技术的不断深化，流量等资源在不同行业或产业间实现交互、融合已经成为常态，对这些市场资源的争夺也逐步从同业竞争者扩展到了非同业竞争者之间。在此情形下，不当夺取交易机会或破坏其他经营者竞争优势等影响市场经济正常运行的行为亦不再仅限于同业竞争者中，也可发生在非同业竞争者之间。故此，在判断竞争关系时，应当遵循该法系规制经营者实施的不正当竞争行为的立法初衷，只要经营者的行为不当影响了其他经营者的经营利益，即应落入反不正当竞争法的调整范围。尤其在网络不正当竞争纠纷中，平台经营者跨界经营或业务交叉已是相当普遍，再拘泥于涉案双方是否存在同业竞争关系这一争议，既不符合市场的客观情况，也有悖于反不正当竞争法的精神。例如，本案中，被诉行为系争夺了甲科技公司平台用户流量，即双方之间存在经营利益的此消彼长，在此种情况下可认定双方存在竞争关系。

三、关于“分享经济”正当性的认定

当前“共享单车”“共享充电宝”等“分享经济”因确能给消费者带来便利，减少资源浪费等原因而发展势头迅猛。但并非所有的“分享经济”均是合理正当的，如果“分享行为”系寄附于他人的经营利益，给他人经营利益造成减损的，且未产生更多社会价值增益，则可能构成不正当竞争。

本案中，二被告通过正当渠道购买了甲科技公司 VIP 会员账号，并以 VIP 账号分时租赁的方式为用户提供了甲科技公司 VIP 用户才可享有的观看 VIP 视频及免广告的用户权益。从表面上来看，该行为使普通用户无须支付较高的 VIP 会员费用即可观看部分自己感兴趣的 VIP 视频，给其带来了一定的便利。但从这一行为本质来看，其一，二被告分时出租甲科技公司 VIP 账号明显增加了甲科技公司在提供 VIP 视频服务时的运维成本，加大了其服务器运行压力，亦提升了安全风险，而甲科技公司并未因此额外支出而获得相应用户量或其他利益，即二被告因该项行为所获利益系甲科技公司支付成本所得，显然扰乱了甲科技公司的正常经营活动。其二，二被告明知其行为破坏甲科技公司 VIP 付费制度，仍分时出租甲科技公司 VIP 视频账号而为其用户提供本应为甲科技公司 VIP 会员才可获得的视频内容，系对甲科技公司重要经营资源的搭便车，存在明显主观恶意。其三，二被告通过向用户提供甲科技公司 VIP 账号分时出租服务，或可直接获利，或获得了可变现为商业利益的流量收益。其四，二被告通过流化技术，将本应向个人用户提供的甲科技公司 VIP 账号服务用于商业经营，显然破坏了甲科技公司基于经营自主权对 VIP 账号所做的限制。其五，当下，用户流量的争夺仍然是目前各大网络视频平台竞争的核心目标；二被告被诉行为显然攫取了甲科技公司本应获得的用户流量，造成其用户流量损失。综上，二被告被诉行为破坏了甲科技公司基于“付费 VIP 会员”模式所获得的正当经营利益。

因此，二被告被诉行为系采用技术手段对甲科技公司为其 VIP 会员正常提供 VIP 视频服务的破坏，违反了《中华人民共和国反不正当竞争法》第十二条第二款第四项的规定。

四、技术创新在正当性抗辩中的认定

技术和商业模式的创新也往往是网络不正当竞争纠纷中被告常提及的抗辩意见。但创新并非不正当竞争行为的“保护伞”，即便技术本身具有创新性，也不当然意味着依托于相应技术的行为均合法正当。

此外，使用创新性技术的商业模式以及在该商业模式下开展的商业活动，也不当然对用户利益和相关市场即具有推动意义。例如，本案中，就网络视频行业而言，通过技术手段为用户免费无偿地提供他人产品或服务与用户整体福利的提升无关。相反地，用户利益和视频平台是互赖之关系，只有二者建立起良性互动的生态体系，并在其中协调各方利益，才能最终实现二者的共同提升和发展。

当前，网络视频平台的会员收入仍是平台的主要收入构成，我国网络视频会员付费意识和习惯也正值养成阶段，如果甲科技公司等网络视频平台会员制度为其带来的权益无法受到保护而被如本案中所谓的“分享经济”攫取和掠夺，将不利于我国网络视频市场付费制度的进一步有序发展和规范，网络视频平台将会失去动力维护此种差异化策略，用户也将被鼓励继续寻找、使用免费的盗版资源，而此种后果显然将在长远上阻碍网络视频市场的正常、有序发展。而只有市场形成有序、有效的竞争机制，才能促进网络视频平台加强硬件和软件层面的技术支撑，从而优化用户观看体验，提升用户服务水平，使用户享受到更加便捷、优质、价廉的服务；只有网络视频平台的合法权益获得了应有的保护，才能推动其不断挖掘潜力，利用优势资源打造具有差异性和个性化的平台特色和品牌个性，借助优质内容提升竞争力，从而促进行业的整体发展和进步。

五、关于合同之诉与侵权之诉竞合的选择

此外，本案中亦存在合同之诉与侵权之诉的竞合问题。作为甲科技公司VIP会员，二被告与甲科技公司之间存在合同关系，应受双方签订的关于会员用户的协议条款约定。同时，二被告被诉行为亦对甲科技公司构成不正当竞争，为广义理解的侵权行为。

《中华人民共和国民法典》第一百八十六条规定，因当事人一方的违约行为，损害对方人身权益、财产权益的，受损害方有权选择请求其承担违约责任或者侵权责任。因此，选择何种法律关系以及请求何种法律对自身权益予以保护，是甲科技公司作为受损害方的选择权利。甲科技公司选择以不正当竞争纠纷作为本案案由主张二被告侵权责任，既符合法律规定，也是为寻求更大范围保护而进行的诉讼策略选择。但此种情况下其仅能择一主张，而不能在相关权益已受反不正当竞争法保护情况下，再行要求二被告承担违约责任。

编写人：北京市海淀区人民法院　张璇

120　网络流量劫持不正当竞争行为的司法判定

——网讯公司、在线公司诉信息公司、科技公司不正当竞争案

【案件基本信息】

1. 裁判书字号

北京知识产权法院（2019）京73民终1675号民事判决书

2. 案由：不正当竞争纠纷

3. 当事人

原告（被上诉人）：网讯公司、在线公司

被告（上诉人）：信息公司、科技公司

【基本案情】

原告网讯公司、在线公司诉称某公司是依法注册且合法存续的互联网服务商，www.×××123.com 是某公司旗下经营的网址导航产品。乙浏览器与乙网址导航是乙搜索网站项下的经营产品。二被告与某公司同为从事互联网信息技术服务的企业，且其经营管理的乙搜索网站也是中文搜索引擎网站。二原告发现，用户在PC 端使用乙浏览器访问“cn.×××123.com”或“www.×××123.com/? tn=任意字符串”等“×××123”相关网址时，会被乙浏览器恶意劫持到乙网址导航产品页面。被告通过用户使用其浏览器产品，恶意利用技术手段，在用户已明确选择“×××123”产品，即选择成为原告服务用户的情况下，强行跳转至被告自己的产品网站。这一行为妨碍、破坏了某公司提供的正常服务，违背用户意愿，严重损害了原告的合法权益，背离诚实信用和公认的商业道德，已构成不正当竞争。请求判令二被告立即停止不正当竞争行为、消除影响并赔偿原告经济损失 500 万元、合理支出 10 万元，共计 510 万元。

被告科技公司、信息公司共同辩称：被告没有妨碍用户正常访问×××123 网站。大量用户反映乙浏览器主页被劫持为×××123，而且无法通过更改浏览器的设置更换主页，因此降低了对乙浏览器的评价甚至选择卸载。为了保护用户的利益，被告被迫采取防范措施，请求法院驳回原告的全部诉讼请求。

【案件焦点】

流量劫持类型的不正当竞争纠纷适用《中华人民共和国反不正当竞争法》第十二条第一项的条件是审查具体行为是否符合该类型

化条款的要件。

【法院裁判要旨】

北京市海淀区人民法院经审理认为：二原告和二被告的经营范围均涉及有关互联网产品及服务，存在同业竞争关系。《中华人民共和国反不正当竞争法》第十二条第二款规定："经营者不得利用技术手段，通过影响用户选择或者其他方式，实施下列妨碍、破坏其他经营者合法提供的网络产品或者服务正常运行的行为：（一）未经其他经营者同意，在其合法提供的网络产品或者服务中，插入链接、强制进行目标跳转……"对于互联网环境下行为的正当性的判断应当以该竞争行为破坏了互联网环境中的公开、公平、公正的市场竞争秩序，从而引发恶性竞争或者具备这样的可能性为判断依据，市场竞争的一般逻辑是优胜劣汰，因此有竞争就必然有损害，不以损害结果就简单倒推竞争行为具有非正当性，具体的判断应当结合是否影响用户选择、实施了类型化的互联网不正当竞争行为或者其他妨碍、破坏行为进行综合判断。

二原告主张二被告实施的涉案不正当竞争行为具体表现为：乙浏览器拦截 www. ×××123. com/？tn=任意字符串及 cn. ×××123. com，拦截后跳转至乙导航网址的行为，体现在具体操作中为无论是直接在乙浏览器地址栏中输入目标网址还是更改浏览器主页设置或者设置标签页，均会跳转为乙导航网址。二被告辩称上述行为系其根据用户评论对存在危险的 URL① 地址采取的事前防范措施。但其提交的用户评论不充分，不足以证明涉案二 URL 地址确实存在网页风险。二被告提交的用户评价时间上从 2012 年至 2018 年，数量上相比于海量的用户数量来说不足以说明二原告提供的网络服务具有违

---

① URL（Uniform Resource Locator），是因特网的万维网服务程序上用于指定信息位置的表示方法。

法性，且在二被告提交的用户评价中，用户称其浏览器被劫持，并未针对性地提出对乙浏览器进行劫持，也有部分用户在问答中称可能是装了其他软件导致的劫持，即使是在二被告自身的服务网站中也自认这种劫持可能存在于多个阶段，可能有多种原因，未直接指明二原告实施了劫持行为。即使如二被告所抗辩，其系正当防卫的行为，乙浏览器确实被劫持，也无法直接和二原告提供的网络服务直接关联。通过渠道商导流来推广网站是网络环境下惯用的推广行为，“？tn=任意字符串”的形式是二原告标注其渠道商的方式，任意字符串是二原告渠道商的 ID，二原告当庭自认其在必应等搜索引擎中使用 cn. ×××123. com。正常的市场竞争要发挥作用，在很大程度上要依靠影响用户选择来实现，因此采用不正当的手段来影响用户选择的行为是反不正当竞争法规制的对象。

北京市海淀区人民法院依照《中华人民共和国反不正当竞争法》第十二条第一款、第二款第一项，第十七条；《中华人民共和国民事诉讼法》第六十四条第一款之规定，判决如下：

一、自本判决生效之日起，被告科技公司、被告信息公司立即停止在 PC 端使用乙浏览器访问“cn. ×××123. com”或“www. ×××123. com/？tn=任意字符串”均被跳转的行为；

二、自本判决生效之日起七日内，被告科技公司、被告信息公司连带赔偿原告网讯公司、在线公司经济损失 100 万元、合理开支 5 万元，以上合计 105 万元；

三、驳回原告网讯公司、在线公司的其他诉讼请求。

信息公司、科技公司不服一审判决，提起上诉。北京知识产权法院经审理认为：确认一审法院认定的事实和证据。网页浏览器是互联网的浏览程序，基本功能就是上网查询浏览网页。其基本功能有：第一，查询浏览网页（站）。当用户在浏览器地址栏中输入网址，等于向浏览器发出请求指令，浏览器响应指令，将该网址解析并展现给用户。第二，浏览器标签设置。浏览器为用户访问的网站设置标签的功能，方便用户再次访问该网页时可以直接点击标签，而无须在地址栏中输入网址。第三，浏览器主页设置。浏览器主页设置及变更也是浏览器的基本功能之一，用户可以将浏览器的主页设置为自己选定的某一搜索引擎或网址导航网站，用户根据自己的意愿可以变更浏览器主页设置。上述功能系任何一款浏览器的基本服务功能。当用户使用这些功能时，按照用户请求意愿提供服务，是任何一款浏览器提供网络服务时尊重用户选择权的应有之义。

二被告在已意识到其采取的事前拦截措施，是在无法识别哪些是百度网址导航渠道商正常推广、哪些是主页劫持，无法识别用户真实访问意图的情况下，仍采取全部拦截的措施，导致属于对百度网址导航正常推广的流量也被强制跳转到二被告自己的网址导航，成为阻碍竞争对手、推广自己产品的手段，其行为难谓正当。

二被告通过影响用户选择，在未经某公司同意的情况下，在其合法提供的网络产品或者服务中，强制进行目标跳转的行为违反了法律规定，构成不正当竞争。二被告以用户评论作为涉案 URL 地址存在风险而采取防范措施具有正当性的依据不充分，不足以证明确实存在网页风险。从某公司提交的证据及一审当庭勘验情况看，其他浏览器均可正常访问。

北京知识产权法院依照《中华人民共和国民事诉讼法》第一百七十条第一款第一项之规定，判决如下：

驳回上诉，维持原判。

【法官后语】

一、流量劫持行为

（一）流量劫持行为表现

运营商劫持行为分为 HTTP[①] 劫持和 DNS[②] 劫持，DNS 劫持又称域名劫持，是指在劫持的网络范围内拦截域名解析的请求，分析请求的域名，把审查范围以外的请求放行，否则返回假的 IP 地址或者什么都不做使请求失去响应，其效果就是对特定的网络不能访问或访问的是假网址。目前案件中反映出来较多的是 HTTP 劫持的情况，如导航劫持、首页劫持、浏览器劫持、网盟广告劫持、电商流量劫持等。当前的劫持行为有隐蔽性、复合性的趋势，常常混合多种行为表现形式，达到了劫持流量的结果。例如，在其他网络产品中嵌套自己的网络产品或服务，使用户在选择竞争对手的网络服务的过程中选择其他竞争对手的服务，不再选择原来的网络产品。从举证的角度来说，隐蔽性、复合性劫持行为较难举证，一方面较难发现流量劫持行为，另一方面由于技术壁垒，破解竞争对手的技术可能涉及技术风险、法律风险等，因此通过行为表现导致的行为结果去反推某种行为存在的情况居多。

（二）流量劫持行为主体

从劫持行为表现来看，劫持行为的主体也呈现出多样化、隐蔽性的特点。目前互联网经营主体呈集团化的多主体发展模式，很难直接定位某一行为的行为主体，因此在诉讼中常体现为多主体的情形。另外，劫持行为的行为主体隐蔽，受到怀疑的行为主体

---

① HTTP（Hyper Text Transfer Protocol），超文本传输协议是一个简单的请求-响应协议。

② DNS（Domain Name System），域名系统是互联网的一项服务。

并不一定是真正实施流量劫持行为的主体。例如，通过第三方网站下载某一软件，安装运行该软件后，发现原本使用的默认导航网址不能使用，替换成了其他的导航网址，这种情况下有多种可能性，可能是第三方网站注入了代码、可能该款软件篡改页面也可能是替换的导航网址利用安装的软件和第三方网站注入了恶意代码。从行为表现上虽然可以推断出劫持行为的存在，但却难以确定劫持行为的实施主体。因此，诉讼中常常体现为将各个主体作为共同被告起诉的情况，再在案件审理过程中查明真正的劫持行为实施主体。

二、流量劫持的反不正当竞争法规制

在反不正当竞争法视角下探讨流量劫持行为，实际上是评价此类行为的正当性，并且从反不正当竞争法的条文规定中找到相应规制此种不当行为的法律依据。本文前述确认了反不正当竞争法在宏观理念和微观保护上并行的论点，在对行为正当性的评价上同样应秉承这一观点，流量劫持类的不正当竞争纠纷中在法律适用上还存在原则性条款和互联网专条（《中华人民共和国反不正当竞争法》第十二条）模糊适用的问题，因此应当首先明确此类案件的法律适用。

（一）原则条款与互联网专条的关系

《中华人民共和国反不正当竞争法》第十二条第一款规定：“经营者利用网络从事生产经营活动，应当遵守本法的各项规定。”第二款规定：“经营者不得利用技术手段，通过影响用户选择或者其他方式，实施下列妨碍、破坏其他经营者合法提供的网络产品或者服务正常运行的行为；未经其他经营者同意，在其合法提供的网络产品或者服务中，插入链接、强制进行目标跳转……”第十二条以“列举+兜底”的方式对互联网不正当竞争行为进行了规定，实践中常对反不正当竞争法原则条款与互联网专条的关系无法厘清，导致在具体的案件中，当事人请求权基础错位。笔者认为，该法第十二条第一款明确说明网络环境下的竞争行为正当性的判断依然应当依据《中华人民共和国反不正当竞争法》第二条中关于诚信原则和商业道德的规定，行为正当性的判断不能脱离于原则条款而机械套用第十二条中的规定。在第十二条中已经明确列明了具体的互联网不正当竞争行为类型的情况下，应视为是对具体行为要件的规定。流量劫持行为由第十二条第二款第一项进行规定，该条款首先规定了经营者的主观恶意，其次明确了受到保护的合法“流量”来源，再分别针对插入链接、强制跳转两种劫持行为表现进行了规定。实际上，原则条款是反不正当竞争法宏观理念的体现，而互联网专条是微观保护的呈现。笔者认为，第十二条已经在实体法上成为法律适用依据，且对互联网不正当竞争行为进行了类型化的规定，应当予以适用，并成为相关案件中请求权基础。只有在法律对该种竞争行为未作出特别规定、其他经营者的合法权益确因该竞争行为而受到了实际损害且该种竞争行为因确属违反诚实信用原则和公认的商业道德而具有不正当性或者说可责性的情况下才适用原则条款。

在满足行为具体构成要件的情况下，探讨行为的正当性，应当考虑竞争秩序、主观过错、损害后果等因素进行综合判定。

（二）竞争秩序

竞争秩序是反不正当竞争法关注的焦点，无论是宏观的价值体现还是微观上保护的着力点，都是一个良性的市场竞争秩序，反不正当竞争法制度机理趋于从竞争机制本身划定不正当竞争的界限。

因此，某一竞争行为正当性判断首先应当判断的是该行为是否影响了公平、自由的竞争秩序。从反不正当竞争法原则条款的规定来看，公平自由的竞争秩序有诚信原则和商业道德，运用商业道德标准评判竞争行为正当性是反不正当竞争法的传统。一般来说，网络环境下的竞争行为应当遵从网络环境下的公认准则，就流量劫持案件来说，劫持行为对竞争利益进行了抢夺，妨碍、破坏其他经营者合法提供的网络产品或者服务正常运行的行为本身就具有可责性，扰乱了正常的竞争秩序。

（三）行为主体的主观过错

行为主体的主观过错是法条本意，第十二条的“未经其他经营者同意”“强制”“妨碍”等词语已经明确要求网络不正当竞争行为主体要具备主观过错的因素。主观过错既可以从行为表现上来推论，也可以结合行为对象综合考量，即判断竞争主体之间是否故意实施了妨碍、破坏竞争对手的竞争行为，从行为目的和对象等方面来判断行为主体是否具有主观过错以及恶意。

（四）损害

无损害即无不正当性，有损害时才判断是与非。作为考量因素之一，应判断的是行为是给谁造成的损害。从宏观理念和微观保护并行的观点来看，该种损害并非仅针对其他经营者，而应当从社会总体利益的角度来看行为是否给社会总体福利造成了损害。

也就是说认定某一行为是不正当竞争行为不等于就此保护了某种商业模式或者商业利益，反不正当竞争法关注行为和秩序，对于商业利益应当持谦抑态度，合法的商业模式和利益并不享有免于竞争的特权。经营主体商业机会变少也不能直接和其竞争对手实施了不正当竞争行为画等号，由于竞争天然具有对抗性，利益分配格局必然是此消彼长的。从反不正当竞争法的宏观价值来说，它更关注整体的市场竞争秩序和整体社会的利益，这一利益并非竞争主体之间利益的总和，也并非单纯的用户利益，是整个产业利益的总和，包含消费者利益、竞争主体利益等。这既体现了反不正当竞争法的立法宗旨在于市场监管与公私兼顾，注重了对经营者利益的保护，更关注了消费者利益和社会公共利益的保护，因此损害的对象是多元化的而非单一考虑某一经营者利益。流量劫持行为，不仅是给遭受劫持的网络主体带来交易机会上的丧失，也会损害用户的自由选择权，对用户的公平交易行为产生干扰，同时如果认为这种行为正当从而形成行业惯例，那么行业内就会形成流量不当抢夺、用户无辜被干扰的局面，使社会整体福利受到损害。值得注意的是，产生损害仅仅是判断行为正当性的考量因素之一，而不应倒推有损害必然有不当之行为。

编写人：北京市海淀区人民法院　刘佳欣

121　具备专业技能的特定行业从业者控制企业经营的应认定为反不正当竞争法上的经营者

——某公司诉曲某东等侵害商标权及不正当竞争案

【案件基本信息】

1. 裁判书字号

北京知识产权法院（2020）京73民终1802号民事判决书

2. 案由：侵害商标权及不正当竞争纠纷

3. 当事人

原告（被上诉人）：某公司

被告（上诉人）：曲某东、甲公司、乙公司、丙公司、丁投资中心（有限合伙）、戊基金中心（有限合伙）

【基本案情】

某公司依法享有“德×杰龙×”“德×杰龙×DFJ Dragon Fund”文字及“地球及飘带”图形注册商标（以下简称涉案商标）专用权。

某公司与甲公司、乙公司、丙公司、丁投资中心（有限合伙）、戊基金中心（有限合伙）均于风险投资领域从事投资管理、资产管理、投资咨询等业务，其之间存在竞争关系。曲某东为专业的投资基金管理人，其他五被告为其直接或间接出资设立的企业，曲某东为其他五被告的股东、法定代表人、执行事务合伙人或高级管理人员。曲某东作为专业的风险投资行业从业人员，具备该特定行业的专业技能，其出资设立其他企业被告，为其提供经营资金和核心经营资源，注册域名供其他企业被告经营使用，以其专业技能为其他企业被告吸引投资客户资金，实际控制和主导其他企业被告的经营行为。

经查，五企业被告的企业名称中含有“德×杰”或“龙×”字样，其经营的网站中使用了涉案商标，其经营宣传中使用了涉案商标。曲某东注册了与某公司的注册商标构成相同或近似的域名，并将部分域名授权五企业被告用于经营网站进行业务宣传。曲某东亦对外宣称其为“德×杰龙×”基金合伙人，以此为名宣传推广五企业被告的经营业务。

【案件焦点】

1. 曲某东是否为反不正当竞争法意义上的经营者；2. 是否为适格被告应与其他企业被告共同承担侵权责任。

【法院裁判要旨】

北京市海淀区人民法院经审理认为：本案中，判断曲某东是否为本案适格被告，是否从事了不正当竞争行为，以其是否为反不正当竞争法意义上的经营者、是否与某公司存在竞争关系为前提。根据现有证据，曲某东直接或间接持有五企业被告的股份或合伙份额，担任其法定代表人或执行事务合伙人代表职务，亦为其所从事的基金投资业务的基金管理合伙人，参与五被告的经营管理。同时，各被告认可该五被告为曲某东参与设立、经营的商事主体。因此，曲某东为该五被告的经营主导和经营核心。从风险投资、基金投资行业的特点来看，投资企业的投资管理团队、高管人员的专业性和投资获利能力是吸引投资资本、引导投资方向、带动市场资本流向的核心基础。投资者更看重的是投资管理人员的专业技能和投资策略，其专业水准的高低直接代表着投资企业的服务质量，因此在风险投资领域，投资从业者个人的市场独立性要远大于其他行业的企业员工。而在本案中，曲某东作为风险投资领域的从业者，主导设立本案五个企业被告，作为股东提供资金支持，作为高管人员参与经营管理，注册域名供其他被告经营使用，以宣传、推销其投资产品和服务，故曲某东与该五被告共同完成了相应经营行为。因此，曲某东系以其个人专业技能经营于风险投资领域和资本市场，具有独立的市场竞争优势，通过主导设立、参与管理其他企业被告，与之共同经营风险投资业务、提供相应的服务以获利，故曲某东的经营行为不能被其他被告所吸收代替，其亦为反不正当竞争法意义上的经营者。各被告共同经营风险投资、基金投资业务，与某公司存在竞争关系，故包括曲某东在内的各被告均为本案适格被告。

北京市海淀区人民法院依照《中华人民共和国民法通则》第四条；《中华人民共和国商标法》第五十七条第一项、第二项，第六十三条第一款、第三款；《中华人民共和国反不正当竞争法》第二条，第五条第三项，第九条第一款，第二十条；《中华人民共和国反不正当竞争法》第二条，第六条第二项，第八条，第十七条；《最高人民法院关于审理商标民事纠纷案件适用法律若干问题的解释》第一条第一项、第三项；《最高人民法院关于审理不正当竞争民事案件应用法律若干问题的解释》第六条第一款；《最高人民法院关于审理涉及计算机网络域名民事纠纷案件适用法律若干问题的解释》第四条，第五条第一款，第七条之规定，判决如下：

一、本判决生效之日起，被告曲某东、甲公司、乙公司、丙公司、丁投资中心（有限合伙）、戊基金中心（有限合伙）立即停止涉案商标侵权及不正当竞争行为；

二、本判决生效之日起十五日内，被告曲某东、甲公司、乙公司、丙公司、丁投资中心（有限合伙）、戊基金中心（有限合伙）于相关网站、微信公众号首页显著位置持续一周刊登声明，为原告某公司消除影响（声明内容需经本院审核，逾期不履行，本院将依原告申请，于相关媒体公布本判决主要内容，相应费用由不履行此义务的被告承担）；

三、本判决生效之日起六十日内，被告甲公司、乙公司、丙公司、丁投资中心（有限合伙）、戊基金中心（有限合伙）变更企业名称，变更后的企业名称不得含有“德×杰龙×”“德×杰”“龙×”

“新龙×”等字样；

四、本判决生效之日起十五日内，被告曲某东应将涉案侵权域名无偿转让给原告某公司；

五、被告曲某东、甲公司、乙公司、丙公司、丁投资中心（有限合伙）、戊基金中心（有限合伙）共同向原告某公司赔偿经济损失 280 万元及诉讼合理支出 473618 元；

六、驳回原告某公司的其他诉讼请求。

各被告均不服一审判决，提起上诉。北京知识产权法院经审理认为：第一，曲某东作为风险投资领域的从业者，主导设立本案其他上诉人，作为股东提供资金支持，作为高管人员以注册域名等形式直接参与经营管理，在论坛、会议、访谈等公开场合对外宣传、推销其投资产品和服务，客观上与其他上诉人共同完成了相应经营行为。故曲某东属于反不正当竞争法意义上的“经营者”，作为本案的适格被告并无不当。

第二，曲某东将与某公司“德×杰龙×DFJ Dragon Fund”商标相近似的文字注册为域名，对应的网站中曾多处突出标注的图案标识，与某公司“德×杰龙×”及“地球及飘带”商标近似，属将与他人注册商标相同或近似的标识用于服务类别相同的业务中，已构成商标侵权。上诉人甲公司、乙公司、丙公司使用某公司具有一定影响的企业字号“德×杰龙×”或与之近似的“新龙×”作为自己的企业字号以混淆相关公众的认知，攀附商誉的意图明显，已构成不正当竞争。

第三，六上诉人共同从事了涉案侵权行为，已导致相关公众混淆误认的侵权结果，侵权行为与侵权结果之间存在因果关系。因此，六上诉人符合共同侵权的构成要件，共同实施了涉案商标侵权及不正当竞争行为，应共同向某公司承担侵权责任。

第四，鉴于六上诉人的涉案行为产生了误导消费者、影响某公司商誉的情况，应承担消除影响的法律责任，一审法院根据本案商标侵权及不正当竞争行为的影响范围，判令六上诉人在相关网站上刊登声明、酌情确定六上诉人侵害商标专用权及不正当竞争行为的赔偿数额280万元，并无明显不当。综上，二审法院认为一审判决认定事实清楚，适用法律正确，结论并无不当，应予维持。

北京知识产权法院依照《中华人民共和国民事诉讼法》第一百七十条第一款第一项之规定，判决如下：

驳回上诉，维持原判。

【法官后语】

本案实现了知识产权法与公司法理论的结合运用，在知识产权法的框架范围内，以公司法中的公司人格否认制度应对处理知识产权法中有关侵权主体的界定问题，着重阐释了企业出资人或其高级管理人员，于何情形下应脱离于其所属企业，单独被认定为《中华人民共和国反不正当竞争法》意义上的经营者，与相关企业构成共同侵权行为主体，承担共同侵权责任。

在不正当竞争纠纷案件中，如涉诉竞争业务涉及以从业者的个人专业技能为企业核心经营资源的特定行业，具备相应专业技能的企业出资人或高级管理人员实际控制和主导企业经营行为的，该企业出资人或高级管理人员的个人经营行为不应被企业的经营行为或高管的职务行为所吸收替代，相应企业出资人或高级管理人员应被认定为《中华人民共和国反不正当竞争法》意义上的经营者，如其凭借个人专业技能操控企业从事了不正当竞争行为，应与其控制或管理的企业共同承担法律责任。对此，具体分析如下：

不正当竞争行为的主体（实施者）必须是经营者[①]，因此欲认定企业出资人或其高级管理人员是否从事了不正当竞争行为，以其是否为《中华人民共和国反不正当竞争法》意义上的经营者为前提。只要参与或者从事市场行为（活动），不论是否具有法定的经营主体资格，都认为属于《中华人民共和国反不正当竞争法》上的经营者，而市场活动则是以营利为目的的经营活动。[②] 本案中，就原、被告均从事的风险投资行业的特点而言，投资企业的投资管理团队、高管人员的专业性和投资获利能力是吸引投资资本、引导投资方向、带动市场资本流向的核心基础。投资者更看重的是投资从业人员的个人专业技能、市场敏感度和投资策略，其专业水准的高低直接代表着其所在的风险投资企业的服务质量，相应企业的主要经营资源即为其从事具体业务的投资从业人员。因此在风险投资领域，投资从业者个人的市场独立性要远大于其他行业的企业员工。本案被告曲某东作为风险投资企业的股东、合伙人及高级管理人员，即系以其个人专业技能经营于风险投资领域和资本市场，具有独立的市场竞争优势，其通过直接或间接出资、担任法定代表人或执行事务合伙人代表、基金管理合伙人职务的形式，主导设立、参与管理其他五个企业被告，为企业提供资金支持和经营资源，并与之共同经营风险投资业务以获利。可以说，曲某东是发挥了其个人职业优势，通过设立其他企业、操控其经营行为继而从事了相应经营活动，曲某东是其他企业的经营主导和业务核心，因此其个人的经营、管理和

① 孔祥俊：《反不正当竞争法原理》，知识产权出版社2005年版，第52页。
② 孔祥俊：《反不正当竞争法原理》，知识产权出版社2005年版，第57~58页。

操控行为，导致其与其他企业被告之间的人格混同，不能被其他企业的经营行为或其管理职务行为所吸收代替。实质上，曲某东个人参与和从事了市场经营行为，与其他被告共同实施了涉案侵权行为，其符合《中华人民共和国反不正当竞争法》意义上经营者的认定条件，为本案适格被告。

然而需要注意的是，本案例所得结论在参考适用时，仍应秉持一定的基本原则，并考虑相应适用条件。

首先，关于基本原则，公司法人人格独立和股东有限责任是公司法的基本原则，是公司制度设立的核心要义，为公司作为独立的民事主体参与民事活动的前提和基础。因此，要以维护公司法人独立地位为原则，以否认公司法人人格为例外，仅有在符合法律规定的限定条件下，才能揭开法人面纱，直接追究公司股东的法律责任。《中华人民共和国公司法》第二十条第三款规定，公司股东滥用公司法人独立地位和股东有限责任，逃避债务，严重损害公司债权人利益的，应当对公司债务承担连带责任。故仅有股东以逃避债务、损害公司债权人利益为目的而滥用公司法人独立地位和股东有限责任，且损害程度严重的情况下，方可导致揭开公司面纱的适用。公司面纱一经揭开，公司就不再保有独立人格，公司人格为股东人格所吸收，二者合一。于此情形，股东自然须对公司债务承担连带责任。[①] 结合本案情形，曲某东采取直接或间接出资、担任重要管理职位的方式，主导设立、操控管理其他五个企业被告，与其共同从事了涉案诸多商标侵权和不正当竞争行为，严重损害了原告的合法权益。各被告之间资源互通、资金共享，其他被告甚至已成为曲某东从事

---

① 施天涛：《公司法论》，法律出版社 2018 年版，第 29~30 页。

侵权行为、获取非法利益的途径和工具，故被告甲公司、乙公司、丙公司不再具有实质性的独立人格，与曲某东之间人格混同，其公司人格应被否定，曲某东也应与其共同承担连带责任。

其次，关于适用条件，企业出资人或其高级管理人员，是否可脱离于其所投资或任职的企业，被认定为独立的经营主体，其行为能否被企业经营行为或其职务行为所吸收替代，一是应充分考虑企业经营业务的行业特点，是以从业者的个人专业技能为核心经营资源，还是以企业各职能部门、各生产运营环节配合盈利为经营模式；二是应充分考虑具备专业技能的企业出资人或高级管理人员是否实际控制和主导了企业的经营行为。仅有在以从业者的个人专业技能为企业核心经营资源的特定行业中，且具备相应专业技能的企业出资人或高级管理人员实际控制和主导企业经营行为的情况下，该企业出资人或高级管理人员的个人经营行为才不能被企业的经营行为或高管的职务行为所吸收替代。否则，如果是以企业各运营部门的团队配合为盈利模式的行业，从业者个人的经营主导作用即难以凸显，其个人的市场独立性和竞争地位即难以被确立。同时，即使处于以从业者的专业技能为核心经营资源的行业，如果相应的从业者并未以其掌握的专业技能优势控制和主导企业的经营行为，而是遵从企业的集体意志从事经营活动，从业者系以其个人技能转化为企业的竞争优势，对外以企业的名义进行宣传、运营和获利，则其个人行为已被企业的经营行为或其职务行为所吸收，也难以认定该从业者为独立于企业的市场经营者，要与其所控制的企业共同承担法律责任。因此，参考适用本案例时，上述两项适用条件也是缺一不可的，均应具备。

编写人：北京市海淀区人民法院　李囡

122 反不正当竞争法保护的包装、装潢以特有性为构成要件

——食品饮料公司诉实业公司、科贸公司侵害商标权及不正当竞争案

【案件基本信息】

1. 裁判书字号

北京知识产权法院（2020）京73民终1554号民事判决书

2. 案由：侵害商标权及不正当竞争纠纷

3. 当事人

原告（上诉人）：食品饮料公司

被告（被上诉人）：实业公司、科贸公司

【基本案情】

原告食品饮料公司系第69387××号“美×鲜味汁 MAGGI SEASONING”注册商标（以下简称涉案商标一）的专用权人，其于1997年开始在800毫升美×鲜味汁商品上使用涉案方形瓶、以黄色和红色为主要颜色的“MAGGI Seasoning 美×鲜味汁”包装、装潢，并于2002年在该包装、装潢的瓶身标贴上增添小麦图案。

被告实业公司经授权享有第1411×××号“KINGZEST”文字图形组合商标（以下简称涉案商标二）、第6201×××号“一×原创”文字商标（以下简称涉案商标三）、第11549×××号“KINGZEST一×原创”文字图形组合商标（以下简称涉案商标四）三枚注册商标的使用权。被告实业公司鲜味汁商品的包装由瓶颈细长的方

形玻璃瓶和塑料瓶盖共同组成。装潢为环绕方形瓶身的长方形标贴。该瓶身标贴以黄色为主要背景颜色，并辅以中下部的红橙渐变色。标贴正面由上至下依次印有涉案商标二、商标三、中文含义为美味调味汁的棕色英文词汇“Palatable Sauce”、带有绿色倒梯形边框的棕色“复合调味汁”字样、两侧各有绿色装饰带并载有“特制”字样的圆形金牌，外围两侧及底部环绕有麦穗图案。被告科贸公司销售了实业公司鲜味汁商品。

经当庭查看其他企业同类产品原物，其他品牌酱油商品的包装均为瓶颈细长的方形玻璃瓶及塑料瓶盖，装潢的主体颜色均为黄色及红色。

原告食品饮料公司主张的包装、装潢系由方形瓶、标贴、标贴构成要素和组合方式、标贴空间位置、瓶盖形状、颜色及组合方式等构成的整体形象。同时主张被诉侵权产品与原告涉案产品相比：(1) 与原告商品规格相同；(2) 采用了与原告相同的“鲜味汁”文字；(3) 瓶盖样式、颜色、瓶贴样式及各种要素的位置安排均与原告商品相同；(4) 瓶贴正面视图所使用的元素、各元素的组合方式、颜色及颜色组合方式与原告商品基本相同；(5) 在100毫升产品上做了与原告相同的瓶盖处有凸起设计。综上，被告实业公司在其生产、销售、宣传的800毫升和100毫升规格的一×鲜味汁商品上使用的包装、装潢同原告使用在美×鲜味汁商品上的包装、装潢整体视觉效果上相差细微，构成近似，易引人误认为是原告商品或与原告存在特定联系。科贸公司在某商城上销售、宣传前述一×鲜味汁商品。二被告的上述行为侵犯了原告的注册商标专用权并违反了《中华人民共和国反不正当竞争法》第六条第一项的规定。故请求判令被告承担停止侵权、消除影响、赔偿损失的法律责任。二被告辩称原被告商品在包装、装潢上存在明显差异，且原告所称有一定影响的包装、装潢非独有及不具有显著性。

【案件焦点】

1. 被诉侵权商品上的标贴是否侵犯了食品饮料公司享有的注册商标专用权；2. 被诉侵权商品的包装、装潢是否仿冒了食品饮料公司涉案商品的包装、装潢，构成不正当竞争。

【法院裁判要旨】

北京市石景山区人民法院经审理认为：第一，关于商标侵权，首先，被诉侵权商品上的标贴使用在酱油商品上，与原告食品饮料公司享有专用权的涉案商标一核定使用的商品类别相同。其次，被告实业公司在被诉侵权商品标贴正面使用的置于多层椭圆形中的“KINGZEST”字样、“一×原创”及被饰带装饰的圆形金牌和两侧及底部环绕的麦穗图案均系实业公司经授权合法享有使用权的有效注册商标，且“KINGZEST”“一×原创”字样右上角均带有的注册商标标志。根据被告实业公司的举证及双方当事人当庭对于“鲜味汁”是一种酱油名称的陈述，“鲜味汁”是一类酱油商品的通用名称，而麦穗图形用于酱油商品中亦有表示该商品主要原料的含义，因此原告食品饮料公司无权禁止他人正当使用上述元素。被诉侵权商品标贴与涉案商标一主体颜色相似，但根据双方当事人提交的其他多家调味品企业在酱油商品上使用的颜色可以看出，上述颜色搭配方式普遍使用在酱油商品上，缺乏显著性，无法起到区分或识别商品来源的作用。对被诉侵权商品标贴正面与涉案商标一进行整体比较后，被诉侵权商品标贴的显著识别部分，即涉案商标二、商标三，其与原告食品饮料公司涉案商标一中的显著识别部分，即置于红色底图中的“Maggi”“美×”在文字构成、呼叫及含义方面均区别明显。而被诉侵权商品标贴上使用的“鲜味汁”文字和麦穗图形亦不侵权，因此被告实业公司使用的标贴正面无论是对涉案商标二、商标三、商标四的使用，还是将其视为商品上的装潢，均不会引起相关公众的混淆误认，不构成商标侵权。被告科贸公司销售未侵害他人注册商标专用权的商品，不构成商标侵权。

第二，关于不正当竞争，原告食品饮料公司美×鲜味汁商品的包装由玻璃方形瓶及塑料瓶盖构成，虽然根据原告提供的相关证据可证实其较早使用该包装，但根据双方当事人分别提交的其他企业同类产品实物和照片可证明，该包装材质、形状均为同类商品所通常使用的包装。原告食品饮料公司美×鲜味汁商品的包装不具有区别商品来源的显著性特征，不应认定为反不正当竞争法所规定的具有一定影响的包装。就涉案产品的装潢而言，首先，反不正当竞争法调整范围虽然包括与知识产权相关的领域，但在与知识产权专门法关系方面，其起到的是有限的补充作用。原告食品饮料公司所主张的美×鲜味汁商品的装潢正面主体部分即为其涉案商标，对该注册商标的保护应优先适用商标法，该商标标识不再适用反不正当竞争法进行保护。其次，违反《中华人民共和国反不正当竞争法》第六条规定所保护的装潢须为有一定影响且能够起到识别商品来源的特有装潢。除原告涉案商标外，食品饮料公司主张的装潢还包括瓶身标贴、瓶颈标贴、标贴空间位置和颜色及其组合方式。根据双方当事人提交的其他同类产品的照片及实物并结合前述分析，上述装潢元素及各装潢元素组合而成的整体装潢均为同类商品所通常使用的简单设计和简单颜色搭配，无法使相关公众将上述装潢要素及其组成的整体与原告食品饮料公司形成对应关系，不能起到区分或识别商品来源的作用，不构成具有显著性的特有装潢。

北京市石景山区人民法院依照《中华人民共和国商标法》第四十八条、第五十七条第二项和第三项，《中华人民共和国反不正当竞争法》第六条第一项，《中华人民共和国商标法实施条例》第七十六条，《最高人民法院关于审理注册商标、企业名称与在先权利冲突的民事纠纷案件若干问题的规定》第一条第二款之规定，判决如下：

驳回原告食品饮料公司全部诉讼请求。

原告食品饮料公司不服一审判决，提出上诉。北京知识产权法院经审理认为：认定某类商品的包装、装潢可以纳入《中华人民共和国反不正当竞争法》的保护范畴仍应以该类商品包装、装潢的特有性为要件。按照一般消费者的认知习惯及同类商品的类似包装及设计方式，在100毫升美×鲜味汁商品的瓶盖顶端中央的突出梯形圆点、开口处由半圆条带连接且瓶盖采用一端掀开方式打开，以及100毫升和800毫升的包装规格，均不具备区分或识别商品来源的功能。食品饮料公司涉案商品的上述包装、除涉案商标一外的装潢元素及各装潢元素组合而成的整体装潢均为市场上同类企业在同类商品中所普遍使用的一种包装、装潢方式，且具有密封商品的功能性，不构成具有区别商品来源的显著特征的商品包装、装潢。

北京知识产权法院最终判决如下：

驳回上诉，维持原判。

【法官后语】

本案系知名企业食品饮料公司与知名企业实业公司间围绕酱油商品的商标及包装、装潢展开的一起侵害商标权及不正当竞争纠纷，具有一定的典型意义。

本案的主要争议焦点为反不正当竞争法所保护的包装、装潢的认定。

一、关于反不正当竞争法保护的包装、装潢是否以特有性为构成要件

一方面，1993年《中华人民共和国反不正当竞争法》第五条规定，经营者不得擅自使用知名商品特有的名称、包装、装潢，或者使用与知名商品近似的名称、包装、装潢，造成和他人的知名商品相混淆。由此可知，1993年反不正当竞争法明确规定其所保护的包装、装潢须具有特有性。虽然在2017年、2019年修订的反不正当竞争法中将该条修改为经营者不得擅自使用与他人有一定影响的商品名称、包装、装潢等相同或者近似的标识，删除了“特有”二字，但该条款中“有一定影响”和“造成混淆”的构成要件仍然使该法所保护的包装、装潢需要具有特有性成为应有之义，司法实践中仍需考虑“特有”这一构成要件。另一方面，《关于禁止仿冒知名商品特有的名称、包装、装潢的不正当竞争行为的若干规定》第三条规定，本规定所称包装，是指为识别商品以及方便携带、储运而使用在商品上的辅助物和容器，本规定所称装潢，是指为识别与美化商品而在商品或其包装上附加的文字、图案、色彩及其排列组合。由此可见，反不正当竞争法所保护的包装、装潢并非包装、装潢本身或仅具有物理意义上的功能性的包装、装潢，而应是商业标识意义上的包装、装潢即具有识别或区分商品或服务来源作用的包装、装潢。只有能起到识别或区分商品来源作用的包装、装潢才具有商业价值或承载商誉，才可能带来不正当竞

争优势，从而具有反不正当竞争法保护的必要性。而具有识别或区分来源的作用则必然要求包装、装潢具有特有性。

二、关于包装、装潢是否具有特有性的具体判定

根据相关司法解释的规定，特有性是指具有区别商品来源的显著特征。《最高人民法院关于适用〈中华人民共和国反不正当竞争法〉若干问题的解释》第五条规定，反不正当竞争法第六条规定的标识有下列情形之一的，人民法院应当认定其不具有区别商品来源的显著特征：(1) 商品的通用名称、图形、型号；(2) 仅直接表示商品的质量、主要原料、功能、用途、重量、数量及其他特点的标识；(3) 仅由商品自身的性质产生的形状，为获得技术效果而需有的商品形状以及使商品具有实质性价值的形状；(4) 其他缺乏显著特征的标识。前款第一项、第二项、第四项规定的标识经过使用取得显著特征，并具有一定的市场知名度，当事人请求依据反不正当竞争法第六条规定予以保护的，人民法院应予支持。由此可见，包装、装潢具有特有性要求其非为相关商品所通用，不得为惯常设计或过于简单的设计。值得注意的是，商品的通用名称、图形、型号或其他缺乏显著特征的商品包装、装潢可能会经过长期使用和商业推广从而获得显著性，一旦获得显著性，则能够成为反不正当竞争法意义上的有一定影响的包装、装潢。

就判断特有性的具体方法而言，包装可通过其材质、形状、规格或打开方式等方面、装潢则可通过具体的文字、图案内容及其色彩搭配、空间位置、元素排列组合方式等方面判断能否达到吸引普通相关公众注意力的目的及该包装、装潢是否有别于同时期同类商品的包装、装潢。对主张被侵权的企业而言，在寻求反不正当竞争

法保护时，仍需对相关商业标识的显著性进行举证和说明。[①] 需要注意的是，在进行特有性判断时应对包装、装潢分别进行对比，不仅应对双方当事人的涉案产品进行对比，还应当对双方当事人提交的同类产品进行对比，以确定原告在先使用的包装、装潢是否系特有且能够起到识别商品来源的作用。此外，对于注册商标优先适用知识产权专门法即商标法进行保护，在进行涉案包装、装潢商业标识特有性判断的比对中应当先将被诉侵权商品上合法注册的注册商标剔除后再进行比对。

具体到本案，原被告的鲜味汁商品的包装均由棕色玻璃方形瓶及黄色塑料瓶盖构成，根据双方当事人分别提交的其他企业同类产品实物和照片可证明，该包装材质、形状及颜色均为同类商品所通常使用的包装，而食品饮料公司主张的瓶盖顶端中央有突出的梯形圆点，开口处的连接和打开方式及包装规格根据现有证据亦无法判断系原告方特有且能起到识别商品来源作用。因此，原告商品的包装缺乏区别商品来源的显著性，不属于反不正当竞争法所保护的包装。关于涉案产品的装潢，首先，原告食品饮料公司美×鲜味汁商品的装潢正面主体部分即为其涉案注册商标，被告实业公司使用的标贴正面与食品饮料公司涉案商标整体视觉效果上存在较大差异，不会引起相关公众混淆误认。其次，除原告涉案商标外，食品饮料公司主张的装潢还包括瓶身标贴、瓶颈标贴、标贴空间位置和颜色及其组合方式。原、被告的装潢颜色均以黄色和红色为主，但根据双方当事人分别提交的实物和照片，其他企业同类产品装潢的主体颜色亦均为黄色及红色，食品饮料公司商品瓶身标贴及瓶颈标贴的空

---

① 何茂斌：《商业标识的保护范围与条件——新〈反不正当竞争法〉混淆行为条款理解与适用》，载《中国工商报》2018 年 2 月 13 日。

间位置亦与其他企业同类产品类似。综上，食品饮料公司主张权利的包装、装潢元素及各装潢元素组合而成的整体装潢均为同类商品所通常使用的简单设计和简单颜色搭配，无法使相关公众将上述包装、装潢要素及其组成的整体与食品饮料公司形成对应关系，不能起到区别商品来源的作用，不构成具有显著性的特有包装、装潢，因此不能为反不正当竞争法所保护。

本案裁判厘清了商标、包装、装潢等商业标识侵权与正当使用的界限，明晰了反不正当竞争法所保护的有一定影响的包装、装潢必须具有区别商品来源的显著特征，同时也避免了某一类商品生产商垄断该类商品包装、装潢上的通用元素或简单设计，防止其权利滥用。

编写人：北京市石景山区人民法院　易珍春　王晓露

123　AI[①] 平台型企业的数据信息受反不正当竞争法保护

——甲信息技术公司诉赵某姣、广告公司侵犯商业秘密案

【案件基本信息】

1. 裁判书字号

北京知识产权法院（2020）京 73 民终 2581 号民事判决书

2. 案由：侵犯商业秘密纠纷

3. 当事人

原告（被上诉人）：甲信息技术公司

被告（上诉人）：赵某姣

被告（被上诉人）：广告公司

① AI（Artificial Intelligence），指人工智能，下文对此不再提示。

【基本案情】

原告甲信息技术公司是“融×”平台经营者。“融×”是融资贷款及信用卡的搜索、推荐与服务平台，与金融机构合作为其提供金融产品直销服务，同时为小微企业和个人消费者免费提供金融服务。经过长期运营和推广，甲信息技术公司与2500多家金融机构达成合作，平台涵盖数万种金融产品，在金融AI领域具有一定知名度和影响力。

被告赵某姣于2018年7月30日入职甲信息技术公司，入职时与甲信息技术公司签署了劳动合同（含保密条款）、员工手册（含保密规则）以及单独的《员工保密协议》，明确了商业秘密的具体种类、范围和内容。赵某姣入职甲信息技术公司前，曾从事了三年的互联网金融的市场营销工作，与在甲信息技术公司的岗位职责基本相同。赵某姣入职后，加入了其所在甲信息技术公司市场部的部门工作群，甲信息技术公司市场部同事每个月会通过该工作群更新月度《市场花费台账》及《市场&产品月报》，其中包括乙信息技术公司等483条流量渠道商名单、结算金额、结算标准、结算规则、投放状态、在合作渠道商的账户名称及密码等秘密经营信息，属于甲信息技术公司市场部的核心商业秘密。

被告广告公司是一家互联网广告营销公司，与甲信息技术公司存在直接竞争关系。广告公司假借与甲信息技术公司合作名义与赵某姣进行了大量接触，获取了甲信息技术公司上述经营信息，并随即与甲信息技术公司的重点合作商乙信息技术公司等渠道商进行了商业洽谈。后该部分渠道商向甲信息技术公司反映了广告公司曾与其主动沟通合作情况，告知甲信息技术公司已经发生泄密事件。甲信息技术公司以赵某姣违法披露其商业秘密，广告公司恶意获取、使用其商业秘密为由诉至法院，要求二被告立即停止侵犯商业秘密行为并赔偿其经济损失。

【案件焦点】

1. 甲信息技术公司主张的经营信息是否构成商业秘密；2. 赵某姣、广告公司是否侵害了甲信息技术公司的商业秘密及应否承担赔偿责任。

【法院裁判要旨】

北京市朝阳区人民法院经审理认为：《中华人民共和国反不正当竞争法》第九条规定，经营者不得实施下列侵犯商业秘密的行为……（3）违反保密义务或者违反权利人有关保守商业秘密的要求，披露、使用或者允许他人使用其所掌握的商业秘密……第三人明知或者应知商业秘密权利人的员工、前员工或者其他单位、个人实施前款所列违法行为，仍获取、披露、使用或者允许他人使用该商业秘密的，视为侵犯商业秘密。本案中，赵某姣在其入职时签署了系列保密协议，员工手册和劳动合同书中均有关于保密的规则和要求，结合赵某姣个人工作经历来看，赵某姣此前也曾在互联网金融公司任职，所从事的工作内容也是市场渠道拓展。结合其工作履历以及甲信息技术公司对商业秘密的管理措施，法院认定赵某姣具备识别涉案经营信息属于商业秘密的主观判断能力，且从赵某姣事后接受公司谈话调查所陈述的内容亦可以佐证。赵某姣对涉案商业秘密负有保密义务，应该对自己掌握的公司商业秘密尽到合理保密义务。

根据乙信息技术公司等渠道商出具的情况说明及反馈的内容、广告公司工作人员在与乙信息技术公司等渠道商进行商务沟通中所使用的截屏与甲信息技术公司《市场花费台账》表格的对应性、赵某姣在调查谈话记录中对整个事件的供述，结合相关人员确系广告公司员工等事实，可以认定上述证据已经形成完整的证据链条，能够证实甲信息技术公司的涉案经营信息已经被广告公司获取和掌握。

虽然赵某姣否认其曾主动向广告公司披露甲信息技术公司的涉案经营信息，但根据赵某姣陈述与广告公司相关人员的接触过程中，该广告公司的商务人员曾经使用过赵某姣的电脑，并曾接触过赵某姣的手机，上述行为均使得赵某姣电脑或手机中载有涉案经营信息的《市场花费台账》文件处于泄露的危险之中。赵某姣作为一名具有多年职场工作经验且负有保密义务的工作人员，却放任与其任职公司存在竞争关系的广告公司工作人员随意使用其工作电脑或手机，法院据此认定其行为未尽到其应尽的基本保密义务，主观上存在重大过失，违反了《中华人民共和国反不正当竞争法》第九条第一款第三项的规定，构成违反保密义务，向他人披露其所掌握的商业秘密的行为。

广告公司作为同行业竞争者，其在明知赵某姣系甲信息技术公司员工且实际掌握甲信息技术公司涉案商业秘密的情况下，通过见面方式创造了直接接触赵某姣的电脑和手机的机会；从最终结果来看，广告公司实际掌握了甲信息技术公司的涉案商业秘密。广告公司在获悉涉案商业秘密后，存在主动联系其中记载的渠道商寻求商务合作的行为，同时也构成对于其获取的涉案商业秘密的使用。根据《中华人民共和国反不正当竞争法》第三十二条的规定，本案甲信息技术公司已经提供初步证据证明其商业秘密被侵犯，广告公司应当就其不存在侵害商业秘密的行为进行举证。广告公司未就其掌握的涉案商业秘密说明其他合理来源，结合广告公司与赵某姣同时期的实际接触情况，法院认定广告公司获取的甲信息技术公司的商业秘密来自赵某姣，其行为仍然构成对《中华人民共和国反不正当竞争法》第九条第三款规定的违反，属于明知赵某姣系甲信息技术公司员工身份且实际持有涉案商业秘密的情况下，仍然获取并使用甲信息技术公司商业秘密的行为，同样构成对甲信息技术公司涉案商业秘密的侵害。

北京市朝阳区人民法院依照《中华人民共和国反不正当竞争法》第九条第一款第三项、第三款，第十七条、第三十二条之规定，判决如下：

一、被告赵某姣、广告公司立即停止侵害原告甲信息技术公司涉案商业秘密的行为，并从手机、电脑等电子客户端永久性删除其获取的一切承载涉案商业秘密的文件或其复制件或任何其他可被感知的存储状态；

二、被告赵某姣于判决生效之日起十日内赔偿原告甲信息技术公司经济损失 5 万元；

三、被告广告公司于判决生效之日起十日内赔偿原告甲信息技术公司经济损失 15 万元；

四、被告赵某姣、广告公司于判决生效之日起十日内共同赔偿原告甲信息技术公司制止侵权行为支出的合理开支 3. 0768 万元；

五、驳回原告甲信息技术公司其他诉讼请求。

赵某姣不服一审判决，提出上诉。北京知识产权法院经审理认为：甲信息技术公司主张构成商业秘密的信息为其“信用卡业务线”

渠道商有关经营信息，该表格中列明了甲信息技术公司从事金融业务推广营销服务所合作的渠道商名单，通过表格的形式将每个渠道商当月的投放状态、结算方式、结算标准、当月现金花费、细项结算等具体内容有针对性地进行了统计和录入，上述记载信息经过了整理和编排，承载的信息属于甲信息技术公司长期经营所积累的优势渠道资源，不属于公众普遍知悉和容易获取的经营信息，不仅具有秘密性，且具有商业价值。甲信息技术公司与赵某姣签署的劳动合同和保密协议中明确约定了对于工作中掌握的市场数据、销售渠道、客户名单等数据或资料应当保密，且建立了专门的“融×数据安全及保密制度”，对于公司数据严格限定了接触的人员范围和使用、传输要求。甲信息技术公司主张的涉案经营信息构成商业秘密，一审法院认定正确。

根据乙信息技术公司出具的情况说明、网络科技公司向甲信息技术公司反馈的关于范某宁同时期主动向其寻求合作相关内容、广告公司工作人员范某宁在商务沟通中所使用的截屏与甲信息技术公司《市场花费台账模板 2018-7 月》表格的对应性、赵某姣在调查谈话记录中对整个事件的陈述，上述证据能够证实甲信息技术公司的涉案经营信息已经被广告公司获取和掌握。赵某姣提出甲信息技术公司所称的通过账户密码所能看到的用户信息，并无法从涉案 excel 表中看到，无证据证明这些用户后台数据已被泄露的上诉理由，缺乏事实依据，二审法院不予支持。

甲信息技术公司主张的涉案经营信息构成商业秘密，相关人员通过整体分析涉案经营信息便可以了解到甲信息技术公司信用卡业务推广服务所依托的市场拓展渠道，同业竞争者便能够免去从海量的市场主体中寻找优质渠道所需的时间成本、人力、物力、财力等花费，并可以借助其掌握的上述信息省去商务沟通成本，进而形成竞争优势。赵某姣的涉案行为构成违反保密义务披露权利人商业秘密的行为，违反《中华人民共和国反不正当竞争法》第九条第一款第三项的规定，侵害了甲信息技术公司的商业秘密，应当承担相应的法律责任。一审法院根据涉案商业秘密形成的难易程度、所包括的内容、承载的竞争优势、赵某姣的侵权行为性质和情节、主观过错程度等因素，酌定赵某姣赔偿甲信息技术公司相应损失并无不当。赵某姣提出涉案表中列明的渠道商名单并非甲信息技术公司专有的合作方，他人使用这些渠道商信息进行推广不会与甲信息技术公司产生业务冲突，即便甲信息技术公司的渠道商名单泄露也并未给其造成实际经济损失的上诉理由，缺乏事实和法律依据，二审法院依法不予支持。

赵某姣在其入职时签署了系列保密协议，员工手册和劳动合同书中均有关于保密的规则和要求，结合赵某姣工作履历以及甲信息技术公司对商业秘密的管理措施，一审法院认定赵某姣具备识别涉案经营信息属于商业秘密的主观判断能力。赵某姣提出甲信息技术公司未举证证明其要求员工保守商业秘密的具体范围、内容，赵某姣作为普通员工无法准确作出判断的上诉理由，缺乏事实依据，二审法院依法不予支持。

北京知识产权法院依照《中华人民共和国民事诉讼法》第一百七十条第一款第一项规定，判决如下：

驳回上诉，维持原判。

【法官后语】

数字经济时代，流量成为市场主体争夺的新型财产性利益。AI人工智能依托于成熟的数据和算法可以更加高效地使企业寻找到其潜在客户。近年来，“行业+AI”已经逐渐成为互联网+时代的一个趋势，AI平台型企业作为一种新类型服务企业，其所拥有的客户数据或获客渠道的精准程度一定程度上决定了其在市场中的竞争优势，该类数据和获客渠道往往被企业作为一项核心经营秘密加以管理。伴随着互联网行业的激烈竞争，因员工泄密或员工跳槽而引发的商业秘密泄露事件较为高发，严重影响了企业的生存发展权益。

2019年，为进一步加强商业秘密保护，新修订后的《中华人民共和国反不正当竞争法》对商业秘密相关条款进行了部分修改，并增加了侵犯商业秘密案件中的举证责任转移的相关规定。本案即为适用修订后的《中华人民共和国反不正当竞争法》中有关举证责任转移条款审理的案件。

本案中，法院根据甲信息技术公司合作大数据推广渠道商出具的情况说明及反馈的内容、广告公司工作人员在与甲信息技术公司合作伙伴寻求合作的商务洽谈中使用的与甲信息技术公司《市场花费台账》表格样式一致的截屏文件等行为，能够证实甲信息技术公司的涉密经营信息已经被广告公司获取和掌握。广告公司虽辩称其并未取得涉案经营信息，但未对其员工沟通中所使用的截屏文件来源作出合理解释，应当认定广告公司通过不当手段获取并实际使用了甲信息技术公司的商业秘密。虽然赵某姣否认其曾主动向被告披露甲信息技术公司的涉密经营信息，但根据赵某姣陈述的其与广告公司接触的过程，该广告公司的商务人员曾经使用过赵某姣的电脑，并曾接触过赵某姣的手机，上述行为均使得赵某姣电脑或手机中载有涉案经营信息的《市场花费台账》文件处于泄露的危险之中。赵某姣作为一名具有多年职场工作经验且负有保密义务的工作人员，却放任与其任职公司存在竞争关系的广告公司工作人员随意使用其工作电脑或手机，法院据此认定赵某姣行为未尽到其应尽的基本保密义务，主观上存在重大过失，违反了《中华人民共和国反不正当竞争法》第九条第一款第三项的规定，构成违反保密义务，向他人披露其所掌握的商业秘密的行为。

广告公司作为同行业竞争者，其在明知赵某姣系甲信息技术公司员工且实际掌握甲信息技术公司涉案商业秘密的情况下，通过见面方式创造了直接接触赵某姣的电脑和手机的机会，并最终实际获取并使用了甲信息技术公司的涉案商业秘密去寻求与甲信息技术公司合作渠道商一同合作。根据《中华人民共和国反不正当竞争法》第三十二条的规定，本案符合举证责任转移的相关规定。本案甲信息技术公司已经提供初步证据证明其商业秘密被侵犯，广告公司应当就其不存在侵害商业秘密的行为进行举证。因广告公司未就其掌握的涉案商业秘密说明其他合理来源，故认定广告公司的行为违反了《中华人民共和国反不正当竞争法》第九条第三款的规定①，属于明知赵某姣系甲信息技术公司员工身份且实际持有涉案商业秘密的情况下，仍然获取并使用甲信息技术公司商业秘密的行为，同样构成对甲信息技术公司涉案商业秘密的侵害。

本案根据新修正的《中华人民共和国反不正当竞争法》第三十二条的规定，适用商业秘密案件举证责任转移的相关规定，认定内部员工及第三方经营者的行为构成侵犯商业秘密，保护了AI平台型企业的用户隐私数据、运营数据、市场数据等重要经营信息。本案对于引导员工树立严格保密观念，警示行业经营者正当参与市场竞

① 《中华人民共和国反不正当竞争法》第九条第三款规定，第三人明知或者应知商业秘密权利人的员工、前员工或者其他单位、个人实施前款所列违法行为，仍获取、披露、使用或者允许他人使用该商业秘密的，视为侵犯商业秘密。

争起到了积极推动作用，也彰显了司法服务创新发展，营造良好法治营商环境的态度和决心。

编写人：北京市朝阳区人民法院　唐铁星

124　离职员工违反保密协议使用原公司客户信息侵害商业秘密的司法认定

——珠宝公司诉郭某鹏侵害商业秘密案

【案件基本信息】

1. 裁判书字号

广东省深圳市中级人民法院（2020）粤 03 民终 25614 号民事判决书

2. 案由：侵害商业秘密纠纷

3. 当事人

原告（上诉人）：珠宝公司

被告（上诉人）：郭某鹏

【基本案情】

珠宝公司指控郭某鹏侵害其商业秘密，请求停止侵害并连带赔偿经济损失 3000000 元、支付维权合理开支 54887 元（含律师费、公证费）。

2018 年 7 月 9 日，郭某鹏入职珠宝公司，2019 年 12 月离职，工作负责找产品。2018 年 7 月 9 日，珠宝公司与郭某鹏签订《劳动合同》，合同约定：合同期限从 2018 年 7 月 10 日至 2020 年 7 月 11 日；郭某鹏工作内容为在某驻地从事货品专员岗位工作；郭某鹏承诺保守企业秘密，不以泄露、告知、发布、公布、出版、转让或其他任何方式，使第三方知悉属于珠宝公司或虽属于他人但珠宝公司承诺有保密义务的技术秘密或其他商业秘密信息，也不得在履行职务之外使用这些秘密信息和珠宝公司其他知识产权。珠宝公司还与郭某鹏签署《保密协议》约定：珠宝公司的客户及供应商资料属于保密的范围和内容；郭某鹏离职后仍对公司任职期间接触、知悉的属于珠宝公司或虽属于第三方，但珠宝公司承诺或负有保密义务的技术秘密和其他商业秘密信息，承担如同任职期间一样的保密义务和不擅自使用有关秘密信息的义务，保密义务的期限为无限期保密，直至珠宝公司宣布解密或公开秘密信息；郭某鹏承诺未经珠宝公司书面许可，不得利用珠宝公司商业秘密和技术秘密进行生产经营或新产品的研究和开发；无论郭某鹏是任职期间、离职、辞职或解雇，因为疏忽还是故意，导致珠宝公司商业秘密泄露的，郭某鹏应承担泄密责任；如违反合同条款，应立即停止侵权并一次性支付违约金120000元；郭某鹏不得泄露珠宝公司的客户资料及供应商资料。

郭某鹏实名认证注册的微信号多次通过微信以搜索电话号码的形式添加珠宝公司客户的微信，向这些客户推荐珠宝玉石等产品。

珠宝公司二审当庭固定其主张商业秘密的内容为四个客户的手机号码、姓名、交易记录等客户信息。珠宝公司一审提交光盘、微信聊天记录，拟证明：光盘中存储的电子数据均为从客户管家云端导出的客户订单excel表格汇总，记录2018年6月至2020年4月通过长期交易形成的客户信息构成其商业秘密。珠宝公司二审期间提交前述四个客户订单记录打印件，拟证明：珠宝公司与上述四个客户形成长期稳定的交易关系，四个客户的相关信息构成其商业秘密。其二审当庭陈述光盘中电子数据的形成过程如下：珠宝公司从客户管家软件导出的2018年6月至2020年4月的交易信息，即起诉时的客户信息直接导出形成。由于在一审举证期满前，出于保密的要求提交该光盘给法院，导出数据时形成时间是2020年4月，因提交该光盘是在举证期满前，故该刻录光盘的时间是2020年7月23日，光盘由珠宝公司自行使用封条密封。二审系将前述四个客户信息整理成表格汇总、提交。二审当庭核对前述电子数据的真实性。打开订单记录，显示两部分颜色字体信息：一部分是黑色的信息，不能修改；另一部分是灰色的信息，也不能修改。

珠宝公司一审还提交其员工与前述四个客户的微信聊天记录、郭某鹏与前述四个客户的微信聊天记录，拟证明：郭某鹏使用客户的手机号码添加微信，侵害其商业秘密。

【案件焦点】

1. 珠宝公司主张的客户信息是否构成商业秘密；2. 郭某鹏是否侵害珠宝公司的商业秘密；3. 如构成侵权，民事责任应如何承担。

【法院裁判要旨】

广东省深圳市罗湖区人民法院经审理认为：珠宝公司的客户名单不仅记录了客户姓名、联系方式等信息，还详细记录了客户的交易习惯、意向等内容，系经珠宝公司收集、整理后形成并指向特定市场交易群体的经营信息。客户名单中的客户与其保持着良好的交易关系，客户名单在生产经营中具有实用性，能为珠宝公司带来现实或潜在的交易机会，为珠宝公司带来经济利益和竞争优势；珠宝公司为客户信息制定了保密制度，采取了必要的保密措施，并与员工明确约定了保密条款、竞业限制条款，因此，珠宝公司的客户名单具有秘密性、经济性和实用性的特点，构成商业秘密。经查明的事实显示，郭某鹏微信号多次添加珠宝公司客户，并向这些客户推介销售产品。郭某鹏作为公司员工，有间接获取公司客户信息的可能，其在明知公司的相关管理规定及客户名单的非公开性和商业价值的情况下，仍私自与珠宝公司客户进行交易，属于披露、使用经营信息的行为，构成商业秘密侵权。珠宝公司主张郭某鹏停止侵权并赔偿损失有事实依据和法律依据。关于赔偿损失及费用的数额问题，因珠宝公司未能提供郭某鹏因侵权所获得的利益或者珠宝公司因侵权行为所受到的损失的证据，综合考虑郭某鹏侵权行为的性质、情节以及珠宝公司为本案维权所支付的合理费用等因素，酌情确定郭某鹏赔偿珠宝公司经济损失及为制止侵权的合理开支共计80000元。

广东省深圳市罗湖区人民法院依照《中华人民共和国反不正当竞争法》第二条、第九条、第十七条，《最高人民法院关于审理不正当竞争民事案件应用法律若干问题的解释》第十三条第一款，《中华人民共和国民事诉讼法》第六十四条、第一百四十二条之规定，判决如下：

一、郭某鹏应立即停止侵犯珠宝公司商业秘密的行为；

二、郭某鹏应于判决生效之日起十日内赔偿珠宝公司经济损失及为制止侵权的合理开支80000元；

三、驳回珠宝公司对郭某鹏的其他诉讼请求。

珠宝公司、郭某鹏不服一审判决，提起上诉。广东省深圳市中级人民法院经审理认为：珠宝公司一审提交的汇总表、微信聊天记录、订单记录均属于电子数据，认定事实的关键在于核实电子数据的真实性。因客户订单记载的全部数据均系记录和保存在第三方平台客户管家云端，且二审当庭核实，客户姓名、手机号码、订单号等信息均无法修改，对订单记录的真实性予以确认。根据珠宝公司提交的证据，应认定四个客户信息构成珠宝公司的商业秘密，理由如下：第一，前述信息不为公众所知悉。订单记录保存在客户管家云端，记载了四个客户的真实姓名、手机号码、通信地址、订单等详细客户信息，且每个客户的交易记录均多达几十笔，前述信息均系珠宝公司长期交易形成的经营信息，郭某鹏称其作为员工，在正常工作中尚不能直接接触，相关公众更难以获得，即前述信息不为公众所知悉。第二，前述信息具有商业价值。如前所述，前述信息能给珠宝公司带来交易机会并获利，具有商业价值。第三，珠宝公司已采取相应保密措施。珠宝公司与郭某鹏签订《劳动合同》《保密协议》，采取保密措施，明确约定保密义务。珠宝公司据此主张前述客户信息构成其商业秘密，具有事实依据，予以采纳。

关于郭某鹏是否构成侵权。珠宝公司一审提交微信聊天记录作为证据，据此主张郭某鹏使用了客户的手机号码添加微信，即郭某鹏违反保密协议约定，使用珠宝公司掌握的商业秘密。郭某鹏在珠宝公司的职务是根据客户的需求去市场上寻找原石，其本身不直接接触客户，并无权使用客户管家的系统，理应无法获取前述客户信息。但其却能添加四名客户的微信，并与客户直接进行商业沟通。因郭某鹏对添加微信的过程不予说明，对如何添加微信的事实亦不提交证据证明，珠宝公司据此主张郭某鹏系使用客户的手机号码添加微信，符合证据规则，予以确认。郭某鹏违反劳动合同、保密协议约定的保密义务，使用珠宝公司客户的手机号码、微信号等经营信息联系客户，侵害了珠宝公司的商业秘密。鉴于双方当事人对权利人因被侵权所受到的实际损失、侵权人因侵权所获得的利益均未提交证据证明，一审适用法定赔偿酌定赔偿数额，符合法律规定。综合考虑以下因素：（1）侵权行为的情节。郭某鹏使用涉案客户信息均未获利。且郭某鹏使用相关信息添加微信与客户联系上之后，珠宝公司与相关客户后续仍有交易，本案侵权行为的损害后果不严重。（2）珠宝公司为维权实际支出律师费、公证费。（3）珠宝公司自认 2019 年 8 月才开始在系统里隐藏客户手机号码中的部分数字，之前系统能展示全部客户完整的手机号码，珠宝公司对重要客户信息采取的保密措施，亦存在一定疏漏。一审酌定郭某鹏向珠宝公司赔偿损失、支付维权合理开支合计 80000 元，并无不当，二审法院予以确认。

广东省深圳市中级人民法院依据《中华人民共和国民事诉讼法》第一百七十条第一款第一项之规定，判决如下：

驳回上诉，维持原判。

【法官后语】

近年来，随着新技术、新模式、新业态的快速发展，商业秘密在知识产权法律制度中的重要性不断提升。人民法院应服务创新发展和高质量发展，加强对商业秘密的司法保护，保护创新创造，鼓励正当竞争，积极回应社会关切。在许多客户黏性极高的行业，如珠宝网络（线上）销售领域，独家的客户信息已成为企业的“安身立命之本”。

一、权利的认定

整合、完善侵害商业秘密纠纷民事案件的法律适用，妥善处理新旧法律、司法解释衔接问题

（一）相关规定

1.《中华人民共和国民法典》第一百二十三条规定，民事主体依法享有知识产权。知识产权是权利人依法就商业秘密等客体享有的专有的权利。《中华人民共和国民法典》明确将商业秘密规定为法定的有名知识产权之一，体现出商业秘密在知识产权权利体系中的重要性不断提升。

2.《中华人民共和国反不正当竞争法》（2019 年修订）第九条第四款规定，本法所称的商业秘密，是指不为公众所知悉、具有商业价值并经权利人采取相应保密措施的技术信息、经营信息等商业信息。

3.《最高人民法院关于审理侵犯商业秘密民事案件适用法律若干问题的规定》（2020 年修订）第一条第二款和第三款规定，与经营活动有关的创意、管理、销售、财务、计划、样本、招投标材料、客户信息、数据等信息，人民法院可以认定构成《中华人民共和国反不正当竞争法》第九条第四款所称的经营信息。客户信息，包括客户的名称、地址、联系方式以及交易习惯、意向、内容等信息。

（二）权利体系

第一项至第三项法源完整、清晰勾勒出权利外延逐层缩小的客户信息权利体系：

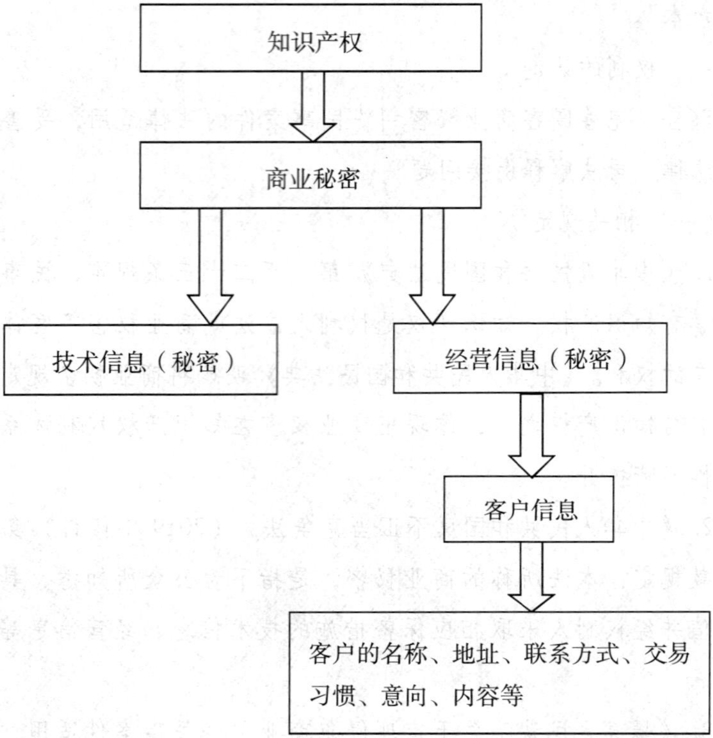

（三）本案认定权利基础的法律适用

1. 一审时原告根据《最高人民法院关于审理不正当竞争民事案件应用法律若干问题的解释》（已失效）主张保护客户名单。其提交《交易汇总表》，主张四个客户汇集的客户名册构成经营信息。

2. 二审时原告根据《最高人民法院关于审理侵犯商业秘密民事案件适用法律若干问题的规定》的具体分类，明确固定其主张保护的客户信息为四个客户的手机号码、微信号等联系方式。其明确前述四个客户的真实姓名、手机号码等具体信息。

3. 本案认定权利基础的法律适用：同一机关制定的新的一般规

定与旧的特别规定不一致时，由制定机关裁决。本案一审、二审的审理期间，先后经历《最高人民法院关于审理侵犯商业秘密民事案件适用法律若干问题的规定》施行，《最高人民法院关于审理不正当竞争民事案件应用法律若干问题的解释》修正。《中华人民共和国立法法》第九十二条规定，同一机关制定的特别规定与一般规定不一致的，适用特别规定；新的规定与旧的规定不一致的，适用新的规定。同一机关制定的新的一般规定与旧的特别规定不一致时，由制定机关裁决。如果适用特别规定，二者虽同为司法解释，作为规范性法律文件的法定效力位阶相同，但《最高人民法院关于审理侵犯商业秘密民事案件适用法律若干问题的规定》属于不正当竞争法律体系中的特别规定。如果适用新的规定，《最高人民法院关于审理侵犯商业秘密民事案件适用法律若干问题的规定》施行在前，《最高人民法院关于审理不正当竞争民事案件应用法律若干问题的解释》修正在后。最高人民法院指出：《最高人民法院关于审理不正当竞争民事案件应用法律若干问题的解释》与《最高人民法院关于审理侵犯商业秘密民事案件适用法律若干问题的规定》不一致的，不再适用。

故一审原告依据《最高人民法院关于审理不正当竞争民事案件应用法律若干问题的解释》主张保护客户名单，二审有权依据《最高人民法院关于审理侵犯商业秘密民事案件适用法律若干问题的规定》重新固定权利基础，重新进行证据的梳理。

二、充分遵循一般证据规则，原告应对权利构成、侵权成立等主要事实承担举证责任

审理商业秘密案件对证据规则的适用应坚持问题导向，遵循民事诉讼证据的一般规则，立足案件的特点和实际，引导当事人遵循诚实信用原则，依照法律及司法解释的规定，积极、全面、正确、

诚实地提供证据。

（一）权利

原告主张保护的客户信息应符合商业秘密的法定构成要件。

1. 形式（具体）要件

（1）载体：客户名单、客户名册、特定客户等。

（2）具体内容：客户的名称、地址、联系方式以及交易习惯、意向、内容等信息。原告很容易将商业秘密的载体与具体内容混淆。原告举证一般提交很多交易资料作为证据，具体内容不总结、提炼、归纳，全部散落在各证据中，诉讼缺乏针对性、集中性。需让原告明确固定其要求保护的客户信息的具体权利内容。越具体越精细越容易比对。例如，本案一审、二审审理期间跨越新旧司法解释，一审主张客户名单，二审应重新向其释明，让其重新明确固定权利内容是客户信息中的哪一项或者哪几项。

2. 实质（抽象）要件

（1）非公知性。即不为公众所知悉。权利人应举证请求保护的信息在被诉侵权行为发生时不为所属领域的相关人员普遍知悉；不为所属领域的相关人员容易获得的。鉴于非公知性属于消极事实，证明难度较大，通常权利人举证其已采取了相应（合理）的保密措施（《最高人民法院关于审理侵犯商业秘密民事案件适用法律若干问题的规定》第六条），可初步认定相关信息具有非公知性。将为公众所知悉的信息进行整理、改进、加工后形成的新信息，不为所属领域的相关人员普遍知悉；不为所属领域的相关人员容易获得的，应当认定该新信息不为公众所知悉。例如，本案原告主张保护多名客户的手机号码、微信号等联系方式。单独一个客户的联系方式，可能不难获得，但鉴于原告将多个客户的联系方式汇总、整理，珠宝销售行业的相关人员很难普遍知悉、容易获得。郭某鹏未付出任何智力成果就能轻松使用前述客户的相关信息，对维护客户付出时间、精力的原告而言极不公平，构成不正当竞争。

(2) 商业价值。权利人请求保护的信息因不为公众所知悉而具有现实的或者潜在的商业价值的，人民法院经审查可以认定为具有商业价值。《最高人民法院关于审理侵犯商业秘密民事案件适用法律若干问题的规定》将商业秘密的商业价值与非公知性直接关联，具有非公知性的客户信息一般应被认定为具有商业价值。只要原告对采取相应（合理）保密措施进行举证，初步证明相关信息具有非公知性，对商业价值几乎无须举证。

3. 电子数据的审核认定

在互联网时代的商业新业态中，网络交易、线上销售越来越普遍，电子数据日益成为商业秘密权利证据的主要形式。对微信聊天记录、网上交易信息等真实性的审核认定，即为相关案件的关键。珠宝公司一审提交光盘存储的客户信息汇总表、微信聊天记录、《保密协议》，二审补充提交四个客户的订单记录作为证据。汇总表、微信聊天记录、订单记录均属于电子数据，本案认定事实的关键在于核实电子数据的真实性。由记录和保存电子数据的中立第三方平台提供或者确认，人民法院可以确认其真实性。因客户订单记载的全部数据均系记录和保存在第三方平台客户管家云端，且二审当庭核实，客户姓名、手机号码、订单号等信息均无法修改，对订单记录的真实性予以确认。

（二）侵权事实

1. 主体：被诉侵权人的信息，容易举证。

2. 比对：相同；实质上相同（不存在实质性区别）。当事人主张的商业秘密与所属领域已为公众所知悉的信息的异同、被诉侵权的信息与商业秘密的异同，人民法院可委托鉴定。比对不是本文论述的重点，此处不再赘述。

3. 侵权行为。权利人依法对被诉侵权人实施相关侵权行为负有举证责任：以盗窃、贿赂、欺诈、胁迫、电子侵入或者其他不正当手段获取权利人的商业秘密；披露、使用或者允许他人使用以前项手段获取的权利人的商业秘密；违反保密义务或者违反权利人有关保守商业秘密的要求，披露、使用或者允许他人使用其所掌握的商业秘密；教唆、引诱、帮助他人违反保密义务或者违反权利人有关保守商业秘密的要求，获取、披露、使用或者允许他人使用权利人的商业秘密；其他不正当手段获取权利人的商业秘密：以违反法律规定或者公认的商业道德的方式获取权利人的商业秘密。

三、适度减轻权利人的举证负担，切实加大对商业秘密的保护力度

鉴于商业秘密的重要地位已经上升到知识产权法定权利，保护力度应较之前属于不正当竞争法益时更大。让“真权利”得到“真保护”，“高权利”得到“严保护”。适当减轻权利人的举证负担，即为加大对商业秘密保护力度的现实路径之一。

（一）举证责任转移

非公知性、商业价值属于商业秘密的实质要件，权利人依法对前述实质要件负有举证义务。鉴于非公知性属于消极事实，证明难度较大，通常权利人举证其已采取相应保密措施，即可初步认定相关信息具有非公知性，应将相关信息具有公知性、已为公众所知悉等积极事实的举证责任转移给被诉侵权人。被诉侵权人应对以下事实举证：（1）该信息在所属领域属于一般常识或者行业惯例；

(2) 该信息仅涉及产品的尺寸、结构、材料、部件的简单组合等内容，所属领域的相关人员通过观察上市产品即可直接获得；(3) 该信息已经在公开出版物或者其他媒体上公开披露；(4) 该信息已通过公开的报告会、展览等方式公开；(5) 所属领域的相关人员从其他公开渠道可以获得该信息。本案中，由于原告已与员工签订《保密协议》，相关客户手机号码、微信名等联系方式均储存在第三方平台客户管家云端，数据一经形成无法修改，仅有财务等部分员工有权查看，应认定为原告已采取相应的、合理的保密措施。郭某鹏使用前述信息，但其对相关信息是否已为公众知悉等法定事项均未举证，应认定相关信息具有非公知性，能给竞争者带来交易机会，从而具有商业价值。

(二) 举证责任分配

如前所述，权利人应对被诉侵权人已实施相关侵权行为负有举证责任。如权利人已举证证明：(1) 相关信息构成商业秘密；(2) 被诉侵权人获取、披露、使用的相关信息与权利信息构成相同或者实质上相同，鉴于法定第一项至第五项侵权行为的证明难度很高，权利人往往仅能在被诉侵权人获取、披露、使用相关信息的时间点之后才能举证，对于被诉侵权人取得信息的手段、过程，权利人很难往前回溯举证，被诉侵权事实亦为商业秘密案件举证的难点。故可将被诉侵权人取得相关信息手段正当、使用相关信息具有合法权源及合理理由等事实的举证责任直接分配给被诉侵权人。如被诉侵权人对此不能举证，则可推定其系通过实施前述侵权行为等不正当手段获取信息。

(三) 举证责任免除

对于被诉侵权人为原告前员工的案件，笔者个人认为，应尽量适用《中华人民共和国反不正当竞争法》第九条第一款第三项“违反保密义务或者违反权利人有关保守商业秘密的要求，披露、使用或者允许他人使用其所掌握的商业秘密”，免除适用其他项规定中原告对被告使用不正当手段获取商业秘密等事项的举证责任，可极大减轻原告的举证负担。原告仅需举证证明：（1）对相关信息已采取相应保密措施：如与员工签订保密协议、约定保密义务等；（2）员工披露、使用或者允许他人使用商业秘密（掌握无须单独举证，该项行为的前提必然是员工掌握商业秘密）。无论离职员工在原公司岗位职责如何，其作为原告前员工，获取、掌握公司商业秘密均是高机会、大概率事件。本案郭某鹏对添加原告客户微信的过程不予说明，对如何添加微信的事实亦不提交证据证明，在职期间其虽辩称其仅系负责寻找产品，与客户不接触、无联系，但其作为原告公司员工，应有很多机会、很大概率获取、掌握前述客户信息。至于郭某鹏如何获取，是否使用不正当手段，原告则无须再举证。

构建符合商业秘密案件特点的证据规则，平衡权利人与侵权人的举证能力，对于切实解决权利认定、侵权构成“举证难”等痛点问题，降低维权成本，提升商业秘密保护质效，加大保护力度，推动营造市场化、法治化、国际化的营商环境，具有重要作用。本案的正确审理，对于统一离职员工使用原公司客户信息侵害商业秘密类案的裁判标准，完善法律适用规则，依法公正审理侵犯商业秘密民事案件，营造法治化营商环境，将具有重要作用。

编写人：广东省深圳市中级人民法院　黄瑜瑜

125 侵犯商业秘密行为的举证责任分配

——甲公司诉金某等侵害经营秘密案

【案件基本信息】

1. 裁判书字号

北京知识产权法院（2020）京73民终1号民事判决书

2. 案由：侵害经营秘密纠纷

3. 当事人

原告（被上诉人）：甲公司

被告（上诉人）：金某、乙公司、丙公司

【基本案情】

被告金某于2009年1月入职原告甲公司，曾担任海外销售经理等职务，2018年4月离职。原告与金某签订有劳动合同及保密协议等，并约定有保密条款和竞业限制条款。原告经营范围为抛光膜、精密研磨带等，其针对包括客户名单在内的经营信息制定有保密制度，并将信息录入管理系统中，对客户信息采取了必要的保密措施。被告乙公司成立于2017年12月，金某为其法定代表人，经营范围与原告相同。被告丙公司成立于2012年5月，经营范围亦与原告相同。丙公司法定代表人陈某亦系原告前员工并曾与金某共事过一段时间。金某离职前夕及入职被告乙公司后，以乙公司名义通过邮件方式向原告客户D公司、客户S公司、客户H公司、客户F公司等多个海外客户销售或推介相同产品，并至少达成一笔订单交易。金某在邮件中称“其将从原告公司离职，其投资了一家工厂且许多优秀同事离开原告公司加入该公司，并对金刚石研磨纸等产品进行了报价，称可提供特别优惠价格”。

原告甲公司认为，其主张的客户信息，包括客户名称、类型、地址、电话、负责人、支付条款、贸易类型、运输方式、行业类别等信息。这些信息的取得，是原告十多年来参加世界范围内的多次展会逐渐积累而形成的，无法从公开的信息渠道获取，是公司的商业机密。原告对商业秘密的保护管理措施严密合理，金某在职期间有条件接触到上述商业秘密，了解、掌握所有海外客户名单，其入职乙公司后，利用其掌握的商业秘密，向原告多个海外客户销售或推介相同的产品。乙公司明知金某违反了与原告的保密协议约定，披露使用了其所掌握的商业秘密，但仍使用该商业秘密，侵犯了原告的商业秘密。被告丙公司创办者陈某与被告金某曾共同在原告处工作，该公司明知金某违法提供给其原告的商业秘密并非法使用，亦侵犯了原告的商业秘密。故请求按照实际损失计算赔偿数额，判令三被告停止侵权、共同赔偿原告经济损失 100 万元。三被告辩称原告主张的客户名单不构成商业秘密，被告不存在侵犯商业秘密的行为，原告主张的经济损失没有任何法律和事实依据。

【案件焦点】

1. 原告主张的客户名单信息是否属于商业秘密；2. 三被告是否存在侵害原告主张的商业秘密的行为；3. 如果侵害商业秘密行为成立，被告承担赔偿损失数额应如何确定。

【法院裁判要旨】

北京市石景山区人民法院经审理认为：原告甲公司通过连续多

年付费参加展会，安排工作人员拓展或维护客户，获取客户联系方式、购买意向、交易习惯等信息，通过在展会后形成参展报告等方式对上述信息进行梳理汇总，并通过与涉案客户的长期接触、交易，形成了其客户管理系统中最终显示的详细客户名单。上述信息非可自公开领域轻易获得的信息且显然能够为原告在市场竞争中带来优势。同时，原告甲公司对涉案客户名单采取了包括与入职员工签订包含保密制度的劳动合同、保密协议，与离岗人员签订离职人员保密告知书，以及对 GEO 系统设置密码及权限等保密措施，足以证明其对涉案客户名单采取了较为严格的保密及防范泄密的措施。综上，原告甲公司主张的客户名单属于反不正当竞争法保护的商业秘密中的经营秘密。

金某作为原告前员工，有权进入甲公司 GEO 系统获取客户名单，且明显知晓原告对于客户名单的保密要求及该信息对原告开展经营的重要程度，但其仍在离职之前即成立与甲公司存在同业竞争关系的乙公司，并于离职前后以乙公司总经理的身份，与原告客户 D 公司、客户 H 公司、客户 F 公司等长期、稳定客户联系，告知客户其从原告离职的同时开办了自己的公司，并通过提供低于原告的产品报价、发送测试样品、邀请客户参观其投资工厂及参展展台等方式，寻求与上述客户达成合作。上述行为足以证实被告金某违反了保密义务，已构成侵犯他人商业秘密的行为。金某系被告乙公司成立时的法定代表人及唯一股东，乙公司明知金某系掌握原告甲公司经营秘密的前员工，仍获取、使用了金某向其披露的客户名单，亦构成对原告经营秘密的侵犯。被告丙公司作为同业竞争者，明知被告金某为掌握原告甲公司客户名单的人，仍与金某及其开办的乙公司合作，获取并使用了金某向其披露的客户名单，且与原告客户达成过交易，主观上存在过错，亦构成对原告经营秘密的侵害。根据《中华人民共和国反不正当竞争法》第三十二条的规定，在原告已提供初步证据合理表明三被告存在侵害商业秘密行为的情况下，举证责任转移至被告方，三被告仅提出反驳但未提交有效证据加以证明，故对其相关抗辩不予采信。

关于损害赔偿的具体数额，在原告未提交有效证据证明其实际损失且无法查明侵权人因侵权获利的情况下，法院在综合考虑原告客户名单包含的具体内容以及其获取名单所付出的大量人力物力、涉案侵权行为的具体情节、侵权持续时间、金某和乙公司不正当竞争主观恶意较明显等事实的基础上，适用法定赔偿方式确定全案赔偿数额。根据被告丙公司具体涉案行为及主观过错程度，判定其对部分数额承担连带赔偿责任。

北京市石景山区人民法院依照《中华人民共和国反不正当竞争法》第九条、第十七条、第三十二条之规定，判决如下：

一、被告金某、乙公司、丙公司立即停止侵害原告甲公司客户名单的行为；

二、被告金某、乙公司于本判决生效之日起十日内共同赔偿原告甲公司经济损失 600000 元，被告丙公司对其中 300000 元承担连带赔偿责任；

三、被告金某、乙公司、丙公司共同赔偿原告甲公司合理支出 5689 元；

四、驳回原告甲公司的其他诉讼请求。

被告金某、乙公司、丙公司不服一审判决，提起上诉。北京知识产权法院经审理认为：被告金某违反劳动合同等中保守商业秘密的约定，向乙公司披露其所掌握甲公司的客户信息，乙公司明知金某离职前任甲公司海外销售工程师，掌握甲公司客户信息等经营秘密，仍获取并使用该秘密，金某、乙公司对此亦未作出合理解释或提出有效证据证明其掌握和使用的上述客户信息具有合法来源，均侵犯了甲公司的经营秘密。丙公司在明知金某掌握甲公司客户名单的情况下，仍与金某、乙公司合作，获取并使用了金某向其披露的客户名单，并与甲公司客户达成交易，金某、丙公司主张该笔交易属于正常的商业交易行为，但并未提交有效的证据予以证明，丙公司亦未举证证明其系通过公开投标或其他合法渠道达成的此次交易，故丙公司涉案交易行为亦侵犯了甲公司的商业秘密。

北京知识产权法院最终判决如下：

驳回上诉，维持原判。

【法官后语】

本案系一起典型的侵犯他人客户名单经营秘密的侵害商业秘密纠纷案件。其特殊性及指导借鉴意义主要在于以下两个法律问题的处理：一是侵害商业秘密行为认定中举证责任的分配，二是侵害商业秘密具体损害赔偿数额的确定。

一、关于侵害商业秘密行为中举证责任的分配问题

2019年修订的《中华人民共和国反不正当竞争法》对涉及商业秘密的条款进行了修改。该次修订中增加了侵犯商业秘密民事审判程序中举证责任转移的规定，即在商业秘密权利人提供初步证据合理表明其商业秘密被侵犯时，应当将举证责任转移至被诉侵权人，由被诉侵权人来证明其不存在侵犯商业秘密的行为。而提供下列证据之一可以视为“合理表明商业秘密被侵犯”：一是有证据表明涉嫌侵权人有渠道或者机会获取商业秘密，且其使用的信息与该商业秘密实质上相同；二是有证据表明商业秘密已经被涉嫌侵权人披露、

使用或者有被披露、使用的风险；三是有其他证据表明商业秘密被涉嫌侵权人侵犯。商业秘密作为权利人付出大量人力、物力、财力获得的信息，往往具有巨大的商业价值，会为权利人增加竞争优势。反不正当竞争法中关于商业秘密举证责任转移的新规定，减轻了商业秘密权利人的举证责任，大幅降低了其维权难度和成本，加强了我国对于商业秘密的保护力度。本案在对被告是否构成侵害商业秘密行为的认定中充分适用了上述法条及其精神。本案中，商业秘密权利人甲公司已提交证据证明被告金某作为原告前员工有机会获取客户名单，其利用上述名单通过邮件等方式以被告乙公司的名义与原告客户名单中的客户寻求合作，而金某、乙公司均未能提出相反证据对上述情况进行合理解释从而证明自身不存在侵犯商业秘密的行为，故根据举证责任的转移应由被告承担举证不能的不利后果。而在被告丙公司是否构成侵犯商业秘密的认定中则更加明显地体现了举证责任转移的应用。根据原告甲公司提交的证据以及当事人陈述，可以确认被告金某向原告的客户介绍了被告丙公司的抛光带产品并最终达成交易。虽然被告丙公司抗辩称其系公开投标中标后方为原告客户提供了涉案产品，但未提交证据加以证明，且原告曾向该客户询问交易详情但被拒绝，故法院认定原告甲公司已经尽到了初步的举证责任，在丙公司未提交相关证据证明其不存在侵犯商业秘密行为的情况下，对其抗辩未予采信。

二、关于侵犯商业秘密具体赔偿数额的确定问题

2019 年修订的《中华人民共和国反不正当竞争法》将侵犯商业秘密法定赔偿的上限提升至 500 万元并增加了惩罚性赔偿的规定。本案中，原告甲公司主张按实际损失计算赔偿数额，综合考虑产品价格的降低、销量下降、客户丢失等因素，酌定赔偿数额为 100 万

元。但根据现有在案证据无法证明导致上述情况发生的因素中侵犯商业秘密行为所占的比例，无法计算原告实际损失且亦无法查明被告因侵权所获得的利益。因此，法院适用法定赔偿，酌情确定了全案赔偿数额。同时考虑本案具体情况，根据不同被告具体涉案行为及主观过错程度，判定各被告承担的具体损害赔偿数额。值得注意的是，虽然本案被告金某及乙公司主观恶意较大，但惩罚性赔偿的适用前提为当事人申请，故本案具体赔偿数额的确定中并未适用惩罚性赔偿规定。

本案是我院首例适用新修订的反不正当竞争法中新增关于举证责任转移规定的侵害商业秘密纠纷案件。本案充分考虑了侵犯商业秘密行为隐蔽性较大、权利人举证难度大等特点，降低了权利人的举证责任和维权成本，加强了对商业秘密权利人的保护力度及对健康公平的市场竞争秩序的维护，有效优化了营商环境。

编写人：北京市石景山区人民法院　易珍春　王晓露

126 利用聚合技术选择性推送竞争对手不实新闻报道构成商业诋毁

——甲科技公司诉乙科技公司、网络技术公司商业诋毁案

【案件基本信息】

1. 裁判书字号

北京知识产权法院（2019）京73民终1908号民事判决书

2. 案由：商业诋毁纠纷

3. 当事人

原告（被上诉人）：甲科技公司

被告（上诉人）：乙科技公司、网络技术公司

【基本案情】

甲科技公司系“今×××”APP客户端及“头×网”的备案及经营主体；乙科技公司系百×网及“百×”APP的IOS[①]版客户端的备案及运营主体；网络技术公司系“bai××”“百×”商标的商标权人及“百×”APP的安卓版客户端的备案及开发运营主体。乙科技公司运营的“百×网”及“百×”APP IOS端发布了《碰瓷、卖惨，今×××正在发动第二次“丙丁”大战》的专题栏目，导语内容为：“互联网圈对今×××以及创始人张某的印象是：低调、克制、崇尚技术。但自从原丙公司公关负责人李某加盟后，今×××变成了‘丙公司第二’，动辄掐架、逢人就咬，以碰瓷大企业作为上位的手段。”涉案专题下有14篇文章。前述专题和文章无法通过关键词检索的方式访问，但可以通过在网址中搜索长链接或短链接的方式访问。涉案专题和文章包含“甲科技公司因为××网发表的文章而导致估值下跌了20%”“甲科技公司控诉及起诉丁公司不正当竞争系主动策划挑起的‘碰瓷’、自我营销及报复行为”以及“今×××创始人张某某在朋友圈公开诋毁丁公司产品‘抄袭’事件”等信息。2018年6月11日、19日、27日，甲科技公司分别通过邮政EMS以及电子邮件向乙科技公司发送了《投诉函》，要求乙科技公司立即停止侵权。甲科技公司未就网络技术

① IOS，指的是苹果公司开发的移动操作系统。

公司在百×APP 安卓版客户端实施前述行为提交相应证据。甲科技公司认为乙科技公司、网络技术公司故意编造、散布虚假信息和误导性信息，构成商业诋毁，起诉要求立即停止不正当竞争行为、消除影响、赔礼道歉，并赔偿经济损失及合理支出共计 1000 万元。网络技术公司、乙科技公司不同意甲科技公司的全部诉讼请求，其认为："甲丁大战"系互联网热点事件，百×新闻作为新闻媒体为保障网民知情权进行专题报道；双方不存在竞争关系，不符合诋毁"商品和服务"的要件以及"相关公众"要件；其行为系利用人工智能整合涉及公共事件的信息，涉案文章有正当来源系客观评价，非主观评述，属于自由表达，甲科技公司附有必要的批评容忍义务。

【案件焦点】

1. 原、被告双方是否存在竞争关系；2. 涉案专题文章是否构成商业诋毁；3. 如果构成商业诋毁，被告应当如何承担侵权责任。

【法院裁判要旨】

北京市海淀区人民法院经审理认为：乙科技公司、网络技术公司与甲科技公司都属于解决"人与信息关系"的网络服务提供商，在经营范围、客户群体、市场利益等方面有交叉重合，存在竞争关系。资产信用、经营行为、经营状况、资信状况、服务状况、企业形象、创新能力、商业文化、行业地位、技术水平及创始人职务形象等均关系到经营者的"商业信誉"。涉案专题涉及的 14 篇商业言论中包括虚假信息的传播、误导性信息。其中关于甲科技公司的经营服务状况、资产信用状况、企业形象、技术能力、员工素质及创始人状况等的负面信息，损害了甲科技公司的商品声誉和商业信誉。涉案专题内容通过搜索链接方式可以公开访问，处于公开传播的状态。乙科技公司、网络技术公司虽辩称专题存储在内部资源库且系甲科技公司通过破坏技术措施获取的，但并未提供相应证据证明。对于“甲丁大战”这一公共事件，乙科技公司推送的涉案专题从题目设置、导语文风及子专题的题目设置与展现逻辑及子专题内部的文章选取上看，均是对甲科技公司负面性的评价引导，未尽到重复传播的谨慎注意义务，构成商业诋毁。乙科技公司虽辩称涉案专题内容系人工智能收集整理并聚合推送，但并未就是否使用及如何使用人工智能的情况提交相应证据。故乙科技公司的涉案侵权行为构成对甲科技公司的商业诋毁，对于甲科技公司要求乙科技公司停止侵权、消除影响、赔偿损失的诉讼请求予以支持。赔礼道歉的责任承担方式不适用于商业诋毁的行为，依法不予支持。

北京市海淀区人民法院依据《中华人民共和国反不正当竞争法》第十一条、第十二条第一款、第十七条之规定，判决如下：

一、乙科技公司于本判决生效后分别立即停止在“百×网”及“百×”APP 的 IOS 版客户端中公开传播《碰瓷、卖惨，今×××正在发动第二次“丙丁”大战》专题栏目；

二、乙科技公司于本判决生效后七日内分别在“百×网”首页置顶位置及“百×”APP 的 IOS 版客户端首页置顶位置持续七日公开发表声明，消除因涉案侵权行为给甲科技公司造成的不良影响（上述声明的内容均须经本院审核，逾期不执行，本院将依据甲科技公司申请，依法选择一家全国性的媒体公开本判决书的主要内容，相关费用由乙科技公司、百×在线网公司共同负担）；

三、乙科技公司于本判决生效后十日内赔偿甲科技公司经济损失 250000 元及维权合理支出 25600 元；

四、驳回甲科技公司的其他诉讼请求。

乙科技公司、网络技术公司不服一审判决，提起上诉，北京知识产权法院经审理认为：结合一审法院 2018 年 11 月 8 日开庭审理中的当庭勘验可知，涉案文章存在阅读量和评论数的统计，勘验时浏览量在持续增长中。故可以认定乙科技公司对涉案文章进行了公开传播。因乙科技公司在互联网上公开传播有损甲科技公司商誉的虚假、误导性信息，损害了竞争对手甲科技公司的商誉，一审法院认定其行为构成商业诋毁不正当竞争行为，并根据侵权情节酌情判定乙科技公司应承担的赔偿责任，有事实和法律依据，判决结果并无不当。

北京知识产权法院根据《中华人民共和国民事诉讼法》第一百七十条第一款第一项之规定，判决如下：

驳回上诉，维持原判。

【法官后语】

本案是一起涉及互联网新技术的新类型商业诋毁不正当竞争纠纷案件，是社会关注度较高的所谓“甲乙大战”系列案件中的一起不正当竞争纠纷知名案件，涉及以网络热议的所谓“甲丁大战”为背景，互联网新闻平台利用网络聚合技术与“feed 流”推送技术，以“新闻传播”之名行“黑公关”之实的新类型商业诋毁纠纷。

《中华人民共和国反不正当竞争法》将商业诋毁条款的表述“捏造、散布虚伪事实”修改为“编造、传播虚假信息或者误导性信息”。相较于传统的比较广告类、司法待决类商业诋毁纠纷，本案的特殊性体现在：第一，文章内容以原告“公关风格”为评论主题，围绕其产品或服务质量、管理人员、经营行为、商业活动等方面展开。第二，涉诉文章系经被告乙科技公司聚合后编辑、排列、设置为专题并通过个性化推荐技术“feed流”定向推送。第三，被告乙科技公司系具备互联网新闻资质的网络信息服务提供者，涉诉专题及文章系以“甲丁大战”这一网络热点问题为背景。

本案作为具有新闻热点事件及新技术模式背景的新类型不正当竞争案件，其具有司法指引意义的创新裁判方法及规则有以下四点：第一，运用文义解释和逻辑解释，明确商业诋毁纠纷中“商业信誉”的载体，具体包括经营主体、商业活动、企业管理、企业文化和品牌价值等方面。第二，尝试引入名誉权司法保护中言论二分法辅助界定“虚假信息”和“误导性信息”，体现了商业诋毁竞争法保护与名誉权民事保护的交叉联系和区别。第三，具有互联网新闻资质的网络信息服务提供者就涉网络热点话题的新闻报道如存在贬损其他经营者商业信誉的信息，则可能产生名誉权侵权及商业诋毁不正当竞争请求权的竞合。第四，在鼓励技术革新的同时，结合涉诉文章的获取路径、呈现形态、逻辑关系等因素，分析网络信息服务提供者就涉诉专题和争议文章“二次传播”的价值选择和主观立场，进而确定其行为的法律性质。

数字经济时代，信息传播“泛自媒体化”与“泛流量化”的同时，也对新闻报道的基本原则“真实性”与“中立性”提出了新的挑战。网络信息服务提供者对于网络用户发布的涉嫌商业诋毁的内容，在收到有效通知时应当及时采取必要措施；在利用人工智能技术对新闻报道和评论进行聚合、编辑、排列并二次传播时应当谨慎并尽到必要的注意义务。互联网运营公司之间的竞争主要体现在对“有限注意力资源”的竞争，即“流量竞争”。针对经营者的负面的新闻评论和报道对于用户的选择偏好会产生重要的影响，虚假信息和误导性信息将严重损害经营者的商业信誉。在此种情况下，经营者商业信誉的司法保护存在两种救济路径，即商业诋毁竞争法保护和名誉权案件民事保护。相较于后者而言，以前者为请求权基础的经营者需要就“竞争关系”、言论的“商业性”进行举证，当然，在举证难度加大的同时，依据商业诋毁不正当竞争请求权基础获得的损害赔偿额度也会相对较高，对于遏制商业诋毁不当正竞争行为的制裁力度也会进一步加大。

因此，网络信息服务提供者应当坚决避免以“人工智能”技术传播之名，行互联网“黑公关”之实的不正当竞争手段，恪守诚信经营的商业道德，维护公平竞争的营商环境和商业秩序。在互联网平台上中立地传播社会关注度较高的新闻事件或公共话题相关信息受言论自由的合法保护。但是，网络信息服务提供者在这一过程中丧失网络新闻信息传播的中立性，选择性地聚合与其存在竞争关系的其他经营者的虚假或误导性信息进行专题报道和推送，将被依法认定构成商业诋毁不正当竞争行为。

编写人：北京市海淀区人民法院　陈昶屹　万晓丹

127　网络竞争环境下数据抓取、使用行为的性质认定

——某网络技术公司诉复娱公司不正当竞争案

【案件基本信息】

1. 裁判书字号

北京知识产权法院（2019）京 73 民终 2799 号民事判决书

2. 案由：不正当竞争纠纷

3. 当事人

原告（被上诉人）：某网络技术公司

被告（上诉人）：复娱公司

【基本案情】

某网络技术公司系微博的运营者，《微博服务使用协议》中约定用户同意并授权微博以其名义就侵犯用户合法权益的行为维权等。饭友APP系复娱公司运营的追星软件，在饭友APP中的明星列表中有众多明星微博界面，对比饭友APP和微博中明星微博界面，两个界面的设计和发布的微博内容基本相同，但饭友APP展示的转发、评论和点赞数量更为精确，且其中没有微博的明星超话、票务信息等部分内容，同时增加了送花等功能。某网络技术公司据此认为复娱公司通过技术手段抓取微博数据并在饭友APP的微博专题中进行展示，使用户无须新浪微博账号及下载新浪微博APP即可浏览微博内容，使用微博服务；同时在饭友APP的微博中恶意屏蔽微博多项功能，并嵌入其自有功能，违反了《中华人民共和国反不正当竞争法》第十二条第二款第四项、第二条的规定，构成不正当竞争。

复娱公司则认为其与某网络技术公司并不存在竞争关系，饭友APP中相关界面及内容系链接至微博，并未抓取微博数据，且未屏蔽微博功能，其添加自有功能亦为正当。

【案件焦点】

1. 复娱公司被诉行为的停止时间；2. 某网络技术公司与复娱公

司是否存在竞争关系；3. 复娱公司被诉行为是否对某网络技术公司构成不正当竞争。

【法院裁判要旨】

北京市海淀区人民法院经审理认为：鉴于被诉行为仍在持续，故本案应适用现行反不正当竞争法。复娱公司与某网络技术公司作为互联网竞争者，同样提供网络社交服务，且双方在争夺用户并使用网络数据方面亦存在此消彼长的竞争利益，故二者具有竞争关系。

某网络技术公司作为微博运营者，对微博前后端全部数据享有权益，并通过微博这一生态链实现商业利益。涉案明星微博中的数据对于某网络技术公司具有商业价值，某网络技术公司可就他人非法抓取并使用该数据的行为主张权益，有权提起本案诉讼。

饭友 APP 中展示的微博信息或更具体或不完整，结合“链接”行为的本质和目的，复娱公司辩称其设置“链接”理由不成立，其系直接抓取并展示微博后台数据。该行为使饭友 APP 用户无须注册或登录微博账号即可查看微博全部内容，影响微博用户协议履行，破坏了微博数据的展示规则，且对微博的部分内容构成实质性替代，分流了某网络技术公司的潜在用户流量，妨碍、破坏了微博的正常运营，构成不正当竞争；而对于某网络技术公司主张复娱公司屏蔽微博功能并添加自由功能，系复娱公司抓取微博数据行为产生的结果之一和前述不正当竞争行为的非法获利，故不再进行单独评价。

综上，北京市海淀区人民法院依照《中华人民共和国反不正当竞争法》第二条、第十二条、第十七条，以及《中华人民共和国民事诉讼法》第六十四条之规定，判决如下：

一、本判决生效之日起，被告复娱公司立即停止安卓版饭友APP上的被诉不正当竞争行为；

二、本判决生效之日起三十日内，被告复娱公司在某网（网址为 www. ×××. cn）首页连续七十二小时刊登声明，就被诉不正当竞争行为为原告某网络技术公司消除影响（声明内容须经法院审核，逾期不履行，法院将根据原告某网络技术公司申请，在相关媒体公布判决主要内容，费用由被告复娱公司承担）；

三、本判决生效之日起十日内，被告复娱公司赔偿原告某网络技术公司经济损失 193. 2 万元及合理开支 16. 8 万元；

四、驳回原告某网络技术公司的其他诉讼请求。

二审法院北京知识产权法院同意一审法院的裁判意见。

【法官后语】

大数据时代之下，网络竞争已经成为市场竞争的主战场之一，而在网络环境中，“数据”是网络经营者们进行业务拓展、平台运营的重要基础性资源，尤其在获取新流量并实现变现逐渐困难的当下，数据也成为相关从业者竞相争夺的对象。而网络竞争中竞争关系的认定、数据的权益归属、数据竞争行为的正当性判断等问题均是互联网环境下数据竞争所关注的问题。

一、竞争关系的认定

竞争关系是反不正当竞争法体系下需考量的一项因素，部分经营者亦常采用与权利人不存在竞争关系的抗辩来逃避责任。在数据已经成为信息社会基础性资源的背景下，数据的使用范畴很广，并不会因双方并非经营同一类型或类似产业而存在障碍，故司法实践倾向于从广义的角度认定竞争关系；如双方吸引争取的网络用户群体存在此消彼长或必然性对应关系，即可认定双方存在竞争关系。当然，部分案件中，竞争关系的考虑因素不一定非要双方用户群体“此消彼长”，也可能双方的用户群体都在增长，但如一方不恰当借助对方的经营资源，造成对方合法经营利益的损害，亦可认定存在竞争关系。

二、数据权益的归属

（一）用户协议与数据权益的认定

实践中用户协议约定数据权益归属的情况较为常见，正如本案中微博平台的用户注册一般需勾选《微博服务使用协议》，而根据该协议约定，微博平台运营者对用户发布在新浪微博平台上的内容享有独家权利并可享有转授权之权利；在提供微博服务过程中可以各种方式投放各种商业性广告或其他任何类型的商业信息并向用户发送此类信息；为用户提供包括信息发布共享、关系链拓展、平台应用程序等功能、软件和服务等。这一约定作为民事主体为自身权利义务安排所自行达成的协议，并未违反法律禁止性规定，应为有效。而基于此协议下平台对数据享有权益的约定亦为有效。

（二）用户创造的数据是否影响平台数据权益的认定

从数据的形成来看，用户信息、微博内容等均是由用户直接生产；而平台对用户所生产的零散数据进行收集、整合。在当前的数据竞争纠纷中，包括微博平台在内的平台经营者，所主张的数据是“整体”的数据，这种整体数据是平台在用户个体创造的数据基础上，投入大量成本整合、梳理出来的，并通过页面布局、账号内容等在内的设计综合形成的数据，是其吸引用户注册、使用的重要因素，是推进平台运营发展、完善产品服务、提升用户体验的重要来源。因此，可以为平台运营者带来极高的商业价值，这类数据应受到法律保护。

但是，数据所具有基础性资源之属性，加上涉案数据往往含有大量与个人信息相关的数据等特点，使得在判断平台经营者是否对涉案数据享有合法权益时，还要结合其他相关法律进行理解。例如，网络安全法对网络竞争者收集使用网络用户个人信息进行了更加严格的规定，如果平台经营者收集、使用网络用户个人信息时违反了这些规定，则可能导致其基于此收集的数据并形成的数据产品缺乏合法性基础而不能主张反不正当竞争法上的权益。

三、数据竞争行为的正当性判断

在判断数据竞争行为是否正当时，首先，需区分个案中涉案数据的类型和被诉行为的具体行为表现。不仅要考虑被告抓取的数据属于何种类型，如是原始数据还是数据产品，是公开数据还是非公开数据，还要考虑具体行为表现，只抓取未使用和抓取并使用数据的行为，抓取后直接展示使用和抓取后经过整理、编辑和二次开发后形成新的数据产品的行为，通过垂直搜索等技术使用他人数据的行为等不同类型的行为，均有不同的评判要点，不能一概而论。需要强调的是，无论被诉行为以何种表现形式加以呈现，在判断其正当与否时，虽要结合数据所有者、数据使用者以及消费者三方因素进行充分考量，但依据反不正当竞争法的规定并在行为构成要件框架下进行分析更为关键，“行为”始终是在判断被诉行为是否处于正当边界之内的首要考虑因素。

其次，针对本案中类似的绕开或破坏他人技术保护措施所实施的抓取和展示数据的行为，在对其正当性的判断上，可以从对平台用户协议的履行及数据独家权益受到的影响、数据安全的投入及回报、数据展示规则的完整性、是否对原平台构成实质性替代、对原平台基于数据权益可产生的经济收益的影响等角度，对涉案行为是否妨碍、破坏了原平台的正常运营进行认定，从而对涉案行为正当与否进行判断。

另外需要强调的是，在判断数据竞争行为正当性时，还要区分技术、商业模式本身，以及通过新技术或基于新商业模式实施的竞争行为。数据竞争行为常常与技术创新相联系，诚然，在网络竞争环境之下，为了更加高效、全面地获取数据确实会激发技术创新，但技术本身的创新性并不当然意味着依托于该种创新技术下的行为均是合法正当的，正如本案中饭友 APP 抓取微博信息的方式必然用到了与此前不同的数据获取技术，但利用该种技术破坏微博技术措施而实施的涉案行为并不正当。而新商业模式的运行和基于商业模式下所进行的行为的正当性之间亦无必然对应关系，如本案中饭友 APP 的商业模式即通过汇集包括明星微博在内的明星信息并向粉丝们提供，通过粉丝充值、广告等获取经济利益，该种商业模式本身并无不正当性，但在该种商业模式下其可以选择通过获得微博授权等合法方式获取微博数据，但其未经许可非法抓取并展示微博数据，妨碍、破坏了微博正常运营，该种商业模式下的行为系不正当。因此，在判断被诉行为是否正当时，仍然应该从行为本身入手，而不能因为被告采取的技术属于创新性技术或开发的商业模式符合时代发展，即允许其以此为借口侵害他人合法权益。

编写人：北京市海淀区人民法院　张璇　李思頔

128 行业协会会员滥用协会法人资格实施不正当竞争行为的认定和规制

——某针公司诉建材协会、吴某礼不正当竞争案

【案件基本信息】

1. 裁判书字号

重庆市第一中级人民法院（2019）渝 01 民终 1026 号民事判决书

2. 案由：不正当竞争纠纷

3. 当事人

原告（上诉人）：某针公司

被告（上诉人）：建材协会

被告（被上诉人）：吴某礼

【基本案情】

某针公司的经营范围包括生产、销售建筑通风烟道、阀门等，在与某茂公司、某烟道厂就重庆市公共住房开发建设投资有限公司开发的某公共租赁住房建设工程中使用的烟道防火止回阀项目竞标后，其产品被重庆市地产集团纳入指定产品。2018 年 4 月 15 日，烟道专委会以某机制烟道专字（2018）12 号文件分别致函某地产集团及其项目部，称某针公司的防火止回阀与标准规范要求不符合，不能满足相关要求，某针公司自行委托鉴定机构出具的检测报告不具备权威公正性，希望地产集团慎重，不产生麻烦影响工程验收等。函末留有工作联系电话。该电话号码使用者为吴某礼，其系建材协会二级分会烟道专委会的负责人，又是某品牌

防火止回阀产品的重庆总代理、某茂公司的股东和经理，还是某帆公司的法定代表人和股东，后者系某居品牌防火止回阀的重庆总代理，某牌、某居牌防火止回阀与某针公司的产品同为公租房指定品牌，某茂公司和某帆公司均为重庆市地产集团的供货商。某针公司认为，该函针对其产品质量现状所作的陈述无事实依据，属于捏造事实、曲解相关标准，构成商业诋毁。

【案件焦点】

1. 建材协会能否被认定为反不正当竞争法规定的经营者，本案被控侵权行为的行为主体是谁；2. 被控侵权行为是否构成商业诋毁；3. 吴某礼与建材协会应否共同承担责任，以及承担何种责任。

【法院裁判要旨】

重庆市渝北区人民法院经审理认为：烟道专委会系建材协会的二级分会，其会员均为从事排烟气道市场经营者，其实施行为的最终获益者是该专委会的会员，烟道专委会事实上间接参与了排烟气道市场的竞争，故应受到反不正当竞争法的规制，鉴于烟道专委会并未登记，故其行为应由该专委会的上级机构建材协会承担责任；某针公司并未举示充分有效的证据证明《工作联系函》系吴某礼个人行为，故吴某礼主体不适格；烟道专委会在《工作联系函》中的陈述并无事实依据，且存在误导性陈述，构成商业诋毁。

重庆市渝北区人民法院依照《中华人民共和国民法总则》第一百七十九条，《中华人民共和国反不正当竞争法》第二条、第十一条、第十七条，《中华人民共和国民事诉讼法》第一百四十二条的规定，作出如下判决：

一、建材协会立即停止向第三人发布与案涉函件内容相同的商业诋毁内容；

二、建材协会赔偿某针公司经济损失 30000 元；

三、驳回某针公司的其他诉讼请求。

某针公司、建材协会不服一审判决，提起上诉。重庆市第一中级人民法院经审理认为：首先，反不正当竞争法上经营者的认定，应采用“行为标准”，即不论其主体资格如何，只要其从事或参与了商品生产、经营或者提供服务的市场行为，均应认定为反不正当竞争法上的经营者。据建材协会章程所载服务内容，其可构成反不正当竞争法意义上的经营者。其次，案涉函件本质上直接参与到烟道专委会非会员与其客户之间的经营活动中，该函件超出了烟道专委会的业务职责范围，烟道专委会与其会员单位某茂公司在人员、场地和其他方面具有高度的重合性，吴某礼作为某茂公司的股东和总经理，具有加盖烟道专委会印章的条件和便利性等因素，吴某礼与烟道专委会应系案涉被控侵权行为的共同行为主体。最后，案涉函件在无任何根据的情况下作出，即便事后能证明该函件内容的真实性，该行为仍然有违经营者应当遵守的理性、诚信的商业道德进而具有不正当性，理应禁止。

重庆市第一中级人民法院依照《中华人民共和国民法总则》第一百七十九条，《中华人民共和国反不正当竞争法》第十一条、第十七条，《中华人民共和国侵权责任法》第八条，《中华人民共和国民事诉讼法》第一百七十条第一款第二项之规定，作出如下判决：

一、撤销重庆市渝北区人民法院（2018）渝 0112 民初 10211 号民事判决；

二、吴某礼立即停止发布与案涉函件内容相同或近似的函件；

三、吴某礼向某地产集团、某地产集团某园项目部发出书面声明以消除影响；

四、吴某礼、建材协会向某针公司支付为制止侵权行为所支付的合理费用25000元；

五、驳回某针公司的其他诉讼请求。

【法官后语】

实践中，经营者通过控制行业协会并以行业协会的名义来实施不正当竞争的现象越来越普遍。本案结合相关证据认定行业协会和控制行业协会且实际受益的会员构成共同侵权，对规制滥用行业协会名义实施不正当竞争的行为具有一定的指导意义。行业协会作为非营利性法人，具有维护行业竞争秩序、促进行业发展的作用。但行业协会毕竟是代表其会员利益的服务组织，其服务会员的目的有时与维护行业秩序存在冲突。

本案涉及以下三个方面的问题：一是行业协会是否属于反不正当竞争法上的经营者。行业协会参与市场竞争的行为是否受反不正当竞争法规制；二是如何规制行业协会会员滥用行业协会法人资格逃避不正当竞争法律责任的行为；三是界定《中华人民共和国反不正当竞争法》第十一条规定的“虚假信息”的时间点应以信息发布时为准还是以界定时为准。前述问题，理论和实务均存争议。本案从反不正当竞争法对经营者的定义出发，确立了以“行为标准”界定经营者的裁判规则，对规范行业协会的市场竞争具有积极的引导作用；对于会员滥用行业协会法人资格的行为，本案从民事行为的基本理论出发，将行业协会会员滥用协会法人资格的行为纳入反不正当竞争法的规制范畴，有利于净化市场竞争环境；对于《中华人民共和国反不正当竞争法》第十一条规定的“虚假信息”的界定，本案从行为本身的正当性入手，其论证角度新颖、结论具有说服力，且具有参考价值。

编写人：重庆市第一中级人民法院　周映

129　商标间接侵权的判定标准

——某教育文化公司诉某公司、某幼儿园侵犯商标权及不正当竞争案

【案件基本信息】

1. 裁判书字号

北京知识产权法院（2019）京73民终2537号民事判决书

2. 案由：侵犯商标权及不正当竞争纠纷

3. 当事人

原告（被上诉人）：某教育文化公司

被告（上诉人）：某公司、某幼儿园

【基本案情】

比考特公司在中国注册了三个“温莎”文字商标和一个“Windsor”英文商标（以下简称涉案商标）。其中仅英文“Windsor”商标核定使用在第41类学校（教育）等相关服务上，其余三枚商标均核定使用在非学校教育类服务上。经比考特公司的授权许可，原告某教育文化公司取得在中国大陆范围内独占使用和再许可涉案商标的权利。被告某公司未经原告许可，擅自将“温莎”商标注册为企业名称，并开办了被告某幼儿园，且在幼儿园

内装饰装潢、微信公众号等上使用涉案商标。被告某幼儿园明明未在北京开设幼儿园，却在其招生和宣传过程中宣称其总部在北京、在北京有两所温莎幼儿园等。原告认为二被告的行为侵害了其依法享有的商标权并构成不正当竞争。

【案件焦点】

1. 某教育文化公司是否为侵害商标权的适格主体；2. 某公司、某幼儿园是否实施侵害涉案商标权行为；3. 双方是否构成修订前的《中华人民共和国反不正当竞争法》所规定的“经营者”；4. 某公司、某幼儿园是否实施涉案不正当竞争行为。

【法院裁判要旨】

北京市石景山区人民法院经审理认为：第一，二被告是否实施侵害涉案商标权的行为。被告幼儿园未经权利人的许可，在其园内、相关网站及微信公众号上的显著位置突出使用“Windsor”字样，容易导致相关公众的混淆，属于侵害涉案商标“Windsor”注册商标专用权的行为；被告某公司作为被告幼儿园的投资人和股东，且作为含有涉案商标“Windsor”的图文标识的商标注册申请人，其亦应当知晓上述侵权行为，属于共同侵权。

第二，二被告是否实施涉案不正当竞争行为。原告的“温莎”和“Windsor”注册商标在教育服务上及相关公众中已具有一定的知名度。二被告在企业名称及实际经营中，利用“温莎”与“Windsor”在国内中英文翻译中的对应关系，将“温莎”作为字号用于各自的企业名称中，其主观上明显具有攀附四个涉案商标商誉的故意，会造成相关公众混淆或误认，构成不正当竞争行为。

北京市石景山区人民法院判决：二被告立即停止使用侵权商标，并变更企业字号，同时赔偿原告经济损失及诉讼合理支出共计1385140元，并在《马鞍山日报》及微信公众号上刊登声明，以消除影响。

二被告不服一审判决，向北京知识产权法院提起上诉，北京知识产权法院经审理认为：在幼儿园的网站、微信公众号和园内装潢上，某幼儿园大量使用了“Windsor”字样，且专门设计了含有“Windsor”字样的图标，显然已具备了区分商品或服务来源的作用，且某公司曾申请注册过含有“Windsor”字样的商标以供某幼儿园使用。故某幼儿园的行为构成商标侵权。某公司既为某幼儿园的股东，亦曾代某幼儿园申请注册过含有“Windsor”的商标，故可推知某公司知晓某幼儿园使用“Windsor”商标的意图，且具有帮助某幼儿园实施侵权行为的故意，故构成共同侵权。关于不正当竞争，如一审判决所言，易使相关公众对服务来源产生混淆。据此二审法院驳回了二被告的上诉请求，维持一审判决。

【法官后语】

本案涉及的焦点问题之一便是知识产权领域的共同侵权问题，某幼儿园在园内装潢、宣传册等上使用侵权商标的行为属于直接侵权，而某公司虽并未直接实施侵权行为，但作为某幼儿园的实际控制人，且为某幼儿园申请注册过侵权商标，其行为可以认定为间接侵权。

在商标侵权领域，直接侵权是指直接实施了《中华人民共和国商标法》第五十七条所禁止的商标侵权行为，即在未经权利人许可的情况下，且缺乏法定免责事由而使用了他人商标；间接侵权从表面而言，其并不属于商标权人控制的范围，但由于其教唆、引诱、帮助他人实施了商标直接侵权行为，或为直接侵权提供了便利条件，故依然受到法律的禁止，应当承担侵权责任。

总体而言，商标间接侵权可以分为两大类型，一是诱导型侵权；二是帮助型侵权。顾名思义，诱导型侵权是指间接侵权人通过明示或暗示的方式引诱他人实施侵权行为；帮助型侵权则是为直接侵权提供各类帮助和便利条件，如提供场地、设施工具等。

通常而言，商标间接侵权应当具备如下构成要件：

1. 主观上具有过错。即间接侵权人明知或应知侵权行为的存在或者即将发生侵权行为，依然教唆或提供帮助。对于直接侵权行为，只要侵权人实施了商标法所禁止的行为，即可推定其具备主观上的过错，但间接侵权行为由于并未落入商标禁用权的范围，其仅发挥辅助性的作用，故要证明间接侵权人具有主观过错，需要商标权人承担举证责任。例如，曾向间接侵权人发送过律师函，或者如本案中，某公司在某幼儿园正式设立前曾经申请注册过含有侵权标志的商标，以供某幼儿园实施商标侵权行为，据此可以推知某公司知晓某幼儿园即将实施侵权行为，而依然为其提供帮助。

2. 客观上实施了教唆、引诱、帮助等行为。间接侵权行为不仅包括积极的作为，即主动提供帮助、教唆引诱他人，同时包括消极的不作为，即在其有责任制止侵权行为的发生时选择漠视的方式，未及时采取有效措施。例如，电商平台在明知或应知其平台上存在侵权产品时却采取不作为的方式，则有可能构成间接侵权。

3. 造成一定损害。间接侵权通常与直接侵权相伴共生，直接侵权往往给商标权人造成了直接的损失，而间接侵权往往导致损害结果的扩大或促成了损害结果的发生。

4. 侵权行为与损害结果之间存在因果关系。间接侵权虽并未直接导致损害结果的发生，但其行为对损害结果的发生产生了推动、促进作用，依然存在因果关系。

当然，任何权利都应当受到一定的限制，我们一方面将对商标权人的保护扩大到间接侵权，另一方面也应当为间接侵权人提供一定的救济，尤其是对于帮助型侵权。当间接侵权人及时发现并制止了直接侵权行为时，则应当在一定范围内免除其责任，如针对网络服务平台间接侵权责任中设置的“通知—删除”规则，即为对间接侵权人提供的一种有效救济途径。

编写人：北京知识产权法院　唐蕾

130　商标与企业字号权利冲突的处理及认定

——某1啤酒公司诉某2啤酒公司等侵害商标权及不正当竞争案

【案件基本信息】

1. 裁判书字号

北京知识产权法院（2019）京73民终1582号民事判决书

2. 案由：侵害商标权及不正当竞争纠纷

3. 当事人

原告（被上诉人）：某1啤酒公司

被告（被上诉人）：某2啤酒公司、张某臣、戴某君

被告（上诉人）：某3啤酒公司

【基本案情】

原告某1啤酒公司成立于1847年，总部位于丹麦哥本哈根，1876年，原告生产的××伯啤酒首次出口到中国，2010年至2014年，其经营的41家啤酒厂在中国市场占有较大市场份额。原告某1啤酒公司系涉案7个“××伯”“Carlsberg”系列注册商标的专用权人。在商标局编制的1999年和2000年全国重点商标保护名录中均包括“××伯”和“Carlsberg”商标。原告某1啤酒公司通过在电视台、互联网络、户外广告牌上投放大量广告、赞助重要足球赛事等方式宣传自己的品牌及产品。

被告某2啤酒公司成立于2015年，经营范围为批发、零售：预包装食品、酒水、日用百货。被告张某臣系被告某2啤酒公司的法定代表人及唯一股东。被告某3啤酒公司成立于2003年，经营范围为啤酒（熟啤酒、鲜啤酒、特种啤酒）等。

某2啤酒公司网站上方显示有“山东××伯啤酒”，网页图片上突出显示有“山东嘉士伯啤酒”字样和倒数第二个字母正上方带有雪花状图案且下方带有波浪线装饰的“Ciepton”标识，“品牌文化”一栏中显示：山东××伯是深受世人喜爱的高档啤酒……结合之下酿造出纯正的欧洲品味，在全球超过150个国家广受欢迎。在超过160年的时间里，山东××伯将各方好友引领一堂。

2017年4月14日，原告某1啤酒公司的委托代理人与公证人员在“某3啤酒公司”的经营场所，购买了啤酒16箱并取得了《工商服务业统一收款收据》和名片各一张。收据在客户名称一栏中注明为“某2啤酒公司”并盖有公司公章。

戴某君在其“MIKE FOOD”店铺销售了包装箱及啤酒易拉罐外侧均标有文字“某2啤酒公司监制”“授权生产商：某3啤酒公司”等字样的山东××伯特醇和冰纯啤酒。

综上，原告请求法院判令四被告立即停止生产、销售侵权产品，连带赔偿原告经济损失及维权合理支出共计108万元，并判令被告某2啤酒公司变更企业名称。四被告不同意原告的全部诉讼请求。

【案件焦点】

1. 原告主张被告实施的涉案行为是否构成商标侵权；2. 若涉案行为构成商标侵权，各被告应当承担的法律责任；3. 原告主张被告某2啤酒公司企业名称涉嫌仿冒等行为是否构成不正当竞争及其应当承担的法律责任；4. 若商标侵权或不正当竞争行为成立，本案的赔偿数额应如何确定。

【法院裁判要旨】

北京市石景山区人民法院经审理认为：商标侵权，各被诉侵权标识分别与原告享有的6枚“××伯”系列注册商标，在构成要素、要素位置及排列组合方式、设计风格和整体视觉效果等方面高度近似，且均使用在啤酒上或与啤酒相关的宣传中，极易导致相关公众混淆误认。被告某2啤酒公司、某3啤酒公司共同实施了生产、销售被诉侵权商品的行为，侵犯了原告6枚“××伯”系列注册商标的专用权。现无证据及事实证明，被告张某臣个人实施了涉案侵权行为，因此不能仅凭其法定代表人及唯一股东身份即认定其应为涉案侵权行为承担法律责任，故对于原告针对被告张某臣的诉讼主张不予支持。

关于不正当竞争，被告某2啤酒公司成立于2015年12月，在无任何正当理由或合法授权许可的情况下，其将原告知名注册商标“××伯”作为企业字号使用，并从事同类商品的生产经营，极易导致一般公众的混淆误认，认为其与原告之间存在特定关系。故被告某2啤酒公司的行为违背了诚实信用原则，明显具有攀附原告商誉获取不正当竞争优势的主观故意，构成不正当竞争。且结合本案具体情况，即使某2啤酒公司规范使用其企业名称亦会导致一般公众混淆误认，故其应当变更企业名称以停止不正当竞争行为。

针对被告某2啤酒公司关于其名称是依法经工商登记部门核准后登记以及姓名权作为企业法人的基本人格权应该得到法律的保护和尊重，不能仅因名称与商标类似就单方面排除等抗辩意见，法院认为：首先，原告某1啤酒公司长期在啤酒商品上经营“××伯”品牌，在国际上享有较高的知名度，在中国也享有较高的知名度，因此该品牌名称已经与原告之间建立起稳定的对应关系，并蕴含了巨大的商业价值。被告某2啤酒公司的企业名称虽然依法经过相关行政机关核准登记，但其企业名称依然不得损害他人合法的在先权利。其次，“××伯”并非一个有明确含义的用语，某2啤酒公司对其企业名称的由来，不能作出正当合理的解释。最后，纵观全案查明的事实，某2啤酒公司明显具有先注册与原告品牌相同名称的企业名称，再利用其企业名称推销同品牌啤酒商品，借以误导消费者达到增加销量、获取不正当竞争优势的目的，其主观恶意非常明显。故对上述抗辩不予采纳。

此外，某2啤酒公司在其网站中使用“山东××伯是深受世人喜爱的高档啤酒……结合之下酿造出纯正的欧洲品味，在全球超过150个国家广受欢迎”等宣传用语，明显指向原告某1啤酒公司及其“×

×伯”品牌和商品而与某2啤酒公司无关，足以造成相关公众误解，属于引人误解的虚假宣传行为。

关于赔偿损失的数额，由于某1啤酒公司未举证证明其因商标侵权及不正当竞争行为所受实际损失或对方侵权的违法所得，故依法适用法定赔偿并综合考虑原告涉案商标及其啤酒商品知名度和品牌商业价值、被告具体侵权行为性质、时间及后果、涉案商品性质等因素予以确定。

综上，北京市石景山区人民法院依照《中华人民共和国商标法》第五十七条，第五十八条，第六十三条第一款、第三款，第六十四条第二款；修订后的《中华人民共和国反不正当竞争法》第六条第四项，第八条第一款，第十七条第一款，第三款、第四款之规定，作出如下判决：

一、被告某2啤酒公司、某3啤酒公司于本判决生效后立即停止生产、销售带有侵权标识的啤酒商品，被告戴某君立即停止销售带有侵权标识的啤酒商品；

二、被告某2啤酒公司于本判决生效后立即停止在企业名称中使用“××伯”字号，并于本判决生效后三十日内变更登记企业名称；

三、被告某2啤酒公司于本判决生效后十日内赔偿原告某1啤酒公司经济损失973709元以及诉讼合理支出106291元，共计1080000元，被告某3啤酒公司对上述经济损失中的800000元及诉讼合理支出106291元共计906291元承担连带赔偿责任；

四、驳回原告某1啤酒公司的其他诉讼请求。

某3啤酒公司不服一审判决，提起上诉。北京知识产权法院同意一审法院裁判意见，判决如下：

驳回上诉，维持原判。

【法官后语】

本案系一起有影响的重大疑难复杂的涉外案件。不仅涉及来自丹麦的酿酒集团某1啤酒公司及其国际知名的“××伯”啤酒品牌，且涉及对原告“××伯”“Carlsberg及图”等系列注册商标专用权的侵犯和多个不正当竞争行为。本案的处理结果对于规范企业命名、有力打击侵害他人知名注册商标专用权及攀附他人商誉的不正当竞争行为、平等有效地保护外国权利人合法权益等均具有典型意义。

本案涉及企业名称中的字号与商标之间发生权利冲突的处理及认定。商业标识是指在生产经营等商业活动中使用的可以用来识别和区分商品或服务来源的各种标志，包括注册和未注册的商标标识、商品名称、包装、装潢、企业名称（含字号）、域名等。由此可见，无论注册商标、未注册驰名商标还是企业名称及字号，均属于商业标识，并分别依照商标法和民法总则等享有商标权和企业名称权。但在现实中，由于商标权和企业名称权的法律性质不同，登记主管行政机关不同，商标注册登记实行全国统一管理而企业名称登记则由各级地方机关分层管理，故由相同或近似文字构成的商标和企业名称则有可能被不同主体登记注册。在此种情况下，可能形成两种权利冲突的情形，一种是将他人已注册商标或未注册驰名商标作为企业名称中的字号使用；另一种则是欲将他人在先使用的企业字号作为商标注册。而上述两种情形是否违反相关法律法规的规定则需要结合个案具体情形进行具体分析。在在先权利具有一定知名度或影响的情况下，上述两种行为通常会成为“傍名牌”的典型形式。

《中华人民共和国商标法》第三十二条规定，申请商标注册不得损害他人现有的在先权利。因此，当在后申请注册商标与在先企业名称或字号发生冲突时，即应适用《中华人民共和国商标法》第三十二条进行认定和判断。当在后企业名称中的字号与在先商标发生权利冲突，将与他人在先商标相同或近似的文字作为企业名称中的字号使用时，则需要区分在先商标为注册商标还是未注册驰名商标，以及在后企业名称中的字号是否进行了突出使用等具体情况。若在先商标为注册商标且进行了突出使用，应结合《最高人民法院关于审理商标民事纠纷案件适用法律若干问题的解释》第一条第一项，即将与他人注册商标相同或者相近似的文字作为企业的字号在相同或者类似商品上突出使用，容易使相关公众产生误认的属于商标法规定的给商标权造成其他损害的规定，判断是否容易导致相关公众混淆误认，进而以此为根本依据确定是否构成商标侵权。该条司法解释将适用的情形限定为他人注册商标且突出使用的合理性在于，此种情形下将企业名称中的字号突出使用会起到注册商标标识意义上的识别作用，因此符合商标侵权的内涵且不违背商标法的确定性和立法精神。若在先商标为未注册驰名商标，鉴于虽然《中华人民共和国反不正当竞争法》（以下简称反不正当竞争法）亦对未注册商标标识提供保护，但商标法主要是从禁止抢注的角度进行保护，因此，防止对未注册驰名商标的滥用需适用反不正当竞争法解决。《中华人民共和国商标法》第五十八条规定，将他人注册商标、未注册的驰名商标作为企业名称中的字号使用，误导公众，构成不正当竞争行为的，依照反不正当竞争法处理。由此可知，将他人未注册驰名商标作为企业名称中的字号突出使用或将他人注册商标或为注册驰名商标作为企业名称中的字号且未突出使用时，应依照《中华人民共和国商标法》第五十八条规定的指引，适用反不正当竞争法判断是否构成对公众的误导和是否构成不正当竞争。另一个值得关注的问题为当指引到反不正当竞争法中处理后，应适用反不正当竞争法第二条第一款、第二款的原则条款进行定性和判断，还是应适用该法第六条第四项中仿冒混淆行为的兜底条款进行判断，对此笔者认为，若涉案行为符合仿冒混淆行为的本质特征，则可以引用反不正当竞争法第六条第四项进行法条适用，否则可引用反不正当竞争法第二条原则条款。

在此种情形的具体认定过程中，需要综合考虑在先注册商标的知名度和显著性，在后企业名称的使用是否有正当理由或依据以及当事人是否具有攀附他人商誉、获取不正当竞争优势的主观恶意，并以是否会导致相关公众混淆误认作为根本判断依据。本案中，被告某2啤酒公司在无任何正当理由或合法授权许可情况下，将某1啤酒公司显著性较强的知名注册商标作为企业字号使用，并从事同类啤酒商品生产经营的行为，极易导致一般公众的混淆误认，明显具有攀附他人商誉的主观故意，故应当变更企业名称以停止不正当竞争。

编写人：北京市石景山区人民法院　易珍春　王晓露

131 明知他人“有一定影响的字号”仍恶意攀附导致混淆的构成不正当竞争

——某物联网集团诉某物联网集团某1公司不正当竞争案

【案件基本信息】

1. 裁判书字号

江苏省无锡市中级人民法院（2019）苏02民终2574号民事判决书

2. 案由：不正当竞争纠纷

3. 当事人

原告（被上诉人）：某物联网集团

被告（上诉人）：某物联网集团某1公司

【基本案情】

刘某涛系我国物联网产业的领军人物，刘某涛所控股的某物联网集团已成为综合物联网产业化集团，在业内具有极高的知名度和影响力，“感知”字号属于某物联网集团具有较高知名度的字号。某物联网集团某1公司法定代表人朱国龙原在某物联网集团下属企业任职，某物联网集团某1公司原企业名称为四川鼎坤电子商务有限公司。在朱国龙任职期间，四川鼎坤电子商务有限公司将其企业名称变更为现有名称；某物联网集团某1公司设立的四川鼎坤电子商务交易中心在经营过程中亦将其名称变更为四川感知鼎坤电子交易平台；在企业官网宣传中，某物联网集团某1公司将“感知集团旗下物联网软件应用公司”作为其股东的背景进行宣传，但该股东实际上与某物联网集团无关；在某物联网集团某1公司授权经营的南京感知电商平台上，平台将刘某涛的个人事迹及演说照片直接作为企业自身宣传内容。

某物联网集团向无锡市新吴区人民法院提出诉讼请求，要求某物联网集团某1公司：（1）停止不正当竞争行为，变更公司名称不得有“感知”及相近字样；（2）发布澄清声明及致歉公告；（3）赔偿其损失50万元。某物联网集团某1公司辩称：“感知”属于固有词汇，双方不存在竞争关系，一般消费者容易相互区分，不会导致混淆，故不构成不正当竞争行为。

【案件焦点】

某物联网集团某1公司在明知"感知"字号知名度的情况下修改名称、暗示股东关联背景等行为是否构成不正当竞争。

【法院裁判要旨】

江苏省无锡市新吴区人民法院经审理认为："感知"属于某物联网集团"有一定影响的字号"，且知名度较高。某物联网集团与某物联网集团某1公司均运用感知技术向相关公众提供服务，且均开设电子交易平台，具有直接竞争关系。某物联网集团某1公司在企业名称、交易平台、对外宣传、授权经营方各个方面强化与"感知"以及某物联网集团的联系，容易导致相关公众混淆；某物联网集团某1公司对于"感知"字号的知名度应属明知，主观攀附恶意明显。某物联网集团某1公司应当承担停止侵害、消除影响并且赔偿损失的民事责任。

江苏省无锡市新吴区人民法院判决如下：

一、某物联网集团某1公司立即停止使用"感知鼎坤"字号中的"感知"文字，并至企业名称的登记主管机关办理名称变更登记；

二、某物联网集团某1公司在报纸及网站上刊登启事以消除影响；

三、某物联网集团某1公司赔偿某物联网集团经济损失50万元。

某物联网集团某1公司持原审起诉意见提起上诉。江苏省无锡市中级人民法院经审理认为：二审过程中某物联网集团某1公司已办理注销登记，但并未明确公司债权债务的继受主体，应认定公司股东澳新公司、饶某为债权债务继受主体。"感知"一词并非地理标记，虽与物联网技术密切相关，但它作为特定词汇是有过程的，它是经过某物联网集团一定时期业绩爆发式增长，以及该公司知名度、美誉度的大幅提升才取得的，最终形成了与某物联网集团非常紧密的关系，使广大经营者和消费者在接触“感知”字号时都会联想到某物联网集团。因此，“感知”字号具有一定的显著性和识别性。某物联网集团某1公司的法定代表人朱国龙曾在某物联网集团工作过一段时间，其对“感知”字号和商标的知名度都十分了解。其在某物联网集团某1公司名称上故意增加“感知”字号，明显具有主观攀附的恶意，也明显存在误导公众的行为，扰乱了正常的市场竞争秩序，损害了其他经营者或者消费者的合法权益，该行为已经构成不正当竞争。一审判决认定事实和适用法律清楚，鉴于某物联网集团某1公司事实上已经清算完毕并注销，故将民事赔偿责任主体变更为继受主体股东澳新公司、饶某。

江苏省无锡市中级人民法院依照《中华人民共和国反不正当竞争法》第六条，《最高人民法院关于适用〈中华人民共和国公司法〉若干问题的规定（二）》第十九条、第二十条，作出如下判决：

一、撤销无锡市新吴区人民法院（2018）苏0214民初2096号民事判决第一项、第二项；

二、变更无锡市新吴区人民法院（2018）苏0214民初2096号民事判决第三项为：澳新公司、饶某于本判决发生法律效力之日起十日内赔偿某物联网集团经济损失50万元；

三、维持无锡市新吴区人民法院（2018）苏0214民初2096号民事判决第四项。

【法官后语】

本案案由系擅自使用他人企业名称的仿冒纠纷，根据法律规定构成擅自使用他人企业名称的不正当竞争行为须满足两大要件：一是他人企业名称（字号）具有一定影响；二是实施的混淆行为引人误认为是他人商品或者与他人存在特定联系。满足这两大要件，则构成不正当竞争，并应承担相应责任。因此，在本案审理过程中，对应上述要件将本案争议焦点归纳为：(1)“感知”是否属于“有一定影响的字号”；(2) 某物联网集团某1公司的行为是否构成擅自使用他人有一定影响的字号的混淆行为。

一、“感知”属于“有一定影响的字号”，且知名度较高

在本案审理过程中，针对“感知”一词，查询相关文献资料后得出，物联网通过智能感知、识别技术与普通计算等通信感知技术、广泛应用于网络的融合中，也因此被称为继计算机、互联网之后世界信息产业发展的第三次浪潮；国务院、工业和信息化部、财政部等部门发布的相关文件以及学者相关学术文章中，亦将“感知”一词作为物联网技术、产业予以使用。某物联网集团某1公司据此认为，“感知”一词属于固有词汇，是对一种技术的描述，并不具有显著识别的特征，相关公众均可使用，这种观点存在一定的迷惑性，感知确系一种物联网技术。但经审理发现，早在2009年8月某物联网集团法定代表人刘某涛率领的团队作科研工作汇报时，就首次提出建设“感知中国”的理念。2010年某物联网集团设立，后陆续设立多家子公司且分布在全国各地，已成为综合物联网产业化集团，经过长期经营业绩爆发式增长，公司知名度、美誉度的大幅提升，使其在业内具有极高的影响力。“感知”二字作为企业字号并经某物联网集团长期使用后，已与某物联网集团产生紧密联系，相关公众提及“感知”公司及“感知”企业字号第一联想的即刘某涛及其控股的某物联网集团。因此“感知”一词已经在相关领域取得了显著识别的特征，能够指代某物联网集团，应当认定“感知”属于某物

联网集团“有一定影响的字号”，且知名度较高。

二、某物联网集团某1公司的行为已构成擅自使用他人有一定影响的字号的混淆行为

司法实践中经常会遇到企业技术骨干或者业务骨干跳槽或者创业后，利用对于原公司技术、业务、资源、管理运作方式等方面熟稔而模仿、攀附，本案即是一个典型的例子。某物联网集团某1公司法定代表人朱国龙原在感知集团下属合约交易中心任职，应当对某物联网集团的企业知名度、相应产品以及服务对象有所了解。为了搭便车，某物联网集团某1公司全方位向“感知”二字靠拢：(1) 某物联网集团某1公司将企业名称增加“感知”二字，由四川鼎坤电子商务有限公司变更为某物联网集团某1公司；(2) 某物联网集团下设无锡感知合约交易中心的电子交易平台，而某物联网集团某1公司亦模仿将旗下的某电子商务交易中心变更为某电子交易平台；(3) 某物联网集团某1公司在其官网宣传中，将“某物联网集团旗下物联网软件应用公司”作为股东背景进行宣传，但该股东实际与某物联网集团无关；(4) 在某物联网集团某1公司授权经营的某感知电商平台上，甚至将刘某涛的个人事迹及演说照片直接作为企业宣传内容。上述行为主观上攀附故意明显，并且容易导致相关公众混淆，损害了某物联网集团的合法权益，构成擅自使用他人有一定影响的字号的混淆行为。在本案审理中，法官从主观上是否有攀附的故意，客观上该行为是否易使相关公众产生混淆进行分析，在主客观相一致的情况下，充分运用民事证据规则，作出最终裁判。

编写人：江苏省无锡市新吴区人民法院　刘伟　刘博文

132 在虚假宣传中使用他人企业名称的不当然构成侵害企业名称

——某电视集团诉某视频集团不正当竞争案

【案件基本信息】

1. 裁判书字号

重庆市第一中级人民法院（2019）渝01民终9155号民事判决书

2. 案由：不正当竞争纠纷

3. 当事人

原告（上诉人）：某电视集团

被告（被上诉人）：某视频集团

【基本案情】

某电视台卫星频道即某卫视，2015年5月1日至2019年2月28日，该频道的台标为。该频道多次获得国家广播电影电视总局颁发的多项荣誉。某卫视频道、某电视台生活频道、某电视台都市频道系某电视集团单位内设电视频道。某视频集团成立于2016年2月5日，其经营范围主要为舞蹈培训、声乐培训、演出经纪等。

某视频集团工作场所摆放的关于“某电视台2019春晚”的宣传单，载明联合播出电视台有“某电视台生活频道、某电视台都市频道、某卫视频道”，播出媒体有“××讯视频、××艺、××酷视频”，主办方为“某电视台少儿新春晚会组委会”，协办方为“某视频集团”，印有“、CQTV”图形及字样，宣传单上还载明了节目录制费用等内容。该公司员工向取证人员介绍宣传单的内容是由某电视台主办、该公司协办的少儿春晚活动，某视频集团是主营儿童才艺培训的，在该公司报名参加培训的孩子，在参加重庆电视台举办的少儿春晚时有登台表演的优先权，可以与明星一起演出，演出将在春节期间在宣传单上载明的电视台、网络平台上播出。

某电视集团2019年举办了少儿春晚节目“好时光·七彩童年”，并为本案支出律师费11200元。

审理中，某电视集团明确其指控某视频集团损害企业名称权的行为是某视频集团冒用某电视集团企业简称、呼号及旗下电视频道等对外宣传，引人误认为是某电视集团商品及服务，并与某电视集团存在特定联系、误导消费者的行为。

【案件焦点】

经营者在虚假宣传中擅自使用他人企业名称的行为，如何认定侵权行为性质。

【法院裁判要旨】

重庆自由贸易试验区人民法院经审理认为：本案属于不正当竞争纠纷。原告、被告在存在竞争关系的基础上，被告在宣传单中擅自使用原告的企业名称，杜撰自己系少儿春晚活动的协办单位，误导公众其所宣传的活动系由原告主办、被告协办等虚假信息，其行为构成虚假宣传。但该行为不会让公众误认为其所宣传的活动系被告主办，其擅自使用原告的企业名称仅是其进行虚假宣传的一种手段，故原告指控被告构成侵犯企业名称的不正当竞争行为不成立。由于原告未举证证明其实际损失或被告的侵权获利，对此其应承担举证不能的不利法律后果。鉴于本案原告聘请了律师出庭等实际情况，法院酌情确定被告赔偿原告合理费用11200元。

重庆自由贸易试验区人民法院依照《中华人民共和国民法总则》第一百七十九条，《中华人民共和国反不正当竞争法》第二条、第六条、第八条、第十七条，《中华人民共和国民事诉讼法》第六十四条、第一百四十二条之规定，判决如下：

一、被告某视频集团于本判决生效之日起立即停止涉案虚假宣传行为；

二、被告某视频集团于本判决生效之日起五日内在《重庆日报》上刊登声明，以澄清事实、消除影响（内容需经法院审核）；

三、被告某视频集团于本判决生效之日起五日内赔偿原告某电视集团合理费用11200元；

四、驳回原告某电视集团的其他诉讼请求。

某电视集团不服该判决，提起上诉。重庆市第一中级人民法院经审理认为：被上诉人宣传单中使用了上诉人台标及简称并杜撰相应虚假信息误导相关公众的行为构成擅自使用他人企业名称及虚假宣传行为的竞合。从整个行为的实质上来看，被上诉人使用上诉人台标或简称的行为仅仅是其虚假宣传的组成部分，其真正目的是以此误导相关公众，故一审将整个行为认定为虚假宣传行为并无不妥。且一审判决被上诉人停止虚假宣传行为，其中也包括了停止在虚假宣传行为中使用上诉人台标或简称的行为，已达到上诉人要求被上诉人停止虚假宣传及损害上诉人企业名称的不正当竞争行为的诉请目的。同时，因被上诉人实施的整个行为的实质为虚假宣传行为，但因其一审中未举证证明其实际损失，二审中举示的与案外人的合作协议无相应票据，合同履行情况不明，不能达到其证明目的，不予采纳。因此判决：

驳回上诉，维持原判。

【法官后语】

判断被告的行为是否构成侵害企业名称，应当从其主观上是否有将他人企业名称作为商业标识单独或突出使用，是否有不正当竞争的侵权故意、客观上是否会引起相关公众混淆、误认等因素综合判断。若仅系商业宣传中的陈述性使用行为误导相关公众的，则应归属为虚假宣传的不正当竞争行为；若其进行虚假宣传时将他人企业名称进行标识性使用，则应从其行为实质出发，进行综合判断。

本案中，一方面，从目的来看，被告进行虚假宣传时使用原告的企业名称，不是为了让公众误认为其所宣传的少儿春晚活动是由被告主办，而是使公众误以为被告系该活动的协办方，在被告处报名参加才艺培训的学员有优先参加少儿春晚表演的权利，从而达到吸引公众报名参加被告公司的才艺培训的目的；另一方面，从结果来看，被告在宣传中使用原告的企业名称的行为，不足以导致相关公众的混淆误认该活动系被告主办。从原告举示的证据可知，被告员工在对外宣传时明确表达了少儿春晚的主办方是原告、被告处主要从事童星包装业务等意思，上述意思表示不足以使公众误认为其所宣传的少儿春晚活动系被告主办的活动或者原、被告之间存在特定联系。因此，被告使用原告的企业名称仅是其虚假宣传行为的一部分，就其整个行为实质而言，应当被认定为虚假宣传。

对于经营者在虚假宣传中擅自使用他人企业名称的，应该从经营者行为实质出发进行判断，通过确定侵权行为性质，明确该侵权行为应当承担的法律责任，严厉打击，维护市场秩序，保证市场的健康运行。

编写人：重庆自由贸易试验区人民法院　潘寒冰　曹玉婷

133　恶意提起知识产权诉讼构成要件的司法判定

——某动画公司诉某制作公司不正当竞争案

【案件基本信息】

1. 裁判书字号

北京知识产权法院（2019）京73民终50号民事判决书

2. 案由：不正当竞争纠纷

3. 当事人

原告（被上诉人）：某动画公司

被告（上诉人）：某制作公司

【基本案情】

某动画公司是动画电影《××宇宙》的制作方和出品方，某制作公司是电影《××大冒险》的制作方，两部电影的元素和定位存在重叠，均计划于2018年在国内上映。某动画公司认为，2016年5月至9月，《××宇宙》在戛纳电影节、多伦多电影节上参展引发热烈反响后，某制作公司为干扰、阻止某动画公司影片制作和上映，以虚假的事实恶意提起多起知识产权诉讼，诉讼期间以向各种渠道投诉的方式诋毁某动画公司的商誉，给某动画公司带来困扰和各种损失，损害了某动画公司在世界相关公众中的形象。某动画公司主张某制作公司提起的系列恶意诉讼包括：(1) 2016 年 7 月 6 日，某制作公司以侵害作品改编权纠纷为案由向丰台法院起诉某动画公司的股东之一天工异彩公司，主张《××宇宙》动漫卡通主要形象作品与某制作公司的形象作品相似，某动画公司模仿、抄袭、改编某制作公司已经公开发行的动画作品形象，并要求其承担侵权责任。后，某制作公司以起诉主体有误为由撤回起诉。(2) 2016 年 11 月 17 日，某制作公司以侵害作品改编权及不正当竞争为案由向海淀法院起诉某动画公司及天工异彩公司，该案事实与理由与丰台法院案件一致，要求两被告承担相应侵权责任。2017 年 5 月 4 日，北京市海淀区人民法院判决驳回了某制作公司全部诉讼请求。某制作公司不服一审判决，向北京知识产权法院提起上诉，2018 年 2 月 20 日，北京知识产权法院判决驳回某制作公司上诉请求，维持一审判决。(3) 2017 年 4 月 24 日，某制作公司的全资子公司某公司向南京铁路运输法院起诉本案某动画公司及《××宇宙》其他著作权人侵害其享有的《××起航》电影作品中动画形象及故事情节著作权，并主张其构成不正当竞争，要求承担侵权责任。2018 年 3 月 20 日，南京铁路运输法院判决驳回了某公司的全部诉讼请求。某公司因不服南京铁路运输法院作出的一审判决，上诉至南京市中级人民法院。2018 年 7 月 23 日，南京市中级人民法院判决驳回上诉，维持原判。

【案件焦点】

1. 某制作公司实施的涉案行为是否构成恶意提起知识产权诉讼；2. 某制作公司实施的涉案行为是否构成商业诋毁；3. 某制作公司实施的涉案行为如构成侵权，其应当如何承担民事责任。

【法院裁判要旨】

北京市海淀区人民法院经审理认为：某制作公司及其全资子公司在明知其相关诉讼行为缺乏法律和事实依据的情况下坚持诉讼，其目的并非在于积极维权，其主观恶意较为明显。某制作公司在明知其请求缺乏正当理由的情况下，对某动画公司恶意提起一系列侵权诉讼，致使某动画公司在诉讼中遭受律师费等经济损失，应当予以赔偿。此外，一审法院还认定某制作公司事实的系列行为构成商业诋毁，应当承担停止侵权、消除影响、赔偿损失的民事责任。

北京市海淀区人民法院作出如下判决：

一、某制作公司于判决生效之日起停止对某动画公司商业诋毁的不正当竞争行为；

二、某制作公司于判决生效之日起五日内向某动画公司发送书面致歉声明，消除因本案侵权行为对某动画公司造成的影响（内容需事先经一审法院审核，如逾期不履行，一审法院将根据某动画公司的申请将生效判决的主要内容在全国性的媒体上予以公开，相应费用由某制作公司承担）；

三、某制作公司于判决生效之日起十日内赔偿某动画公司经济损失及合理支出共计 50 万元；

四、驳回某动画公司的其他诉讼请求。

某制作公司不服，仍持原审诉讼意见上诉至二审法院，要求改判支持其全部诉讼请求。

北京知识产权法院经审理认为：结合我国前述民事法律中关于侵权行为的一般规定，认定某制作公司实施的涉案行为是否构成恶意提起知识产权诉讼，应当考虑如下要件：一是行为人有主观恶意；二是行为人提起诉讼的行为具有违法性，即行为人提起了在事实上和法律上没有依据的诉讼；三是行为人恶意提起的知识产权诉讼给相对方造成了损害后果；四是行为人恶意提起知识产权诉讼的行为与相对人的损害后果之间有因果联系。二审法院在综合分析本案事实和证据的基础上，同意一审法院的裁判意见，并进一步进行了阐述论证，并作出判决：

驳回上诉，维持原判。

【法官后语】

"因恶意提起知识产权诉讼损害责任纠纷"的案件属于新类型疑难案件，本案的审理除涉及著作权法相关规定外，还应适用民法典中关于侵权行为的一般规定。本案判决围绕我国前述民事法律中关于侵权行为的一般规定，结合案件事实深入归纳分析了判断涉案行为是否构成恶意提起知识产权诉讼的构成要件，对类似案件的审理具有一定借鉴意义。

本案中较为深入地探讨论证了"恶意提起知识产权诉讼"的构成要件。认定某制作公司实施的涉案行为是否构成恶意提起知识产权诉讼，应当考虑如下要件：一是行为人有主观恶意；二是行为人提起诉讼的行为具有违法性，即行为人提起了在事实上和法律上没有依据的诉讼；三是行为人恶意提起的知识产权诉讼给相对方造成了损害后果；四是行为人恶意提起知识产权诉讼的行为与相对人的损害后果之间有因果联系。

具体而言，在此类案件的认定中，首先，应当审查的是行为人提起知识产权诉讼的主观要件，即是否具有主观恶意的认定。虽然民事侵权行为的可归责意思状态通常包括故意和过失，但知识产权恶意诉讼在其意思状态表现上具有特殊性，这不仅表现在行为人对于其提起的诉讼缺乏事实和法律依据是明知的，还表现为其意图通过诉讼手段干预商业竞争者，从而造成对方产生利益损失，即行为人提起诉讼具有侵害对方合法权益的不正当诉讼目的，其恶意不仅表现为主观故意，且这种主观故意是确定、明显的，故不应当包括各种过失行为；否则将不利于保障当事人合法行使诉权，不利于保护和激励知识产权权利人维护其知识产权。据此，本案首先应当判断某制作公司及其全资子公司某公司提起系列知识产权诉讼时主观上是否具有恶意。本案中，人民法院通过综合分析某制作公司及其全资子公司先后提起三次诉讼的过程及本案其他相关事实，最终认定某制作公司及其全资子公司某公司提起系列诉讼的诉讼目的已经超出合法正当维权的范畴，表现出了较为明显的主观恶意。

其次，因恶意提起知识产权诉讼损害责任纠纷作为另一起知识产权诉讼所引发的纠纷，如果该诉讼并未对相对方造成损害后果，后一纠纷可能就没有存在的必要了。这种损害后果不仅包括因恶意提起知识产权诉讼给相对方造成的直接财产损害，还应当包括给相对方造成的间接财产损害和对其商业信誉等造成的损害。本案中，某动画公司为应对某制作公司等提起的系列侵权诉讼所支付的律师费，属于其为进行诉讼而支出的合理费用，该费用支出因某制作公司等提起的系列诉讼而直接引起，属于因某制作公司等发起的系列诉讼行为致使某动画公司遭受的直接经济损失。

最后，关于侵权行为与损害后果之间具有因果关系，即损害后果如社会声誉的降低、财产的损失等均是由对方当事人滥用诉讼权利的行为所导致。本案中，某动画公司为维护自身合法权益聘请律师应对诉讼符合常理，其所支付的律师费与某制作公司恶意提起的侵权诉讼具有当然的因果关系。虽然某制作公司起诉的系列诉讼并非全部由某制作公司直接提起，但某公司系某制作公司的全资子公司，其在知晓某制作公司提起相关诉讼后又提起后续诉讼的行为，某制作公司必然知晓，某公司提起诉讼的行为并非为维护其合法权益，而是与某制作公司在先提起的诉讼共同构成不合理地损害某动画公司市场地位和商誉的起诉行为，因此某公司的行为应当与某制作公司的行为一并视为某制作公司为制约、损害某动画公司利益的不当行为，某动画公司有权要求某制作公司对其一并承担责任。

编写人：北京知识产权法院　刘义军

134 不正当竞争纠纷中判断企业名称“具有一定市场知名度”的考量因素

——某智能科技公司诉某科技公司侵害商标权及不正当竞争案

【案件基本信息】

1. 裁判书字号

湖北省高级人民法院（2017）鄂民终2344号民事判决书

2. 案由：侵害商标权及不正当竞争纠纷

3. 当事人

原告（上诉人）：某智能科技公司

被告（被上诉人）：某科技公司

【基本案情】

某智能科技公司成立于2007年7月4日，是专门从事道闸产品、电动伸缩门产品和智能停车场管理系统的生产、销售商，系知名企业。某机电公司是某智能科技公司股东。某智能科技公司于2013年9月14日依法取得涉案第80547××号“×门”注册商标的专用权，核定使用的商品为第9类计算机软件（已录制）、智能卡（集成电路卡）、电子公告牌、信号遥控电子启动设备、电动伸缩门、自动汽车道闸等。上述注册商标专用权目前处于有效期内，依法应受法律保护。

某科技公司成立于2011年6月8日，其经营范围为智能化工程设计、施工及相关技术指导、智能卡、机电产品、交通设施的销售。

被控网站www.×××.com为某科技公司开办，该网站首页在销售宣传中使用了“Home 红门停车场系统领导品牌”“红门 HOMEN 智能停车场”，同时，被控网站的产品展示页面在智能道闸、智能停车场票箱、智能停车场等部分产品图简介下方产品名称开头也均使用了“××门”标识。某科技公司辩称其采用“×门×阳”文字作为字号的原因为某科技公司的股东为承接某智能科技公司在湖北省的市场开拓和产品经销，应某智能科技公司的法定代表人吴某邀请在湖北省武汉市设立，某科技公司的公司字号亦是分别取吴某旗下两家公司——某某智能科技公司和某阳智能科技公司字号中的“×门”和“×阳”组合而成。

【案件焦点】

1. 某科技公司在其企业名称中使用“××门”文字的行为是否构成不正当竞争；2. 企业商誉能否在不同商事主体之间进行承继；3. 判断企业名称“具有一定市场知名度”的考量因素有哪些。

【法院裁判要旨】

湖北省武汉市中级人民法院经审理认为：（1）某智能科技公司主张其在湖北地区享有较高知名度的事实依据不足。首先，某智能科技公司与红门机电公司之间没有关联关系，“红门”字号的知名度应由其独立经营形成的市场结果来决定。其次，某智能科技公司企业名称权受到保护的起始日应为成立之日即2007年7月4日。最后，某智能科技公司经过持续经营，在广东省同行业中具有较高知名度。但其2012年8月18日入选为“全国伸缩门、推拉门十强企业”等事实，不能推定其在2011年6月8日某科技公司成立之前在湖北地区也享有较高知名度。（2）某科技公司在企业名称中使用“×门×阳”作为字号，并未造成实际经营主体混淆的结果。第一，某科技公司的字号“×门×阳”与某智能科技公司的字号“××门”存在显著差别。第二，某科技公司网站宣传内容并未让客户误认其系某智能科技公司投资成立的公司或两者之间具有关联。第三，某智能科技公司经营范围与某智能科技公司有重合之处，且与某智能科技公司签订有经销合同，某科技公司是某智能科技公司在湖北地区的经销商。某智能科技公司生产的“××门”牌产品在实际经营中可由非其投资设立的“××门”字号企业经营或下级经销商代理销售，相关局部市场中企业合理共存状况一直存续，属于历史原因造成企业经营的客观现状。

湖北省武汉市中级人民法院依照《中华人民共和国商标法》第四十八条、第五十六条、第五十七条第一项和第二项、第六十三条第三款，《中华人民共和国反不正当竞争法》第六条第二项，《最高人民法院关于审理商标民事纠纷案件适用法律若干问题的解释》第九条第一款、第十一条第一款，《最高人民法院关于审理不正当竞争民事案件应用法律若干问题的解释》第六条第一款，《中华人民共和国民事诉讼法》第一百四十五条之规定，判决如下：

一、某科技公司立即停止侵害某智能科技公司第80547××号“××门”注册商标专用权的侵权行为，不得在其网站宣传中单独或者突出使用“××门”标识；

二、某科技公司赔偿某智能科技公司的经济损失5万元；

三、某科技公司支付某智能科技公司因维权支出的合理费用1万元；

四、驳回某智能科技公司的其他诉讼请求。

某智能科技公司不服原审判决，提起上诉。

湖北省高级人民法院经审理认为：（1）“××门”字号具有一定市场知名度。首先，某智能科技公司作为与某机电公司经营范围相同、使用相同字号并且高度关联的公司，对于其成立之前“××门”字号在经营过程中已经积累的商誉可以承继。其次，“红门”字号经过某机电公司及某智能科技公司共同长期经营使用，已经具有较高市场知名度，为相关公众所知悉，属于受《中华人民共和国反不正当竞争法》保护的企业名称。最后，在某科技公司成立之前，红门机电公司在湖北地区已具有一定知名度。（2）某科技公司在企业名称中使用“××门”文字的行为容易导致市场混淆结果。第一，某科技公司的主营产品与某智能科技公司高度重合。第二，某科技公司的字号“×门×阳”与“××门”相比，虽然单从文字字数上来看，两者存在一定差别，但是从商业标识的使用来看，“××门”字号的知名度、显著性及其产品的市场占有率均明显高于“×门×阳”。

湖北省高级人民法院依照《中华人民共和国民法典》第一百七十九条第一款第一项、第八项，《中华人民共和国商标法》第四十八条、第五十七条第一项和第二项、第六十三条第一款和第三款,《中华人民共和国反不正当竞争法》第六条第二项、第十七条第三款,《最高人民法院关于审理不正当竞争民事案件应用法律若干问题的解释》第六条第一款、第十七条第一款,《中华人民共和国民事诉讼法》第七十二条、第一百七十七条第一款第二项、第一百八十二条之规定,判决如下:

一、维持一审判决第一项和第三项;

二、撤销一审判决第二项和第四项;

三、某科技公司变更企业名称,变更后的企业名称不得含有“红门”字样;

四、某科技公司赔偿某智能科技公司的经济损失20万元;

五、驳回某智能科技公司的其他诉讼请求。

【法官后语】

本案入选2018年湖北省高级人民法院十大优秀裁判文书、2018年湖北法院知识产权司法保护十大典型案例。本案是一起侵害商标权及不正当竞争纠纷案件,本案的双方当事人和一审、二审法院的争议焦点在于判断不正当竞争纠纷中企业字号“具有一定市场知名度”的考量因素,如何界定是否导致市场混淆结果,以及商誉能否在不同民事主体之间进行转移和承继等,这些问题同时也是司法实践中的疑难问题。

关于商誉能否在不同市场主体之间进行转移和承继?二审法院给出了肯定的答案,这也是颠覆性改判的重要依据。二审法院认为,市场主体即经营者在经营过程中积累的商誉,可以一定方式在不同的商誉载体上进行转移、延续,商誉的载体包括市场主体的字号、商标等可以区分商品或者服务来源的标识。本案中，某智能科技公司成立后，虽然与某机电公司各自独立经营，但两者经营相同的产品，并且共同使用某机电公司的研发、生产、业务资源以及商标和字号等商业标识。因此，某智能科技公司作为与红门机电公司经营范围相同、使用相同字号并且高度关联的公司，对于其成立之前“××门”字号在经营过程中已经积累的商誉可以承继。

关于如何判定企业字号的市场知名度？企业除所获奖项及荣誉外，其产品的销售收入以及企业的广告宣传投入也是衡量企业字号市场知名度的重要因素。二审法院在认定某智能科技公司承继红门机电公司积累的商誉的情况下，综合考虑某机电公司从成立起对“××门”品牌产品持续投入的广告宣传，关联企业的销售收入、所获奖项，以及在湖北地区的销售情况等因素，认定“××门”字号在湖北地区具有了一定的市场知名度。

关于如何判定造成市场混淆结果？在认定“××门”字号具有一定市场知名度后，二审法院从某智能科技公司与某科技公司的主营产品类别、“×门×阳”与“××门”作为商业标识使用时的知名度、显著性及各自产品的市场占有率等方面逐一比较分析，得出会造成市场混淆结果的结论，有理有据。将某科技公司的字号“×门×阳”与某智能科技公司的字号“××门”进行比对，前者是否会造成市场混淆的结果？二审法院认为，在不正当竞争纠纷中，应从企业字号的市场知名度及可识别性方面进行评判，这样才能通过法律途径有效地打击“傍名牌”“搭便车”等不正当竞争行为。二审法院通过本案的审理，将理论前沿问题与司法审判实践充分结合，亮明知识产权司法审判观点，彰显理性成熟的司法保护态度。

编写人：湖北省高级人民法院　叶宇

135 底层安全软件经营者竞争行为的正当性

——某科技公司诉某网络公司等不正当竞争案

【案件基本信息】

1. 裁判书字号

上海知识产权法院（2018）沪73民终5号民事判决书

2. 案由：不正当竞争纠纷

3. 当事人

原告（被上诉人）：某科技公司

被告（上诉人）：某网络公司、某移动公司、某软件公司

【基本案情】

某科技公司主要经营23××网址导航、23××王牌浏览器等互联网产品，其中23××网址导航的用户超过4000万，日访问用户达2500万，在同行业内排名前列。

某网络公司系某网络网站（首页网址www.×××.com）和某移动网站（首页网址www.cmcm.com）的主办单位。某网络网站在某度搜索结果中标记为某毒霸官网，其首页为某毒霸10软件的下载页面，网站产品介绍中包含某毒霸软件，资讯中心中则对某毒霸、某网络等主题进行了宣传和介绍。某移动网站对某移动产品作了介绍，称核心产品包括某毒霸软件，同时也提供诸如毒霸网址大全等多平台类产品。

某移动公司系毒霸网址大全（首页网址www.×××.com）和标题为“某毒霸官网”的网站（首页网址www.×××.net）的主办单

位。后者提供某毒霸11软件的下载服务，并载有某毒霸软件的各历史版本介绍。

某软件公司系某毒霸软件最终用户许可协议显示的软件运营者。根据全国企业信用信息公示系统的查询结果，三被告对外公示的联系电话与电子邮箱均相同：

某毒霸软件在安装、运行及卸载过程中存在以下六类情形：

1. 在某毒霸的“垃圾清理”功能中点击“一键清理”后，用户在IE浏览器中设置的主页23××网址导航变更为毒霸网址大全。

2. 点击某毒霸的“立即升级”按钮，待升级完毕重启某毒霸后，弹窗显示“立即锁定毒霸网址大全为浏览器主页，保护浏览器主页不被篡改”，并在左侧设置默认勾选。在未行其他操作的前提下打开23××王牌浏览器，原设置的主页23××网址导航变更为某毒霸网址大全。随后去除前述方框内默认勾选并关闭某毒霸窗口，打开23××王牌浏览器，原设置的主页23××网址导航仍变更为毒霸网址大全。

3. 点击某毒霸的“一键云查杀”按钮，再点击“版本升级”按钮完成升级后，打开IE浏览器、23××王牌浏览器及某安全浏览器，原设置的主页23××网址导航均已变更为毒霸网址大全；打开某高速浏览器及某安全浏览器，原设置的主页23××网址导航未被变更。卸载某毒霸后，上述浏览器主页均恢复为23××网址导航。

4. 安装完成某毒霸后，弹窗显示“设置浏览器主页为毒霸导航”，左侧设置默认勾选，右侧设置“我知道了”按钮。在未点击“我知道了”按钮的情况下打开IE浏览器，原设置的主页23××网址导航变更为毒霸网址大全；去除前述默认勾选再点击“我知道了”按钮后打开IE浏览器，主页仍变更为毒霸网址大全；卸载某毒霸后再打开IE浏览器，其主页恢复为23××网址导航。

5. 某毒霸运行过程中，弹窗显示“某毒霸10开启安全网址导航，防止误入恶意网站建议您开启安全网址导航，远离病毒，欺诈网站，安心上网”，下方设置“一键开启”按钮。点击该“一键开启”按钮后打开IE浏览器，原设置的主页23××网址导航变更为毒霸网址大全；打开23××王牌浏览器，显示主页仍为原设置的23××网址导航；卸载某毒霸后，IE浏览器主页恢复为23××网址导航。

6. 安装完成某毒霸前后，打开IE浏览器主页，均为已设置的主页23××网址导航。卸载某毒霸后再打开IE浏览器，显示主页变更为毒霸网址大全。

【案件焦点】

1. 三被告是否是本案不正当竞争之诉的适格被告；2. 原告指控的三被告通过某毒霸软件实施的变更网络用户浏览器主页以及区别对待等六类行为是否构成不正当竞争；3. 如上述行为构成侵权，三被告应承担的民事责任。

【法院裁判要旨】

上海市浦东新区人民法院经审理认为：某软件公司已自认其系某毒霸软件的经营者。某网络公司、某移动公司虽否认共同参与经营某毒霸软件，但三被告的法定代表人同一，主要办事机构所在地与联系方式相同，在通过网站及其他形式对外宣传产品时主体高度混同。加之某网络公司、某移动公司各自主办的网站均带有某毒霸官网标记，并在首页显著位置提供某毒霸软件的下载服务，且某毒霸 11 软件在安装、运行过程中发送数据请求的对象网站亦分别归属于某网络公司和某移动公司，故可据此判定三被告实际共同经营某毒霸软件，均系本案的适格被告。

三被告在某毒霸软件安装、运行及卸载过程中实施了变更网络用户浏览器主页的行为。作为安全软件以及与原告经营的一般终端软件具有直接竞争关系软件的经营者，三被告在发挥安全软件正常功能时未采取必要且合理的方式，超出合理限度实施了干预其他软件运行的行为并给其他经营者造成损害。三被告利用网络用户对其作为安全软件经营者的信任，或未告知用户，或通过虚假弹窗、恐吓弹窗变更用户浏览器主页，直接侵害了网络用户的知情权和选择权，在非法获利的同时亦使原告的合法权益及良好商誉受到实际损害。同时，三被告在通过某毒霸软件变更网络用户浏览器主页过程中实施的区别对待行为，会使网络用户对不同浏览器的使用体验产生差异，不当影响原告产品的用户体验与评价。故三被告的上述行为除违反诚实信用原则和公认的商业道德外，亦有违平等竞争的原则，构成不正当竞争。

上海市浦东新区人民法院依照《中华人民共和国反不正当竞争法》第二条第一款和第二款、第二十条；《中华人民共和国侵权责任法》第八条，第十五条第一款第一项、第六项、第八项及第二款之规定，作出如下判决：

一、被告某网络公司、某移动公司及某软件公司于本判决生效之日起立即停止实施本案所涉不正当竞争行为。

二、被告某网络公司、某移动公司及某软件公司于本判决生效之日起十日内在域名为 www. ×××. com、www. ×××. com 及 www. ×××.

net 网站首页顶部居中通栏位置以五号字体全文显示形式刊登声明，消除因对原告某科技公司实施本案所涉不正当竞争行为所造成的不良影响，声明的内容、发布位置须经法院审核，声明须连续保留三十日。如不履行，法院将在相关媒体发布本判决的主要内容，费用由被告某网络公司、某移动公司及某软件公司负担。

三、被告某网络公司、某移动公司及某软件公司于本判决生效之日起十日内连带赔偿原告某科技公司经济损失人民币 300 万元及合理费用人民币 13060 元，合计人民币 3013060 元。

四、驳回原告某科技公司的其他诉讼请求。

判决后，三被告均不服，提起上诉。

上海知识产权法院判决如下：

驳回上诉，维持原判。

【法官后语】

本案入选 2018 年中国法院十大知识产权案件、2018 年上海知识产权十大典型案件、2018 年上海法院知识产权司法保护十大案件。

本案中三被告所实施的变更浏览器主页的行为，客观上剥夺了用户接触、使用原告所经营的网址导航网站的机会，无疑将使原告遭受重大的经济损失。而在此过程中，三被告经营的某毒霸软件利用其作为底层安全软件所享有的系统优先权限、网络用户对其的信任，通过多种方式擅自诱导用户或强制用户变更浏览器主页为毒霸网址大全，直接抢夺流量导入所带来的经济利益，完全超出了底层安全软件为实现其功能所必需的行为限度。同时，网络用户对浏览器主页设置拥有完全的自主决定权，这直接影响网络用户的使用体验和消费福祉。某毒霸作为底层安全软件，拥有网络用户对此类软件的天然信赖，却擅自或以虚假弹窗、恐吓弹窗等方式干预网络用户对一般网络服务的选择，未对网络用户的知情权和选择权加以充分保障。以上情节足以判定三被告的竞争行为有违诚实信用原则和公认的商业道德，应当受到反不正当竞争法的规制。

三被告在通过某毒霸软件变更网络用户浏览器主页过程中实施的区别对待行为，会使网络用户对不同浏览器的使用体验产生差异，不当影响原告产品的用户体验与评价。此行为除违反诚实信用原则和公认的商业道德外，亦有违平等竞争的原则，亦构成不正当竞争。

同时，法院基于对原、被告用户数量、流量价值、原告获得用户的成本、被告侵权行为的持续时间、范围、主观恶意等因素的考察，确定赔偿损失金额为当时法律规定的顶格数额300万元，具备科学性，填补了原告损失，提高了被告侵权行为的成本。

在网络技术不断发展、网络领域竞争日趋激烈的当下，网址导航网站为各大网站带来了巨大的流量，也令各经营主体为此争夺不休。本案的审判，对底层安全软件经营者竞争行为的正当性判断标准加以厘定，对于规范流量争夺行为、确立互联网领域内的竞争规则具有较为积极的意义。本案的特殊之处还在于，案件审理时适用的是2017年修订的《中华人民共和国反不正当竞争法》（以下简称《反不正当竞争法》），该法第二章中并未对涉及互联网的不正当竞争行为进行列举式规制。但人民法院依据我国反不正当竞争法原理及《反不正当竞争法》第二条的规定，认定三被告所实施的变更网络用户浏览器主页的行为虽不属于《反不正当竞争法》第二章所列举的范围，但仍因违反诚实信用原则和公认的商业道德，扰乱市场秩序，原告的合法权益确因该竞争行为而受到实际损害，从而构成不正当竞争。及至2019年《反不正当竞争法》再次修订，因应社会发展，推出“互联网专条”。其中的第十二条第二款规定：“经营者不得利用技术手段，通过影响用户选择或其他方式，实施下列妨碍、破坏其他经营者合法提供的网络产品或者服务正常运行的行为……（二）误导、欺骗、强迫用户修改、关闭、卸载其他经营者合法提供的网络产品或者服务……”该项规定恰与本案法院认定的不正当竞争行为相契合，因此，本案判决也为《反不正当竞争法》顺应社会发展并逐步完善起到了很好的探索作用。

编写人：上海市浦东新区人民法院　杨捷　徐弘韬

136　对商标法第五十八条中“使用”二字的理解

——某眼科集团诉某医院不正当竞争案

【案件基本信息】

1. 裁判书字号

江苏省无锡市中级人民法院（2018）苏02民终4560号民事判决书

2. 案由：不正当竞争纠纷

3. 当事人

原告（被上诉人）：某眼科集团

被告（上诉人）：某医院

【基本案情】

某眼科集团系第16319××号“Aier爱尔”商标、第38121××号“爱尔眼科”商标、第42009××号“爱尔”商标权利人，上述三商标注册时间分别为2001年9月7日、2006年4月7日、2013年10月14日，核定服务项目为医疗诊所、医院等。“”商标于2005年、2008年被认定为湖南省著名商标，“爱尔”商标于2012年被认定为湖南省著名商标。“”商标于2010年被认定为医院服务上的驰名商标。某眼科集团成立于2003年1月24日，其经营范围为：眼科医院的投资和医院经营管理服务等。某眼科集团经过多年的持续经营，其“爱尔”眼科医院具有较高的知名度。某眼科集团及其品牌先后获“中国健康年度总评榜——全国最受欢迎眼科医院”“中国最有价值品牌500强”等荣誉。某眼科集团在全国范围内投资设立有眼科医院服务点，2010投资设立了某1眼科医院公司；2014年投资设立了某2眼科医院公司，并在江苏地区进行宣传与使用“爱尔”商标。2015年1月某眼科集团关联企业某医疗产业投资合伙企业（有限合伙）向某市卫生局提交了设立“某眼科医院”的申请，2015年10月无锡市卫计委拟批准设置“某眼科医院”进行公示。

另查明，某医院于2015年7月24日由某医院管理公司设立，地址在某市某镇某路××号，经营范围为眼科医院服务。某医院成立至今未实际开展经营活动。2015年10月某眼科集团发现某医院设立情况后，曾向某市市场监督管理局提出要求某医院变更“爱尔”名称的请求。

又查明，2017年12月13日某眼科集团与某律师事务所签订《诉讼代理专项顾问服务合同》，约定本案代理费2万元，某眼科集团已支付上述费用，某眼科集团在本案中主张为制止本案侵权行为所支付上述费用2万元。

某医院认为某医院企业名称是经过工商部门核准后使用的，是合法使用。原、被告双方属于不同地域范围，某医院的企业名称是善意使用，某医院企业名称的使用不构成不正当竞争。即使法院认定构成不正当竞争，某眼科集团的相关诉讼请求也不应支持：（1）消除影响的民事责任承担方式应适用于对商誉造成严重损害的情形，本案中原告某眼科集团未举证其商誉受到严重损害；（2）某眼科集团提出的赔偿经济损失10万元没有事实依据。某眼科集团未提供证据证明其损失的情况，某医院因多种原因自设立时起至今未开展经营活动；（3）某眼科集团主张的为制止侵权行为产生的费用过高。请求驳回原告某眼科集团的诉讼请求。

【案件焦点】

1. 某医院未经某眼科集团许可将“爱尔”登记为字号是否构成不正当竞争行为；2. 如果构成不正当竞争，某医院应承担的法律责任。

【法院裁判要旨】

江苏省江阴市人民法院经审理认为：经营者在市场交易中，应当遵循自愿、平等、公平、诚实信用的原则，遵守公认的商业道德。根据《中华人民共和国商标法》（2013年修正）第五十八条的规定：“将他人注册商标、未注册的驰名商标作为企业名称中的字号使用，误导公众，构成不正当竞争行为的，依照《中华人民共和国反不正当竞争法》处理。”本案某眼科集团及其“爱尔”品牌经过长期而广泛地宣传和使用在眼科医院服务行业中具有较高的知名度和影响力，为广大消费者所熟知。某医院登记经营范围为眼科医院服务，作为同行业对某眼科集团及其“爱尔”系列商标知名度应是明知的，其在与“爱尔”品牌及字号无任何渊源与授权的情况下，擅自注册“爱尔”字号，主观上显然具有攀附“爱尔”已建立品牌声誉的故意，客观上也会导致消费者将其与“爱尔”品牌及某眼科集团之间建立关联，从而产生混淆或者误认，同时也阻碍了某眼科集团进入某地区设立爱尔眼科医院，违背了诚实信用原则，不正当地抢占了“爱尔”品牌所创立的市场知名度和潜在的市场份额，依法构成不正当竞争。对某医院主张双方属于不同地域范围，其企业名称是善意使用的主张，不予采信。

某医院未经许可构成不正当竞争，依法应承担停止侵权及赔偿损失的民事责任。关于停止侵权的方式。如上所述，某医院注册该字号主观上具有攀附“爱尔”品牌声誉的故意，客观上在目前“爱尔”品牌知名度较高的情况下，无论其是否突出使用字号均难以避免产生市场混淆，故对于某眼科集团诉请变更字号的主张依法予以支持。关于赔偿数额，在本案中，某眼科集团主张法定赔偿，但未提供某眼科集团损失及某医院因本案侵权获利的证据，故法院综合考虑涉案注册商标的知名度、某医院的主观恶意、侵权情节及未实际经营营利的情况酌情确定赔偿额为 3 万元。考虑到某眼科集团为制止本案侵权所支付的费用，其主张 2 万元亦在合理范围内，依法予以支持。《中华人民共和国侵权责任法》第十五条规定的消除影响、恢复名誉的民事责任系针对侵权行为致被侵权人社会评价降低、商誉受损的情形，现某眼科集团并无证据证明某医院的行为造成了其名誉或商誉受损，《某新传媒》的报道也仅是某医院涉嫌侵权事实的相关报道，并未造成贬低某眼科集团商誉的后果，故对某眼科集团的该项诉讼请求，不予支持。

江苏省江阴市人民法院依照《中华人民共和国商标法》（2013年修正）第五十八条，《中华人民共和国反不正当竞争法》第二条、第六条第四项、第十七条之规定，判决如下：

一、某医院于本判决发生法律效力后一个月内到工商登记机关办理企业名称变更登记手续，变更后的企业名称中不得含有“爱尔”字样；

二、某医院于本判决发生法律效力之日起十五日内赔偿某眼科集团经济损失3万元；

三、某医院于本判决发生法律效力之日起十五日内赔偿某眼科集团为制止本案侵权支付的合理费用合计2万元；

四、驳回某眼科集团的其他诉讼请求。

某医院不服一审判决，提起上诉，要求判决驳回某眼科集团的诉讼请求。理由如下：（1）某医院的企业名称是经工商行政部门核准后使用的，是合法使用。（2）某医院企业名称使用不构成误导公众。（3）在某医院设立时，某眼科集团未在某地区使用“爱尔”注册商标，也未以“爱尔”作为企业名称设立公司。某医院名称是善意使用，不构成误导公众，也不构成不正当竞争。

江苏省无锡市中级人民法院经审理认为：本案二审争议焦点为某医院名称中的“爱尔”字号与某眼科集团的“爱尔”注册商标是否构成不正当竞争行为。

随着经济社会活动的不断发展，注册商标与企业字号的冲突现象时有发生，而判断企业字号是否构成不正当竞争行为，需要从注册商标的知名度、经营范围、有效期限与企业字号创意来源、成立时间、经营范围等方面综合加以分析，以此认定是否会给公众造成混淆或者误认。由于注册商标使用范围更为广阔，其商业行为范围有可能在国内不断扩大，必须为其商品销售和开设连锁、加盟服务机构预留必要的空间，不然会损害该商标权利人权利的充分使用，妨碍市场经济秩序下的自由竞争，侵犯广大消费者享有质优价廉商品和服务的权利。因此，任何新成立的企业利用注册商标信息与工商登记信息存在不对接的问题，试图以企业字号来攀附注册商标已建立的品牌声誉，提高其商品或服务的竞争力，或试图坐享其成从中渔利，都必须依法予以制止，由此产生的民事责任也应由该企业承担。另外，某医院的字号虽然是由工商行政管理部门批准，也属合法所得，但由于该行为与某眼科集团的商标权行使形成了权利冲突，从保护在先权利等角度出发，也依法不能支持某医院的观点。此外，作为某医院开办方的江阴市和平医院管理有限公司熟知眼科医疗领域的情况，其无法解释“爱尔”这一无文义的字号的合理来源，应推定其行为存在主观恶意，它不仅误导了公众消费者，客观上也阻碍了某眼科集团在江阴开设加盟眼科医院或诊疗所，影响了当地医疗水平的提升，损害了广大眼科患者获得充分就医的权利，也在一定程度上影响了当地吸引外来优质资源服务的环境和声誉，明显构成了不正当竞争行为。某医院对此应思过醒悟，及时纠正。综上所述，某医院的上诉请求不能成立，应予驳回；一审判决认定事实清楚，适用法律正确，应予维持。

江苏省无锡市中级人民法院依照《中华人民共和国民事诉讼法》第一百七十条第一款第一项之规定，作出如下判决：

驳回上诉，维持原判。

【法官后语】

《中华人民共和国商标法》（2019 年修正）第五十八条规定：将

他人注册商标、未注册的驰名商标作为企业名称中的字号使用，误导公众，构成不正当竞争行为的，依照《中华人民共和国反不正当竞争法》处理。在本案中，某医院将“爱尔”商标作为字号进行工商登记，但自成立至今从未实际开展经营活动。那么在这种情况下某医院单纯的登记行为是否属于《中华人民共和国商标法》第五十八条规定的“使用”行为？该问题系本案争议焦点，对此，司法实践中存在正反两种不同观点，本案认为，单纯的字号登记亦属于“使用”行为。

第一，从商标本质来看，商标是一种智力成果，是商业标识与特定商品之间的联系，保护商标就是为了保护商标权人经过苦心经营建立起来的商誉。以本案为例，某医院登记行为的实质是对涉案商标声誉的攀附，这种攀附是在未经同意且未支付对价的情况下利用商标权人与相关消费者建立的信任关系，窃取商标权人依靠持续经营、精心维护以及广告投入所获得的竞争优势，从而破坏商标权人与商标之间建立的联系。虽然某医院未实际经营获利，但其登记企业字号本身已掠夺了隐藏在“爱尔”商标背后的无形价值，不正当地攫取了同行业竞争者的商业机会，使其获取了比其他竞争者进入市场更为有利的地位。因此，登记行为的实质是对他人商标无形价值的盗用，当然构成《中华人民共和国商标法》第五十八条的“使用”情形。第二，从企业字号登记行为的后果来看，一方面，商标具有品质保证的功能，对于生产商而言，商标的价值更多在于商誉，而对于消费者而言，商标价值更多在于质量保障。涉案“爱尔”商标具有较高知名度，在一定程度上代表了较高质量的眼科服务，某医院登记字号的行为属于“搭便车”，误导了消费者，侵犯了消费者享有货真价实商品和服务的权利。另一方面，由于同一辖区内字号具有唯一性和排他性，某医院将“爱尔”作为字号进行登记的行为在客观上阻碍了某眼科集团在当地开设分支机构，影响了当地眼科医疗水平的提升，最终损害了广大消费者充分就医的权利。

本案厘清了《中华人民共和国商标法》第五十八条“使用”的本质含义，对此类案件的审理具有借鉴意义。

编写人：江苏省江阴市人民法院　王芳　徐芝若　郁明明

137 将知名游戏名称作为电影名称使用构成不正当竞争

——某游戏开发公司诉某电影公司、某制作公司侵害著作权、商标权及不正当竞争案

【案件基本信息】

1. 裁判书字号

上海知识产权法院（2018）沪73民终222号民事判决书

2. 案由：侵害著作权、商标权及不正当竞争纠纷

3. 当事人

原告（上诉人）：某游戏开发公司

被告（上诉人）：某电影公司

被告：某制作公司

【基本案情】

涉案游戏《使命召唤》（《CALL OF DUTY》）是一款由某游戏开发公司最早于2003年在美国开始发售的第一人称射击系列网络游戏，现已发行16部。2012年6月15日，某游戏开发公司的《Call of Duty Online》（V1.0.0.1）由××游戏独家代理运营。《使命召唤》游戏无论在美国还是在中国均具有较高的知名度。

某游戏开发公司就“ ”美术作品于2014年1月27日在国家版权局获得著作权登记。

某游戏开发公司于2013年在国家商标局分别注册了两个“使命召唤”商标，核定使用商品为第9类，包括计算机游戏软件、关于军事主题行动的电影胶片（已曝光）等；核定服务项目为第41类，包括电影制作、电影发行、在计算机网络上提供在线游戏等。

2015年3月，某电影公司以买断方式引进电影《××枪手》(The Gunman)，并于同年5月25日委托某制作公司对该影片进行汉语译制。

2015年5月，涉案电影《狙击枪手》被更名为《使命召唤》。同年9月18日在国内影院发行。该电影是一部美英法合拍的动作片，讲述了一个国际组织的特工为了他的爱人想要退出组织，在完成最后一项任务后，被人追杀而在欧洲展开逃亡的故事。涉案电影自2015年9月18日上映至2015年10月17日下映，获得票房398万元。

在“电影《使命召唤》官方微博V”上有电影《使命召唤》剧照及电影名称，“9月18日亡命天涯”等文字，有“电影《使命召唤》终级预告火热出炉……决堤反击，为真相而战”的宣传，有“这电影的英文名是The Gunman，和Call Of Duty根本就是两个意思……”并有“至于《使命召唤》这样一部浮夸的作品里(PS：无论是电影还是游戏)，主角们击杀百人的画面更是每天都在上演。那么问题来了，要如何帅气地完成百人击杀呢？首先，要有一套过硬的装备……”等内容及电影剧照，在剧照中使用的“使命召唤”文字字体与原告主张著作权的“使命召唤”相同。

【案件焦点】

1. 原告某游戏开发公司主张的“使命召唤”文字是否构成美术作品，涉案电影宣传中使用该文字是否构成侵权；2. 涉案电影名称“使命召唤”是否侵害原告某游戏开发公司“使命召唤”注册商标专用权；3. 涉案电影名称“使命召唤”是否构成擅自使用“使命召唤”知名商品特有名称；4. 被告某电影公司通过新浪实名认证的微博账户，称“至于《使命召唤》这样一部浮夸的作品里（PS：无论是电影还是游戏），主角们击杀百人的画面更是每天都在上演……”将原告某游戏开发公司的游戏与涉案电影混为一谈，是否构成虚假宣传。

【法院裁判要旨】

上海市浦东新区人民法院经审理认为：（1）关于著作权侵权。原告某游戏开发公司主张著作权的作品“
”属于受我国著作权法保护的美术作品。涉案电影《使命召唤》在电影发行时使用了与原告某游戏开发公司作品中完全相同的“使命召唤”美术字，并在网络上传播，侵害了原告某游戏开发公司对其美术作品享有的信息网络传播权。（2）关于商业标识侵权。电影名称的主要功能与商标不同，因此，电影名称并不能等同于商品或服务标识。原告某游戏开发公司在第 9 类商品及第 41 类服务上注册了“使命召唤”商标，仅说明原告某游戏开发公司取得了在上述类别中的电影载体等商品及电影制作、电影发行等服务上标注“使命召唤”的专有权利，并不代表原告某游戏开发公司在电影名称上也获得了“使命召唤”的专有权。故涉案电影使用“使命召唤”不构成商标侵权。现有证据证明涉案游戏具有较高的市场知名度和影响力，“使命召唤”在游戏领域已能与原告某游戏开发公司建立特定联系。涉案电影使用

“使命召唤”的名称，属于攀附原告“使命召唤”知名游戏商誉的行为，构成不正当竞争。（3）关于虚假宣传。原告某游戏开发公司主张虚假宣传的表述确有不妥之处，但尚不足以构成虚假宣传。故对原告的主张不予支持。

据此，一审法院依照《中华人民共和国著作权法》第十条第一款第十二项、第四十八条第一项、第四十九条，《中华人民共和国反不正当竞争法》（1993 年施行）第五条第二项、第二十条，《最高人民法院关于审理著作权民事纠纷案件适用法律若干问题的解释》第七条、第二十五条第一款和第二款、第二十六条，《最高人民法院关于审理不正当竞争民事案件应用法律若干问题的解释》第一条第一款、第二条第一款、第四条、第七条、第十七条第一款之规定，作出如下判决：

一、被告某电影公司于判决生效之日起立即停止对原告某游戏开发公司享有的涉案美术作品著作权的侵害；被告某电影公司于判决生效之日起立即停止在涉案电影上使用“使命召唤”作为电影名称的不正当竞争行为。

二、被告某电影公司于判决生效之日起三十日内，在《××电影报》（除中缝外）上刊登声明，就其侵权行为消除影响（声明内容需经法院审核）；如不履行，法院将在相关媒体上公布判决的主要内容，所需费用由被告某电影公司负担。

三、被告某电影公司应于判决生效之日起十日内赔偿原告某游戏开发公司经济损失 30 万元。

四、被告某电影公司于判决生效之日起十日内赔偿原告某游戏开发公司合理开支 30 万元。

五、驳回原告某游戏开发公司的其他诉讼请求。

判决后，某游戏开发公司及某电影公司不服，提起上诉。

上海知识产权法院判决如下：

驳回上诉，维持原判。

【法官后语】

本案系最高人民法院发布的2018年中国法院50件典型知识产权案例，最高人民检察院发布的2018年全国检察机关知识产权典型案例，上海市高级人民法院发布的2018年上海法院加强知识产权保护力度典型案件。

作品名称作为文化创意领域重要的商业标志，标识特定作品系其基础功能。但作品名称一般比较短小，难以构成著作权法保护的作品，同时作品名称通常是对作品内容的高度概括和提炼，与商标的识别功能又迥然有别。

商标具有专有属性，其有权禁止他人在相同或类似商品上使用与注册商标相同或近似的商标，如果给予单个的作品名称商标权的保护，将会不适当地垄断作品名称。当然，一些特定作品在特定条件下，如期刊名称，由于其经使用已经成为某种商品的代名词，已经产生了来源识别作用，其不仅是作品名称也已经成为具有识别作品的标识，具有双重性质，因此可以受到商标法的保护。由于电影名称是对电影内容的高度概括，体现的是电影要反映的主题，而不是指代商品或服务的来源，其并不具有标识出处的功能，故在一般情况下，作品名称的使用并非商标性使用。在本案中，原告在第9类商品和第41类服务上注册商标能够指代该些商品和服务的来源，一般情况下，单个的作品名称并不具有指示商品来源的功能，其更多的是体现文学艺术上的内涵，因此，原告对于其游戏名称的使用并不能等同于其在上述类别上对于注册商标的使用。故原告在软件等商品和电影制作等服务上注册了商标并不能阻止他人在软件名称和电影名称上合理使用与注册商标相同的商标。因此，被告使用与原告注册商标相同的电影名称并不能落入原告注册商标的保护范围。

虽然注册商标的权利范围不能延及电影名称，但不代表游戏、电影等作品名称不能作为“有一定影响的”商品或服务名称受反不正当竞争法的保护。在本案中，“使命召唤”游戏名称已经构成有一定影响的商品名称。同时，被告使用“使命召唤”作为电影名称并不属于合理使用，原告在电影宣传中又反映出其搭便车的主观故意，且事实上也已经造成相关消费者的混淆。因此，被告的行为属于擅自使用他人有一定影响的商品名称的不正当行为，构成不正当竞争。

作品名称是对作品的高度概括和提炼，一般不具有获得著作权保护要求的独创性，公众有利用相同的名称创作不同作品的自由。即使作品名称被注册为商标，也不能阻止他人对作品名称进行正当使用，否则将造成不合理的垄断。随着文化创意产业的发展，作品名称凸显出作为商品名称的商业价值，是智力劳动和资本的凝结，不正当地使用他人有一定影响的作品名称有可能构成不正当竞争行为。对作品名称的法律保护方式的选择体现了商标法和反不正当竞争法两者不同的法益保护，也更好地平衡了权利人和社会公众的利益。

编写人：上海市浦东新区人民法院　倪红霞

138 浏览器屏蔽视频广告行为的不正当竞争认定

——某计算机公司诉某科技公司不正当竞争案

【案件基本信息】

1. 裁判书字号

北京知识产权法院（2018）京73民终558号民事判决书

2. 案由：不正当竞争纠纷

3. 当事人

原告（上诉人）：某计算机公司

被告（被上诉人）：某科技公司

【基本案情】

某计算机公司是一家从事互联网经营的企业，其开发经营的腾讯视频网站为用户提供视频在线观看服务。某计算机公司通过购买影视作品版权，提供“免费+广告”及会员制的影视播放服务。视频网站采取会员制，会员付费后有权利选择不看或关闭广告。某科技公司是一家从事互联网经营的企业，其开发运营了“世界之窗浏览器”。该浏览器具有“强力拦截页面广告”的功能，用户在设置中勾选该功能后，可屏蔽视频网站中视频的片头广告和暂停广告。某计算机公司认为，“世界之窗浏览器”软件系某科技公司开发经营，该浏览器设置有广告过滤功能，用户使用该功能后可以有效屏蔽某计算机公司网站在播放影片时的片头广告和暂停广告。某科技公司的上述行为使得某计算机公司不能就网站影片的片头及暂停广告获取直接收益，使某计算机公司遭受了经济上的损失。而某科技公司屏蔽广告的行为，提升了其用户的使用体验度，获得其商业价值的提升，其行为违反了诚实信用原则及公认的商业道德，极大地损害了某计算机公司的合法权益。某科技公司认为，该公司与某计算机公司不存在直接竞争关系，某计算机公司所主张的“免费+广告”的经营模式也不属于法律所保护的利益。通过浏览器过滤广告的行为未侵害网站经营者的利益，用户没有观看广告的义务，广告拦截也不必然导致视频网站商业利益的减损，即使利益受损也属于正常商业竞争的结果。视频过滤广告的行为不违反诚实信用原则及公认的商业道德。

【案件焦点】

被诉行为是否违反《中华人民共和国反不正当竞争法》（2017年修订）第二条的规定。

【法院裁判要旨】

北京市朝阳区人民法院经审理认为：市场竞争具有天然的对抗性，也必然导致损害，但损害本身不具有是与非的色彩，只要该损害并非具有直接针对性的、无任何可躲避条件或选择方式的特定性损害，就不单独构成评价竞争行为正当性的倾向性要件。某科技公司的被诉行为是经营者出于市场利益最大化而进行的经营行为，同时也为网络用户自愿选择提供了合理机会。网络用户对浏览器广告屏蔽功能的使用，虽造成广告被浏览次数的减少，但此种减少只损害竞争对手的部分利益、影响部分网络用户的选择，还达不到特定的、影响其生存的程度，不存在对市场的干扰、不构成对某计算机公司利益的根本损害，某科技公司的被诉行为不是不正当竞争行为。

北京市朝阳区人民法院作出如下判决：

驳回原告某计算机公司全部诉讼请求。

某计算机公司不服原审判决，提起上诉。

北京知识产权法院经审理认为：对于不正当竞争行为的认定应当从违反商业道德和损害社会福利两个方面来判断：（1）对于公认商业道德的确认，最为直接的依据是相关的法律、法规或规范性文件。对于视频广告过滤行为，虽然相关法律、法规并无明确规定，但国家工商行政管理总局公布的《互联网广告管理暂行办法》已将此类行为明确禁止，这一禁止性规定足以说明主管机关已将此类行为认定为违反公认商业道德的行为。（2）对于社会总福利的分析，一审判决虽也提及社会公共利益，但其将消费者利益等同于社会公共利益，这一理解显然是不全面的。反不正当竞争法中所考虑的社会公共利益（或社会总福利）既包括消费者利益，亦包括经营者利益。而其中的经营者，则不仅包括本案双方当事人，亦包括其他同业或相关经营者。正是基于以上分析，北京知识产权法院依据规范性文件及一般商业道德认定世界之窗浏览器的广告过滤功能违反禁止性规定，限制了某计算机公司正常经营的广告，主动干涉、插手他人的经营行为，违反了商业道德，破坏了健康的经济秩序。同时，北京知识产权法院还认为，短期来看视频网站商业模式可能因浏览器过滤广告而发生转变，变为视频收费模式，这种转变将增加消费者的成本。长期来看，视频网站可能丧失生存空间，其所能提供给用户的内容将会大大减少。广告投放者也会因此增加广告投放成本，这些成本最后都将由消费者自己买单，浏览器也会因为竞争产品的效仿而失去竞争力。无论是从消费者、视频平台、广告投放者，还是浏览器经营者角度进行分析，广告过滤功能的放开只可能会损害社会总福利。因此，认定被告某科技公司的被诉行为构成不正当竞争。

北京知识产权法院依照《中华人民共和国民事诉讼法》第一百七十条第一款第二项之规定，作出如下判决：

一、撤销北京市朝阳区人民法院作出的（2017）京 0105 民初 70786 号民事判决；

二、被上诉人某科技公司于本判决生效之日起十日内赔偿上诉人某计算机公司经济损失 100 万元，诉讼合理支出 896708 元；

三、驳回上诉人某计算机公司的其他诉讼请求。

【法官后语】

本案的审理涉及被诉行为是否符合 2017 年《中华人民共和国反不正当竞争法》第二条规定的认定问题，法院对该条的适用应持十分慎重的态度，以防止因不适当扩大不正当竞争范围而妨碍自由、公平竞争。一般而言，只有在该行为违反公认的商业道德时，才宜将其认定为不正当竞争行为。同时，因反不正当竞争法保护的是健康的社会经济秩序，而健康的社会经济秩序通常有利于社会总福利。

本案涉及的浏览器屏蔽视频广告的行为，虽然从表面上看迎合了广大用户的需求，看似提升了消费者的福利，但实质上，此类行为将对视频网站的商业模式及生存空间造成严重影响，最终的成本仍需要消费者自行买单。虽然互联网环境下的竞争行为确实可能存在传统非互联网环境下所不具有的特殊性，但是这种特殊性更多地体现在经营行为的具体表现形式上，而非所应遵循的商业道德上。在多数情况下，互联网环境下的竞争行为所应遵循的商业道德均可以在传统的竞争领域找到答案。而“用户需求”这一理由，也不是不正当竞争行为的保护伞，经营者当然可以基于用户需求对自己的产品和服务进行改善，但却不能以此为由插手其他经营者的正常经营。

本案结合部门规章以判定被诉行为是否违反公认的商业道德，通过经济学分析报告验证是否有利于社会总福利，将公认的商业道德与社会总福利的结论相互验证，综合考量行业的经营现状及生存空间，认定此类行为违反了反不正当竞争法的规定。本案对互联网新技术发展所带来的竞争秩序、互联网环境下的商业道德及社会公共利益的考量等问题进行了分析认定，对此类案件的审理具有一定的参考意义。

编写人：北京知识产权法院　芮松艳　段重合

139　侵权商号登记后未实际经营不宜判赔损失

——某金融公司诉某服务公司不正当竞争案

【案件基本信息】

1. 裁判书字号

北京知识产权法院（2017）京73民终2073号民事判决书

2. 案由：不正当竞争纠纷

3. 当事人

原告（被上诉人）：某金融公司

被告（上诉人）：某服务公司

【基本案情】

2012年9月5日，某金融公司注册成立，其营业执照登记的经营范围包括：投资管理、资产管理、接受金融机构委托从事金融信息技术服务外包等，2013 年开始独立运营。某电子商务公司是第 158795××号“××金融”文字、第 125351××号“××”等 5 件商标的权利人，并无偿许可某金融公司在中国大陆地区排他性使用包含上述 5 件商标在内的多件商标，且约定在许可期间当许可商标专用权受到侵害时，某金融公司有权起诉维权。

自 2014 年开始，某金融公司及其关联企业共同对“××金融”品牌进行大量、持续的宣传推广，2014 年 7 月，某金融公司创办的“××金融”APP 上线运营。同时，众多报刊均对“××金融”进行了报道，并且其中多以“××金融”指代某金融公司。

2016 年 9 月 13 日，某服务公司注册成立，其营业执照登记的经营范围包括：接受金融机构委托从事金融信息技术外包服务；接受金融机构委托从事金融业务流程外包服务等。2016 年 12 月 7 日，某企业管理公司经受让成为某服务公司的全资股东。

某金融公司认为某服务公司与其属于同地域、同行业的竞争者，将“××”登记为核心字号，故意攀附某金融公司商誉，构成不正当竞争行为，故诉至法院请求判令某服务公司立即停止在企业名称中使用“××”字样，且变更后的企业名称中不得包含与“××”相同或近似的字样；连续五日在《北京晚报》除中缝外的版面刊登声明，消除影响；赔偿某金融公司经济损失 10 万元和维权合理支出 2 万元。

【案件焦点】

1. 某服务公司使用包含“××”文字的企业名称是否构成不正当竞争；2. 可否支持某金融公司要求某服务公司停止在企业名称中使用“××”字样并变更企业名称、公开声明以消除影响的诉讼请求；

3. 可否支持某金融公司要求某服务公司赔偿10万元经济损失和维权支出的诉讼请求。

【法院裁判要旨】

北京市朝阳区人民法院经审理认为：某服务公司明知“××”“××金融”商标及字号的存在，仍使用包含“××”文字的企业名称，具有攀附涉案商标及××金融公司商誉的故意，容易使相关公众误认为其与××金融公司之间存在某种关联关系，其行为已构成不正当竞争。关于某金融公司要求某服务公司停止在企业名称中使用“××”字样并变更企业名称，公开声明以消除影响的诉讼请求，符合法律规定，法院予以支持。关于某金融公司要求某服务公司赔偿10万元经济损失的诉讼请求，由于某金融公司在本案中未提交证据证明其因某服务公司的不正当竞争行为所遭受的实际损失金额或者某服务公司的实际获利金额，且未予以合理说明，属于某金融公司对其权利的漠视，故对其提出的赔偿金额不予全额保护，具体数额予以酌定。关于某金融公司主张的律师费支出，属于其维权的合理支出且有票据为证，法院依法予以支持。

北京市朝阳区人民法院依据《中华人民共和国商标法》（2013年修正）第五十八条，《中华人民共和国反不正当竞争法》（1993年施行）第二条、第五条第三项、第二十条，《最高人民法院关于审理不正当竞争民事案件应用法律若干问题的解释》第六条之规定，作出如下判决：

一、某服务公司于本判决生效之日起三十日内到工商行政管理机关变更企业名称，变更后的企业名称中不得含有“××”字样；

二、某服务公司于本判决生效之日起三十日内在《××晚报》除中缝以外的版面上连续五日发表声明，以消除因涉案不正当竞争行为给某金融公司造成的不良影响；

三、某服务公司自本判决生效之日起十日内赔偿某金融公司经济损失 2 万元；

四、某服务公司自本判决生效之日起十日内赔偿某金融公司维权合理支出 2 万元；

五、驳回某金融公司的其他诉讼请求。

某服务公司不服一审判决，提起上诉。

北京知识产权法院经审理认为：一审法院支持有关变更企业名称、赔偿维权支出等诉请，相关认定并无不当。但是关于某金融公司要求赔偿经济损失的诉讼请求，在本案中，某金融公司未提交任何证据证明某服务公司实际使用该名称开展了相关业务或者用于广告宣传、展览以及其他商业活动，相关公众无法在商业流通领域获知该事实并产生混淆误认，进而影响某金融公司的经营利益，故某金融公司主张经济损失，没有法律及事实依据，法院不予支持。一审法院对此认定不当，二审法院依法予以纠正。

北京知识产权法院依照《最高人民法院关于审理不正当竞争民事案件应用法律若干问题的解释》第六条、第七条，《中华人民共和国民事诉讼法》第一百七十条第一款第二项等规定，作出如下判决：

一、维持一审判决第一项、第二项、第四项、第五项；

二、撤销一审判决第三项。

【法官后语】

在本案中，企业名称经登记产生，该登记行为由发起人作出，属于企业的经营准备活动，若发起人未尽到合理避让义务，登记注册了侵犯他人商标或商号的企业名称，同样可以由企业自身承受发起人的不当行为，承担相应的责任。

对于涉嫌侵权的企业名称应当责令停止使用还是责令变更登记，1993 年施行的《中华人民共和国反不正当竞争法》对此并未明确规定，司法实践中的做法也不尽一致，而在 2017 年该法修订之后，第十八条对此予以明确："……经营者登记的企业名称违反本法第六条规定的，应当及时办理名称变更登记；名称变更前，由原企业登记机关以统一社会信用代码代替其名称。"本案的侵权行为虽发生在旧法实施期间，但变更名称亦属于停止侵害的应有之义，且修订后的法律规定填补了之前的立法空白，按照《中华人民共和国立法法》第九十三条规定的从旧兼有利原则可以参照适用，故一审、二审法院均判令侵权者变更企业名称。

就损害赔偿而言，反不正当竞争法作为对传统知识产权专门法的补充，仍应以民事侵权赔偿的填平原则为基础，即损害赔偿应与权利人因侵权所受到的损失相当。如果权利人未能举证证明其因侵权者的行为所受到的损失，亦未提交证据可以证明侵权者因实施侵权行为而获得的利益，甚至无法证明侵权者实际进行了经营行为进而获取了利益，即侵权获利尚未发生，权利人没有任何的直接损失或间接损失，仅因侵权者既有的企业名称和经营范围而面临潜在损失的威胁，在此情形下，虽然侵权者应当避让在先商业标识、承担变更侵权商号的责任，但无须承担损害赔偿的责任。上述处理方式与 2019 年修订的《中华人民共和国反不正当竞争法》第十七条规定的内涵是一致的，即该条第三款规定的"实际损失"所指的是一种真实损失而非潜在损失，若在案证据可以推定没有损失则不必判令赔偿损失仅赔偿合理开支即可，第四款规定的"难以确定"也仅指在推定有实际损失的前提下难以确定数额，而非没有损失或不确定有无损失。二审法院基于在案证据并不能证明侵权人进行了实际经营活动、相关公众并未实际产生混淆、无法推定权利人已经遭受某种损失，对一审赔偿损失的判项予以纠正。

编写人：北京知识产权法院 张宁 聂菲

140 歪曲评价客观事实亦会构成商业诋毁

——某能源公司诉某商贸公司、张某商业诋毁案

【案件基本信息】

1. 裁判书字号

天津市第二中级人民法院（2017）津02民终2645号民事判决书

2. 案由：商业诋毁纠纷

3. 当事人

原告（上诉人）：某能源公司

被告（被上诉人）：某商贸公司、张某

【基本案情】

某能源公司是外国法人独资设立的有限责任公司，主要从事润滑油、润滑脂、润滑油基础油等经营项目。某商贸公司曾于2016年1月1日被某能源公司授权为经销商，授权经销的产品为所有由韩国××润滑油生产和/或销售的车用润滑油产品。某商贸公司在经销某能源公司××品牌润滑油的同时也代理经销其他品牌的润滑油。2016年6月，某能源公司解除对某商贸公司的经销商授权。

后因产品质量投诉沟通出现问题。某商贸公司在其微信公众号推送了一篇名为《韩国××润滑油质量纠纷不理不睬，销售总监还要弄死经销商》的文章并经该公司法人张某在微信朋友圈转发评论。

2015年1月，某商贸公司从其下游经销商处接到某汽车修理厂关于使用××汽车润滑油的质量投诉，向某能源公司反映，但经检测评定结果为正常。该质量投诉中的车辆照片在涉案文章中作为其中一台车发动机都是油泥的照片附于文章中。2016年7月13日，某商贸公司的下游经销商就某汽车修理厂的客户使用××润滑油出现发动机油泥质量纠纷提出投诉，某能源公司在张某于2016年7月22日赴京之前没有书面回复。涉案文章亦将该投诉中的发动机照片附于文中。

某能源公司认为涉案文章相关表述及张某的相关评论内容，构成对其公司的商业诋毁，故起诉要求某商贸公司、张某停止商业诋毁行为，分别在微信平台赔礼道歉、消除影响，并承担赔偿责任。

【案件焦点】

某商贸公司、张某通过微信平台发布涉案文章内容是否存在虚假事实，从而给某能源公司造成商誉损害。

【法院裁判要旨】

天津市滨海新区人民法院经审理认为：二被告对其发布文章所依据的事实提供了相关证据，某能源公司并未提供有力证据对案涉文章所表述的事实系某商贸公司捏造的虚假事实进行证明，且本案尚无证据显示某商贸公司在作出涉诉行为时具有损害某能源公司商誉的故意，认定某商贸公司、张某的行为并不构成商业诋毁。天津市滨海新区人民法院依照《中华人民共和国反不正当竞争法》（1993年施行）第二条、第十四条，《中华人民共和国民事诉讼法》第六十四条，《最高人民法院关于适用〈中华人民共和国民事诉讼法〉的解释》第九十条之规定，判决如下：

驳回某能源公司的诉讼请求。

某能源公司不服一审判决，提起上诉。

天津市第二中级人民法院经审理认为：涉案文章包括文字表述和文章附图两部分。文字表述部分基本属实，虽然“不理不睬”用词并不完全准确，但并未达到法律规定的商业诋毁的程度。除此之外，文章还将2015年某汽车修理厂和2016年某汽车修理厂反映的产品质量问题所涉汽车发动机照片附于文章，并配有文字说明。例如，“气门室盖上都是油泥，导致凸轮轴和缸盖报废”“这是另外一台车的气门室盖”等。上述照片及文字说明使消费者的直观感受是使用了××汽车润滑油后导致汽车发动机出现大量油泥，甚至导致发动机部件报废。

具体而言，关于某汽车修理厂质量投诉的发动机照片，2015年当事人双方对涉事润滑油已检测且结果正常。某商贸公司、张某在明知该质量纠纷已解决完毕的情况下，仍将其作为文章附图用以说明产品质量问题纠纷，误导公众。关于某汽车修理厂投诉的发动机存在油泥的图片，虽照片为客户提供，但该质量纠纷所涉产品是否为某能源公司产品，如属正品产品质量是否合格，产生发动机故障是否因使用××润滑油导致，对此，某商贸公司、张某均未提供证据予以证明。

特别是某商贸公司曾系某能源公司在云南地区的代理商，双方为非一般竞争关系。某商贸公司在未对相关产品质量进行核查的情况下，仅凭下游经销商及相关修理厂的投诉，便通过网络公开发布自身曾代理品牌产品的负面信息，未尽到较高的审慎义务，会造成社会公众对该品牌的不信任，引发错误联想，从而严重影响某能源公司的商业信誉和商品声誉。

天津市第二中级人民法院依照《中华人民共和国反不正当竞争法》（1993 年施行）第二条、第十四条，《中华人民共和国民事诉讼法》第一百七十条第一款第二项之规定，判决如下：

一、撤销天津市滨海新区人民法院（2016）津 0116 民初 2167 号民事判决；

二、被上诉人某商贸公司于本判决生效之日起在其公司微信公众号、被上诉人张某于本判决生效之日起在其微信个人空间发布致歉声明，为其对上诉人某能源公司的商业诋毁行为消除影响；

三、被上诉人某商贸公司、被上诉人张某于本判决生效之日起十日内共同赔偿上诉人某能源公司经济损失包括维权合理开支 30000 元；

四、驳回上诉人某能源公司的其他诉讼请求。

【法官后语】

本案涉及信息化时代背景下，对经营者通过网络公开发布竞争对手相关信息这一行为性质的认定。某能源公司系由韩国××集团在天津自贸区注册、由外国法人独资设立的有限责任公司，涉案产品××润滑油在韩国润滑油市场排名榜首，并连续十年占据韩国产业品牌第一名的位置。案件的审理结果与言论界限、营商环境、竞争秩序等密切相关，其重要意义不言而喻。

生效判决明确了此类案件商业诋毁行为的认定规则。首先，明确在市场竞争中，经营者应当诚信经营，不得对竞争对手的商业信誉、商品声誉进行商业诋毁，尤其是具有长期合作、授权代理、加盟连锁等非一般竞争关系的经营者公开发布其他经营者负面信息的，应负有较高的审慎义务；其次，客观审查相关言论、文章所述内容的真实性，即是否存在虚假信息，在“图文并茂”的时代，不能仅仅关注“文”，“图”亦应作为审查重点；最后，即使“图文”等均不构成虚假信息，但整体或部分内容会对社会公众产生误导，引发错误联想，从而损害竞争对手的商业信誉、商品声誉的，仍应认定构成商业诋毁。

本案审理时适用的是1993年施行的《中华人民共和国反不正当竞争法》，该法将商业诋毁的行为方式限定于“捏造、散布虚伪事实”，但本案着眼于行为所导致或可能导致的损害后果，从维护良好竞争秩序的立法目的和公平诚信的基本原则出发，将传播误导性信息的行为也纳入商业诋毁的行为规制。

本案系类型新颖的商业诋毁案件，双方当事人争议较大，审理法院全面考虑、反复酝酿、审慎处理；生效判决论述深入、条理清晰、层次分明，根据在案证据和法律规定改判某商贸公司、张某的行为构成商业诋毁，依法承担赔偿责任。判决生效后，某能源公司送来锦旗表示感谢，某商贸公司在其公众号及时发布致歉声明。该案的妥善解决，对经营者通过网络公开发布竞争对手负面信息应尽相应的审慎义务，起到了很好的警示教育作用，不仅有利于规范自媒体时代经营者网络言论自由的界限，而且对维护诚信公平的市场竞争秩序、营造良好的投资营商环境亦具有重要的现实意义。

编写人：天津市第二中级人民法院　胡浩　庞振

141 购物助手破坏购物网站用户黏性行为构成不正当竞争

——某购物平台公司诉某网络科技公司、某软件公司不正当竞争案

【案件基本信息】

1. 裁判书字号

上海知识产权法院（2017）沪 73 民终 198 号民事判决书

2. 案由：不正当竞争纠纷

3. 当事人

原告（被上诉人）：某购物平台公司

被告（上诉人）：某网络科技公司、某软件公司

【基本案情】

原告某购物平台公司系网络购物平台某网站的经营者，该网站还提供多种支付手段、收费或免费推广服务等特色服务或增值服务。被告某网络科技公司系"××买"网站经营者，该网站首页设置与某网站类似，提供针对×东、×猫、×宝等购物网站的垂直搜索及代购服务。被告某软件公司系某网络科技公司的关联公司，亦自称"××买公司"，其开发"××淘"购物助手后，于 2012 年 9 月在"××买"网站上线。用户安装、运行"××淘"后登录某网站时，某网站每个网页的顶部均会被置顶插入被告网站标识、推荐图片、搜索框、登录入口、"××买购物车"等；在商品详情页的购买信息中插入被告的二维码、收藏图标、推荐图片等，还在原有页面的"立即购买""加入购物车"按钮旁边或下方插入带有

优惠标识的减价按钮。点击减价按钮则跳转至“××买”网站，与某网站原有页面大致相同，点击购买按钮则进入“帮5买”的注册/登录界面，登录后完成下单、付款等流程，款项直接进入某网络科技公司账户。之后由某网络科技公司的员工根据用户填写的信息在某网站下单，相应销售者向用户发货。网络上存在大量关于“××买”“××淘”与某网站关系的帖子，阿里巴巴内网中有大量关于“××买”“××淘”的投诉记录。

2015年10月24日，上海市浦东新区人民法院作出裁定，要求两被告立即停止将“××淘”网页插件嵌入“某网站”网页的行为。后两被告进行整改，同年12月15日最新版本的“××淘”已不存在被控行为，但往期版本的“××淘”仍会在某网站插入前述置顶信息。2016年6月，“××淘”停止运营。

原告某购物平台公司诉称：“××淘”的行为使得被告信息在原告页面中得到免费展示，导致用户误认为原、被告之间存在合作关系，将大量原打算在原告网站交易的用户引至被告网站，破坏了原告网站的交易，导致用户流失，构成不正当竞争。故起诉请求两被告停止不正当竞争行为；赔偿原告经济损失人民币1000万元及合理费用15万元；消除影响。诉讼过程中，原告撤回第一项诉讼请求。

两被告辩称：（1）“××淘”的最终用户不是网购用户而是有代购和搜索比价服务需求的用户，其与原告间不存在直接竞争关系。（2）“××淘”是为了满足用户关于网络购物的合理需求，使用的是浏览器扩展技术这一合法中立的技术，未损害原告利益，相反对其有促进作用，故未违反公认的商业道德。（3）某软件公司并不参与软件运营，已尽到合理审慎的义务，不应承担连带责任。

【案件焦点】

1. 购物助手大多会在购物网站的空间开展经营活动，对购物网站的经营产生一定干扰，如何认定购物助手正当行为的边界；2. 涉案购物助手的具体行为是否超出购物助手正当行为的边界，并违反购物助手领域公认的商业道德。

【法院裁判要旨】

上海市浦东新区人民法院经审理认为：（1）购物助手这一商业模式解决了网购信息不对称的问题，能够提升消费者福祉，有助于提高竞争的充分性。对购物助手具体行为正当与否的判断应从增进社会整体利益出发，综合衡量购物网站经营者、消费者及购物助手经营者等多方利益。具体而言，应就购物助手是否充分尊重用户权益、是否明确标注标识来源、作用方式的合理程度、对网购交易的介入程度等进行审查后进行综合评判。（2）原告通过长期经营形成的用户群体和用户黏性，是其核心竞争资源。涉案购物助手软件未经许可，在某网站页面关键位置插入相应标识，以提供价格补贴的方式引导原先选择在某网站直接购物的用户改为选择在“帮 5 买”网站获得购物服务，减损了某网站作为购物入口优先选择的优势，破坏了某网站的用户黏性，对原告的经营造成了实质性损害。被告行为的本质系利用原告的竞争优势以谋求自身的交易机会，具有不正当性，构成不正当竞争。

上海市浦东新区人民法院判决两被告共同赔偿某购物平台公司经济损失100万元及合理开支10万元，并共同在某网站和“××买”网站首页上发布声明，消除影响。

一审判决后，两被告提起上诉。

上海知识产权法院经审理后判决：驳回上诉，维持原判。

【法官后语】

互联网领域的竞争日新月异，很多网络从业者实施的损害其他经营者利益的行为并未被反不正当竞争法具体规定，为此受损一方多会选择以该法第二条的原则性条款为依据而提起诉讼。市场竞争是对资源和交易机会的争夺，竞争行为本就是为争夺交易机会而“损人利己”的损害性行为，但并不代表必然构成不正当竞争。只有那些“过度”的竞争行为，也即在造成损害的同时，还具有不正当性时，才以公平的方式给予矫正。在《中华人民共和国反不正当竞争法》第二条的适用实践中，被诉行为是否具有不正当性是认定的重点和难点。

是否违反商业道德是竞争行为是否正当的基本判断标准。商业道德是特定行业内从业者所具有的普遍共识和基本认知，但在新生行业中并未形成普遍行业共识，需要结合行业特征具体判断。这既是一种价值判断，也具有相关事实判断标准。根据《中华人民共和国反不正当竞争法》第一条规定的立法目的，反不正当竞争法所要保护的法益具有多元性，除要保护经营者的合法权益外，还要保护消费者利益及公共利益。因此，对竞争行为正当与否的判断，应从更多利益主体的角度，分析被诉行为对经营者利益、消费者利益及公众利益所产生的影响，并对影响后果进行严格而精细的利益考量和比对分析，防止脱离反不正当竞争法的目标进行泛道德化评判。

本案中，涉案“××淘”系为网络购物提供比价、垂直搜索、帮购等服务的购物助手软件。(1) 从行为方式来看，被诉行为对原告的正常经营造成了过度妨碍。“××淘”在原告购物网站的商品详情页显著位置甚至核心位置插入标识并融为一体，其中减价按钮位于购买按钮处，直接引导消费者点击后至被告网站交易，且用户无法选择关闭上述信息。与此相比，行业内的众多其他购物助手如返利网、搜狗购物助手等，均未在购物网站页面核心位置（购买按钮）插入减价按钮，更未介入消费者与购物网站卖家之间的交易。由此可见，被告提供比价、帮购等服务并非必须要通过被诉手段来实现其功能，而是可以通过其他更为适当的方式实现，其行为超过了合理限度。(2) 从行为后果来看，被诉行为既有正面效应，也有负面效应。①“××淘”所提供的帮购、比价等服务提高了价格透明度和消费者的选择多样性，具有一定的正面市场效应。②“××淘”以价格补贴的方式引导原先选择在原告购物网站直接购物的用户改为选择在“××买”网站获得购物服务，使得消费者的流量入口发生变化，破坏了原告网站的用户黏性，原告也将无法掌握消费者在消费过程中所产生的数据信息，还可能使消费者对提供服务的主体产生混淆，对原告造成了实质性损害。③长此以往还可能导致网络购物平台失去培育用户黏性的动力，进而破坏电子商务和比价、帮购等服务共存的生态，消费者也难以获得长期持续的利益，会对市场竞争秩序产生负面影响。(3) 从利益衡量的角度来看，被告行为的负面效应明显大于正面效应，不符合比例原则，应予以规制。购物助手为消费者提供比价等服务的行为值得肯定，但其提供服务的具体方式应予以适度规制。禁止“××淘”的涉案行为，并非禁止购物助手这一商业模式，不会对购物助手经营者及行业利益造成实质影响，却能够保护原告目前的主要盈利模式。综合考虑以上因素，法院认定“××淘”购物助手的涉案行为违反了购物助手领域的商业道德，构成不正当竞争。

本案系我国首次认定恶意破坏网站用户黏性行为构成不正当竞争的判决。该判决从行为目的、方式、后果及利益平衡的角度，分析该领域内公认商业道德的考量因素，对同类案件的认定具有一定的指导意义。同时，该判决还指出了购物助手这一商业模式的正当行为边界，有助于购物助手领域乃至电商行业竞争秩序的进一步规范。

编写人：上海知识产权法院　叶菊芬

142 将他人商标作为关键词购买竞价排名的不正当竞争认定

——某产业公司诉某仪器公司、某网讯科技公司不正当竞争案

【案件基本信息】

1. 裁判书字号

北京知识产权法院（2015）京知民终字第1753号民事判决书

2. 案由：不正当竞争纠纷

3. 当事人

原告（上诉人）：某产业公司

被告（被上诉人）：某仪器公司、某网讯科技公司

【基本案情】

某产业公司是一家提供针式打印机、发票打印机和税控装置等计算机外部设备产品的开发、生产、销售和服务的知名企业，并注册了“Jolimark”“×美”“Jolimark ×美”商标。2014 年 8 月，某产业公司在百度搜索引擎的搜索框中输入关键词“jolimark”“×美”“jolimark ×美”“×美官网”“jolimark 官网”等词语进行搜索后发现，在首页中出现名称为“7 月 1 日~9 月 30 日发票打印机首选××生……”“espon 全面支持营改增，超低功耗……”等链接，且该链接后都有“推广链接”提示。分别点击上述链接后，都是进入某仪器公司的产品网页。

某产业公司认为某仪器公司与其同为生产和销售针式打印机、发票打印机产品的企业，其上述行为极易使相关公众混淆和误认二者为同一主体或存在联系，已经违反了《中华人民共和国反不正当竞争法》第九条第一款的规定，从而构成引人误解的虚假宣传的不正当竞争行为。某网讯科技公司既是网络服务提供商又是广告的经营者，其未履行相应的审查和合理注意义务，主观上存在过错；同时某网讯科技公司向某仪器公司提供了百度推广搜索关键词的服务，客观上为某仪器公司实施侵权行为提供了便利条件，违反了《中华人民共和国反不正当竞争法》第九条第二款之规定。

某仪器公司认为百度推广服务中搜索的关键词是计算机内部设置的，没有向公众展示，不能被用来识别商品；搜索排名是通过中立软件计算出来的，不受人为控制；搜索结果包含自然搜索结果，不会排除某一类信息；“推广”字样表明属于广告内容。在计算机系统内部设置关键词并不属于商标性使用，未侵害商标权。且推广链接内以及打开的链接页面充分描述了××生产品内容，不包含某产业公司的商标或信息，未侵害其商标权，不会造成误解，不构成不正当竞争的虚假宣传。

某网讯科技公司认为某产业公司的起诉违反了“一事不二诉”原则，针对被诉行为，其既在另案起诉了商标侵权纠纷，亦起诉了本案不正当竞争纠纷，其应当择一而诉。推广模式是普遍存在的推广模式，生效的判决已经确认涉案推广行为既不构成商标侵权行为，也不构成不正当竞争行为。

【案件焦点】

1. 某仪器公司将某产业公司的商标购买作为竞价排名后台关键词的行为是否违反《中华人民共和国反不正当竞争法》第二条的规定；2. 如果该行为违反了上述规定，某网讯科技公司是否应与某仪器公司承担连带责任；3. 赔偿数额的合理性。

【法院裁判要旨】

北京市海淀区人民法院经审理认为：某仪器公司与某产业公司同为打印机行业的经营者，并且均生产、销售针式打印机，故双方均有竞争关系。

本案中，从某网讯科技公司后台公证的情况来看，某仪器公司在其百度推广服务管理账户中，添加了“×美”“Jolimark”作为关键词，即使用竞争对手的品牌作为关键词推广自己的产品，主观上存在故意。某仪器公司辩称设置关键词的行为系由其委托的认证服务商所为，并提交了《××生搜索引擎关键词框架投放服务合同》及补充协议予以证明。对此法院认为，鉴于合同相对性原则，该合同中对于投放关键词行为责任承担的约定，仅能约束合同签订双方，而不能对抗第三人；另鉴于委托代理行为的性质，代理人在代理权限内，以被代理人的名义实施民事法律行为，被代理人对代理人的代理行为，承担民事责任。某仪器公司依据该合同委托认证服务商进行关键词投放，该公司应对该代理行为承担民事责任。因此，对于某仪器公司的辩称，法院不予采信。

某仪器公司的上述行为，使得“××生打印机”的相应链接出现在“×美”“Jolimark”打印机的搜索结果页面，其中部分链接还列为搜索结果的第一项，这将导致本欲关注“×美”“Jolimark”打印机的网络用户却由此关注了“××生打印机”，并进入该公司的相关页面，攫取了某产业公司的交易机会，继而减少了某产业公司就此交易机会应获得的经济利益，造成经济损失。因此，某仪器公司的上述行为有违诚实信用原则，构成不正当竞争，应承担相应民事责任。

某网讯科技公司提供网络搜索技术服务，并未直接实施上述不正当竞争行为，而仅是提供了帮助及便利条件。对于某网讯科技公司在本案中主观上是否存在过错，法院认为，从本案现有证据来看，某网讯科技公司并未在提供涉案竞价排名服务之外，另行实施了为某仪器公司选择、添加、推荐涉案关键词的行为；对于某网讯科技公司在其官方出版的书籍中介绍将竞品词作为关键词，法院认为与某仪器公司在本案中添加关键词的行为无因果关系，不构成对其进行教唆、帮助的行为。从其应负的注意义务来看，除对明显违反国家法律法规以及具有较高知名度的商标等关键词应予主动排除外，一般情况下，竞价排名服务商对于用户所选择使用的关键词并不负有全面、主动、事先审查的义务。因此，某网讯科技公司在本案中不存在过错，不应为某仪器公司的上述不正当竞争行为承担民事责任。

某产业公司要求某仪器公司停止侵权，但其确认涉案不正当竞争行为已于本案开庭前停止，故法院不再对此项诉讼请求进行裁判；其要求某仪器公司赔偿损失，鉴于某产业公司因本案所控不正当竞争行为而受到的实际损失，以及某仪器公司的违法所得均缺乏证据证明，法院将综合考虑涉案产品的利润、双方的经营规模及某仪器公司的过错程度等因素酌予认定。某产业公司要求赔偿数额较高，不再全额支持其诉讼请求。某产业公司为本案支出的公证费，对于合理部分某仪器公司一并予以负担。

综上，原审法院依据《中华人民共和国反不正当竞争法》第二条第一款之规定，判决如下：

一、某仪器公司赔偿某产业公司经济损失及合理支出共计十万元。

二、驳回某产业公司的其他诉讼请求。

某产业公司不服一审判决，提起上诉。

北京知识产权法院经审理认为：购买他人商标作为竞价排名后台关键词的行为违反公认商业道德，属于不正当竞争。本案被诉行为是某仪器公司将某产业公司商标购买作为竞价排名后台关键词的行为，其实质在于某仪器公司使用某产业公司的商标增加了自己的商业机会。判断该行为是否具备正当性的关键在于经营者用以争夺商业机会的手段是否符合公认的商业道德。

商标的本质功能在于其识别作用，其所带来的经营利益应归属商标权人，经营者不得使用他人商标为自己增加商业机会属于公认的商业道德。虽然被诉行为购买的是用户不会看到的后台关键词，既不会使用户产生混淆，亦不影响自然搜索结果，但这并不意味着其不会影响到某产业公司的商业机会。因为必然会有部分用户看到该搜索结果后点击链接进入××生网站浏览，部分用户还会因此成为某仪器公司的用户。

某网讯科技公司应对某仪器公司购买竞价排名关键词的行为承担连带责任。因被诉行为的损害后果客观上由某仪器公司购买关键词以及某网讯科技公司提供的竞价排名共同造成，但因《中华人民共和国反不正当竞争法》中并未涉及帮助行为的责任承担规则，故对其责任的认定需要适用帮助侵权行为的相关规则，因此，帮助行为人的合理注意义务的确定是关键因素，具体到本案则是关键词为商标情况下的注意义务。

对于任何搜索引擎而言，竞价排名行为均是其最为重要的盈利手段，故搜索引擎对其竞价排名服务需承担相对较高的注意义务。本案中，某仪器公司系将某产业公司的商标作为品牌词购买，但某网讯科技公司并无证据证明其要求某仪器公司提交了与该关键词相关的证据，这一做法说明某网讯科技公司未尽到合理的注意义务，主观存在过错。基于此，在某仪器公司购买关键词行为构成不正当竞争行为并需承担赔偿责任的情况下，某网讯科技公司应对此承担连带责任。

关于赔偿数额的确定。虽然某仪器公司及某网讯科技公司均具有较大公司规模及市场占有率，但仅依据这一事实仍无法相对准确地确定被诉行为所带来的损害及获利，在某产业公司并未做相应举证及说理的情况下，不能据此确定赔偿数额。

综上，北京知识产权法院判决如下：

一、撤销一审判决；

二、某仪器公司和某网讯科技公司共同赔偿某产业公司经济损失及合理支出共计十万元；

三、驳回某产业公司的其他诉讼请求。

【法官后语】

本案的审判涉及两个关键问题：

第一，购买他人商标作为竞价排名关键词的不正当性。《中华人民共和国反不正当竞争法》第二条原则性条款高度抽象，对其适用应持十分慎重的态度，以防止因不适当扩大不正当竞争范围而妨碍自由、公平竞争。是否争夺了其他经营者的商业机会，并非判断正当性的决定因素，其判断关键在于经营者用以争夺商业机会的手段是否符合公认的商业道德。当该行为违反公认的商业道德时，才可以认定为不正当竞争行为。涉案两商标标识“×美”与“Jolimark”均系臆造词，在无相反证据证明其具有其他含义的情况下，可基本认定搜索用户使用涉案两商标进行搜索的目的在于搜索某产业公司的产品或相关信息。但被诉行为的存在使得搜索用户在看到某产业公司的产品或信息之前，便会在搜索结果顶部看到某仪器公司的相关推广信息。尽管在推广结果链接标题内并未包括涉案商标，但不可否认的是，必然会有部分用户看到该搜索结果后点击链接进入××生网站浏览，而在该部分用户中，亦极有可能有部分用户因而成为某仪器公司的用户。这一情形充分说明，虽然并无混淆发生，亦并未影响自然搜索结果，但被诉行为对于某产业公司的商业机会的掠夺是毋庸置疑的。

第二，搜索引擎提供竞价排名是否应承担连带责任。反不正当竞争法中并未涉及帮助行为的责任承担规则，故对其责任的认定需要适用帮助侵权行为的相关规则，即判断帮助行为人的合理注意义务，本案则判断竞价排名中关键词为商标时的注意义务。确定经营者对某经营行为应负的注意义务，可考虑三个因素：（1）该经营行为为经营者所带来的经营利益；（2）该经营行为对社会公众的影响；（3）经营者满足具体注意义务的客观可能性。通常情况下，如果某一行为所带来的经营利益在经营者总收益中占有很大比例，或该行为对于社会公众产生了重要影响，则基于权利义务对等这一基本原则，并考虑到社会公共利益的保护，可要求经营者课以较高的注意义务。

任何搜索引擎的竞价排名行为均是其最为重要的盈利手段，因此，需要承担较高的注意义务。本案中购买者在购买关键词的同时需要对该关键词的类型进行选择，而其中有“品牌词”这一选项。因品牌基本上相当于商标，而商标与购买者之间的所有关系很容易举证证明，故某网讯科技公司至少可以做到要求选择“品牌词”这一选项的购买者提交相关初步证据（包括注册商标的商标注册证、未注册商标的使用证据、许可使用合同等）以证明其与该商标之间的关系。但某网讯科技公司并无证据证明其要求某仪器公司提交了与该关键词相关的证据，这一做法说明某网讯科技公司未尽到合理的注意义务，主观存在过错。

编写人：北京知识产权法院　芮松艳　段重合

143 企业字号依法核准注册不能成为不正当竞争行为的抗辩理由

——某网络公司诉某科技公司、某网络技术公司不正当竞争案

【案件基本信息】

1. 裁判书字号

北京知识产权法院（2017）京73民终1077号民事判决书

2. 案由：不正当竞争纠纷

3. 当事人

原告（被上诉人）：某网络公司

被告（上诉人）：某科技公司

被告：某网络技术公司

【基本案情】

某网络公司成立于1998年3月23日，经营范围包括互联网信息服务业务、互联网游戏等。某网络公司系北京动漫游戏产业联盟副会长单位，曾获2006年度北京优秀游戏出版物奖、中国游戏产业最具影响力十大品牌等奖项。经国家工商行政管理总局商标局核准，某网络公司注册第14833××号、第102684××号、第102684××号、第102684××号、第102684××号“联众”商标，核定服务项目分别为第42类、第41类、第38类、第35类，注册第17744××号、第17448××号“联众俱乐部”商标，核定服务项目为第35类、第41类。其中，联众俱乐部商标被评为2008~2011年

北京市著名商标。国家工商总局某委员会商评字［2017］第0000003100号关于第124835××号“联众梦之幻”商标无效宣告请求裁定书认定第17448××号联众俱乐部商标已构成注册及使用在从计算机数据库或网络提供的在线游戏服务上的驰名商标。

某科技公司成立于2016年1月29日，经营范围包括技术开发、技术推广、应用软件服务等，原名为北京联众互动科技有限公司，2017年2月28日变更为现名。

某网络公司提交的公证书显示，2016年8月1日，登录××网站www.×××.com，搜索“某科技公司”，出现多个搜索结果。点击“……8K-20K招聘……职友集”的搜索结果，进入某网络技术公司经营的网站www.×××.com招聘页面，其中有名为某网络公司的相关招聘信息，所留联系方式为某网络公司。返回百度搜索结果页面，点击名为“http：//www.×××.com……”搜索结果，进入某网站某科技公司发布的招聘信息，内容基本与上述职友集网站信息相同。某科技公司在赶集网（www.×××.com）上发布的公司简介信息中有“某科技公司专注于微信第三方平台开发，依托上市公司的资源，为客户量身定做微信公众号的完善与运营……”。

某网络公司向法院起诉，主张某科技公司在企业名称、网站及商业活动中使用带有“联众”字样的企业名称及相关信息构成不正当竞争行为。某科技公司辩称：某网络公司名称由注册代理机构所取，其对该企业名称的使用主观上并无恶意竞争的故意。某科技公司的企业名称是经过北京市工商局依法核准的，在法律规定的范围内进行使用，未违反《中华人民共和国反不正当竞争法》（以下简称《反不正当竞争法》）的规定。

【案件焦点】

1. 某科技公司将“联众”作为企业名称中的字号使用是否构成不正当竞争行为；2. 职友集网站上以其名义发布信息以及某科技公司在赶集网站上“依托上市公司资源”的宣传是否构成不正当竞争行为。

【法院裁判要旨】

北京市朝阳区人民法院经审理认为：某网络公司涉案系列注册商标主要识别部分为“联众”，经某网络公司连续多年宣传和使用，此商标已具有较高知名度和识别性，并被商评委认定为驰名商标，具有区分服务来源的作用，承载着某网络公司的商誉和服务品质。某科技公司的经营范围与某网络公司近似，二者具有竞争关系。某科技公司与某网络公司的经营地域相同，服务类别近似。某科技公司未经许可，将与“联众”商标完全相同的文字作为字号注册为企业名称并使用，主观上具有恶意竞争的故意，客观上容易误导公众，该行为违反诚实信用原则，损害了某网络公司的合法权益，构成不正当竞争。涉案网站招聘信息内容虽基本相同，但所留联系方式并非某科技公司，且无证据证明某科技公司与某网络技术公司存在串通，故该行为不能认定系某科技公司实施。关于赶集网站上“依托上市公司资源”的宣传，因某科技公司提供证据证明其与上市公司上海点客信息技术股份有限公司有合作关系，故不属于虚假宣传或搭便车。

北京市朝阳区人民法院判决如下：

一、某科技公司于一审判决生效之日起立即停止使用含有“联众”字样的企业名称，删除相关宣传信息；

二、某科技公司于一审判决生效之日起十日内赔偿某网络公司经济损失 6 万元；

三、某科技公司于一审判决生效之日起十日内赔偿某网络公司合理开支 3 万元；

四、驳回某网络公司的其他诉讼请求。

某科技公司不服一审判决提起上诉。

北京知识产权法院经审理认为：本案中虽某科技公司称其正当使用合法注册的企业名称，但其注册并使用该企业名称的行为是否构成不正当竞争，还应当结合其注册该企业名称时的具体情形和主观意图予以分析。在案证据显示，某网络公司自 1998 年 3 月成立至今，一直使用“联众”字号，此间注册若干包含“联众”字样的商标，获得了众多奖项及荣誉，已在互联网行业中具有较高的知名度。某科技公司成立于 2016 年 1 月 29 日，且与某网络公司同处同一地域。鉴于“联众”字号的较高知名度，同处于北京市的某科技公司作为其互联网行业的竞争者，理应知晓“联众”为某网络公司字号，却仍将其注册为企业名称使用，并在经营活动中使用，具有不正当利用某网络公司知名度的主观恶意，容易导致相关公众误认为某科技公司的服务与某网络公司存在特定联系，进而损害某网络公司的合法权益。

北京知识产权法院判决：

驳回上诉，维持原判。

【法官后语】

企业名称与注册商标均为市场主体特有的商业标志，在交易中起到区分商品或服务来源的作用，同时亦是相关经营者商誉与企业价值的重要载体。由于二者分属不同的登记管理体系，加之企业名称的登记管理还存在地域划分的客观现实，实践中前述商业标志发生权利冲突的情况时有发生。从保护在先权利、保护消费者以及防止混淆的原则出发，是解决此类纠纷所遵循的基本前提。某网络公司在先注册的“联众”系列商标经多年宣传使用已具有较高知名度和识别性。某科技公司作为同类企业，在后将“联众”作为字号注册为企业名称，其存在主观恶意，且客观上也易使相关公众产生混淆误认，违背了诚实信用的基本原则，侵犯了他人的在先权利，构成不正当竞争行为。

本案中，某科技公司的抗辩理由是其企业名称系经北京市工商局依法核准注册，在法律规定的范围内进行使用，未违反反不正当竞争法的相关规定。通常情况下，对于经工商行政机关审核批准后予以登记注册的企业名称，相关企业当然有权利在其核准范围内规范使用。但在反不正当竞争纠纷案件中，应当结合反不正当竞争法的反仿冒和制止不正当竞争行为的立法目的，以及综合考虑《中华人民共和国反不正当竞争法》第六条第三项规定及相关司法解释的本意，从而在具体案件中对争议问题作出符合立法宗旨的认定。如果在案证据可以证明被诉企业在注册涉案争议企业名称时即具有攀附他人商业信誉的主观恶意，擅自将与他人在先具有一定知名度的企业名称或字号近似的企业名称进行注册与使用，容易使相关公众对市场主体及商品或服务来源产生混淆、误认，应当属于不正当竞争行为。涉案争议企业名称经核准登记注册并不能当然地证明其申请注册行为的正当性。如仅因其经核准登记而忽略申请人攀附他人在先商号等知名度的恶意，则不仅是对在先权利人合法权利的损害，也不利于相关公众区分市场主体与商品或服务来源，是对市场经济秩序的破坏，显然不符合不正当竞争法的立法宗旨。《最高人民法院关于当前经济形势下知识产权审判服务大局若干问题的意见》第十条亦指出按照诚实信用、维护公平竞争和保护在先权利等原则，“妥善处理注册商标、企业名称与在先权利的冲突，依法制止‘傍名牌’等不正当竞争行为”，“有工商登记等的合法形式，但实体上构成商标侵权或者不正当竞争的，依法认定构成商标侵权或者不正当竞争”。故二审法院对于某科技公司提出的抗辩理由依法不予支持，维持一审法院的相关认定。

编写人：北京知识产权法院　宋堃

144 商业诋毁案件的认定标准及举证责任分配

——某评估中心诉某征信公司商业诋毁案

【案件基本信息】

1. 裁判书字号

北京知识产权法院（2017）京73民终738号民事判决书

2. 案由：商业诋毁纠纷

3. 当事人

原告（被上诉人）：某评估中心

被告（上诉人）：某征信公司

【基本案情】

原告与被告均经营企业征信业务，是同业竞争者。2016年，被告通过其运营的××网站发布了《××董事长对全国代理商新年致辞》以及转载发布了《××“国字头”山寨社团唬了多少人》等共计六篇文章。上述文章中包含有“××陈某的‘虚假荣誉牌匾杂货铺’，十年诈骗多家企业，仅上市公司就达87家，骗资达三亿”“由陈某操纵的某评估中心，大批量的倒卖虚假荣誉牌匾，已涉嫌商业诈骗”“陈某诈骗团伙操纵的‘中国产品质量协会’及其‘某评估中心’等关联公司，在‘制售虚假荣誉牌匾’过程中，已明显具备了‘非法占有他人财产目的’和‘虚构事实、隐瞒事实’的诈骗罪特征，涉嫌触犯刑法”“但他没想到前期做下的丑事都一串串地摆在公众眼前，已构成诈骗犯罪要件”等字样。被告在转载上述文章时未严格审核文章来源及内容，且对部分内容进行了篡改和添附。

【案件焦点】

1. 被告所发布的六篇文章涉案内容是否指向原告某评估中心，原告是否具备本案的诉讼主体资格；2. 被告发布六篇涉案文章的行为是否构成商业诋毁；3. 如被告的涉案行为构成商业诋毁，其应承担何种法律责任。

【法院裁判要旨】

原告与被告的实际经营范围均包括企业征信业务，即企业信用征集和评定，故双方存在竞争关系。本案中，被告某征信公司发布文章《××董事长对全国代理商新年致辞》称，原告法定代表人陈某欺诈，钻法律空子，制售虚假荣誉牌匾，已构成诈骗犯罪要件，将会引爆一个诈骗大案。被告认可没有证据证明原告法定代表人陈某已被司法机关刑事立案、提起公诉或作出判决认定其存在犯罪行为，故被告发布该文章属捏造、散布虚伪事实。上述文章指控陈某实施的行为与原告的主营业务有关，因此该文章已间接对原告的商业信誉造成损害。被告在转载原文章之时进行了添附和篡改。原文章内容并未涉及原告，被告在明知原告使用“××”商标并曾以“××企业征信系统”的名义开展业务的情况下，将原文章标题添加“××”字样，同时在转载原文章时添加内容“××陈某的‘虚假荣誉牌匾杂货铺’，十年诈骗多家企业，仅上市公司就达87家，骗资达三亿”，意图使相关公众将上述文章与原告相联系，并使原告的商业信誉降低。被告在转载文章时未严格审核文章来源及内容，未尽到合理注意义务。被告转载的上述文章含有大量指明或暗示原告或其法定代表人陈某构成犯罪的内容，而本案被告认可没有证据证明原告或其法定代表人陈某已被司法机关刑事立案、提起公诉或作出判决认定其存在犯罪行为，故上述文章内容构成对原告的商业诋毁。被告某征信公司的涉案行为违反了《中华人民共和国反不正当竞争法》第十四条之规定，构成不正当竞争，应承担停止涉案不正当竞争行为、消除影响、赔偿原告经济损失的民事责任。

综上所述，一审法院依照《中华人民共和国反不正当竞争法》第十四条、第二十条，《中华人民共和国侵权责任法》第十五条之规定，判决如下：

一、被告某征信公司于本判决生效之日立即删除涉案文章《××“国字头”山寨社团唬了多少人》《××山寨协会之乱何时休?》《××“中国产品质量协会”涉骗大揭底》《网曝“××全国征信系统”不诚信涉嫌诸多违法》《大数据揭密：××陈氏“虚假牌匾杂货店”骗局》；

二、被告某征信公司于本判决生效之日起十日内在其网站（网址：www. ×××. com）上连续七天刊登声明，以消除影响（声明内容须经本院审核，逾期不执行，本院将在全国性的网站上公布本判决主要内容，费用由被告某征信公司负担）；

三、被告某征信公司于本判决生效之日起十日内赔偿原告某评估中心经济损失六十万元；

四、驳回原告某评估中心的其他诉讼请求。

二审法院同意一审法院的裁判意见。

【法官后语】

本案是一起典型的商业诋毁纠纷案件。被告在其经营管理的网站上公开发布针对原告公司及其法定代表人的不实信息，其行为符合我国反不正当竞争法中规定的编造、传播虚假信息或者误导性信息，损害竞争对手的商业信誉和商品声誉，构成商业诋毁。法官紧扣商业诋毁行为的构成要件，对被告实施的一系列行为进行了鞭辟入里的法律评价，从本案的审理中能够较为详尽地勾勒出商业诋毁案件的一般审理思路和司法考量因素。

商业诋毁行为的构成要件可以概括为：一是当事人之间存在竞争关系；二是行为人实施了编造、传播虚假信息或者误导性信息的行为；三是行为人主观上存在过错；四是该行为损害了竞争对手的商业信誉或商品声誉。在商业诋毁纠纷案件的审理过程中，如何准确认定被告实施了“编造、传播虚假信息或者误导性信息”的行为对于是否构成商业诋毁行为的最终判定起到至关重要的作用。

1. 对“虚假信息或者误导性信息”的内涵界定

结合司法审判实践，笔者认为，构成商业诋毁行为的“虚假信息或者误导性信息”应该符合以下条件：第一，不真实的、不存在的、虚假的事实；第二，上述信息既包括虚假的事实，亦包括其他引人误解的事实。真实而引人误解且损害他人声誉的陈述亦属商业诋毁的调整范围。

2. 坚持主客观相统一的认定标准

从审判实践来看，法官对是否构成商业诋毁进行司法判定应着重从以下两个方面来进行认定：一是客观标准，即商业诋毁的认定首先应看是否为虚伪事实，真实性判断对于商业诋毁的认定至关重要，是否为虚伪事实是认定的重要标准之一；二是主观标准，即行为人存在主观过错。着重从言论的来源、依据、行为人的主观过错等方面审查该等行为是否失当。对于当事人的主观过错的判断也是主要基于客观行为的表现进行分析，综合考虑其行为本身的正当性基础、行为主体身份特点以及所附注意义务、行为过程的审慎和合理性等因素。例如，反不正当竞争法并没有对商业诋毁的语言色彩作出限定，但通常情况下，采用污蔑、贬损或羞辱等明显带有否定性色彩的语言进行的言论，更容易被认定为商业诋毁行为。

3. 举证责任分配

商业诋毁纠纷案件的当事人不仅要证明事实信息的真实性，还需要证明主观评价的客观性、信息表达方式的恰当性，这就涉及举证责任应如何分配的问题。当事人提起商业诋毁诉讼应该对信息、表达、评价的存在状态，事实信息的不真实性、表达的误导性、评价的不恰当性承担证明责任。但在司法实践中，法院常常把事实信息真实性的举证责任分配给信息传播者，也就是一审中的被告。对此，笔者认为，此类案件中，原告需首先举证证明被告实施了编造、传播虚假信息或者误导性信息的具体行为，在原告对上述事实显属虚假、损害其商誉进行初步举证之后，被告则应举证证明其所散布的信息为客观、真实的信息。具体来说，被告应举证证明其散布的信息来源、遵循的客观依据、其所附的注意义务以及在信息传播过程中秉持的客观审慎态度。如果被告不能就上述内容提供充分证据予以证明，则可以推定被告所散布的相关信息为“虚假信息或者误导性信息”。通过强化被告的举证责任来进行举证责任分配，有利于商业诋毁事实的查明，也能够进一步增强市场竞争者规范、诚信竞争的意识。

编写人：北京市东城区人民法院　刘虹蕴

145　使用他人搜索引擎提供垂直结果导向自营网站行为的性质

——某网讯公司、某网络技术公司诉某信息公司、某科技公司不正当竞争案

【案件基本信息】

1. 裁判书字号

北京知识产权法院（2015）京知民终字第557号民事判决书

2. 案由：不正当竞争纠纷

3. 当事人

原告（上诉人）：某网讯公司、某网络技术公司

被告（被上诉人）：某信息公司、某科技公司

【基本案情】

某网讯公司是××网（域名：×××.com）的经营单位。某网络技术公司是“××及图”商标的权利人，同时为××网提供技术服务。某信息公司是××网（域名：×××.com）的经营单位。某科技公司为××手机浏览器的权利人及经营主体。某网讯公司及某网络技术公司发现，当用户启动××手机浏览器软件，将搜索栏的搜索

引擎设置为××搜索并输入关键词时，某信息公司、某科技公司在下拉提示框显著位置放置多条指向××网的下拉提示词，引导用户使用××网经营的信息服务。同时某信息公司、某科技公司借助上述信息服务页面提供付费推广信息和广告内容而获取经济利益，某信息公司、某科技公司的上述行为将本属于××网的搜索服务流量强制导向××网，系典型的流量劫持行为。

同时，某信息公司、某科技公司的行为使用户误认为该信息服务为××网提供或与××网存在某种关联关系，从而混淆服务来源，对××网构成了不正当竞争。故某网讯公司及某网络技术公司提起诉讼要求法院判令二被告停止不正当竞争行为、消除影响并赔偿损失。

【案件焦点】

1. ××手机浏览器中对于垂直结果和搜索推荐词两部分内容的设置方式是否会引起相关公众的混淆；2. 该行为是否构成流量劫持行为，是否违反反不正当竞争法的规定。

【法院裁判要旨】

北京市海淀区人民法院经审理认为：本案是因××手机浏览器引发的诉讼，某信息公司、某科技公司主体身份适格。某网讯公司、某网络技术公司通过××网提供搜索引擎服务，且同时经营××手机浏览器软件产品；某信息公司、某科技公司通过××网提供搜索引擎服务，并同时经营××手机浏览器软件产品。双方在服务形式、服务内容、用户群体、盈利模式等方面均有重合，构成反不正当竞争法意义上的竞争关系。

本案中某网讯公司、某网络技术公司主张的“本属于××网的搜索服务流量”并非必然是其应该获得的商业机会。××手机浏览器在浏览建议中同时设置垂直结果和搜索推荐词，将垂直结果导向自营网站的做法，是在利用用户使用自己浏览器的商业机会而吸引用户使用、体验自己所经营的其他服务，旨在争取更多商业机会，某网讯公司、某网络技术公司有关某信息公司、某科技公司恶意劫持其流量的主张，依法不予支持。

××手机浏览器在设置显示方式时，采取以下设计：当用户选择××作为预设搜索引擎而使浏览器顶部栏左侧显示××图标时，浏览建议中显示的某信息公司、某科技公司提供的垂直内容和搜索推荐词之间没有明显区分，且在用户点击垂直内容进入××网自营网站的整个过程中，××图标始终处于顶部栏显著位置。这种手机浏览器的显示方式设计确实会造成一定范围内的用户混淆，某信息公司和某科技公司的上述行为构成不正当竞争。

某信息公司和某科技公司实施了不正当竞争行为，应当承担相应的法律责任，某信息公司、某科技公司应停止在××手机浏览器中的上述引起相关公众混淆的不正当竞争行为。鉴于××手机浏览器的相关设置容易使相关公众认为点击垂直内容进入搜狗自营网站的过程与××搜索引擎有关，故某网讯公司和某网络技术公司提出的消除影响的请求，有相应的事实和法律依据，予以支持，但消除影响的范围应以本案不正当竞争行为所造成之影响为限。

对于经济赔偿，因双方均未能提交直接的证据证明某网讯公司、某网络技术公司的实际损失，也未提交直接证据证明某信息公司、某科技公司因混淆而取得的违法获利，综合考虑××手机浏览器的市场份额、不正当竞争行为持续时间、造成混淆的情况、某信息公司与某科技公司的过错程度等因素，酌情确定赔偿数额。某网讯公司和某网络技术公司提出 100 万元的赔偿主张过高，不予全部支持。对某网讯公司和某网络技术公司因本案所付支出之合理部分，予以支持，超出合理部分的支出不予支持。

北京市海淀区人民法院依照《中华人民共和国反不正当竞争法》（以下简称《反不正当竞争法》）第二条、第二十条之规定，判决：

一、某信息公司、某科技公司立即停止涉案不正当竞争行为；

二、自本判决生效之日起三十日内，某信息公司、某科技公司共同在××网（网址为 http：//www. ×××. com）首页连续二十四小时刊登声明，就本案不正当竞争行为为某网讯公司、某网络技术公司消除影响；

三、自本判决生效之日起十日内，某信息公司、某科技公司共同向某网讯公司、某网络技术公司赔偿经济损失及合理开支共计 20 万元；

四、驳回某网讯公司、某网络技术公司的其他诉讼请求。

某网讯公司、某网络技术公司均不服一审判决，提起上诉。

北京知识产权法院经审理认为：当用户在××手机浏览器中选定××搜索引擎，且顶部栏左侧一直显示××图标的情况下，浏览建议页面对于垂直结果和搜索推荐词两部分内容的设置方式，易使相关公众误认为垂直结果亦由某网络技术公司及某网讯公司提供，该行为已违反《反不正当竞争法》第五条第一项的规定。因用户选择××图标的目的在于使用××搜索引擎进行搜索，因此被诉页面中有关搜索推荐部分的商业机会应归属于××搜索引擎。但垂直结果这一服务内容却已超出用户选择预期，在此情况下，××手机浏览器垂直结果服务所带来的商业机会并不当然归属于某网讯公司、某网络技术公司的商业机会。虽然某网讯公司、某网络技术公司认为被诉行为构成对其流量的劫持这一主张并不成立，但被诉行为却构成了假冒“××及图”注册商标的行为，因该行为会破坏“××及图”商标的识别能力，损害该商标的内在价值，故某信息公司及某科技公司应对该行为承担赔偿损失的民事责任。

北京知识产权法院依据《中华人民共和国民事诉讼法》第一百七十条第一项之规定，判决如下：

驳回上诉，维持原判。

【法官后语】

本案涉及两个争议焦点：一是用户在××手机浏览器中选定××搜索引擎，且顶部栏左侧一直显示××图标的情况下，浏览建议页面对于垂直结果和搜索推荐词两部分内容的设置方式是否会引起相关公众的混淆；二是在××手机浏览器的浏览建议中设置垂直结果，且垂直结果导向自营网站的行为是否构成流量劫持，从而违反反不正当竞争法第二条之规定。

××手机浏览器运行过程中擅自使用××图标，虽然只有点击搜索推荐词部分才会引起××搜索引擎的运行，但在顶部栏显示××图标且在被诉页面中并未明确且显著地指出垂直结果并非来源于××网站的情况下，用户同样可能会认为垂直结果亦由××网站或与之相关的网站所提供。据此，被诉页面中对于××图标的使用可能引起相关公众的混淆。

互联网领域处在高速发展之中，新的商业模式或经营方式层出不穷，因此经常出现某些在行业内尚未形成普遍认识的较难定性的竞争行为。对于此类行为，有必要区分被诉行为正当或不正当两种情况下对各方利益可能产生的影响进行分析对比，以是否对社会整体利益最为有利作为验证标准。本案中，即便被诉行为可能使得××搜索引擎的流量有所减少，但该部分流量在××搜索引擎整体流量中所占比例甚少，对于搜索引擎的利益影响亦相对有限。但被诉行为中垂直结果这一提供方式属于手机浏览器目前主要的营利模式之一，且亦可有效减少用户时间成本。故相较而言，认定被诉行为未构成流量劫持更为有利于社会整体利益。

一审判决判令某信息公司及某科技公司应承担停止不正当竞争行为及赔偿损失的民事责任，该认定正确。需要指出的是，其中的停止不正当竞争行为并非指其不得再以被诉行为中所体现的方式提供垂直结果，而是指其在提供垂直结果时，需要采用相关做法使得网络用户足以认识到垂直结果的提供与某网讯公司及某网络技术公司并无关联，从而避免相关公众产生混淆误认。

编写人：北京知识产权法院　芮松艳　段重合

146　保护用户信息是判断经营者行为的重要标准

——某网络技术公司诉某网络公司、某科技公司不正当竞争案

【案件基本信息】

1. 裁判书字号

北京知识产权法院（2016）京 73 民终 588 号民事判决书

2. 案由：不正当竞争纠纷

3. 当事人

原告（被上诉人）：某网络技术公司

被告（上诉人）：某网络公司、某科技公司

【基本案情】

某网络技术公司经营××微博，既是社交媒体网络平台，也是向第三方应用软件提供接口的开放平台。二被告某网络公司、某科技公司经营的××软件是一款移动端的人脉社交应用，上线之初因为和××微博合作，用户可以通过××微博账号和个人手机号注册登录××软件，用户注册时还要向××上传个人手机通讯录联系人，××根据与某网络技术公司的合作可以获得××微博用户的ID头像、昵称、好友关系、标签、性别等信息。

某网络技术公司后来发现，××用户的一些人脉中，大量非××用户直接显示有××微博用户头像、名称、职业、教育等信息。后双方终止合作，但非××用户的××微博用户信息没有在合理时间内删除。某网络技术公司提起本案诉讼，主张二被告存在四项不正当竞争行为：第一，非法抓取、使用××微博用户职业、教育等信息；第二，非法获取并使用××注册用户手机通讯录联系人与××微博用户的对应关系；第三，模仿××微博加V认证机制及展现方式；第四，发表言论诋毁某网络技术公司商誉。某网络技术公司为此主张停止不正当竞争行为、消除影响、赔偿1000万元经济损失等。二被告否认存在上述不正当竞争行为。

【案件焦点】

某网络公司与某科技公司使用××微博用户信息的行为是否构成不正当竞争行为。

【法院裁判要旨】

北京市海淀区人民法院经审理认为：二被告通过经营××软件，要求用户注册××账号时上传自己的手机通讯录联系人，从而非法获取这些联系人与××微博中相关用户的对应关系，在这些人未注册××用户的情况下，将其个人信息作为××用户的一度人脉予以展示，同时显示有这些人的××微博职业、教育等信息。而且，双方合作终止后，二被告没有及时删除从某网络技术公司获取的××微博用户头像、名称（昵称）、职业、教育、个人标签等信息，而是继续使用。二被告的上述行为，危害到××微博平台用户信息安全，损害了某网络技术公司的合法竞争利益，对某网络技术公司构成不正当竞争。同时，二被告发表的网络言论，对某网络技术公司构成商业诋毁。法院驳回了某网络技术公司主张的模仿××微博加V认证机制及展现方式的请求。

一审法院判决二被告停止不正当竞争行为，消除影响，赔偿经济损失200万元及合理费用20余万元等。后二被告提起上诉，二审法院经审理后维持了一审判决。

【法官后语】

本案是社交网络平台不正当竞争纠纷案，也是将消费者权益保护作为判断经营者行为正当性依据的典型案件，获得社会各界的广泛关注。

通过本案的审理，法院还指出当前网络市场竞争中明显违反诚实信用原则的行为：一是掌握有大量用户信息的互联网平台经营者，不仅对用户信息保护缺乏相对成熟完善的规范要求、安全使用措施以及技术保障能力，而且同样存在不重视用户信息保护等损害消费者权益的行为。二是处于相对竞争优势地位的经营者，存在在格式合同中设置各种单方利益条款，甚至不考虑可能涉及的第三方用户合法权益的行为。这些行为反映出当前我国亟待规范的互联网竞争秩序。

本案审理难点不仅在被告非法抓取微博用户信息等行为的事实查明方面，法院通过双方专家辅助人出庭对质等方式，对大数据环境下所用的协同过滤算法所能产生的技术效果等专门问题进行判断；而且在结合《中华人民共和国反不正当竞争法》第一条立法目的条款基础上适用该法第二条一般条款，考虑消费者权益保护情况成为判断经营行为是否符合诚实信用、公认的商业道德的要求。

人民法院从本案不正当竞争行为的危害性、影响范围等因素，认为应当酌定增加赔偿数额，但由于原告的行为一定程度上纵容了不正当竞争行为，且在纠纷处理方式上还存在不当之处，经综合权衡，法院酌情判定200万元的损害赔偿数额，属于近年来不正当竞争案件中判赔数额较高的案件，体现了知识产权保护力度加大的趋势。

编写人：北京市海淀区人民法院　曹丽萍　李莉莎

147　使用他人不知名企业字号是否构成不正当竞争

——某贸易公司诉某咨询公司不正当竞争案

【案件基本信息】

1. 裁判书字号

北京知识产权法院（2016）京73民终字第361号民事判决书

2. 案由：不正当竞争纠纷

3. 当事人

原告（被上诉人）：某贸易公司

被告（上诉人）：某咨询公司

【基本案情】

某贸易公司于2014年6月13日成立，注册资本100万元，目前住所地和经营地址是北京市朝阳区，公司股东分别为董某和杨某，分别占55%和45%股权。董某担任公司法定代表人、执行董事、经理，杨某担任公司监事。在未经原告同意的情况下，杨某与其父亲杨某作为股东于2015年5月7日违法成立了被告某咨询公司，地址在北京丰台区，法定代表人杨某。另外，杨某还以“动力××”名义去××城洽谈合作事宜。被告及杨某的这些行为，严重影响了原告的正常经营活动。综上所述，被告的行为违反了法律的规定，给原告经营造成巨大损失，应依法予以制止，同时被告应对其行为给原告造成的损失予以赔偿。故此，原告诉至法院，请求：(1) 判令被告立即停止使用含“动力××”字样的企业名称。(2) 判令被告立即停止在其经营活动中使用“动力××”字样。(3) 判令被告赔偿原告损失20万元。(4) 判令本案诉讼费由被告承担。

【案件焦点】

认定不具有市场知名度的企业字号，是否属于《中华人民共和国反不正当竞争法》第五条第三项规定的“企业名称”，可否受到《中华人民共和国反不正当竞争法》的保护。

【法院裁判要旨】

北京市丰台区人民法院经审理认为：某贸易公司与某咨询公司的经营范围均包括组织文化艺术交流活动、体育运动项目经营等，故可以认定两公司从事同业经营，具有竞争关系。在经营活动中，双方均应依法遵循公平、诚实信用的原则，遵守公认的商业道德，不得损害对方的合法权益，不得扰乱社会经济秩序。《中华人民共和国反不正当竞争法》第五条第三项规定，经营者不得采用擅自使用他人的企业名称，引人误认为是他人的商品的不正当手段从事市场交易，损害竞争对手。本案中，某咨询公司在明知某贸易公司已在先使用了“动力××”字号，且与某贸易公司同时同地从事相同领域经营活动的情况下，仍选择注册含“动力××”字号的企业名称，并于本案中自认其以“动力某咨询公司”主体身份洽谈并运营儿童娱乐项目，可以认定其故意在同一服务领域造成主体名称的近似，足以导致相关公众的混淆，其行为已违背市场交易中的诚实信用原则，损害了其他经营者的合法权益，已构成对某贸易公司的不正当竞争及应有商业利益的侵害。某咨询公司应在与某贸易公司核定经营范围相同或类似的经营业务范围内，停止使用含有“动力××”字样的企业名称，并承担赔偿损失的民事责任。

北京市丰台区人民法院依照《中华人民共和国民法通则》第一百三十四条第一项和第七项，《中华人民共和国反不正当竞争法》第二条、第五条第三项，《中华人民共和国民事诉讼法》第六十四条第一款之规定，作出如下判决：

一、被告动力某咨询公司在其经营活动中停止使用含有“动力××”字样的企业名称；

二、被告某咨询公司赔偿原告某贸易公司经济损失 3 万元；

三、驳回原告某贸易公司的其他诉讼请求。

某咨询公司不服一审判决，提起上诉，北京知识产权法院依据《中华人民共和国民事诉讼法》第一百七十条第一款第一项之规定，作出如下判决：

驳回上诉，维持原判。

【法官后语】

原告在本案中并未提交任何证据证明其字号“具有一定的市场知名度、为相关公众所知悉”。在此情况下，“动力××”能否适用《中华人民共和国反不正当竞争法》第六条规定的“企业名称”获得该法的保护。对于该问题，如严格按照司法解释的相关规定，答案是否定的，但本案的独特性在于法院在审理该案时并未囿于相关法律的规定，而是深入《中华人民共和国反不正当竞争法》的立法目的，即《中华人民共和国反不正当竞争法》第六条的核心在于通过禁止擅自使用他人企业名称，来达到防止相关公众的混淆从而达到保护竞争秩序和消费者权益的目的。

本案的裁判思路正是对这一核心目的的运用，即认定即使原告企业字号不具有市场知名度，但在被告使用的字号与原告企业字号构成雷同，容易在市场经营过程中造成相关公众的混淆，且该混淆是出于被告的主观恶意的情形下，被告的行为已违背市场交易中的诚实信用原则，损害了原告的合法权益，构成对原告的不正当竞争。对于擅自使用他人不具有市场知名度的企业字号构成不正当竞争的认定标准问题，应当满足几个要件：（1）原告请求保护的企业名称经在先合法登记；（2）被告企业字号与原告企业字号相同；（3）原、被告之间的企业名称会使相关公众对市场主体或商品和服务的来源产生混淆；（4）被告使用原告在先字号主观上具有过错，包括明知和应知。其中，对于混淆的判断，应以相关公众的一般注意为标准，并综合考虑原、被告之间所处地区、所属行业情况进行综合分析。

编写人：北京市丰台区人民法院 万迪

148 商标近似及侵权的认定

——某珠宝公司、某珠宝英国公司诉某饰品公司等侵犯商标权及不正当竞争案

【案件基本信息】

1. 裁判书字号

北京知识产权法院（2016）京73民终943号民事判决书

2. 案由：侵犯商标权及不正当竞争纠纷

3. 当事人

原告（被上诉人）：某珠宝公司、某珠宝英国公司

被告（上诉人）：某饰品公司

被告：高某新、某网络技术公司

【基本案情】

第20185××号“FOREVERMARK及图”商标核定使用类别为第14类。第39054××号“FOREVERMARK”商标核定使用类别为第35类。第69907××号“FOREVERMARK永恒印记”商标核定使用类别为第35类。上述商标注册人均为某珠宝公司。

2005年4月8日，某珠宝公司在我国香港特别行政区注册第3003998××号“××印记”商标，注册类别为第14类贵金属及其合金、珠宝、宝石、次宝石等。

国际注册第G7456××号“FOREVERMARK”商标核定使用类别为第14类，该商标于2000年4月14日在瑞士获得基础注册，后通过领土延伸指定中国获得注册商标保护。国际注册第G7456××号“FOREVERMARK及图”商标核定使用类别为第14类。上述商标至本案审理时，均在有效期内，注册人均为某珠宝公司。

某珠宝公司与某珠宝英国公司于2015年3月24日签订了《知识产权转让合同》，将某珠宝公司拥有的并经该合同所定义的商标以及相关知识产权转让给某珠宝英国公司。

某饰品公司成立于2005年6月22日。第44979××号“××印记”商标核定使用类别为第14类。第94669××号“Forever imprint及图”商标核定使用类别为第14类，申请人为某饰品公司，专用期限自2012年6月7日至2022年6月6日。

2011年6月1日，高某新与某饰品公司签订《商标使用许可协议》，约定高某新将已注册的使用在第44979××号第14类商品上的“××印记”商标，许可某饰品公司使用在该注册商标证所核定的所有商品项目上。许可使用期限自2011年6月1日起至2018年4月13日止。

针对某饰品公司第94669××号“Forever imprint及图”商标，某珠宝公司对该商标向某委员会提出无效宣告申请。2015年5月29日，某委员会作出商评字（2015）第392××号《关于第94669××号“Forever imprint及图”商标无效宣告请求裁定书》，将第

94669××号“Forever imprint 及图”商标予以无效宣告。某饰品公司不服该裁定，向北京市知识产权法院提起行政诉讼，该案件尚在审理中。

某饰品公司申请微博名称为“××印记珠宝”，头像使用“Forever imprint 永恒印记及图”图标。某饰品公司网站（http：//www. ×××. cn），均使用了印记 forever imprint 及图标识。某商城页面（http：//www. ×××. com），品牌中有××印记 Forever imprint 及图标识等品牌，每个产品的名称前都有“××印记”四个字作为识别，页面上方有××印记 Forever imprint 及图标识。点击某商城××印记 Forever imprint 店铺页面首页右上方的品牌介绍，进入页面的品牌展示中，模特身后的展板上展示的是 FOREVERMARK 等信息。

二原告提交了其自 2001 年时使用的标有“FOREVERMARK”“××标记”的报道及广告资料等。

【案件焦点】

对于某饰品公司在商品宣传、展览及商品包装等商业活动中使用的“Forever imprint××印记及图”“××印记及图”“Forever imprint 及图”“××印记”等文字及标识是否与二原告的涉案注册商标构成近似。

【法院裁判要旨】

北京市海淀区人民法院经审理认为：二原告主张权利的商标为英文“FOREVERMARK”与“FOREVERMARK 及图”，“FOREVERMARK”为其显著识别部分之一。对于某饰品公司某饰品英国公司在商品宣传、展览及商品包装等商业活动中使用的“Forever imprint ××印记及图”“××印记及图”“Forever imprint 及图”“××印记”等文字及标识是否与二原告的涉案注册商标构成近似，应以相关公众的一般注意力为标准。既要考虑商标标志构成要素及整体的近似程度，也要考虑相关商标的显著性和知名度、所使用的商品的关联程度等因素，以是否容易导致混淆为判断标准。

高某新注册并许可使用第44979××号“××印记”商标，某饰品公司在产品宣传及包装上使用“Forever imprint××印记及图”“××印记及图”“Forever imprint 及图”“××印记”等文字及标识的行为侵犯了二原告的商标权。“FOREVERMARK”商标在某饰品公司成立前就有一定知名度，“FOREVERMARK”在含义上与“××印记”具有一定的对应性，而某饰品公司与二原告从事相同的珠宝首饰经营活动，却将“××印记”作为字号注册登记为企业名称，并使用“××印记珠宝”的微博名称、“××印记”“××印记珠宝”的微信名称对其产品进行宣传、推广，足以使相关公众对其商品的来源产生混淆，构成不正当竞争行为。

北京市海淀区人民法院依照《中华人民共和国商标法》第五十七条第二项和第三项、第五十八条、第六十三条，《中华人民共和国反不正当竞争法》第二条、第二十条，《最高人民法院关于审理商标民事纠纷案件适用法律若干问题的解释》第一条第一项，《最高人民法院关于审理注册商标、企业名称与在先权利冲突的民事纠纷案件若干问题的规定》第四条之规定，判决如下：

一、被告某饰品公司停止使用“××印记”作为其企业名称中的字号的不正当竞争行为并变更其字号，停止使用“××印记”“××印记珠宝”的微信公众号名称，停止在其商业宣传活动中以及在其生产、销售的珠宝首饰商品及包装上，使用“××印记”“Forever imprint”“Forever imprint 及图”商标，停止以“××印记珠宝”“某饰品公司”等形式突出使用字号的侵犯商标权行为；被告高某新停止许可他人使用其所注册的“××印记”商标；

二、被告某饰品公司和被告高某新在一家全国性的报纸上刊登声明，就本案侵犯商标权及不正当竞争行为为原告某珠宝公司、原告某珠宝英国公司消除影响；

三、被告某饰品公司和被告高某新向原告某珠宝公司、原告某珠宝英国公司赔偿经济损失及合理开支共计 80 万元；

四、驳回原告某珠宝公司、原告某珠宝英国公司的其他诉讼请求。

被告某饰品公司某饰品英国公司不服一审判决，提起上诉。

北京知识产权法院经审理认为：一审法院依据《中华人民共和国商标法》第五十七条、第五十八条认定上诉人的行为构成侵犯他人的注册商标专用权的行为及不正当竞争行为，认定事实清楚，对于本案涉及的法律规定的要件分析及适用理由均无不当，裁判结果正确，审理程序合法，应予维持。上诉人的主张缺乏事实和法律依据，本院不予支持。根据《中华人民共和国民事诉讼法》第一百七十条第一款第一项之规定，判决如下：

驳回上诉，维持原判。

【法官后语】

英文商标被直译或音译后被抢注商标的事件时有发生，对于此种商标的保护应该以相关公众的一般注意力为标准，在结合英文商标与中文商标之间的对应性、中英文商标各自的注册时间及显著性、中英文商标各自所使用的产品类别、当事人的主观意图及商标的使用方式等方面予以考量。

具体到本案中，二原告主张权利的商标为英文“FOREVERMARK”与“FOREVERMARK及图”，“FOREVERMARK”为其显著识别部分之一，对于被告某饰品公司而言，其在商品宣传、展览及商品包装等商业活动中突出使用的是“Forever imprint××印记及图”“××印记及图”“Forever imprint 及图”“××印记”等文字及标识。涉案的中英文商标，第一，从中英文商标的对应性来看：从一般公众角度而言，“FOREVER”“MARK”“IMPRINT”均为使用频率较高英语单词，其固有含义容易被相关公众理解。“FOREVER”具有“永远、××、永久、始终、常常”等含义，“MARK”具有“标志、分数、痕迹、记号”等含义；“IMPRINT”具有“印记、标记、痕迹、记号”等含义。由此可见，从商标含义的关联性上“××印记”“FOREVERIMPRINT”与“FOREVERMARK”在含义上存在一定的对应关系。第二，从各自商标的注册情况来看：7二原告主张权利的第G7456××号“FOREVERMARK”商标、第G7456××号“FOREVERMARK及图”商标及第20185××号“FOREVERMARK及图”商标，无论是申请时间，还是在中国获准注册的时间，均早于某饰品公司成立时间，也早于高某新2005年2月4日申请第44979××号“××印记”商标时间及某饰品公司2011年5月16日申请第94669××号“Forever imprint 及图”商标时间，二原告对上述商标享有在先权利。而对于被告的商标，尽管某饰品公司对某委员会撤销第44949××号“××印记”商标及第94669××号“Forever imprint 及图”商标的裁定提起了行政诉讼，相关行政案件尚在审理中，但是撤销第44949××号“××印记”商标的裁定本身就是根据北京市高级人民法院

(2013) 高行终字第2374号生效行政判决书[①]的结论而作出，该生效判决亦经最高人民法院再审审查后被裁定予以维持，而且民事侵权的判断亦不需要以行政处理为前置条件。第三，从各自商标的显著性而言，FOREVERMARK品牌在进入中国内地前，在我国香港特别行政区就有了一定知名度，在某饰品公司成立以前，在内地的相关宣传报道中已经大量使用“FOREVERMARK”商标，“FOREVERMARK”商标具有一定的知名度，而且原告在某些宣传媒体上甚至直接使用了“××印记”的表述，而某珠宝公司亦于2005年4月在我国香港特别行政区注册了“××印记”商标。而高某新作为在深圳珠宝首饰行业浸淫多年的从业人员，对珠宝首饰行业及其品牌动态必然有更多的认知。第四，从双方商标的使用类别来看，双方使用的商标都是在珠宝首饰类商品上。第五，从当事人的主观意图而言，在某商城上对某饰品公司产品的宣传材料中直接使用的是FOREVERMARK的品牌展示信息，尽管某饰品公司在庭审中称该行为为某商城自身行为，与某饰品公司无关，但是无论该行为由谁所为，行为人主观上意图使得相关公众将“××印记”“FOREVERIMPRINT”与“FOREVERMARK”发生混淆的事实客观存在，这在一定程度上也表明了“××印记”“FOREVERIMPRINT”与“FOREVERMARK”会发生混淆的可能性。故此，在考量以上因素的基础上，法院认定被告侵犯原告商标权。

编写人：北京市海淀区人民法院　游美玲

---

① 《某商标评审委员会与某百年公司其他二审行政判决书》，载中国裁判文书网，https：//wenshu. court. gov. cn/website/wenshu/181107ANFZ0BXSK4/index. html? docId = aLS1qTqiUO22FA1s522KapeMv0slrXImcjeHeBXKv8TlTbaCh/ujB5O3qNaLMqsJLtMGU + Mc345IAqnl4fqepP86vUAxp4XOZZZ30vet/goCNTP1Zt3E2U5fFsgURRtT，2022年12月29日访问。

149 将他人商品商标用于关联性较强的服务中构成侵权

——某游乐设备公司诉某玩具公司、某公园侵害商标权及不正当竞争案

【案件基本信息】

1. 裁判书字号

北京知识产权法院（2016）京73民终689号民事判决书

2. 案由：侵害商标权及不正当竞争纠纷

3. 当事人

原告（被上诉人）：某游乐设备公司

被告（上诉人）：某玩具公司

被告（被上诉人）：某公园

【基本案情】

李某通过工商行政管理总局取得第28类、第35类“××儿童主题乐园、CHEER KIDS PLAY PARK”商标所有权。后原告某游乐设备公司与李某签订商标使用许可合同，取得了上述商标使用权及维权权利。

被告某玩具公司未经许可在经营儿童室内游乐园项目中使用了涉案商标，该场地位于被告某公园内，双方签有《场地租赁协议书》，租赁期限自2009年10月1日起至2013年9月30日止，场地租金为每年4万元。被告某玩具公司法定代表人杨某某原为原告某游乐设备公司北京分公司负责人。

【案件焦点】

1. 被告某玩具公司涉案行为是否侵犯了原告注册商标专用权利及是否构成不正当竞争；2. 被告某公园是否需要承担连带责任。

【法院裁判要旨】

北京市石景山区人民法院经审理认为：原告两个商标均为“××儿童主题乐园、CHEER KIDS PLAY PARK”图文商标，而被告在经营场所的显著位置以及在网上销售门票和进行宣传时均使用了“××儿童主题公园”标识，属于商标性使用，且两者的中文文字及图形完全相同，应认定为被告使用的标识与原告涉案商标一、二均构成近似。涉案商标一虽然注册在第 28 类商品上，但玩具的概念非常广泛，生产、销售儿童游乐园设施又与提供儿童游乐园设施服务之间存在密切联系，因此被告某玩具公司在提供儿童游乐园服务中使用与涉案商标类似的标识，容易造成相关公众混淆误认。而且被告某玩具公司的法定代表人杨某某曾任原告某游乐设备公司北京分公司负责人，有接触涉案商标的便利，其使用行为主观恶意明显，因此，被告上述使用行为构成了对涉案商标一专用权的侵犯。由于被告涉案行为已经被认定为侵害原告商标权的行为，因此不再适用反不正当竞争法给予重复救济。

被告某公园是否需要承担连带责任的问题。公园本身不同于其他商业场所，其市场管理职能和责任有限，不应苛以过重的审查注意义务。现无证据或事实证实被告某公园主观上明知或应当知道被告某玩具公司存在侵犯他人商标权的行为，或客观上存在为侵权提供便利的行为，其就涉案侵权行为的发生不存在过错，无须承担连带责任。

北京市石景山区人民法院判决如下：

一、被告某玩具公司于判决生效后立即停止侵犯原告某游乐设备公司注册商标专用权的行为；

二、被告某玩具公司于判决生效后十日内赔偿原告某游乐设备公司经济损失 250000 元及诉讼合理支出 23000 元，两项共计 273000 元；

三、驳回原告某游乐设备公司的其他诉讼请求。

某玩具公司不服一审判决，提起上诉，北京知识产权法院经审理后作出判决：

驳回上诉，维持原判。

【法官后语】

近年来，出现了许多商标侵权“加”不正当竞争合并诉讼案件，这类案件双方当事人多为有市场竞争关系的双方，在角逐市场的同时双方在利益上产生矛盾，因此这类诉讼争议较大、调解难度极大，往往需要法院通过判决的方式来规范双方的经营活动，这类判决不仅会对当事人产生重大影响，甚至可能会对一个行业的发展产生影响，因此必须慎重处理。法院认为，认定商品或者服务是否类似，应当以相关公众对商品或者服务的一般认识综合判断。

法院在处理这个问题时，是将关联性商品或服务纳入了类似商品的范围，这是出于有效保护商标权的需要。而且对于类似商品的认定不必过于严苛，只要是普通消费者能够将涉及的商品或者服务联系到一起，都可以纳入类似商品的范围。这对于保护一些具有一定知名度却又达不到驰名商标程度的注册商标，无疑是具有现实意义的。

反不正当竞争法作为带有兜底和补充性质的知识产权法律，在行为人的被控行为能够通过著作权法、商标法、专利法等部门法予以规制和调整的，不应再适用兜底性质的反不正当竞争法进行调整。如果存在多个被控侵权行为，部分构成侵害著作权或商标权行为，部分构成不正当竞争的，则需要分别适用相关法律进行处理。

法院最终没有判决某公园承担连带责任，是出于两个方面的考虑，一是考虑到涉案商标的知名度，虽然通过原告的证据可以证明涉案商标在行业内具有一定的知名度，但对于公园来讲，其很难意识到“××”是一个商标，甚至是一个知名商标，进而就北京派格斯是否具有授权进行审查；二是考虑到公园的主体性质，公园是具有公益性质的场所，其虽然也开展一些商业经营活动，但毕竟与以营利为目的的商场、市场不同，不应当要求其承担过重的审查注意义务。

编写人：北京市石景山区人民法院　易珍春

150　企业名称中包含他人注册商标文字不必然构成商标侵权或不正当竞争

——某食品公司诉某甜品店不正当竞争案

【案件基本信息】

1. 裁判书字号

广州知识产权法院（2015）粤知法商民终字第256号民事判决书

2. 案由：不正当竞争纠纷

3. 当事人

原告（被上诉人）：某食品公司

被告（上诉人）：某甜品店

【基本案情】

某食品公司是第35021××号“××居”商标权人，该商标核定服务项目（第43类）包括餐厅等。某甜品店（个体工商户，以下简称××居）成立于2014年5月27日，经营范围为餐饮业。此前，××居的经营者王某茵于2014年5月12日向国家商标局申请“××绿”商标的注册，国家商标局于2015年3月20日发出该商标初步审定公告。

2015年3月5日，某食品公司向××居发出《律师函》，认为××居自2014年5月成立以来，在未获得某食品公司任何许可及合法授权的情况下，擅自将某食品公司享有专用权的注册商标“××居”作为个体工商户字号进行经营并在网络媒体上进行宣传推广，该行为已侵犯了某食品公司注册商标专用权，给其正常经营和良好商誉造成不利影响，致使其遭受了一定的经济损失；同时该行为也误导了广大消费者，扰乱了正常的市场竞争秩序，构成不正当竞争。同年3月25日，××居复函某食品公司，称其字号“某甜品店”依法经工商注册取得，在经营过程中，其规范使用字号，突出使用的是其自主设计的“××绿”标识，而非突出使用“××居”；且与某食品公司的服务场所装修风格、工作人员着装、产品宣传单内容和样式完全不同，并认为某食品公司注册商标“××居”中的茗点是广州地区饮食文化的代称，该注册商标显著性并不强，××居注册时不知该商标，没有侵犯某食品公司的任何权利。

2015 年 5 月 5 日，某食品公司诉至广州市海珠区人民法院，称××居自成立以来擅自将其“××居”商标作为个体工商户字号进行经营并在网络媒体上进行宣传推广，误导消费者，扰乱了正常的市场竞争秩序，构成不正当竞争，请求法院判令××居：（1）立即停止不正当竞争行为，即立即停止其个体工商户字号中包含的“××居”字样，并办理相应的名称变更登记，以及立即停止在任何场合使用“××居”字样；（2）赔偿因其不正当竞争行为而给某食品公司造成的经济损失暂计 10 万元。

诉讼中，某食品公司提供了某公证处根据其于 2015 年 4 月 20 日对××居经营场所有关经营情况和环境提出的证据保全申请出具的公证书。公证书所附照片显示，××居外墙悬挂“××绿××居”招牌，位于招牌中部为“××绿”四字，字体较大，“××居”三字（横向排列）位于招牌的右侧，字体较小，三字下方标有汉语拼音“DIANHONGDIANLV”；用作排队取号用的“叫号单”上仅标记“××绿”，无“××居”字样；餐厅菜单及宣传单等上面印有“××绿××居”字样，位于中部的“××绿”四字字体较大，下方标有汉语拼音“DIANHONGDIANLV”，“××居”三字（竖向排列）位于“××绿”右侧，字体较小；发票上的收款方为××居的全名“某甜品店”。

从涉案公证书还可见，××居系以“××居”名义在“××点评网”“××团网”等网站上对其特色菜等进行介绍，并提供团购服务。“××团网”上“××居”项下可见如下消费评价：“今天去的是××绿……”“去的××绿××居……”“周六晚上去了客村的××居……”消费者的“晒图评价”照片的内容几乎全为粤式点心。

××居为证明“茗点”实为广州地区饮食文化的代称，泛指经营粤式茶点的商家提供的茶和点心，是广州茶文化的代表；“茗点”属于通用名称，为许多商家采用，泛指广州地区喝茶吃点心的地方，广州很多商家都使用“××居”，提交了“××网”的网页资料为证。该网页资料中“饮食消费文化”“茶饮消费文化”等，有涉及“茶楼消费带有大众文化色彩……”“饮茶成为广州的生活习惯相沿已久……”等内容。

【案件焦点】

××居在名称中使用包含他人注册商标文字是否构成商标侵权或不正当竞争。

【法院裁判要旨】

广东省广州市海珠区人民法院经审理认为：某食品公司“××居”商标使用在前，“某甜品店”字号使用在后。该字号中的“广州市海珠区××绿”均是修饰“××居”，其关键词是“××居”，与某食品公司的商标“××居”仅是“点”与“點”繁、简写法不同而已，其中文意思是一样的。同时××居在消费餐厅的外墙上悬挂“××绿××居”，在菜单及宣传单上均印有“××绿××居”，特将其字号“××绿”中的“点”用成“點”，与某食品公司“××居”商标中的“點”一致。虽然××居认为其服务场所的装修风格、菜单、宣传单内容、样式等与某食品公司有较大差别，但由于两者经营的均是餐饮业，××居的字号包含某食品公司的注册商标，且同在海珠区，容易使进餐人员造成混淆和误解，会误以为××居的服务与某食品公司的注册商标之间有一定的关系。虽然××居提供的证据证明了还有某裕××居和某记××居的存在，但该证据无法证明××居侵权行为的合理性，××居的行为构成假冒他人注册商标的不正当竞争行为。

广东省广州市海珠区人民法院依照《中华人民共和国反不正当竞争法》第五条第一项、第二十条的规定，作出如下判决：

一、××居在本判决生效之日起立即停止使用含有“××居”的个体工商户字号；

二、××居于本判决生效之日起十日内赔偿某食品公司 50000 元；

三、驳回某食品公司的其他诉讼请求。

××居不服，上诉称：其名称中的“××居”是行业组织形式，而非字号，其字号或关键词是“××绿”而不是“××居”；其在宣传中使用“××绿”与某食品公司商标中的“點”毫无关联。无证据证明某食品公司涉案商标知名度。××居在注册、使用涉案字号的过程中主观上没有任何攀附某食品公司涉案商标商誉的恶意，客观上也没有误导相关公众，双方的证据都足以表明事实上没有造成消费者混淆。综上所述，××居认为其在本案中的行为不构成不正当竞争行为，最多应当承担未规范使用自身注册字号的责任，上诉请求撤销一审判决，改判驳回某食品公司的全部诉讼请求。

某食品公司同意一审判决，坚持一审起诉意见。

广州知识产权法院经审理认为：某食品公司与××居的经营范围同为餐饮业，在广州市均有经营场所，两者存在市场竞争关系，本案应适用我国反不正当竞争法的规定。某食品公司作为核定服务范围包括餐厅在内的“××居”商标的商标权人，其合法权益应受法律保护。某食品公司具有提起反不正当竞争之诉的权利基础。根据某食品公司的起诉意见，××居实施的不正当竞争行为有二：一是在个体工商户字号中使用“××居”字样，二是在宣传推广中使用“××居”字样。某食品公司此诉求即为本案的争议焦点。

针对被诉的第一种侵权行为，即××居在宣传推广中使用“××居”字样的行为。经审查，××居在名称中使用“××居”字样的行为具有正当性。理由如下：第一，“茗”有“茗茶”之意，“点”可指“点心”，“居”有“居所”“地点”之意。根据广州及周边地区的生活习惯和饮食文化，早、午、晚餐、宵夜甚至不分时段均可品茶与点心，“茶”与“点”的组合可任意搭配或取替任一正餐。由此可见，××居作为以提供广式茶点为经营特色的餐厅以“某甜品店”之名申请工商注册符合本地的饮食文化，具有文化背景。第二，《个体工商户名称登记管理办法》第六条规定，个体工商户名称由行政区划、字号、行业、组织形式依次组成。第七条规定，个体工商户名称中的行政区划是指个体工商户所在县（市）和市辖区名称。行政区划之后可以缀以个体工商户经营场所所在地的乡镇、街道或者行政村、社区、市场名称。第九条规定：个体工商户名称中的行业应当反映其主要经营活动内容或者经营特点，其行业表述应当参照《国民经济行业分类》的中类、小类行业类别名称或具体经营项目。第十条规定：个体工商户名称组织形式可以选用“厂”“店”“馆”“部”“行”“中心”等字样，但不得使用“企业”“公司”和“农民专业合作社”字样。××居是依法注册成立的个体工商户，经营范围为包括粤式茶点在内的餐饮业。××居称其注册名称“某甜品店”中的“××绿”为字号，“茗点”意指“茗茶”和“点心”即“行业”，“居”为“组织形式”，有法律依据。第三，××居的经营者王某茵在××居被核准工商登记之前已申请“××绿”商标注册的行为，可佐证××居用以区分服务来源的字号实为其名称中的

“××绿”，而不是“××居”，“××居”三字仅作标明行业和组织形式之用。可见××居在名称中使用“××居”三字不具有不正当竞争的故意。第四，“××居”字样位列××居名称之最末，将字号放置经济实体名称之最末端亦不符合一般的经营习惯。据此，综合认定××居名称中虽使用了“××居”字样，却非用作商标或字号使用，且该使用行为具有正当性，某食品公司主张××居不正当地使用了与其“××居”商标相近的文字“××居”为字号事实依据不足，依法应不予支持。

针对被诉的第二种侵权行为，即××居在宣传推广中使用“××居”字样的行为。经分析认为××居实际使用“××居”的方式又可区分为两种：一是将“××绿××居”在店铺招牌、菜单、餐桌号台作服务标识使用，二是以“××居”之名在网站上作美食推介、团购使用。在第一种使用方式中，××居未在服务标识中规范使用其注册登记的“××绿”字号虽有不当，但不足以认定××居主观上有假冒、攀附某食品公司“××居”商标商誉，或毁损竞争对手之不正当竞争意图。在第二种使用方式中，“××居”全部字体大小相同，按顺序排列，性质上属于××居规范使用本个体工商户简称的经营性行为，同样具有正当性。无证据表明消费者对××居的“××居”和某食品公司以“××居”商标标示的“某食品公司”产生了混淆或误认，或者××居的被诉侵权行为不正当地扰乱了市场经济秩序，某食品公司的正当利益因此而受到了损害。

广州知识产权法院认为某食品公司主张××居该使用行为属不正当竞争行为无事实和法律依据，依法应不予支持。

某食品公司提供的证据不能证明××居主观上具有不正当竞争

的故意，客观上实施了不正当竞争手段从事市场交易，损害了作为竞争者的某食品公司利益的行为。××居的上诉理由成立。

广州知识产权法院判决如下：

撤销一审判决，驳回某食品公司的全部诉讼请求。

某食品公司向广东省高级人民法院申请再审。广东省高级人民法院经审理认为：某食品公司享有“××居”商标的在先权利，现有证据无法证明“××居”已经成为行业的通用组织形式名称，“××居”系企业字号即企业具有识别服务来源功能的商业标识，××居作为与某食品公司在同一地区提供相同服务的同行经营者，对于某食品公司享有“××居”注册商标专用权的情况应当知道，但其仍将“××居”注册为其个体工商户的字号，并将“××居”使用在店铺招牌、菜餐桌号台上，容易误导消费者对服务来源混淆或误认，构成不正当竞争。

广东省高级人民法院判决如下：

一、撤销广州知识产权法院二审判决；

二、判决××居停止将“××居”作为字号使用的不正当竞争行为；

三、判决××居停止在生产经营中使用“××居”标识的不正当竞争行为；

四、判决××居赔偿某食品公司经济损失及合理开支 2 万元；

五、驳回某食品公司的其他诉讼请求。

【法官后语】

一、关于“字号”法律含义的思考

研究原审原告某食品公司的诉请，笔者作为二审经办法官首先思考的是该诉请的基础前提，即××居有无将“××居”作为字号或字号的一部分进行使用。何为“字号”?《最高人民法院关于适用〈中华人民共和国反不正当竞争法〉若干问题的解释》第九条规定，市场主体登记管理部门依法登记的企业名称，以及在中国境内进行商业使用的境外企业名称，人民法院可以认定为反不正当竞争法第六条第二项规定的“企业名称”。有一定影响的个体工商户、农民专业合作社（联合社）以及法律、行政法规规定的其他市场主体的名称（包括简称、字号等），人民法院可以依照反不正当竞争法第六条第二项予以认定。据此，“字号”似乎应理解为以简短的文字区别于其他企业，便于他人辨识的企业名称的简称。然而，××居的法律性质并不是“企业”，而是个体工商户。《最高人民法院关于适用〈中华人民共和国民事诉讼法〉的解释》第五十九条规定，在诉讼中，个体工商户以营业执照上登记的经营者为当事人。有字号的，以营业执照上登记的字号为当事人，但应同时注明该字号经营者的基本信息。营业执照上登记的经营者与实际经营者不一致的，以登记的经营者和实际经营者为共同诉讼人。根据上述规定，个体工商户的“字号”应理解为经工商登记核准的该个体工商户的完整名称。根据前述法律条文可知，企业字号和个体工商户字号的含意有所不同，法官在思考和处理相关法律问题时不得不更加谨慎。

“字号”虽因经营主体的性质不同而有不同的法律含义，但综合整个案情，涉案纠纷终究因××居在名称中使用了与某食品公司“××居”商标相近似的文字“××居”而起。本案既为不正当竞争之诉，法官终究是要结合文化背景、消费者消费习惯、使用者主观意图和客观效果等因素，综合判定评判××居的被诉行为有无违反反不正当竞争法第二条第一款“经营者在市场交易中，应当遵循自愿、平等、公平、诚实信用的原则，遵守公认的商业道德”等规定，该使用行为是否具有正当性。

二、关于被诉行为是否属于商标性使用行为及构成商标侵权的思考

本案为不正当竞争之诉，假设案由为侵害商标权纠纷，××居的被诉行为又是否属于对某食品公司“××居”的商标使用行为呢？商标是区分、识别商品和服务来源的标记。笔者认为，纯粹从文字比较而言，“××居”与“××居”商标近似。然而，根据案情，××居用以区分、识别其服务来源的标识是“××绿”或“××绿”，其使用“××居”文字仅作标明“行业”和“组织形式”之用，该使用行为不属于我国商标法第四十八条“本法所称商标的使用，是指将商标用于商品、商品包装或者容器以及商品交易文书上，或者将商标用于广告宣传、展览以及其他商业活动中，用于识别商品来源的行为”规定的商标性使用行为。

（三）当事人诉讼策略对审判思路的影响

本案中，涉案两名当事人经营场所都在广州市，双方不但经营范围（餐饮）相同，经营特色（粤式茶点）也相同，竞争激烈可想而知。某食品公司因成立更早，品质相对有保障且为连锁经营，在本市及周边地区的行业内小有盛名。××居成立时间较短，艰难创业阶段即称被告。单从当事人表面“气质”看，某食品公司指控××居攀附其名气不正当竞争似乎理直气壮。诉讼前，尽管某食品公司曾在寄发的《律师函》中指称××居的涉案行为属侵害商标权兼不正当

竞争行为，并在起诉理由中也援引了商标法和反不正当竞争法的相关规定，但某食品公司真正并未指控××居的涉案行为构成商标侵权，其提起的仅是反不正当竞争之诉。然而，根据一审法院判决主文，可整理法官的审理思路为“商标侵权及不正当竞争之诉”，笔者认为，诉讼中应避免被当事人的名气和诉讼策略影响，要始终立足于原告本身的诉求，结合案由和案情作出司法判断。

综上，二审在处理本案时形成了清晰的裁判思路，严格区分了不正当竞争与商标侵权案件的审理思路，判决说理充分。但被再审法院以××居未避让某食品公司“××居”注册商标专用权以及认定“××居”未成为行业的通用组织形式名称为由予以改判。

编写人：广州知识产权法院　郭小玲

151　类似商品的个案认定

——某机械公司诉某制造公司侵害商标专用权及不正当竞争案

【案件基本信息】

1. 裁判书字号

江苏省无锡市中级人民法院（2015）锡知民终字第6号民事判决书

2. 案由：侵害商标专用权及不正当竞争纠纷

3. 当事人

原告（被上诉人）：某机械公司

被告（上诉人）：某制造公司

【基本案情】

某机械公司成立于1995年4月21日，其经营范围为：生产电动葫芦、起重机械及其零部件；从事电动葫芦、起重机械及其零部件的批发业务。1997年3月28日，某机械公司注册“”商标，商标注册证号为9699××，核定使用商品第7类：起重运输机械，经续展，有效期自1997年3月28日到2017年3月27日。某机械公司使用在起重运输机械上的“”获得江苏省著名商标，某机械公司及其产品获得了江苏省名牌产品、全国知名起重机械十强、全国知名起重机械十佳名优品牌等数十个荣誉称号。

某制造公司成立于2002年，其经营范围为电机、减速器、水泵的制造、加工、销售。

2014年7月1日，公证处依某机械公司申请，指派公证员焦凌峰、公证员助理陈佳媛及申请人的委托代理人季翔达一起前往某制造公司，季翔达以江阴市长江化机制造有限公司的普通购买者身份购买了规格型号为“7.5KW”的电机一台，该电动机机身侧面和内部前方均标有“”标识，机身铭牌上标明“锥形转子电动机”“ZD41-4型”“标准编号JB/T9008.1”“江阴凯澄电机制造有限公司”。

某机械公司认为上述电动机机身上的“”标识侵犯了某机械公司的商标专用权；铭牌中含有某机械公司字号“凯澄”，某制造公司该行为对市场造成混淆，构成了不正当竞争。综上，某制造公司的行为给某机械公司造成了较大损失，特此起诉，要求判令某制造公司：停止对第9699××号注册商标的侵权行为；停止不正当竞争行为；赔偿经济损失10万元。

某制造公司认为某制造公司销售的电机与某机械公司商标注册类别并不相同也不近似，根据《类似商品和服务区分表》某机械公司注册号为9699××号的“”商标核定的商品为第7大类0734类似群的“起重运输机械”，某制造公司销售的电动机属于0748类似群第（二）部分中“非陆地车辆用电动机、非陆地车辆用传动马达”，不构成商品类似，某制造公司未侵害某机械公司商标专用权；某制造公司销售电机的行为不属于不正当竞争，电机铭牌上标注的公司名称系印刷错误，该公司实际名称为江阴凯澄电机有限公司，且“凯澄”的字号在电机行业不具有一定知名度，不会造成市场混淆。

【案件焦点】

1. 某制造公司是否侵犯某机械公司的注册商标专用权；2. 是否构成不正当竞争。

【法院裁判要旨】

江苏省江阴市人民法院经审理认为：

一、某制造公司侵犯某机械公司的注册商标专用权。某制造公司使用的涉案商标“”与某机械公司的第9699××号注册商标“”相比较，其图形字母完全一致，系“凯澄”之拼音首字母C和K的组合，为某机械公司商标的主要组成部分，具有较强的显著性，两者构成近似。被控侵权商品与涉案商标核定使用的商品为类似商品。理由如下：虽然在《类似商品和服务区分表》中，电动机和起重机械不在同一类似群，但人民法院在关于商品类似的认定中，应以相关公众对商品的一般认识综合判断，《类似商品和服务区分表》仅仅是此类判断的参考。被控侵权商品为电动机，而电动机是电动葫芦必要的组成部件，电动葫芦为起重机械的一种，电动机对于电动葫芦而言，两者为零部件与成品的关系，涉案电动机采用的标准也是钢丝绳电动葫芦的行业标准。购买该电动机与相关电动葫芦产品的用途、消费群体、销售渠道相同或近似。相关公众会认为电动机与电动葫芦等起重机械之间存在着特定联系，容易产生两者的生产者可能为同一主体的混淆，可以据此认定两者为类似商品。

二、某制造公司构成不正当竞争行为。某机械公司与某制造公司在经营范围上有重合之处，为同业竞争者；某机械公司获得了相关荣誉，“凯澄”字号至少在江阴地区具有一定知名度；某制造公司在其电动机产品上未标注其企业名称，反而标注“江阴凯澄电机制造有限公司”，结合某制造公司存在前述的商标侵权行为，可以认定其主观上具有攀附“凯澄”字号知名度的故意，构成擅自使用他人企业名称的不正当竞争行为。

江苏省江阴市人民法院依照《中华人民共和国商标法》第五十七条第二项、《中华人民共和国反不正当竞争法》第五条之规定，判决如下：

一、某制造公司立即停止侵害某机械公司第9699××号注册商标专用权和不正当竞争行为；

二、某制造公司应于本判决生效之日起十日内赔偿某机械公司经济损失及合理开支52500元；

三、驳回某机械公司的其他诉讼请求。

某制造公司不服一审判决，提起上诉，二审法院维持了一审法院的判决。

【法官后语】

对于类似商品的认定，一直是商标侵权案件中的难点之一。《最高人民法院关于审理商标民事纠纷案件适用法律若干问题的解释》(2020年修正）对类似商品引入了“来源误认”“混淆”的概念，同时明确《商标注册用商品和服务国际分类表》《类似商品和服务区分表》可以作为判断类似商品或者服务的参考。

笔者认为，应把商品本身的自然属性与相关公众混淆、误认的可能性进行综合认定，国际上多数国家也是这样做的。在个案审理过程中，首先，比对商品的自然属性，根据《商标注册用商品和服务国际分类表》《类似商品和服务区分表》，判断商品在《类似商品和服务区分表》中是否位于类似群组，属于同一个类似群内的商品，原则上属于类似商品。其次，如果不在类似群组，则需要进一步判断商品的功能、用途、生产部门、销售渠道、消费对象的部分因素是否相同。在对类似商品进行判断时，要以相关公众的一般认知水平为准，对诉争的商品之间是否存在特定的联系、是否造成混淆作出认定。与此同时，还要综合考虑商标的知名度、显著性要素。

《类似商品和服务区分表》可以作为判断类似商品的参考，但是，商品的更新和市场交易情况不断变化，类似商品的类似关系并不是一成不变的，因此，在商标侵权诉讼中进行商品类似性判断时，不能简单、机械地以《类似商品和服务区分表》为依据或标准，而应当考虑更多实际要素，结合个案情况进行认定。本案没有简单、机械地适用《类似商品和服务区分表》，而是考虑了电动机的用途、消费群体、销售渠道均一致、电动机与电动葫芦系零部件关系、电动机采用的标准系电动葫芦的行业标准，商标的知名度和显著性较高，相关公众一般会认为电动机与电动葫芦等起重机械之间存在特定联系，容易造成消费者混淆。故综合上述因素，认定两者系类似商品。

随着市场的不断变化和商品的更新换代，商品的类似关系并不是一成不变的。所以法院在商标权司法保护实践中，通过个案的救济，恰当运用商品类似关系的判断，以遏制商标恶意模仿和搭便车的不正当行为，对诚实信用的商标权人的权利保护具有极其重要的现实意义。

编写人：江苏省江阴市人民法院　王芳　徐芝若

152　未实际使用的注册商标不侵权

——某保健品公司诉某医疗器械公司、某商贸公司不正当竞争案

【案件基本信息】

1. 裁判书字号

广州知识产权法院（2015）粤知法商民终字第231号民事判决书

2. 案由：不正当竞争纠纷

3. 当事人

原告（被上诉人）：某保健品公司

被告（上诉人）：某医疗器械公司

被告：某商贸公司

【基本案情】

原告某保健品公司于2008年10月开始使用“汤臣倍健”字号。2005年10月，某保健品公司在第30类非医用营养液、非医用营养粉等商品上注册第38392××号“汤臣倍健 TANGCHENBEIJIAN”商标。该商标于2012年4月27日被评为驰名商标。2009年9月，被告某医疗器械公司（以下简称福建某保健品公司）在第10类医疗器械和仪器等商品上申请注册第76958××号“汤臣倍健 TANGCHENBEIJIAN”商标，并于2010年11月获准注册。某保健品公司认为福建某保健品公司在被诉侵权产品退热贴、创可贴上使用第76958××号注册商标构成不正当竞争，提起诉讼，请求判令：（1）福建某保健品公司停止生产、销售带有“汤臣倍健 TANGCHENBEIJIAN”商标标识的产品，被告某商贸公司停止销售带有“汤臣倍健 TANGCHENBEIJIAN”商标标识的产品；（2）福建某保健品公司停止使用并禁止转让第76958××号注册商标；（3）福建某保健品公司、某商贸公司赔偿经济损失。

福建某保健品公司答辩称，其与某保健品公司属于不同省份、不同行业的两家企业，双方不是竞争对手；也没有证据证明被诉侵权产品可能造成相关公众的误认而应禁止使用并禁止转让涉案商标，故请求驳回某保健品公司的诉讼请求。某商贸公司答辩称，其销售被诉侵权产品有合法来源，不应承担赔偿责任。

【案件焦点】

1. 福建某保健品公司生产、销售带有“汤臣倍健 TANGCHENBEIJIAN”商标标识的产品是否构成不正当竞争行为；2. 如果构成不正当竞争行为，原审判决福建某保健品公司停止使用并禁止转让第 7695842 号“汤臣倍健 TANGCHENBEIJIAN”注册商标是否合法合理；3. 如果构成不正当竞争行为，原审判决赔偿经济损失的金额是否合理合法。

【法院裁判要旨】

广东省广州市白云区人民法院经审理认为：“汤臣倍健”字号属于具有一定的知名度、为相关公众所知悉的字号。福建某保健品公司违反诚实信用原则、禁止混淆原则，申请注册涉案商标具有攀附“汤臣倍健”字号知名度的故意。福建某保健品公司产品的销售渠道与某保健品公司的产品销售渠道相同，足以使相关公众对商品的来源产生误认，侵犯某保健品公司在先的“汤臣倍健”字号权益，故福建某保健品公司注册使用“汤臣倍健 TANGCHENBEIJIAN”商标构成不正当竞争行为。某商贸公司证明了其销售涉案产品尽到了注意义务，不构成不正当竞争，但应停止销售涉案侵权产品。

广东省广州市白云区人民法院依照《中华人民共和国反不正当竞争法》第二条、第二十条，《最高人民法院关于审理不正当竞争民事案件应用法律若干问题的解释》第六条之规定，作出如下判决：

一、福建某保健品公司于判决生效之日起立即停止使用侵犯某保健品公司“汤臣倍健”企业名称权益的第 7695842 号“汤臣倍健 TANGCHENBEIJIAN”注册商标，并禁止转让该商标；

二、福建某保健品公司于判决生效之日起立即停止生产、销售带有“汤臣倍健”商标标识的产品；

三、被告某商贸公司于判决生效之日起立即停止销售带有“汤臣倍健”商标标识的产品；

四、福建某保健品公司于判决生效之日起十日内赔偿某保健品公司经济损失（含合理费用）120000元；

五、驳回某保健品公司的其他诉讼请求。

福建某保健品公司提起上诉。广州知识产权法院经审理认为：某保健品公司与福建某保健品公司的经营范围均有以保障人体健康为目的的内容，因此，在特定的经营项目上，二者构成反不正当竞争法意义上的经营者。某保健品公司虽于2008年10月才开始使用“汤臣倍健”作为企业字号，但因其第38392××号注册商标在当时已在全国范围内具有很高的知名度，“汤臣倍健”企业字号因此享有相当的知名度，依法应予以保护，因此，福建某保健品公司使用被诉侵权标识的行为构成不正当竞争。福建某保健品公司的相关行为并非对第76958××号注册商标的使用，而现有证据不能证明第76958××号注册商标在依法使用时构成不正当竞争，因此，某保健品公司要求福建某保健品公司禁止使用并禁止转让第76958××号注册商标没有事实依据。原审法院酌情确定赔偿经济损失金额并无不当。

广州知识产权法院依照《中华人民共和国民事诉讼法》第六十四条、第一百七十条第一款第二项之规定，作出如下判决：

一、维持广东省广州市白云区人民法院（2014）穗云法知民初字第256号民事判决第四项、第五项；

二、撤销广东省广州市白云区人民法院（2014）穗云法知民初字第256号民事判决第一项；

三、变更广东省广州市白云区人民法院（2014）穗云法知民初字第256号民事判决第二项为：福建某保健品公司于本判决生效之日起立即停止生产、销售带有“汤臣倍健”标识的卡通宝宝退热贴、帮愈创可贴；

四、变更广东省广州市白云区人民法院（2014）穗云法知民初字第256号民事判决第三项为：某商贸公司于本判决生效之日起立即停止销售带有“汤臣倍健”标识的卡通宝宝退热贴。

【法官后语】

注册商标是否侵犯他人在先企业名称权从而构成不正当竞争，应在注册商标被依法实际使用的情况下进行判断。注册商标如未依法实际投入使用，并不会造成市场的混淆，更不会造成权利冲突，故要求禁止使用一项未实际投入使用的注册商标也就没有事实依据。本案中，虽然福建某保健品公司在被诉侵权产品退热贴、创可贴上使用“汤臣倍健”标识构成不正当竞争，但由于被诉侵权产品均不是福建某保健品公司第76958××号注册商标核定使用的商品，且没有证据证明福建某保健品公司有在核定使用商品上使用第76958××号注册商标的具体行为，也就未出现造成市场混淆的实际情形，故某保健品公司要求福建某保健品公司停止使用未实际投入使用的第76958××号“汤臣倍健”注册商标并禁止转让该商标，没有事实依据，二审法院因此改判驳回了禁止使用、禁止转让第76958××号注册商标的诉求。

编写人：广州知识产权法院　谭海华　吴学知

153　拆分、组合使用注册商标的侵权责任

——某餐饮公司诉某茶饮公司、某茶饮公司虎门大润发分公司侵害商标权及不正当竞争案

【案件基本信息】

1. 裁判书字号

广州知识产权法院（2015）粤知法商民终字第162号民事判决书

2. 案由：侵害商标权及不正当竞争纠纷

3. 当事人

原告（被上诉人）：某餐饮公司

被告（上诉人）：某茶饮公司

被告：某茶饮公司虎门大润发分公司

【基本案情】

×茶商行公司经国家商标局核发取得以下两商标的专用权：一、第85294××号 （“×茶【篆书字体】”+“漾漾好【楷书字体】”+“× CHA”+“”【以下简称A图形】）商标之注册商标专用权，商标注册有效期限自2011年9月7日起至2021年

9月6日止，商标核定使用商品（第35类）：广告、电视广告、商业管理辅助、商业管理咨询、特许经营的商业管理等；二、第85294××号 （“×茶【篆书字体】”+“漾漾好【楷书字体】”+“× CHA”+“”）商标之注册商标专用权，商标注册有效期限自2013年7月21日起至2023年7月20日止，商标核定使用商品（第43类）：备办宴席、餐馆、饭店、咖啡馆、快餐馆、流动饮食供应等。2013年12月13日，国家商标局核准×茶商行公司将上述两商标转让给某餐饮公司。

某茶饮公司经营的网站网页上使用了以下被诉侵权标识：(1)“”标识，A图形的茶杯图；(2A图形及“”（以下简称×茶篆书字体图形+× CHA）；(3) 御可×茶 （以下简称B图形）；(4)“御可” （以下简称×茶篆书字体图形）、B图形及× CHA组合图案，“御可、×茶篆书字体图形及B图形”；(5)“御可、×茶篆书字体图形及B图形”。某餐饮公司另提交了2本彩色宣传册、2张饮品店的照片、2个吸管、奶茶打包包装袋、9幅媒体报道截图，上述证据载明情况如下：宣传册的封面印有“御可”、“”、B图形图案及“某饮品集团．某茶饮公司”，其他页面印有多幅奶茶产品照片，奶茶上有“×茶篆书字体图形”及B图形图案；其一饮品店店面招牌及装潢有“”及A图形图案（某餐饮公司说明是其店面），另一饮品店的店面招牌及装潢有“”及B图形图案（某餐饮公司说明是某茶饮公司店面）；

其一吸管及奶茶打包包装袋印有“ ”及A图形图案（某餐饮公司说明是其产品），另一吸管及奶茶打包包装袋印有“ ”及B图形图案（某餐饮公司说明是某茶饮公司产品）。

【案件焦点】

通过拆分、重组等手段“加工”而成的商业标识，在类似商品或者服务上使用，是否构成商标侵权及不正当竞争。

【法院裁判要旨】

广东省广州市海珠区人民法院经审理认为：某餐饮公司的两权利商标均为服务类商标，两商标的字体及图形组合一致，是由“×茶（篆书字体，2字上下排列）”“漾漾好（楷书字体，3字上下排列）”“× CHA”及“A图形”组合而成，其中“A图形”是能够给人以美感的独创性图形。某茶饮公司的公司网站及某网站“××宝阁”网店上均使用了“御可、‘×茶篆书字体图形+× CHA’、B图形”标识，门店的招牌及装潢上也使用该标识，某茶饮公司网站及某网站“××寻宝阁”网店推介的奶茶产品上也印有上述标识。将某茶饮公司使用的“御可、‘×茶字体图形+× CHA’、B图形”与某餐饮公司的两权利商标进行比对，两者的“×茶篆书字体图形+× CHA”是相同的，字体排列也相同，前者中B图形与后者A图形构成近似，因此某茶饮公司在其网站、网店上宣传推广过程中使用的“御可、‘×茶字体图形+× CHA’、B图形”标识与某餐饮公司两权利商标整体上构成近似，属于在同一种商品上使用与原告注册商标相近似的商标，足以使准备投资加盟经营奶茶店的投资者及消费者对被加盟主体、奶茶商品来源产生混淆。某茶饮公司主观上具有明显攀附及“搭便车”的故意，其在自营店或授权经营场所内、公司网站及某网站“××宝阁”网店上使用“御可、‘×茶篆书字体图形+× CHA’、B图形”行为侵犯某餐饮公司第85294××号商标专用权，其生产销售的奶茶产品行为侵犯某餐饮公司第85294××号商标专用权，对此应承担侵权责任。

广东省广州市海珠区人民法院依照《中华人民共和国商标法》第五十六条、第五十七条第一项至第三项、第六十三条、第六十四条，《最高人民法院关于审理商标民事纠纷案件适用法律若干问题的解释》第十六条第一款和第二款、第十七条、第二十一条第一款，作出如下判决：

一、某茶饮公司在本判决发生法律效力之日起立即停止侵犯某餐饮公司第85294××号、第85294××号注册商标专用权行为，即某茶饮公司停止在其自营或授权经营场所中使用与某餐饮公司商标相近似的标识及停止在其生产及销售奶茶产品等食品上使用与某餐饮公司商标相近似的标识；

二、某茶饮公司在本判决发生法律效力之日起三十日内在《广州日报》上刊登消除影响声明（内容不得少于300字），消除因其商标侵权行为给某餐饮公司造成的不良影响，声明的内容须经原审法院审核，费用由某茶饮公司承担；

三、某茶饮公司在本判决生效之日起十日内向某餐饮公司赔偿经济损失及维权支出合理费用共计500000元；

四、驳回某餐饮公司的其他诉讼请求。

某茶饮公司不服提起上诉，主要意见为：第85294××号和第85294××号商标已分别被国家商标总局进行无效宣告，商标权利未明确，其行为不侵害某餐饮公司的商标专用权，即使“×香杯”的标识与涉案商标近似，也仅是部分近似，不构成对整个组合商标的侵权，原判未对“×茶”是否属商品通用名称进行审查。

广州知识产权法院经审理认为：涉案商标虽曾被请求宣告无效，但在本案诉讼期间，其未被撤销或宣告无效，“×茶”二字及其拼音GONGCHA是通用的名称，但涉案商标的组成远非此二字及其拼音，不但“×茶”二字经艺术化处理并配以框图，还将之组合在阴刻“漾漾好”+溢香杯图中，由此形成的文字及图之组合显著性较高。被诉标识也非仅使用“×茶”二字及其拼音，而是仿冒涉案商标的文字及图之构图方式，仅作组成部分比例或相对位置的调整。原审将两者认定近似是正确的，某茶饮公司在同一种商品上使用近似商标，侵害了某餐饮公司的商标专用权，依法应承担相应的侵权责任。

广州知识产权法院依照《中华人民共和国民事诉讼法》第一百七十条第一款第一项的规定，判决如下：

驳回上诉，维持原判。

【法官后语】

无论是对注册商标的拆分、变形还是重新组合，目的都是攀附已有知名度的注册商标，故意在相关公众中制造混淆，包括消费者、加盟经营的投资者等，从而挤占权利人的市场份额，获取非法利益。本案所涉“×茶”品牌饮料市场混乱，从2015年年初“忽如一夜春风来，千家万家×茶开”的新闻调查报道中也可见一斑。从本案查明的情况来看，相似品牌往往利用无法被独占的标识，如所谓的通用名称“×茶”二字及其拼音“× CHA”，组合难以一目了然辨认的部分，在相关市场未成熟之时一哄而上，确已在相关公众中产生混淆误认。侵权者循此渠道以较低的成本得到了大量资源与利润，应承担相应的侵权责任。通过该类案件的审理，司法权在保护知识产权中的主导作用得以彰显，不仅在于定分止争，更在于规范市场竞争秩序。

编写人：广州知识产权法院　郑志柱

154 出版仿冒他人姓名的图书构成不正当竞争
——马某农诉某出版社等不正当竞争案

【案件基本信息】

1. 裁判书字号

北京市第三中级人民法院（2014）三中民终字第 04839 号民事判决书

2. 案由：不正当竞争纠纷

3. 当事人

原告（上诉人）：马某农

被告（上诉人）：某出版社

被告：某信息技术公司、某信息公司

【基本案情】

马某农在翻译界具有一定的影响力和知名度。自 1987 年至 2013 年，马某农翻译了《船讯》《绿野仙踪》《哈利·波特》系列（合译）等几十部世界成人文学及儿童文学名著。这些作品均已通过作家出版社、人民文学出版社、上海译文出版社、中国少年儿童出版社等公开出版发行。

2012 年 6 月 18 日至 2013 年 1 月 4 日，某出版社与某发行公司就出版《爱的教育、捣蛋鬼日记、男孩彭罗德的烦恼》《海蒂、小公主、绿山墙的安妮》《金银岛、汤姆·索亚历险记、哈克贝利·费恩历险记》《爱丽丝梦游仙境、胡桃夹子、绿野仙踪、木偶奇遇记》《马克·吐温小说大全集》《格兰特船长的儿女、海底两万里、神秘岛》《一千零一夜》《长腿叔叔、亲爱的敌人、小妇人》《青鸟、小鹿斑比、小熊维尼、丛林故事》《小王子、水孩子、小飞侠彼得·潘、柳林风声》《兔子坡、大象巴巴故事全集》《彼得兔和他的朋友们》《100 万只猫、彼得的老房子》十三本图书分别签订了十三份《图书出版合同》，约定兴某发行公司授予某出版社在合同有效期内以图书形式出版发行上述作品的专有权利。合同约定作者的署名为“马某侬编译”。

2012 年 10 月至 2013 年 6 月，某出版社出版发行了上述十三本图书。这些图书的封面、书脊、扉页及版权页上均署有“马某侬 编译”，版权页上同时还署名“作者 马某侬”。

某信息公司销售了某出版社出版的上述图书《兔子坡、大象巴巴故事全集》《彼得兔和他的朋友们》《100 万只猫、彼得的老房子》。某信息技术公司销售了某出版社出版的上述图书中的另外十本图书。某信息技术公司、某信息公司销售的上述图书均是从兴某发行公司购进的。

某出版社在诉讼中提供了兴某发行公司于 2013 年 7 月 25 日出具的《证明》及孙某豆于 2013 年 8 月 9 日出具的一份《说明》。该证明称，孙某豆是我公司的编译部负责人，笔名马某侬。自 2012 年开始，我公司指派孙某豆作为主编组织人员陆续编译了一些作品，署名为孙某豆的笔名马某侬；该《说明》称，“马”是家父的属相，“侬”是上海话“你”。“离家方知父母恩”，在京数年，深感远在家乡的父母对我的牵挂和幼时家父对我的文学启蒙，就取了“马某侬”这个笔名，意即“爸爸爱我”。

【案件焦点】

1. 某出版社与马某农是否存在竞争关系；2. 马某农能否制止他人使用与其姓名有一定差异的“马某侬”；3. 某出版社是否构成了不正当竞争。

【法院裁判要旨】

北京市朝阳区人民法院经审理认为：文化市场是市场经济体系的一个重要组成部分。在该市场中，作者（包括翻译者）通过创造文化产品从中获取经济利益，图书出版者通过传播文化产品获取相应的经济利益，他们的分工共同形成了图书出版发行产业，故他们均属于文化市场中的经营者。在图书出版者出版发行假冒知名作者署名的图书情况下，图书出版者通过不当利用知名作者的声誉增加其假冒署名图书的销量从而获取不当利益，会使作者的图书销量减少，从而给作者造成不利影响。因此，马某农与某出版社之间存在竞争关系。

《中华人民共和国反不正当竞争法》（1993 年施行）规定，经营者不得擅自使用他人的企业名称或者姓名，引人误认为是他人的商品。在商品经营中使用的自然人的姓名属于该法规定中的“姓名”。因此，当自然人的姓名具有商品来源的标识意义时，该姓名应当受到反不正当竞争法的保护。在文化市场中，作者往往通过在作品上的署名宣传自己的作品，故作者在作品上的署名已成为图书的一种商品标识，具有标识作品来源的功能，影响着读者的购买决策。特别是知名作者的署名，更能发挥区分商品来源的标识作用。如果在图书上擅自使用他人的姓名或者与之近似的姓名，尤其是知名作者的姓名或与之近似的姓名，就可能导致购买者对图书来源的混淆、误认，从而损害他人的合法权益，不正当地增加自己的市场竞争优势。无正当理由地在图书中使用知名作者的姓名或者与之近似的姓名，足以误导读者的，应当属于不正当竞争行为。

马某农从1987年即开始从事外国文学名著的翻译工作，至今已有二十余年，且已经翻译出了大量的外国成人文学及儿童文学名著，尤其翻译出了具有较大影响的《哈利·波特》系列作品。马某农还于2006年被评选为中国少年儿童出版社第三届金译作家。因此，马某农在外国文学翻译领域已经具有了较高的知名度和影响力。马某农的姓名已经成为其翻译作品的来源标识，具有指引读者辨别作品来源的功能，故马某农的姓名受《中华人民共和国反不正当竞争法》的保护，他人不得在相同或类似的商品上擅自使用马某农的姓名或与之近似的姓名，误导读者。

某出版社出版发行的涉案十三本图书均为外国文学名著的翻译作品，与马某农二十余年翻译工作的成果相同或类似。在该十三本图书上所署名的“马某侬”与“马某农”读音相同，仅有“侬”与“农”一字之差，且该差别仅体现在汉字的偏旁部首上，往往使人在不经意时予以忽视，足以使读者误认为该十三本图书均为马某农所翻译。该十三本图书显然属于仿冒马某农姓名的图书。

图书出版者在出版发行图书过程中应当对其所出版发行的图书上的作者署名尽到合理的注意义务。该作者署名既包括作者的真名，也包括作者的笔名。由于作者的笔名往往由作者自行选取，不像作者真名一样具有客观性，故图书出版者对于作者笔名的注意义务应当高于对作者真名的注意义务。图书出版者既应当核实作者笔名的真实性，又应当注意作者笔名是否与其他知名作者的姓名、笔名相同或近似从而存在不正当竞争的可能性。尤其是在图书署名与知名作者姓名相同或近似的情况下，图书出版者更应该注意避免在图书作者署名上误导消费者的购买取向，导致构成不正当竞争的后果。

某出版社仅在本案诉讼后从兴某发行公司和孙某豆处各得到一份关于马某依是孙某豆笔名的说明，但某出版社并未提供证据证明孙某豆的笔名确为马某依，故某出版社在签订出版合同时既未注意到该署名，也未核实该笔名的真实性，显然未对署名尽到合理的注意义务。非但如此，在马某农具有较高知名度，某出版社对此应当知道的情况下，仍然出版发行涉案十三本图书，显然具有放任在涉案图书上署名“马某依 编译”从而利用马某农的知名度和影响力不正当地增加涉案图书销量，以此获取不正当利益的主观意图。某出版社出版发行涉案图书显然会使消费者误认为该十三本图书为马某农所翻译，使读者对马某农产生误解，且会对马某农自己的翻译作品销售造成不利影响。某出版社未对涉案十三本图书上的署名尽到合理注意义务，违反了市场竞争中的诚实信用原则，对马某农构成了不正当竞争，应当为此承担停止侵权、赔偿经济损失的法律责任。

北京市朝阳区人民法院依照《中华人民共和国反不正当竞争法》（1993 年施行）第二条、第五条第三项、第二十条，《最高人民法院关于审理不正当竞争民事案件应用法律若干问题的解释》（2007 年施行）第六条第二款之规定，判决如下：

一、被告某出版社于本判决生效之日起立即停止出版发行署名

“马某依 编译”的涉案十三本图书；

二、被告某信息技术公司于本判决生效之日起立即停止销售被告某出版社出版发行的署名“马某依 编译”的涉案十本图书；

三、被告某信息公司于本判决生效之日起立即停止销售被告某出版社出版发行的署名“马某依 编译”的涉案三本图书；

四、被告某出版社于本判决生效之日起十日内赔偿原告马某农经济损失十万元；

五、被告某出版社于本判决生效之日起十日内赔偿原告马某农合理费用一万五千元；

六、驳回原告马某农的其他诉讼请求。

一审判决后，原告马某农与被告某出版社均提起上诉，北京市第三中级人民法院经审理认为：《中华人民共和国反不正当竞争法》（1993 年施行）第二条第二款、第三款规定，本法所称的不正当竞争，是指经营者违反本法规定，损害其他经营者的合法权益，扰乱社会经济秩序的行为。本法所称的经营者，是指从事商品经营或者营利性服务（以下所称商品包括服务）的法人、其他经济组织和个人。在文化市场中，作者（包括翻译者）、图书出版者通过创造、传播文化产品而获取相应的经济利益，均属于文化市场中的经营者。二者之间存在竞争关系，其竞争行为应当适用反不正当竞争法调整。

《中华人民共和国反不正当竞争法》（1993 年施行）第五条第三项规定，经营者不得擅自使用他人的企业名称或者姓名，引人误认为是他人的商品，损害竞争对手。《最高人民法院关于审理不正当竞争民事案件应用法律若干问题的解释》（2007 年施行）第六条第二款规定，在商品经营中使用的自然人的姓名，应当认定为《中华人民共和国反不正当竞争法》（1993 年施行）第五条第三项规定的

“姓名”。具有一定的市场知名度、为相关公众所知悉的自然人的笔名、艺名等，可以认定为《中华人民共和国反不正当竞争法》（1993年施行）第五条第三项规定的“姓名”。

根据相关规定，如无相反证明，在作品上署名的公民、法人或者其他组织为作者。本案中，马某农提供了《绿山墙的安妮》《古堡里的月亮公主》等作品的版权页作为其翻译出版作品的证据。从上述书籍版权页的署名可以看出，马某农翻译了以儿童文学名著为主的大量外国文学作品。某出版社虽然对马某农是上述包括《船讯》《哈利波特》系列书籍译者的事实提出异议，却并未提供相应证据予以证明，对其该项上诉理由，本院不予支持。马某农翻译的作品中，既有《绿山墙的安妮》《绿野仙踪》《彼得·潘》等传统儿童文学经典，亦有诸如《哈利波特》系列的当代畅销小说，同时也不乏《船讯》等知名成人文学作品。此外，马某农还于2006年被评选为中国少年儿童出版社第三届金译作家。综合考虑上述情况，原审法院认定马某农在外国文学翻译领域已经具有了相应的知名度和影响力，并无不当。某出版社的相关上诉理由，本院不予采信。

当自然人的姓名在商品经营中使用时，消费者可以通过该姓名而识别不同的市场主体，此时该姓名起到了识别商品来源的作用，具有商业标识意义。他人冒用该姓名会导致市场混淆，属于反不正当竞争法所禁止的仿冒行为。在文化市场中，作者的姓名，特别是知名作者的姓名往往是消费者识别商品来源和选择图书的重要考量因素。如果在图书上擅自使用他人的姓名，就可能导致消费者对图书来源产生混淆、误认，从而构成不正当竞争。本案中，某出版社主张涉案书籍与马某农所翻译的作品在作品内容、作者姓名及身份、封面设计、书名、开本、价格、出版单位等方面均不相同，不会误导消费者的购买倾向。对此法院认为，从图书类别上来看，涉案图书均为外国文学名著的翻译作品，属于马某农所从事并具有一定知名度的领域；从作品内容上来看，与马某农所翻译的作品有所重合。而涉案书籍上所署名的“马某侬”与“马某农”读音相同，且“侬”与“农”之间仅有偏旁部首的细微差别，整体视觉效果高度近似。此外，消费者购买图书尤其是译著时，主要是通过作者姓名来识别图书来源并做出是否购买的决策。而同一作者通过不同出版社出版不同的作品，封面设计、开本及定价当然会随之改变，因此相较于作者姓名，封面设计等因素并非判断消费者是否会对图书来源产生混淆的主要依据。综上所述，虽然涉案图书的署名“马某侬”与马某农的姓名并非完全一致，但足以使读者误认为涉案书籍为马某农所翻译，导致消费者对图书来源产生混淆。从制止不正当竞争行为的立法目的来看，原审法院认定图书属于仿冒马某农姓名的图书并无不当。对某出版社的相关上诉理由，不予采信。

某出版社作为图书出版者，在出版发行图书过程中应当对其所出版发行的图书上的作者署名尽到合理的注意义务。如前所述，作者姓名是消费者识别图书来源并做出决策的重要依据，如果作者笔名与其他知名作者的姓名、笔名相同或近似，很可能导致消费者混淆，影响竞争秩序。因此，笔名虽系作者自由选取，但图书出版者应尽量避免由于作者署名而误导消费者购买取向的情况。本案中，某出版社作为专业的出版机构，理应知晓马某农作为翻译者具有一定知名度，其在此情况下出版发行与马某农姓名高度近似、署名为“马某侬”的涉案图书，主观上具有利用马某农的知名度和影响力增加涉案图书市场竞争优势以获利的意图；客观上会使消费者误认为涉案图书为马某农所翻译，对马某农作品销售造成不利影响。因此，原审法院认定某出版社未对涉案图书上的署名尽到合理注意义务，出版发行涉案图书的行为构成了擅自使用他人姓名的不正当竞争行为，并无不当。对某出版社的相关上诉理由，不予采信。

马某农主张原审法院酌定的赔偿数额偏低，且未考虑侵权人可能的违法所得，应参照自 2014 年 5 月 1 日起实施的《中华人民共和国商标法》及著作权保护相关规定予以确定本案赔偿数额。对此本院认为，就本案所涉及的不正当竞争行为，马某农所遭受的损失及某出版社所获取利益的具体数额均无相应证据支持。原审法院酌情确定的经济损失赔偿数额，正是在考虑某出版社因此所获非法利益数额的基础上作出的。本案中，马某农并未就涉案图书的销售量等情况予以充分举证，其虽上诉称涉案图书的印数不应低于 10000 册，但也未就此提供证据证明。因此，原审法院只能根据在案证据来酌情估计涉案图书的印数。此外，翻译者的姓名虽然是消费者购买图书的重要考量因素，但其所起作用在图书利益的计算中也并非占据全部比例。在此情况下，原审法院综合考虑某出版社所发行涉案侵权图书的价格、印数及利润率、涉案仿冒行为的具体模式、翻译者知名度对涉案图书销售贡献率所起到的相应影响、涉案不正当竞争行为的性质、某出版社作为出版发行机构的主观过错程度等因素，在法律所规定的限额之内酌情确定经济损失的赔偿数额，并无不当。此外，原审法院根据相关性、合理性、必要性对马某农主张的律师费及公证费酌情予以支持，亦无不妥。马某农相关的其他上诉理由，本院不予采信。

综上所述，马某农、某出版社的上诉理由均不能成立，对其上诉请求，不予支持。原审判决认定事实清楚，适用法律正确，依法予以维持。依照《中华人民共和国反不正当竞争法》（1993 年施行）

第二条、第五条第三项、第二十条，《最高人民法院关于审理不正当竞争民事案件应用法律若干问题的解释》（2007年施行）第六条第二款，《中华人民共和国民事诉讼法》第一百七十条第一款第一项之规定，判决如下：

驳回上诉，维持原判。

【法官后语】

该案是一起典型的仿冒他人姓名的不正当竞争纠纷案件。审理本案首先面临的第一个问题就是原告马某农与被告某出版社之间是否存在竞争关系。所谓竞争关系，从狭义上讲是指生产经营相同、类似或可替代商品的经营者之间为争夺市场份额而形成的社会关系，即直接竞争关系。但现在对竞争关系的理解已超出了直接竞争关系的范畴，而是从广义上理解竞争关系，即竞争关系存在与否，不仅取决于所提供的商品或服务是否相同，而且只要商品或服务存在可替代性，或者招揽的是相同的顾客群，抑或促进了他人的竞争，都应认定为存在竞争关系。所谓竞争关系一般是指经营者经营同类商品或服务，经营业务虽不相同，但其行为违背了《中华人民共和国反不正当竞争法》第二条规定的竞争原则，也可以认定具有竞争关系。马某农作为翻译者，是文化产品的生产者。某出版社作为出版者，是文化产品的传播者。尽管两者从事的业务不完全相同，但都是文化产业链条上的有机组成部分，两者所指向的消费群体是同一的。而且，某出版社涉案行为确实违反了诚实信用原则等竞争原则。故马某农与某出版社之间存在竞争关系。

另外，《中华人民共和国反不正当竞争法》第六条规定了擅自使用他人姓名，引人误认为是他人的商品的行为属于不正当竞争行为。

从字面上看，该条似乎不包括擅自使用与他人姓名相近似的姓名的情况。但从反仿冒和制止不正当竞争行为的目的出发，本案扩张解释了上述规定，将擅自使用与他人知名姓名相近似的姓名的行为也认定为上述规定所规范的不正当竞争行为，在法律适用上具有较为典型的意义。

最后，本案还探讨了出版者出版仿冒他人姓名的图书时的注意义务问题，提出了出版者在出版发行图书过程中应当对作者署名尽到合理的注意义务，且对于作者笔名的注意义务应当高于对作者真名的注意义务，并以此作为出版者是否构成侵权的依据，这对于规范出版者的出版行为，防止仿冒他人姓名的图书的出版发行具有较为积极的意义。本案体现了加大对仿冒行为的打击力度、有力净化文化市场的精神，在社会上引起了广泛的影响和关注。

编写人：北京市朝阳区人民法院　李自柱

155　互联网环境下实时转播行为性质认定

——某国际网络公司诉某网络科技公司侵犯著作权及不正当竞争案

【案件基本信息】

1. 裁判书字号

北京市第一中级人民法院（2014）一中民终字第 3199 号民事判决书

2. 案由：侵犯著作权及不正当竞争纠纷

3. 当事人

原告（被上诉人）：某国际网络公司

被告（上诉人）：某网络科技公司

【基本案情】

某国际网络公司经中央电视台授权独家享有通过信息网络向公众传播、广播中央电视台所有电视频道及其所包含的电视节目的权利。在伦敦奥运会期间，某国际网络公司发现某网络科技公司在互联网环境下通过其运营的"电视粉"客户端实时转播中央电视台CCTV1、CCTV5、CCTV22等电视频道的节目内容，并在歌华有线电视平台上投放开机广告，宣传推广其"电视粉"客户端。

某国际网络公司诉称：某网络科技公司的上述行为侵犯了某国际网络公司或中央电视台的广播权、广播组织权并构成不正当竞争。

某网络科技公司辩称：其涉案行为不属于广播组织权体系下的"转播"范畴，其只提供链接服务，播放内容由被链接方提供，不对视频内容进行下载、存储，亦无法对内容进行传输、复制、编辑，总之，其涉案行为不构成侵权。

公证书显示，某网络科技公司在网络环境下通过其运营的"电视粉"客户端可以实时转播CCTV1、CCTV5、CCTV22等十六个电视频道内容，并设有"伦敦奥运会专区"，将中央电视台能够播放伦敦奥运会节目的电视频道进行排列、整理，同时，在歌华有线电视平台上投放开机广告，宣称"用电视粉看奥运LONDON2012"、"手机下载电视粉，竞猜、评论、看直播赢大奖"，用以推广其"电视粉"客户端。

【案件焦点】

某网络科技公司在互联网环境下通过其运营的“电视粉”客户端转播CCTV1、CCTV5、CCTV22等电视频道节目的行为是否侵害了某国际网络公司的广播权、广播组织权，是否构成不正当竞争。

【法院裁判要旨】

北京市海淀区人民法院经审理认为：CCTV5等涉案电视频道转播的体育竞赛节目非以展示文学艺术或科学美感为目标，亦不构成著作权法意义上的作品。通过互联网转播电视节目的行为未被纳入《中华人民共和国著作权法》第四十五条的调整范围，未将广播组织权的保护范围扩展至互联网环境下。在《中华人民共和国著作权法》及我国参加的相关国际条约均未将广播组织权的保护范围扩展至网络环境时，不能仅仅因为新技术的产生或发展给权利人带来新的挑战，就超越立法时的权利边界对我国著作权法体系中的广播组织权作扩大性解释。某网络科技公司在互联网环境下通过其运营的“电视粉”客户端转播中央电视台相关频道的行为，并不构成《中华人民共和国著作权法》第四十七条所规定的“转播”行为。某网络科技公司在互联网环境下通过其运营的“电视粉”客户端可以实时转播中央电视台CCTV1、CCTV5、CCTV22等电视频道的节目内容，而某国际网络公司经中央电视台授权独家享有通过信息网络向公众传播、广播中央电视台所有电视频道及其所包含的电视节目的权利，因此，某网络科技公司与某国际网络公司提供的服务内容、形式、对象相同，二者构成竞争关系。应依照《中华人民共和国反不正当竞争法》的规定，遵循自愿、平等、公平、诚实信用的原则，遵守公认的商业道德，共同维护正常的市场经济竞争秩序，反之，如果其行为违反了诚实信用原则和公认的商业道德，扰乱了正常的市场竞争秩序，则需承担我国反不正当竞争法体系下的法律后果。某网络科技公司的行为明显有违公平竞争的市场原则，恶化了正常的市场竞争秩序，违反了诚实信用原则和公认的商业道德，具有不正当性，属于《中华人民共和国反不正当竞争法》第二条第一款规定的不正当竞争行为。

北京市海淀区人民法院依据《中华人民共和国著作权法》第四十五条、第四十八条第一项、第四十九条第二款，《中华人民共和国反不正当竞争法》第二条、第二十条之规定，判决如下：

一、被告某网络科技公司于本判决生效之日起十日内赔偿原告某国际网络公司经济损失及合理开支四十万元；

二、驳回原告某国际网络公司的其他诉讼请求。

一审判决后，某网络科技公司不服，提起上诉。

北京市第一中级人民法院经审理认为：通过互联网转播电视节目内容，即使与无线、有线等传统的转播方式在客观效果上并无实质差异，甚至，在一定程度上网络转播比传统的电视转播方式可能更加迅速、便捷，成本更低，对于权利人的损害也可能更大，但是，鉴于现行《中华人民共和国著作权法》尚未将互联网环境下的转播行为纳入《中华人民共和国著作权法》第四十五条的调整之列，我国参加的相关国际条约也未将互联网环境下转播电视信号的行为纳入“转播权”的范畴，因此，在互联网环境下转播电视信号的行为，并不构成《中华人民共和国著作权法》第四十五条所规定的“转播”行为。在《中华人民共和国著作权法》及我国参加的相关国际条约均未将广播组织权的保护范围扩展至网络环境时，不能仅仅因为新技术的产生或发展给权利人带来新的挑战，就超越立法时的权利边界对我国著作权法体系中的广播组织权作扩大性解释。如果所转播的电视节目构成著作权法意义上的“作品”，权利人可以在《中华人民共和国著作权法》第十条“广播权”的体系下获得相应的司法保护，而如果所转播节目无法构成著作权法意义上的“作品”或即使构成著作权法意义上的“作品”但对其不享有著作权，可以通过《中华人民共和国反不正当竞争法》获得相应的司法救济。某网络科技公司的涉案行为并不侵犯某国际网络公司或中央电视台的广播权和广播组织权，但构成不正当竞争。北京市第一中级人民法院判决如下：

驳回上诉请求，维持原判。

【法官后语】

通过互联网转播电视节目信号的行为广泛存在，随着移动APP的逐步应用，利用移动应用实时收看电视节目的行为成为流行，权利人在获得相应授权后，往往在起诉时因不知以何种形式能够得到保护而在案由上选择侵犯著作权和不正当竞争两种，且社会公众对其法律属性及司法保护路径一直存在较大争议，本案的审结，引起了社会的广泛关注。通过对该案的审理，明确了互联网环境下转播电视节目的法律属性及司法保护路径。

一审法院认为，某国际网络公司基于授权获得的权利，虽然难以用信息网络传播权、广播组织权等权利来完全涵盖、对应，但不能因该授权是按照使用方式笼统授予的，而否认某国际网络公司享有在著作权法上应受保护的权利和反不正当竞争法上应保护的竞争利益。某网络科技公司在未取得某国际网络公司授权的情况下，仍进行链接并编辑、整理，以自己提供的方式向公众进行传播。用户在观看电视台节目过程中无须跳转至央视网，势必会降低央视网的点击量。一审法院的思路是，某国际网络公司取得的授权权利无法和我国的著作权法完全对应，法律适用上存在一定争议，故采取综合论证的方式认为被告的行为构成侵犯著作权、不正当竞争。二审法院未认定某网络科技公司构成侵犯广播权、侵犯广播组织者权，其理由是我国现行著作权法尚未将互联网环境下的转播行为纳入该法第四十五条的调整之列，故认为某网络科技公司在互联网环境下通过其运营的“电视粉”客户端转播中央电视台相关频道的行为，并不构成《中华人民共和国著作权法》第四十五条所规定的“转播”行为。二审认为某网络科技公司构成不正当竞争，其与某国际网络公司是同行业的竞争主体，法院需要对电视台节目信号进行产权界定并加以保护。某网络科技公司未经某国际网络公司的授权，擅自在互联网环境下通过其运营的“电视粉”客户端转播 CCTV1、CCTV5、CCTV22 等电视频道的节目，并通过在歌华有线电视平台上投放开机广告用于宣传“电视粉”客户端，其客观上减少了某国际网络公司的网站访问量，在一定程度上替代了类似网络服务，其行为明显有违公平竞争的市场原则，构成不正当竞争。

一、关于广播权

《中华人民共和国著作权法》第十条第一款第十一项规定，广播权，即以无线方式公开广播或者传播作品，以有线传播或者转播的方式向公众传播广播的作品，以及通过扩音器或者其他传送符号、声音、图像的类似工具向公众传播广播的作品的权利。

本案适用《中华人民共和国著作权法》第十条第一款第十一项的前提条件之一是，某网络科技公司在互联网环境下通过其运营的“电视粉”客户端转播 CCTV1、CCTV5 等电视频道的节目内容需符合著作权法的相关规定，构成著作权法意义上作品，并且某国际网络公司属于上述“作品”的著作权人或利害关系人。本案中，二审法院认定 CCTV5 等涉案电视频道转播的体育竞赛节目非以展示文学艺术或科学美感为目标，亦不构成著作权法意义上的作品，因此，不应适用著作权法关于广播权的规定。

二、关于广播组织权

《中华人民共和国著作权法》第四十七条第一款规定：“广播电台、电视台有权禁止未经其许可的下列行为：（一）将其播放的广播、电视以有线或者无线方式转播；（二）将其播放的广播、电视录制以及复制；（三）将其播放的广播、电视通过信息网络向公众传播。广播电台、电视台行使前款规定的权利，不得影响、限制或者侵害他人行使著作权或者与著作权有关的权利。本条第一款规定的权利的保护期为五十年，截止于该广播、电视首次播放后第五十年的 12 月 31 日。”

除上述条款规定了“转播权”外，我国著作权法、著作权法实施条例及其相关的司法解释均未对“转播”行为的构成要件作进一步的说明或限定，因此，法院认为，欲正确理解我国著作权法体系中的“转播权”含义，需结合我国著作权法的立法背景，以及我国参加的相关国际条约，进行综合判断。《与贸易有关的知识产权协定》（TRIPS 协定）第十四条第三款规定，广播组织应享有权利禁止未经其许可将其广播以无线方式重播，将其广播固定，将已固定的内容复制，以及通过同样方式将其电视广播向公众传播。由此可见，TRIPS 协定对于广播组织权的保护并未扩展至网络环境下。而我国作为 TRIPS 协定的成员国，在修订著作权法中的广播组织权的相关内容时，亦参照了 TRIPS 协定等国际条约的规定。同时，在著作权法制定之时，我国互联网的发展尚属初期阶段，通过互联网转播电视节目的行为未被纳入该法第四十五条的调整范围，上述条款调整的范围仅限于以无线方式、有线方式转播广播电台、电视台节目的行为，而未将广播组织权的保护范围扩展至互联网环境下。

另外，互联网环境下广播组织权的保护问题，涉及因素繁杂，影响亦深远广泛。广播电视组织作为社会公众获取信息的重要渠道之一，其承载着公众了解信息、学习文化的重要职能，尤其在信息时代背景下，资讯或文化知识的传播速率及传播成本，直接关系到经济、科技等诸多行业的发展，因此，在广播电视组织通过互联网有效提高信息传播速率并明显降低传播成本的信息时代，对于广播组织权保护范围的确定，不仅直接关系到权利人的经济利益，同时，也对社会公众获取信息或文化知识产生深远的影响，更为重要的是，这种因法律解释而导致保护范围的调整，势必影响到信息或文化知识的传播效率，而这无疑又会对信息时代背景下的互联网行业发展以及文化传播模式的创新产生难以预期的影响。正是由于互联网环境下广播组织权的复杂性。

用户在观看电视台节目过程中无须跳转至央视网，势必会降低央视网的点击量。某国际网络公司系参与市场活动的商事主体，该公司取得、使用和播放视频需要一定的支出，以便维护公司的日常经营活动和网站正常运营。某国际网络公司对涉案频道享有相应的权利，并因此形成了稳定的市场秩序，某国际网络公司的利益和案外其他被授权的企业的利益都需要予以保护，由此形成合理的市场预期，某网络科技公司未经授权进行传播的行为损害了上述市场的正常秩序。某网络科技公司此举损害到某国际网络公司享有的相应权利，一方面某网络科技公司通过向公众提供整合央视网节目获取广告收益，另一方面某网络科技公司通过向公众提供在线直播电视节目的行为获得了大量流量，获取经济利益。

三、关于不正当竞争

本案中，某网络科技公司在互联网环境下通过其运营的“电视粉”客户端可以实时转播中央电视台CCTV1、CCTV5、CCTV22等电视频道的节目内容，而某国际网络公司经中央电视台授权独家享有通过信息网络向公众传播、广播中央电视台所有电视频道及其所包含的电视节目的权利，因此，某网络科技公司与某国际网络公司提供的服务内容、形式、对象相同，二者构成竞争关系。某网络科技公司运营的“电视粉”客户端存在社交功能并不影响其客观上能够并实际通过互联网转播了CCTV1、CCTV5等十六个电视频道节目内容的实质，这使得目标群体无须登录某国际网络公司网站或使用某国际网络公司的客户端即可通过互联网收看中央电视台的相关电视频道内容，因此，某网络科技公司与某国际网络公司构成直接的竞争关系。

《中华人民共和国反不正当竞争法》第二条第一款规定，经营者在生产经营活动中，应当遵循自愿、平等、公平、诚实信用的原则，遵守法律和商业道德。该款可以作为反不正当竞争法的一般条款对不属于该法具体列举的市场竞争行为予以调整，以保障公平的市场竞争秩序。适用该原则条款认定涉案竞争行为是否构成不正当竞争应当同时具备以下条件：一是法律对该种竞争行为未作特别规定；二是其他经营者的合法权益确因该竞争行为而受到了实际损害；三是该种竞争行为因确属违反诚实信用原则和公认的商业道德而具有不正当性或可责性。

电视节目的编排、制作、播放通常需要投入大量的人力、物力和财力，而购买体育赛事特别是伦敦奥运会等大型体育赛事的转播权，更需投入巨额资金，因此，如果不对电视台节目信号进行产权界定，并加以保护，而放任他人未经许可擅自以营利为目的使用中央电视台的节目信号，其后果不但使“搭便车”者不劳而获，而且直接损害了某国际网络公司或中央电视台的经济利益，更为重要的是，这种“搭便车”行为致使权利人成本收益失衡后，势必大大削弱广播组织者的积极性，促使其减少对电视节目制作的投入，而这又无疑会给文化产品的市场供给带来负面影响，且有悖于鼓励创新、繁荣社会主义文化的立法初衷。

编写人：北京市海淀区人民法院　郭振华

三、专利行政纠纷

156 化合物新颖性的证明规则

——某公司诉某知识产权局发明专利申请驳回复审行政案

【案件基本信息】

1. 裁判书字号

最高人民法院（2020）最高法知行终97号行政判决书

2. 案由：发明专利申请驳回复审行政纠纷

3. 当事人

原告（上诉人）：某公司

被告（被上诉人）：某知识产权局

【基本案情】

某公司就原某知识产权局实质审查部门针对申请号为20108002××××、名称为“××××衍生物阻燃剂”的发明专利申请所作出的驳回决定向原某知识产权局提出复审请求。针对该复审请求，原某知识产权局作出复审请求审查决定，该决定认定：本申请权利要求1、4~6不具备《中华人民共和国专利法》第二十二条第二款规定的新颖性，权利要求2、3、7、9、11~17不具备《中华人民共和国专利法》第二十二条第三款规定的创造性，维持驳回决定。

某公司不服被诉决定，主张：本案应适用《专利审查指南》第二部分第十章5.1节“化合物的新颖性”规定中的“但书”条款。即，对比文件1虽然提到了通式（1）中R是1，2-亚乙基的化合物及其制造方法，但根据证据1，在三乙胺的存在下，按照对比文件1记载的制造方法无法制造出通式（1）中R是1，2-亚乙基的化合物。事实上，有机磷化学具有不可预测性，某一××××衍生物（如本申请化合物）是否能够被成功制造，无法预先基于待使用的碱和反应条件（包括催化剂和溶剂）来进行判断，证据2及证据3可佐证。由此可见，在××××衍生物的制造反应中，并不存在某种统一的反应机理（如简单地除去氯化氢），对比文件1的公开不能破坏本申请权利要求1化合物的新颖性。此时，因原告已经证明了对比文件1的方法无法获得本申请的化合物，故举证责任应当转移给被告。

根据中央机构改革部署，原某知识产权局的相关职责由中华人民共和国某知识产权局统一行使。某知识产权局坚持被诉决定的意见。

对比文件1系公开日为1999年4月20日，公开号为特开平11-106619的公开特许公报（A）日本专利文献及其部分中文译文，具体公开了阻燃性聚酯及其制造方法。

证据1为发明人Kimberly White博士在2014年2月28日至3月3日进行的实验报告。

证据2为题为“××××，EDC Reactions with Various Bases，Catalysts，Solvents”的实验结果表格。

证据3为Abrunhosa-Thomas等，“Alkylation of H-Phosphinate Esters under Basic Conditions”，J. Org. Chem.，第72卷，第2851~2856页，2007年。

【案件焦点】

化合物新颖性的判断中，“在申请日之前无法获得该化合物”这一但书条款的证明规则。

【法院裁判要旨】

北京知识产权法院经审理认为：“在申请日之前无法获得该化合物”作为消极事实，具有较高的证明难度。有鉴于此，在确定原告对此承担举证责任的基础上，不应对其课以过高的证明标准。因对比文件 1 提到了权利要求 1 中的化合物，故可以对比文件 1 为基础，结合现有技术，基于所属技术领域技术人员的知识和能力进行判断。需要指出的是，由《专利审查指南》第二部分第四章 2.4 节“所属技术领域的技术人员”规定可知，所属技术领域的技术人员应当知晓申请日或者优先权日之前发明所属技术领域所有的普通技术知识，能够获知该领域中所有的现有技术，并且具有应用该日期之前常规实验手段的能力。换言之，原告固然无须穷尽所有的现有技术方法，但其证明责任也绝非仅限于机械套用对比文件 1 提及的原料和方法。与之相反，原告的证明范围不应排除本领域技术人员基于对比文件 1 公开的内容，在其合理认知范围之内的可能会选用的现有技术和原料。

首先，证据 1 采用对比文件 1 实施例的制备方法来尝试合成本申请权利要求 1 的化合物。然而，证据 1 所记载的制备方式仅涵盖了潜在能够合成本申请权利要求 1 限定的化合物制备方法范围中非常小的一个点值。在此情况下，该证据的证明力并不足以覆盖对比文件 1 所涉及的制备方法。其次，证据 1 中仅采用三乙胺作为碱尝试合成本申请权利要求 1 限定的有机磷化合物。三乙胺作为众多有机碱中的一种，碱性不强，该证据仅能证明在使用三乙胺作为碱这样特定的反应条件时无法合成本申请权利要求 1 限定的有机磷化合物。再次，证据 2 的实验结果表格表明，本领域技术人员知晓如碱，溶剂等反应条件均系能够影响有机磷化合物合成的重要因素，也会尝试改变上述条件来合成化合物。这间接证明了本领域技术人员完全有可能尝试通过改变碱的类型来合成权利要求 1 限定的有机磷化合物。而证据 3 亦不能推导得出权利要求 1 中的化合物不能合成的结论。最后，如前所述，原告的举证责任尚未承担到位，故举证责任并未转移，被告无须就该问题进行举证。综上所述，证据 1~3 并不足以证明申请日之前无法获得权利要求 1 的化合物，权利要求 1 不符合《中华人民共和国专利法》第二十二条第二款的规定。

北京知识产权法院依照《中华人民共和国行政诉讼法》第六十九条之规定，判决如下：

驳回原告某公司的诉讼请求。

某公司不服一审判决，提起上诉。

最高人民法院同意一审法院的裁判意见。

【法官后语】

一、化合物新颖性的判断规则

《中华人民共和国专利法》第二十二条第二款规定，新颖性，是指在申请日以前没有同样的发明或者实用新型在国内外出版物上公开发表过、在国内公开使用过或者以其他方式为公众所知，也没有同样的发明或者实用新型由他人向国务院专利行政部门提出过申请并且记载在申请日以后公布的专利申请文件中。

化学是一门实验科学，化学反应的多样性、复杂性导致化学发明能否实施往往难以预测。即使现有技术中已记载了某一化合物的化学名称、分子式（或结构式）等结构信息，也并不意味着以当时的技术一定是可以制备的。故而，化合物新颖性的判断固然以结构异同的比较为主，但仍然不能排除因制备导致的特殊情况。

有鉴于此，《专利审查指南》中“化合物的新颖性”判断规则经过了多次修改，但书条款“在申请日之前无法获得该化合物”应运而生。化合物新颖性的判断规则也由“提到+能制造→破坏新颖性”（2001年）变为“提到→破坏新颖性，但不能获得除外”（2006年至今）。

上述规则的改变产生的直接结果是举证责任的变化。在2001年的审查规则之下，专利行政部门在审查化合物新颖性时，不仅需要审查现有技术文件中是否“提及”该化合物，还要进一步考虑由该文件的指导能否制造或者能分离出该化合物。而2006年以后的审查规则中，证明现有技术文件中所提及的化合物是否可获得的责任则转移至申请人。此时，申请人如主张现有技术文件中提及的化合物不能破坏其申请的新颖性，就需要面临但书条款“在申请日之前无法获得该化合物”这一消极事实的证明问题。

二、“但书条款”——消极事实的一般证明规则

积极事实为肯定之事实，也就是当事人主张存在某种事实；消极事实即否定事实，也就是当事人主张不存在某种事实。消极事实不能被直接证明，只能通过相关的积极事实间接予以证明。罗马法确立的上述原则和规则对后世法律规则产生了深远的影响。而一般认为，“消极事实”不含有任何物质形式，不能直接为人们所感知，只能通过思维认识的特殊的客观事实的存在状态。[①] 相对于积极事实

① 李秀芬：《论消极事实的证明规则》，载《甘肃政法学院学报》2006年11月。

具有排他性、唯一性，消极事实具有兼容性和无限多样性。①

由于消极事实不具有任何物质形式，其不能直接被证明，只能通过与之相关的积极事实进行间接证明。而且由于消极事实具有兼容性和无限多样性，在某种情况下，其似乎不能被确切地予以证实，只能是无限程度地接近证明目的。

此时，对于申请人而言，证明一个消极事实无疑存在极高的难度。因此，在应用但书条款判断化合物新颖性时，显然不应对申请人课以太高的证明责任，要求其穷尽所有的技术手段进行实验以证伪也违反基本的科研规律。但同时，证明标准仍应在合理范围内，即基于所属技术领域技术人员的知识和能力，结合现有技术进行判断。本案即阐明了该观点，认定申请人不应仅止步于机械套用所引用现有技术中提及的原料和方法，其证明范围应覆盖所属领域技术人员在合理认知范围内可能会采用的现有技术和原料。

本案中，某公司所提交证据的缺陷主要有：第一，实验所覆盖的反应物和点值范围过小，不足以涵盖对比文件 1 所涉及的主要制备方法；第二，其在实验中仅使用三乙胺这种非典型性的碱作为合成原料以合成有机磷，偏离了对比文件 1 的技术教导；第三，未就本领域技术人员所熟知的，常规的可能影响有机磷化合物合成的重要因素进行尝试和实验。

综上，申请人的努力尚不足以在合理的范围内反证对比文件中所提及的化合物在申请日之前实际上无法制得，证明责任尚不能转移。

编写人：北京知识产权法院　宋晖　王仲阳

---

① 李秀芬：《论消极事实的证明规则》，载《甘肃政法学院学报》2006 年 11 月。

157 设计空间狭小的产品外观设计侵权判定规则

——某工贸公司诉某知识产权局外观设计专利处罚行政案

【案件基本信息】

1. 裁判书字号

北京市高级人民法院（2018）京行终5537号行政判决书

2. 案由：外观设计专利处罚行政纠纷

3. 当事人

原告（被上诉人）：某工贸公司

被告：某知识产权局

第三人（上诉人）：某科技公司

第三人：某超市

【基本案情】

专利号为20133026××××.X、名称为“两轮自平衡电动车”的外观设计专利，其申请日为2013年6月20日，授权公告日为2013年12月11日，专利权人为某科技公司，目前处于合法有效状态。2016年6月16日，某科技公司向北京市东方公证处申请保全证据公证。当日，某科技公司在某超市购买了新联A6平衡车（以下简称被控侵权产品）。为此，公证处出具了第8815号公证书。某知识产权局于2016年7月6日受理了某科技公司提出的处理请求，向某工贸公司、某超市发出答辩通知书及请求书副本，某工贸公司在指定期间内提交了答辩书，某超市未提交答辩书。某知识产权局于2016年9月13日进行了口头审理。某知识产权局经审理认为，被控侵权产品落入涉案专利的保护范围。某超市为生产经营目的许诺销售、销售被控侵权产品的行为侵犯了某科技公司的涉案专利权。某工贸公司为生产经营目的制造、销售被控侵权产品的行为侵犯了某科技公司的涉案专利权；并于2016年9月29日作出《专利侵权纠纷处理决定书》（以下简称被诉决定），决定：某超市停止许诺销售、销售被控侵权产品；某工贸公司停止制造、销售被控侵权产品。某工贸公司不服某知识产权局作出的被诉决定，在法定期限内向法院提起行政诉讼。

【案件焦点】

被控侵权产品的外观设计是否落入涉案专利的保护范围。

【法院裁判要旨】

北京知识产权法院经审理认为：涉案专利的外观设计与被控侵权产品的外观设计均包含把手、控制杆、控制盒、脚踏板、挡泥板、轮毂、方形底座设计特征。为了实现功能，此类产品通常包含上述部件，并且具有大致相近的连接关系和构造，因而由此形成的两轮自动平衡车的整体车形属惯常设计。虽然涉案专利与被控侵权产品的外观设计的各部件之间的布局和整体车形基本相同，但存在上述相同点并不足以认定两者构成相同或相近似的外观设计，仍然需要进一步对其他主要设计特征进行分析对比后再行综合判断。

关于涉案专利与被控侵权产品的T形把手。在车体前端设有把手，且把手与控制杆连接是惯常设计。为了实现把手保持平衡、控制方向等功能，此类产品的把手大多选择在中间位置与控制杆连接，从而形成T形，在涉案专利与被控侵权产品都采用T形把手时，需要进一步考察把手的具体形状。被控侵权产品具有方形显示屏，因此T形把手的交汇处有突出的外缘，而且两端的手柄是两端粗中间细，其中内侧相对于外侧更粗，并有凹凸设计。涉案专利没有显示屏，把手上缘和下缘都是平滑的，两端手柄呈纺锤状，整体呈现流线型设计。而且被控侵权产品的把手两端是对称的，而涉案专利的把手两端呈现非对称的状态。此外，被控侵权产品把手部分的背面可见一个LED① 灯装饰带，而涉案专利没有。上述区别使得被控侵权产品的把手和涉案专利的把手存在明显的区别，一般消费者施以一般注意力即可注意到。把手是自平衡车凸出的部件，能够被直接观察到，是能够引起一般消费者视觉关注的部位，两者把手部位的差异对整体视觉效果产生显著影响。

关于涉案专利与被控侵权产品的方形底座的前后侧面。被控侵权产品的方形底座的前侧和后侧都设置了装饰物和车灯，所形成的图案与涉案专利存在明显不同。对于自平衡车而言，底座是富集各部件并承载驾驶人员的部位，是车体的主要部分，并且能够被直接观察到，因此，底座前后侧面是引起一般消费者关注的部位，此处的不同对整体视觉效果将产生显著影响。

关于涉案专利与被控侵权产品的挡泥板。涉案专利的挡泥板仅覆盖部分轮胎上缘、整体呈现圆滑流畅的造型，而被控侵权产品的挡泥板覆盖整体轮胎上缘、整体呈现方直的造型。挡泥板从轮毂内侧覆盖至轮胎上缘，是一般消费者能够直接观察到的，并且在车体中所占比例较大，是视觉关注的部位，此处设计特征的区别能够对整体视觉效果产生影响。

---

① 发光二极管，简称为LED，是一种常用的发光器件，下文对此不再提示。

关于涉案专利与被控侵权产品的外侧轮毂。直接观察涉案专利的外侧轮毂可以看到Y形装饰片，而被控侵权产品的外侧轮毂是圆盘形。外侧轮毂可为一般消费者直接观察到，是视觉关注的部位，两者的上述差别对整体视觉效果产生显著影响。

关于涉案专利与被控侵权产品的控制盒。二者控制盒均设置在中间位置，且左、右、后侧面为梯形面，但涉案专利的控制盒的左、右两侧呈现有弧度的斜坡状，控制盒整体较为圆滑，被控侵权产品控制盒的左、右两侧与底面接近垂直，整体棱角更分明。虽然控制盒是可以直接观察到的部位，但与把手、底座、轮毂等设计特征相比，控制盒受到的关注通常较小，因此，与把手等其他设计特征相比，控制盒的位置及大致形状对整体视觉效果产生的影响较小。

关于涉案专利与被控侵权产品的控制杆。被控侵权产品的控制杆和涉案专利的控制杆都呈弧形，区别在于涉案专利的控制杆上设有一个贯通上下的中空装饰条，而被控侵权产品控制杆设有三个中空装饰条。控制杆是可以直接观察到的车体的重要组成部位，设计上的异同对整体视觉效果产生显著影响。但考虑到弧形的控制杆与现有设计的差异并不显著，而被控侵权产品控制杆与涉案专利的控制杆还存在中空装饰条上的差异，因此，尽管被控侵权产品采用了与涉案专利基本相同的弧形控制杆，但并不导致涉案专利与被控侵权产品的外观设计整体视觉效果相同。

关于涉案专利与被控侵权产品的花形旋钮，被控侵权产品和涉案专利均在控制杆和底座的连接处设置花形旋钮，旋钮的形状相同。但该旋钮的位置具有功能性，且形状为惯常设计，因此，该部分对整体视觉效果的影响较小。

关于被控侵权产品和涉案专利的底座脚踏板的纹路。两者均为密实紧凑的纹路，但脚踏板纹路的具体图案不同。被控侵权产品脚踏板的纹路为鱼鳞纹，而涉案专利产品的脚踏板的纹路为斜纹。由于踏板上设有纹路具有功能性，且鱼鳞纹和斜纹均为脚踏纹路的惯常设计，因此，踏板的纹路设计并不会对整体视觉效果产生显著影响。

因此，在涉案专利与被控侵权产品的外观设计如 T 形把手、底座、挡泥板及轮毂等对整体视觉效果产生显著影响的设计特征存在明显区别的情况下，被控侵权产品在弧形控制杆、控制盒的梯形面以及踏板纹路等设计特征上与涉案专利相近似并不足以使得整体的视觉效果无实质性差异。综上，根据整体观察、综合判断的原则，被控侵权产品和涉案专利的外观设计存在明显区别，不构成相近似的外观设计。

北京知识产权法院判决：撤销北京市知识产权局作出的京知执字（2016）929-46 号专利侵权纠纷处理决定。

某科技公司上诉称：原审判决违反了整体观察、综合判断原则，认定事实和适用法律存在错误。被控侵权产品与涉案专利的整体视觉效果无实质性差异，构成相近似的外观。（1）涉案专利的整体车形不属于惯常设计，仍然存在较大的设计空间，该整体外观对整体视觉效果具有更显著的影响。被控侵权产品和涉案专利的整体外观基本相同，两者构成相近似的外观设计。（2）涉案专利与被控侵权产品的 T 形把手之间的区别、方形底座的前后侧面的区别、挡泥板的区别、外侧轮毂的区别以及控制杆的区别均属于局部的细微差异。

某知识产权局、某工贸公司、某超市服从原审判决。

北京市高级人民法院经审理认为一审判决认定事实清楚，适用法律正确，程序合法，判决如下：

驳回上诉，维持原判。

【法官后语】

对设计空间的考虑应结合产品的功能用途方面。电动平衡车是近年流行起来的便携交通工具，市面上主要有两种，一种是手扶式，另一种是膝夹式。本案涉及的是手扶式电动平衡车，从运动原理角度来讲，此类电动平衡车都会有把手、控制杆、脚踏板、挡泥板、轮毂设计、方形底座设计特征；从控制电路设置角度来看，用来放置控制电路的控制盒也是必不可少的设计特征。也就是说，设计一款手扶式电动平衡车无法绕开上述设计特征，属于此类产品的惯常设计。那么对于手扶式电动平衡车，其在把手、控制杆、挡泥板等上的具体设计差异属于相同或相近似判断的重点。类似于手扶式电动平衡车的产品属于设计空间狭小的产品，对设计者而言，能够发挥设计想象的空间仅限于具体部件的设计上，受限于功能用途的限定，此类产品的整体外形往往趋于相近似。那么就一般消费者而言，在手扶式电动平衡车这类产品之间，依据其把手、控制杆或者轮毂设计不同来区分选择购买心仪产品。

因此，对于设计空间狭小的产品，确定一般消费者的知识水平和认知能力时，应当结合产品功能用途，排除基于功能用途而具备的设计特征的影响。根据整体观察、综合判断的原则来判定是否落入外观设计专利的保护范围。

编写人：北京知识产权法院　邓文轩

158 外观设计专利与对比设计是否具有明显区别的“精细化”判定

——某汽车公司诉某知识产权局外观设计专利权无效案

【案件基本信息】

1. 裁判书字号

北京市高级人民法院（2018）京行终4169号行政判决书

2. 案由：外观设计专利权无效纠纷

3. 当事人

原告（被上诉人）：某汽车公司

被告（上诉人）：某知识产权局

第三人（上诉人）：某制造公司、麦某文

【基本案情】

专利号为20133052822××、名称为“越野车（陆风E32车型）”的外观设计专利（以下简称本专利），其申请日为2013年11月6日，授权公告日为2014年4月23日，专利权人为某汽车公司。本专利由主视图、后视图、左视图、右视图、俯视图表示，依照行驶时汽车驾驶员的位置为基准确定前、后、左、右、顶面，由此可以确定左右视图表达的是汽车的侧面设计，主视图表达的是汽车的前面设计，后视图表达的是汽车的后面设计，俯视图表达的是汽车的顶面设计。

针对本专利，某制造公司于2014年7月25日向某知识产权局提出了无效宣告请求，其理由是本专利不符合《中华人民共和国专利法》（以下简称《专利法》）第二十三条第一款和第二款的规定，同时提交了证据1~3。某制造公司于2014年8月25日补充提交授权委托书以及一份证据，即证据4（对比设计）：（2014）某证字32020号公证书复印件，涉及对证据3“京N0××××”蓝色揽胜极光汽车销售的证据保全。其中，附件4-2、附件4-3、附件4-6已经包含了证据3的所有文件。对比设计给出了汽车的侧面、前面、后面、顶面的设计和前左侧以及右后侧方向的透视角度的设计。麦某文于2015年8月3日向某知识产权局提出了无效宣告请求，其理由是本专利不符合专利法第二十三条第一款、第二款和第二十七条第二款的规定，请求宣告本专利无效，同时提交了证据（1）~（5）。麦某文认为，证据（1）是路虎揽胜极光车型的外观设计，其特有设计特征包括：360度的腰线设计、宽大的前脸、扁平的车身、下压式车顶、环绕式车前灯、逐渐上扬的肩线与腰线以及往四角推开的前后车轮等。证据（5）列举了该设计所获的奖项，证据（4）表明大量的新闻报道说明一般消费者认为本专利同证据（1）的设计酷似。证据（1）~（3）表明运动型多用途汽车（SUV）车型设计风格多种多样，从整车到具体部位都有很多设计空间和设计变化。

2016年6月3日，某知识产权局作出第29146号无效宣告请求审查决定（以下简称被诉决定）。该决定认定：由本专利与对比设计的相同点和不同点可见，二者的比例相同，在设计变化比较难的侧面轮廓上非常接近，侧面主要特征线和前后脸的主要分割线相同，前脸和后脸的布局基本相同，主要装饰件如发动机罩、进气格栅、前后车灯组的外轮廓相同，还有一些细节设计相同。这些相同点决定了车的整体造型和三维立体轮廓，从整体上观察，二者的相同点决定了二者具有基本相同的车身立体形状和设计风格，包括都为对比设计所示的悬浮式车顶设计，侧面腰线和裙线等线条凸显硬朗的线条风格，前脸车灯和格栅的一体化设计同贝壳形发动机罩相结合，后脸车灯线条同前脸车灯线条相呼应，倒凸字形的后背门与车灯的直线条分隔等。本专利与对比设计的不同点在于前脸下部、车尾中部的设计以及其他一些细节设计的不同。相对于本专利与对比设计相同的车身立体形状、装饰件的设计而言，上述不同点均属于局部细节的改进，且基本上所有区别特征都被现有设计公开或者现有设计给出相同的设计手法，故相对于二者的相同点而言，二者的不同点对整体视觉效果都没有显著影响。综合考虑本专利与对比设计的相同点和不同点对于整体视觉效果的影响，从整体上观察，本专利与对比设计在整体视觉效果上没有明显区别，因此，本专利不符合专利法第二十三条第二款的规定。据此，宣告本专利权全部无效。

【案件焦点】

本专利与对比设计是否存在明显区别。

【法院裁判要旨】

北京知识产权法院经审理认为：虽然本专利与对比设计车身比例基本相同，侧面主要线条的位置、立柱的倾斜角度、车窗的外轮廓及分割的比例基本相同，前后面车身的外轮廓及主要部件的相互位置关系亦基本相同，但本专利与对比设计在前车灯、进气格栅、细长进气口、雾灯、贯通槽、辅助进气口、倒 U 形护板、后车灯、装饰板、车牌区域及棱边等部位存在不同的设计特征，其组合后形成的视觉差异对 SUV 类型汽车的整体外观产生了显著的影响，足以使一般消费者将本专利与对比设计的整体视觉效果相区分。相比于相同点，上述不同点对于本专利与对比设计的整体视觉效果更具有显著影响。故本专利与对比设计具有明显区别，符合专利法第二十三条第二款的规定。被诉决定认定事实不清，适用法律错误，应予撤销。依照《中华人民共和国行政诉讼法》第七十条第一项、第二项之规定，判决如下：

一、撤销某知识产权局作出的被诉决定；

二、某知识产权局针对某制造公司、麦某文提出的无效宣告请求重新作出决定。

一审判决后，某知识产权局、某制造公司、麦某文均不服，提起上诉。

北京市高级人民法院经审理认为，通过对本专利与对比设计之间的相同点、不同点对整体视觉效果影响权重的分析和对比，可以认定在涉案 SUV 的车身三维立体形状和主要装饰件布局存在较大设计空间的情况下，本专利与对比设计在上述两个方面同时存在的相同点尤其是车身侧面和前面的相同及相似之处对整体视觉效果的影响权重最高，其他不容易为一般消费者注意到的较小区别对整体视觉效果的影响权重则明显较小。尽管本专利与对比设计在车身前面和后面存在的主要不同点使两者在视觉效果上呈现出一定的差异，但由于导致视觉效果差异的区别设计特征，多数为现有设计所公开或由现有设计给出了相同设计手法的，其对整体视觉效果的影响权重显著降低，从整体上观察 SUV 整车的全部设计特征形成的整体视觉效果，本专利与对比设计在车身前面和后面形成的视觉效果差异在整体视觉效果中所占的权重要明显低于两者之间相同点所产生的趋同性视觉效果的权重。本专利与对比设计相比，二者之间的差异未达到“具有明显区别”的程度，本专利不符合专利法第二十三条第二款规定的授权条件，应当予以无效宣告。一审判决对于本专利与对比设计具有明显区别的认定有误，以致法律适用错误，应予以纠正。某知识产权局、某制造公司和麦某文的上诉理由部分成立，足以支持其上诉主张，对其上诉请求均予以支持。

北京市高级人民法院依照《中华人民共和国行政诉讼法》第六十九条，第八十九条第一款第二项、第三款之规定，判决如下：

撤销一审判决；驳回某汽车公司的诉讼请求。

【法官后语】

本案是一起社会关注度高、案情疑难复杂的汽车外观设计专利无效行政案件，受到了国内外及社会各界的广泛关注。二审法院依法宣告涉案专利权无效，体现了中国法院对于中外权利人合法利益的平等保护，彰显了中国加强知识产权保护、塑造良好营商环境的决心。同时，本案也是一起充分体现知识产权司法保护明晰规则、引导和激励创新作用的典型案例。

一方面，本案明确和细化了外观设计专利确权案件的裁判规则。

“整体观察、综合判断”是外观设计专利确权以及侵权判断的基本方法。在外观设计专利确权案件中，判断涉案专利与对比设计是否具有明显区别，通常的做法是将两外观设计划分为相互对应的具体设计特征，并就每项设计特征分别进行对比，从而确定两外观设计的相同点和不同点，在此基础上，逐一判断各相同点、不同点对整体视觉效果造成影响的显著程度，最终通过综合分析得出认定结论。但在具体案件中，如何恰当地认定当事人存在争议的设计特征对整体视觉效果的影响权重是长期以来存在的难点问题。本案二审判决对此进行了详细、周密的论述，二审判决指出，判断具体设计特征对整体视觉效果的影响权重，应当基于一般消费者的知识水平和认知能力，从外观设计的整体出发，对其全部设计特征进行整体观察，在考察各设计特征对外观设计整体视觉效果影响程度的基础上，对能够影响整体视觉效果的所有因素进行综合考量。在判断具体特征对整体视觉效果的影响权重时，不能仅根据直观的视觉感知或者根据该特征在外观设计整体中所占比例的大小即贸然得出结论，而应当以一般消费者对设计空间的认知为基础，结合相应设计特征在外观设计整体中所处的位置、是否容易为一般消费者观察到，并结合该设计特征在现有设计中出现的频率以及该设计特征是否受到功能、美感或技术方面的限制等因素，确定各个设计特征在整体视觉效果中的权重。

上述规则的明确对于今后外观设计专利确权的审理具有较强的参考和借鉴意义。

另一方面，本案所确立的裁判尺度将直接影响到汽车外观设计领域的授权确权标准，对中国汽车产业的发展具有重要的导向作用。从外观设计专利制度的目的以及专利法第二十三条第二款对设计创新高度的要求来讲，外观设计专利制度的目的是对产品外观设计创新活动提供保护，通过专利权的赋予，回报对产品外观真正作出创新设计的设计人。但专利法对创新设计赋予专利权是有要求的，即该外观设计不但是新的设计，还必须达到一定的创造高度，而不能是对现有设计的简单变化。就汽车的外观设计而言，汽车外观设计的创新可以划分为全面创新和改进设计，前者是指从技术到外形的全新平台式开发，由白车身决定的三维立体形状以及所有装饰件的设计均不同于以往的设计；后者是指车身改进和局部改型，即对三维立体形状做出局部改变和/或部分装饰件（尤其是主要装饰件）的设计做出改变，最终达到整体视觉效果上不同于以往的设计。就本案而言，本专利相对于对比设计的不同点即改进之处，既不涉及对三维立体形状的改变，也不涉及对主要装饰部件布局及显著设计特征的改进，而主要是对前车灯、后车灯及与之相关的局部细节进行了改动，且上述改进之处并未使本专利的整体视觉效果明显不同于对比设计，因此，其既不属于应受专利权保护的全面创新，也不属于应受专利权保护的改进设计。

回顾中国汽车工业的发展之路，在发展初、中期一定程度上可以归结为对国外先进制造及设计技术的引进、借鉴和模仿，但在“创新驱动发展”战略上升为国家战略以及知识产权保护力度不断加大的背景下，仍然走借鉴、模仿的老路显然已经行不通，因此，汽车制造企业必须转变思路，不断加强自主创新，唯有如此才能在未来激烈的市场竞争中占有一席之地。

编写人：北京市高级人民法院　苏志甫

159　专利权无效案件中实验数据真实性举证责任的转移

——某制药公司诉某知识产权局发明专利权无效案

【案件基本信息】

1. 裁判书字号

北京市高级人民法院（2018）京行终 2962 号行政判决书

2. 案由：发明专利权无效纠纷

3. 当事人

原告（被上诉人）：某制药公司

被告：某知识产权局

第三人（上诉人）：某药业公司

【基本案情】

某制药公司针对某药业公司拥有的名称为“桂哌齐特氮氧化物、其制备方法和用途”的第2009101769××号发明专利（以下简称本专利）向某知识产权局提出无效宣告请求，某知识产权局作出第32428号审查决定（以下简称被诉决定），认定本专利符合《中华人民共和国专利法》（以下简称《专利法》）第二十六条第三款的规定，维持本专利权有效。

本专利说明书第［0045］～［0055］段记载了一种利用3龄前期黏虫幼虫实施的桂哌齐特氮氧化物的活性研究，具体内容如下：

［0045］实施例5桂哌齐特氮氧化物的活性研究。

［0046］1、供试昆虫：3龄前期黏虫幼虫，由西北农林科技大学无公害农药研究中心养虫室提供。

［0047］2、供试品：取5mg本发明式（1）所示化合物，加入5mL水，配成lmg/mL的药液；对照品为水。

［0048］3、生测方法：采用小叶蝶添加法。

［0049］在直径为9厘米的培养皿底部铺一层滤纸，并加水保湿。每皿挑取10头大小一致、较健壮的3龄前期黏虫幼虫。将玉米叶剪成1×1厘米的小叶蝶，于待测药液中浸3秒，晾干后喂试虫。

以水为空白对照组。每处理10头，重复3次。于室温（25°C左右）下、湿度65%~80%、光照时间为12小时/12小时的条件下饲养。48小时后，喂以正常的叶蝶直至羽化。定期记录虫子的取食量、活口数、表现症状等，并根据下列公式计算试虫24小时、48小时的拒食率及死亡率。

[0050] 拒食率（%）=（对照组平均取食量-处理组平均取食量/（对照组平均取食量）×100%；

[0051] 最终死亡率（%）=（试虫死亡个数）/（试虫总个数）×100%；

[0052] 矫正死亡率（%）=（处理死亡率-对照死亡率）/（1-对照死亡率）×100%

[0053] 结果见表1。

[0054] 表1 式I化合物对3龄黏虫的拒食毒杀效果

[0055]

供试药剂					
24小时	48小时				
拒食率（%）	死亡率（%）	矫正死亡率（%）	拒食率（%）	死亡率（%）	矫正死亡率（%）

对照组，-，6.67，-，-，7.21，-

式I化合物，67.93，61.75，59.01，96.57，92.71，92.14

庭审中，某制药公司主张本专利说明书实施例5记载的试验数据本身有悖常理，具体如下：

1. 本领域技术人员在阅读说明书后，可以确定该试验中，处理组（式Ⅰ化合物组）、对照组的试虫总数均为30头。按照说明书［0051］段记载的公式，上述试验中黏虫的死亡头数不是整数，但是根据常识，不可能出现非整数的死亡头数。

2. 按照说明书［0050］段记载的公式，经过推导计算，对照组的虫子在48小时平均取食量至少为其自身24小时平均取食量的9.35倍。但是正常情况下，3龄黏虫的进食量每天是基本稳定的，本专利对照组黏虫食量明显有悖于黏虫的正常习性。

庭审中，法院要求某药业公司提交本专利说明书实施例5的原始试验记录，或说明该试验中所获得数据的合理性。某药业公司表示，本专利说明书实施例5所载试验系其公司下属研究院在多年前完成，距今较久，故无法提交原始试验报告及数据，但就试验数据的合理性作出如下解释：

1. 本试验共分为三次进行，将三次结果汇总计算平均死亡率及矫正死亡率。

2. 某药业公司选取的是3龄前期的黏虫幼虫，在该试验的温湿度条件下，3龄黏虫的平均历期是2天。加上选取幼虫之后的准备时间，在该实验考察的48小时内，黏虫肯定要跨龄进入4龄阶段，且主要集中在前24小时进行。本来4龄黏虫的取食量就是3龄黏虫的数倍，再加之本试验中前24小时的黏虫处于跨龄状态而取食量极小的因素，因此48小时黏虫的取食量高于24小时取食量9倍以上是符合客观规律的。

另外，某药业公司在庭审中确认，在本专利说明书实施例5所载试验中，并未更换玉米叶，而是一直累计计算进而统计计算拒食率的。

【案件焦点】

本专利说明书实施例 5 中记载的相关实验数据是否具备真实性，本专利是否符合《专利法》第二十六条第三款的规定。

【法院裁判要旨】

北京知识产权法院经审理认为：根据某制药公司依据本专利说明书中记载的公式和实验数据进行数学推导的结果，本专利说明书实施例 5 所载试验中，黏虫的死亡数非整数，后 24 小时黏虫取食率为前 24 小时黏虫取食率的 9 倍多。这样的结论足够使法院对相关实验数据质疑。在本专利说明书存在明确且对本领域技术人员而言并不存在歧义的记载，而且没有原始试验报告佐证的情况下，某药业公司有关针对死亡率、取食量的解释均有悖常理，不能成立。因此，法院不能认可本专利说明书实施例 5 中记载的相关实验数据的真实性，即本专利说明书中的实验数据不足以证明本专利权利要求 1 要求保护的化合物具有杀虫活性。因此，本专利说明书并未完成《专利法》要求的对其要求保护的化合物用途的充分公开，不符合《专利法》第二十六条第三款的规定。被诉决定认定有误，予以纠正。一审法院遂判决如下：

撤销被告某知识产权局作出的第 32428 号无效宣告请求审查决定，被告某知识产权局重新作出审查决定。

某药业公司上诉称，本专利说明书实验数据真实，本专利满足说明书公开充分的要求。

某知识产权局、某制药公司服从一审判决。

北京市高级人民法院经审理认为：一审法院有关本专利说明书实施例 5 中记载的相关实验数据的真实性的分析有合理依据，符合正常的逻辑，予以认可。某药业公司针对本专利说明书关于本专利具有杀虫活性用途的相关部分并未完成《专利法》要求的对其要求保护的化合物用途的充分公开的要求，被诉决定认定有误，一审法院予以纠正正确。本专利权利要求16、17及其说明书相应记载不符合《专利法》第二十六条第三款的规定，但一审判决据此认定本专利说明书整体不符合该规定有误，予以纠正。二审法院判决如下：

撤销北京知识产权法院（2017）京73行初5365号行政判决，撤销被告某知识产权局作出的第32428号无效宣告请求审查决定，被告某知识产权局重新作出审查决定。

【法官后语】

本专利所属的化学领域是实验性科学领域，影响该领域发明结果的因素是多方面、相互交叉且错综复杂的。因此，化学领域的发明可预期性相对较低，在多数情况下，该领域的发明能否实施难以预测，需要加以验证才能够确认，其中有的化合物发明需要借助一些定性或者定量的数据和谱图才能够清楚地确认。

针对一项专利权，无效请求人以实验数据不真实为由主张专利说明书公开不充分，对该专利权的稳定性发起挑战，这当然是允许的。但是，在其主张无相应证据予以佐证的情况下，理应善意地审视专利文献，确认其公示公信。这也符合社会公众对有效的专利文献的期待利益。因此，无效请求人应当首先承担举证责任，说明相应理由或提交相应证据；专利权人进行反驳，也应说明理由或提交相应证据（如原始试验数据等），即此时的举证责任已经转移到专利权人一方。当无效请求人与专利权人均完成举证，专利行政机关、司法机关才能依据优势证据规则认定相关专利权的说明书公开是否充分。

本案中，某制药公司依据本专利说明书实施例5中记载的相关公式与实验数据进行数学推导，得到的结果有悖常理。法院对该推导结果予以确认。某制药公司已经尽到了作为无效请求人的初步举证责任，此时应当由某药业公司举证或说明上述实验数据的合理性。即下一步的举证责任应当由某药业公司承担。

作为专利权人的某药业公司当然应该在本专利说明书中公开相应的实验数据以证明本专利要求保护的化合物的杀虫活性，但是，《专利法》并未要求专利权人特别严谨地公开其获得上述实验数据的试验过程。基于此考虑，法院认为原始试验报告最能反映相关试验的客观情况，故要求某药业公司予以提交以查清相关事实，然而其却未能提交。在法院允许其对本专利说明书实施例5中实验数据的合理性进行补充说明及解释的情况下，其针对死亡率、取食量的解释均有悖常理，不能成立。因此，法院不能认可本专利说明书实施例5中记载的相关实验数据的真实性，即本专利说明书中的实验数据不足以证明权利要求1要求保护的化合物具有杀虫活性。

编写人：北京知识产权法院　卓锐　张忠涛

160 评价专利创造性，有必要对权利要求进行解释以明确其保护范围

——某电脑公司诉某知识产权局发明专利权无效宣告请求行政案

【案件基本信息】

1. 裁判书字号

北京市高级人民法院（2017）京行终2673号行政判决书

2. 案由：发明专利权无效宣告请求行政纠纷

3. 当事人

原告（上诉人）：某电脑公司

被告（上诉人）：某知识产权局

【基本案情】

本案所涉专利系名称为“具有与晶体管作用区重叠的接地母线的喷墨打印头”的发明专利（以下简称涉案专利）。其权利要求1为：“1. 一种喷墨打印头，其包括：由衬底（111）和多个薄膜层（11）形成的打印头结构；墨滴发生器（40）的纵阵列（61），其被限定在所述打印头结构中；场效应晶体管电路（85）的纵阵列（81），其形成在所述打印头结构中且分别地连接到所述墨滴发生器上，所述场效应晶体管电路包括作用区，每一作用区包括漏极区（89）、源极区（99）和栅极（91）；包括接地母线（181）的电力迹线（86），该接地母线在结合片（74）与所述墨滴发生器和所述场效应晶体管电路之间电连接；以及所述接地母线（181）通常沿场效应晶体管电路的所述纵阵列的纵向范围延伸，

并且与所述作用区部分地重叠。”

涉案《专利说明书》第 2 页第 11 行记载：“该作用区激励场效应晶体管驱动电路。”该页第 17 行记载：“每一作用区包括漏极区、源极区和栅极。”

针对涉案专利，鲍某伟于 2015 年 2 月 26 日向某知识产权局提出无效宣告请求，其理由是涉案专利不符合《中华人民共和国专利法》（以下简称《专利法》）第三十三条、第二十六条第三款和第四款，《中华人民共和国专利法实施细则》（以下简称《专利法实施细则》）第二十条第一款的规定，涉案专利权利要求 1-8 不具备创造性，不符合《专利法》第二十二条第三款的规定，故请求宣告涉案专利权利要求全部无效。并提交了相应证据，其中：

证据 2-1 公开了一种喷墨打印头，其通过芯片 13 产生的热量将墨滴排出喷嘴。该打印头 7 的芯片 13 包括基板 34 和多个薄膜层。附接到芯片 13 的外部是喷嘴板 66，该喷嘴板 66 具有一个喷嘴，加热器上方限定腔室，引向喷嘴。芯片 13 的每个侧面上是触点 29，被来自芯片外的信号所驱动。芯片上的电路包括加热器 1、电源总线 21、地址线 23 和多个金属氧化物半导体场效应晶体管 25。在图 4 的放大图中显示喷嘴和邻近加热器的 MOSFET25 呈纵列排布，在打印头内对准。MOSFET25 包括漏极区 35、源极区 36 和栅极。结合附图 5，驱动加热器 1 的电流施加到导电层 46，同时导电层 46 实现了加热器 1 和晶体管 25 的连接，次触点 40 通过导电层 46 使晶体管 25 接地，即导电层 46 包含了导电线，并且从附图 5 中可以看出 MOSFET25 与加热器 1 电连接，接地母线电连接次触点 40 和 MOSFET25。

证据 2-3 公开了一种晶体管结构，晶体管 12 具有限定在半导体衬底的区域 28 中的多个间隔开的平行扩散区，以及接触该扩散区以形成交替的源元件 S 和漏极元件 D 的导线，源元件 S 并联地电连接到接地总线 16，接地总线横截于晶体管延伸，多晶硅栅电极元件 G 穿过源元件 S 和漏极元件 D 之间，接地总线 16 与半导体衬底的区域 28 部分重叠。

某知识产权局经审查后认为：涉案专利权利要求 1 的技术方案相对于证据 2-1、2-3 的结合不具有突出的实质性特点和显著的进步，因而不具备创造性，不符合《专利法》第二十二条第三款的规定。故据此作出第 27391 号无效宣告审查决定（以下简称被诉决定），宣告涉案专利全部无效。

某电脑公司不服被诉决定，提起行政诉讼称：(1) 被诉决定对涉案专利“作用区”的解释以及对证据 2-3 所公开的事实认定不正确；(2) 涉案专利权利要求 1-8 相对于证据 2-1、2-3 以及公知常识的结合具备创造性，符合专利法第二十二条第三款的规定。综上，请求人民法院依法撤销被诉决定，并判令被告重新作出决定。被告某知识产权局辩称：被诉决定认定事实清楚，适用法律法规正确，审查程序合法，审查结论正确，请求人民法院驳回原告的诉讼请求。第三人鲍某伟请求人民法院驳回原告的诉讼请求。

【案件焦点】

对于被诉决定归纳的涉案专利权利要求 1 与证据 2-1 的区别技术特征，现有技术是否给出了技术启示。

【法院裁判要旨】

北京知识产权法院经审理认为：本领域技术人员在了解场效应晶体管工作原理的前提下，结合涉案专利说明书的相关记载，可以确定涉案专利权利要求1中所称“作用区”，是指同时包含栅极和与其相邻设置的漏极区、源极区，能够通过适当的电压使其产生作用，实现载流子的导通，继而对与之相连的喷墨加热器电阻进行激励的区域。

在确定了涉案专利中“作用区”明确含义的前提下，北京知识产权法院认定涉案专利权利要求1相对于证据2-1与证据2-3的结合具有突出的实质性特点和显著的进步，具备《专利法》第二十二条第三款规定的创造性。引用涉案专利权利要求1的从属权利要求2-8也均具备创造性。

北京知识产权法院判决撤销被诉决定，并判令某知识产权局重新作出审查决定。

某知识产权局、当事人均不服一审判决，上诉至北京市高级人民法院。北京市高级人民法院经审理认为：一审判决对于涉案专利权利要求1中的“作用区”解释正确。一审判决关于证据2-3并没有给出相应的技术启示的认定正确。

北京市高级人民法院判决如下：

驳回某知识产权局和鲍某伟的上诉请求，维持原判。

【法官后语】

专利权所要求保护的是技术方案，而技术方案是无形物，只能通过语言文字进行描述，这决定了专利权的保护范围也只能通过语言文字进行限定。而语言文字并不是一种非常精确的表意工具，其本身的模糊性使得不同的人面对同一段语言文字，往往会对其表达的含义产生不同的理解。事实上，无论何种用途的语言文字，人们都需要对其进行理解、解读方可清楚地确定其含义。对于使用有限的语言描述技术方案的权利要求，无疑更需要理解，而这种理解，就是对权利要求的解释。因此，权利要求的解释对于确定专利权保护范围是必不可少的。特别要强调的是，在权利要求书中，专利权人为了简洁而清晰地描述技术方案，往往会自己创设一些术语，这些术语在所属领域中并没有约定俗成的解释。在这种情况下，更需要站在所属领域技术人员的角度上，对这些术语进行解释，才能真正理解专利权要求保护的技术方案，进而确定专利权的保护范围。

由于对权利要求的解释是理解技术方案、确定专利权保护范围的必要途径，因此，无论是在专利侵权案件中，还是在专利授权确权案件中，对权利要求的解释都是不可或缺的。

有关在专利行政案件中对涉案专利的权利要求进行解释的问题，专利授权确权程序中，权利要求解释的目的在于通过明确权利要求的含义及其保护范围，对权利要求是否符合专利授权条件或者其效力如何作出判断。通常情况下，在专利授权确权程序中，对权利要求的解释采取最大合理解释原则，即基于权利要求的文字记载，结合对说明书的理解，对权利要求作出最广义的合理解释。如果说明书未对权利要求用语的含义作出特别界定，原则上应采取本领域普通技术人员在阅读权利要求书、说明书和附图之后对该术语所能理解的通常含义，尽量避免利用说明书或者审查档案对该术语作不适当的限制，以便对权利要求是否符合授权条件和效力问题作出更清晰的结论，从而促使申请人修改和完善专利申请文件，提高专利授权确权质量。

由此可见，对权利要求及其中所涉术语的解释，并非仅限于专利民事侵权程序，也并非以权利要求不清楚或者没有明确的唯一含义为前提，在评价专利创造性时，也有必要对权利要求进行解释以明确其保护范围，并在此基础上判断现有技术是否已经给出相应的技术启示。此外，对权利要求的解释必须以本领域技术人员的认识水平和技术能力为标准，结合本专利权利要求书和说明书的相关记载明确权利要求的保护范围。

编写人：北京知识产权法院　卓锐　张忠涛

161　权利要求中撰写错误的认定

——某材料公司诉某知识产权局专利复审委员会专利权无效行政案

【案件基本信息】

1. 裁判书字号

北京市高级人民法院（2014）高行终字第1811号行政判决书

2. 案由：专利权无效行政纠纷

3. 当事人

原告（被上诉人）：某材料公司

被告：某知识产权局

第三人（上诉人）：叶某

【基本案情】

某材料公司系名称为“层积型光电变换装置”、专利号为2004800014××的发明专利（以下简称本专利）的专利权人。本专利授权公告的权利要求书共有15项，其中权利要求1为：一种层积型光电变换装置，其特征在于，在衬底（1）上从光入射侧顺序层积一导电型层（31、51）、实质本征半导体的光电变换层（32、52）及含有反向导电型层（33、53）的多个光电变换单元（3、5），相对地配置于光入射侧的前方光电变换单元（3）内的反向导电型层（33）和邻接该前方光电变换单元（3）配置的后方光电变换单元（5）内的所述一导电型层（51）中的至少一者至少在其一部分具有硅复合层（4），所述硅复合层（4）具有20nm~130nm的厚度和25原子%~60原子%的氧浓度，在硅和氧的非晶质合金相中含有富硅相。

针对本专利，叶某于2012年2月24日向某知识产权局提出无效宣告请求，认为本专利权利要求1-15不符合《中华人民共和国专利法》（以下简称《专利法》）第二十六条第三款、第四款的规定，请求宣告本专利权全部无效。

某知识产权局经审理，作出第19358号无效宣告请求审查决定（以下简称第19358号决定），宣告本专利权全部无效。

原告某材料公司诉称：被告某知识产权局对权利要求的解读违背了权利要求的解释原则，脱离了本领域技术人员的认知水平，存在法律适用错误，请求人民法院依法撤销某知识产权局作出的第19358号决定。

被告某知识产权局辩称：第19358号决定认定事实清楚、适用法律正确、审查程序合法，原告的诉讼理由不能成立。

第三人叶某述称：同意被告的意见，第19358号决定认定事实清楚、适用法律正确，请求人民法院依法予以维持。

【案件焦点】

本专利权利要求是否违反《专利法》第二十六条第四款的规定。

【法院裁判要旨】

北京市第一中级人民法院经审理认为：本案的审理应适用2000年修正的《专利法》和2002年修正的《中华人民共和国专利法实施细则》。本案的争议焦点是，本专利权利要求书是否以说明书为依据，是否违反《专利法》第二十六条第四款的规定。

判断一项权利要求能否得到说明书的支持，首先需要确定权利要求所保护的技术方案。由于语言表达的局限性以及撰写和代理水平的客观限制，权利要求书在撰写过程中难免出现用词不够严谨或者表达不够准确等缺陷。对于存在明显撰写错误的权利要求，本领域技术人员进行更正性理解后，如果其要求保护的技术方案能够从说明书充分公开的内容得到或者概括得出，没有超出说明书公开的范围，则应当认定该权利要求得到了说明书的支持，符合《专利法》第二十六条第四款的规定。

根据本专利权利要求1的记载，其请求保护一种层积型光电变换装置，特征在于，在衬底（1）上从光入射侧顺序层积一导电型层（31、51）、实质本征半导体的光电变换层（32、52）及含有反向导电型层（33、53）的多个光电变换单元（3、5），相对地配置于光入射侧的前方光电变换单元（3）内的反向导电型层（33）和邻接该前方光电变换单元（3）配置的后方光电变换单元（5）内的所述一导电型层（51）中的至少一者至少在其一部分具有硅复合层（4），所述硅复合层（4）具有20nm~130nm的厚度和25原子%~60原子%的氧浓度，在硅和氧的非晶质合金相中含有富硅相。综上，被告作出的第19358号决定认定事实不清，适用法律错误，依法予以撤销。

北京市第一中级人民法院根据《中华人民共和国行政诉讼法》

第五十四条第二项第1目、第2目之规定，判决如下：

一、撤销某知识产权局作出的第19358号决定；

二、某知识产权局重新作出审查决定。

叶某提起上诉。北京市高级人民法院经审理认为：首先，根据权利要求1中"在衬底（1）上从光入射侧顺序层积一导电型层（31、51）、实质本征半导体的光电变换层（32、52）及含有反向导电型层（33、53）的多个光电变换单元（3、5）"的记载可知，"一导电型层（31、51）"系与"多个光电变换单元（3、5）"并列的单元结构，前者并不包含在后者内，而权利要求1中还记载"后方光电变换单元（5）内的所述一导电型层（51）"，这表明"一导电型层（51）"属于"后方光电变换单元（5）"，而不是并列的单元结构。由于权利要求1中记载的技术特征存在以上明显矛盾，本领域技术人员在阅读权利要求后能够立即发现关于光电变换单元的单元结构关系存在错误，必将进一步阅读本专利说明书及附图，并借助其中相关记载来对权利要求1本身作出解释。

其次，根据本专利说明书背景技术部分的记载，在层积型光电变换装置中，现有技术为在前后两个光电变换单元之间设置TCO中间反射层，但会产生制造成本升高的问题。在基于具有中间反射层的结构形成集成型光电变换模块时，需要设置第一分离槽、第二分离槽、连接槽，但会产生泄漏电流，导致光电变换模块的特性低下的问题，而为了解决该问题设置第三分离槽又会导致生产成本和时间的增加，同时也会使中间反射层和后方光电变换模块的界面有可能因暴露于大气而污染，也会带来有效的光电变换区域的面积损耗增加的问题。为解决该技术问题，本专利在两个光电变换单元之间设置硅复合层，取代现有技术中的中间反射层，该硅复合层可降低层积型光电变换装置的生产成本和时间，避免因设置第三分离槽造成的光电变换效率的降低（参见本专利说明书第8页第6段~第9页第1段）。因此，本专利的“发明点”在于在两个光电变换单元之间设置硅复合层，而至于该硅复合层两侧的光电变换单元，则为通常的PIN结构。这一点，通过本专利说明书背景技术部分“薄膜光电变换装置通常表面上含有在绝缘性衬底上顺序层积的第一电极、一个以上半导体薄膜光电变换单元、及第二电极。而且，一个薄膜光电变换单元含有由p型层和n型层形成层状结构的i型层”的记载，也得到验证。也即，PIN结构的光电变换单元系本领域的公知常识，本专利无意对现有的PIN结构光电变换单元作出改进。

最后，对照本专利说明书中附图10，“一导电型层（31、51）”包含在“光电变换单元（3、5）”内，“光电变换单元（3、5）”包含“一导电型层（31、51）、实质本征半导体的光电变换层（32、52）及反向导电型层（33、53）”，即该“光电变换单元（3、5）”为通常的PIN结构。

基于上述几点，尽管本专利的撰写有可能使得一般读者根据阅读习惯，误认为“一导电型层（31、51）、实质本征半导体的光电变换层（32、52）”是独立于“含有反向导电型层（33、53）的多个光电变换单元（3、5）”之外的层状结构，但是，对层状结构的理解主体是本领域的技术人员，而非不具有本领域普通知识的一般读者。本领域技术人员在阅读权利要求1中撰写的技术方案时，能够清楚准确地得出正确的解释，即将光电变换单元理解为包含一导电型层、实质本征半导体的光电变换层和反向导电型层，并认为权利要求1中“在衬底（1）上从光入射侧顺序层积一导电型层（31、51）、实质本征半导体的光电变换层（32、52）及含有反向导电型层

(33、53) 的多个光电变换单元（3、5）”的记载系撰写错误，进而会将其更正性地理解为“在衬底（1）上从光入射侧顺序层积含有一导电型层（31、51）、实质本征半导体的光电变换层（32、52）及反向导电型层（33、53）的多个光电变换单元（3、5）”，这也与说明书中公开的内容一致。

此外，在 PCT/JP2004/010115 国际公开文本中，权利要求 1 的相关内容中文译文为“在衬底（1）上从光入射侧顺序层积含有一导电型层（31、51）、实质本征半导体的光电变换层（32、52）及反向导电型层（33、53）的多个光电变换单元（3、5）”，这也可印证本专利权利要求 1 系存在撰写错误。

对于本领域技术人员而言，其通过阅读本专利说明书和附图，完全有理由认为本专利权利要求 1 中“在衬底（1）上从光入射侧顺序层积一导电型层（31、51）、实质本征半导体的光电变换层（32、52）及含有反向导电型层（33、53）的多个光电变换单元（3、5）”存在撰写错误，并会将其更正性地理解为“在衬底（1）上从光入射侧顺序层积含有一导电型层（31、51）、实质本征半导体的光电变换层（32、52）及反向导电型层（33、53）的多个光电变换单元（3、5）”。某知识产权局仅依据本专利权利要求 1 存在文字错误的撰写内容就“将错就错”式地得出其无法根据说明书得到或者概括得出的结论是错误的，其关于本专利权利要求 1 不符合《专利法》第二十六条第四款的规定的认定有误，其关于本专利其他权利要求均不符合《专利法》第二十六条第四款的规定亦不正确，一并予以纠正。

综上，原审判决认定事实清楚，适用法律正确，程序合法，应予维持。叶某的上诉理由缺乏事实和法律依据，不能成立，其上诉请求法院不予支持。

北京市高级人民法院依照《中华人民共和国行政诉讼法》第六十一条第一项之规定，判决如下：

驳回上诉，维持原判。

【法官后语】

在认定“权利要求中明显撰写错误”的过程中，对于权利要求进行解释可以采取哪些方法是必须予以明确的问题。《专利法》第六十四条仅规定“说明书及附图可以用于解释权利要求的内容”，但是缺乏具体操作细则。对此，《最高人民法院关于审理侵犯专利权纠纷案件应用法律若干问题的解释》第三条规定，人民法院对于权利要求，可以运用说明书及附图、权利要求书中的相关权利要求、专利审查档案进行解释。说明书对权利要求用语有特别界定的，从其特别界定。以上述方法仍不能明确权利要求含义的，可以结合工具书、教科书等公知文献以及本领域普通技术人员的通常理解进行解释。

对于一份权利要求书，其记载的技术方案是一个整体。不同权项的权利要求之间、同一权项权利要求内部使用的技术术语应该是一致的、各技术术语之间的逻辑关系也应该是对应的、完整的。因此，权利要求书中的相关权利要求可以用来解释权利要求。本案中，关键在于对权利要求1中“在衬底（1）上从光入射侧顺序层积一导电型层（31、51）、实质本征半导体的光电变换层（32、52）及含有反向导电型层（33、53）的多个光电变换单元（3、5）”这句话的理解。对此，通过这句话可知，“一导电型层（31、51）”与“多个光电变换单元（3、5）”是并列的单元结构，前者并不包含在后者内。然而，权利要求1中还记载“后方光电变换单元（5）内的所述一导电型层（51）”，这表明“一导电型层（51）”属于“后方光电变换单元（5）”，而不是并列的单元结构。也就是说，本领域技术人员通过阅读权利要求1，可以发现其记载的技术特征存在明显矛盾之处，能够立即发现关于光电变换单元的单元结构关系存在错误。那么，在这种情况下，本领域技术人员必定不会径直得到“权利要求不能得到说明书”的结论，而是会进一步阅读本专利的说明书及附图，并借助其中相关记载来对权利要求1本身作出解释。

《专利法》第六十四条规定明确规定“说明书及附图可以用于解释权利要求的内容”，该规则在司法实务中的适用也很普遍。本案的特殊之处在于，在对权利要求进行解释时引入了“发明点”的概念。通过本专利说明书的记载可以看出，本专利的“发明点”在于在两个光电变换单元之间设置硅复合层，而至于该硅复合层两侧的光电变换单元，则为通常的PIN结构。对于本领域技术人员而言，PIN结构的光电变换单元是本领域的公知常识，本专利的发明目的并非在于对现有的PIN结构光电变换单元作出改进。也就是说，如果将权利要求1中“在衬底（1）上从光入射侧顺序层积一导电型层（31、51）、实质本征半导体的光电变换层（32、52）及含有反向导电型层（33、53）的多个光电变换单元（3、5）”这句话按照其字面意思进行理解，则与本专利的发明目的相悖。这也就进一步证明了权利要求1中“在衬底（1）上从光入射侧顺序层积一导电型层（31、51）、实质本征半导体的光电变换层（32、52）及含有反向导电型层（33、53）的多个光电变换单元（3、5）”这句话存在明显撰写错误，它真实的意思应该是“在衬底（1）上从光入射侧顺序层积含有一导电型层（31、51）、实质本征半导体的光电变换层（32、52）及反向导电型层（33、53）的多个光电变换单元（3、

5）”。而且，将权利要求1限定的光电变换单元解释为通常的PIN结构也与说明书中附图10记载的内容一致。另外，考虑到本专利为国际申请PCT/JP2004/010115进入中国国家阶段的申请。在PCT/JP2004/010115国际公开文本中，权利要求1的相关内容中文译文为“在衬底（1）上从光入射侧顺序层积含有一导电型层（31、51）、实质本征半导体的光电变换层（32、52）及反向导电型层（33、53）的多个光电变换单元（3、5）”，也进一步印证本专利权利要求1存在明显撰写错误。

编写人：北京知识产权法院 陈志兴

162 双方长期使用同一未注册商标，其中一方将该商标申请注册是否构成抢注

——甲药业公司诉某知识产权局商标权无效宣告请求行政案

【案件基本信息】

1. 裁判书字号

北京市高级人民法院（2020）京行终5312号行政判决书

2. 案由：商标权无效宣告请求行政纠纷

3. 当事人

原告（被上诉人）：甲药业公司

被告（上诉人）：某知识产权局

第三人（上诉人）：乙药业公司

【基本案情】

清代名医雷×上于1734年在苏州开设药铺“诵×堂”，经多年发展，至1939年，共有甲药业公司诵×堂总号、乙药业公司诵×堂北号、乙药业公司诵×堂南号、乙药业公司诵×堂北支号等多家分支。本案甲药业公司、乙药业公司均源于上述分支，二者均曾被认定为“中华老字号”。

1949年后，甲药业公司以“前店后厂”模式经营药品的生产与销售，在从事药品生产的同时，还开设雷×上门市部面向广大消费者零售本厂生产的药品。1956年，甲药业公司实行公私合营，1978年，恢复“雷×上制药厂”的名称。至20世纪90年代，除药品生产外，甲药业公司及其子公司还发展了数十家“雷×上”门店从事药品零售。相关审计报告显示，2000年、2005年、2010年、2015年其销售收入分别约为5612万元、7633万元、1.03亿元、1.52亿元。

乙药业公司的经营方向一直集中在药品零售领域。“公私合营雷×上国药中心店”于1956年开业。1980年7月，恢复使用原店面“雷×上中药店西号”。历经多次改制变更，其经营范围一直涵盖中药材、中成药、西药、医疗器械等。2006年至2012年其“雷×上”品牌多次获得“上海名牌”等荣誉。审计报告显示其2003年、2005年、2010年、2015年销售收入约为2.49亿元、2.81亿元、5.29亿元、7.50亿元。

2013年1月1日原国家工商行政管理总局商标局开放注册新增的“药品零售或批发服务”等项目，甲药业公司于2013年1月4日在第35类“药品零售或批发服务”等项目上申请注册了第119876××号“雷×上”商标（以下简称诉争商标）。

乙药业公司针对诉争商标提出无效宣告请求，理由主要是诉争商标的注册违反了2014年施行的《中华人民共和国商标法》第三十二条“不得以不正当手段抢先注册他人已经使用并有一定影响的商标”的规定。某知识产权局作出被诉裁定，认定乙药业公司已经在诉争商标申请注册之前在“中药零售”服务上使用“雷×上”标志并具有一定知名度，诉争商标的注册构成“以不正当手段抢先注册他人已经使用并有一定影响的商标”之情形，裁定诉争商标予以无效宣告。甲药业公司不服，向北京知识产权法院提起行政诉讼。

【案件焦点】

1. 甲药业公司申请注册诉争商标是否构成《中华人民共和国商标法》第三十二条“以不正当手段抢先注册他人已经使用并有一定影响的商标”；2. 甲药业公司以“前店后厂”的模式经营药品是否属于对“药品零售”服务的使用。

【法院裁判要旨】

北京知识产权法院经审理认为：甲药业公司在1949年后长期实行“前店后厂”的经营模式，既在药品生产环节提供了药品商品本身，又在零售环节对药品进行集中或分类并提供给消费者、便于消费者选购，故其在上述经营活动中使用“雷×上”标识的行为，既包含对“药品”这一商品的使用，也包含对“药品零售”这一服务的使用。

在案证据显示，甲药业公司、乙药业公司均源于有近三百年历史的老字号“雷×上诵×堂”。在诉争商标申请日之前，各自独立发展、长期并存，虽经营方向各有侧重，但均将“雷×上”作为核心标识长期从事药品销售，故现有市场格局的形成属于正常生产经营导致的善意共存。我国商标法采用“先申请原则”，甲药业公司申请注册诉争商标，既有传承“雷×上”老字号的历史渊源，也有长期在药品零售服务上使用“雷×上”的事实，其申请注册诉争商标并无抢占他人商誉的主观意图，不属于《中华人民共和国商标法》第三十二条所指“以不正当手段抢先注册他人已经使用并有一定影响的商标”之情形。被诉裁定认定有误，法院予以纠正。

北京知识产权法院根据《中华人民共和国行政诉讼法》第七十条第一项、第二项之规定，判决如下：

一、撤销被诉裁定；

二、被告某知识产权局重新作出裁定。

某知识产权局、乙药业公司均不服一审判决，提起上诉。北京市高级人民法院经审理认为：在诉争商标申请日之前，在药品销售服务上，乙药业公司和甲药业公司均将“雷×上”作为核心标志进行了较长期间的实际使用。在诉争商标核定使用的药品零售或批发服务等服务开放注册之前，乙药业公司和甲药业公司对该类服务上的“雷×上”未注册商标均享有合法权益。我国商标注册施行“先申请原则”，《中华人民共和国商标法》第三十二条所涉老字号的保护和认定，应当考量已经形成的市场秩序和具有历史稳定性的消费者认知习惯。甲药业公司申请诉争商标，既基于其对“雷×上”老字号的历史传承和已在药品销售服务上实际使用的事实，又未超越现有各方商标注册布局或恶意攀附他人在先未注册商标商誉，故不属于《中华人民共和国商标法》第三十二条所指“以不正当手段抢先注册他人已经使用并有一定影响的商标”的情形。

北京市高级人民法院根据《中华人民共和国行政诉讼法》第八十九条第一款第一项之规定，判决如下：

驳回上诉，维持原判。

【法官后语】

“雷×上诵×堂”是中国著名药堂之一，始创于1734年。甲药业公司、乙药业公司都与雷×上存在历史渊源，且均曾被认定为“中华老字号”。现今二者均达到了年销售额数亿元的经营规模，老字号“雷×上”所承载的商业利益巨大。2013年1月1日开放注册“药品零售或批发服务”等新增项目之后，二者就“雷×上”在该新增服务上的商标权归属产生巨大分歧。

一、双方长期使用同一未注册商标，一方将该商标申请注册是否构成“以不正当手段抢注他人已经使用并有一定影响的商标”

本案系典型的双方或多方共同使用同一未注册商标、长期善意共存的情形。本案的难点在于，在新增的“药品零售或批发”服务开放注册之后，二者均希望获得“雷×上”商标的注册，进而获得独占性的商标使用权，但基于注册商标权的排他性，仅有一个主体可以获得注册，那么如何处理这种矛盾呢？若其中一方申请注册，是否违反《中华人民共和国商标法》第三十二条的规定？

《中华人民共和国商标法》第三十二条“以不正当手段抢先注册他人已经使用并有一定影响的商标”规范的是恶意抢注行为，在具体案件中，判断诉争商标的申请注册是否构成前述情形，既要考虑相关商标的实际使用情况，也要考虑申请人的主观意图。虽然在一般情况下，商标申请人明知他人在先使用并有一定影响的商标仍申请注册即可推定其具有利用他人商誉获利的意图，但如果在诉争商标申请日之前，双方对该标识均具有长期的使用历史并且二者长期共存，在双方对该标识的归属并无任何约定的情形下，即使相互知晓，若其中一方将该标识申请注册，属于对申请权的积极行使以及对自身未注册标识的保护行为，不存在抢占他人商誉的故意，不应当认定为“以不正当手段抢注”。本案中，甲药业公司和乙药业公司在第35类“药品零售”服务上均享有对“雷×上”标识的在先权利，彼此在长期共存的过程中对于对方的商标布局亦属明知，任何一方将该标识申请注册均不存在攀附他人商誉的恶意。我国商标法采用“先申请原则”，甲药业公司申请注册诉争商标，既有传承“雷×上”老字号的历史渊源，也有长期在药品零售服务上使用“雷×上”的事实，并无抢占他人商誉的主观意图，故不应认定为“以不正当手段抢先注册他人已经使用并有一定影响的商标”。

二、甲药业公司长期以“前店后厂”的模式经营药品，是否属于对“药品零售”服务的使用

“药品零售或批发服务”属于2013年1月1日新增的核定服务，上述服务系将药品、药用制剂、医疗用品等商品集中和归类，以便顾客看到和购买，该项服务是一项为鼓励顾客购买而提供的服务总和，是为销售上述商品提供的综合便利服务行为。该服务不是指向商品本身，而是将商品集中、归类，方便客户购买的服务，因此，药品生产企业单纯的药品出厂销售环节并不符合上述服务的内涵。但是，在药品销售的下游流通环节，即面向消费者进行销售时，在此过程中对商品进行了集中或者分类，便于消费者进行选购，则是属于提供了“药品零售”服务。随着药品市场的发展和分工的日益精细，传统的药品生产企业直接面向消费者销售本厂药品的情况越

发少见，但是，只要是面向消费者，即使是仅对自己生产的药品进行集中或分类并提供给消费者、便于消费者选购，也是对“药品零售”服务进行使用的行为，只是在这种经营模式下，同一主体既提供了药品商品本身，又提供了“药品零售”服务。本案甲药业公司虽侧重于药品生产，但长期以“前店后厂”的模式使用“雷×上”标识经营药品，20世纪90年代以后通过大量“雷×上”门店从事多品牌药品的零售，应当认定在“药品零售”服务上持续使用了“雷×上”标识。

编写人：北京知识产权法院　张宁　聂菲

163 以商品本身的形状申请立体商标注册应证明经过使用取得显著特征

——甲巧克力公司诉某知识产权局商标权无效宣告请求行政案

【案件基本信息】

1. 裁判书字号

北京市高级人民法院（2020）京行终829号行政判决书

2. 案由：商标权无效宣告请求行政纠纷

3. 当事人

原告（上诉人）：甲巧克力公司

被告（被上诉人）：某知识产权局

第三人：乙巧克力公司

【基本案情】

第 8583×××号（图形）立体商标（以下简称诉争商标）由甲巧克力公司于 2010 年 8 月 18 日申请，2012 年 5 月 7 日获准注册，核定使用在第 30 类“糖果、巧克力、饼干”等商品上。乙巧克力公司于 2017 年 11 月 27 日对诉争商标提出无效宣告请求。某知识产权局受理后，于 2019 年 1 月 31 日作出商评字〔2019〕第 267××号关于诉争商标无效宣告请求裁定书（以下简称被诉裁定），认为诉争商标缺乏注册商标的显著性特征，依照《中华人民共和国商标法》（2001 年修正）第十一条第一款第三项裁定诉争商标予以无效宣告。甲巧克力公司不服被诉裁定，于 2019 年 4 月 1 日向北京知识产权法院提起诉讼，请求撤销被诉裁定。

附：诉争商标标识图

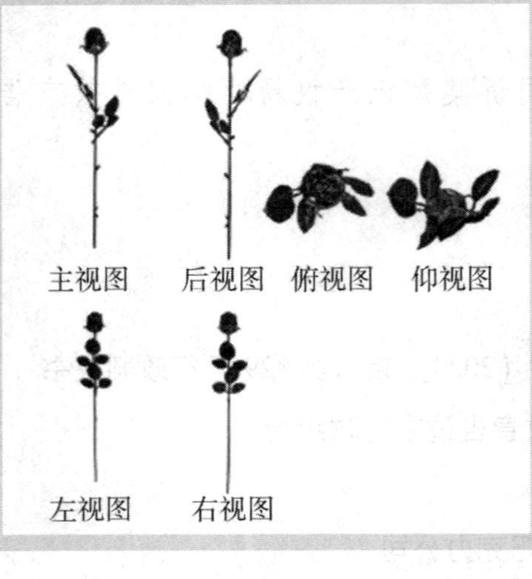

【案件焦点】

诉争商标的申请注册是否构成《中华人民共和国商标法》（2001 年修正）第十一条第一款第三项及第二款规定之情形。

【法院裁判要旨】

北京知识产权法院经审理认为：诉争商标的标志为玫瑰花立体形状，不具有区分于玫瑰花一般形态的独创识别特征，且设计较为简单、常见。将该标志使用在第30类“糖果、巧克力”等商品上，无法起到区分商品来源的作用，缺乏商标应有的显著性。甲巧克力公司所提交的相关证据并无与实际使用具有直接关联的证据，不能证明诉争商标在核定使用商品上通过使用取得了显著特征以便于识别，且具有极高的知名度已为相关公众广为知晓。

北京知识产权法院依照《中华人民共和国行政诉讼法》第六十九条之规定，判决如下：

驳回原告甲巧克力公司的诉讼请求。

甲巧克力公司不服一审判决，提起上诉。北京市高级人民法院经审理认为：商标是用来识别和区分商品和服务来源的标志，如果一个标志不会被相关公众作为区分商品或服务来源的标志加以识别，则该标志原则上不具有显著特征，不能作为商标注册。本案中，诉争商标为三维立体玫瑰花标志，该标志的设计独创性不强，且玫瑰花与巧克力、类糖果等商品作为节日礼品存在一定关联性，甲巧克力公司将巧克力等商品制作成玫瑰花形状，不易被相关公众作为区分商品来源的商标加以识别，故诉争商标使用在巧克力等商品上不具有区分商品来源的作用，缺乏商标的固有显著特征。甲巧克力公司提交的证据尚不足以证明诉争商标的使用、宣传规模较大，已被相关公众知晓，故不足以证明诉争商标经过使用在其指定使用的巧克力等商品上具有较高知名度并能够被相关公众作为区分商品来源的商标加以识别，从而获得显著特征。综上，被诉裁定及原审判决关于诉争商标构成《中华人民共和国商标法》（2001年修正）第十条第一款第三项规定的情形，且未通过使用取得显著特征的认定并无不当。甲巧克力公司的相关上诉理由缺乏事实及法律依据，本院对此不予支持。综上，原审判决认定事实清楚，适用法律正确，审理程序合法，依法应予维持。甲巧克力公司的上诉理由缺乏事实及法律依据，对其上诉请求不予支持。

北京市高级人民法院依照《中华人民共和国行政诉讼法》第八十九条第一款第一项之规定，判决如下：

驳回上诉，维持原判。

【法官后语】

立体商标与传统平面类型商标的显著性判断规则有所不同，平面商标特别是文字商标着眼于商标含义的描述性，立体商标则着眼于其表现形式。以商品本身的形状申请立体商标注册通常不具有固有显著性，若要获得商标注册，应证明其经过使用获得显著特征。

一、立体商标获得显著性的判断应以指定使用的商品为限

缺乏固有显著性的立体商标，如果可以证明相关公众对使用在特定商品或服务上的该标志已广为知晓，且能够将其与使用者之间建立起唯一对应关系，则可以认定该标志在这一商品或服务上具有获得显著性。在判断标志是否通过使用获得显著性时，应当结合该标志在指定商品上实际使用的方式、效果、作用，即是否以商标的方式进行使用来考量，具体参考该标志实际持续使用在指定商品上的时间、地域、范围、销售规模等经营情况。

同时，审查判断标志是否通过使用获得显著性，一般应以提出商标注册申请时的事实状态为准，但如果在后续的审查程序中，当

事人有充分证据能够证明诉争标志从申请时至案件审理时持续进行使用，并通过实际、有效使用确已获得显著性的，从节约司法资源和保护当事人合法权益的视角出发，亦应当对诉争商标注册申请日后的证据一并予以考量。

二、立体商标获得显著性的判断应以相关公众作为判断主体

申请商标是否能够通过使用行为取得获得显著性，取决于该商标指定使用的商品所及相关公众的一般认知水平或认知习惯。我国商标法中并未对“相关公众”的概念加以界定，按照《最高人民法院关于审理商标民事纠纷案件适用法律若干问题的解释》（2020年修正）第八条的规定，“相关公众”是指与商标所标识的某类商品或者服务有关的消费者和与前述商品或者服务的营销有密切关系的其他经营者。对于立体标志，尤其是对于以商品本身形状、商品包装或容器的立体形状而言，判断相关公众认知水平或认知习惯，应当综合考虑所属行业的商品及商标的实际使用状况。如果市场上的经营者大多将商品外形、包装形状作为区分其商品来源的标志，则相关公众更易具备将商品外形、包装形状识别为商标的认知习惯。如果市场上很少有经营者将立体标志作为商标使用，则商标申请人需要承担更重的举证责任以证明该行业的相关公众有将申请商标识别为表示商品来源的标志的可能。在此情况下，即使某立体标志具有较高的使用数量或较广的销售地域，但在市场实际中并没有让该行业的相关公众认识到其是商标，而认为该商品外形、商品包装或容器是某个独特的产品，那么这种识别针对的仅是商品本身而非商品的来源，难以认定该立体标志具有显著性。

本案中，一方面，关于诉争商标是否具有固有显著性的问题。诉争商标为立体玫瑰花标志，其本身不具有区分于玫瑰花一般形态

的独创识别特征，且该标志设计较为简单、常见，将该标志使用在第30类“糖果、巧克力”等商品上，无法起到区分商品来源的作用，缺乏商标应有的显著性。另外，三维标志的固有显著性程度主要受其使用方式影响，而与该标志是否系独创并无关联，故无论诉争商标是否由原告所独创，均不会影响诉争商标固有显著性的判断。据此，原告认为诉争商标具有固有显著性的主张于法无据，本院不予支持。

另一方面，关于诉争商标是否具有获得显著性。原告虽主张诉争商标经过使用具有较高知名度，但其所提交的相关证据仅为产品销售及参展照片、有关协会的函件、宣传材料等，并无与实际使用具有直接关联的证据，显然不能证明诉争商标在指定商品上通过使用取得了显著特征以便于识别，且有极高的知名度并已为相关公众广为知晓。故原告关于诉争商标经过使用取得显著性的相关主张没有事实根据，法院不予支持。

编写人：北京金融法院　朱玲

164 作品名称可以作为“有一定影响的商品名称”适用商标法第三十二条“在先权利”条款予以保护

——生物科技公司诉某知识产权局商标权无效宣告请求行政案

【案件基本信息】

1. 裁判书字号

北京市高级人民法院（2020）京行终1869号行政裁定书

2. 案由：商标权无效宣告请求行政纠纷

3. 当事人

原告（上诉人）：生物科技公司

被告（被上诉人）：某知识产权局

第三人：甲公司

【基本案情】

诉争系列商标“冰雪××”由乙公司于2014年4月10日申请注册，专用权期限至2025年6月6日。核定使用在42个类别的商品或服务上。2017年11月20日，诉争商标由乙公司转让给生物科技公司。甲公司提起无效宣告请求，请求认定其对电影名称“冰雪××”具有在先“商品化权”，并依据《中华人民共和国商标法》第三十二条前半段予以保护。某知识产权局对其中的36件作出审查裁定，认定电影名称“冰雪××”应当作为在先“商品化权”得到保护，并在36个类别的商品或服务上对诉争商标予以无效宣告。生物科技公司不服，向北京知识产权法院提起系列行政诉讼。

中文媒体对《冰雪××》进行了广泛的报道。甲公司基于《冰雪××》动画电影已经推出了众多衍生商品与服务。乙公司是一家主营化妆品业务的公司，共申请注册了2000余枚商标，且在全部45个商品或服务类别上申请注册了50枚“冰雪××”商标。

一审诉讼过程中，甲公司主张：在诉争商标申请注册日前，“冰雪××”作为知名动画电影的名称，在中国取得了极高知名度，已经构成了“有一定影响的商品名称”。甲公司作为该电影的合法权利人享有在先权利，“冰雪××”属于《中华人民共和国商标法》第三十二条保护的在先权利。

【案件焦点】

1. 甲公司主张将《中华人民共和国商标法》第三十二条的在先权利由“商品化权”变更为“有一定影响的商品名称”，该变更能否被接受；2. 将“有一定影响的商品名称”作为在先权利予以保护的适用要件；3. 注册在全部 36 个商品或服务类别上“冰雪××”商标是否均能适用在先权利条款予以无效宣告。

【法院裁判要旨】

北京知识产权法院经审理认为：第一，能否将在先权利由“商品化权”变更为“有一定影响的商品名称”。《中华人民共和国商标法》第三十二条规定，申请商标注册不得损害他人现有的在先权利。“商品化权”并非我国现行法律明确规定的民事权利或者权益类型，而“有一定影响的商品名称”属于受《中华人民共和国反不正当竞争法》第六条明确规定予以保护的民事权益，故其属于“在先权利”的范围。将在先权利由“商品化权”变更为“有一定影响的商品名称”系出于甲公司的真实意思表示，其保护的均为基于将电影名称进行商业性使用而产生的商业利益，且在本质上解决的均为其他权利或权益与商标权之间的冲突问题，故对于上述变更，一审法院予以接受。

第二，将“有一定影响的商品名称”作为在先权利予以保护的适用要件。其一，商品名称在中国相关公众中是否具有一定的知名度。本案中，该影片的上映情况及其获奖情况可以证明，《冰雪××》作为电影名称已为相关公众所了解，具有一定知名度，可以认定为“有一定影响的”商品名称。其二，诉争商标标识与商品名称是否较为接近能够形成对应关系。诉争商标标识为普通字体的文字商标

“冰雪××”，其与《冰雪××》电影名称相同，相关公众在看到诉争商标时，容易将二者建立联系，从而造成混淆和误认的可能性。其三，诉争商标指定使用的商品与该商品名称所处领域是否相同、类似或者具有较大的关联性。在具体判断时应考虑以下因素：电影《冰雪××》的知名度及影响范围；诉争商标使用在相关商品或服务上是否容易导致相关公众误认为其经过电影《冰雪××》权利人的许可或者与权利人存在特定联系；是否足以影响相关公众对其指定使用的商品来源的识别、品质的认可、信誉的保证等。本系列案中，《冰雪××》虽具有较高知名度，但其保护范围并不当然及于全部商品，而应考虑与电影衍生商品关联程度逐一进行认定。其四，诉争商标的注册与使用是否会损害在先商品名称所有人的利益。本系列案根据核定使用的商品类别，逐一考虑了是否会造成甲公司基于其电影名称本应获得的交易机会的减少，降低知名电影名称的价值，进而损害其利益。

第三，注册在36个商品或服务类别上“冰雪××”商标是否均能适用在先权利条款予以无效宣告。本系列案中，一审法院仅在“相同、类似或具有较大的关联性”的部分商品上对核定使用的注册商标予以无效宣告。而对于在“关联性”较远且无实际使用意图的其他商品上核定使用的注册商标，依职权对《中华人民共和国商标法》第四十四条第一款进行了审理。

北京知识产权法院依据《中华人民共和国行政诉讼法》第六十九条之规定，判决如下：

驳回生物科技公司的诉讼请求。

生物科技公司不服一审判决，提起上诉。二审过程中，生物科技公司撤回了上诉。北京市高级人民法院裁定准许。

【法官后语】

在十余年的司法实践中，如何对作品名称、作品中的角色名称进行保护经历了一个漫长的探索和调适的过程，权利人特别是涉外权利人，开始引入"商品化权"这一概念，并以此为理由寻求救济。

《最高人民法院关于审理商标授权确权行政案件若干问题的规定》第二十二条第二款规定，作品名称、作品中的角色名称构成在先权益的，应予保护。但是，如何进行保护，现行法律中是否存在更加明确的依据？毕竟商品化权（益）并非法定权利，内涵、边界亦无法准确确定，于是在司法实践层面上法院也更趋向于持审慎认定的态度。

一审法院尝试到反不正当竞争法的具体条款中去寻找救济途径，尽可能避免"司法设权"。

本系列案中，一审法院正是将某知识产权局认定的在先"商品化权"进行了修正，根据当事人的主张，同意将在先权利变更成《中华人民共和国反不正当竞争法》第六条第一项规定"有一定影响的商品名称"进行了保护，使其更符合权利法定的要求。进而，一审法院提出了适用该条款的法律要件：(1) 该商品名称在中国相关公众中具有一定的知名度；(2) 诉争商标标识与商品名称较为接近能够形成对应关系；(3) 诉争商标指定使用的商品或服务与该商品名称所处领域相同或者类似；(4) 诉争商标的注册与使用将损害在先商品名称的所有人利益。

其中的第三点的判断是本案的又一难点所在，一审法院给出了自己的答案，即仅在"相同、类似或具有较大的关联性"的部分商品或服务上对核定使用的注册商标予以无效宣告，纠正了某知识产权局依据"商品化权"进行全类保护的做法。而对于在"关联性"较远且无实际使用意图的其他商品和服务上核定使用的注册商标，法院为了保障当事人的利益，保证被诉裁定兼具程序合法性和实体合法性，依职权就《中华人民共和国商标法》第四十四条第一款进行了审理，维持了某知识产权局对上述商标予以无效宣告的结论。二审过程中，上诉人撤回了对本系列案的上诉。

本系列案对于今后作品名称、角色名称的保护路径进行了有益的探索，希望能对最终的权益定性以及保护要件、保护范围的设定提供更多的研究素材。

编写人：北京知识产权法院　赵明

165　类似商品的判断差别

——某饮料公司诉某知识产权局商标不予注册复审行政案

【案件基本信息】

1. 裁判书字号

北京市高级人民法院（2019）京行终765号行政判决书

2. 案由：商标不予注册复审行政纠纷

3. 当事人

原告（被上诉人）：某饮料公司

被告：某知识产权局

第三人（上诉人）：某果园公司

【基本案情】

诉争商标系第1375××××号“果园老农”商标，由某饮料公司于2013年12月17日向原国家工商行政管理总局商标局（以下简称商标局）提出注册申请，指定使用在第31类的植物、芝麻、新鲜水果、新鲜蔬菜等商品上。

引证商标一、二、三分别系第680××××号“果园老农及图”商标、第448××××号“果园老农 Orchard peasant 及图”、第341××××号“果园老农 Orchard peasant”商标，均由某果园公司于诉争商标申请日前向商标局提出注册申请，分别核定使用在第29类的果肉、加工过的开心果、葡萄干、话梅、食用油脂、以果蔬为主的零食小吃等商品上。

2016年7月6日，商标局决定对诉争商标不予注册。某饮料公司不服，向原国家工商行政管理总局某委员会（以下简称某委员会）提出商标不予注册复审申请，并提交了该公司荣誉、经济指标等证据。2017年8月1日，某委员会作出商评字〔2017〕第94923号《关于第1375××××号“果园老农”商标不予注册复审决定书》（以下简称被诉决定），认定：诉争商标的申请注册构成2013年修正的《中华人民共和国商标法》第三十条所指情形。某委员会决定对诉争商标不予核准注册。

另查，已生效的（2014）一中知行初字第1450号行政判决所涉主体、在案证据、涉案商标标志及商品类别与本案基本相同，该案认定某饮料公司申请注册的第7681426号“果园老农”商标与引证商标三构成使用在类似商品上的近似商标。

【案件焦点】

诉争商标指定使用的植物、新鲜水果、新鲜蔬菜等商品分别与引证商标一、二、三核定使用的商品是否构成类似商品。

【法院裁判要旨】

北京知识产权法院经审理认为：诉争商标与引证商标一、二、三分别构成近似标志。诉争商标指定使用的商品，属于未经加工制作的田地产物；而三个引证商标核定使用的商品，属于经过人工炒制、加工过的零食小吃。两类商品在生产部门、销售渠道上存在一定差别，并未构成类似商品。某委员会认定结论有误。北京知识产权法院判决如下：

一、撤销被诉决定；

二、某知识产权局针对诉争商标重新作出审查决定。

某果园公司不服，提起上诉。北京市高级人民法院经审理认为：商品是否类似的判断并非简单的物质分类，而是商标法框架下的法律判断。本案类似商品判断应充分考量以下因素：（1）充分考虑（2014）一中知行初字第1450号行政判决的认定；（2）某饮料公司提交的使用证据并非诉争商标的使用，某饮料公司引以知名的品牌亦非诉争商标；（3）某饮料公司在第31类的相关商品上已申请注册“农夫果园”商标，又进一步申请诉争商标，有违商业标志市场边界厘清以及最大限度划分权利范围的商业诚信；（4）引证商标三于2010~2013年已被认定为北京市著名商标，某饮料公司对其申请与引证商标标志基本相同的诉争商标未作合理解释，行为难谓正当。

因此，诉争商标与各引证商标分别核定使用的商品之间为原材料、半成品与成品的关系，商品流通环节交叉重合度较高。随着市场交易状态的变化以及产品在生产、流通及消费等方面的多元化，相关公众基于对商品的通常认知和一般交易观念，诉争商标若与各引证商标共同使用于市场，易使相关公众对商品来源产生混淆误认。诉争商标的申请注册构成《中华人民共和国商标法》第三十条所指情形。北京市高级人民法院判决如下：

一、撤销一审判决；

二、驳回某饮料公司的诉讼请求。

【法官后语】

商标权是标志与商品相结合形成的权利。离开标志，单独对商品作区分是没有价值和意义的。因此，《类似商品和服务区分表》主要是依据商品或服务的自然属性及形态特征进行分类的，目的是为商标权的产生提供一个相对固定的划分基础，也是为行政管理提供便利以及在判断商标和服务类似与否时作为有力的参考。

司法实践中，对于商标申请驳回复审行政案件，基于行政效率、行政授权的稳定以及权利公示的要求等，一般以案件审理时的《类似商品和服务区分表》作为判断构成类似商品或者服务的依据，推定在同一类似群商品上的相同或近似商标共存，即有市场混淆的可能性。但对于商标不予注册复审、商标权无效宣告请求的行政案件，由于商标权在市场中的作用已有体现，应结合标志的近似程度、商标的显著性和知名度、商业使用中的公众认知以及商标的实际使用状态等因素，检验商品在功能、用途、生产部门、销售渠道、消费群体等方面或者服务在目的、内容、方式、对象等方面的重合程度，进而判断商品或服务是否类似。该情况下，一般以案件审理时《类似商品和服务区分表》作为判断构成类似商品或者服务的参考，最终以商标是否容易导致混淆作为判断标准。

上述区分认定符合商标权的形成、管理和使用的基本规律。以混淆可能性作为判断标准与商标民事侵权认定也是一致的。因此，在商标不予注册复审、商标权无效宣告请求行政案件中，结合个案情况，对类似商品进行法律判断是至关重要的。

本案中，诉争商标指定使用的新鲜水果、新鲜蔬菜等商品分别与各引证商标核定使用干果、以果蔬为主的零食小吃等商品虽然在生产部门、销售渠道等方面有所差别，但功能、用途相近，消费群体相同。在目前的商业环境下，原材料、半成品与成品的商业流通交叉重合程度较高，多元化商业模式导致上述商品由同一主体提供亦较为常见。同时，考虑诉争商标与各引证商标标志文字含义相同，诉争商标的申请注册有违诚信以及引证商标已具有一定的知名度。在这种情况下，如果两商标在以果蔬为主的零食小吃和新鲜蔬菜等商品上共存，容易使相关公众认为两商标的商品是同一主体提供的，或者其提供者之间存在特定联系。因此，二审法院最终认定诉争商标与各引证商标构成使用在类似商品上的近似商标。

编写人：北京市高级人民法院　孔庆兵

166 商标申请注册主体是否为商标代理机构的司法审查

——某影视文化公司诉某知识产权局商标申请驳回复审行政案

【案件基本信息】

1. 裁判书字号

北京市高级人民法院（2019）京行终9069号行政判决书

2. 案由：商标申请驳回复审行政纠纷

3. 当事人

原告（上诉人）：某影视文化公司

被告（被上诉人）：某知识产权局

【基本案情】

一、诉争商标

1. 申请人：某影视文化公司。

2. 申请号：27150×××。

3. 申请日期：2017 年 10 月 30 日。

4. 标志：

痛就找

5. 指定使用商品（第 10 类、类似群 1005~1007）：奶瓶；避孕套；假肢。

二、被诉决定

2019 年 5 月 21 日，某知识产权局作出商评字〔2019〕第 121909 号《关于第 27150×××号“痛就找”商标驳回复审决定书》认定，诉争商标的注册申请违反了 2013 年修正的《中华人民共和国商标法》（以下简称 2013 年商标法）第十一条第一款第三项、第十九条第四款的规定，决定：对诉争商标在复审商品上的注册申请予以驳回。

三、其他事实

2018 年 3 月 16 日，原国家工商行政管理总局商标局（以下简称商标局）作出商标注册申请补正通知书，因申请第 10 类“疼痛相关矫形用物品；疼痛相关按摩器械；疼痛相关医疗器械和仪器；疼痛相关理疗设备；疼痛相关缝合材料；疼痛相关外科仪器和器械；疼痛相关医用特制家具”表述不规范，建议某影视文化公司参照《类似商品和服务区分表》第十一版（2017文本）中的标准名称进行修改。自收到通知书之日起30日内，按照指定内容补正并交回商标局，期满未补正的或者不按照要求进行补正的，此件申请不予受理。2018年5月20日，商标局向某影视文化公司公告送达了商标注册申请补正通知书，送达公告刊登在第1600期送达公告中。某影视文化公司向原国家工商行政管理总局某委员会（以下简称某委员会）提交《驳回商标注册申请复审申请书》时，其主张的复审请求包括：请求纠正商标局遗漏的7个注册项目。但复审材料中没有某影视文化公司就商标注册申请补正通知书的要求向商标局进行补正的材料。

【案件焦点】

原告是否为商标代理机构。

【法院裁判要旨】

北京知识产权法院经审理认为：诉争商标缺乏商标应有的显著性。某影视文化公司在申请注册商标时，属于2013年商标法第十九条第四款规定的“商标代理机构”。诉争商标不应予以核准注册，判决如下：

驳回某影视文化公司的诉讼请求。

某影视文化公司不服原审判决，向法院提起上诉，请求撤销原审判决和被诉决定，并判令某知识产权局重新作出决定。

北京市高级人民法院经审理认为：第一，关于诉争商标是否违反 2013 年商标法第十一条第一款第三项的规定，根据 2013 年商标法第十一条第一款第三项的规定，其他缺乏显著特征的标志不得作为商标注册。诉争商标由中文“痛就找”构成，每个文字上方的“点”为圆形，上方的“横”连接为一线。尽管诉争商标经过些许艺术化设计，但按照一般公众的普遍认知，仍会将其识别为三个汉字“痛就找”。“痛就找”是一个指示性的文字组合，将“痛就找”使用在“奶瓶、避孕套、假肢”商品上，不易被相关公众作为商标加以识别，无法起到区分商品来源的作用，缺乏商标应有的显著性。诉争商标已构成 2013 年商标法第十一条第一款第三项所规定的情形，属于不应予以核准注册的情形。第二，关于诉争商标是否违反 2013 年商标法第十九条第四款的规定。对于商标申请注册主体是否为商标代理机构的审查，应以商标注册申请日为准。某影视文化公司在申请注册诉争商标时，其营业执照上的经营范围包括“商标代理”和“商标转让”项目。尽管北京市工商局海淀分局于 2019 年 5 月 17 日核准了某影视文化公司的新营业执照，删除了“商标代理”等项目，但在本案中仍应认定某影视文化公司属于 2013 年商标法第十九条第四款规定的商标代理机构。诉争商标指定使用的“奶瓶；避孕套；假肢”商品，不属于“代理服务”。因此，诉争商标在上述商品类别上的注册违反了 2013 年商标法第十九条第四款的规定，属于不应予以核准注册的情形。判决如下：

驳回上诉，维持原判。

【法官后语】

关于商标代理机构的司法审查，应当从两个方面入手：

第一，对相关法条进行文义解释，明确商标代理机构在代理服务之外申请注册商标均属法律禁止情形。2013 年商标法第十九条第四款规定，商标代理机构除对其代理服务申请商标注册外，不得申请注册其他商标。对于该条款的适用，实务中曾存在分歧观点。本文认为，文义解释是法律解释的起点和终点，其他解释都需以文义解释为基础。如果文义解释的结论是唯一且毫无疑义的，且不会造成体系冲突，则原则上应采纳文义解释的结论。2013 年商标法第十九条第四款明确规定，商标代理机构仅可以在“代理服务”上“申请商标注册”，在除此之外的其他商品或服务上则不得申请注册其他商标。因该条款中对于申请注册的商标系商标代理机构自用还是以牟利为目的进行注册未作区分，故无论商标代理机构是基于何种目的进行的注册申请，只要是在代理服务之外的商品或服务上进行的注册申请，均属于该条款禁止的情形。在根据商标法第十九条第四款的文义可以明确得出前述结论的情况下，对该条款的理解无法仅因立法过程中的前述考虑因素而将其仅限定商标代理机构恶意注册商标进行牟利的情形。

第二，判断是否为商标代理机构，应以诉争商标申请时申请人的经营状态为准。诉争商标申请人主张被诉决定作出时或诉讼过程中其经营范围已不包含“知识产权代理”或“商标代理”服务，其不属于商标代理机构的，不予支持。首先，判断是否为商标代理机构，应当对申请人的营业执照进行审查，如营业执照的经营范围包括“商标代理”“商标转让”等服务项目，结合其实际经营活动，应当认定其符合商标代理机构的条件。如果在申请注册商标时，申请人的营业执照的经营范围包括“商标代理”“商标转让”等服务项目，但是在行政程序或诉讼过程中其经营范围发生了一定变化，此时，对商标申请人是否属于“商标代理机构”的认定，应以其在诉争商标注册时的经营状态为准。商标申请人在注册申请日之后的状态变化对其申请注册诉争商标之时是否满足“商标代理机构”的要件不应产生实质性影响，否则会使得该条款极易因商标申请人的状态变化而被规避，亦会导致对于诉争商标的申请注册是否违反2013年商标法第十九条第四款规定的判断难以确定，从而使该条款丧失其制度价值。因此，虽本案在诉讼过程中，北京市工商局海淀分局于2019年5月17日核准了诉争商标申请人某影视文化公司的新营业执照，删除了“商标代理”等项目，但二审仍认定申请人属于2013年商标法第十九条第四款规定的商标代理机构。诉争商标指定使用的“奶瓶、避孕套、假肢”商品，不属于“代理服务”。诉争商标在上述商品类别上的注册违反了2013年商标法第十九条第四款的规定，属于不应予以核准注册的情形。

编写人：北京市高级人民法院　吴静

167　商标授权确权行政纠纷中姓名权益利害关系人认定的范围与扩张

——某实业公司诉某知识产权局商标权无效宣告请求行政案

【案件基本信息】

1. 裁判书字号

北京市高级人民法院（2019）京行终5954号行政判决书

2. 案由：商标权无效宣告请求行政纠纷

3. 当事人

原告（上诉人）：某实业公司

被告（被上诉人）：某知识产权局

【基本案情】

2013年5月31日，陈某然申请注册第1268××××号“许某印”商标（以下简称诉争商标），核定使用在第25类服装、鞋、帽等商品上。某实业公司针对诉争商标提出商标权无效宣告请求，其主张诉争商标的申请注册侵害了其董事长许某印的姓名权、诉争商标具有不良影响，陈某然系以欺骗手段或者其他不正当手段，违反了2013年修订的《中华人民共和国商标法》（以下简称2013年商标法）第三十二条、第十条第一款第八项、第四十四条第一款的规定。

某实业公司提交了某实业公司出具的《董事长身份证明》，载明：许某印同志，在本公司任董事长职务，并提交了许某印及某实业公司所获的荣誉。

原国家工商行政管理总局某委员会（以下简称某委员会）作出商评字［2018］第21252号《关于第12682811号“许某印”商标无效宣告请求裁定书》（以下简称被诉裁定）。被诉裁定认定：某实业公司并非主张“许某印”姓名权的适格主体，其提交的证据中没有许某印本人的授权，故某实业公司主张诉争商标的注册侵害许某印的姓名权，从而违反2013年商标法第三十二条规定的理由应予驳回。故裁定：诉争商标予以维持。

某实业公司不服，向北京知识产权法院提起行政诉讼，请求撤销被诉裁定，判令某委员会重新作出裁定。某实业公司在诉讼中补充提交许某印于 2018 年 4 月 18 日出具的授权声明，显示其获知陈某然注册诉争商标，认为系对其姓名权的侵犯，故授权某实业公司针对诉争商标提起无效宣告申请及后续诉讼程序，某实业公司有权委托律师及相关人士代理本案，后附其身份证复印件。某实业公司还提交国家图书馆检索的许某印及某实业公司的各类媒体报道 80 余篇。

另外，根据中央机构改革部署，某委员会的相关职责由某知识产权局行使。

【案件焦点】

1. 某实业公司是否有权作为本案利害关系人，以诉争商标的注册损害在先姓名权为由提起商标无效宣告申请；2. 诉争商标的注册是否违反 2013 年商标法第三十二条关于“申请商标注册不得损害他人现有的在先权利”的规定。

【法院裁判要旨】

北京知识产权法院经审理认为：姓名权作为自然人的一项人身权利，仅在特定情况下可由利害关系人代为行使。某实业公司提交的证据仅能证明许某印在某实业公司任董事长职务，此种任职关系不能当然推定某实业公司有权代替许某印行使其姓名权。某实业公司提交的许某印出具的授权声明并不包含相关的实体权利，亦无法推出诉争商标申请日之前某实业公司即继受取得了许某印的姓名权。综上，某实业公司不具有依据主张姓名权的在先权利人或利害关系人的主体资格。

北京知识产权法院依照《中华人民共和国行政诉讼法》第六十九条之规定，判决如下：

驳回某实业公司的诉讼请求。

某实业公司不服，向北京市高级人民法院提起上诉。

北京市高级人民法院经审理认为：某实业公司提交了许某印的身份证复印件等证据，可以证明许某印对其姓名依法享有姓名权。许某印向某实业公司出具授权声明包含许某印在一定范围内允许某实业公司行使其姓名权的意思表示。根据在案证据可以证明相关公众除将“许某印”这一主体识别符号与许某印本人密切相连外，还与某实业公司形成了相对稳定的对应关系。在案证据能够证明某实业公司针对诉争商标提出无效宣告申请与许某印本人的意思表示一致。因此，综合在案证据，某实业公司经许某印的许可后，可以作为利害关系人针对诉争商标提出无效宣告申请的主张，进而维护许某印的姓名权益。诉争商标的申请注册属于擅自使用他人有一定影响的姓名，易导致相关公众的混淆误认，已构成对许某印姓名权益的侵害，违反了2013年商标法第三十二条的规定。

北京市高级人民法院依照《中华人民共和国行政诉讼法》第七十条、第八十九条第一款第二项的规定，判决如下：

一、撤销一审判决；

二、撤销被诉裁定；

三、某知识产权局针对某实业公司就诉争商标所提无效宣告请求重新作出裁定。

【法官后语】

姓名不仅是识别自然人主体的重要符号，具有一定知名度的姓名更蕴含着较大的商业价值，故知名人物的姓名被他人抢注为商标并用于经营的情况时有发生。姓名权作为自然人的一项人身权利，应由其自行行使，仅在特定情况下，可由利害关系人代为行使。那么，当他人抢注企业具有重要代表意义的董事长或者法定代表人的姓名作为商标时，企业能否作为商标法意义上的“利害关系人”将抢注商标予以无效，是司法实践中的一个难题。

在现行法律法规未作出明确界定的情况下，对于在先姓名权益的“利害关系人”范围的确定，宜从商标权无效宣告制度的立法本意出发，理解相关术语的含义。将有权以诉争商标违反2013年商标法第三十二条等相对条款为由提出商标权无效宣告申请的主体限定为“在先权利人或利害关系人”，其目的即在于在有效保障在先权利人和利害关系人维护自身合法利益与有效减少乃至避免为谋取不正当利益而恶意提出商标无效宣告的情形之间，寻求合理的平衡。

而商标法所述的“在先权利”，包括“民法通则和其他法律规定的属于应予保护的合法权益”，其不仅涵盖了“姓名”所承载的自然人的人格权，也涉及反不正当竞争法层面上通过规制行为人明知他人姓名而采取盗用、冒用等手段造成相关公众对商品或服务来源发生混淆误认的不正当竞争行为进而产生的“姓名权益”。前者强调了对自然人人格尊严的保护，后者则侧重对于造成相关公众混淆的不正当竞争行为的规制。因此，“有一定影响的姓名”权益的保护，基于该姓名与特定经营者形成了稳定的对应关系而蕴含了一定的经济利益，使得相关公众将该姓名与特定经营者提供的商品或服务相联系。特别是在目前的商业环境下，企业家往往基于品牌营销、广告成本等因素，将其个人与企业品牌整合推广，与其经营的企业和产品紧密相连。因此，企业家的姓名不仅代表着其个人的人格权，很大程度上也承载了其所管理的公司的企业形象和品牌价值。作为公司管理者的企业家，其姓名不仅代表其个人，也与公司及品牌相互影响乃至高度融合。如果在商标行政纠纷中对姓名权益的利害关系人，等同于姓名权的利害关系人，不仅无法适应目前司法实践中诉讼频发的现状，也将造成商标行政审查中法院针对同一问题重复诉讼，造成审判资源的浪费，亦与实质性解决纠纷的司法导向相悖。

因此，结合商标权无效宣告程序中保障在先权益、打击恶意抢注、维护商标注册管理秩序等立法要旨，以及姓名所包含的人身权利及经济利益的具体内容，在商标授权确权行政纠纷中，宜在现有法律框架下，对姓名权益的利害关系人进行适当的扩张。在具体案件中，对于姓名权益的利害关系人的认定，宜从以下几个方面综合考量：一是申请主体与涉案姓名所涉自然人之间是否存在许可使用、合法继受等法律关系；二是申请主体与涉案姓名是否形成稳定的对应关系；三是申请主体所提起的申请商标权无效宣告行为，是否与涉案姓名的权利人的意思表示相冲突。

编写人：北京市高级人民法院　谭乃文

168　抢注名人艺名属于损害他人现有的在先权利

——李某娜诉某知识产权局商标权无效宣告行政案

【案件基本信息】

1. 裁判书字号

北京市高级人民法院（2019）京行终7285号行政判决书

2. 案由：商标权无效宣告行政纠纷

3. 当事人

原告（上诉人）：李某娜

被告（被上诉人）：某知识产权局

第三人：刘某燕

【基本案情】

2013年8月5日，李某娜向原国家工商行政管理总局商标局申请注册了第1302×××号“金龟子”商标（以下简称诉争商标），经核准使用于第41类的教育、培训等服务上，商标专用权期限至2025年8月13日。

2017年10月11日，刘某燕以损害其在先姓名权为由，向原国家工商行政管理总局某委员会（以下简称某委员会）针对诉争商标提出了无效宣告请求。某委员会经过审理，支持了刘某燕的理由，并作出商评字〔2018〕第158090号关于第1302×××号“金××”商标无效宣告请求裁定（以下简称被诉裁定），裁定对诉争商标予以无效宣告。

李某娜不服上述裁定，向北京知识产权法院提起行政诉讼称：(1) 被告认定刘某燕的艺名“金××”在教育领域有一定知名度，事实依据不足。刘某燕作为节目主持人和配音演员，“金××”只是其在电视节目中所扮演的角色名称，并非其艺名，且其知名度体现在影视娱乐领域，远未达到教育领域，不能将娱乐节目中角色名称的影响力与教育、培训混为一谈。(2)“金××”作为艺名，也是一种昆虫名称，显著性极差，能向外辐射的保护力度不宜人为扩大。刘某燕的影响力远没有达到将“金××”与其唯一对应化的程度。(3) 2005年11月14日，即有案外人最早在第41类服务上提出了“金××”商标的注册申请，此时“金××”作为商标性权利已经存在。(4) 原告于2007年创业时，想到早教是针对小孩子，小孩子对昆虫都有好奇心，起个昆虫名字也很好，这就是原告最开始使用“金××”的缘起。(5) 原告努力经营十几年，在南京地区将“金××”品牌的早教机构打出知名度，被告不顾事实的无效宣告对原告的经营造成消极影响。综上，请求撤销被诉裁定，并依法重新作出裁定。

【案件焦点】

诉争商标的注册是否侵害了刘某燕就其艺名“金××”所主张的在先姓名权。

【法院裁判要旨】

北京知识产权法院经审理认为：在商标确权行政案件中，在先姓名权的保护客体不仅限于当事人的法定姓名，还包括其笔名、艺名等特定名称，只是还应满足以下要件：即其主张的笔名、艺名等特定名称在相关领域具有一定的知名度，与该自然人建立了稳定的对应关系，相关公众以其指代该自然人。本案中，首先，根据刘某燕在评审中提交的证据，可以证明刘某燕自主决定并认可“金××”作为其艺名，相关公众亦以“金××”指代刘某燕，且“金××”在少儿节目相关领域具有较高知名度，并与刘某燕建立起稳定的对应关系。依据上述事实，“金××”属于刘某燕的艺名，刘某燕亦可就“金××”主张姓名权。其次，根据刘某燕提交的证据，其主持的少儿类节目多为寓教于乐性质的节目，与诉争商标核定使用的“教育、培训”等服务的目的、内容、方式、对象等方面存在较大重合和关联性，尤其是上述服务的相关公众多为少年儿童和他们的家长，其中不乏看过刘某燕所主持的少儿节目的观众，故易使相关公众误认为标注诉争商标的相关服务系经刘某燕许可或与其存在某种特定联系；且根据刘某燕提交的部分媒体报道，诉争商标在实际使用中已出现了导致部分公众对服务来源造成误认的情形。考虑到刘某燕的艺名“金××”在诉争商标申请日之前在少儿类节目中已建立起的知名度和与其之间的对应关系，原告在申请注册诉争商标时，应当知晓“金××”系刘某燕的艺名这一事实，却仍然在与该艺名具有知名度的相关服务上注册诉争商标，损害了刘某燕对“金××”享有的在先姓名权。据此，诉争商标的注册违反了 2014 年 5 月 1 日实施的《中华人民共和国商标法》（以下简称 2014 年商标法）第三十二条“申请商标注册不得损害他人现有的在先权利”的规定。

北京知识产权法院依照《中华人民共和国行政诉讼法》第六十九条之规定，作出判决如下：驳回原告李某娜的诉讼请求。

李某娜不服一审判决，提起上诉。北京市高级人民法院经审理认为：商标法所述的“在先权利”，包括“民法通则和其他法律规定的属于应予保护的合法权益”，其不仅涵盖了“姓名”所承载的自然人的人格权，也涉及反不正当竞争法层面上通过规制行为人明知他人姓名而采取盗用、冒用等手段造成相关公众对商品或服务来源发生混淆或误认的不正当竞争行为进而产生的“姓名权益”。前者强调了对自然人人格尊严的保护，后者则侧重对于造成相关公众混淆的不正当竞争行为的规制。故在商标确权行政案件中，在先姓名权益的保护应当从以下几个方面综合考量：一是相关公众是否能够将所涉的姓名、艺名、绰号等主体识别标志与特定自然人建立起对应关系；二是相关公众是否容易认为标有诉争商标的商品或服务系经过该自然人许可或者与该自然人存在特定联系；三是诉争商标申请人是否具有明知他人姓名而盗用、冒用的主观恶意。本案中，根据在案证据显示，刘某燕在1994~2014年，使用“金××”作为艺名主持《七巧板》《大风车》《动画城》等具有较高知名度的少儿节目，于2006年出版自传《我是金××》，并在其参加的活动中大量使用“金××”艺名，其提交的国家图书馆检索报告和刘某燕所获荣誉中亦使用“金××”指代刘某燕。因此，在案证据可以证明相关公众已将“金××”与刘某燕建立起对应关系，此为其一。其二，判断混淆与否系指具有发生混淆或者误认的可能性，而非要求必须实际发生混淆或者误认。结合刘某燕主持的少儿节目及其艺名“金××”的知名度，诉争商标核定使用的“教育、培训”等服务的相关公众在看到“金××”商标时，容易认为标有“金××”商标的服务系经过刘某燕许可或者与刘某燕存在特定联系。特别是刘某燕提交的相关微博用户留言以及李某娜所在区域的“南京零距离”媒体发表文章显示，诉争商标在实际使用中已导致部分相关公众对服务来源造成误认。因此，在案证据可以证明，相关公众容易认为标有诉争商标的服务系经过刘某燕许可或者与刘某燕存在特定联系。其三，根据在案证据中显示刘某燕主持的少儿节目及其艺名“金××”具有较高知名度，特别是考量诉争商标核定使用的服务对象、内容与“金××”艺名赖以知名的领域具有较高的重合度，且李某娜未能对其使用“金××”申请诉争商标作出合理解释。在此情况下，可以推定李某娜在申请注册诉争商标时，明知“金××”系刘某燕的艺名这一事实，具有较为明显的主观恶意。因此，诉争商标的申请注册损害了刘某燕在先的“金××”艺名的合法权益，违反了2014年商标法第三十二条的规定。

北京市高级人民法院依照《中华人民共和国行政诉讼法》第八十九条第一款第一项之规定，作出如下判决：

驳回上诉，维持原判。

【法官后语】

随着近年来我国知识产权司法保护水平的提升，对于商标恶意抢注的规制力度也在不断加强。商标法第三十二条属于直接规范商标恶意抢注的重要条款，其中规定的“他人现有的在先权利”，包括自然人的在先姓名权。姓名权属于人格权，具有专属性，因而权利人可以主张对未经许可抢注其姓名的商标提出异议或无效宣告。问题在于，姓名作为一种专属的人身符号，该如何界定权利人所主张的客体是否属于其应当依法保护的姓名？是仅限于其法定姓名，还是可以将其所主张的笔名、艺名、译名等特定名称都囊括进来？本案即涉及名人的艺名在商标法中的保护问题。

在传统民事领域中，对姓名权的保护主要体现在权利人有权决定、使用和依照规定改变自己的姓名；但知识产权领域则有所不同，如《最高人民法院关于审理商标授权确权行政案件若干问题的规定》（2020修正）规定，当事人主张诉争商标损害其姓名权，如果相关公众认为该商标标志指代了该自然人，容易认为标记有该商标的商品系经过该自然人许可或者与该自然人存在特定联系的，人民法院应当认定该商标损害了该自然人的姓名权。《中华人民共和国反不正当竞争法》中也有类似规定，经营者不得擅自使用他人有一定影响的姓名（包括笔名、艺名、译名等）的混淆行为，引人误认为是他人商品或者与他人存在特定联系。不难发现，传统民事领域中对姓名权的保护并不要求姓名具有知名度，但知识产权领域则要求姓名要与该自然人建立紧密的对应关系，甚至要具有一定知名度。这是因为，知识产权领域中对他人姓名的侵害主要原因在于该姓名所附着的商业价值，因此，知识产权领域中实质上是将姓名权作为一种商品化权益予以保护。

在“金××”案中，两审裁判均从不同的角度体现出上述审理逻辑，即通过在案证据，认定刘某燕的艺名“金××”在诉争商标申请日之前在少儿类节目中已建立起一定知名度和与刘某燕之间的紧密对应关系，李某娜在申请诉争商标时，应当知晓“金××”系刘某燕的艺名这一事实，却仍然在与该艺名具有知名度的相关服务上注册诉争商标，损害了刘某燕对“金××”享有的在先姓名权。从本案中我们也可以看出，在商标授权确权行政案件中，人民法院对于在先姓名权的保护主要考量以下三方面因素：一是相关公众是否能够将所涉的姓名、艺名、绰号等主体识别标志与特定自然人建立起对应关系；二是相关公众是否容易认为标有诉争商标的商品或服务系经过该自然人许可或者与该自然人存在特定联系；三是诉争商标申请人是否具有明知他人姓名而盗用、冒用的主观恶意。

编写人：北京知识产权法院　逯遥

169　文字商标显著性的判断主要考虑文字标志的语境含义

——某食品公司诉某知识产权局商标申请驳回复审行政案

【案件基本信息】

1. 裁判书字号

北京市高级人民法院（2019）京行终6417号行政判决书

2. 案由：商标申请驳回复审行政纠纷

3. 当事人

原告（上诉人）：某食品公司

被告（被上诉人）：某知识产权局

【基本案情】

原告系诉争商标的申请人。诉争商标的申请号系24608×××，申请日期2017年6月9日，商标标志即“脏脏包”。诉争商标指定使用在第30类“面包；小圆面包；馅饼（点心）；三明治；布丁；多谷物面包；葡萄干面包；羊角面包；谷类制品；甜食（糖果）”商品上。

原告向原国家工商行政管理总局商标局申请注册诉争商标被驳回，后向原国家工商行政管理总局某委员会申请复审。原国家工商行政管理总局某委员会经复审认为，申请商标“脏脏包”多被理解为巧克力可颂面包的别称，其用作商标使用在面包、多谷物面包等商品上直接表示了商品的内容特点，不具有商标识别作用，已构成2013年《中华人民共和国商标法》（以下简称2013年商标法）第十一条第一款第二项所指的不得作为商标注册的情形。申请人提交的在案证据尚不足以证明申请商标具有可注册性。依照2013年商标法第十一条第一款第二项、第三十条和第三十四条的规定，原国家工商行政管理总局某委员会决定如下：对申请商标在复审商品上的注册申请予以驳回。原告不服该决定，于法定期限内诉至法院。

另查，根据中央机构改革部署，原国家工商行政管理总局商标局、某委员会的相关职责由某知识产权局统一行使。

【案件焦点】

诉争商标的注册申请是否违反2013年商标法第十一条第一款第二项的规定。

【法院裁判要旨】

北京知识产权法院经审理认为：诉争商标是纯文字商标“脏脏包”，“包”字表示商品类别，显著识别性较弱，因此该商标的主要认读部分是“脏脏”。“脏脏”的原意是“肮脏的，不干净的”，近年来，随着“脏脏包”的热销，各商家纷纷推出“脏脏”系列食品，将“脏脏”与食品名称组合使用成为商家推销的手段和食品的卖点，在此语境下，“脏脏”在原意的基础上产生了新意，成为直接描述食物配料呈现出的浓黑色，或食物沾满黑色粉末或泡沫的形态，以及食客们食用后手上、嘴上沾满黑色食物的“吃相”的词语。诉争商标使用在指定的“面包、小圆面包、馅饼（点心）、三明治、布丁”等商品上，相关公众易将其认读为描述上述商品颜色、形态等特点的词语，而不会将其作为商标来识记。故诉争商标符合2013年商标法第十一条第一款第二项规定的情形，属于直接描述性的商标，无法起到识别商品来源的作用，不具有商标的固有显著特征。

此外，原告提供的证据无法证明诉争商标在指定商品上经过使用在全国范围内具有了足够的影响力、市场占比份额等，使诉争商标在其固有含义的基础上产生了识别商品来源的意义。因此，诉争商标亦未经过使用取得显著特征。

北京知识产权法院判决如下：

驳回原告某食品公司的诉讼请求。

上诉人某食品公司上诉称：“脏脏”二字并非直接描述商品“脏”的特点，也不是对商品内容的描述，未违反2013年商标法第十一条第一款第二项的规定。此外，上诉人提交的证据能够证明，诉争商标已达到知名程度，足以使相关公众将诉争商标与“脏脏”建立起稳定的对应关系。上诉人请求撤销一审判决和被诉决定，并判令被上诉人某知识产权局重新作出决定。

被上诉人某知识产权局服从一审判决。

北京市高级人民法院同意一审法院裁判意见。二审法院判决如下：

驳回上诉，维持原判。

【法官后语】

在商标申请驳回复审案件中，法官对文字标志的含义的认定十分重要。对于文字标志的含义，首先要考虑它的固有含义，也就是它在字典或辞典中的含义，但文字的固有含义往往不是唯一的，必须结合其语境来确定文字的含义。同样的文字在不同的语境中，其含义可能会有巨大的差别，甚至截然相反。也有一些文字，其固有含义和语境含义是完全不同的，有的本无含义，在一定语境中则会产生含义。涉及商标法第十一条的案件主要是认定诉争商标是否具有显著特征。对于文字商标，就是要结合文字的语境含义分析该文字是否是通用名称，是否是对指定使用商品特点的直接描述，是否会被相关公众视为商标等。

语境分为文化语境与情境语境。文化语境是指看文字的人生活于其中的社会文化背景。情境语境是指文字所处的具体情景。对于文字商标语境含义的把握，也要考虑其文化语境和情境语境。在判断文字商标是否具有显著性时，对于该商标语境含义的把握，具体来说，主要考虑以下三个因素：一是相关公众的社会文化背景和认知水平；二是商标指定使用的商品；三是诉争商标的权利人及其同业经营者在市场中对该文字标志的使用情况。第三个因素与考虑商标标志是否是同业经营者的常用表达方式具有相似之处，但立足点不同，第三个因素立足于商标的含义，强调的仍是商标识别来源主体的作用，而考虑商标标志是否是同业经营者的常用表达方式则立足于公共利益的保护，为了避免同业经营者作为常用表达方式的文字被个别主体通过注册商标的方式所垄断。

文字标志根据其含义，可分为无固有含义的臆造词、有固有含义但无描述性的随意性文字、间接描述性文字、直接描述性文字、广告用语、单一文字、通用名称等类别。无固有含义的臆造词在作为商品标志的语境下只会被相关公众视为商标，所以其显著性最强；而相反，通用名称在作为商品标志的语境下很难被相关公众视为商标，所以其显著性最弱。广告用语、单一文字和直接描述商品特点的直接描述性文字用在商品上也不易被视为商标，显著性也比较弱。有固有含义但无描述性的随意性文字显著性比较强。间接描述性文字仍具有固有显著性。

由于语境因素并非一成不变，文字商标的语境含义也会发生变化。例如，有的商标经过同业经营者的广泛使用成为通用名称，如“U盘”“金骏眉”等。再如本案，诉争商标指定的商品都是食品类商品，目前的市场上已经出现各种热销的“脏脏”系列食品，除“脏脏包”外，还有“脏脏咖啡”“脏脏蛋糕”“脏脏茶”“脏脏披萨”等。也就是说，经过同业经营者的广泛使用，“脏脏”从间接描述性的词语逐渐变成了相关公众所熟知的直接描述食物配料呈现出的浓黑色，或食物沾满黑色粉末或泡沫的形态，以及食客们食用后手上、嘴上沾满黑色食物的“吃相”的词语。所以，诉争商标根据其当前的语境含义缺乏固有显著性。

编写人：北京知识产权法院　王建宏

170 不规范使用汉字的判定

——彭某诉某知识产权局商标申请驳回复审行政案

【案件基本信息】

1. 裁判书字号

北京市高级人民法院（2019）京行终6805号行政判决书

2. 案由：商标申请驳回复审行政纠纷

3. 当事人

原告（上诉人）：彭某

被告（被上诉人）：某知识产权局

【基本案情】

诉争商标系第2547××××号“青梅酒肆 QING M TAVERN 及图”商标，由彭某于2017年7月24日向原国家工商行政管理总局商标局（以下简称商标局）提出注册申请，指定使用在第35类的“药品零售或批发服务；饭店商业管理”等服务上。

引证商标一系第1516××××号“青梅煮酒”商标，由亨特自控系统（大连）有限公司于2014年8月15日向商标局提出注册申请，核定使用在第35类的“广告；特许经营的商业管理；进出口代理”等服务上。

青梅煮酒

青梅网

引证商标二系第1496××××号“青梅网”商标，由李某军于2014年7月28日向商标局提出注册申请，核定使用在第35类的“替他人推销”等服务上。

2018年12月26日，原国家工商行政管理总局某委员会（以下简称某委员会）作出商评字［2018］第251312号《关于第2547××××号“青梅酒肆QING M TAVERN及图”商标驳回复审决定书》（以下简称被诉决定），认为诉争商标与引证商标一、二在文字构成呼叫等方面相近，构成近似商标。诉争商标指定使用的“替他人推销、饭店商业管理”等服务与引证商标一、二核定使用的“替他人推销、特许经营的商业管理”等服务属于同一种或类似服务，二者在上述服务上并存易使相关公众对服务提供者产生混淆或误认，构成2013年修订的《中华人民共和国商标法》（以下简称2013年商标法）第三十条规定所指的使用在同一种或类似服务上的近似商标。彭某提交的证据不足以证明诉争商标能够与引证商标一、二相区分。诉争商标指定使用的“药品零售或批发服务”与引证商标一、二核定使用的全部服务不构成类似服务，二者在该项服务上未构成2013年商标法第三十条所指的情形。诉争商标文字中的“青梅”的书写方式属于不规范汉字，其作为商标使用易产生不良影响，构成2013年商标法第十条第一款第八项所规定的情形，不得作为商标使用。彭某提交的证据不能证明诉争商标具有可注册性。某委员会以诉争商标的申请注册违反2013年商标法第十条第一款第八项规定为由，作出被诉决定，决定：驳回诉争商标的注册申请。

【案件焦点】

诉争商标是否构成对汉字的不规范使用。

【法院裁判要旨】

北京知识产权法院经审理认为：诉争商标由中文“青梅酒肆”、英文字母“QING M TAVERN”和图形构成。“青梅”是不规范书写的字体，作为商标用于市场经营中，易误认、误读、误传，构成了2013年商标法第十条第一款第八项所指情形。诉争商标构成2013年商标法第一条第一款第八项所指情形，诉争商标是否符合2013年商标法第三十条之规定对本案结果无实质影响。

北京知识产权法院依照《中华人民共和国行政诉讼法》第六十九条之规定，判决如下：

驳回彭某的诉讼请求。

彭某不服，提起上诉。北京市高级人民法院经审理认为：2013年商标法第十条第一款第八项规定，有害于社会主义道德风尚或者有其他不良影响的标志不得作为商标使用。本案中，诉争商标由中文“青梅酒肆”英文“QING M TAVERN”及图构成。其中，“青梅”二字虽经一定的艺术处理，但并未改变汉字的整体结构和笔画顺序，不影响公众对“青梅”二字的识别，并非对汉字的不规范使用，不构成2013年商标法第十条第一款第八项规定的情形。

诉争商标与各引证商标的显著认读部分均为“青梅”，在文字构成、呼叫、整体视觉效果上相近，构成近似商标。诉争商标指定使用的除“药品零售或批发服务”外的其他服务分别与引证商标一、二核定使用的服务构成同一种或类似服务。但诉争商标指定使用的“药品零售或批发服务”与引证商标一、二核定使用的服务均不构成同一种或类似服务。基于前述“诉争商标的申请注册不构成2013年商标法第十条第一款第八项规定的情形”，诉争商标指定使用在“药品零售或批发服务”上的注册申请可以予以初步审定。

北京市高级人民法院依据《中华人民共和国行政诉讼法》第八十九条第一款第二项、第三款之规定，判决如下：

一、撤销北京知识产权法院（2019）京73行初1657号行政判决书；

二、撤销原国家工商行政管理总局某委员会作出的商评字［2018］第251312号《关于第2547××××号“青梅酒肆 QING M TAVERN 及图”商标驳回复审决定书》；

三、某知识产权局就彭某针对第2547××××号“青梅酒肆 QING M TAVERN 及图”商标提出的驳回复审申请重新作出决定。

【法官后语】

汉语言文字的创造、使用与传播源远流长，其音、形、义蕴含着丰富而深邃的内涵，是中华民族记载万象、传递文明、沟通情感的重要方式和中国历史文化传承的重要载体。汉字的字体结构方正平稳，基本上由点、横、竖、撇、捺、提、折、钩“永字八法”为基础笔画要素，再进一步组合成偏旁部首以及整个文字体系的形成。确保市场主体在商标注册和使用中对汉字的规范化、标准化使用，对我国文化制度的健康发展和中华文明及传统文化的良性传承具有重要意义。对文字商标进行艺术化设计，应以规范化使用汉字为前提，否则，将可能破坏汉语言文化的统一性。

《中华人民共和国国家通用语言文字法》第十四条第三项规定，招牌、广告用字，应当以国家通用语言文字为基本的用语用字。

司法实践中，人民法院将不规范使用汉字的标志纳入商标法第十条第一款第八项所规定的具有“其他不良影响”的情形。在审查判断有关文字商标标志是否构成上述条款所规定的“其他不良影响”的情形时，通常会考虑该标志或者其构成要素是否可能对我国政治、经济、文化、宗教、民族等社会公共利益和公共秩序产生消极、负面的影响，具体分为两种情形：一是对于自造字、多笔画、少笔画等不规范使用汉字的情形易导致公众错误认知的，不准予注册；二是依据汉字的笔画形态对汉字进行设计，打乱汉字原本的笔画排写规范，通过分割、重叠、并置与重复等构成手法的协调互动，在大小、明暗、虚实的得宜对比中，形成布局舒朗有致、空间层次感丰富的动态构成视觉布局，使得商标标志在视觉上更具美感，具备了图形商标的属性，即便在一定程度上其识读性下降，依然可以获准注册。本案中，诉争商标标志中的“青”字的左半部经斜切后与“梅”字上下并置，使得该标志整体上更加美观灵动，且并不影响社会公众对“青梅”二字的认读，不构成汉字的不规范使用，应当获准注册。

编写人：北京市高级人民法院　宋瑶

171 立体商标申请特殊形式要件的审查与认定

——某产业公司诉某知识产权局商标申请驳回复审行政案

【案件基本信息】

1. 裁判书字号

北京市高级人民法院（2019）京行终 3105 号行政判决书

2. 案由：商标申请驳回复审行政纠纷

3. 当事人

原告（被上诉人）：某产业公司

被告（上诉人）：某知识产权局

【基本案情】

某产业公司于 2013 年 3 月 11 日向原国家工商行政管理总局商标局（以下简称商标局）提出第 1224××××号“加多寶及图”立体商标（以下简称诉争商标）注册申请，指定使用在第 32 类啤酒等商品上。2014 年 3 月 31 日，商标局以诉争商标直接表示商品质量等特点为由，驳回该注册申请。某产业公司向原国家工商行政管理总局某委员会（以下简称某委员会）提出驳回复审申请。某委员会就此作出商评字［2015］第 14003 号《关于第 1224××××号“加多寶及图”（立体商标）商标驳回复审决定书》（以下简称第 14003 号决定），认定：虽然诉争商标有显著识别部分“加多宝”，但作为立体商标整体不具有显著性，对诉争商标的注册申请予以驳回。某产业公司不服，提起行政诉讼。北京知识产权法院就此作出（2015）京知行初字第4521号行政判决（以下简称第4521号判决）。该判决认为，诉争商标作为三维标志以及文字组合商标，应当对商标整体是否具有显著特征进行判断。第14003号决定在认定诉争商标的组成部分之一“加多宝”文字及图具有显著识别性的前提下，却认为作为立体商标不具有显著性，自相矛盾。据此，一审法院判决：撤销第14003号决定；某委员会重新作出决定。

某委员会不服第4521号判决，提起上诉。北京市高级人民法院就此作出（2016）京行终3031号行政判决（以下简称第3031号判决）。该判决认为：诉争商标图样仅包含两幅图片，未提交三面视图，依据现有商标图样，无法确定其三维形状。某委员会在重新审查时，应当以某产业公司提交的商标图样为基础，对其以两幅图片组合形式出现的商标标志是否符合商标注册的要求进行程序上和实体上的审查。据此，二审法院判决：驳回上诉，维持原判。

2017年8月23日，某委员会作出商评字［2015］第14003号重审第1137号《关于第1224××××号“加多寶及图”（立体商标）商标评审案件驳回通知》（以下简称被诉通知），对某产业公司提出的驳回复审申请予以驳回。被诉通知认定：某产业公司提交的商标图样仅包含两幅图片，未提交三面视图，无法确定该标志的三维形状，程序上不符合2014年实施的《中华人民共和国商标法实施条例》（以下简称2014年商标法实施条例）第十三条第三款的规定，故驳回某产业公司的复审申请。

【案件焦点】

某委员会在重新作出被诉通知时未给予某产业公司补充提交诉争商标三面视图的机会，是否构成程序违法。

【法院裁判要旨】

北京知识产权法院经审理认为：某委员会在依据第3031号判决对诉争商标从程序上和实体上重新进行审查时，应当给予某产业公司补充提交诉争商标的三面视图机会，而不应以现有图样难以确认三维形状为由，直接驳回某产业公司的复审申请。据此，依照《中华人民共和国行政诉讼法》第七十条第二项之规定，判决如下：

撤销被诉通知，某委员会重新进行审查。

某知识产权局不服原审判决，提起上诉，请求撤销一审判决，维持被诉通知。其主要上诉理由为：被诉通知是依照已经生效的第3031号判决作出，程序符合法律规定。原审判决撤销被诉通知，缺乏法律依据，请求二审法院予以纠正。

北京市高级人民法院经审理认为：某委员会在第14003号决定中未援引2014年商标法实施条例第十三条第三款规定，但第3031号判决对诉争商标是否应予注册的理由作出了指引，某委员会根据第3031号判决的指引，依据2014年商标法实施条例第十三条第三款的规定作出本案被诉通知。一审法院认为某委员会在重新作出行政行为时应当给予某产业公司补充提交诉争商标三面视图的机会，缺乏法律依据。一审判决认定事实及适用法律有误，应予纠正。

北京市高级人民法院依照《中华人民共和国行政诉讼法》第六十九条、第八十九条第一款第二项之规定，判决如下：

一、撤销一审行政判决；

二、驳回某产业公司的诉讼请求。

【法官后语】

本案是一起涉及立体商标申请形式审查的典型案例，主要涉及两个层面的法律问题，一是立体商标申请形式审查的标准问题；二是立体商标形式审查中是否允许补正的问题。

一、关于立体商标申请形式审查的标准问题

立体商标是仅由三维标志或者含有其他要素的三维标志构成的商标。立体商标申请的审查包括形式审查和实质审查两个方面，形式审查除普通商标申请的形式要件外，还包括特殊形式要件。

立体商标申请特殊形式要件的法律依据是2014年商标法实施条例第十三条第三款。该款规定对当事人未按要求提交申请文件的后果未予明确。2014年商标法实施条例第十八条第二款规定，商标注册申请手续不齐备、未按照规定填写申请文件或者未缴纳费用的，商标局不予受理，书面通知申请人并说明理由。第五十七条第三款规定："商标评审委员会受理商标评审申请后，发现不符合受理条件的，予以驳回，书面通知申请人并说明理由。"本案中，某产业公司在提出诉争商标的注册申请时，明确其商标种类为立体商标并指定了颜色。在后续的审查程序中，商标注册主管机关应当根据三维标志商标申请注册的相关规定予以审查。由于某产业公司在申请注册诉争商标时提交的商标图样仅包含两幅图片，未提交三面视图，据此无法确定其申请商标注册的标志的三维形状，本案不存在进行实质审查的基础。实际上，在本案第一轮行政诉讼中，二审法院即据此对某委员会和一审法院对诉争商标进行实质审查的错误予以纠正，并对诉争商标作为立体商标申请的形式审查标准作出了指引。

二、立体商标申请特殊形式要件审查中的补正问题

商标申请人依照法律规定提交符合规定的申请文件是商标申请

注册的应有之义。对于立体商标申请人提交的申请文件不符合要求时，是否应当给予申请人补正的机会，没有明确法律规定。修订的《中华人民共和国商标法》第二十九条规定，在审查过程中，商标局认为商标注册申请内容需要说明或者修正的，可以要求申请人做出说明或者修正。申请人未做出说明或者修正的，不影响商标局做出审查决定。商标法实施条例第十八条第二款规定，商标注册申请手续不齐备的，商标局不予受理，书面通知申请人并说明理由；申请手续基本齐备或者申请文件基本符合规定，但需要补正的，商标局通知申请人予以补正。从上述规定文义看，商标注册申请内容需要修正时，可以要求申请人修正，但并非必须通知当事人补正；商标注册申请手续不齐备、未按照规定填写申请文件的，可以不予受理即直接作出驳回通知；只是对于申请手续基本齐备或者申请文件基本符合规定但需要补正的情形，应当给予当事人补正的机会。上述规定体现了在确保行政审查效率与合理维护当事人利益之间的平衡。

本案中，某产业公司作为立体商标申请人，向商标审查主管机关提交能够确定三维形状的图样是申请注册立体商标的基本要求。在其提交的申请文件不满足基本要求的情况下，商标审查主管机关直接作出驳回通知，符合商标法及商标法实施条例的上述规定。当然，本案的特殊之处在于某委员会系根据第 3031 号判决的指引作出的被诉通知。尤其是某产业公司作为第 3031 号判决的当事人，其在清楚第 3031 号判决所作指引的情况下，并未主动补充提交诉争商标的三面视图。在基础事实未发生变化的情况下，某委员会在第 3031 号判决羁束力范围内作出被诉通知并无不当。

编写人：北京市高级人民法院　苏志甫

172 以相同的事实和理由再次提出评审申请情形的判定规则

——某实业公司诉某知识产权局商标权无效宣告请求行政案

【案件基本信息】

1. 裁判书字号

北京市高级人民法院（2019）京行终9143号行政判决书

2. 案由：商标权无效宣告请求行政纠纷

3. 当事人

原告（被上诉人）：某实业公司

被告（上诉人）：某知识产权局

【基本案情】

原国家工商行政管理总局某委员会（以下简称某委员会）作出商评字［2019］第11604号《关于第1329××××号“乐华欢乐世界”商标无效宣告请求裁定书》，其中认为：诉争商标未构成对被上诉人在先商号权的损害，故诉争商标的注册未构成2014年实施的《中华人民共和国商标法》（以下简称2014年商标法）第三十二条所指情形，裁定诉争商标予以维持。北京知识产权法院判决撤销被诉裁定，由某知识产权局重新作出裁定。某知识产权局、乐华欢乐公司不服原审裁判，向北京市高级人民法院提起上诉。

北京市高级人民法院经审理查明：

1. 2017年4月5日，某实业公司就第1329××××号“乐华欢乐世界”商标提起无效宣告申请。

2. 2018 年 1 月 15 日，某委员会作出商评字［2018］第 7801 号《关于第 1329××××号“乐华欢乐世界”商标无效宣告请求裁定书》，申请人的主要理由是争议商标与申请人在先申请注册的第 1193××××号“乐华恒业”商标构成类似服务上的近似商标，争议商标是对申请人在先使用并有一定影响商标的抢注，易产生不良影响，违反了 2014 年商标法第三十二条的规定。某委员会裁定驳回无效宣告申请。

3. 针对上述裁定，某实业公司提起行政诉讼。2019 年 8 月 5 日法院作出（2019）京行终 3926 号行政判决书，认定鹏达公司申请注册诉争商标不构成 2014 年商标法第三十二条规定的以不正当手段抢先注册他人已经使用并有一定影响的商标所指情形。

4. 2018 年 2 月 5 日，某实业公司就第 1329××××号“乐华欢乐世界”商标提起无效宣告申请。在其提交的《注册商标无效宣告申请书》中载明：申请人的理由包括申请人宣告无效的第 1329××××号“乐华欢乐世界”商标是由被申请人通过不正当手段抢先注册了申请人现有的在先使用商标。

5. 2019 年 1 月 10 日，某委员会作出商评字［2019］第 11604 号《关于第 1329××××号“乐华欢乐世界”商标无效宣告请求裁定书》，申请人的主要理由是争议商标由原被申请人通过不正当手段抢注申请人现有的在先使用商标，侵犯了申请人的在先商号权，其违反了诚实信用原则；某委员会认为争议商标的注册未构成对申请人在先商号的损害。

【案件焦点】

某实业公司在评审阶段提交的《注册商标无效宣告申请书》中

将鹏达公司通过不正当手段抢先注册了其在先使用并有一定影响的商标作为一项理由提出，某委员会在被诉裁定中对此是否遗漏评审理由，进而构成程序违法。

【法院裁判要旨】

北京知识产权法院经审理认为：某实业公司在商标评审阶段提交的《注册商标无效宣告申请书》中明确将鹏达公司通过不正当手段抢先注册了其现有的在先使用并有一定影响的商标作为一项理由提出，并提供了相应的证据予以证明，但被诉裁定未进行审理，属于遗漏评审理由，构成程序违法，某知识产权局应当就此重新审理。北京知识产权法院依照《中华人民共和国行政诉讼法》第七十条第一款第三项之规定，判决如下：

一、撤销被诉裁定；

二、某知识产权局重新作出裁定。

北京市高级人民法院经审理认为：《中华人民共和国商标法实施条例》第六十二条规定，商标评审委员会对商标评审申请已经作出裁定或者决定的，任何人不得以相同的事实和理由再次提出评审申请。2017 年 4 月 5 日，某实业公司就诉争商标提起无效宣告申请，并提交了其使用“乐华恒业”及“乐华欢乐世界”的证据。某委员会在第 7801 号裁定书中认定某实业公司引证的为在先注册商标，不符合 2014 年商标法第三十二条规定的情形。后续行政诉讼程序一、二审法院也已对乐华欢乐公司申请注册的诉争商标是否违反 2014 年商标法第三十二条“不得以不正当手段抢先注册他人已经使用并有一定影响的商标”规定进行了审理。

基于以上理由，某实业公司在本案的评审阶段将鹏达公司通过不正当手段抢先注册了其现有的在先使用并有一定影响的商标作为一项理由提出，属于以相同的事实和理由再次提出评审申请，某委员会不应予以审查。某委员会未审理某实业公司此项理由，不属于遗漏评审理由，不构成程序违法。

北京高级人民法院依照《中华人民共和国行政诉讼法》第六十九条、第八十九条第一款第二项之规定，判决如下：

一、撤销北京知识产权法院（2019）京73行初3328号行政判决；

二、驳回某实业公司的诉讼请求。

【法官后语】

商标评审程序由驳回复审程序、不予注册复审程序和无效宣告程序等构成。“一事不再理”原则在商标评审程序中的适用，是指行政机关依据请求人提交的事实对其理由作出决定或裁定之后，无论该决定或裁定生效与否，其都不应当依据同一事实和理由再次作出决定或裁定。“一事不再理”原则的出发点是为了明确请求人对其行为后果的预期，降低商标权人的诉累，减少行政资源和司法资源的消耗。“一事不再理”原则应当在各类商标评审程序中单独适用，跨类别的前案和后案不属于“一事”。本案中涉及的法律问题是对“一事”进行判断的前案和后案所依据的事实的一致性的程度如何把握。某实业公司作为无效宣告的请求人，其请求的理由是2014年商标法第三十二条“不得以不正当手段抢先注册他人已经使用并有一定影响的商标”规定，所依据的事实应当是在诉争商标第1329××××号“乐华欢乐世界”商标申请注册之前，其所持有商标在先使用且具有一定影响的证据。对于这些证据，某实业公司应当是明知的，不应当存在新发生或新发现的证据，如果在前案中其未提交上述证据，应当承担举证不利的后果。如果某实业公司在后案中提交了“新证据”，也应当是其在前案裁决之后新发现的证据，或因客观原因无法取得或在规定的期限内不能提供的证据。如果将与前案行政程序中提交的证据相同或类似的证据，作为新证据，以启动后案行政程序，则“一事不再理”原则和法律规定则形同虚设，注册商标的稳定性将不复存在。如果出现足以推翻前案裁决的新证据，则请求人在后案中依据事实和理由所提出的请求，不应视为“一事”。

商标评审程序“一事不再理”原则中“一事”情形的认定，需要对行政程序中提出无效申请的主体、客体、事实、理由的一致性进行比对，并结合已决行政程序和诉讼程序中的认定结果进行综合判断，以确定前案和后案是否构成“一事”。某实业公司系前案和后案中提出无效申请的主体，两案中其提起无效宣告的诉争商标均为第1329××××号“乐华欢乐世界”商标。某实业公司在前案中提出无效宣告请求的理由是诉争商标对其在先使用并有一定影响商标的抢注行为违法。前案的一审、二审判决中，均认定诉争商标的注册并未违反2014年商标法第三十二条的规定。在后案中，某实业公司提起无效宣告请求，包含诉争商标的注册属于对其现有的在先使用商标的抢注的理由，即构成违反2014年商标法第三十二条“不得以不正当手段抢先注册他人已经使用并有一定影响的商标”规定，其在后案评审程序中提交的证据和前案亦一致。某实业公司在后案中提起无效宣告请求所依据的事实和理由和前案一致，均系诉争商标“乐华欢乐世界”是否构成抢注其在先使用的“乐华欢乐城”，前案和后案构成“一事”，且前案中已对该事实和理由进行过认定和处理。

编写人：北京市高级人民法院　闻汉东

173 共存协议在商标无效宣告程序中的适用
——某传媒公司诉某委员会商标权无效宣告请求行政案

【案件基本信息】

1. 裁判书字号

北京市知识产权法院（2017）京73行初449号判决书

2. 案由：商标权无效宣告请求行政纠纷

3. 当事人

原告：某传媒公司

被告：某委员会

第三人：某国际公司

【基本案情】

第1159××××号诉争商标由某传媒公司于2012年10月11日提出注册申请，2014年3月14日经核准注册，核定使用在第41类组织表演（演出）、娱乐、电视文娱节目、除广告片外的影片制作等服务上。

国际注册第G1089326号“The Voice of China”商标（以下简称引证商标）由某国际公司于2012年向商标局申请领土延伸保护，2012年4月26日经核准注册，核定使用在第41类娱乐、体育和文化活动、电影和录像带制作、音乐家和其他表演者的服务等服务上。

2016年3月8日，某国际公司针对诉争商标向某委员会提出无效宣告请求，理由包括2001年《中华人民共和国商标法》第十三条第二款、第十五条、第二十八条、第三十一条、第四十一条第一款等规定。某委员会经审查认为：（1）诉争商标与引证商标构成使用在相同或类似服务上的近似商标，违反了2001年《中华人民共和国商标法》第二十八条的规定。（2）诉争商标申请注册违反2001年《中华人民共和国商标法》第十五条、第四十一条第一款的规定。综上，某委员会裁定诉争商标予以无效宣告。

原告某传媒公司不服商评委裁定，提起诉讼，主要理由为：在案证据能够证明“××声音”与浙江卫视之间已经形成一一对应关系，诉争商标的申请注册不会导致相关公众的混淆误认，诉争商标未违反2001年《中华人民共和国商标法》第二十八条的规定。诉争商标申请注册亦未违反2001年《中华人民共和国商标法》第十五条、第四十一条第一款的规定。原告与第三人已经达成商标共存协议，第三人认可诉争商标与引证商标不构成近似商标，不会造成相关公众混淆误认，双方商标能够共存。因此，诉争商标申请注册不违反2001年《中华人民共和国商标法》第二十八条的规定。

【案件焦点】

1. 诉争商标申请注册是否违反2001年《中华人民共和国商标法》第二十八条的规定；2. 诉争商标申请注册是否违反2001年《中华人民共和国商标法》第十五条的规定；3. 诉争商标申请注册是否构成2001年《中华人民共和国商标法》第四十一条第一款“以其他不正当手段取得注册”之情形。

【法院裁判要旨】

北京知识产权法院经审理认为：诉争商标与引证商标虽在整体

外观、呼叫等客观方面存在较大差异，但考虑到引证商标的实际使用状态和相关公众的认知情况，诉争商标的注册使用易使相关公众对其与引证商标所指代的服务来源产生混淆。被诉裁定依据作出之时的事实状态认定诉争商标申请注册违反2001年《中华人民共和国商标法》第二十八条的规定，并无不当。

原告和第三人在本案诉讼阶段就双方商标共存达成协议，针对已变化的事实基础，综合考虑两商标标志本身的差异程度，双方当事人关于商标共存的意思表示和对避免相关公众混淆所作出的安排，法院认为，诉争商标的注册使用已经克服了易致相关公众混淆的缺陷，其注册已不违反2001年《中华人民共和国商标法》第二十八条的规定。

无论从立法目的的角度还是《中华人民共和国商标法》体系解释的角度，均应得出2001年《中华人民共和国商标法》第十五条所保护的权利客体是被代理人或者被代表人的未注册商标。第三人以已注册的引证商标作为权利基础主张诉争商标申请注册违反2001年《中华人民共和国商标法》第十五条的规定，不能成立。

诉争商标注册行为主要损害的是第三人的利益，对商标注册秩序和公共利益的影响有限。且第三人已表达谅解并同意诉争商标注册，应当认为诉争商标注册可能对第三人造成的损害已得到弥补。诉争商标申请注册未违反2001年《中华人民共和国商标法》第四十一条第一款“以其他不正当手段取得注册”之规定。

北京知识产权法院依照《中华人民共和国行政诉讼法》第七十条第一项、第二项之规定，判决如下：

一、撤销被告某委员会作出的商评字（2016）第103044号关于第11591269号“蓝巨星好声音”商标无效宣告请求裁定书；

二、被告某委员会就第三人某国际公司针对第11591269号“蓝巨星好声音”商标提出的无效宣告请求重新作出裁定。

【法官后语】

本案涉及与浙江卫视知名电视节目《××声音》的节目标识有关的诉争商标确权行政纠纷，受到广泛关注。原告和第三人在本案诉讼阶段就双方商标共存达成协议，即诉讼阶段的事实基础相对于行政审查阶段已发生明显变化。故本案既需要评价被告依据行政审查阶段的事实作出被诉裁定是否正确，亦需要评价诉讼阶段的新事实对于诉争商标能否维持注册的影响。

首先，关于被告依据行政审查阶段的事实认定诉争商标与引证商标构成同一种或类似商品上的近似商标是否正确。判断商标是否近似，既要考虑商标标志构成要素及其整体的近似程度，也要考虑相关商标的显著性和知名度、相关商标的实际使用情况、商标申请人的主观意图等因素，以是否容易导致混淆作为判断标准。所谓混淆，既包括将在后商标所指代的商品或服务误认为由在先商标的权利人或关联关系主体所提供，也包括将在先商标所指代的商品或服务误认为由在后商标的权利人或关联关系主体所提供。后一种类型的混淆将会使在先商标的合法权利无法正常行使和维护。本案的诉争商标和引证商标若仅从商标标志本身来看，是存在较大差异的，但是考虑到《××声音》电视节目中是将“V手势加持话筒图形”“The Voice of China”“中国好声音”组合使用的，相关公众会将上述标识视为一体，认为它们之间存在固定的对应关系，并指向同一个服务来源。因此，在引证商标已由第三人在先合法注册的情况下，再由其他主体注册“好声音”或者其他近似标识，会引起相关公众对服务来源的混淆。考虑到引证商标在中国境内的使用主要通过原告及其关联主体在《××声音》电视节目中的使用来实现，故相关公众较大可能会认为“V手势加持话筒图形及The Voice of China”（或引证商标）与浙江卫视（或原告）有关，然而如上所述，所谓混淆，包括将在先商标所指代的商品或服务误认为由在后商标的权利人或关联关系主体所提供，此种类型的混淆将会使在先商标的合法权利无法正常行使和维护。因此，在引证商标权利人明确提出异议的情况下，诉争商标不应予以核准注册。

其次，本案判决详细分析了在判断双方商标能否在在先商标权人同意共存的情况下在法律上共存时，商标驳回程序和异议程序、无效程序的异同。商标异议程序和无效宣告程序由当事人启动，在先商标权利人和诉争商标权利人均参与程序，有提交证据、陈述意见的平等机会，故双方商标的使用情况和当事人的主观因素均可纳入考量。也就是说，相较于驳回程序中较为单纯的考虑商标标志本身，在异议程序和无效宣告程序中，既存在因考虑引证商标的知名度较高、诉争商标申请人有搭便车或企图误导公众之故意等，从而认定客观上有一定差异的标识容易造成混淆的情况，也存在因考虑诉争商标经过使用具有较高知名度已形成稳定的市场认知、引证商标未投入实际使用等因素，从而认定客观上较为接近的标识不易造成混淆的情况。因后一种情况会准许诉争商标注册或维持诉争商标注册，故一般不会出现共存协议。前一种情况下，认定构成混淆虽考虑了相关公众的认知因素，但亦是出于对享有较高市场声誉的引证商标以更大范围的保护之故，兼有对违反诚信者的惩罚。如果此时引证商标权利人同意诉争商标与之共存，则意味着其放弃了法律给予的与其市场声誉相关的更大范围的保护，或谅解了诉争商标申请人的非诚信行为，通常并无不可。而且，此种情况下，因双方商标标志之间客观上存在一定差异，相关公众有区分的基础，且双方在共存的协商中往往会对已经发生或可能发生的混淆采取补救或预防措施，故对消费者利益的损害亦可控。因此，在可能发生的真实案例中，异议程序、无效程序中的在先商标权人关于商标共存的意思表示对混淆判断往往具有更大的可参考性。本案即无效程序中在先商标权人同意在后商标与之共存，综合考虑两商标标志本身的差异程度，双方当事人关于商标共存的意思表示和对避免相关公众混淆所作出的安排，法院认为诉争商标的注册使用已经克服了易致相关公众混淆的缺陷，其注册已不违反2001年《中华人民共和国商标法》第二十八条的规定。

本案判决既充分尊重了行政机关的裁决，亦充分保护了原告和第三人双方的实际利益，明晰了无效阶段商标共存协议的采纳规则。

编写人：北京知识产权法院　周丽婷

174 具有不同结构要素的商标对商誉延续和近似性判断的影响

——某啤酒公司诉某委员会商标申请驳回复审行政案

【案件基本信息】

1. 裁判书字号

北京市高级人民法院（2018）京行终845号行政判决书

2. 案由：商标申请驳回复审行政纠纷

3. 当事人

原告（上诉人）：某啤酒公司

被告（被上诉人）：某委员会

【基本案情】

某委员会作出的被诉决定认定：某啤酒公司申请注册的第1808××××号“×津啤酒×典 SEDRIN”及图商标（以下简称诉争商标）显著识别中文之一“×典”与第514××××号“×典”商标（以下简称引证商标一）、第12741817号“×典”商标（以下简称引证商标二）中文“×典”相同，易被识别为系列商标或具有关联关系，诉争商标与引证商标一、二已分别构成近似标识。诉争商标指定使用的啤酒等商品与引证商标一、二核定使用的啤酒商品属于同一种或类似商品，诉争商标与引证商标一、二并存使用在上述同一种或类似商品上，易使消费者对商品来源产生混淆或误认，已构成《中华人民共和国商标法》第三十条、第三十一条所指的使用在同一种或类似商品上的近似商标。原告提交的证据不足以证明诉争商标经使用已产生与引证商标一、二相区别的显著特征。决定驳回诉争商标的注册申请。

经查，“×津”曾于2005年被国家工商行政管理总局商标局认定为第32类啤酒商品上的驰名商标。引证商标一因连续三年不使用已被撤销，公告于第1565期注册商标撤销公告第22513页。

在庭审过程中，某啤酒公司明确表示对诉争商标指定使用商品与引证商标一、二核定使用商品属于同一种或类似商品不持异议。

【案件焦点】

1. 诉争商标与引证商标二是否构成使用在同一种或类似商品上的近似商标；2. 原告在先知名商标的商誉是否可以延续至诉争商标。

【法院裁判要旨】

北京知识产权法院经审理认为：诉争商标与引证商标二已构成使用在同一种或类似商品上的近似商标。诉争商标中“×津”为在先驰名商标，如果其商誉欲自然延续至在后申请商标，则仍应保留在某啤酒公司付出市场努力的“×津”原有的市场范围内，而不应侵入引证商标二“×典”业已开辟的市场。如若不然，容易导致在先知名商标可以凭借其较高的知名度任意侵入他人市场，很容易使他人尚未通过公平竞争就被不正当地排挤出该市场，这有悖公平竞争的市场规则。

北京知识产权法院依照《中华人民共和国行政诉讼法》第六十九条之规定，判决如下：

驳回某啤酒公司的诉讼请求。

某啤酒公司不服一审判决，提起上诉。

北京市高级人民法院经审理认为：诉争商标指定使用商品与引证商标二核定使用商品属于同一种或类似商品，某啤酒公司也不持异议，法院予以确认。

诉争商标由中文“×津啤酒×典”、英文“SEDRIN”及条状装饰图形组成。引证商标二由中文“×典”及英文“satine”组成。根据我国相关公众的呼叫习惯，上述商标的中文部分是其显著识别部分。诉争商标完整地包含了引证商标二的显著识别部分，而且“×典”在诉争商标中并未形成新的含义，同时诉争商标中“×津”和

“×典”的字体均较大，“×典”能够被容易地独立识别出来。诉争商标与引证商标二构成使用在同一种或者类似商品上的近似商标。

某啤酒公司主张基于“×津”商标的知名度，诉争商标指向的啤酒等商品容易被相关公众认为是雪津啤酒的系列产品，但“×典”并非通常用于形容经典系列的词汇，引证商标具有显著性。因此，尽管“×津”商标具有一定知名度，其权利边界也应止步于法律为在先申请注册的商标即引证商标二预留的空间。在案的使用证据也不足以证明某啤酒公司在引证商标二申请日之前就已经大量将“×典”与“×津”同时使用，从而使得两者与该公司建立唯一稳定的对应关系，因此，某啤酒公司关于诉争商标与引证商标二不会产生混淆的上诉理由不能成立。

北京市高级人民法院依照《中华人民共和国行政诉讼法》第八十九条第一款第一项之规定，判决如下：

驳回上诉，维持原判。

【法官后语】

该案例涉及结构模式为“在先知名商标+他人在先相同或近似商标”的诉争商标是否与他人在先商标近似，以及在先知名商标的商誉是否能够自然延续至“在先知名商标+他人在先相同或近似商标”的问题。商标法并未对此有细致的规定。因此，应当适用商标法法律原则对此进行判断。

关于“在先知名商标+他人在先相同或近似商标”与他人在先商标是否近似？

在商品（服务）类似的前提下，相关公众受消费习惯、消费能力、对品牌商业文化内涵认同差异等多种因素的影响，会作出不同的购买选择。“在先知名商标+他人在先相同或近似商标”中，一般“在先知名商标”为权利主体的主品牌，而“他人在先相同或近似商标”为权利主体的子品牌。一般而言，子品牌的创设是商品（服务）提供者基于上述市场因素考虑，为实现市场占有率和商品利润最大化而进行的商业经营模式调整与创新。具体体现在针对不同的消费群体、商品品质、价格等因素，对主品牌的相关公众的进一步细分。通过相应的商业宣传和使用，相关公众对子品牌的注意程度应至少不会弱于对主品牌的注意程度，因为它最大化满足了个性化消费的需求。

由于“在先知名商标+他人在先相同或近似商标”包含“在先知名商标”，相关公众能够将其与权利人建立对应联系。但是，正是由于其包含有较高知名度的商标，当相关公众看到他人在先商标时，亦容易将他人在先商标与“在先知名商标+他人在先相同或近似商标”权利人建立关联性认知，或误认为他人在先商标权利人即为“在先知名商标+他人在先相同或近似商标”权利人，从而对商品来源产生反向混淆。反向混淆同样亦会对他人在先商标权利人的利益造成损害。在反向混淆的情况下，虽然“在先知名商标+他人在先相同或近似商标”权利人并未不当利用他人在先商标权利人的商誉，但应注意的是，商标法所保护的不仅是商标权人的商誉，同时还在一定程度上保护商标权人对该商标的预期利益，即商标法在一定条件下给商标权人预留了一定的市场空间，以利于商标权人在相关公众心目中建立商标与商标权人之间的唯一对应关系，从而获得经济利益。在这一预留空间中，他人同样不得使用商标权人的商标，否则将会阻碍商标权人这种唯一对应关系的建立。而在反向混淆的情形下，“在先知名商标+他人在先相同或近似商标”权利人对商标的使用行为显然已在相关公众心目中建立了“在先知名商标+他人在先相同或近似商标”与“在先知名商标+他人在先相同或近似商标”权利人的唯一对应关系，他人在先商标权利人将很难再建立起他人在先商标与其之间的唯一对应关系，因此，这一行为亦造成了对商标权人预期利益的损害，当然应当予以禁止。

关于在先知名商标的商誉是否能够自然延续至“在先知名商标+他人在先相同或近似商标”？

一般而言，商标注册人的基础注册商标经过使用获得一定的知名度，从而导致相关公众将其在同一种或者类似商品上在后申请注册的相同或者近似商标与其基础注册商标联系在一起，并认为使用两商标的商品均来自该商标注册人或与其存在特定联系的，基础注册商标的商业信誉可以在在后申请注册的商标上延续。

但是，这种一般情况的前提是商标为构成结构单一的“在先知名商标”。对于“在先知名商标+他人在先相同或近似商标”，如允许权利人将“在先知名商标”的商誉自然延续至在后申请的“与他人在先相同或近似的商标”，则会导致权利人的商誉侵入他人在先商标权利人业已开拓出的市场，造成引证商标显著性下降的后果。如果他人经营实力相对较弱，很容易尚未通过公平竞争就被不正当地排挤出该市场，这有悖公平竞争的市场规则。

编写人：北京知识产权法院　张迁

175 浅析商标显著特征审查的平等化和特定化

——某计算机公司诉某委员会商标申请驳回复审行政案

【案件基本信息】

1. 裁判书字号

北京市高级人民法院（2018）京行终3673号行政判决书

2. 案由：商标申请驳回复审行政纠纷

3. 当事人

原告（被上诉人）：某计算机公司

被告（上诉人）：某委员会

【基本案情】

2014年5月4日，某计算机公司提出第1450××××号“嘀嘀嘀嘀嘀嘀”（声音商标）商标（以下简称申请商标）的注册申请，指定使用在第38类“电视播放；新闻社；信息传送；电话会议服务；提供在线论坛；计算机辅助信息和图像传送；提供互联网聊天室；在线贺卡传送；数字文件传送；电子邮件（截止）”服务上。

针对申请商标的注册申请，商标局于2015年8月11日作出商标驳回通知，依据《中华人民共和国商标法》（2013年修正）（以下简称《商标法》）第十一条第一款第三项作出不予注册的决定，其理由为：申请商标由简单、普通的音调或旋律组成，使用在指定使用项目上缺乏显著性，不得作为商标注册。

某计算机公司对商标局作出的上述商标驳回通知不服，于法定期限内向某委员会提出复审申请，并提交了下列证据：（1）公证处作出的第0098××号公证书（附光盘一张）；（2）公证处作出的第0098××~0098××号公证书（各附光盘一张），分别是对2009版本、2012版本、2013版本、2014版本、2015版本的软件运行中有新消息传来时提示音的证据保全；（3）公证处作出的第0098××号公证书（附光盘一张），系对2009版本、2012版本、2013版本、2014版本、2015版本企鹅软件的数字签名证明，前述证据1~3显示，某计算机公司的企鹅软件均使用申请商标作为新消息传来时的默认提示音；（4）某计算机公司年报摘要；（5）市场咨询公司发布的《中国即时通信研究报告》（2003—2006年）、《中国即时通信行业发展报告》（2007—2008年、2008—2009年）、《中国即时通信年度监测报告》（2010—2011年）、《中国即时通信用户行为研究报告》（2010—2011年）、《中国即时通信年度监测及用户行为研究报告》（2012—2013年），其中包含某计算机公司企鹅软件最早运行的版本与时间、某计算机公司的企鹅软件作为"用户最常使用的即时通信软件"之一于2003~2008年在即时通信软件市场中的占有率情况的统计、企鹅软件在2009~2010年中国主要即时通信软件用户偏好度的占比统计、企鹅软件在2012~2013年度的覆盖人数统计等内容。

2016年4月18日，某委员会作出商评字（2016）第000003××××号《关于第145025××号"嘀嘀嘀嘀嘀嘀"（声音商标）商标驳回复审决定书》（以下简称被诉决定）。该决定认为：申请商标为"嘀嘀嘀嘀嘀嘀"声音，该声音较为简单，缺乏独创性，指定使用在电视播放、信息传送等服务项目上缺乏商标应有的显著特征，难以起到区分服务来源的作用，属于商标法第十一条第一款第三项所指的情形。某计算机公司提交的证据虽能证明其企鹅软件享有知名度，但申请商标的声音仅为软件包含的标识某一功能的声音，在案证据不能证明申请商标经使用已起到区别服务来源的作用。综上，某委员会依据商标法第十一条第一款第三项和第三十四条的规定，决定如下：申请商标的注册申请予以驳回。

某计算机公司不服被诉决定，于法定期限内提起行政诉讼。某计算机公司向法院提交了下列证据以支持其诉讼主张：

1. 申请商标的音频文件（申请商标的声音样本），用以证明申请商标的具体表现形式；

2. 某计算机公司向商标局提交的商标注册申请书及申请商标的光谱表、频谱表、波形图，用以证明申请商标并非"嘀嘀嘀嘀嘀嘀"声音的简单重复；

3. 国家图书馆检索文献152篇，用以证明"嘀嘀嘀嘀嘀嘀"即申请商标的声音已经进行了长期大量的使用且涉及的领域广泛，已经能够起到区分服务来源的作用，相关公众已经能够将申请商标与某计算机公司及其提供的服务建立对应关系；

4. 某计算机公司2004~2015年年报，其中对于每年的注册即时通信账户、活跃账户、最高同时在线账户等数据均进行了统计，用以证明申请商标对应的即时通信软件的受众面极其广泛；

5. 某计算机公司的企鹅软件获得吉尼斯世界纪录"单一即时通信平台上最多人同时在线"称号的证书和相关报道，用以证明申请商标对应的即时通信软件受众范围极其广泛；

6. 商标局于2009年4月24日作出的商标驰字（2009）第14号《关于认定"企鹅"商标为驰名商标的批复》，认定某计算机公司的"企鹅"商标在第38类上的信息传送、计算机终端通信、提供与全球计算机网络的电讯联接服务上构成驰名商标，用以证明与申请商标相对应的在即时通信服务上获准注册的“企鹅”商标构成驰名商标，从而进一步印证申请商标受众范围极其广泛，已经能够起到区分服务来源的作用。

【案件焦点】

申请商标是否能通过使用获得显著特征而能够注册。

【法院裁判要旨】

北京市知识产权法院经审理认为：申请商标所依附的企鹅软件作为即时通信软件持续使用的时间长、范围广泛、市场占比份额较大、使用群体所涉及的领域众多，随着企鹅软件、“企鹅”商标知名度的提升，申请商标作为企鹅软件默认的新消息传来时的提示音已经与企鹅软件之间形成了可相互指代的关系，申请商标的声音亦已经在即时通信领域建立了较高的知名度，其识别性进一步增强，申请商标与企鹅软件、某计算机公司之间已经建立了稳定的对应关系，申请商标在指定使用的“信息传送”服务项目上起到了商标应有的标识服务来源的功能。

在互联网行业中，通过提供增值服务或开发衍生产品、升级技术产品等商业模式以实现商业目的，是互联网企业的通常选择。本案中，结合某计算机公司提交的证据可以认定，自企鹅软件进入市场后在申请商标申请日前，企鹅软件先后增加了提供互联网聊天室、电子邮件、在线贺卡传送、数字文件传送、计算机辅助信息和图像传送、提供在线论坛、超级群聊天等服务项目，而超级群聊天服务与申请商标指定使用的电话会议服务在功能上完全相同。虽然前述服务项目并未使用申请商标的声音，但是前述服务项目与“信息传送”均属于企鹅软件作为综合性即时通信平台提供的服务，且申请商标的声音亦已经与企鹅软件建立了对应关系，因此，申请商标使用在前述服务项目上亦具有显著性。另外，申请商标可注册的服务项目范围也应当与申请商标本身的知名度、影响力相适应。电视播放与新闻社服务与“信息传送”均属于国际分类第 38 类“某通信公司”领域，且《类似商品和服务区分表》第 38 类特别注释“第三十八类主要包括至少能使二人之间通过感觉方式进行通信的服务”，前述服务项目在功能、用途、服务对象等方面存在着比较紧密的联系。并且，互联网企业间的竞争实质上就是平台间的竞争，互联网企业为提升自身竞争力也会促进自身平台的产品结构创新、增加平台服务内容。对于某计算机公司而言，通过企鹅软件综合性即时通信服务平台提供电视播放、新闻服务项目也是其实际发展模式。另外，结合上述对于企鹅软件知名度、“企鹅”商标知名度、申请商标知名度及相互之间对应关系等方面的分析可以认定，申请商标指定使用在电视播放、新闻社服务项目上可以起到商标应有的标识服务来源的功能。

北京知识产权法院依照《中华人民共和国行政诉讼法》（2017 年修正）第七十条第一项、第二项之规定，判决如下：

一、撤销某委员会作出的被诉决定；

二、某委员会重新作出决定。

某委员会不服原审判决，提起上诉。

北京市高级人民法院经审理认为：某计算机公司提供的证据能够证明申请商标通过在企鹅即时通信软件上的长期持续使用，具备了识别服务来源的作用。但是，申请商标并未在“电视播放、新闻社、电话会议服务”上实际使用，原审判决以“电话会议服务”与“超级群聊天”服务功能完全相同以及综合性即时通信软件服务平台存在提供电视播放、新闻服务的可能性为由，认定申请商标在上述三个服务项目上亦具有显著特征，显然不符合申请商标经过使用方才取得显著特征的案件事实，不适当地为申请商标预留了申请注册的空间，属于适用法律错误。

北京市高级人民法院依照《中华人民共和国行政诉讼法》（2017年修正）第一百零一条、《中华人民共和国民事诉讼法》（2017年修正）第一百七十条第一款第一项、《最高人民法院关于适用〈中华人民共和国民事诉讼法〉的解释》（2015年修正）第三百三十四条之规定，判决如下：

驳回上诉，维持原判。

【法官后语】

本案中，由于申请商标是由声音“嘀嘀嘀嘀嘀嘀”构成的，一审、二审法院均认为申请商标缺乏固有的显著特征。但是，根据商标法第十一条第二款的规定，缺乏显著特征的标志经过使用取得显著特征并便于识别的，仍然可以作为商标注册。因此，本案涉及的主要是申请商标是否通过使用获得显著特征而能够注册的问题。而本案的审理，在两个方面对商标显著特征的审查作出了探索。

就本案而言，申请商标由连续的六声“嘀”音构成，各“嘀”音之间音色基本相同、时间间隔短促且基本相同，指定使用在第38类“电视播放；新闻社；信息传送；电话会议服务；提供在线论坛；计算机辅助信息和图像传送；提供互联网聊天室；在线贺卡传送；数字文件传送；电子邮件”服务上。虽然申请商标构成要素的选取体现了某计算机公司的特定创意，但是，商标标志在其指定使用服务上是否具有显著特征，仍然需要结合相关公众的一般认知加以具体判断。具体而言，由于申请商标仅由单一而重复的“嘀”音构成，相关公众通常情况下不易将其作为区分商品或者服务来源的标志加以识别。因此，申请商标属于商标法第十一条第一款第三项规定的缺乏显著特征的标志。

本案中，某计算机公司提供的证据能够证明申请商标“嘀嘀嘀嘀嘀嘀”声音通过在企鹅即时通信软件上的长期持续使用，具备了识别服务来源的作用。因此，一审、二审法院均认定申请商标在与企鹅即时通信软件相关的“信息传送、提供在线论坛、计算机辅助信息和图像传送、提供互联网聊天室、数字文件传送、在线贺卡传送、电子邮件”服务上具备了商标注册所需的显著特征。但是在此基础上，二审法院进一步指出，申请商标并未在“电视播放、新闻社、电话会议服务”上实际使用，一审判决以“电话会议服务”与“超级群聊天”服务功能完全相同以及综合性即时通信软件服务平台存在提供电视播放、新闻服务的可能性为由，认定申请商标在上述三个服务项目上亦具有显著特征，显然不符合申请商标经过使用方才取得显著特征的案件事实，不适当地为申请商标预留了申请注册的空间，属于适用法律错误，因而给予了纠正。

编写人：北京市高级人民法院 周波

176 原注册商标申请人行为涉嫌“以其他不正当手段取得注册”不会导致已转让商标当然无效

——某国际公司诉某委员会商标权无效宣告请求行政案

【案件基本信息】

1. 裁判书字号

北京市高级人民法院（2018）京行终6281号行政判决书

2. 案由：商标权无效宣告请求行政纠纷

3. 当事人

原告（上诉人）：某国际公司

被告（被上诉人）：某委员会

第三人：某科技公司

【基本案情】

某委员会针对某国际公司第1442××××号“Laduree”商标（以下简称诉争商标）所提出的无效宣告请求，作出了商评字（2017）第45977号关于第1442××××号“Laduree”商标无效宣告请求裁定（以下简称被诉裁定），该裁定认定：诉争商标未违反《中华人民共和国商标法》（2013年修正）（以下简称《商标法》）第三十条、第三十二条、第十三条第三款、第四十四条第一款、第十条第一款第七项和第八项、第十五条的规定，应予以维持。

某国际公司不服被诉裁定，在法定期限内向北京知识产权法院起诉称：（1）诉争商标的原注册人某有限公司在23个不同类别的商品和服务上申请注册多达106件商标，其中多件商标明显是对他人知名商标的复制和摹仿，且某有限公司从未对上述商标进行任何实际使用，因此，某有限公司不具有使用商标的真实意图。诉争商标的注册属于以不正当手段取得注册，违反了《商标法》第四十四条第一款的规定。（2）诉争商标违反了《商标法》第三十条、第三十二条、第十三条第三款的规定。综上，诉争商标应被宣告无效，请求撤销被诉裁定，判令某委员会重新作出裁定。

【案件焦点】

诉争商标的注册是否属于《商标法》第四十四条第一款所规定的“以不正当手段取得注册”之情形。

【法院裁判要旨】

北京知识产权法院经审理认为：《商标法》第四十四条第一款“其他不正当手段”的规定，主要应考虑是否扰乱商标注册秩序、损害公共利益、不正当占用公共资源或者以其他方式谋取不正当利益，不适用于仅损害特定民事权益的情形。“欺骗手段或者其他不正当手段”包括规模性抢注他人在先具有一定知名度的商标并转让牟利的行为，但该规模性抢注应具备一定的条件，即或者抢注同样的商标，且数量较大，构成没有实际使用可能的商标囤积行为；或者抢注多个不同的在先知名商标，涉及多个主体或多个不同的商标标志。本案中，某国际公司所提交的宣传使用证据中，不仅存在部分证据未显示时间、部分证据时间在诉争商标申请日之后、部分证据不在中国大陆地区的问题，而且从上述证据所体现的情况来看，无论是产品销售、门店开设抑或杂志宣传，涉及的时间、数量及范围均十分有限，且均与甜品等商品相关，难以证明“Laduree”商标在诉争商标注册前已具有一定知名度，诉争商标注册申请人对其理应知晓。从诉争商标原注册申请人及某科技公司商标申请的数量及具体标识来看，某国际公司所称被抢注的大部分商标如“CROSSTEX”“CAL-VANEO 1583”“ANGLE DEPT”等，尚难以称为不同领域中具有较高知名度的商标，不足以证明诉争商标原注册申请人具有明显的复制、抄袭他人具有较高知名度商标的故意，而某国际公司所提交的电子邮件所涉及的主体均非本案当事人，真实性亦无法确定，故也难以证明诉争商标原注册申请人及某科技公司具有抢注商标并转让牟利的行为。据此，在案证据不足以证明诉争商标存在扰乱商标注册秩序、损害公共利益、不正当占用公共资源或者以其他方式谋取不正当利益等以其他不正当手段取得注册的情形，某国际公司的该项主张，法院不予支持。

北京知识产权法院判决：驳回原告某国际公司的诉讼请求。

某国际公司不服一审判决，提起上诉。

北京市高级人民法院经审理认为：根据《商标法》第四十四条第一款的规定，已经注册的商标，是以欺骗手段或者其他不正当手段取得注册的，由商标局宣告该注册商标无效，其他单位或者个人可以请求某委员会宣告该注册商标无效。上述所称“欺骗手段或者其他不正当手段”，一般是指商标申请注册行为扰乱商标注册秩序、损害公共利益、不正当占用公共资源或者以其他方式谋取不正当利益的情形，而不适用于仅损害特定民事权益的情形。虽然诉争商标的原申请人申请注册了 106 件商标，不排除其具有商标囤积行为，但是本案诉争商标已经转让给某科技公司，且某国际公司未能证明某有限公司与某科技公司之间存在恶意串通的情形，在诉争商标不违反《商标法》其他规定的情况下，如果宣告诉争商标无效，对于合法受让诉争商标的某科技公司将产生不利影响。因此，在适用该项规定时，应当结合个案情况进行判断，某国际公司关于在其他无效案件中某委员会认定某有限公司的不正当行为不是本案诉争商标应被宣告无效的当然理由。二审法院同意一审法院裁判意见。

北京市高级人民法院判决如下：

驳回上诉，维持原判。

【法官后语】

该案系诉争商标经过转让后，能否仅以原申请人可能存在的不当行为作为适用《商标法》第四十四条第一款之依据的典型案例。

一审法院在围绕该条款进行审查时，综合考虑了原注册申请人某有限公司及诉争商标受让人某科技公司的商标注册情况；而二审法院则指出，在适用该条款时，要审查原注册申请人与受让人之间是否存在恶意串通的情形。换言之，如果受让人为善意，则不能仅因原注册申请人行为涉嫌“以其他不正当手段取得注册”而当然认定已转让商标违反了《商标法》第四十四条第一款的规定。

该规则的确立有助于进一步厘清《商标法》第四十四条第一款在司法实践中的适用边界，理由如下：（1）明确“其他不正当手段”审查的时间节点，即不能仅以商标申请注册时的状态为准，要考虑商标转让后的情况变化。从法条的表现形式来看，《商标法》第四十四条第一款属于典型的原则性的一般条款，缺乏具体化的情形列举。就何为“其他不正当手段”，因其难以量化和确定化，导致业内一直存在争论和分歧，即使在《最高人民法院关于审理商标授权确权行政案件若干问题的意见》、《最高人民法院关于审理商标授权确权行政案件若干问题的规定》（以下简称《授权确权规定》）相继出台后，仍众说纷纭。《授权确权规定》第二十四条中“以欺骗手段以外的其他方式扰乱商标注册秩序、损害公共利益、不正当占用公共资源或者谋取不正当利益的”的规定，从“定性”的角度确立了第四十四条第一款维护“公序良俗”的立法本意，明确将损害特定民事权益的情形排除于适用范围。实践中，可以将“没有真实使用目的，大量抢注他人在先有一定知名度的商标”“缺乏正当理由申请大量商标”的行为界定为扰乱商标注册秩序。由此可见，无论是从立法本意出发还是从规制商标恶意注册的行为出发，非以使用目的大量注册商标的行为均为审查是否为“不正当手段”的重要要件之一。因我国采用注册商标申请制，并不以“在先使用”或是“使用意图”为审查要件，故而使“没有真实使用目的”“缺乏正当理由”申请商标成为可能。在商标获得注册后，“非以使用为目的”的行为往往表现为将商标进行兜售、胁迫他人与其进行贸易合作、索要高额转让费或许可使用费、提起恶意侵权诉讼等。然而，当商标转让至善意受让人名下后，情况却会发生变化。首先，既为“善意”，就已排除了仍以谋取不正当利益为目的的受让人；其次，受让人出于善意受让商标，以区分商品或服务为来源为目的将商标投入商业使用或者做了将之投入商业使用的准备，此时的商标可以说已退去了“缺乏正当理由”的外衣，恢复了其本来属性，与前述兜售等行为有本质区别。在此情况下，如不考虑商标注册目的的改变，仍以商标申请注册为时间节点来审查注册“目的”，对于合法受让人来说无疑是不公平的。（2）增强相对人对商标权利稳定性的预期。有别于《商标法》第三十条等相对事由，《商标法》第四十四条第一款系注册商标无效宣告的绝对事由，不受五年期间限制，任何单位或者个人均可以此为由请求某委员会宣告该注册商标无效。而善意受让人通过转让获取商标，不仅需要给付相应对价，更有可能会投入大量人力、物力对该商标进行宣传使用，使用时间较长的，或许还会取得较高商誉或形成较为稳定的市场格局。在缺乏“合理期间”这一条件的限制下，如果仅对原注册申请人的行为进行审查，会造成利益由原注册申请人获取，恶果由善意受让人承担的局面，不利于商标注册及市场秩序的稳定，亦难谓维护公序良俗。

需要指出的是，在判断何为“善意”时应采用较为严格的标准，以避免原注册申请人通过商标转让来“洗白”，从而规避《商标法》第四十四条第一款的规制。以下几种情况均难谓善意：（1）受让人与原注册申请人有关联关系，包括但不限于自然人存在夫妻、父子等亲属关系，公司之间存在直接或间接控制关系、重大影响关系等的；（2）被转让的商标系某一领域的在先知名商标，受让人亦同属于该领域或与之关联度较高的领域的；（3）受让人受让商标并非以使用为目的（可从受让人实际经营范围及受让商标核准类别等因素判断）；（4）受让人曾存在恶意注册、抢注、“搭便车”等不当行为的；（5）受让人与原注册申请人存在多次商标转让行为，转让的商标超出正常生产经营所需的。

编写人：北京知识产权法院　宋晖

177 奥运会有关的特殊标志是否可以作为商标予以申请注册

——宋某浩诉某委员会商标驳回复审行政案

【案件基本信息】

1. 裁判书字号

北京市高级人民法院（2017）京行终第1729号行政判决书

2. 案由：商标驳回复审行政纠纷

3. 当事人

原告（被上诉人）：宋某浩

被告（上诉人）：某委员会

【基本案情】

2014 年 10 月 24 日，宋某浩向商标局申请注册第 1556××××号“福娃”商标（以下简称诉争商标），指定使用在第 33 类的蒸馏饮料、烈酒（饮料）、烧酒、葡萄酒、米酒、白酒、清酒、黄酒、酒精饮料（啤酒除外）、果酒（含酒精）上。商标局作出驳回诉争商标注册申请的决定，宋某浩不服该决定，向某委员会申请复审。某委员会于 2016 年 2 月 26 日作出《关于第 155696××号“福娃”商标驳回复审决定书》（以下简称被诉决定），认定诉争商标的申请注册构成《中华人民共和国商标法》（以下简称《商标法》）第十条第一款第七项、第八项所指之情形为由，驳回了诉争商标的注册申请。宋某浩不服被诉决定，起诉至北京知识产权法院。

【案件焦点】

诉争商标的申请注册是否违反了《商标法》第十条第一款第七项、第八项的规定。

【法院裁判要旨】

北京知识产权法院经审理认为：诉争商标由纯文字“福娃”组成，经查询，奥运会特殊标志“福娃”的专用期已于 2010 年 4 月 13 日届满，截至目前“福娃”商标已有数十件获准注册，其中包括多件 2013 年以后申请注册的商标。诉争商标指定使用在葡萄酒等商品上，不存在欺骗性，不会使相关公众对商品的质量等特点或者产地产生误认，亦不会对我国的社会公共利益或公共秩序产生消极、负面的影响。因此，诉争商标的申请注册未违反《商标法》第十条第一款第七项、第八项的规定，作出如下判决：

一、撤销某委员会作出的被诉决定；

二、某委员会针对诉争商标驳回复审申请重新作出决定。

某委员会不服一审判决提起上诉。北京市高级人民法院经审理认为：特殊标志“福娃”的专用期已于2010年4月13日届满，到期后第29届奥林匹克运动会组织委员会未提出延期申请，因此，特殊标志“福娃”已不再作为特殊标志予以保护。虽然诉争商标与特殊标志“福娃”相同，但其于2008年北京奥运会结束后6年才提出注册申请，且其指定使用的葡萄酒等商品与奥运会及其吉祥物福娃的差别较大，故诉争商标使用在葡萄酒等商品上不会使公众认为其与奥运会或吉祥物福娃相关，从而对商品的质量等特点产生错误认识。诉争商标本身亦不会对中国的政治、经济、文化、宗教、民族等社会公共利益和公共秩序产生消极或负面影响，故其申请注册未违反《商标法》第十条第一款第七项、第八项的规定。判决如下：

驳回上诉，维持原判。

【法官后语】

根据《商标法》《特殊标志管理条例》《奥林匹克标志保护条例》等相关法律法规，有关奥运会的标志均在商标局备案，或登记为特殊标志，保护期为四年，或公告为奥运会标志，保护期为永久，只能择一登记。因此，在将有关奥运会的标志申请注册为商标时，应当首先审查该标志是特殊标志还是奥运会标志，如果是奥运会标志，则不能被注册为商标；如果是特殊标志，则需要首先审查该标志是否尚在保护期内，如果已经过保护期且权利人未提出延期保护的申请，那么该标志不再作为特殊标志予以保护，可以根据《商标法》的规定进一步予以审查。

诉争商标申请注册时，特殊标志“福娃”的保护期已届满，且权利人第二十九届奥林匹克运动会组织委员会未提出延期保护的申请，因此，该标志不再作为特殊标志予以保护，诉争商标可以按照《商标法》的相关规定进一步予以审查。《商标法》第十条第一款第七项规定的“带有欺骗性”“产生误认”是指诉争商标标志与指定使用的商品或服务的特点不符，容易使公众对商品或服务的特点产生错误认识。判断相关标志是否“带有欺骗性”及“产生误认”，应当从社会公众的普遍认知水平及认知能力出发，结合指定使用的商品或服务进行界定。在审查判断有关标志是否构成《商标法》第十条第一款第八项规定的“具有其他不良影响”的情形时，应当考虑该标志或者其构成要素是否可能对中国政治、经济、文化、宗教、民族等社会公共利益和公共秩序产生消极或负面影响。

诉争商标的申请注册时间为北京奥运会结束六年后，且指定使用的葡萄酒等商品与奥运会亦存在较大差异，因此，不会使社会公众对诉争商标标识的商品产生与奥运会相关的错误认识，不具有欺骗性。诉争商标“福娃”二字亦不会对中国的政治、经济、文化、宗教、民族等社会公共利益和公共秩序产生消极或负面影响，故其申请注册未违反《商标法》第十条第一款第七项、第八项的规定，应当予以核准注册。

编写人：北京市高级人民法院　王晓颖

178 驰名商标保护规则的适用

——某贸易公司诉某委员会商标异议复审行政案

【案件基本信息】

1. 裁判书字号

北京市高级人民法院（2016）京行终第3520号行政裁定书

2. 案由：商标异议复审行政纠纷

3. 当事人

原告（被上诉人）：某贸易公司

被告（上诉人）：某委员会

第三人：某环保科技公司

【基本案情】

第439××××号商标（以下简称被异议商标），由某环保科技公司于2004年12月6日提出注册申请，指定使用在国际分类第16类建筑模型、室内水族池、水族池罩等商品上。

引证商标为“××鱼”系列文字及图形商标，该商标专用权人为某贸易公司，该系列商标申请日均早于被异议商标的申请日，核定使用在国际分类第29类食用油和油脂、人造奶油、植物油脂等商品上。

某贸易公司在法定期限内提出异议申请。2011年3月23日，国家工商行政管理总局商标局（以下简称商标局）作出第6974号裁定，认为：某贸易公司所提异议理由不成立，被异议商标予以核准注册。

某贸易公司不服，申请复审。2014年1月7日，某委员会作出商评字（2013）第148193号《关于第439××××号“××鱼”商标异议复审裁定书》（以下简称被诉裁定），认定：某贸易公司提交的证据虽然能证明“××鱼”商标具有很高的知名度，但被异议商标指定使用的商品与某贸易公司“××鱼”商标据以驰名的食用油、油脂等商品在原料、功能、用途等方面差异较大，故被异议商标的注册与使用一般不易误导公众。被异议商标未构成2001年修正的《中华人民共和国商标法》（以下简称2001年《商标法》）第十三条第二款所指的情形。某委员会裁定：被异议商标予以核准注册。

某贸易公司不服，提起诉讼，认为被异议商标构成2001年《商标法》第十三条第二款所规定的情形。

【案件焦点】

被异议商标是否构成了复制、摹仿、翻译他人已经注册的驰名商标，误导公众，致使驰名商标注册人的利益可能受到损害，构成了2001年《商标法》第十三条第二款规定的情形。

【法院裁判要旨】

北京市第一中级人民法院经审理认为：在被异议商标申请日之前，“××鱼”商标使用在食用油上在销量、知名度方面均位于同类产品的前列。因此，“××鱼”商标使用在食用油等商品上已构成驰名商标。虽然，被异议商标指定使用的建筑模型、室内水族池、水族池罩等商品与引证商标核定使用的商品不同，但是被异议商标“××鱼”与引证商标“××鱼”在文字构成、呼叫、含义上完全相同。

被异议商标的注册申请构成了在不相同或者不相类似的商品上对已注册驰名商标的复制，易误导公众，致使该驰名商标注册人的利益可能受到损害的。被异议商标应不予注册并禁止使用。某委员会对上述事实认定有误，应予纠正。

北京市第一中级人民法院依照《中华人民共和国行政诉讼法》第七十条第二项之规定，作出如下判决：

一、撤销国家工商行政管理总局某委员会商评字（2013）第148193号《关于第439××××号“××鱼”商标异议复审裁定书》；

二、国家工商行政管理总局某委员会重新作出裁定。

某委员会提起上诉。北京市高级人民法院经审理认为：一审判决综合在案证据，结合引证商标“××鱼”曾在其他案件中被认定过驰名的受保护记录，对引证商标“××鱼”的知名度予以认可，符合驰名商标认定的综合性判断规则。然而，考虑到被异议商标指定使用的建筑模型、室内水族池、水族池罩等商品与引证商标“××鱼”核定使用的食用油等商品在功能、用途、生产部门、消费渠道等方面差异较大，且根据在案证据亦不足以证明会减弱引证商标“××鱼”与其食用油等商品的对应程度，故被异议商标的注册申请不会误导公众，致使驰名商标注册人利益可能受到损害，不符合2001年《商标法》第十三条第二款规定的情形。在被异议商标并不属于前述条款所规定的情形下，根据按需认定的原则，不再对引证商标“××鱼”在食用油等商品上是否构成驰名予以单独认定。原审判决认定结论错误，应予纠正。商标评审委员会的上诉理由具有事实及法律依据，应予支持。

北京市高级人民法院依照《中华人民共和国行政诉讼法》第六十九条，第八十九条第一款第二项、第三款的规定，作出如下判决：

一、撤销北京市第一中级人民法院（2014）一中行（知）初字第8572号行政判决；

二、驳回某贸易公司的诉讼请求。

【法官后语】

在对驰名商标保护范围进行界定时，可以从以下七个方面综合予以认定：

1. 驰名商标的显著性。本案中，引证商标的“××鱼”文字本身为现实自然界存在的水生鱼类的名称，即非臆造性词汇，被其他经营者联想作为商标予以注册的可能性也就越大。

2. 驰名商标的知名度。本案中，基于引证商标多次受保护的记录以及在案其他证据，在“食用油”商品上的知名度是应当得以确认的，但是就知名度本身而言，也是存在个体差异的，会基于不同案件证据所呈现的具体内容得出相应程度的判断。

3. 标志之间的近似程度。本案中，虽然引证商标与诉争商标都含有“××鱼”，然而考虑到诉争商标指定使用建筑模型、室内水族池、水族池罩等商品，当消费者在该类商品上认读到“××鱼”时，其对引证商标的联想应当是有限的。

4. 商品（服务）之间的关联程度。本案中，被异议商标指定使用的建筑模型、室内水族池、水族池罩等商品与引证商标“××鱼”核定使用的食用油等商品在功能、用途、生产部门、消费渠道等方面差异明显，关联程度较弱。

5. 商标实际使用状态。本案中，当事人对此并未举证予以证明，但是根据日常的生活常识可知，二者商品在销售渠道、场所等方面差异明显，特别是诉争商标指定使用的建筑模型、室内水族池、水族池罩等商品专业性较强，在特定专业领域市场内销售的情形较多，不同于一般的生活食用产品的销售领域。

6. 判断主体的界定及重合程度。本案中，“食用油”市场中的品牌种类较多，其消费群体虽然庞大，但是在当事人并未举证证明其所占市场比率的情况下，不易将相关消费群体均被认知为引证商标的消费者，故在考虑诉争商标指定使用商品的消费群体特殊性的情况下，诉争商标与引证商标的消费群体并不当然具有高度的重合性。

7. 注册的主观意图。可以通过诉争商标申请注册主体所注册商标的数量、自身的经营规模、范围、是否存在待价而沽的情形等，对其主观意图进行判断。若能够认定申请注册诉争商标存在恶意，明显违背诚实信用原则的，则被法律予以规制的可能性越大。本案中，基于在案证据尚不足以推定诉争商标申请主体具有主观恶意。

编写人：北京市高级人民法院　陶钧

179 无效宣告中“恶意”的认定

——某电器公司诉某委员会商标权无效宣告行政案

【案件基本信息】

1. 裁判书字号

北京市高级人民法院（2016）京行终字第5666号行政判决书

2. 案由：商标权无效宣告行政纠纷

3. 当事人

原告（被上诉人）：某电器公司

被告（上诉人）：某委员会

第三人（上诉人）：某建材公司、某能源公司

【基本案情】

第173××××号"奥普aopu"商标（以下简称诉争商标，见下图）由某贸易公司于2001年3月27日向国家工商行政管理总局商标局（以下简称商标局）提出注册申请，于2002年3月28日核准注册，核定使用商品为第6类：金属建筑材料。2004年12月28日，该商标转让给该公司法定代表人涂某，2009年8月7日又转让给某能源公司。2013年6月13日，经变更，该商标由某能源公司与某建材公司共有。诉争商标专用期限至2022年3月27日。

诉争商标

第1187759号"奥普"商标（以下简称引证商标，见下图）由某电器公司于1997年4月16日向商标局提出注册申请，于1998年6月28日核准注册，核定使用商品为第11类：热气淋浴装置；浴用加热器；淋浴单间等商品上。该商标专用期限至2018年6月27日。

引证商标

2009年11月6日，某电器公司提出对诉争商标的撤销申请，并请求认定引证商标为驰名商标，依据驰名商标的保护规定对其进行保护。某委员会经审理，于2015年7月14日作出商评字（2015）

第48255号《关于第173××××号“奥普aopu”商标无效宣告请求裁定书》（以下简称被诉裁定），该裁定认定某电器公司请求依据2001年修正的《中华人民共和国共和国商标》（以下简称2001年《商标法》）第十三条第二款、第四十一条第二款的规定撤销诉争商标的请求不能成立。商标评审委员会裁定：诉争商标予以维持。

某电器公司向法院提交了20份证据：证据1：某委员会作出的商评字（2014）第97616号《关于第173××××号“奥普aopu”商标撤销复审决定书》，用以证明诉争商标使用较少；证据2：“海盐县正大广告有限公司”和“嘉兴三普文化传媒有限公司”工商公示信息，用以证明两公司与某能源公司签订《户外广告合同》之时均未成立；证据3：某能源公司《变更登记情况》，用于证明2006年5月嘉兴现代联合新能源有限公司与海盐县于城纸箱厂签订的2份《委托加工合同》，其中“嘉兴现代联合新能源有限公司”的印章明显模糊，有伪造嫌疑；证据4：浙江省国家税务局发票查验系统对03148278、03148277、03180311三张发票查验对比结果，除03180311号发票外，其余发票均系伪造。证据5~10号为奥普控股有限公司2006年至2013年业绩公布、报纸期刊关于消费者对诉争商标与引证商标误认的报道等，用于证明诉争商标与引证商标共存于市场已经造成相关消费者混淆、误认；证据11：（2015）浙杭钱证内字第7604号《公证书》《奥普AOPU吊顶的野战商业智慧》，用以证明诉争商标在实际使用中存在变形使用、超出核定商品范围使用情况，恶意攀附某电器公司驰名商标商誉；证据12：专家意见书，从理论角度证明被诉裁定认定事项错误；证据13~20：系对该案有指导借鉴意义的判决书及学理分析文字等，如（2001）高行终字第397号判决书、（2015）民终字第428号民事裁定书，用于证明恶意注册行为中，恶意的判断应综合考虑商标的近似程度、显著性等因素以及相关公众对驰名商标与诉争商标已经发生混淆、误认等情形。

某建材公司以及某能源公司向法院提交了16份证据：1~2号证据为（2010）苏中知民初字第312号判决书和（2011）苏知民终字第143号判决书，用以证明某电器公司利用自身在电器中的“奥普”“AUPU”品牌知名度，强行将该商标使用至金属吊顶扣板产品中的行为，侵犯了某建材公司注册商标专用权；3~16号证据为某建材公司对诉争商标的宣传及使用情况介绍，如央视广告截图、百度推广付费协议、委托加工合同及发票等，用以证明诉争商标经过某建材公司实际使用和宣传推广，在相关公众中已经形成较高的知名度，在建筑装饰装修材料行业领域已经有一定影响，且影响力一直在扩大。

【案件焦点】

某电器公司超出五年提出的无效宣告请求是否成立，即诉争商标的注册是否具有恶意，引证商标是否构成驰名商标。

【法院裁判要旨】

北京知识产权法院经审理认为：关于引证商标是否构成了第11类“热气沐浴装置、浴用加热器”商品上的驰名商标问题。某电器公司提供的企业生产销售情况、广告宣传情况、所获荣誉等证据可以证明引证商标经过广泛使用和宣传，已经为中国相关公众广为知晓并享有较高声誉，在诉争商标申请注册日之前就已经形成一定稳定的市场秩序，因此，某委员会结合诉争商标的持续使用、宣传以及在先曾有被司法认定驰名商标的记录，综合认定引证商标为第11类“热气沐浴装置、浴用加热器”商品上的驰名商标正确，予以确认。某建材公司、某能源公司关于引证商标在诉争商标申请之前尚未构成驰名商标的陈述意见缺乏依据，不予支持。

北京知识产权法院依照《中华人民共和国行政诉讼法》第七十条第一项、第二项之规定，作出如下判决：

一、撤销被诉裁定；

二、某委员会就某电器公司对诉争商标提起的无效宣告请求重新作出裁定。

某委员会、某建材公司及某能源公司均不服原审判决，起上诉，请求撤销原审判决，维持被诉决定。某电器公司服从原审判决。

北京市高级人民法院经审理认为：从诉争商标与引证商标的近似程度、引证商标的知名度、与核定使用商品的关系以及诉争商标的实际使用情况来看，某贸易公司申请注册诉争商标的行为难谓正当。诉争商标的申请注册具有恶意，某电器公司对其提出的无效宣告请求符合2013年修正的《中华人民共和国商标法》第四十五条第一款的规定，三上诉人的相关上诉理由不能成立。

综合考虑在案证据，引证商标在诉争商标申请日前在热气沐浴装置、浴用加热器商品上为相关公众所熟知，构成驰名商标。诉争商标构成对引证商标的复制、模仿，诉争商标的注册减弱了应征商标的显著性，损害了某电器公司的利益。

北京市高级人民法院依照《中华人民共和国行政诉讼法》第八十九条第一款第一项之规定，判决如下：

驳回上诉，维持原判。

【法官后语】

针对驰名商标权利人或者利害关系人超出五年提出的无效宣告请求，是否需要将“恶意”作为一个单独要件存在争议。本案是涉及这个问题的典型案例。

《最高人民法院关于审理商标授权确权行政案件若干问题的规定》第二十五条对此作出了原则性规定，本案在该条指引下，进一步探讨了“恶意”的含义，认定“恶意”的考量因素、举证责任分配标准以及此类案件的审理思路。

《中华人民共和国商标法》第四十五条第一款中的“恶意”是诉争商标的原始申请人在申请注册该商标时具有攀附他人商誉及商标知名度的主观意图。认定是否具有恶意可以考虑如下因素：(1)诉争商标与引证商标的近似程度。诉争商标与引证商标的近似程度越高，诉争商标注册人独立创作的可能性越小，明知引证商标而复制、模仿的可能性越大，同时，如果引证商标由臆造词构成，则该标志的独创性程度通常较高，不同主体使用相似标志的可能性较小，复制、模仿的可能性越大。(2) 引证商标的知名度。引证商标的知名度与相关公众的知晓程度有关，诉争商标的注册人在申请注册之时理应注意避让那些具有较高知名度的商标，以免产生混淆可能性或者误导公众。(3) 核定使用商品之间的关联关系。核定使用商品关联度的远近关系到混淆可能性或者贬损淡化可能性的大小。在功能、用途、生产部门、消费对象、销售渠道等方面相去甚远的商品上注册的两个商标不会误导公众，或者使之产生混淆的可能性，诉争商标的注册人也难以从中获利，反之则容易误导公众或引起混淆。(4) 诉争商标的使用方式。虽然认定“恶意注册”应当以诉争商标申请注册时的事实状态作为判断基准，但诉争商标获准注册后的使用方式也可用以推定商标申请人注册时的主观状态。主张诉争商标申请人恶意注册的一方负有初步的举证责任。由于恶意是行为人的主观意图，因此在举证过程中可以通过其客观表现的行为加以推定。明知他人在先商标具有较高知名度仍然注册容易导致混淆或误导的商标可推定具有恶意。诉争商标的权利人能够说明申请注册诉争商标正当性的可以推翻上述推定。

编写人：北京市高级人民法院　戴怡婷

180 中外文商标近似性的认定要件

——某国际公司诉某委员会商标异议复审行政案

【案件基本信息】

1. 裁判书字号

北京市高级人民法院（2016）京行终字第2999号行政判决书

2. 案由：商标异议复审行政纠纷

3. 当事人

原告（上诉人）：某国际公司

被告（被上诉人）：某委员会

第三人（被上诉人）：某电器设备厂

【基本案情】

国际注册第71××××号“ASEA BROWN BOVERI”商标（以下简称引证商标）的注册人为某国际公司，国际注册日期为1999年5月19日，核定使用在第35类的广告、代理进出口各种商品、公关与投资方关系等服务上。

第853××××号“阿西亚布朗勃法瑞”商标（以下简称被异议商标）由某电器设备厂于2010年8月3日提出注册申请，指定使用在第35类的户外广告、进出口代理等服务上。

ASEA BROWN BOVERI

引证商标

阿西亚布朗勃法瑞

被异议商标

被异议商标经初步审定并公告后，某国际公司在法定期限内提出异议申请。商标局裁定：被异议商标予以核准注册。

某国际公司不服，于2013年4月3日向某委员会申请复审，其主要理由为：某国际公司的“ABB”商标与该公司中英文商号“ABB. 阿西亚．布朗．勃法瑞”和“ABB ASEA BROWN BOVERI”紧密关联，具有一一对应的关系。被异议商标与引证商标构成类似服务上的近似商标。某电器设备厂申请注册被异议商标的行为具有恶意。某电器设备厂违背诚实信用原则，抄袭和复制某国际公司中文企业商号，易产生不良影响。综上，依据2001年修正的《中华人民共和国商标法》（以下简称2001年《商标法》）第二十八条等相关规定，请求不予核准被异议商标注册。

某国际公司向某委员会提交了《ABB在中国》企业宣传册、国家领导人视察ABB中国公司图片、某国际公司及中国公司参与社会公益活动的图片、《电气时代》杂志上刊登的《中国电器工业100强分析报告》等证据。

2014年2月24日，某委员会作出商评字（2014）第010466号《关于第853××××号“阿西亚布朗勃法瑞”商标异议复审裁定书》（以下简称被诉裁定），认为：被异议商标与引证商标文字构成、整体外观等方面区别明显，被异议商标与引证商标未构成近似商标。被异议商标未违反2001年《商标法》第二十八条的规定。某委员会裁定：被异议商标予以核准注册。

某国际公司不服，提起行政诉讼，认为被异议商标与引证商标构成近似商标。

【案件焦点】

被异议商标与引证商标是否构成同一种或类似服务上的近似商标，是否违反了2001年《商标法》第二十八条的规定。

【法院裁判要旨】

北京市第一中级人民法院经审理认为：因被异议商标由中文“阿西亚布朗勃法瑞”组成，引证商标由英文“ASEA BROWN BOVERI”组成，二者区别明显，亦无证据显示中国普通消费者能够将其一一对应，因此，两商标未构成近似商标，即使使用于同一种或类似服务，仍不会造成相关消费者的混淆误认，故被异议商标的注册未违反2001年《商标法》第二十八条的规定。

北京市第一中级人民法院依照《中华人民共和国行政诉讼法》第六十九条之规定，作出如下判决：

驳回某国际公司的诉讼请求。

某国际公司持原审起诉意见提起上诉。北京市高级人民法院经审理认为：被异议商标由中文“阿西亚布朗勃法瑞”组成，引证商标由英文“ASEA BROWN BOVERI”组成，虽然二者存在中文与英文的差异，但是根据某国际公司在一审诉讼阶段所提交的网络翻译结果和图书馆查询资料，以及其实际使用商标的情况，能够证明英文“ASEA BROWN BOVERI”与中文“阿西亚布朗勃法瑞”具有对应关系。同时，考虑到某电器设备厂与某国际公司同属电器行业，而某国际公司在电器行业具有一定知名度，某电器设备厂对某国际公司的中文与英文商标理应知晓；另外，无论是引证商标“ASEA BROWN BOVERI”或是被异议商标“阿西亚布朗勃法瑞”均非各自语境下的固有词汇，特别是被异议商标标志本身的构成方式并非我国中文语境下的通常组成形式，故被异议商标的产生由来与引证商标的对应关系更加紧密；最后，结合某电器设备厂曾经在其他类别上抢注过某国际公司的商标，以及抢注域名的情况，故某电器设备厂申请注册本案被异议商标难言善意。因此，被异议商标与引证商标从标志本身已经构成近似。被异议商标的注册申请违反了2001年《商标法》第二十八条所规定的情形。

北京市高级人民法院依照《中华人民共和国行政诉讼法》第七十条第二项，第八十九条第一款第二项、第三款之规定，作出如下判决：

一、撤销北京市第一中级人民法院（2015）一中行（知）初字第1264号行政判决；

二、撤销国家工商行政管理总局某委员会商评字（2014）第010466号商标异议复审裁定书；

三、由国家工商行政管理总局某委员会重新作出裁定。

【法官后语】

该案例涉及在商标授权、确权行政案件中，对中文商标与外文商标近似性如何进行认定的问题。该案例从判断主体、判断标准、判断方式、判断依归四个方面对中文商标与外文商标近似性认定规则进行了梳理。

一般而言，对中文商标与外文商标近似性进行判定，是在中国的文化背景下，对除我国文字以外的域外文化承载的形式载体进行二者的比对。因为基于不同地域文化的差异，在认定商标“音、形、义”的判断中，实际上已经弱化了“音与形”的认知。因为“音”就是指声音，是人们通过呼叫而由“听觉”进行的识别；“形”就是指表现的外在形式，是人们通过观察而由“视觉”进行的识别；“义”就是指含义，是人们通过自己的生活常识和知识背景能力而对特定概念由“心智直观”进行的感知。一般中文商标与外文商标就外在表现形式的差异客观存在，而呼叫的听觉感知除了存在“音译”情形的对应关系之外，也是具有较大差异的，而仅仅是在“义”的对应性上进行的分析。也就是在通过人体的基本感知学对此类商标标志近似性判断进行初步分析后，会将“义”作为中文商标与外文商标近似性判断的基本切入点。

一审、二审法院审理结论的差异，其主要原因即在于对“中、外文”商标近似性认定要件的不同理解。一审法院认为主要从音和义上考量商标是否构成近似，故作出了被异议商标与引证商标不构成近似的认定。但二审法院认为“中、外文”商标是否构成近似，应当综合进行认定。判断主体应为诉争商标核定使用商品的相关公众，判断标准应为诉争商标核定使用商品的相关公众的一般注意程度，判断方式不能单一地考虑中文与外文的固有字面关系，而是应考虑二者在实际使用中的对应关系，判断依规应当从是否容易造成相关公众对商品来源产生混淆误认。在此基础上，二审法院认为被异议商标与引证商标构成近似，遂对一审判决予以改判。

编写人：北京市高级人民法院　陶钧

181　非物质文化遗产名称的商标注册

——杨某祥诉某委员会商标权无效宣告请求案

【案件基本信息】

1. 裁判书字号

北京市高级人民法院（2016）京行终 1479 号行政判决书

2. 案由：商标权无效宣告请求纠纷

3. 当事人

原告（上诉人）：杨某祥

被告（被上诉人）：某委员会

第三人：李某红、郭某杰

【基本案情】

“汤瓶八诊”即头诊、面诊、耳诊、手诊、足诊、骨诊、脉诊、气诊八种诊疗方法，源自阿拉伯的放血疗法、火疗、水疗、油疗以及末梢经络根传法与中医精华相结合，再经历代学者、医者的总结、探索和完善，逐步形成的较为完整的具有回族特色的保健疗法。

2004 年 4 月 2 日，杨某祥在国际分类第 44 类按摩（医疗）、医疗诊所、医务室、医院、保健、医疗辅助、理疗、护理（医务）、芳香疗法、疗养院申请注册“汤瓶八诊”商标（以下简称争议商标)。争议商标有效期限自2007年2月21日起至2017年2月20日止。根据提供的证据,“汤瓶八诊”商标使用的诊疗用品类包括温经驱寒袋、客用治疗服、诊疗毛巾被、诊疗箱、诊疗扶手巾等。

2008年6月7日,“回族汤瓶八诊疗法”作为传统医药项下的回族医药被确定为第二批国家级非物质文化遗产。杨某祥是第七代传人。2012年、2014年,争议商标被评为宁夏著名商标。

2013年1月28日,争议商标被提出撤销申请。2015年4月29日,国家工商行政管理总局商标评审委员依据2013年8月30日修正前的《中华人民共和国商标法》(以下简称2001年《商标法》)第十一条第一款第一项的规定,对“汤瓶八诊”商标作出无效宣告请求裁定(以下简称被诉裁定),认为该标志缺乏商标应有的显著性,裁定予以无效宣告。

杨某祥不服提起诉讼,请求法院撤销被诉裁定。

【案件焦点】

争议商标是否属于“缺乏显著特征”而不得作为商标注册的情形,即争议商标是否因与非物质文化遗产“回族汤瓶八诊”同名而不具有显著性。

【法院裁判要旨】

北京知识产权法院经审理认为:争议商标由文字“汤瓶八诊”构成,“汤瓶”是一种具有穆斯林特色的器具,“八诊”则描述了包括“头、面、耳、手、脚、骨、脉、气”在内的八种诊疗方法。从文字构成上，“汤瓶八诊”描述的是具有穆斯林特色的一种诊疗方法。“汤瓶”代表了一种穆斯林文化，“八诊”则是八种诊疗方法，争议商标在整体上描述的是一种具有穆斯林特色的诊疗方法，核准使用在第44类按摩（医疗）、医疗诊所、医务室、医院、保健、医疗辅助、理疗、护理（医务）、芳香疗法、疗养院等项目上，直接表示了服务的内容，不具有显著特征。从表现方式上，争议商标是文字商标，文字字体和字号属于较为常见形式，并不属于“以独特方式进行表现”的描述性要素。故争议商标使用在核定的服务类别上不具有显著性，不能起到区分和识别服务来源的作用。相关刊物、图书对“汤瓶八诊”“回族汤瓶八诊”“中国回族汤瓶八诊”等描述，属于对回族诊疗方法的介绍，并非商标法意义上的使用。“汤瓶八诊”本身就是具有中国回族特色的非药物养生保健疗法，且杨某祥并无证据证明争议商标仅与其建立了唯一特定联系，从而可以区别于不同市场主体提供的“汤瓶八诊”，故杨某祥主张的使用行为是对“汤瓶八诊”非物质文化遗产的一般性传承，而非商标法意义上的使用。杨某祥与北京汤瓶八诊公司虽然就争议商标使用问题产生过争议，但在案亦无充分证据证明争议商标经过使用获得了显著性。尽管争议商标不具有显著特征，但杨某祥作为非物质文化遗产的传承者，亦不妨碍其继续使用该标志。

最高人民法院第364号裁定书虽然驳回了杨某祥的再审申请，但其理由是基于“天泽公司”民事诉讼主体资格消失的事实，对于山东省高级人民法院198号判决认定的“汤瓶八诊”事实部分，最高人民法院认为“构成通用名称的证据不充分”。本案是行政诉讼，系当事人对某委员会作出被诉裁定不服提起的诉讼，对某委员会关于通用名称部分的认定，李某红、郭某杰未提交充分证据证明争议商标构成通用名称，且各方当事人均未在法定期限内就此项内容提起诉讼，根据诉、审一致的原则，对此不再展开论述。

北京知识产权法院依照《中华人民共和国行政诉讼法》第六十九条之规定，作出如下判决：

驳回杨某祥的诉讼请求。

杨某祥不服原审判决，提起上诉，请求撤销原审判决及被诉裁定，判令某委员会重新作出裁定。某委员会、李某红、郭某杰服从原审判决。

北京市高级人民法院审理认为：虽然2013年修改的《商标法》已于2014年5月1日起施行，但《最高人民法院关于商标法修改决定施行后商标案件管辖和法律适用问题的解释》第七条规定，对于在商标法修改决定施行前已经核准注册的商标，某委员会于决定施行前受理、在决定施行后作出复审决定或者裁定，当事人提起行政诉讼的，人民法院审查相关程序问题适用修改后的商标法，审查实体问题适用修改前的商标法。本案中，争议商标为2013年修改的《商标法》施行前已经核准注册的商标，本案争议申请的受理时间早于2013年修改的《商标法》施行时间，而被诉裁定的作出时间晚于2013年《商标法》施行时间，故依据上述规定，本案程序问题的审理应适用2013年修改的《商标法》，而本案实体问题的审理应适用2001年修改的《商标法》。

本案中，争议商标由中文“汤瓶八诊”组成，核定使用在“按摩（医疗）、医疗诊所、医务室、医院、保健、医疗辅助、理疗、护理（医务）、芳香疗法、疗养院”服务上。包括杨某祥著、杨庭亮整理的《汤瓶八诊养生方案》在内的相关证据证明，“汤瓶八诊”是波斯保健医学和中东伊斯兰医学汲取和融合了中华医学，而形成的具有中国回族特色的养生保健疗法，分为头诊、面诊、耳诊、手诊、脚诊、骨诊、脉诊、气诊。2008年6月7日，“回族汤瓶八诊疗法”作为传统医药项下的回族医药，亦被确定为第二批国家级非物质文化遗产。“汤瓶八诊”作为商标使用在“按摩（医疗）、医疗诊所、医务室、医院、保健、医疗辅助、理疗、护理（医务）、芳香疗法、疗养院”服务上，容易被相关公众理解为是对相关服务内容的介绍，而不易将其作为区分服务来源的商标标志加以识别，因此，原审判决和被诉裁定有关争议商标的注册违反了《中华人民共和国商标法》第十一条第一款第三项规定的认定并无不当，予以维持。

争议商标虽然经过了使用有一定知名度，并被评为宁夏著名商标，但相对于已有1300年历史、在回族民间广泛流传并被认定为国家级非物质文化遗产的“回族汤瓶八诊疗法”，无论是在争议商标的使用时间、使用范围方面，还是在相关公众的客观认知效果方面，争议商标通过使用所建立的知名度，仍不足以抵消或者超越相关公众对“汤瓶八诊”是一种具有中国回族特色的养生保健疗法的认知，因此，在案证据尚不足以认定争议商标属于《商标法》第十一条第二款规定的可以注册的情形，争议商标应予无效宣告。原审判决和被诉裁定的相关认定并无不当，予以维持。原审判决认定事实清楚，适用法律正确，审理程序合法，依法应予维持。杨某祥的上诉理由缺乏事实和法律依据，对其上诉请求不予支持。

北京市高级人民法院依照《中华人民共和国行政诉讼法》第八十九条第一款第一项之规定，判决如下：

驳回上诉，维持原判。

【法官后语】

此案涉及的是非物质文化遗产的商标权保护问题。该案确立的规则是，非物质文化遗产标志申请注册商标应当满足显著性要求。《中华人民共和国非物质文化遗产法》第四十四条第一款规定："使用非物质文化遗产涉及知识产权的，适用有关法律、行政法规的规定。"非物质文化遗产与知识产权保护本身并不冲突。非物质文化遗产涉及商标权的，应当适用我国商标法的相关规定。商标法第八条规定："任何能够将自然人、法人或者其他组织的商品与他人的商品区别开的标志，包括文字、图形、字母、数字、三维标志、颜色组合和声音等，以及上述要素的组合，均可以作为商标申请注册。"符合该条规定的非物质文化遗产，可以作为商标申请注册。为了更好地促进非物质文化遗产的传承，本案判决明确，尽管争议商标不具有显著特征，但杨某祥作为非物质文化遗产的传承者，亦不妨碍其继续使用该标志。

随着非物质文化遗产保护日益受到广泛关注，与非物质文化遗产有关的标志也面临着商标注册的问题。在先的案例亦有就不良影响进行的审查，认为对非物质文化遗产标志申请注册，会对历史文化发展产生消极、负面的影响，从而拒绝注册。对于非物质文化遗产标志注册主体、保护范围等还有待进一步探索。

编写人：北京知识产权法院　吴园妹

182 表示商品主要原料特征标志的显著性认定

——某化妆品公司诉某委员会商标争议行政案

【案件基本信息】

1. 裁判书字号

北京市高级人民法院（2014）高行终字第1205号行政判决书

2. 案由：商标争议行政纠纷

3. 当事人

原告（上诉人）：某化妆品公司

被告（被上诉人）：某委员会

第三人：张某某

【基本案情】

争议商标系“海娜 HENNA 及图”商标，由张某某于2004年3月29日向国家工商行政管理总局商标局（以下简称商标局）申请注册，2007年2月7日获准注册，核定使用在第3类染发剂、指甲油、去斑霜、化妆品等商品上。

2009年9月21日，某化妆品公司向某委员会提出撤销争议商标的申请，理由为：海娜是维吾尔语的音译，表示一种植物及其产品的统称，并且海娜植物主要是作为化妆品的原料，系产品的通用名称。依据2001年修正的《中华人民共和国商标法》（以下简称2001年商标法）第十一条第一款第一项、第二项等规定，请求撤销争议商标的注册。

某化妆品公司向某委员会提交的主要证据材料有：新疆维吾尔自治区民族语言文字工作委员会辞书编纂室、民族语言名词术语规范审定委员会办公室出具的证明；卫生部关于指甲花不能作为染发剂成分使用的批复；书籍、词典、刊物、报纸等对“海娜”的解释及其产品的宣传等。张某某进行了答辩，并提交了争议商标使用的证据材料。

2013 年 1 月 28 日，某委员会作出被诉裁定，认定：“海娜（HENNA）”作为指甲花的一种音译，指定使用在染发剂、指甲油、化妆品等商品上直接表示了该商品的原料特点，不具有显著特征。但由于争议商标的图形部分具有显著性，并且占据了商标的主要位置，使得争议商标整体具备了一定的识别作用，并不构成 2001 年商标法第十一条第一款第二项所指“仅仅直接表示商品的特点”情形。“海娜”“HENNA”本身不构成染发剂、化妆品等商品的通用名称。争议商标也不构成“仅仅表示”某种商品的通用名称情形。因此，某委员会依据 2001 年商标法第四十三条的规定，裁定：争议商标予以维持。

张某某于 2006 年、2008 年在第 3 类护发素等商品上获准注册了“金海娜”“银海娜”“黑海娜”等商标；其中，“海娜粉 HAINAFEN”商标被某委员会以该商标不具有显著性为由裁定撤销注册。张某某在商标评审阶段提交的其在商品包装、广告宣传等上的使用证据，主要是“海娜”或“HENNA”或“HN”等标识。

【案件焦点】

表示商品的特点要素之外增加不显著、不明显的要素能否取得商标显著特征。

【法院裁判要旨】

北京市第一中级人民法院经审理认为：由于2001年商标法第十一条第一款第二项所禁止的情形，是指“仅仅”直接表示商品特点的标志，而争议商标因图形部分的加入已在整体上具备了识别作用。虽然争议商标中包含了指甲花植物的通用名称，但其在整体上并非仅仅直接表示了其所核定使用商品的主要原料，故争议商标整体并未违反2001年商标法第十一条第一款第二项的规定。“海娜”“HENNA”并不属于染发剂、化妆品等商品的通用名称，不构成“仅有”本商品的通用名称的情形。北京市第一中级人民法院依照《中华人民共和国行政诉讼法》第五十四条第一项之规定，判决如下：

维持被诉裁定。

某化妆品公司不服，提起上诉。北京市高级人民法院经审理认为：无论是某化妆品公司还是张某某，均已在实际经营活动中将“海娜”作为一种植物及产品原料进行了宣传、介绍。“海娜”“HENNA”俗称指甲花，可以制成染料，用于染发剂等争议商标指定使用的商品，具有指示商品主要原料等含义的说明作用。将“海娜”“HENNA”使用在染发剂、指甲油、化妆品等商品上直接表示了该商品的原料特点，不具备显著特征。对于中国相关公众而言，文字是商标主要识别方式之一，“海娜”“HENNA”应为争议商标的主要识别部分。“海娜”即为指甲花，指甲花自然形状即为瓣状花，本案花图形的加入，使得争议商标整体并未与“海娜”“HENNA”产生实质性区别。而且，在商标评审期间，张某某提交的使用证据，主要为“海娜”或“HENNA”或“HN”等标识的使用，并未显示花图形，在案证据不能证明带有花图形的争议商标完整、规范地进行了使用。张某某经营的企业一直将“海娜”“HENNA”或“HN”

作为商标使用，同时也作为商品的原材料进行宣传，并未将争议商标整体进行使用从而获得显著性。因此，张某某将争议商标加入花图形意在取得注册，而不是要产生整体显著性或获得显著性。争议商标无法起到标示商品来源的作用，属于仅仅直接表示了其所核定使用商品的主要原料的标志，违反了2001年商标法第十一条第一款第二项的规定，不具有显著性。

北京市高级人民法院依照《中华人民共和国行政诉讼法》第六十一条第三项、《最高人民法院关于执行〈中华人民共和国行政诉讼法〉若干问题的解释》第七十条之规定，判决如下：

一、撤销原审判决；

二、撤销被诉裁定；

三、某委员会重新作出裁定。

【法官后语】

具有显著性是商标的基本要求。显著性判断应以相关公众为主体、结合商品或服务类别进行整体判断。2001年修正前的商标法规定商标申请注册不得使用直接描述性文字、图形等，按此规定，对于包含描述性要素的标志，除非删除相关要素，否则无法获得注册。2001年商标法进行了调整，允许对包含描述性的要素进行专用权放弃，或者各要素组合形成整体具有显著性，进而获得注册。但如果放弃的部分是商标中的显著部分，或加入的要素以相关公众的认知，整体仍易被识别为对商品或服务的原料、功能、用途、重量、数量及其他特点的描述，则不得因为专用权放弃或加入要素而使诉争商标具有显著性。

如果某标志只是或者主要是描述、说明所使用商品的质量、主要原料、功能、用途、重量、数量、产地等特点，应当认定其不具有商标法规定的显著特征。“仅仅直接表示”应包括只是以及主要进行描述、说明商品各特点的情形，以防止有些系争商标申请人为规避法律，在表示商品的特点要素之外增加不显著、不明显的要素以获得商标注册。

本案一审、二审法院审理思路出现分歧，在于对上述规定的不同理解。原审法院认为争议商标由文字和图形组合而成，且其因图形部分的加入已在整体上具备了识别作用。但二审法院认为，花图形的加入，并未使得争议商标整体与“海娜”“HENNA”产生实质性区别。争议商标的使用证据均未体现花图形部分，争议商标权利人将争议商标加入花图形意在取得注册，而不是要产生整体显著性或获得显著性。本案涉及人民法院对行政机关作出的商标争议裁定的司法审查，二审法院对案件事实和法律适用予以重新认定，并作出终审判决。

编写人：北京市高级人民法院　孔庆兵

183　被代理人或被代表人商标的司法认定

——某肥业公司诉某委员会商标异议复审行政案

【案件基本信息】

1. 裁判书字号

北京市高级人民法院（2014）高行终字第 2666 号行政判决书

2. 案由：商标异议复审行政纠纷

3. 当事人

原告（上诉人）：某肥业公司

被告（被上诉人）：某委员会

【基本案情】

被异议商标（商标图样见下图），由郑某凤于2008年5月21日提出注册申请，指定使用商品为国际分类第1类的肥料、农业肥料、植物肥料、肥料制剂、种植土、花盆用土、植物生长调节剂、海藻（肥料）、泥炭（肥料）、混合肥料。

在被异议商标初步审定公告期内，某肥业公司以被异议商标系代理人未经授权抢注被代理人商标为由向国家工商行政管理总局商标局（以下简称商标局）提出异议申请。

2012年3月20日，商标局作出（2012）商标异字第13767号《"图形"商标异议裁定书》（以下简称第13767号裁定）。该裁定认为，某肥业公司的异议理由不能成立，裁定被异议商标予以核准注册。

2012年5月3日，某肥业公司不服第13767号裁定，向商标评审委员请复审。其主要理由为：郑某凤曾为某肥业公司员工，其与某肥业公司原股东尹某秋系夫妻关系，两人合谋抢注某肥业公司的商标，违反商标法第十五条规定以及被异议商标违反2001年商标法第三十一条关于"以不正当手段抢先注册他人在先使用并有一定影响的商标"的规定。为证明其主张，某肥业公司提交了如下证据：（1）郑某凤身份证、工牌、考勤表、发票、汇款凭证、合伙协议、散伙协议、证人证言；（2）包装、商标标牌印刷证明、《农博人才职场快递》《北方蔬菜报》、某肥业公司参加展会发票、使用的标牌及买卖合同、经销协议。

2013年10月28日，某委员会作出被诉裁定。某肥业公司不服被诉裁定，提起诉讼。

【案件焦点】

是否属于被代理人或被代表人的商标应如何认定。

【法院裁判要旨】

北京市第一中级人民法院经审理认为：某肥业公司主张被异议商标属于上述法律规定的情形，其应当提交证据证明在被异议商标申请日前，某肥业公司已经在先使用了与被异议商标相同或近似的商标。但某肥业公司在商标评审过程中提交的证据，或未能显示形成时间，或形成时间晚于被异议商标申请日，或无法显示某肥业公司所称商标的使用情况，故上述证据尚不足以证明被异议商标申请日前，某肥业公司已经在先使用了与被异议商标相同或近似的商标。故某肥业公司关于被异议商标违反商标法第十五条规定的主张缺乏事实与法律依据，依法不予支持。

北京市第一中级人民法院依照《中华人民共和国行政诉讼法》第五十四条第一项之规定，判决如下：

维持某委员会作出的被诉裁定。

某肥业公司不服一审判决提起上诉。北京市高级人民法院经审理认为：根据《中华人民共和国商标法》第十五条的规定，未经授权，代理人或者代表人以自己的名义将被代理人或者被代表人的商标进行注册，被代理人或者被代表人提出异议的，不予注册并禁止使用。

该条规定虽然不要求被代理人或者被代表人的商标在中国已经使用，但要求能够证明该商标属于被代理人或者被代表人所有。本案的被异议商标申请于2008年5月21日，虽然晚于某肥业公司的成立时间，但在案证据并不能够证明被异议商标是某肥业公司的商标。某肥业公司虽然使用，也无证据证明相关各方就被异议商标的申请注册事先进行磋商并达成一致意见的情况下，并不能根据某肥业公司的使用行为当然的确定其为被异议商标的在先权利人。某委员会和原审法院认定某肥业公司是否存在在先使用被异议商标行为的目的在于确定某肥业公司对该商标是否享有在先权利，其认定事实和结论并无不当，予以维持。某肥业公司的上诉理由不能成立，不予支持。

北京市高级人民法院依照《中华人民共和国行政诉讼法》第六十一条第一项之规定，判决如下：

驳回上诉，维持原判。

【法官后语】

商标法第十五条规定，未经授权，代理人或者代表人以自己名义将被代理人或者被代表人的商标进行注册，被代理人或者被代表人提出异议的，不予注册并禁止使用。根据上述规定，代理人或代表人抢注的应当是归属于被代理人或被代表人的商标。若在先商标已经在他国获准注册，可以根据商标注册认定归属情况。

需要注意的是，商标的归属不等同于商标标志本身的归属，商标的归属体现的是对商标在商品上进行使用的控制。对于商标归属的判断，首先应当依据当事人之间的约定。在无约定或约定不明时，在先使用行为是作为判断在先商标归其所有的有利证据。通常而言，在先使用行为一般可以推定出商标归其所有。在既无约定又无使用行为的情况下，则需要其他证据予以证明。因此，使用并非判断被抢注商标归属的必要条件。

商标法第十五条的规定虽然不要求被代理人或者被代表人的商标在中国大陆已经使用，但要求能够证明该商标属于被代理人或者被代表人所有。本案被异议商标申请于2008年5月21日，晚于某肥业公司的成立时间，但由于相关各方就被异议商标的申请注册未事先进行磋商并达成一致意见，亦未对被异议商标的归属作出明确约定，即使某肥业公司对被异议商标进行了使用，但在无其他证据予以佐证的情况下，也不能当然确定其为被异议商标的在先权利人。某委员会和原审法院认定某肥业公司是否存在在先使用被异议商标行为的目的在于确定某肥业公司对该商标是否享有在先权利，其认定事实和结论并无不当，对此予以维持。

编写人：北京市高级人民法院　亓蕾

184　“合法使用”的未注册商标能否获得法律保护

——某建材公司诉某委员会商标争议行政案

【案件基本信息】

1. 裁判书字号

北京市高级人民法院（2014）高行终字第41号行政判决书

2. 案由：商标争议行政纠纷

3. 当事人

原告（上诉人）：某建材公司

被告（被上诉人）：某委员会

【基本案情】

2005年2月7日，赵某清申请注册了第450××××号“ALUBOND及图”商标（争议商标，见下图），核定使用在第6类“建筑用金属板、铝塑板（以铝为主）”等商品上，专用期限至2019年2月27日。2010年1月25日，争议商标经核准转让给某泰公司。

争议商标

丰泰公司由郑某铝厂、某贸易公司及某工业有限公司于1991年投资设立，经营范围为生产和加工铝塑复合装饰板材等。朱某龙为某贸易公司委任到某丰泰公司的董事。1994年3月28日，某丰泰公司申请注册了第796×××号“ALUBOND及图”商标（见下图），核定使用在第6类“金属建筑材料”商品上。该商标因期满未续展，于2005年12月7日公告注销。某丰泰公司于2000年10月31日申请破产，2007年11月16日法院宣告终结某丰泰公司的破产程序。

第796×××号商标

某建材公司系某工业公司与某投资公司合资成立的有限责任公司，法定代表人为朱某龙。2011年7月26日，某建材公司针对争议商标向某委员会提出争议申请，主要理由是：某丰泰公司早于

1995 年已在第 6 类"金属建筑材料"商品上申请注册了第 796×××号商标，某建材公司与某丰泰公司系关联企业，某建材公司自成立起就一直使用第 796×××号商标，目前已成为国内知名的铝塑板材制造企业之一，上述商标经某建材公司使用已取得一定的市场影响力。争议商标的原注册人赵某清是某建材公司的员工，其注册行为具有恶意。某泰公司与某建材公司地理位置毗邻，其申请注册争议商标的行为是对市场秩序的侵扰，违反诚实信用原则，请求撤销争议商标的注册。某建材公司提交了某丰泰公司于 2000 年 3 月 20 日与其签订的第 796×××号商标许可使用合同，合同上加盖了某建材公司带有编码的公章。某泰公司对该合同真实性提出异议，并提交了江阴市公安局出具的证明，用以证明某建材公司在该合同上加盖的公章是 2009 年 3 月刻制。

2013 年 4 月 22 日，某委员会作出商评字〔2013〕第 11100 号《关于第 4503×××号"ALUBOND"商标争议裁定书》(以下简称第 11100 号裁定)，裁定：争议商标予以维持。某建材公司不服并提起诉讼。在一审诉讼中某建材公司明确放弃其与某丰泰公司签订的商标许可使用合同作为证据使用。

【案件焦点】

未注册商标获得法律保护的条件。

【法院裁判要旨】

北京市第一中级人民法院经审理认为：现有证据虽能证明某建材公司在争议商标申请注册日前使用了"ALUBOND 及图"商标，但某建材公司未能提供证据证明其使用行为属于合法使用，争议商标未违反 2001 年《中华人民共和国商标法》第三十一条的规定。北京市第一中级人民法院判决如下：

维持第11100号裁定。

某建材公司不服一审判决，提起上诉。北京市高级人民法院经审理认为：第796×××号“ALUBOND及图”商标因期满未续展已被注销，某建材公司对该商标的使用可视为对未注册商标的使用。朱某龙既为某丰泰公司的董事又为某建材公司的法定代表人，两公司经营范围相同，应属同业竞争者，在争议商标申请注册之前，某建材公司未经某丰泰公司许可，生产、销售第796353号“ALUBOND及图”商标的铝塑板等金属建筑材料商品侵犯了某丰泰公司享有的注册商标专用权，从而导致某丰泰公司及其股东的合法权益受到损害。同时，从某建材公司提交的其与某丰泰公司签订的商标许可使用合同亦可以看出，某建材公司明知其商标使用非法，并试图通过虚假许可合达到合法授权的目的。某建材公司未能提供证据证明其使用“ALUBOND及图”商标系合法使用，其使用行为不能产生受法律保护的在先权利。因此，争议商标不属于“以不正当手段抢先注册他人已经使用并有一定影响的商标”。北京市高级人民法院依据《中华人民共和国行政诉讼法》第六十一条第一项之规定，判决如下：

驳回上诉，维持原判。

【法官后语】

并非任何在先未注册商标均可以获得保护，只有实际具有识别商品来源的标志，才具有商标意义，形成商标权益。商标法第三十二条规定，申请商标不得“以不正当手段抢先注册他人已经使用并有一定影响的商标”，即我国对未注册商标的保护采取的是“在先使用”+“一定影响”的立法技术，这也是对商标注册制的有益补充。而商标法第三十二条未注册商标的使用属于创设权利的使用，其关注的是商标的使用过程，要通过使用取得对抗他人注册商标的在先权益。因此，此处的“使用”应当严格限制在“合法使用”的范围内，既要遵守商标法本身，也要遵守其他法律和法规，这一做法有利于维护我国商标注册的基本制度，也符合对未注册商标实行“适度保护”的司法政策。

本案中，某建材公司未经某丰泰公司许可生产、销售使用第796×××号“ALUBOND及图”商标的铝塑板等金属建筑材料商品损害了某丰泰公司及其股东的合法权益，违反了公司法“同业竞争”的规定。这一点从某建材公司向某委员会提交其与某丰泰公司签订的第796×××号“ALUBOND及图”商标许可使用合同亦可以得到印证，某建材公司明知其商标使用非法，并试图通过虚假许可合同达到合法授权的目的。因此，某建材公司违法使用未注册商标并不能产生受法律保护的在先权利。

编写人：北京市高级人民法院　袁相军

ISBN 978-7-5216-2989-7

9 787521 629897 >

图书在版编目（CIP）数据

知识产权纠纷裁判规则理解与适用／国家法官学院，最高人民法院司法案例研究院编．—北京：中国法制出版社，2023.3

（中国法院年度案例集成丛书）

ISBN 978-7-5216-2989-7

Ⅰ．①知…　Ⅱ．①国…②最…　Ⅲ．①知识产权-民事纠纷-审判-案例-中国　Ⅳ．①D923.405

中国版本图书馆 CIP 数据核字（2022）第 193740 号

策划编辑：李小草　韩璐玮（hanluwei666@163.com）
责任编辑：韩璐玮　　封面设计：李　宁

知识产权纠纷裁判规则理解与适用

ZHISHI CHANQUAN JIUFEN CAIPAN GUIZE LIJIE YU SHIYONG

编者/国家法官学院，最高人民法院司法案例研究院
经销/新华书店
印刷/三河市紫恒印装有限公司
开本/880 毫米×1230 毫米　32 开　　印张/34.5　字数/719 千
版次/2023 年 3 月第 1 版　　2023 年 3 月第 1 次印刷

中国法制出版社出版
书号 ISBN 978-7-5216-2989-7　　定价：150.00 元

北京市西城区西便门西里甲 16 号西便门办公区
邮政编码：100053　　传真：010-63141600
网址：http://www.zgfzs.com　　编辑部电话：010-63141792
市场营销部电话：010-63141612　　印务部电话：010-63141606

（如有印装质量问题，请与本社印务部联系。）